U0926897

中国数量经济学会

21世纪数量经济学

Quantitative Economics In The 21st Century

◎主　编　汪同三　韩　彪

◎副主编　李富强　李金华　徐晓光

时事出版社

图书在版编目（CIP）数据

21世纪数量经济学．第10卷/汪同三、韩彪主编．—北京：时事出版社，2010.1

ISBN 978-7-80232-303-2

Ⅰ．2…　Ⅱ．①汪…②韩…　Ⅲ．数量经济学—文集　Ⅳ．F224.0-53

中国版本图书馆CIP数据核字（2009）第236791号

出版发行：时事出版社
地　　址：北京市海淀区万寿寺甲2号
邮　　编：100081
发行热线：（010）88547590　88547591
读者服务部：（010）88547595
传　　真：（010）68418647
电子邮箱：shishichubanshe@sina.com
网　　址：www.shshishe.com
印　　刷：北京昌平百善印刷厂

开本：787×1092　1/16　印张：32.5　字数：600千字
2010年1月第1版　2010年1月第1次印刷
定价：68.00元

编审组名单

主　　编　汪同三　韩　彪

副 主 编　李富强　李金华　徐晓光

编审组长　汪同三

成　　员　李富强　李金华　彭　战　曹曼林

前　言

本书是《21世纪数量经济学》丛书的第10卷。

中国数量经济学会2009年年会于2009年3月27日至29日在深圳大学举行。本次会议是中国数量经济学会成立30周年之际举行的又一次学术盛会，来自政府部门、研究机构、大专院校和企业的近600名数量经济学专家、学者参加了本次年会，会议共收到学术论文502篇。

会上，台湾大学管仲闵教授、美国康奈尔大学洪永淼教授、英国南安普敦大学陆懋祖教授分别做了主旨讲演。北京信息科技大学葛新权教授、上海社科院韩清教授、中国科学院研究生院佟仁城教授、暨南大学王美今教授、《数量经济技术经济研究》编辑部彭战副主任分别做了题为“泡沫经济的测度方法”、“金融高频数据的处理”、“投入产出技术在经济中的应用”、“Panel Data 的协整检验”、“经济学研究的规范与创新”的学术报告。会议分10个小组，即经济计量学理论与方法、数理经济学理论与方法、宏观经济增长与发展、货币银行、金融与资本市场、财政税收、投资贸易、区域经济与协调发展、企业与产业经济、博弈论实验经济学及其他等，进行了专题讨论，100多位学者在小组学术交流会上介绍了自己的最新研究成果。

本书是由本次年会提交的论文中遴选出来的优秀论文集结而成，共42篇，分为7个部分：数量经济理论与方法，宏观经济增长与发展，金融、资本市场，财政、税收、投资、贸易，区域经济、协调发展，企业、产业经济，博弈论、实验经济学及其他。我们认为，入选的这些论文均有较高的学术水平，具有一定的理论意义或实践意义，值得推荐介绍。

囿于编者的能力和水平，本书一定存在不少错误和疏漏，欢迎广大读者批评指正。

编　者

2009年8月

目　录

一　数量经济理论与方法

二　宏观经济增长与发展

三 金融 资本 市场

四 财政 税收 投资 贸易

五 企业 产业经济

六　区域经济　协调发展

七　博弈论　实验经济学及其他

一

数量经济理论与方法

制度变迁及其模型选择

曾菊英　许　冰

（浙江工商大学数量经济研究所）

一、问题提出

经济增长模式的探讨引发众多扩展的生产函数模型，林毅夫、任若恩（2007）指出，全要素生产率国际比较研究以 KLEMS 项目最有影响。这里，K 是资本（Capital），L 是劳动（Labor），E 是能源（Energy），M 是物质生产部门产生的中间投入要素（Intermediate input），S 是服务生产部门产生的中间投入要素，即左边是产出，右边是生产总产值中的五个组成部分。事实上，据 Jorgenson 和 Nishimizu（1978）的研究发展起来的 KLEMS 项目旨在通过一个共同起点的总体生产函数建模，用以估计国与国之间的全要素生产率的差距。李子奈（2008）指出，根据研究目的进行计量经济学模型总体模型的设定，成为计量经济学应用研究的普遍现象和最严重的问题。在 2008 年中国数量经济学年会上，李子奈引入两篇研究制度变迁对我国经济增长影响的论文为例进行说明。两篇论文分别引入以下模型进行研究：

$$\ln GDP_t=\alpha_0+\alpha_1\ln ZDI_t+\mu_t \quad t=1978,\cdots,2005 \tag{1}$$

$$\ln GDP_t=\beta_0+\beta_1\ln ZDI_t+\beta_2\ln K_t+\beta_3\ln L_t+\mu_t \quad t=1978,\cdots,2005 \tag{2}$$

其中，GDP_t 代表产出，K_t 为资本存量，L_t 为从业人员数，ZDI_t 为制度变迁，μ_t 随机误差项。

实证结果给出：$\hat{\alpha}_1=2.71$　$\hat{\beta}_1=0.32$，制度变迁对于 GDP 的弹性系数分别为 2.71 和 0.32，即制度变迁变化 1%，国内生产总值将变化 2.71%和 0.32%。不同的结论令学者和决策分析者迷惑，到底哪个结果正确？凭直觉，如此大的 2.71%效应似乎不太可能，而 0.32%也难以判断其正确性！

根据研究目的不同，应用研究给出的生产函数模型大相径庭，由此得出迥异的分析结论，最终做出不同甚至近乎对立的政策主张。生产函数的模型选择及其模型中要素独立性假设是计量经济学应用研究无法回避的问题，必须面对，并寻找解决这个问题的途径。本文试图对此问题进行探索性的研究。

二、生产函数模型设定评述

众多应用研究提出了各种不同的生产函数模型。经典柯布—道格拉斯（Cobb-Douglas）型生产函数为：

$$Y_t=A_tK_t^{\alpha}L_t^{\beta} \tag{3}$$

其中 Y_t 为产出，A_t 为 t 时刻技术水平，K_t 为资本存量，L_t 为从业人员数，α 和 β 分别为资本和劳动力的产出弹性。

在原有生产函数基础上，Lee and Chang（2007）将能源消费量代理变量引进到拓展的生产函数中来研究能源消费对总体产出的影响：

$$Y=F\ (K,\ L,\ E) \tag{4}$$

其中 K 和 E 分别代表物质资本和能源投入。

为分析 1995～2005 年期间，芬兰通信技术对产出和劳动生产力增长的影响，Jalava and Pohjola（2007）给出以下生产函数模型进行分析：

$$Y=F\ (A,\ ICT,\ K,\ L) \tag{5}$$

其中 ICT 为通信技术代理变量。

康继军、张宗益，和傅蕴英（2007）研究开放经济下的经济增长模型时，根据巴罗等（2000）的研究，考虑了从人力资本作用的增长模型入手，对 Cobb-Douglas 型生产函数进行扩展：

$$Y_t=f\ (K_t,\ L_th_tO_t) \tag{6}$$

其中 h_t 为人力资本，O_t 为对外开放度变量。

康继军、张宗益、傅蕴英（2007）从人力资本作用的增长模型入手，对柯布—道格拉斯（Cobb-Douglas）型生产函数进行扩展：

$$Y_t=AK_t^{\alpha}\ (L_th_t)^{\beta}e^{\gamma Rf_t} \tag{7}$$

其中劳动力人数 L_t 与其技术水平 h_t 的乘积是人力资本 H_t，Rf_t 为制度变量 γ。

胡乃武、刘睿（2007）进行中美日三国内生经济增长模型研究时，在索洛的新古典经济增长模型中加入了劳动力质量要素和资本质量要素，构建一个柯布—道格拉斯生产函数模型：

$$Y=AK_q^{\beta}K^{1-\alpha}\ (L_qL)^{\alpha}=A\ (\Delta K/K)^{\beta}K^{(1-\alpha)+\phi\kappa}L\alpha \tag{8}$$

式中，K_q 表示资本质量；K 表示资本数量；L_q 表示劳动力质量；L 表示劳动力数量；α 表示劳动力收入在国民收入中所占的相对份额；β 表示资本质量对产出的影响系数；ϕ 为资本存量对劳动力质量的影响系数。

沈坤荣、蒋锐（2007）则引进城市化要素来探索经济增长的影响机制：

$$\ln y_t = c_0 + c_1 \ln k_t + c_2 E_t + c_3 \ln d_t + c_4 STR + \mu_t \tag{9}$$

其中，E 为历年人均受教育年限，体现了人力资本对人均产出的影响。$\ln d$ 为历年人均知识资本的自然对数值，此处用 R&D 投入来表示知识资本。STR 为产业结构因素，表示产业结构高级化的程度，根据结构主义学派的理论，他们认为该指标应该和人均产出呈正相关关系。c_0 是常数项，c_1、c_2、c_3、c_4 分别表示 $\ln K$、E、$\ln d$、STR 的变化对 GDP 增长的贡献程度。

由于城市化并不是一种生产要素，城市化要对济增长产生影响，必然要通过一些传导途径。为探索城市化对经济增长的影响机制，作者考虑城化和模型式（9）中每一个影响产出的因素之间的并系，进而建立如下计量模型：

$$\ln k_t = \alpha_0 + \alpha_1 URB + \varepsilon_{1t}$$
$$E_t = \beta_0 + \beta_1 URB + \varepsilon_{2t}$$
$$\ln d_t = \gamma_0 + \gamma_1 URB + \varepsilon_{3t}$$
$$STR = \phi_0 + \phi_1 URB + \varepsilon_{4t}$$
$$\mu_t = \delta_+ \delta_1 URB + \varepsilon_{5t}$$

模型中的 URB 表示历年的城市化水平水平。

不同于现有的只在原有生产函数中增加某个要素的做法，Yao and Wei（2007）用一个联合添加的函数来构建一个广义 Cobb-Douglas 生产函数：

$$Y = AF(K, L)e^{g(z)} \tag{10}$$

其中 $g(z)$ 是一个各种影响产出效率和产出前沿要素所构成的函数。这些要素包括出口、人力资本、FDI、制度以及其他因素。

范祚军、关伟、岳桂宁（2008）在研究地区经济增长中金融要素贡献的差异与金融资源配置优化时，引进 AK 模型来刻画经济增长的一般结构函数关系：

$$GDP = f(LOAN, FN, FI) \tag{11}$$

其中 LOAN 代表金融中介机构的信贷资金，FN 代表财政支出额，FI 代表实际利用外资额，并假设其他影响因素为中性。

简言之，总量生产函数是对于增长因素进行核算的前提条件，不同的总量生产函数会得出不同的研究结论。

如何选择和建模才能准确刻画经济现实一直是学者和决策者共同关注的焦点。为了得到准确的研究结论，李子奈（2008）指出生产函数模型中包括的解释变量不可以任人随意设定，计量经济学模型总体设定具有“唯一性”原则，即正确的总体模型只能是一个。对于同一个作为研究对象的被解释变量，它和所有影响因素之间只能存在一种客观的正确的关系。不同的研究者、不同的研究目的、不同的数据选择方法、不同的数据集，对模型的约化过程产生不同的影响，会使得最终的应用模型不同。但建模起点应该相同。因此，上述提到的各式生产函数的合理性和准确性从建模角度有待进一步探讨研究。

事实上，Fine（2000）就对于内生经济增长理论的评述中提到计量经济学的建模中遇到以下三个问题。第一，模型中要素独立性问题。经济增长其实是各个要素相互作用的整体结果，研究过程中的模型不同要素相对独立性假设其实很难成立。例如由于资本的质量的很难量化，所以方程（8）中的变量 K 与变量 K_q 不可能相互独立。第二，模型选择问题。模型（7），（8），（9）的总体生产函数都考虑了人力资本要素，要刻画人力资本对经济增长的贡献作用时，应该选择哪个生产函数？而利用其中的生产函数来刻画人力资本对经济增长的作用是否正确？面对众多生产函数，模型选择问题是呈现给研究者的一大难题。第三，误差项的随机性问题。即模型中的随机误差项是如何生成的。根据内生增长理论，随机冲击随着时间不断变动，且对经济系统产生持续的冲击，因此总体模型的参数不应是静态的，而应该是随着时间不断变化的。

三、联动模型

任何计量经济学建模都存在 Fine（2000）的三个问题。决策者关注的是在原有经济结构之上，投入某种要素后能否促进产出。因此，识别经济增长结构的变化比研究经济增长的潜在结构更具有现实意义。由此，本文研究将提出一个联动模型，该模型的设定既能度量关注要素对经济增长的作用，又能巧妙地回避要素独立性问题。

具体地，就是在一个相同的建模起点上，通过建立一个具有关注要素变量的联动方程模型，通过模型之间的相互比较来确定控制变量对目标变量的贡献与作用。整个过程迂回地解决了计量经济学总体生产函数的模型设定问题。

对于上述制度变量研究问题，本文假设经典柯布—道格拉斯（Cobb-Douglas）型生产函数为基准的生产函数模型：

$$Y=AK^{\alpha}L^{\beta}$$

由于随机冲击是随着时间不断变化的，所以本文引进时变生产函数进行分析。令 $\alpha\Rightarrow\alpha(t)$　$\beta\Rightarrow\beta(t)$，得到产出与资本劳动力投入之间基准时变弹性生产函数关系：

$$Y(t)=K(t)^{\alpha(t)}L(t)^{\beta(t)} \tag{12}$$

其中，α（t），β（t）分别表示资本和劳动力投入的时变产出弹性系数函数，t 表示时间。

为了研究制度变迁的作用，制度变迁要素被引进到基准模型中，由此得到以下联动模型：

$$Y_1(t)=ZDI(t)^{\lambda(t)}K(t)^{\alpha(t)}L(t)^{\beta(t)} \tag{13}$$

通过度量联立方程间的相对变动，不仅可以度量制度变迁变量 ZDI 要素对经济增长的贡献，而且巧妙地解决了由于要素之间独立性假设问题以及模型选择问题。由此对原始数据进行实证分析，分析制度变迁对 GDP 产出弹性有 $\hat{\alpha}_1=2.71$ 和 $\hat{\beta}_1=0.32$ 两个结论的可行性。

假设模型（12）和（13）中的 $\alpha(t)$，$\beta(t)$，$\lambda(t)$ 在考虑的区域内具有相同的光滑程度，因此可以在相同的区间内近似准确地被估计。可以利用局部线性模型对方程（12）和（13）进行估计。假设 $\alpha(t)$，$\beta(t)$ 满足两阶连续可导，且 t 落入 t_0 的领域内，将 $\alpha(t)$，$\beta(t)$ 在 t_0 处 Taylor 展开，取一阶近似得：

$$\begin{aligned}\alpha(t)&=\alpha(t_0)+\alpha'(t_0)(t-t_0)+o(t)=\alpha_0+\alpha_1(t-t_0)+o(t)\\ \beta(t)&=\beta(t_0)+\beta'(t_0)(t-t_0)+o(t)=\beta_0+\beta_1(t-t_0)+o(t)\\ \lambda(t)&=\lambda(t_0)+\lambda'(t_0)(t-t_0)+o(t)=\lambda_0+\lambda_1(t-t_0)+o(t)\end{aligned} \tag{14}$$

由近似估计，方程（12）和（13）可以转化成以下形式：

$$Y(t)=K(t)^{\alpha(t)}L(t)^{\beta(t)}=A_1(t)K(t)^{\alpha}L(t)^{\beta}(K(t)L(t))^{o(t)} \tag{15}$$

$$\begin{aligned}Y_1(t)&=ZDI(t)^{\lambda(t)}K(t)^{\alpha(t)}L(t)^{\beta(t)}\\ &=A_2(t)K(t)^{\alpha}L(t)^{\beta}ZDI(t)^{\lambda}(K(t)L(t)ZDI(t))^{o(t)}\end{aligned} \tag{16}$$

其中

$$\alpha=\alpha_0-\alpha_1t_0,\ \beta=\beta_0-\beta_1t_0\quad \lambda=\lambda_0-\lambda_1t_0 \tag{17}$$

$$A_1(t)=K(t)^{\alpha_1t}L(t)^{\beta_1t},\ A_2(t)=K(t)^{\alpha_1t}L(t)^{\beta_1t}ZDI(t)^{\lambda_1t} \tag{18}$$

方程（12）可以用局部加权最小二乘法估计得到：

$$\min_{\theta(t_0)}\sum_{t=1}^{n}(\ln Y_t-(\alpha_0+\alpha_1(t-t_0))\ln K_t-(\beta_0+\beta_1(t-t_0))\ln L_t)^2K_h(t-t_0) \tag{19}$$

方程（13）可以用局部加权最小二乘法估计得到：

$$\begin{aligned}&\min_{\theta(t_0)}\sum_{t=1}^{n}(\ln Y_t-(\alpha_0+\alpha_1(t-t_0))\ln K_t-(\beta_0+\beta_1(t-t_0))\\ &\qquad \ln L_t-(\lambda_0+\lambda_1(t-t_0))\ln ZDI_t)^2n^{-1}K_h(t-t_0)\end{aligned} \tag{20}$$

四、制度变迁效应

本部分研究制度变量对产出影响。参照刘文革、高伟、张苏（2008）的研究，利用产权多元化、对外开放程度和国家控制因素加总取得制度变迁的测量值。其中产权多元化（产权非国有化）因素使用工业总产值中非国有企业产值的比重来衡量，对外开放程度使用我国进出口总额与实际利用外资额（包括对外借款、外商直接投资、外商其他投资）之和占 GDP 比率来度量。国家控制资金因素使用 GDP 中非国家（包括中央与地方财政收入）财政收入份额表示。具体来说，赋予产权多元化因素与对外开放程度因素各 40%的权重，赋予国家控制资金因素 20%的权重。

研究数据取自《新中国 55 年统计汇编 1949～2004》《中国统计年鉴 2005》、《中国统计年鉴 2006》，整理得到 1985～2005 年间以 1952 年价格计的年度实际 GDP（亿元）、实际资本存量（亿元）、从业人员年末数（万人），及 1985～2005 年的制度变迁数据。本文的研究数据与引言中李子奈（2008）的例子不同，但是并不妨碍本文的研究目的，旨在说明联动模型的实际应用可行性。

利用联动模型，制度要素对产出的作用可以分为两部分。首先为制度变迁对产出增长的直接效应。其次为制度变迁通过劳动力和资本要素的间接对产出增长的传导效应，即制度要素的引入，会使得资本和劳动力在产出的作用中发生变化。已有的研究分析制度要素对产出的直接效应居多，而涉及间接效应的探索较少。

（一）制度要素的直接效应

图 1 给出了考虑制度变迁的联动模型产出弹性图。资本弹性高于劳动力弹性，但是两者的走势完全相反。资本弹性在 1985～2005 年间呈不断下降，而劳动力弹性则一直呈现出上升趋势。

再者，图 1 的制度变迁对产出的平均弹性为正，即制度因素促进了产出增长。但是分年度来看制度变量产出弹性曲线呈现了先下降，然后增长的 U 形趋势。具体地，制度变迁对经济增长的作用可以分为三个阶段：1985～1989 年，制度变迁对产出具有促进作用，但促进力度呈下降趋势。改革开放对经济增长的作用开始慢慢显现，但却不是很明显。1990～1998 年，制度变迁的产出弹性为负值。制度改革对经济的作用有滞后效应，不稳定因素对经济增长提出挑战。1999～2005 年，制度变迁对产出的作用突破原来的瓶紧，产生正向作用，而且促进力度不断加强。制度变迁的产出弹性1999～2005 年间的制度变迁产出弹性达到了 0.17，而 1985～2005 年的平均产出弹性只为 0.035。

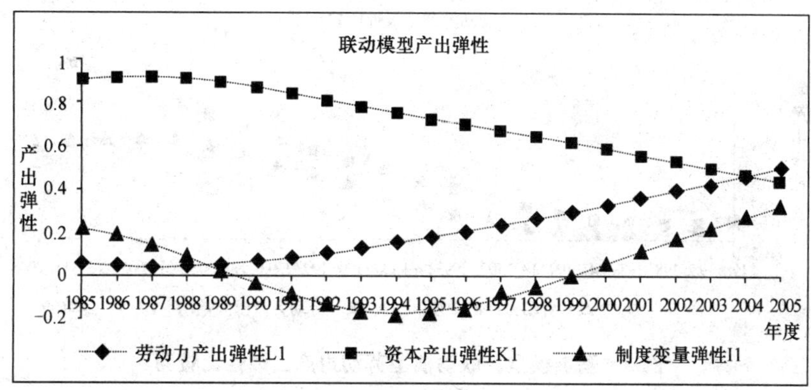

图 1　考虑制度变迁的联动模型资本、劳动力、制度变量产出弹性

（二）制度变迁间接传导效应

图 2 和图 3 给出了基准模型、联动模型资本弹性和劳动力产出弹性比较图。制度变迁对产出的作用不仅仅体现在它的产出弹性上，更间接地体现在制度因素对资本和劳动力的冲击作用，这个冲击作用显示为联动模型和基准模型资本弹性和劳动力弹性的变化上。根据图 3 和图 4 可以看出，制度变量的引进促进了劳动力产出弹性，适当降低了资本弹性。制度变迁的引进，减少了资本和劳动力产出弹性之间的差距，使得资本和劳动力对产出的作用走向均衡。就图形 4 而言，联动模型的劳动力弹性较基准模型的劳动力弹性有所提高，随着时间增长，提高空间略微上涨。1985～2005 年，在制度变量的冲击下，劳动力产出弹性平均提高 0.08。

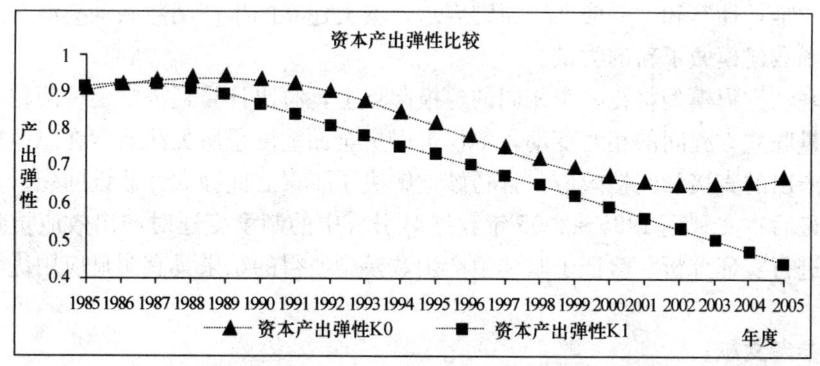

图 2　基准模型、联动模型资本产出弹性比较图

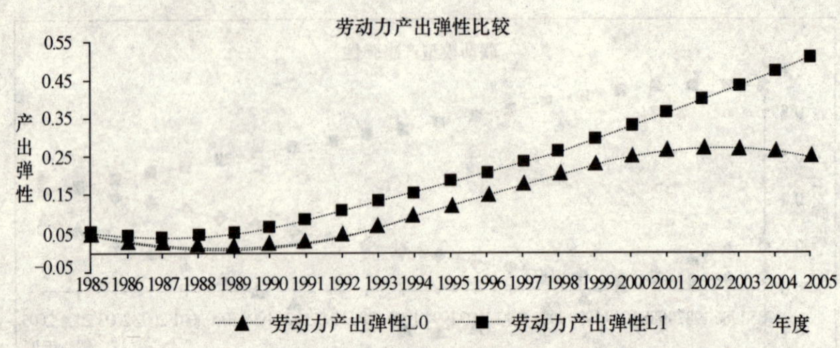

图 3 基准模型、联动模型劳动力产出弹性比较图

五、结论

本研究实证分析了引言中李子奈教授关于制度变迁对 GDP 产出弹性有 $\hat{\alpha}_1=2.71$ 和 $\hat{\beta}_1=0.32$ 两个结论都不是正确的结论。本文结论是，1999～2005 年间的制度变量产出弹性达到了 0.17。制度变迁不仅仅有直接效应，而更多的是间接效应，制度变迁提高了劳动力的产出弹性，同时也降低了资本产出弹性。不同于已有研究，本研究着重探索制度变量对资本和劳动力的间接效应，即制度要素会促进还是制约资本和劳动力要素的产出效应。

计量经济学应用研究中的总体生产函数总体模型设定存在研究目的导向性问题。对于同一研究问题，存在多种不同的总体生产函数，由此导致误导性的研究结论。鉴于计量经济学应用研究存在的模型要素独立性假设、模型选择和随机误差产生过程三类问题 Fine（2000）以及李子奈（2008）指出的模型设定的“唯一性”和“一般性”原则启示，本文建立的生产函数联动模型对总体生产函数建模做了新的尝试。

联动方程模型将在一个相同的建模起点上，解决计量经济学建模问题，通过度量联立方程间的相对变动，不仅可以更全面地度量所关注要素在总体模型中对产出的直接和间接效应，且巧妙地解决了要素之间独立性假设问题。

最后本文利用 1985～2005 年数据对引言中的制度变迁对产出效应贡献的问题进行实证分析，验证了联动生产函数模型所得的结果具有明显应用优势。

参考文献：

[1] 巴罗，萨拉伊马丁．经济增长［M］．中译本，中国社会科学出版社，2000.

[2] 范祚军，关伟，岳桂宁．地区经济增长中金融要素贡献的差异与金融资源配置优化——基于环北部湾（中国）经济区的实证分析．经济理论与经济管理，2008 年第 1 期，54～58。

[3] 胡乃武，刘睿．中美日三国内生经济增长模型研究．经济理论与经济管理，2007 年第 6 期，13～17。

[4] 康继军，张宗益，傅蕴英．开放经济下的经济增长模型：中国的经验．数量经济技术经济研究，2007 年第 1 期，1～12。

[5] 康继军，张宗益，傅蕴英．中国经济转型与增长，管理世界，2007 年第 1 期，7～17。

[6] 沈坤荣，蒋锐．中国城市化对经济增长影响机制的实证研究．统计研究，第 24 卷第 6 期，2007 年 6 月，9～15。

[7] 李子奈．计量经济学应用研究的总体回归模型设定．经济研究，2008 年第 8 期，136～144。

[8] 林毅夫，任若恩：东亚经济增长模式相关争论的再探讨．经济研究，2007 年第 8 期，4～12。

[9] 刘文革，高伟，张苏．制度变迁的度量与中国经济增长———基于中国 1952-2006 年数据的实证分析．经济学家，2008 年第 6 期，48～55。

[10] Fine，B. (2000)，Endogenous Growth theory：a Critical Assessment，Cambridge Journal of Economics，Vol. 24，pp. 245～265.

[11] Jalavaa，J. and Pohjolab，M. (2007)，ICT as a Surce of Otput and Poductivity Growth in Finland，Telecommunications Policy.

[12] Jorgenson 和 Nishimizu (1978)

[13] Lee，C. and Chang，C. (2007)，Energy Consumption and Eeconomic Growth in Asian Economies：A more Comprehensive Analysis using Panel Data，Resource and Energy Economics，In Press，Corrected Proof，Available online 21 May.

[14] Yao，S. and Wei，K. (2007)，Economic Growth in the Presence of FDI：The Perspective of Newly Industrialising Economies，Journal of Comparative Economics，Vol. 35，pp. 211-234.

随机误差项为 *AR*（*p*）过程的 Panel Data 模型半参数估计方法*

娄　峰　Robin. C. S.
（中国社会科学院数量经济与技术经济研究所，美国 Rice University）

一、引言

通常，参数面板模型可表示为：

$$Y_{it}=X_{it}\beta+\alpha_i+\varepsilon_{it}\text{，}i=1\text{，}2\text{，}\cdots\text{，}N\text{；}t=1\text{，}\cdots\text{，}T \tag{1}$$

其中，Y_{it} 为被解释变量 Y 在 i 个体 t 期的观察值；X_{it} 为解释变量组成的向量 X 在 i 个体 t 期的观察值向量；β 为系数向量；α_i 为个体 i 的个体特征值。

ε_{it} 是 i 个体 t 期的随机误差项，经典的计量经济学假设随机误差项 ε_{it} 服从独立同分布，即 $\varepsilon_{it}\sim i.i.d.$。但是，对于现实中的宏微观经济数据，这一假设条件往往不能满足，这就引发出一个问题：当 $\varepsilon_{it}\sim i.i.d.$ 不成立时，随机误差向对系数向量 β 估计有什么样的影响？此时应该采用什么样的估计方法？

从国外文献上看，Byeong 和 Robin（1999，2003）推导出随机误差项 ε_{it} 是 *AR*（1）序列情况下的面板数据模型半参数估计方法，并证明当随机误差项 ε_{it} 不是独立同分布时，则 β 的两种常见估计方法——最小二乘法和广义最小二乘法的估计是有偏的。从国内文献来看，目前还没有看到对于随机误差项 ε_{it} 不符合 *i.i.d.* 过程的面板数据模型应用半参数方法进行估计的学术文献。本文在前人的基础上，推导出随机误差项 ε_{it} 符合 *AR*（p）序列的面板数据模型的半参数估计方法，并根据蒙特卡洛模拟，对此方法进行了实证检验，并与最小二乘法和广义最小二乘法的估计相比较，从而证明该方法的准确性。

* 本文得到国家社会科学基金重大项目“加快转变经济发展方式研究”（批准号 07&ZD007）以及中国社会科学院 2008 年度重大课题“经济模型前沿理论与方法及其在中国经济分析与政策模拟中的应用研究”资助。

本文所谓的半参数估计，是把参数β的估计分为两部分，即参数估计部分和非参数估计部分，两者估计相加为β的最终估计值，故称为半参数估计。

本文第二部分是面板数据模型半参数估计方法的推理过程；第三部分是根据蒙特卡洛模拟算法对该进行实证检验，并与参数估计方法（最小二乘估计和广义最小二乘估计法）进行比较，比较这几种方法的估计精确度；最后部分是本文结论。

二、模型推理过程

对于随机误差项是AR（p）序列的面板数据模型，其表达式可写成：

$Y_{it}=X'_{it}\beta+\alpha_i+\varepsilon_{it}$；$i=1, 2, \cdots, N$；$t=1, 2, \cdots, T$

$$\varepsilon_{it}=\sum_{k=1}^{p}\rho_k\varepsilon_{i,t-k}+\mu_{it} \tag{2}$$

其中，$X_{it}\in R^d$，随机误差项μ_{it}独立同分布，并且$\mu_{it}\sim N(0, \sigma^2)$；$T\geqslant p+2$；$\sum_{k=1}^{p}|\rho_k|<1$。记$X_i=(X'_{i1}, X'_{i2}, \cdots, X'_{iT})$，$\alpha$，$\varepsilon$，$X$为$\alpha_i$，$\varepsilon_i$，$X_i$的一般形式；并假设向量$\varepsilon$和（$\alpha$，$X$）相互独立，即式（2）为随机效应的面板数据模型。

首先定义：

$$W=\alpha+\varepsilon \tag{3}$$

记ψ_w，ψ_α和ψ_ε分别为W，α和ε分布的特征函数，由于ε和α不相关，所以有$\psi_W(\tau)=\psi_\alpha(\tau)\psi_\varepsilon(\tau)$。定义$f$为$W$的概率密度函数，根据特征函数性质可得：

$$f(u)=\frac{1}{2\pi}\int_{-\infty}^{\infty}e^{-i\tau u}\psi_\alpha(\tau)\psi_\varepsilon(\tau)d\tau \tag{4}$$

其中，$i=(-1)^{1/2}$。

根据公式（4）可知，为估计概率密度函数f，必须首先估计ψ_α和ψ_ε函数表达式。

下面推导ψ_α和ψ_ε函数表达式：

（1）推导ψ_ε函数表达式

为便于推导ψ_ε的表达式，定义$\eta_{ik}=\varepsilon_{it}-\varepsilon_{i,t-k}$（$k=1, 2, \cdots, p$）；$\eta_i^*=(\eta_{i1}, \eta_{i2}, \cdots, \eta_{ip})'$；

$\varepsilon_i^*=(\varepsilon_{i,t-1}, \varepsilon_{i,t-2}, \cdots, \varepsilon_{i,t-p})'$，则容易证明下式成立：

$$\eta_i^*=A\varepsilon_i^*+g\mu_{it} \tag{5}$$

其中，g 是 $p\times1$ 的单位矩阵，$A\begin{bmatrix}\rho_1-1 & \rho_2 & \cdots & \rho_p\\ \rho_1 & \rho_2-1 & \cdots & \rho_p\\ \vdots & \vdots & \ddots & \vdots\\ \rho_1 & \rho_2 & \cdots & \rho_p-1\end{bmatrix}$

由（5）式可推导出：

$$\varepsilon_i^*=A^{-1}\eta_i^*-A^{-1}g\mu_{it} \tag{6}$$

式（6）是由 p 个关于 $\varepsilon_{i,t-k}$（$k=1$，2，…，p）方程组成的方程组，可以根据任意一个方程估计 ε_i 的特征函数 ψ_ε，为方便起见，仅用式（6）的第一个方程进行估计。

令 a 为矩阵 A^{-1} 的第一行（a 是一个 $1\times p$ 向量）；令 $c=A^{-1}g=\frac{1}{|A|}(\sum_{k=1}^{p}\rho_k-1)$，$c$ 为一标量。则式（6）的第一行可写表示为：

$$\varepsilon_{i,t-1}=a\eta_i^*-c\mu_{it}$$

令 ψ_{η^*} 为 η^* 的特征函数，ψ_μ 为 μ_{it} 的特征函数，由于 μ_{it} 服从独立同分布，且和 η_i^* 不相关，于是有：

$$\psi_\varepsilon(\tau)=\frac{\psi_{\eta^*}(\tau)}{\psi_\mu(c\tau)} \tag{7}$$

由式（6）可知，由于 μ_{it} 的分布已知，所以 ψ_μ 可求；若得到 $\psi_{\eta^*}(\tau)$，则可以式（7）求出 $\psi_\varepsilon(\tau)$。为了估计出 $\psi_{\eta^*}(\tau)$，令 a_n 为 a 的 $n^{1/2}$ 一致估计量（估计方法见 Hsiao，1986）。

令 η_{nitk} 为式（8）的最小二乘估计的残差，

$$Y_{it}-Y_{i,t-k}=(X_{it}-X_{i,t-k})\beta+\varepsilon_{it}-\varepsilon_{i,t-k} \tag{8}$$

令 $\eta_{nit}^*=(\eta_{nit1},\cdots,\eta_{nitp})'$，Horowitz（1998）已证明，根据 $a_n\eta_{nit}^*$ 的特征函数即可以求出 $\psi_{\eta^*}(\tau)$ 一致估计量，该一致估计量可表示为：

$$\psi_{\eta^*}=\frac{1}{n(T-p-1)}\sum_{i=1}^{m}\sum_{t=p+1}^{T}\exp(i\tau a_n\eta_{nit})$$

这样就可以根据式（7）求出 ψ_ε 估计式。

（2）推导 ψ_α 的函数表达式：

ψ_α 有多种求法，比较简便的是 Park（1998）方法。首先对式（1）应用常见的参数估计方法（最小二乘法或广义最小二乘法），求出 β 的估计量，记为 $\tilde{\beta}$；同时，可以估计出面板数据模型的个体效应 α_i 值，记为 $\tilde{\alpha}_i$。则 α 经验特征函数 $\psi_{n\alpha}(\tau)$ 可表示为：

$$\psi_{n\alpha}(\tau)=\frac{1}{n}\sum_{i=1}^{n}\exp(i\tau\tilde{\alpha}_i)$$

一般来说，由于经验特征函数 $\psi_{n\alpha}$（τ）是离散分布的，因此其密度函数不存在。为克服这一缺陷，通常根据 $\psi_{n\alpha}$（τ）离散分布点，当 $n\to\infty$时，利用 Kernel 非参数估计方法估计出连续分布的 α 的特征函数 ψ_{α}。

这样，当 ψ_α 和 ψ_ε 均求出时，可以根据式（4）求出概率密度函数 f 估计量。

下面将给出 β 的半参数估计过程。①

假设 X_i 和 α_i 与随机误差项 ε_i 相互独立，本文应用 Park 和 Simar（1994）构造半参数估计函数的方法，首先根据 $Y_{it}-\overline{Y}_i$序列和 $X_{it}-\overline{X}_i$序列做回归，应用最小二乘法或广义最小二乘法得到估计值$\tilde{\beta}$；然后计算残差序列的自相关系数$\tilde{\gamma}_k$，对于 AR（p）过程，根据时间序列知识可得自相关系数$\tilde{\gamma}_k$ 和系数$\tilde{\rho}_k$ 存在如下关系：

$\tilde{\gamma}_k=\tilde{\rho}_1\tilde{\gamma}_{k-1}+\tilde{\rho}_2\tilde{\gamma}_{k-2}+\cdots+\tilde{\rho}_p\tilde{\gamma}_{k-p}$，利用自相关系数的性质，可得：

$\tilde{\gamma}_1=\tilde{\rho}_1+\tilde{\rho}_2\tilde{\gamma}_1+\cdots+\tilde{\rho}_p\tilde{\gamma}_{p-1}$

$\tilde{\gamma}_2=\tilde{\rho}_1\tilde{\gamma}_1+\tilde{\rho}_2+\cdots+\tilde{\rho}_p\tilde{\gamma}_{p-2}$

……

$\tilde{\gamma}_p-\tilde{\rho}_1\tilde{\gamma}_{p-1}+\tilde{\rho}_2\tilde{\gamma}_{p-2}+\cdots+\tilde{\rho}_p\tilde{\gamma}_{p-k}$

此方程组被称为 Yule Walker 方程组。该方程组说明了残差序列 AR（p）过程的参数$\tilde{\rho}_1$，$\tilde{\rho}_2$，…，$\tilde{\rho}_p$ 与$\tilde{\gamma}_1$，$\tilde{\gamma}_2$，…，$\tilde{\gamma}_p$ 自相关系数之间的关系。在实际计算中，是根据残差序列首先计算残差序列的自相关系数$\tilde{\gamma}_1$，$\tilde{\gamma}_2$，…，$\tilde{\gamma}_p$，然后利用 Yule Walker 方程组，求解 AR（p）过程的参数$\tilde{\rho}_1$，$\tilde{\rho}_2$，…，$\tilde{\rho}_p$。

然后分别计算：

$$\tilde{Z}_{it}=\frac{(T-1)\ (1-\tilde{\gamma}_p)}{T\ (\tilde{\gamma}_p)\ (1+\tilde{\gamma}_p)}\hat{\sigma}^2 \tag{9}$$

$$\hat{\sigma}^2=\frac{1}{N}\sum_{i=1}^{N}\sum_{t=1}^{T}e_t\ (\tilde{\gamma}_p)\ \tilde{Z}_{it}{}^2 \tag{10}$$

$$\text{其中，}e_t\ (\tilde{\gamma}_p)=\begin{cases}(1+\tilde{\gamma}_p)\ /\ (T-1) & \text{当 } t=1 \text{ 和 } t=T\\(1-\tilde{\gamma}_p^2)\ /\ (T-1) & \text{当 } t=2,\ \cdots,\ T-1\end{cases}$$

根据式（8）和式（9），解出$\tilde{Z}_{it}$和$\hat{\sigma}^2$。

① AR（p）过程的面板数据模型 β 半参数估计的推理过程和 AR（1）过程的面板数据模型 β 半参数估计的推理过程十分相似，两者的主要不同点在于本节上半部分的概率密度函数 f 的推导，因为 AR（p）过程主要是对概率密度函数 f 产生影响，进而影响 β 半参数估计。关于 β 半参数估计的详细推理过程可参见文献［3］。

令$\hat{I}=\tilde{\sigma}^{-2}\hat{\Sigma}_1+\hat{I}_f\hat{\Sigma}_2$

其中，$\hat{\Sigma}_1=\frac{1}{N}\sum_{i=1}^{N}\{(1-\tilde{\gamma}_p^2)(X_{i1}-\tilde{X}_i(\tilde{\gamma}_p))(X_{i1}-\tilde{X}_i(\tilde{\gamma}_p))'$

$+\sum_{t=2}^{T}[X_{it}-\tilde{X}_i(\tilde{\gamma}_p)-\tilde{\gamma}_p(X_{i,t-1}-\tilde{X}_i(\tilde{\gamma}_p))][X_{it}-\tilde{X}_i(\tilde{\gamma}_p)-$

$\tilde{\gamma}_p(X_{i,t-1}-\tilde{X}_i(\tilde{\gamma}_p))]'\}$

$$\hat{I}_f=\frac{1}{N}\sum_{i=1}^{N}\left(\frac{\hat{f}^{(1)}}{\hat{f}}\right)^2(\tilde{W}_i;\tilde{\rho}_1,\cdots,\tilde{\rho}_p,\tilde{\beta})$$

$$\hat{\Sigma}_2=\frac{1}{N}\sum_{t=1}^{N}[\tilde{X}_i(\tilde{\gamma}_p)-\tilde{X}.(\tilde{\gamma}_p)][\tilde{X}_i(\tilde{\gamma}_p)-\tilde{X}.(\tilde{\gamma}_p)]'$$

其中，$\tilde{X}=\sum_{t=1}^{T}c_tX_t$，$\hat{f}$是$f$的Kernel估计值，Kernel函数形式选用$K(u)=e^{-u}(1+e^{-u})^{-2}$，

最终，β的半参数估计可表达为：

$$\hat{\beta}=\tilde{\beta}+\frac{1}{N}\hat{I}^{-1}\sum_{i=1}^{N}\{\tilde{\sigma}^{-2}(1-\tilde{\gamma}_p^2)\tilde{Z}_{i1}X_{i1}+\tilde{\sigma}^{-2}\sum_{t=2}^{T}(\tilde{Z}_{it}-\tilde{\gamma}_p\tilde{Z}_{i,t-1})(X_{it}-\tilde{\gamma}_p\tilde{Z}_{i,t-1})(X_{it}-\tilde{\gamma}_pX_{i,t-1})\}-\frac{1}{N}\hat{I}^{-1}\sum_{i=1}^{N}\{\tilde{X}_i(\tilde{\rho}_1,\cdots,\tilde{\rho}_p)-\tilde{X}(\tilde{\rho}_1,\cdots,\tilde{\rho}_p)\}\frac{\hat{f}^{(1)}}{\hat{f}}(\tilde{W}_i;\tilde{\rho}_1,\cdots,\tilde{\rho}_p,\tilde{\beta})\quad(11)$$

经证明式（10）得半参数估计$\hat{\beta}$具有一致性和渐进正态性。[①]

三、蒙特卡洛模拟检验

关于蒙特卡洛模拟参数设定及说明：设定样本容量分别为N＝20，100，1000，时期T分别为12、16。为方便起见，解释变量假设为两元变量，即$d=2$，并根据参数估计的均值方差误差MSE来衡量参数估计的精确度，即$MSE=\sum_{j=1}^{2}\frac{1}{M}\sum_{m=1}^{M}(\tilde{\beta}_j^m-\beta_j)^2$，或$MSE=\sum_{j=1}^{2}\frac{1}{M}\sum_{m=1}^{M}(\hat{\beta}_j^m-\beta_j)^2$。其中，M为模拟运算次数，$\tilde{\beta}$为参数估计值；$\hat{\beta}$为半参数估计值；$\beta$为设定参数：$\beta=(0.9\quad 0.4)'$。个体随机效应$\alpha_i$是假设独立于解释变量，并服从指数分布Exp（0.5）的一个随机序列。在每一个蒙特卡洛模拟中，解释变量根据双变量VAR模型产

① 由于证明过程较长，限于篇幅，将另文专门给出这一论证推导过程。

生，即

$$X_{it}=RX_{i,t-1}+\eta_{it}$$

其中，$\eta_{it}\sim IN_2$（0，$\sigma_X^2 I_2$），$\sigma_X=1$，$R=\begin{pmatrix}0.4 & 0.05\\ 0.05 & 0.4\end{pmatrix}$

各表中 s^* 为半参数估计中的窗宽，窗宽选择是根据试错法（trial and error)，原则上理想的 s^* 值使得均值方差误差 MSE 最小。

本文在估计 β 初值时，采用两种方法估计，即普通最小二乘法和广义最小二乘法，这样做的目的是为了更清晰地对比普通最小二法估计值 $\tilde{\beta}_{OLS}$ 和广义最小二乘法估计值 $\tilde{\beta}_{GLS}$，以及分别以这两种算法为初值进行半参数估计得到的估计值 $\hat{\beta}_{OLS}$ 和 $\hat{\beta}_{GLS}$ 之区别，从中可以对比半参数估计的准确性。

模拟运算结果如表 1 所示。

表 1　M=500，随机误差变量为 AR（1）过程时 β 参数估计的均值方差误差 MSE

T	N	$\tilde{\beta}_{OLS}$	$\tilde{\beta}_{GLS}$	$\hat{\beta}_{OLS}$	$\hat{\beta}_{GLS}$	s^*
12	20	36.920	19.798	15.646	15.387	0.4
12	100	5.721	3.826	3.119	3.111	0.2
12	1000	0.782	0.296	0.270	0.264	0.4

注：各参数的估计误差 MSE 为上表数值乘 10^4；其中，p=1，ρ=0.7，σ=0.5；仅当 N=1000 时，模拟次数 M=100。

表 2　M=500，随机误差变量为 AR（1）过程时 β 参数估计的均值方差误差 MSE

T	N	$\tilde{\beta}_{OLS}$	$\tilde{\beta}_{GLS}$	$\hat{\beta}_{OLS}$	$\hat{\beta}_{GLS}$	s^*
60	20	10.896	3.215	2.848	2.813	0.5
60	100	2.099	0.716	0.668	0.667	0.7
60	1000	0.197	0.055	0.052	0.052	0.7

注：各参数的估计误差 MSE 为上表数值乘 10^4；其中，$p=1$，$\rho=0.7$，$\sigma=0.5$；仅当 $N=1000$ 时，模拟次数 $M=100$。

从表 1 和表 2 可以看出：当随机误差变量为 AR（1）过程时，从总体上讲，对于相同的时期 T，无论样本数 N 为 20，还是 100，或是 1000，应用广义最小二乘法估计的 β 值所对应的均值方差误差 MSE 均小于普通最小二乘法得到的β值所对应的均值方差误差MSE。这说明，广义最小二乘法估计值精度高于普通最小二乘法估计值，其原因是因为模型设定部分条件不满足普通最小二乘法的各种假设，而广义最小二乘法克服了因部分假设条件不满足要求所导致的模型设定误差。然而，对于相同的时期T，无论样本数N为20，还是100，或是1000，应用半参数方法估计的β值所对应的均值方差误差MSE均最小。这说明半参数估计值精度高于参数估计精度，这时因为半参数估计法几乎不对模型设定的假设进行种种限制，大大放宽了模型的假设条件，有效地克服了模型的设定误差。因此，往往可以获得较好的精度，但存在计算复杂的缺点。

表3 $M=500$，随机误差变量为AR（2）过程时
β参数估计的均值方差误差MSE

T	N	$\tilde{\beta}_{OLS}$	$\tilde{\beta}_{GLS}$	$\hat{\beta}_{OLS}$	$\hat{\beta}_{GLS}$	s^*
12	20	18.081	17.462	15.836	15.835	0.4
12	100	4.117	4.039	3.145	3.143	0.2
12	1000	0.344	0.313	0.241	0.240	0.3

注：各参数的估计误差MSE为上表数值乘10^4；其中，$p=2$，$\rho_1=0.5$，$\rho_2=0.3$，$\sigma=0.5$；仅当$N=1000$时，模拟次数$M=100$。

表4 $M=500$，随机误差变量为AR（2）过程时
β参数估计的均值方差误差MSE

T	N	$\tilde{\beta}_{OLS}$	$\tilde{\beta}_{GLS}$	$\hat{\beta}_{OLS}$	$\hat{\beta}_{GLS}$	s^*
60	20	3.540	3.161	3.045	3.045	0.7
60	100	0.695	0.671	0.592	0.591	0.3
60	1000	0.0624	0.060	0.059	0.059	0.2

注：各参数的估计误差MSE为上表数值乘10^4；其中，$p=2$，$\rho_1=0.5$，$\rho_2=0.3$，$\sigma=0.5$；仅当$N=1000$时，模拟次数$M=100$。

从表3和表4可以看出：当随机误差变量为AR（2）过程时，从总体上讲，对于相同的时期T，无论样本数N为20，还是100，或是1000，应用广义最小二乘法估计值精度高于普通最小二乘法估计值，半参数估计值精度高于非半参数估计值精度，原因同上。

表 5 $M=500$，随机误差变量为 AR（3）过程时

β 参数估计的均值方差误差 MSE

T	N	$\tilde{\beta}_{OLS}$	$\tilde{\beta}_{GLS}$	$\hat{\beta}_{OLS}$	$\hat{\beta}_{GLS}$	s^*
12	20	20.316	19.285	16.998	16.984	0.5
12	100	4.054	3.878	3.057	3.056	0.3
12	1000	0.331	0.316	0.266	0.266	0.2

注：各参数的估计误差 MSE 为上表数值乘 10^4；其中，$p=3$，$\rho_1=0.35$，$\rho_2=0.25$，$\rho_3=0.15$，$\sigma=0.5$；仅当 N=1000 时，模拟次数 M=100。

表 6 $M=500$，随机误差变量为 AR（3）过程时

β 参数估计的均值方差误差 MSE

T	N	$\tilde{\beta}_{OLS}$	$\tilde{\beta}_{GLS}$	$\hat{\beta}_{OLS}$	$\hat{\beta}_{GLS}$	s^*
60	20	3.429	3.348	3.076	3.073	0.5
60	100	0.770	0.749	0.687	0.685	0.3
60	1000	0.062	0.061	0.0608	0.0608	0.2

注：各参数的估计误差 MSE 为上表数值乘 10^4；其中，$p=3$，$\rho_1=0.35$，$\rho_2=0.25$，$\rho_3=0.15$，$\sigma=0.5$；仅当 N=1000 时，模拟次数 M=100。

从表 5 和表 6 可以看出：当随机误差变量为 AR（3）过程时，从总体上讲，对于相同的时期 T，无论样本数 N 为 20，还是 100，或是 1000，应用广义最小二乘法估计值精度高于普通最小二乘法估计值，半参数估计值精度高于非半参数估计值，原因同上。总体来看，从表 1～表 6 可以发现，随着样本点 N 的增加，β 的各种估计值的精确度在逐渐增加；随着样本时期 T 的增加，β 的各种估计值的精确度也在逐渐改善，随着 N 和 T 的增加，β 的各种估计值的差距在减少，这说明大样本可以提高参数估计的精确度。另外，总体看来，半参数估计的精确性并不随着随机误差项服从 AR（p）的变化而改变，即半参数估计的精确性对 p 值的变化不敏感，① 或者说不相关。

四、结论

本文实证结果表明：对于随机误差项为 AR（p）过程的面板数据模型来

① 本文根据计算程序也分别计算当 $p=4$，5，6…时的模拟结果，从中没有发现半参数估计精确性和 p 的关系。因此，为节省篇幅，没有一一列出。

说，半参数估计可以明显提高模型参数的估计准确性；大样本可以提高各种参数估计的精确度；半参数估计的精确性与随机误差项 AR（p）过程的 p 值不相关。

参考文献：

［1］*Adams，R. M.，Berger，A. N.，and Sickles，R. C.*，Semiparametric approaches to stochastic panel frontiers with applications in the banking industry，［J］，*Journal of Business and Economic Statistics*，1999，(17)，349～358.

［2］*Byeong U. P.，Robin C. S. and Leopold S.*，Semiparametric efficient estimation of AR（*1*）panel data models，［J］，*Journal of Econometrics*，2003，(117)，279～309.

［3］*Park，B.U. and Simar，L.*，Efficient semiparametric estimation in stochastic frontier models，［J］，*Journal of the American Statistical Association*，1994，(89)，929～936.

［4］*Joel L. Horowitz*，Semiparametric Method in Econometrics. ［M］，*Springer-Verlag New York，Inc. Press*，1998.

［5］*Park，B.U.，Sickles，R.C.，Simar，L.*，Stochastic frontiers：a semiparametric approach. *Journal of Economitrics*，1998，(84)，273～301.

跳跃决定及其 R-GMM 方法探索

沐年国　韩清
（上海理工大学系统科学研究所，
上海市社会科学院数量经济研究中心）

一、引言

次债危机直接导致全球性经济危机，这引发人们对风险本质的深层思考和重新认识。风险，其数据本质来说就是跳跃。目前大量文献关注 Levy 过程中跳行为的确定，在低频数据环境下，Andersen T. G. etc.，(2002) 及 E. Eraker etc.，(2004) 使用参数模型方法研究跳问题；Bandi F. M. etc.，(2003) 使用核密度函数左右两边的非连续性来检测跳的方法；Carr，P.，and L. Wu (2003) 使用与期权熟期价格的时间价值衰落的方法测试跳对期权价格的影响。Carr，p. and D. Madan (1998) 介绍一种跳门限方法在一个普通泊松扩散过程中估计跳的属性；而 Polson，N. G. and Stroud，J. R. (2003) 以 MCMC 方法估计跳的参数，pan 及 Bates 以跳扩散过程结合 GMM 方法测定跳跃参数；王亚珍 (1995) 以小波方法检测跳。在高频和超高频领域内，Levy 过程中跳跃行为决定方法是在一个非常小的时间间隔内使用变分法研究资产价格的收益变化。直到 AndersenT. G. etc.， (2002)、Ole E. Barndorff-Neilsen (2004) 以实际二次变分 (Bipower variation，BPV)、实际波动率 (realized volatility，RV) 以及实际方差 (realized variance) 之间关系对扩散过程与跳跃过程之间关系所作的基础性和开拓性研究后，从而使以波动性及变分理论研究资产定价中跳跃行为进入一个新的局面。其后，Lee S. and Mykland P. A. (2007)、Ait Sahalia etc.，(2005) 等继续完善这一理论框架，而 George J. Jiang and Roel C. A. Oomen、Bandi，F. M. and J. R. Russel (2004a)、Bandi F. M. (2006) 及 Ole E. Barndorff-Neilsen and Neil Shephard (2004) 以用极限理论来考察 RV 及 BPV 关系，得到有关分离 Levy 过程的一些标准。Andersen T. G..，

T. Bollerserv and F. X. Diebold（2003）及 Ole E. Barndorff-Neilsen and Neil Shephard（2006）讨论了以实际多元协方差思想来拓宽变分法，等等。

这一领域正越来越受到广泛的关注，但各种方法描述的都是理想的或者是渐进的 Levy 过程分离方法，脱离了实际的数据环境要求，比如在侦测一段时间出现大量跳聚集现象时（Jump Clustering），出现了样本量不够问题，从而会造成 Levy 过程分离的统计量稳健性不强。或者是侦测的跳跃序列难以符合市场对于跳跃数据的要求，使得风险被排除在跳跃序列之外。总之，各种方案以及识别标准还未达到能够实际应用的程度。

本文是在对跳本身属性的认识基础上，通过风险视角对于 GMM 的改进，并设计一个分离 Levy 过程的优化方案，分别获得跳与维纳过程对应序列，从而为定价和风险研究提供新的思路。

本文第一部分介绍高频资料研究的二次变分法与跳检验标准；第二部分阐述跳的分离性定义，以及从市场交易者对数据特性的关注程度建立的 R-GMM 模型推断及其算法设计；第三部分是数据实证。我们可以看到中外市场成熟程度是不同的，这也间接说明了中国股市市场建设的必要性。

二、高频资料中跳跃过程统计量研究

高频资料中跳跃过程研究中比较典型文献如 Andersen T. G.., T. Bollerserv etc.,（2003）阐述了以 Bipower Variation（BPV）和 Realized Volatility（RV）等统计量之间关系来检验 Levy 中跳行为的测量方法（RV-BPV 法），其思想主要精神是在［0，T］时间区间，它们可被价格过程 y_t 在规则的时间间隔 M 上 $\delta=1/M$ 观察到，当 M 趋于无穷，则

$$\underset{M\to\infty}{plim}\, RV_M(T)=V_{(0,T)}+\int_0^T J_u^2 dq_u,\ \underset{M\to\infty}{plim}\, BPV_M(T)=V_{(0,T)}=\int_0^T V_t dt$$

$V_{(0,T)}$代表总方差，$\sqrt{V_t}$代表瞬时波动。显然，当 $M\to\infty$，BPV 是价格过程的方差积分一致估计。此时 BPV 估计不受跳的出现而影响（由泊松过程定义知有限个跳同时出现在较短连续时间间隔上的几率趋于 0）。因此当 M 到达一定的样本量时，RV 与 BPV 之间的关系可以构建渐近统计量用来检测跳，来测算和预报 Levy 路径上跳的出现（关于高次变分及其属性详细讨论还可以再参考 Jonathan Wright（2007）、Ole E. Barndorff etc.,（2005）及 Xin Huang and George Tauchen（2005））。Xin Huang and George Tauchen（2005）研究还表明上述统计量效果不佳。

$$\underset{M\to\infty}{Plim}\left[\frac{V_{(0,T)}\sqrt{n}}{\sqrt{\Omega_{BPV}}}\left(ln\left(RV_M\left(T\right)\right)-ln\left(BPV_M\left(T\right)\right)\right)\right]\to N\left(0,1\right) \quad (1)$$

George J. Jiang and Roel Oomen（2005）（JO，2005）则提出了“互换方差”（Swap variance，SW 法）的跳测试思想。这种测试方法被证实比 B-N-S 更快地收敛到渐进分布。

此方法主要对价格过程 S_t 取对数并应用 Ito 公式得到：

$$dy_t=\left(\alpha_t-\lambda_t\eta_t-1/2V_t\right)dt+\sqrt{V_t}dW_t+J_tdN_t$$

$$2\int_0^T\left(dS_t/S_t-dy_t\right)=V_{0,T}+2\int_0^T\left(exp\left(J_t\right)-J_t-1\right)dq_t$$

方程的左边可以被认为是一个对两张空头对数合同的 Delta 对冲获益的连续累积，因此，在没有跳的情况下对数合约可以被一个方差互换完美替代。显然，如果存在跳，那么这个过程不能对冲风险的。用 $P\&L$ 表示贴水（Premium）（或损益 Loss），即：

$$P\&L=2\int_0^T\left(exp\left(J_t\right)-J_t-1\right)dq_t$$

这一思想与 Andersen T. G.，T. Bollerserv etc.，（2003）主要不同点在于 B-N-S 检测方法必须获得离散跳序列的二次变分，而 JO 只要求计算此张对数合约对冲的收益累积。另外，方差互换跳检测法涵盖跳序列对资产收益的三次以上矩的冲击，就这点是与 Bandi，F. M. and J. R. Russell（2004a）建议在时齐跳扩散模型中使用瞬时收益率高阶矩项的非参数法来获得跳序列不谋而合。特别的，当仔细研究过以上类似跳检测标准后，我们发现无论 SW 统计量、还是 BPV 或是 Xin Huang and George Tauchen（2005）都是针对 RV 之中 $\sum_{j=1}^{N_t}\kappa_{t,j}^2$ 做出的统计量，另外，SW 方法主要由三次项组成，它就有可能侦测正向或者负向的跳存在。而对于 RV-BPV 来说，它是不做方向规定的。相比 RV-BPV 检测方法，方差互换跳检测 SW 法可以作两边测试。最终建立一渐进统计量如下：

$$\underset{M\to\infty}{Plim}\frac{N}{\sqrt{\Omega_{SWV}}}\left(SV_M\left(T\right)-RV_M\left(T\right)\right)\to N\left(0,1\right) \quad (2)$$

但是，通过研究上述两个统计量，我们发现样本无穷的条件不一定满足，特别是当跳的聚集现象出现时，这些方法就难以凑效。另外有限样本下 SW 统计量各高阶矩也可能不为 0，因此对 Levy 过程分解的鲁棒性难以保证。

所以它们检验的都是在一个时间间隔中跳发生的情况，只检验到有跳，而它不能给出跳“有多少，是什么，在哪里”。简单使用上述标准不能得到真实意义上的跳序列，而要对 Levy 方程给出一个精确的推断，则必要求一种可行的方案将跳序列识别出来，从而在此基础上继续完成 Levy 模型的参数推断工作。下面我们在 SW、RV-BPV 统计量以及对跳跃风险的认识，并在以前所做工作基础上，提出一个优化的方案来实现跳风险的辨识。

三、识别算法研究

（一）跳的分离性定义

跳具有瞬间发生的特性，即 $\Delta t\rightarrow 0$，其数据的幅度很大，$\Delta J(t)\rightarrow\infty$（E. Eberlein（1998）），我们把它们归纳成跳发生发生条件（differential coefficient jump criteria，DCJ）：

$$\left|\frac{dJ(t)}{dt}\right|=a\gg 0\rightarrow+\infty \tag{12}$$

它说明跳与维纳过程之间存在一个界限，即：

$$\frac{dS}{dt}=u+\sigma\frac{dW}{dt}\Rightarrow\frac{dS}{dt}=u+k\sigma\ll a<\infty \tag{13}$$

在维纳过程驱动下金融数据是在围内价格变化的，存在有一个界限 a，这说明了把某些超过阀值 a 以上的收益序列处理成跳有其合理性的（Ait-Sahalia（2004）、C. Alexander（2001））。在实证中我们会设计一种策略结合两种标准进行跳序列的辨识。

（二）基于风险的 R-GMM 思想

GMM 的基本思想是通过对于不同数据的权重的调整达到模拟的优化，而其中给于异常数据（outlier data）的权重是很低的，就这一点来说与市场的情况迥异：市场中，整个交易者交易过程中表现出对于特异数据（风险）的关注程度明显高于非特异化数据，通俗一点来说，就是对于市场中的风险交易者是“必须且不得不”给予了足够的重视，而这种“关注程度”事实上正对应着我们数据处理过程中各数据的权重，也正是因为经典的算法种对于这些特异数据的“故意不重视”而使得我们的经典算法思想对于风险捕捉的失效。因此本文认为 GMM 方法中对于风险数据权重的看法有待斟酌。

收益采用对数价格之差，并由随机扩散方程

$$ds_t=u_tdt+\sigma_tdW+J_tdN_t \tag{14}$$

$$R_t=u_tdt+\sigma_tdW+J_tdN+\varepsilon_t, \tag{15}$$

假定 R_t 不是在第五章连续路径数据与跳分离后的序列，而是对原始数据直接处理的结果。因此有矩条件：

$$E(g_i(\beta))=0$$

$$g_i(\hat{\beta})=Z_t(R_t-u_tdt+\sigma_tdW_t+J_tdN),$$

$$\bar{g}(\hat{\beta})=1/n\sum Z_t(R_t-u_tdt+\sigma_tdW_t+J_tdN) \tag{16}$$

其中外生变数 Z_t 与连续路径数据的残差并有垂直关系，$\hat{\beta}=(u_t,\sigma_t,\lambda_t)^T$，

为了估计 β，直觉上就是如何使 $\bar{g}(\hat{\beta})=0$[①]。设定 GMM 的目标函数，设：

$$\bar{g}_B(\hat{\beta})=1/n\sum Z_t(R_t-u_tdt+\sigma_tdW_t)$$

$$\bar{g}_J(\hat{\beta})=1/n\sum Z_t(J_tdN)$$

$$\bar{g}(\hat{\beta})=\bar{g}_B(\hat{\beta})+\bar{g}_J(\hat{\beta})$$

则

$$J(\hat{\beta})=n\bar{g}(\hat{\beta})^TW\bar{g}(\hat{\beta})$$

$$=n(\bar{g}_B(\hat{\beta})+\bar{g}_J(\hat{\beta}))^TW(\bar{g}_B(\hat{\beta})+\bar{g}_J(\hat{\beta}))$$

再设 $W=W_B+W_J$

$$J(\hat{\beta})=n(\bar{g}_B(\hat{\beta})+\bar{g}_J(\hat{\beta}))^T(W_B+W_J)(\bar{g}_B(\hat{\beta})+\bar{g}_J(\hat{\beta}))$$

$$J(\hat{\beta})=n(\bar{g}_B(\hat{\beta})^TW_B\bar{g}_B(\hat{\beta})+\bar{g}_J(\hat{\beta})^TW_J\bar{g}_J(\hat{\beta})) \tag{17}$$

传统方法中 W_J、W_B 是与离开均值位置的偏离成反比，我们这里给定 W_J、W_B 形式如下：

$$W_J\propto f((x-\bar{x})^n,\frac{d^nx}{dt^n} \tag{18}$$

其中 $x=s_t\propto(W_J,W_B)$，这样我们同时考虑了跳的分离性定义以及风险在交易者的高关注程度。对 β 的 GMM 估计要求 $\hat{\beta}$ 使 $J(\hat{\beta})$ 最小，一般的思路是它的一阶条件满足：

$$\frac{\partial J(\hat{\beta})}{\partial\hat{\beta}}=0$$

如果此条件满足的话，则有 GMM 估计量的解析式：

$$\hat{\beta}_{GMM}=(X^TZWZ^TX)^{-1}X^TZWZ^TR_t \tag{19}$$

其中：$X=u_tdt+\sigma_tdW+J_tdN$，$W=\frac{1}{n}E(Z^T\varepsilon\varepsilon^TZ)=\frac{1}{n}E(Z^T\Omega Z)=$

① 这里不对矩方程的秩讨论，并假定参数是正好识别。

S^{-1}，S^{-1}是 W 的有效估计，则有

$$\hat{\beta}_{EGMM}=(X^TZS^{-1}Z^TX)^{-1}X^TZS^{-1}Z^TR_t \tag{20}$$

（三）算法设计

算法设计方面主要来源于 Levy-Khintchine 对于 Levy 过程分解的思想。本文同时结合单位根 ADF 统计量及［22］的跳跃控制标准（优化条件）设计跳侦测方案。

$$IMSE=\min_{\Delta\to 0}\{\inf_a \sum_{t=1}^{1}|S(t)-S(t)_{SVJ}|^2|\sigma_{\tilde{p}}(\tilde{p},\mathscr{F}_{svj})\}$$

Subject to：$AVAR_{MLE}(\sigma^2)=2\sigma^4\Delta+o(\Delta)$[①]　(21)

其中 $S(t)_{SVJ}$ 代表仿真的价格过程。IMSE 本质上是 RMSE（Root Mean Squared Error）在全局上的一个数据报络，也作为 R-GMM 的算法收敛条件。

具体算法（Jump recognizing algorithm，JR）描述：

Step1 对原假设 H0：不存在跳；H1：跳存在，分别以 BPV 以及 $S_WV_M(T)$ 标准检验，

Step2 如果接受 ADF 检验，初步认为符合正态演进过程的数据特征；

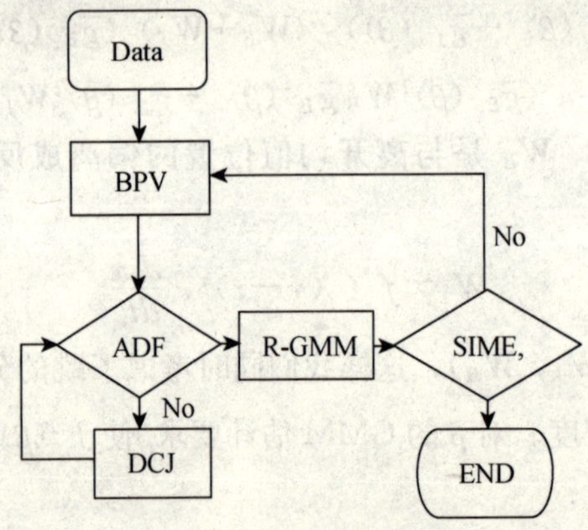

图 1　算法流程图解

Step3 拒绝原假设，则再利用 DCJ 标准在此区间上取得跳，重新纳入 step2，直到接受 H0；

Step4 结合优化标准检验 SIME（Ait Sahalia，2002），如果接受 SIME 标准，则算法结束；否则资料重新送入 Step1 循环。

① 参见 Ait Sahalia（2004）。

以微分标准判别跳的性质后，一直从数据中把满足这样性质的跳都抽取出来后留下来的序列才是由维纳过程发生的资料（Ait Sahalia，2002）。

四、数据实证

我们采用数据样本是浦发股份（6000000）2001 年全年的每笔事务数据，共 232 个交易日 943551 笔数据。为了测试算法的可靠性，我们还采用 S&P500 指数数据（共 28300 个）来作为对比资料。我们从图 3 中看到 S&P500 指数数据中的连续路径数据的 QQ 图几近完美，说明算法设计是成功的，能达到预想效果。同时本算法也可以捕捉了股市杠杆效应和回馈效应（leverage effect）（沐年国，2007），这从另一个侧面也反映算法能达到捕捉市场数据特性的要求。

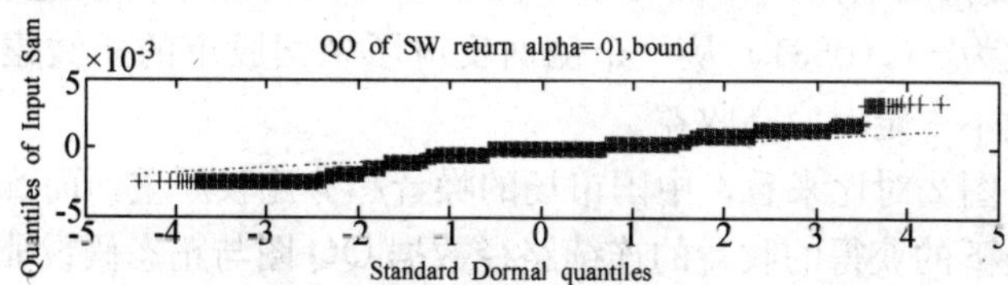

图 2　浦发银行 SW 统计量基础上收益率的 QQ 图

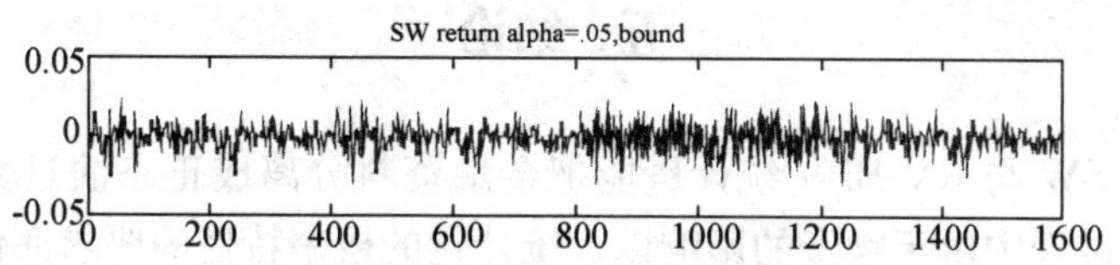

图 3　无噪音统计量下 SP500 的收益图及其 QQ 图

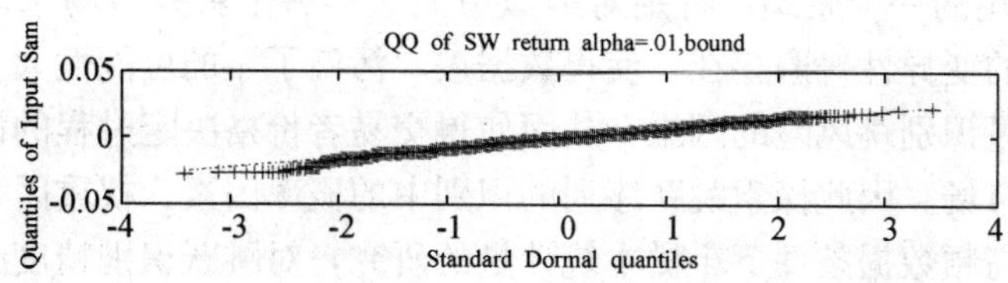

图 4　通过 BPV-SW-RGMM 算法识别的跳序列

从数据处理的效果看，噪声的处理对 SW 统计量作用比较小，反应出 SW

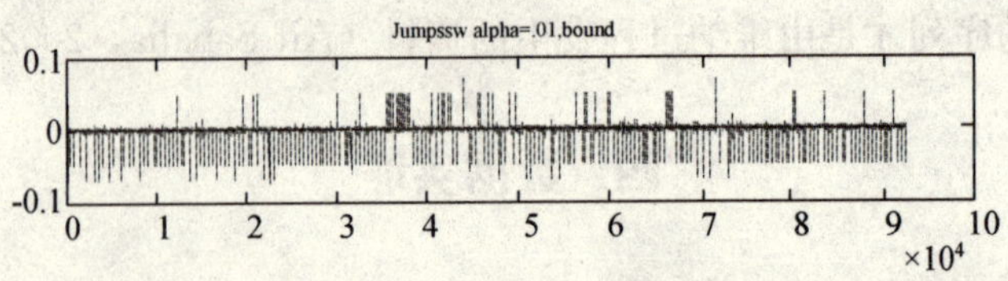

图 5 跳序列的杠杆效应

统计量稳定性比较好。相反，噪声处理对 RV-BPV 统计量是有一些作用的。BPV-SW-RGMM 算法对非对称效应的捕捉能力比较好，且捕捉的跳的峰度特性也很明显（304.9）。收益率数据对称性也明显增强，跳的次数（4112 次）比较接近 Eberlein 定义的程度。最重要的是从跳的到达率和幅度特征来看，也与跳跃发生的信息来源复杂性比较吻合（从资料上看跳序列至少可以被分 4 类）。数据不支持回馈效应，说明了中国市场上的高风险高收益现象比较弱。它的回馈系数为−0.0631，从一个侧面反应了中国股市的不健康状况，即中国市场高风险不一定对应高收益。

从图 3 与图 2 对比来看，中国市场的噪音趋势比较严重，而 S&P500 即使在无噪音假设下的获得的收益的连续路径数据 QQ 图与正态假设非常吻合！从这一方面来看，西方市场确实要比中国股市稳定，这与中国股市建立的时期短，规制还不是很完善有关。

五、结论

理论上 SW 与 RV-BPV 统计量能把金融资料分离成正态演进数据和跳序列，但实践过程中由于噪音的影响以及统计量的概率特性的要求而使得由统计量设计的算法失效。这一点也可能与 SW 统计量及 RV-BPV 统计量的修正值不妥有关。因而，噪音、统计量渐进性的概率条件影响等因素是 SW 及 RV-BPV 算法应用的一个瓶颈，特别对类似中国这样一个新兴市场来说，噪音以及市场数据的变异性普遍存在，使得数据被“污染了”的可能性大大提高，增加经典统计量识别跳风险的困难，从而使得交易者价格决定过程的误判概率远远高于成熟市场。因此探索跳跃序列的识别中的概率因素、权重因素，以及跳跃聚集时的高频数据条件下小样本统计量的研究，对跳跃识别精度的提高都是一个比较有实践意义的课题。

参考文献:

[1] Andersen T. G. , Benzoni, L. Lund, An empirical investigation of continuous-time equity models [J]. J of Finance 2002, 57, 1239-1284.

[2] B. Eraker, Johannes and Polson Do Stock Prices and Volatility Jump? Reconciling: Evidence from Spot and Option Prices [J], Journal of Finance, 2004 (3): 1367-1404.

[3] Bandi, F. M. , and T. H. Nguyen, On the Functional Estimation of Jump-Diffusion Models [J], Journal of Econometrics, 2003 (116 (1—2)): 293-328.

[4] Carr, P. , and D. Madan, Towards a Theory of Volatility Trading, in Volatility: New Estimation Techniques for Pricing Derivatives [M], R. A. Jarrow. Risk Publications, London, 1998.

[5] Polson, N. G. and Stroud, J. R. Bayesian Inference for Derivative Prices [M]. Bayesian Statistics 7, Oxford University Press, 2003, 641-650.

[6] Wang, Y. , Jump and Sharp Cusp Detection by Wavelets [J], Biometrika, 1995, 82 (2), 385-397.

[7] Andersen, T. G, Ole Bollerselv-Neilson and Diebold, FX, 2002, parametric and nonparametric volatility, working paper.

[8] Ole E. Barndorff-Nielsen & Neil Shephard, A feasible central limit theory for realised volatility under leverage [R], OFRC Working Papers Series 2004fe03, 2004.

[9] Lee, S. , and Mykland, P. A. , Jumps in Financial Markets: A New Nonparametric Test and Jump Dynamics [R], to appear in *Review of Financial Studies*, 2007.

[10] Ait Sahalia, Y. , p. Mykland, and L. Zhang, How Often to Sample a Continuous-Time Process in thePresence of Market Microstructure Noise [J], Review of Financial Studies, 2005, 18 (2), 351-416.

[11] George J. Jiang and Roel C. A. Oomen, A New Test for Jumps in Asset Prices [R], working paper, 2005.

[12] Bandi, F. M. , and J. R. Russell, Microstructure Noise, Realized Variance, and Optimal Sampling, manuscript GSB [R], The University of Chicago, 2004a.

[13] Bandi, F. M, Separating Microstructure Noise from Volatility [J], Journal of Financial Economics, 2006 (79): 665-692.

[14] Ole E. Barndorff-Nielsen & Neil Shephard, A Feasible Central Limit Theory for Realised Volatility Under Leverage [R], 2004-W03, Economics Group, Nuffield College, University of Oxford, 2004.

[15] Andersen, T. G. , T. Bollerslev, and F. X. Diebold, Some Like It Smooth, and Some Like It Rough: Untangling Continuous and Jump Components in Measuring, Modeling, and Forecasting Asset Return Volatility [R], Manuscript University of Pennsylvania.

2003.

［16］Ole E. Barndorff-Nielsen and Neil Shephard，Impact of jumps on returns and realised variances：econometric analysis of time-deformed Lévy processes［J］，*Journal of Econometrics*，2006（131）：217-252.

［17］Ole E. Barndorff-Nielsen & Neil Shephard & Matthias Winkel，Limit theorems for multipower variation in the presence of jumps［R］，2005-W07，Economics Group，Nuffield College，University of Oxford. 2005.

［18］Xin Huang and George Tauchen，The Relative Contribution of Jumps to Total Price Variance［J］，Journal of Financial Econometrics 2005 3（4）：456-499.

［19］George J. Jiang and Roel C. A. Oomen，Estimating Latent Variables and Jump Diffusion Models Using High Frequency Data［J］，Journal of Financial Econometrics，2007 Vol. 5（1）：1-30.

［20］E. Eberlein，U. Keller，New insights into the smile，mispricing and value at risk：the hyperbolic model［J］J. Bus. 1998，71：371-406.

［21］Ait Sahalia，Disentangling Diffusion from Jumps［J］，*Journal of Financial Economics*，2002（74）：487-528.

［22］沐年国．一种资产定价过程中跳辨识的新方法［J］．财经研究，2007，（1）：35—45.

非线性 LSTAR 模型中的单位根检验

刘雪燕　张晓峒
（南开大学经济学院）

一、引言

在过去的二十多年间，线性自回归模型被广泛应用到经济序列的分析中。然而，最近以来，很多研究文献指出众多的经济理论和经济变量都表现出非线性的特征。Engle and Granger（1987）指出，如果不同资产的价格存在协整关系，那么一旦出现价格偏离，套利行为就会使价格关系恢复到均衡状态。由于套利的存在，很多非平稳的金融时间序列会存在一个长期的均衡关系，并且在长期内有共同波动的趋势。然而，这种结论没有考虑交易费用的存在，在一个真实的金融交易中，交易费用总是存在的。交易费用的存在会阻碍价格的持续调整，很可能出现这样一种情况，套利并不是在任何一个时期都会发生，而是只有当价格偏离带来的无风险套利利润足以弥补套利行为的交易费用时套利行为才会发生。因此，这种长期的均衡关系并不是在任何时期都能保持的。这时误差修正的调整路径就呈现出非线性特征。如果忽视这种非线性特征，使用线性模型进行分析，得出的结论很有可能是错误的。放松严格的线性限制，引入非线性方法，对实证分析大有裨益。因此，Tong（1983）提出的门限自回归模型（TAR），Chan & Tong（1986）提出的平滑转移自回归模型（STAR）等众多非线性模型被广泛应用于时间序列的分析中。

随着非线性模型的发展，非线性模型的平稳性检验成为必须面对的问题。Dickey & Fuller（1979）、Engle & Granger（1987）提出的单位根检验是以线性平稳的 AR 过程作为备择假设的，这意味着这类检验可以区分线性假设下平稳和非平稳的问题。但在非线性模型中，Pippenger & Goering（1993）、Balke & Fomby（1997）、Daiki Maki 等（2006）许多文献都指出使用传统单位根检验的检验功效很低。因此，很多学者致力于扩展传统的单位根检验的研究，研究思路大致可以分为两个大的方向：一个研究方向是，使用面板数据提高单位根检验的水平与功效，如 Abuaf & Jorion（1990）使用面板数据单位根检验检验了一系列实际汇率的平稳性；Frankel & Rose（1996）和 Maddala & Wu（1996）也使用了同样的方法检验面板数据的平稳性。另一个研究方向的众多学者致力于分整和非线性模型下的平稳性检验，本文也是在此研究方向上希望扩展和提高非线性 LSTAR 模型的平稳性检验，以提高模型估计和推断准确性。

二、评论性回顾

Balke & Fomby（1997）提出了门限模型中对于非平稳和非线性的联合分析，并且使用蒙特卡洛模拟得出在双门限模型中，标准的 DF 检验的检验功效会大大降低。Pippenger & Goering（1993）也得出了相似的结论。Kapetanios 等（2003）提出了基于如下单变量指数平滑转移模型（ESTAR）的单位根检验：

$$y_t=\varphi y_{t-1}+\gamma y_{t-1}\Theta(\theta; y_{t-d})+\varepsilon_t \quad (1)$$

其中，φ 和 γ 为未知参数。指数转换函数 $\Theta(\theta; y_{t-d})$ 表示如下：

$$\Theta(\theta; y_{t-d})=1-\exp(-\theta y_{t-d}^2) \quad (2)$$

设定 $\theta\geqslant 0$，延迟参数 $d\geqslant 1$。指数转换函数的值为 0～1（Θ: $\to R[0, 1]$），

$$\Theta(0)=0; \lim_{x\to\pm\infty}\Theta(x)=1$$

从式（1）和式（2）可知，指数平滑转移模型（ESTAR）可以表示为：

$$y_t=\varphi y_{t-1}+\gamma y_{t-1}[1-exp(-\theta y_{t-d}^2)]+\varepsilon_t \quad (3)$$

式（3）可以改写为 $\Delta y_t=\rho y_{t-1}+\gamma y_{t-1}[1-exp(-\theta y_{t-d}^2)]+\varepsilon_t$ (4)

其中，$\rho=\varphi-1$，指数平滑转移模型（*ESTAR*）的平稳性条件为 $|\varphi+\gamma|<1$，并且 $-2<\rho+\gamma<0$。原假设为 $\rho=0$，$\theta=0$ 或 $\varphi=1$，$\theta=0$，y_t 为线性单位根过程，γ 在原假设下无法识别。备择假设为 $\rho=0$，$-2<\gamma<0$，$\theta>0$，y_t 为整体平稳的非线性过程，但是在中间区域含有单位根。当 θ 或者 y_{t-d}^2 很大时，模型近似于一个线性 *AR* 模型，因为在这种条件下，$[1-exp(-\theta y_{t-d}^2)]$ 的值接近于 1。相反，当 θ 或者 y_{t-d}^2 接近于 0 时，$[1-exp(-\theta y_{t-d}^2)]$ 的值接近于 0，y_t 的持续性很高。如果 $\rho<0$，即使在中间区域，y_t 也是一个平稳过程；如果 $\rho>0$，则在中间区域 y_t 是一个发散过程。

当假设 $\rho=0$ 和 $d=1$ 时，式（4）可以表达为：

$$\Delta y_t=\gamma y_{t-1}[1-exp(-\theta y_{t-1}^2)]+\varepsilon_t \quad (5)$$

我们需要检验 θ 是否为零，但检验不能直接进行，因为在原假设下，γ 不可识别。为了解决这个问题，我们按照 Luukkonen，Saikkonen & Teräsvirta（1988）的做法，使用一阶泰勒展开式近似表示式（5），因此检验就可以建立在如下表达式上：

$$\Delta y_t = \delta y_{t-1}^3 + error \tag{6}$$

如果式（5）中存在序列相关，则式（5）和式（6）可以表示为：

$$\Delta y_t = \gamma y_{t-1}\left[1 - exp\left(-\theta y_{t-1}^2\right)\right] + \sum_{j=1}^{p} \alpha_j \Delta y_{t-j} + \varepsilon_t \tag{7}$$

$$\Delta y_t = \delta y_{t-1}^3 + \sum_{j=1}^{p} \alpha_j \Delta y_{t-j} + error \tag{8}$$

在辅助回归式（6）和式（8）中，检验 $\delta=0$ 和 $\delta<0$ 的 t 统计量：$t_{NL} = \hat{\delta}/s.e.(\hat{\delta})$

$\hat{\delta}$为 δ 的 OLS 统计量，s. e.（$\hat{\delta}$）为$\hat{\delta}$的标准差。使用这个检验统计量，我们可以检验序列为线性单位根过程还是非线性整体平稳过程。当数据中含有非零均值和趋势时，使用退均值和趋势的数据进行分析。

与 Kapetanios 等（2003）使用泰勒展开式克服模型的识别问题不同，K111ç（2003）提出了栅格搜索的方法。考虑如下的 ESTAR 过程：

$$y_t = \varphi y_{t-1} + \varphi^* y_{t-1} F(\theta, c; z_t) + \varepsilon_t \tag{9}$$

$F(\theta, c; z_t) = 1 - exp\left[-\theta (z_t - c)^2\right]$，$\varphi$，$\varphi^*$，$\theta$，$c$ 为未知参数。中间区域 $z_t = c$。如果 $F=0$，式（9）为线性模型。

$$y_t = \varphi y_{t-1} + \varepsilon_t$$

给定 θ 的值，对应于 $\lim\limits_{|z_t - c| \to \pm\infty} F(z_t; \theta, c)$ 的外区域为差分的 AR 模型。$y_t = (\varphi + \varphi^*) y_{t-1} + \varepsilon_t$

把式（9）改写为：

$$y_t = \rho y_{t-1} + \varphi^* y_{t-1}\left\{1 - exp\left(-\theta (z_t - c)^2\right)\right\} + \varepsilon_t$$

$\rho = \varphi - 1$，我们假设 $\rho = 0$，这时中间区域含有单位根。

$$\Delta y_t = \varphi^* y_{t-1}\left\{1 - exp\left(-\theta (z_t - c)^2\right)\right\} + \varepsilon_t$$

与 Kapetanios 等（2003）不同，K111ç（2003）使用 Δy_{t-1} 作为转换变量 z_t。如果 $z_t = y_{t-1}$，$c=0$，尽管检验的统计量不同，但是两者的模型是相同的。如果 c 和 θ 的值未知，则两者的估计值$\hat{\phi}^*$ 和 ϕ^* 可以通过对 $y_{t-1}\left\{1 - exp\left(-\theta (z_t - c)^2\right)\right\}$ 和 Δy_t 的回归得到。当 θ 和 c 已知时，检验统计量为

$$\hat{t}_{\phi^*=0}(\theta, c)$$

检验的原假设 H_0：$\varphi^* = 0$，备择假设 H_1：$\varphi^* < 0$。即使 θ 和 c 已知，在

原假设下，二者也是不可识别的。为了克服这个问题，K111ç（2003）使用获得最大 t 值的 θ 和 c 的取值，检验统计量如下所示：

$$\sup - t = \sup_{(\theta,c)\in\Theta\times C} \hat{t}_{\phi^*=0}(\theta, c) = \sup_{(\theta,c)\in\Theta\times C}\left[\frac{\hat{\phi}^*(\theta, c)}{s.e.(\hat{\phi}^*(\theta, c))}\right]\phi^*=0$$

$$\Theta=[\underline{\theta}, \bar{\theta}], C=[\underline{c}, \bar{c}], 0<\underline{\theta}<\theta<\bar{\theta}, 0<\underline{c}<c<\bar{c}$$

例如，θ 从（0. 1，0. 2，…，20）中取值，把 Δy_{t-1} 最大的 10%的数据和最小的 10%的数据去除，从剩余的 80%的数据中取门限 c 的值。在这些条件下，在样本量为 $T=100$ 时，φ^* 的 t 统计量从 16000 个数值中取最大值。K111ç（2003）给出了 $c=0$ 的统计量的临界值和当 c 未知时的临界值。样本中如果含有非零均值和趋势，处理方法与 Kapetanios 等（2003）相同。

Eklund（2003b）提出了一种检验 LSTAR 模型中单位根的 F 统计量，分析使用的单变量过程如下：

$$\Delta y_t=\theta_0+\theta_1\Delta y_{t-1}+\psi_1 y_{t-1}+(\varphi_0+\varphi_1\Delta y_{t-1}+\psi y_{t-1}) F(\gamma, c_1, c_2, \Delta y_{t-1})+\varepsilon_t \quad (10)$$

其中，$F(\cdot)$ 为二阶对数函数，$F(\cdot)\in[-0.5, 0.5]$。

$$F(\gamma, c_1, c_2, \Delta y_{t-1})=(1+exp[-\gamma(\Delta y_{t-1}-c_1)(\Delta y_{t-1}-c_2)])^{-1}-0.5$$

其中，c_1 和 c_2 为门限参数，γ 为逻辑函数的转换参数。如果 $\gamma=0$，$\psi_1=0$，$-1<\theta_1<1$，y_t 为单位根过程。Eklund（2003b）使用一阶泰勒展开式对式（10）进行近似，因此在进行单位根检验时可以基于以下的模型进行：

$$y_t=\delta_1\Delta y_{t-1}+\delta_2(\Delta y_{t-1})^2+\delta_3(\Delta y_{t-1})^3+\varphi_1 y_{t-1}\Delta y_{t-1}+\varphi_2 y_{t-1}(\Delta y_{t-1})^2+\alpha+\rho y_{t-1}+\varepsilon_t^* \quad (11)$$

当 $\delta_2=\delta_3=\varphi_1=\varphi_2=0$ 时，$\gamma=0$。不带有漂移项的原假设 H_{01}：$\delta_2=\delta_3=\varphi_1=\varphi_2=\alpha=0$，$\rho=1$。带有漂移项的原假设 H_{02}：$\delta_2=\delta_3=\varphi_1=\varphi_2=0$，$\rho=1$。令 $R\beta=r$，在原假设 H_{01} 下，$\beta=(\delta_1, \delta_2, \delta_3, \varphi_1, \varphi_2, \alpha, \rho)'$，$\gamma=(0\ 0\ 0\ 0\ 0\ 1)'$；在原假设 H_{02} 下，$\gamma=(0\ 0\ 0\ 0\ 1)'$。所以，在原假设 H_{01} 下，R 为 6×7 的矩阵，在原假设 H_{02} 下，R 为 5×7 的矩阵。Eklund（2003b）使用 F 统计量检验 H_{01} 和 H_{02}。

$$F=(b_t-\beta)'R'[\hat{\sigma}^2R(\sum_{t=1}^{T}x_tx_t')^{-1}R']^{-1}R(b_T-\beta)/k$$

$b_T=(\hat{\delta}_1, \hat{\delta}_2, \hat{\delta}_3, \hat{\phi}_1, \hat{\phi}_2, \hat{\phi}_3, \hat{\alpha}, \hat{\rho})$ 是式（3）中的 OLS 估计量。$\hat{\sigma}^2$ 是式（11）中的残差平方和。$x_t=(\Delta y_{t-1}, (\Delta y_{t-1})^2, (\Delta y_{t-1})^3, y_{t-1}\Delta y_{t-1}, y_{t-1}(\Delta y_{t-1})^2, 1, y_{t-1})'$，k 为限制条件的个数。

在上述文献研究的基础上，本文提出了 LSTAR 模型框架下的 t_{LSTAR} 检验，

推导出 t_{LSTAR} 的极限分布，使用蒙特卡洛模拟的方法得到了 t_{LSTAR} 检验的临界值表，并且对比分析了 t_{LSTAR} 检验和 DF 检验的功效，发现 t_{LSTAR} 检验的功效普遍高于 DF 检验。

本文安排如下，第二部分讨论在 LSTAR 框架下的平稳性检验，首先提出非线性模型中平稳和非平稳的概念，然后构造了用于 LSTAR 模型平稳性检验的 t_{LSTAR} 统计量，并且通过蒙特卡洛模拟给出了 t_{LSTAR} 统计量的临界值表。第三部分分析 t_{LSTAR} 检验的小样本性质，对比了 t_{LSTAR} 检验和 DF 检验的功效，发现 t_{LSTAR} 检验的功效普遍高于 DF 检验。第四部分总结全文指出将来的研究方向。

三、LSTAR 模型的平稳性检验

（一）平稳和非平稳的界定

线性过程中用到的术语，例如，“单位根”和“单整序列”等在非线性存在的情况下可能会引起误解。所以，我们需要重新界定“非平稳”的概念。长期以来，大量文献对于平稳和非平稳的界定都是基于时间序列相关性的分析。一般而言，如果一个时间序列的当期值和前期值之间存在弱相关（极限情况为独立同分布），那么该序列为平稳序列；相反，如果一个时间序列的当期值和前期值之间紧密性关，那么该序列为非平稳序列。

另外一类对于序列平稳性的界定则基于对矩的研究。我们所熟悉的序列“弱平稳”，指的就是协方差平稳，即二阶矩平稳。然而，弱平稳无法排除高阶矩的非平稳，但在时间序列中，非线性特征往往就体现在高阶矩的特征上。如果我们使用线性情况下的二阶矩平稳来界定序列的平稳性，可能就会出现错误的判断。因此，在进行研究之前，需要说明平稳的概念。

按照 Tweedie（1975）提出的关于几何便利性和联合渐近平稳的概念，如果存在常数 $\delta<1$，B、$L<\infty$ 和一个小的集合 C，满足：

$$E\left[\,|\,|y_t|\,|\ \ |\,y_{t-1}=y\right]<\delta\,|\,|y|\,|+L,\ \forall y\notin C;\ E\left[\,|\,|y_t|\,|\ \ |\,y_{t-1}=y\right]\leqslant B,\ \forall y\in C$$

则序列 y_t 为平稳序列，在本文的研究中，我们就采用这个平稳性的定义。[①]

（二）t_{LSTAR} 检验的提出

考虑一个一阶单变量平滑转移自回归过程 STAR（1）：

① 详细推导过程请参见 Tweedie（1975），Balke & Fomby（1997）和 Kapetanios（1999）。

$$y_t=\beta y_{t-1}+\theta y_{t-1}F(\gamma,c;y_{t-d})+\varepsilon_t,t=1,2,\cdots,T \tag{12}$$

其中，$\varepsilon_t \sim iid(0,\sigma^2)$，$\beta$ 和 γ 为未知参数。首先考虑最简单的情况，假设 y_t 为均值为零的随机过程，随着研究的深入我们再考虑 y_t 带有非零均值和线性时间趋势的情况。参考有关 LSTAR 模型研究的文献，式（12）中转换函数采取如下形式：

$$F(\gamma,c;y_{t-d})=(1+exp(-\gamma(y_{t-d}-c)))^{-1}-1/2 \tag{13}$$

其中 c 为 y_t 序列的均值，y_t 均值为零则 $c=0$，γ 为转换速度参数，γ 决定了均值回归的速度，$\gamma \geqslant 0$。需要注意的是，当 $\gamma \to \infty$ 时，$F(\cdot)$ 成为突变函数，平滑转移模型退化为一个门限自回归（TAR）模型，如 Tong（2003）；相反，如果 $\gamma=0$，则 $F(\cdot)$ 恒等于零，平滑转移模型退化为线性模型。因此，只要假设 $\gamma=0$，就可以得到线性模型。d 为延迟参数，$d \geqslant 1$，本文中取延迟参数 $d=1$。

合并式（13）和式（12）可以得到 LSTAR 模型的表达式

$$y_t=\beta y_{t-1}+\theta y_{t-1}((1+exp(-\gamma(y_{t-1})))^{-1}-1/2)+\varepsilon_t \tag{14}$$

式（14）的两边减去 y_{t-1} 可得，

$$\Delta y_t=\mu y_{t-1}+\theta y_{t-1}((1+exp(-\gamma(y_{t-1})))^{-1}-1/2)+\varepsilon_t \tag{15}$$

其中，$\mu=\beta-1$。

根据上文中平稳性的定义，结合式（15），在 $\gamma>0$ 时，模型（14）的平稳条件为 $|\beta+\theta|<1$，或 $|\mu+\theta|<0$。首先，如果 $|\beta+\theta|<1$，那么存在某个有限值 $y^*>0$，对于所有 $y<-y^*$ 且 $y \geqslant y^*$，$\beta+\theta((1+\exp(-\gamma(y)))^{-1}-1/2)<1$，$0<(1+exp(-\gamma(y)))^{-1}-1/2<1/2$，$\gamma>0$。定义一个集合 $C=[-y^*,y^*]$，这样，平稳性条件 $E[||y_t|| \mid y_{t-1}=y] \leqslant B$，$\forall y \in C$，通过定义适当的 ε_t 值便可以满足。

另外，既然 $\beta+\theta((1+\exp(-\gamma(y)))^{-1}-1/2)<1$，则

$E[||y_t|| \mid y_{t-1}=y]<||\beta+\theta((1+exp(-\gamma(y)))^{-1}-1/2)||\,||y||+L$，$\forall y \notin C$，$L$ 为有限值。

至此，我们得到了 LSTAR 模型的平稳性条件：$\gamma>0$，且 $|\beta+\theta|<1$。

我们假设 y_t 在中间区域含有单位根，即式（15）中 $\mu=0$，此时，LSTAR 模型为：

$$\Delta y_t=\theta y_{t-1}((1+exp(-\gamma(y_{t-1})))^{-1}-1/2)+\varepsilon_t$$

上述 LSTAR 模型的平稳性条件可以表示为 $\gamma>0$，且 $-2<\theta<0$。因此，检验式（15）究竟为线性单位根过程还是平滑转移整体平稳过程时，可以采用如下的原假设：H_0：$\gamma=0$；备则假设为：H_1：$\gamma>0$。但是在原假设下，θ 不可识别，无法直接检验原假设是否成立。为了解决不可识别问题，我们按照

Luukkonen 等（1988）的做法，使用泰勒近似方法得到 LSTAR 模型的近似表达式如下：

$$\Delta y_t = \lambda y_{t-1}{}^2 + error \tag{16}$$

其中，$\lambda=\theta\gamma/4$。原假设 $\gamma=0$，$-2<\theta<0$ 等同于 $\lambda=0$，备则假设 $\gamma>0$，$-2<\theta<0$ 等同于 $\lambda<0$。因此，检验转化为对于式（16）中 λ 等于零还是小于零的检验。

构造 t 统计量：$t_{LSTAR}=\hat{\lambda}/s.e.\ (\hat{\lambda})$，其中$\hat{\lambda}$为式（16）中 λ 的 *OLS* 估计量，*s. e.*（$\hat{\lambda}$）为$\hat{\lambda}$的标准差。t 统计量不服从标准分布。原假设下，其渐近分布为[①]：

$$t_{LSTAR}=\frac{\sigma^3\ (\frac{1}{3}W\ (1)^3-1)}{\sqrt{\sigma^6\cdot\int_0^1\ [W\ (r)]^4dr}}=\frac{(\frac{1}{3}W\ (r)^3-1)}{\sqrt{\int_0^0\ [W\ (r)]^4dr}}$$

现在考虑序列有非零均值或者含有确定性线性趋势。我们需要对上述模型作出修改，若序列含有非零均值，其中，$x_t=\mu+y_t$，我们使用退均值序列 $y_t=x_t-\bar{x}$，$\bar{x}$ 为样本均值。与之相似的是，如果序列中含有非零的均值和趋势，$x_t=\mu+\delta t+y_t$，需要首先对序列退均值和趋势 $y_t=x_t-\mu-\hat{\delta}t$，$\hat{\mu}$和$\hat{\delta}$分别是对 μ 和 δ 的 OLS 估计。Hamilton（1994）指出，t 统计量的渐近分布并不会受到 μ 和 δ 真实值是否非零的影响，即使序列中含有非零均值和趋势，t 统计量的渐近分布仍和零均值和趋势下的分布相同。因此，当 LSTAR 模型中含有非零的均值和趋势时，t_{LSTAR} 的极限分布与上文中推导出的零均值和趋势下的渐近分布基本相同，只不过在含有非零均值时，上文中 $W\ (r)$ 应该修改为退掉均值的标准布朗运动$\bar{W}\ (r)$，而在模型中含有非零均值和趋势时，t_{LSTAR}统计量极限分布中 $W\ (r)$ 应修改为退均值和趋势的标准布朗运动 $\hat{W}\ (r)$。[②]

得到 t_{LSTAR}统计量渐近分布之后，使用蒙特卡洛方法来模拟 t_{LSTAR}统计量的临界值。零均值和趋势、含有非零均值、含有非零均值和趋势三种情形下的 t_{LSTAR}统计量的渐近临界值如表 1 所示。

---

① 详细推导过程请直接向作者索要。

② 在非线性序列下，对于均值和趋势的处理比较复杂。本文中使用的 OLS 退势的方法也只是一个尝试。

表 1 t_{LSTAR} 统计量的临界值表

显著性水平（%）	1	5	10
情形 1			
$T=50$	−2.01	−1.44	−1.17
$T=100$	−1.94	−1.42	−1.15
$T=200$	−1.90	−1.40	−1.15
情形 2			
$T=50$	−3.27	−2.53	−2.13
$T=100$	−3.18	−2.52	−2.13
$T=200$	−3.15	−2.47	−2.10
情形 3			
$T=50$	−3.58	−2.85	−2.45
$T=100$	−3.56	−2.85	−2.45
$T=200$	−3.45	−2.81	−2.45

注：情形 1、情形 2 和情形 3 分别表示零均值和趋势、含有非零均值、含有非零均值和趋势三种情形。

图 1（a）～（c）为情形 1 至情形 3 下 $T=50$ 时 t_{LSTAR} 统计量的直方图，可以看出，其分布不同于标准的 t 分布，它们的分布是对称的、双峰的，并且模型中含有非零截距项和趋势项后，t_{LSTAR} 统计量的双峰特征表现的更为明显。情形 2 和情形 3 下分布的方差基本相同，稍大于情形 1 下的方差。

上文的分析中，我们假设 LSTAR 模型的残差项 $\varepsilon_t \sim \text{iid}(0, \sigma^2)$，进一步考虑，如果 $\Delta y_t=\theta y_{t-1}((1+exp(-\gamma(y_{t-1})))^{-1}-1/2)+\varepsilon_t$ 的残差项中存在序列相关（本文假设序列相关都是线性的），按照 Dickey & Fuller（1979）的做法，LSTAR 模型可表示为：

$$\Delta y_t=\sum_{j=1}^{p}\rho_j\Delta y_{t-j}+\theta y_{t-1}((1+exp(-\gamma(y_{t-1})))^{-1}-1/2)+\nu_t$$

$\nu_t \sim \text{iid}(0, \sigma^2)$。按照上文的思路，上式通过泰勒近似得到的辅助回归式可以表达如下：

$$\Delta y_t=\sum_{j=1}^{p}\rho_j\Delta y_{t-j}+\lambda y_{t-1}{}^2+\text{error}$$

上式中 λ 的 t_{LSTAR}统计量的极限分布与不含有序列相关情形下的极限分布相同，详细证明见附录 B。[①] 因此，在含有序列相关的情形下，t_{LSTAR}的临界值不会发生改变，我们在上文中得到的临界值表也适用于带有序列相关的情形。

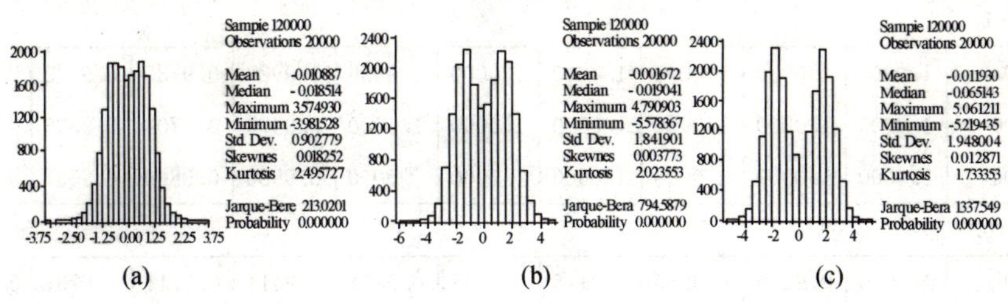

图 1　情形 1、情形 2 和情形 3 下 $T=50$ 时 t_{LSTAR} 的直方图

（三）t_{LSTAR}检验的功效

我们使用蒙特卡洛模拟的方法分析本文中提出的 t_{LSTAR}检验在小样本下的检验功效，同时我们也模拟出了 DF 检验的功效，以方便对比。如表 2 所示，可以看出本文中提出的 t_{LSTAR}检验的检验功效普遍高于 DF 检验。对于相同的 θ 值，随着 γ 的增大，t_{LSTAR}检验的优势逐渐变得明显。但是随着 γ 的下降，这种优势逐渐消失。例如，在情形 1 下，当 $T=50$，$\theta=-0.5$，$\gamma=0.01$ 时，t_{LSTAR}检验和 DF 检验的功效分别为 1. 0000 和 0. 9209。当 γ 值上升到 1 时，t_{LSTAR}检验和 DF 检验的检验功效有轻微的下降，二者的检验功效分别为 0. 8761 和 0. 2231，t_{LSTAR}检验具有更明显的优势。这个发现并不令人惊奇，因为在 γ 取值越大时，θ 的值越小，模型中的非线性特征越明显，因此 t_{LSTAR}检验的优势更加明显。相反，模型的线性特征占有主导地位时，DF 检验的功效则会大大升高。

另外，当 γ 值保持不变，θ 的值逐渐减小时，t_{LSTAR}检验的检验功效远远高于 DF 检验。例如，在情形 1 下，当样本容量 $T=50$，$\theta=-0.05$ 和 $\theta=-0.01$ 时，t_{LSTAR}检验的功效为 0. 8456 和 0. 8385，而 DF 检验的功效分别为 0. 1123 和 0. 0675。随着 θ 的增大，两者的检验功效都有所上升，当 θ 增大为 -1 时，即使在 $T=50$ 的小样本情况下，两者的检验功效都达到了 1. 0。

---

① 证明思路受 George Kapetanios 等（2003）的启发。

表 2 t_{LSTAR} 检验与 DF 检验功效比较

	γ=0.01		γ=0.05		γ=0.1		γ=0.5		γ=1	
	t_{LSTAR}	DF	t_{LSTAR}	DF	t_{LSTAR}	DF	t_{LSTAR}	DF	t_{LSTAR}	DF
情形 1										
$\theta=-1$										
$T=50$	1.0000	1.0000	1.0000	1.0000	1.0000	0.9999	0.9927	0.9135	0.9072	0.3541
$T=100$	1.0000	1.0000	1.0000	1.0000	1.0000	1.0000	0.9976	0.9704	0.9335	0.4032
$T=200$	1.0000	1.0000	1.0000	1.0000	1.0000	1.0000	0.9986	0.9860	0.9537	0.4922
$\theta=-0.5$										
$T=50$	1.0000	0.9209	0.9969	0.9178	0.9965	0.9054	0.9414	0.5711	0.8761	0.2231
$T=100$	1.0000	1.0000	1.0000	0.9999	1.0000	0.9994	0.9680	0.7109	0.9093	0.2537
$T=200$	1.0000	1.0000	1.0000	1.0000	1.0000	1.0000	0.9804	0.8159	0.9341	0.3258
$\theta=-0.1$										
$T=50$	0.8787	0.1763	0.8755	0.1766	0.8732	0.1763	0.8545	0.1271	0.8518	0.1075
$T=100$	0.9463	0.3577	0.9454	0.3557	0.9397	0.3526	0.8940	0.2287	0.8850	0.1750
$T=200$	0.9951	0.7618	0.9941	0.7444	0.9901	0.7049	0.9233	0.3611	0.9120	0.2601
$\theta=-0.01$										
$T=50$	0.8356	0.0675	0.8347	0.0662	0.8354	0.0642	0.8364	0.0578	0.8361	0.0577
$T=100$	0.8573	0.0751	0.8573	0.0762	0.8581	0.0737	0.8575	0.0695	0.8574	0.0700
$T=200$	0.8789	0.0773	0.8806	0.0777	0.8816	0.0777	0.8809	0.0758	0.8801	0.0756
情形 2										
$\theta=-1$										
$T=50$	0.9983	0.9781	0.9981	0.9774	0.9980	0.9741	0.9200	0.7874	0.5431	0.2776
$T=100$	1.0000	1.0000	1.0000	1.0000	1.0000	1.0000	0.9769	0.9492	0.6059	0.3544
$T=200$	1.0000	1.0000	1.0000	1.0000	1.0000	1.0000	0.9904	0.9805	0.7032	0.4675
$\theta=-0.5$										
$T=50$	0.8318	0.4980	0.8305	0.4936	0.8238	0.44868	0.6137	0.3022	0.4222	0.1325
$T=100$	0.9979	0.9742	0.9982	0.9737	0.9978	0.9676	0.7737	0.5704	0.4750	0.1928
$T=200$	1.0000	1.0000	1.0000	1.0000	1.0000	1.0000	0.8781	0.7571	0.5851	0.2925
$\theta=-0.1$										
$T=50$	0.3554	0.0716	0.3557	0.0718	0.3566	0.0714	0.3448	0.0650	0.3368	0.0614
$T=100$	0.4636	0.1283	0.4612	0.1278	0.4551	0.1244	0.3889	0.0934	0.3688	0.0833

续表

	γ=0.01		γ=0.05		γ=0.1		γ=0.5		γ=1	
	t_{LSTAR}	*DF*	t_{LSTAR}	*DF*	t_{LSTAR}	*DF*	t_{LSTAR}	*DF*	t_{LSTAR}	*DF*
T=200	0.7384	0.3055	0.7227	0.3008	0.7071	0.2879	0.5111	0.1772	0.4665	0.1368
θ=−0.01										
T=50	0.3199	0.0498	0.3202	0.0512	0.3195	0.0509	0.3208	0.0520	0.3203	0.0510
T=100	0.3216	0.0565	0.3223	0.0554	0.3216	0.0540	0.3224	0.0523	0.3227	0.0519
T=200	0.3550	0.0579	0.3560	0.0581	0.3589	0.0573	0.3608	0.0568	0.3601	0.0565
情形 3										
θ=−1										
T=50	0.9906	0.8914	0.9895	0.8901	0.9883	0.8836	0.8561	0.6571	0.4201	0.2237
T=100	1.0000	1.0000	1.0000	1.0000	1.0000	1.0000	0.9643	0.9230	0.4864	0.3218
T=200	1.0000	1.0000	1.0000	1.0000	1.0000	1.0000	0.9853	0.9753	0.6035	0.4410
θ=−0.5										
T=50	0.6656	0.2968	0.6634	0.2966	0.6560	0.2953	0.4583	0.1929	0.2822	0.0999
T=100	0.9881	0.8617	0.9872	0.8578	0.9841	0.8453	0.6719	0.4480	0.3384	0.1574
T=200	1.0000	1.0000	1.0000	0.9999	1.0000	0.9999	0.8234	0.6932	0.4464	0.2559
θ=−0.1										
T=50	0.2160	0.0565	0.2172	0.0564	0.2154	0.0558	0.2068	0.0518	0.2015	0.0516
T=100	0.2880	0.0876	0.2855	0.0861	0.2812	0.0845	0.2404	0.0735	0.2234	0.0686
T=200	0.5200	0.1841	0.5133	0.1803	0.4949	0.1736	0.3428	0.1269	0.3014	0.1041
θ=−0.01										
T=50	0.1881	0.0465	0.1878	0.0467	0.1875	0.0467	0.1877	0.0475	0.1875	0.0473
T=100	0.1889	0.0542	0.1879	0.0541	0.1881	0.0547	0.1869	0.0557	0.1870	0.0555
T=200	0.2038	0.0515	0.2039	0.0522	0.2051	0.0521	0.2075	0.0531	0.2072	0.0528

四、总结及未来研究展望

本文希望扩展和提高门限模型的平稳性检验，以便提高模型的估计和推断的准确性，因此本文中构造了检验序列为线性非平稳和非线性整体平稳LSTAR 模型的 t_{LSTAR} 检验。检验的原假设为线性非平稳过程，备则假设为整体平稳的非线性 LSTAR 过程。为了解决模型在原假设下参数不可识别的问题，我们按照 Luukkonen 等（1988）的做法，使用泰勒近似方法得到 LSTAR

模型的近似表达式，t_{LSTAR}检验则建立在次近似表达式上。接着使用蒙特卡洛模拟的方法得出不同样本容量下t_{LSTAR}统计量的临界值。为了检验t_{LSTAR}检验的检验功效，我们对比分析了t_{LSTAR}检验和DF检验的检验功效发现，t_{LSTAR}检验的检验功效普遍高于DF检验的检验功效，尤其当模型中含有显著的非线性成分时，这种优势愈发明显。Elliott，Rothenberg，Stock（1996）指出，虽然没有严格的理论证明，但是蒙特卡洛模拟结果表明，在线性模型中，如果模型带有截距项和趋势项，建立在GLS退势上的ADF检验的检验功效比使用OLS退势的检验功效要高。在本文的分析中，当模型中带有非零均值趋势时，都是使用OLS方法退势的。在将来的研究中，我们希望把本文的研究进一步扩展，分析在GLS退势基础上本文构造的检验统计量的检验功效是否进一步提高。

参考文献：

［1］Balke，N. S.，Fomby，T. B. Threshold cointegration. International Economic Review，1997，38：627～645.

［2］Berben，R.，Van Dijk，D. Unit root tests and asymmetric adjustment：a reassessment. Unpublished manuscript，Tinbergen Institute，Erasmus University of Rotterdam.

［3］Caner，M. Hansen，B. E. Threshold autogression with a near unit root. Econometrica，2001，69：1555～1596.

［4］Chan，K. S. Consistency and limiting distribution of the least squares estimator of a threshold autoregressive model. The Annals of Statistics，1993，21：520～533.

［5］Chan，K. S.，Tong，H. On estimating thresholds in autoregressive models. Journal of Time Series Analysis，1986，7：179～194.

［6］Daiki Maki. Variance ration tests for a unit root in the presence of a mean shift：small sample properties and an application to purchasing power parity. Applied Financial Economics，2006，16：607～615.

［7］Dickey，D. A.，Fuller，W. A. Distribution of the estimates for autoregressive time series with a unit root. Journal of the American Statistical Association，1979，74：427～431.

［8］Eklund，B. Testing the unit root hypothesis against the logistic smooth transition autoregression. Stockholm School of Economics，SSE/EFI Working Paper Series in Economics and Finance No. 546，2003a.

［9］Eklund，B. A nonlinear alternative to the unit root hypothesis. Stockholm School of Economics，SSE/EFI Working Paper Series in Economics and Finance No. 547.

［10］Enders，W.，Granger，C. W. J. Unit root tests and asymmetric adjustment with an example using the term structure of interest rates. Journal of Business and Economics Statistics，1998，16：304～311.

[11] Engle，R. F. Granger，C. W. J. Cointegration and error correction：Representation，estimation and testing. Econometrica，1987，55：251～276.

[12] Frankel Jeffrey A. ，Rose Andrew K. Currency crashes in emerging markets：an empirical treatment. Journal of International Economics，1996，41：351～366.

[13] Kapetanios，G. Essays on the Econometric analysis of Threshold models. Unpublished ph. D. Thesis，University of Cambridge.

[14] Kapetanios，G. ，Yongcheol Shin，Andy snell. Testing for a unit root in the nonlinear STAR framework. Journal of Econometrics，2003，112：359～379.

[15] K111ç，R. A testing procedure for a unit root in the STAR model. Georgia Institute of Technology，School of Economics. Journal of the Japanese and International Economies，2003，18：84～98.

[16] Luukkonen，R. ，Saikkonen，P. ，Teräsvirta，T. Testing linearity against smooth transition autoregressive models. Biometrika，1988，75：491～499.

[17] Maddala，G. S. ，Shaowen Wu. A comparative study of unit root tests with panel data and a new simple test. Oxford Bulletin of Economics & Statistics，1996，61：631～652.

[18] Niso Abuaf，Philippe Jorion. Purchasing power parity in the long run. The journal of finance，1990，XLV：157～174.

[19] Tong，H. Threshold models in nonlinear time series analysis. New York，Springer-Verlag，1983.

OECD 经典未观测经济核算理论对中国 SNA 的启示*

林玉伦

（中国社会科学院研究生院）

一、OECD 经典未观测经济核算理论述评

2002 年经济合作发展组织（OECD）联合国际货币基金组织、国际劳工组织、独联体国家统计委员会、俄罗斯联邦统计委员会、荷兰统计局、意大利统计局和凡尔赛大学的有关专家编写了《未观测经济测算手册》（以下简称 NOE 测算手册）。在书中，"未观测经济"这个词语得到第一次官方使用。紧接着，在 2003 年联合国欧洲经济理事会出版了《国民经济核算中的未观测经济——国别实践的调查》也使用了"未观测经济"。

对于一个国家来说，高质量的国民经济核算对经济研究和政策制定是非常重要的。高质量的国民经济核算的一个重要方面就是全面性，即要求国民核算要覆盖所有经济活动。然而，全面的覆盖时很难达到的，这是因为很多经济活动都被隐藏没有观察到。因此，这给核算的使用者带来了许多问题，例如，GDP 的水平和其他数据遭到了低估，这给经济带来了一个不正确的表象尤其当很多经济指标都是由 GDP 所计算时。

面临这种情况，很多国家的统计学家和研究者加大了对国民经济核算全面性的研究，采用了各种定义和表述方法来表示国民经济核算未能覆盖的部分，例如，非法经济、影子经济、地下经济、隐藏经济、先进经济、灰色经济、不规则经济、淹没经济、月光经济、未公开经济、非官方经济、未纳税经济等。

---

* 本文获中国社科院经济政策与模型重点研究室资助，国家社会科学基金项目资助（项目编号：08BTJ005）。

以上这些关于“未观测经济”的表述，大部分是由于各个国家的国情不同造成相关研究者考虑问题的思路不同，侧重研究目的的不同所致。这么多繁杂的表述由于本身所含的意义的差异，有的仅指未观测经济活动的某一方面，有的不符合社会现实，给国家之间经济核算数据的比较带来了许多麻烦。因此，这就需要产生了一个统一的、概念明确的表述方式来对这部分经济活动加以表述，以利于这部分经济活动的更深入研究，为各个国家的经济发展提供更多益处。

基于这个目的，OECD 联合其他国际组织以欧盟的未观测经济概念为基础，进一步改进推出了“未观测经济”的完整含义，出版了 NOE 测算手册，以期为世界各国的实践提供指导。

NOE 测算手册在前言中就提到，由于国民经济核算中不能得到经济活动的全部数据，主要因为这些活动是地下生产、非法生产、非正规生产、住户的自给性生产以及由于基础数据收集方案不完善而遗漏的生产等，这些在国民核算中遗漏的生产活动就被称为“未观测经济”。

对于中国这个发展中国家而言，自改革开放以后，各类经济主体获得了充分的自由，致使国民经济出现了大量新的经济形态，混合经济快速发展；加之我国的国民经济核算体系（The System of National Accounts，简称 SNA）实行时间还比较短且还不完善，因此，为了对国民经济有一个全面的了解，就必须研究 NOE 对当前的 SNA 理论进行改进。作为未观测经济研究领域的重要论著，NOE 测算手册必将会对我国的 SNA 建设产生重大影响。

二、经典未观测经济核算理论启示之一

(一) OECD 关于未观测经济的分类

由于测算手册是为 GDP 的全面性服务的，因此未观测经济测算手册的概念框架必须符合相关的国际标准，尤其是要符合 1993 年的 SNA，它或许也被看做是对 1993SNA 的一个补充。因此，该手册的范围就是 1993 年 SNA 所定义的经济生产，这提供了一个基本的分析，但也对相关问题的范围进行了限制。在本书第 2 章所述，生产不包括住户成员向他们自己所提供的一些服务的测算，如家务劳动或准备饭菜，因为这些活动部在 1993 年 SNA 的生产范围内，因而这部分不能被认为是未观测经济的生产。

依靠 1993SNA 为经济统计所制定的概念框架，手册按生产活动的性质与特点对未观测经济的生产进行了分类：地下生产（Underground Production）、非法生产（Illegal Production）、非正规部门生产（Informal Sector Production)、住户为自身最终使用的生产（Household Production for Own Final Use）和由于数据收集方案的缺陷而遗漏的生产（Production Missed Due to Defficiencies in Data Collection Programme），这五组生产活动被称为未观测经济的问题区域，以下将对它们进行详细的描述：

1. 地下生产

对于地下生产的定义，1993SNA 对其进行了详细的描述，它在第 6 章（6. 34）提到“某些活动可能既是经济意义上的生产性活动，也是完全合法的活动（如果遵守了某些标准和规章），但是由于一些原因，故意将这类活动隐藏起来，不让政府当局知道。这些原因是：为了避免缴纳所得税、增值税或其他税；为了避免缴纳社会保障缴款；为了避免遵从某些法定标准，如最低工资、最长工时，安全或卫生等方面的标准；为了避免某些行政程序，如填写统计调查表或其他管理表格。”

生产者由于这些原因而从事的这类生产活动就被称为“地下经济”。对于某些产业，这种地下经济可能占相应产业的总产出的比重比较大，如建筑业或小型企业（住户）占主要地位的某些服务行业。

地下这个词可能有不同的含义，地下生产和非法生产在界限上是不清晰的。观察地下生产和非法生产，容易发现这两者之间并没有一个完全的标准把彼此分开。例如，地下生产中不遵守某些安全、保健或其他标准的生产完全可以看做是非法生产；逃税也是一种犯罪行为。

2. 非法生产

1993SNA 明确表示：虽然要获得非法生产的数据具有明显地实际困难，但本体系仍把这种非法生产包括在生产范围之内。因为非法生产是符合该体系对生产范围的界定的，所以需要把它包括在核算之内。在 1993SNA 中，非法生产被分为两类：法律禁止销售、分配或持有的货物和服务的生产；生产活动通常是合法的，但由于未经许可的生产者从事它，如没有营业执照的行医者等。

非法生产虽然可能违背了相关法律，但它们是实实在在的生产活动，在 SNA 的核算范围之内，如果不把它们包括在核算范围之内，可能会出现错误。例如，有些单位可能除了非法交易之外，并未参与其他非法活动，这时如果不记录这些非法交易，将会导致在某些国家的金融账户和对外交易账户中产生显著的误差。

由于各个国家非法生产的标准可能不同，因此有些生产活动在一些国家是合法的，但在另一些国家是非法的。如果从 GDP 全面估计的角度而言，非法活动和地下活动的界限就不需要精确区分，因为两者都应该包括在 GDP 估计之中。但是，如果一个国家在一段时期内改变了非法的界限，就会导致实际中对 GDP 估计的不一致。因此，在对不同时期或不同国家的 GDP 进行对比时，就必须考虑一个国家非法生产的范围。

3. 非正规部门生产

非正规部门在一些国家的经济和劳动力市场中起着一个非常重要的作用，尤其对那些发展中国家更为重要。第十五届国际劳工统计会议（1993 年 1 月）对非正规部门的国际统计标准下了一个明确的定义：非正规部门从广义上来说是指主要目的是为某些人创造就业和收入而进行货物和服务生产的单位；这些单位是在组织水平低下、作为生产要素的劳力和资本无分工、小规模经营的；它们之间的劳动关系主要是建立在偶然的就业、伙伴或个人以及社会关系上的，而不是建立在具有正规保障的合同协议之上的。在 SNA 中，非正规部门被认为是住户部门一部分的住户所有的非法人企业。

与非法生产的一个主要区别是，非正规部门生产的商品或服务完全是合法的，但与地下生产相比，虽然两者之间有区别，但不是太明显。非正规部门的活动不是蓄意逃税，逃脱社会缴款或违背法律和其他规定，并且非正规生产和地下生产活动也存在一些重合。例如，有些非正规企业为了逃避管制和降低成本宁愿不去注册或登记。

4. 住户为自身最终使用的生产

住户为自身最终使用的生产依据第十五届国际劳工组织的决议，不被认为是非正规部门生产的一部分。因此，NOE 测算手册将其作为一个单独的问题区域。

1993SNA 在定义生产范围时，指出：在某一个国家内，当住户为自身使用而生产的货物量相对于该国的货物总供给量非常重要时，就应该记录这种生产。依据此规定，它主要范围如下：住户为自身最终使用的物品的生产主要包括粮食和牲畜；为自己消费和固定资本形成的其他物品的生产；自有住房服务；有酬的住户内部家务劳动。

住户为自身最终使用生产的物品或者服务，由于一般存在于住户内部，其数据很容易获得，主要是通过住户调查和时间利用调查等方式。住户调查可以从消费、生产各个方面来收集这些数据，是国民经济核算中常用的一种方法，但是这种方法对于调查人员的要求比较高，且成本比较大。

5. 由于数据收集方案的缺陷而遗漏的生产

对比于经济性的地下生产，这部分未观测经济问题区域有时也被认为是统计性的地下生产，因为它是因为统计的缺陷导致了基础数据搜集的遗漏。从 GDP 生产核算的角度而言，这些生产活动逃脱了统计数据的收集，主要是由于以下三种情形：覆盖不全——即一些生产个体被排除在数据收集方案之外，但实际上它们应该被包括在内。例如，由于一个企业可能是新成立的，由于缺少调查而没有包含在调查框架内。无回应——企业是数据搜集的样本，但是没有得到相关的调查数据。例如，有的企业或个人不愿意登记这些调查信息等。瞒报——企业上交了调查数据表，但是数据仍然出现了填报错误。例如，企业为逃避税收而虚报成本或少报收入。

这部分由于数据收集方案的缺陷而导致的未观测经济，大部分可以通过改进基础数据的收集方案来解决。

以上所介绍的未观测经济的五个问题区域，就是NOE在国际标准下所包括的具体的核算范围。

（二）中国未观测经济核算范围界定

随着我国市场经济的快速发展，再加上很多市场机制不完善且法律法规不够健全，未观测经济在整个经济中占的份额一定会越来越大。由于我国目前的核算体系中还没有出现完整系统的未观测经济核算研究，此时不管从现实或理论界，对未观测经济进行理论研究都显得非常重要。在此，主要根据中国未观测经济的现状和特点，对中国未观测经济核算体系的基础——核算范围进行界定，为进行更深层次的未观测经济的理论研究做铺垫。

根据NOE测算手册的内容，它把未观测经济分为五类：地下生产、非法生产、非正规部门生产、住户为自身最终使用的生产和由于数据收集方案的缺陷遗漏的生产。这种分类仅仅是从理论上进行的，看起来十分粗糙，并且可能存在互相重合的地方。因为分类的主要目的就是为了对各类未观测经济进行测算。考虑到NOE测算手册上的分类主要是理论上的，因此要对中国未观测经济的核算范围进行界定必须考虑到中国国民经济的现状。

根据我国的实际经济状况和国民经济核算的实践，在此把未观测经济分为三类：地下生产、非法生产和住户为自身最终使用的生产。

地下生产定义为是为了不让政府当局知道刻意的把货物或服务隐藏起来的生产。根据我国的实际，目前属于地下生产的活动主要包括：未登记注册的企业，主要是小型或微型企业所进行的生产；已登记注册，但为了逃避税收、社会保障缴款或者行政管理程序和标准，可能瞒报收入或虚报成本进行的生产。

非法生产，顾名思义是指法律禁止的生产、交易活动或由于未经许可的当事人从事的生产活动。当前我国主要的非法生产指：非法货物的生产与交易，例如，毒品，黄色书籍、影像等；非法服务的生产，如，卖淫等；未经许可的生产例如，没有营业执照的行医、酿酒，非法伐木、非法狩猎，走私，买卖或转售赃物等经济活动。

住户为自身最终使用的生产是指住户部门内用于自身最终消费的货物或服务的生产。针对我国住户部门的实际情况，住户为自身最终使用的生产主要包括：住户部门中用于自身最终消费的农产品的生产或其他产品的生产，主要是非法人单位（如农民或自我雇佣者）；自身最终使用的服务的生产（如住宅的扩建、维修，家庭内有酬服务）。

就像1993SNA所说，地下生产和非法生产之间的界限可能不明确。在此，我们依据生产是否违法来对两者进行区别。非法活动时指与犯罪行为有关；地下活动则指不遵守行政管理规则的活动。从狭义上来讲，它不属于违法，若仅仅因为未得到行政管理部门的审批，则不能说明这项活动是非法的。有的国家把非正规部门生产业作为未观测经济的分类，事实上，这部分生产往往是小型或微型企业因为没有登记入册进行的生产，在此把其列为地下生产，因为它和地下生产很难进行区分，在实际操作中很难进行。把住户部门为自身最终使用的生产业作为NOE的一类，是因为目前在我国，尤其是广大农村地区，这种状况普遍存在。

因此，根据上面的分析，可以把中国的未观测经济的核算范围界定如图1所示。

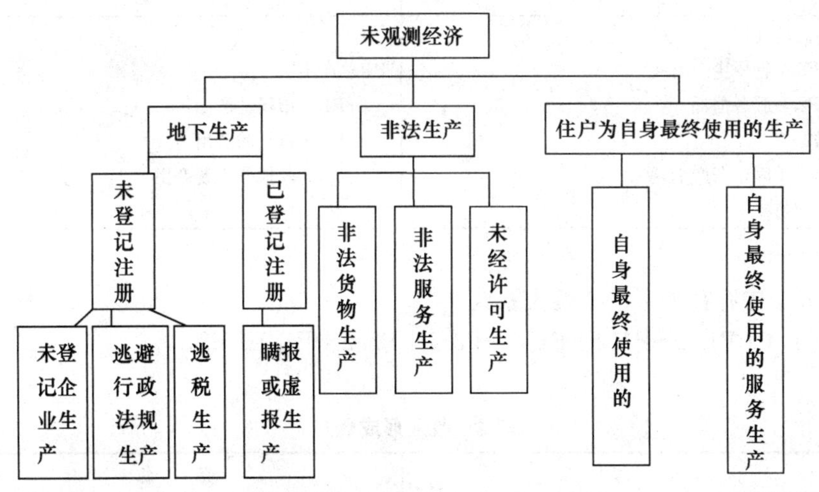

图1 中国未观测经济核算范围

三、经典未观测经济核算理论启示之二

国民经济核算体系是一种通过账户形式概括和描述宏观经济的系统。账户是国民经济核算体系的基础，它不仅规定了核算的框架，而且还提供了基础的核算数据，它是反映各种经济活动的最主要工具。因此，当对未观测经济进行核算时，首先应从账户开始。

根据之前未观测经济的核算范围，未观测经济大部分是由一些小企业或微型企业组成，且由于逃税、逃脱行政管制或根本没有注册登记，所以这些企业的生产根本不涉及税收和政府的补贴，且大部分生产活动都以雇佣劳动为主，因此在生产账户中主要是以工资与薪金、固定资产消耗为主。同样，这些未观测经济的企业由于其生产活动的简单性，收入分配账户中涉及的项目比较少，主要是财政收入、利息收入和非政府的转移收入等。因此，当通过调查取证知道了一个国家或地区未观测经济的生产数据及收入分配的数据，就可以编制出未观测经济的生产账户、收入形成和使用分配账户，如表1。

表1　未观测经济生产账户

使　用	资　源
P2 中间消耗	
P2.1 物质生产消耗	P1 总产出
P2.2 服务消耗	P1.1 市场性产出
B1 增加值	P1.2 自用的产出
B1.1 固定资产消耗	P1.3 其他非市场产出
B2 净加值	

表1中存在如下的平衡关系式：

P1.1＋P1.2＋P1.3＋P1.4＝P2.1＋P2.2＋B1.1＋B2

表2　收入形成账户

使　用	资　源
D1 劳动者报酬	
D1.1 工资和薪金	B1 增加值
D1.2 社会缴款（如保险）	B1.1 固定资产消耗
B1.1 固定资产消耗	B1.2 净增加值
C1 净营业盈余	

表 3 收入分配和使用账户

使 用	资 源
P2 财产支出 P3 转移支出 P4 消费支出 B3 净储蓄	C1 净营业盈余 D2 雇员报酬 D3 财产收入 D4 转移收入

表 2 和表 3 中也存在着如下的平衡关系式：

B1＝B1.1＋B1.2＝D1.1＋D1.2＋B1.1＋C1；

C1＝D2＋D3＋D4＝P2＋P3＋P4＋B3

对于任何一个部门或地区而言，它的经济活动总是紧密联系在一起的。根据上面的 3 个表，可以很清晰的看到，它们都是通过表中的项目构造这种联系的，如表 1 和表 2 的增加值，表 2 和表 3 的净营业盈余。依据 SNA，除了生产账户、收入账户以外，还存在着资本账户、金融账户和国外账户等。同理，可以根据未观测经济的状况，列出这几种账户。由于单独账户仅仅反映了经济活动的一个方面，如果想更好地反映经济活动的全貌，就需要对各个账户进行拓展，通过构造未观测经济总体矩阵表来展示，如表 4。

表 4 未观测经济核算矩阵表

	期初存量	生产账户	收入分配账户	收入支配账户	积累交易账户	国外账户	期末存量
期初存量							
生产账户		中间消耗		总消费	资本形成总额	出口	
收入分配账户		GDP					
收入支配账户			财产收入				
积累交易账户		固定资本消耗		储蓄	资本借贷往来等		
国外账户		进口					
期末存量							

在表 4 中，可以发现中间消耗、总消费、GDP、固定资产消耗、储蓄等多个指标都是来自于未观测经济的各个账户中，它们形成了未观测经济在国民经

济中的流动变化过程。例如，在生产账户中，可以表明未观测经济在生产环节是如何变化的，并且可以对表中的各个账户进行更详细的分类，来更具体地详细反映未观测经济的活动。综上可见，未观测经济核算矩阵表能基本反映未观测经济的整个再生产活动流程，因而能成为未观测经济活动的主要分析工具之一。

四、经典未观测经济核算理论启示之三

联合国1993SNA的第一个建议是强调中央框架的灵活运用，即在遵循中心框架基本概念的前提下，就其某些内容改进或加以更详细的分解描述。第二个建议是围绕中心框架建立附属核算体系，即根据需要，以中心框架为基础对其某些概念加以修改而建立的核算框架，即所谓的卫星账户。

卫星账户是用于测量那些在现有国家核算体系中尚未或不能被作为一个产业的经济部门的规模的一个核算方法，对卫星账户的重视和研究是随着国民账户体系的出现而发展起来的。建立卫星账户的目的，是在不过分加重国民经济核算体系负担或者核算该体系的前提下，针对所选择的社会关心领域，以充分灵活的方式扩大国民经济核算的分析容量。由于卫星账户的相对独立性及它可以促进宏观经济账户范围内专有领域的分析，自20世纪70年代末开始创建旅游卫星账户以来，它已经在不同领域得到了广泛使用。因此，通过未观测经济卫星账户可以把未观测经济与整个国民经济联系起来，能更好地描述未观测经济及其对整个宏观经济的影响。在此，本文借鉴国外各种类别的卫星账户，编制了我国未观测经济卫星账户表，如表5所示。

表5 未观测经济卫星账户表

部门/账户	政府部门		金融公司部门		非金融公司部门		非营利机构		住户部门		未观测经济总和
	NOE	其他	NOE	其他	NOE	其他	NOE	其他	NOE	其他	
生产账户											
收入形成账户											
原始收入分配账户											
……											

通过表 5 可以发现，未观测经济卫星账户表的横列是按账户进行分类，纵向是按部门进行分类。依据该表，不仅可以看到在没有 NOE 存在的情况下国民经济各个部门的组成情况，更重要的是能看到我国未观测经济的规模及其在各个部门的分类状况。通过该表，可以得到未观测经济的相关指标，例如，未观测经济在各个部门的比重，未观测经济主要在哪个环节中出现等。利用这些指标使我们对中国的未观测经济有了更清晰的了解，从而就可以为政府的产业政策制定和经济结构管理提供重要的参考。

五、结语

目前，我国的 SNA 体系还不完善，且对未观测经济核算的研究相对很少。本文主要是在 OECD 经典核算理论基础上，得到了对中国 SNA 和未观测经济核算理论发展的一些启发，以期对中国国民经济核算体系的完善提供参考。

参考文献：

[1] OECD 等编．未观测经济测算手册．OECD 出版，2002.
[2] 联合国等编．国民经济核算体系．中国统计出版社，1993.
[3] 邱东，蒋萍．国民经济核算体系．经济科学出版社，2002.
[4] 蒋萍．核算漏洞与经济总量流失．中国统计出版社，2006.
[5] 吴润生．未被观察到的经济 [J]. 统计研究，1999 (11).
[6] 李松林，田新茄．不可观测经济对 GDP 核算的影响 [J]. 内蒙古统计，2001 (6).
[7] 李金昌，徐蔼婷．未被观测经济估算方法新探 [J]. 统计研究，2005 (11).
[8] 蒋萍．《非法生产与 GDP》[J]. 经济科学，2006 (6).

对集中率、赫芬德尔指数和等价数的比较研究

胡祖光

（浙江工商大学）

评价行业集中程度或垄断程度的最常用指标是集中率（Concentration Ratio），其定义是：集中率＝行业中最大的4家（或8家）企业的市场份额之和。

一般认为，集中率越大，则行业垄断程度越高；集中率越小，则行业垄断程度越低。用集中率来评价行业垄断程度，其优点是直观，但缺点是不够精确。例如，有两个行业，各有10个企业，各企业的市场份额如表1所示。

表1　2个行业的集中率比较

	行业1	行业2
企业1的市场份额	90%	24%
企业2的市场份额	2%	24%
企业3的市场份额	2%	24%
企业4的市场份额	2%	24%
企业5的市场份额	1%	1%
企业6的市场份额	1%	1%
企业7的市场份额	1%	1%
企业8的市场份额	1%	1%
集中率	96%	96%

从表1可以看出，两个行业的集中率相等，都是96%。但实际上，行业1的集中程度远高于行业2。但是，若根据集中率的数值来判断，则可得出2个行业的垄断程度相等的结论。这一例子说明了集中率这一指标在刻画行业垄断程度时的缺陷。显然，这是由于集中率只考虑行业中4个（最多8个）最大企

业的市场占有率所至。为了克服集中率这一指标的缺陷，美国学者赫芬德尔(Herfindahl) 1950 年在其博士论文中提出了测度行业垄断程度的新指标(Amacherand Ulbrich，1986)。当时，这一指标并未引起有关人士的充分注意。但是，近年来，专司反垄断之职的美国司法部对赫芬德尔指数表现出很大的兴趣。这是因为，判断一个行业是否垄断性过强需要有定量指标，而集中率这一指标由于存在着上述缺陷而不令人满意。这样，以克服集中率的缺陷为目标而设计的赫芬德尔指数受到重视也不足为怪了。赫芬德尔指数的定义是：赫芬德尔指数＝某行业中全部企业市场份额的平方和。

可以看到，赫芬德尔指数与集中率相比有两个特点：一是其考虑了行业中的全部企业；二是其具有平方特征。显然，赫芬德尔指数越大，则行业垄断程度越高。当一个行业只有一个企业时，此行业的赫芬德尔指数等于 1。

若以上述公式对表 1 中的两个行业计算赫芬德尔指数，可以得到：

$H_1=0.8116$ $\qquad$ $H_2=0.2304$

也即行业 1 的垄断程度远高于行业 2 的垄断程度。这是与实际情况相符的。这说明，赫芬德尔指数在刻画行业垄断程度时要比集中率准确的多。但是，赫芬德尔指数的一个很大的弱点是其数值很不直观，如表 2 所示。

表 2　不同行业的市场份额

	行业 1	行业 2	行业 3	行业 4
企业 1	50%	30%	25%	20%
企业 2	50%	30%	25%	20%
企业 3		30%	20%	20%
企业 4		5%	20%	20%
企业 5		5%	10%	20%
行业赫芬德尔指数	0.335	0.275	0.215	0.2
集 中 率	1	0.95	0.90	0.8
等价数	2	3.6	4.7	5

从表 2 可以看出，尽管赫芬德尔指数在刻画行业垄断程度上要比集中率准确，但其数值远不如集中率来得直观。例如，对行业 3，人们一看到集中率为 0.90，马上想到该行业的 4 个最大企业的市场份额之和为 90%。但人们看到赫芬德尔指数为 0.215，就很难对这个行业的市场状况有一个直观的了解。

为了克服赫芬德尔指数不够直观的缺点，美国麻省理工学院教授阿得尔曼

(Adelman) 提出了"等价数"(Number equivalent) 的概念:

等价数=赫芬德尔指数的倒数

尽管这一概念显得非常简单，但它完全解决了赫芬德尔指数不够直观的缺点，如表2最后一行所示。

从表2中可以看出等价的实际意义。行业1与行业4的等价数分别为2与5，这说明行业1与行业4分别有2个和5个企业，这与实际情况相符。行业2与行业3的等价数分别为3.6与4.7，这说明这2个行业的垄断程度相当于这两个行业分别由3.6个寡判头企业和4.7个寡头企业所统治。这就赋予等价数相当直观的意义。显然，等价数越小，则行业垄断程度越大；反之亦然。由于等价数在指明行业垄断程度时的直观性方面不亚于集中率，而在准确程度方面则（与赫芬德尔指数一样）超过了集中率。因此，等价数是一个刻画行业垄断程度的良好指标。

与集中率相比，赫芬德尔指数与等价数的一个缺点是，为了计算赫芬德尔指数与等价数，需要知道行业中每个企业的市场份额，而计算集中率则无此要求。但实际上，这一缺点只是理论上的。在具体计算时，这一缺点几乎不存在。这是因为，我们计算等价数或赫芬德尔指数，目的是为了对垄断程度比较高的行业进行定量分析。而在垄断程度比较高的一些行业，前10家企业已经占有绝大部份市场份额；由于赫芬德尔指数与等价数的平方特征，在计算时完全可以忽略10名以外的企业的市场份额而使计算结果几乎不受影响。例如，在2000年我国的彩电行业，垄断程度还不算很高，但长虹等10家彩电企业的市场份额已占全部市场份额的近百分之九十，余下的企业每家市场份额都不超过2%，平方后数值更小，几乎可以忽略。事实上，利用彩电行业前10名企业的数据计算出的赫芬德尔指数是0.1253，而等价数是7.984（即我国彩电行业相当于是8雄竞争）；而若利用全部企业的市场份额来进行计算，赫芬德尔指数为0.1254，等价数为7.97，结论几乎相同。

与集中率相比，等价数的另一个缺点是其计算略显繁复。当然，在计算手段日益发达的今天，这不能算是什么了不起的大缺点。

下面我们来探讨一下：给定等价数在衡量行业垄断程度方面的准确性，集中率作为自然衡量行业垄断程度方面的传统指标，其与等价数在准确程度上的差别究竟有多大？从表2的虚拟例子可以看到，4个行业无论是用集中率来排序还是用等价数来排序，结论是一样的：从行业1到行业4，垄断程度递减。显然，我们也一定可以凑出一些虚拟数字，以使集中率与等价数导致不一样的结果。但是，重要的是实际数据揭示的情况。表3给出了我国现实经济中不同行业的大企业产品的市场份额。

表 3 我国不同行业的大企业产品的市场份额

单位：%

54 厘米彩电		64 厘米及以上彩电		影碟机		家用电脑	
品牌	占有率	品牌	占有率	品牌	占有率	品牌	占有率
长虹	20.8	长虹	18.5	新科	24.5	联想	30.6
康佳	19.5	康佳	17.8	步步高	17.7	海尔	16.0
TCL	16.1	TCL	16.9	厦新	11.5	恒生	8.3
海信	7.3	海信	12.7	金正	7.7	TCL	7.9
海尔	5.9	厦华	5.1	先科	7.0	方正	7.2
厦华	5.8	海尔	5.0	万利达	6.9	海信	2.9
创维	5.5	创维	4.4	上广电	4.7	金长城	2.8
飞利浦	4.4	飞利浦	3.1	飞利浦	3.7	东海	2.2
熊猫	2.2	索尼	3.0	宏图	2.5	长江	1.3
金星	2.2	乐华	2.0	裕兴	2.4	实达	1.1
其他	10.3	其他	11.5	其他	11.4	其他	19.7

家用电冰箱		房间空调器		双缸洗衣机		全自动洗衣机		滚桶式洗衣机	
品牌	占有率	品牌	占有率	品牌	占有率	品牌	占有率	品牌	占有率
海尔	27.6	海尔	35.1	海尔	22.8	海尔	26.4	海尔	33.5
容声	16.3	美的	13.7	荣事达三洋	22.1	小天鹅	25.5	小鸭	28.1
新飞	14.8	春兰	7.5	小天鹅	19.1	荣事达三洋	14.3	西门子	19.1
西门子	9.9	海信	6.7	松下爱妻	7.6	松下爱妻	10.3	小天鹅	7.0
美菱	9.3	三菱	5.6	小鸭	6.5	小鸭	4.5	惠而浦	3.4
伊莱克斯	5.5	科龙	5.4	金羚	5.2	金羚	4.5	美菱	3.1
长岭	5.3	格力	5.0	威力	5.1	LG	3.8	松下爱妻	1.8
三星	1.6	日立	4.5	TCL	3.8	TCL	2.3	荣事达三洋	1.3
华日	1.4	LG	2.6	海棠	2.5	日立	2.1	金羚	0.5
上菱	1.2	夏普	2.5	水仙	2.2	威力	2.0	水仙	0.3
其他	7.1	其他	11.4	其他	3.1	其他	4.3	其他	1.9

资料来源：中华全国商业信息中心，《中国企业报》2000 年 4 月 18 日。

根据表 3，我们得到表 4。

表4 我国9个产品的垄断程度按等价数与集中率的排名比较

行业	等价数		集中率	
	数值	排名	数值	排名
滚桶式洗衣机	4.3	1	87.7%	1
全自动洗衣机	5.8	2	76.5%	2
房间空调器	6.1	3	63.0%	7
双缸洗衣机	6.4	4	71.6%	3
家用电冰箱	6.7	5	68.6%	4
家用电脑	7.1	6	62.8%	8
影碟机	8.0	7	61.4%	9
54厘米彩电	8.0	8	63.7%	6
64厘米及以上彩电	8.3	9	65.9%	5

从表4可以看出，用等价数与集中率来刻画市场垄断程度，对不同的产品得出的结论是不同的。对滚动式洗衣机和全自动洗衣机，两个指标得出的结论是相同的：这两种产品的垄断程度最高，分别据第1位与第2位。但对其他产品，结论就不一样了——对64厘米及以上彩电，评价甚至要差4位！对表4中2种排序计算等级相关系数，得：

$$r=1-6\sum D^2/(n(n^2-1))=0.6167$$

也就是说，以集中率为依据对行业垄断程度进行排序及以等价数为依据对行业垄断程度进行排序，两者相关程度并不很高。这说明，尽管集中率是反映垄断程度的简洁指标，但如果要精确地反映行业垄断程度，还是应当用等价数这一精确指标。

参考文献：

[1] Amacher and Ulbrich, Principles of Microeconomics, South-western Publishing Co., 1986

[2] 阎友兵，洪梅，王忠．我国旅行社产业集中度演化及对策．旅游学刊，2008年08期。

[3] 张树林．黑龙江省服务业集中度分析．北方经贸，2007年10期。

[4] 盛毅，池瑞瑞，王长宇．当前我国工业集中度及其变动趋势研究．郑州航空工业管理学院学报，2007年05期。

协整平滑转移回归中的线性检验
——基于完全修正最小二乘法的扩展

欧阳志刚
（华东交通大学经济管理学院）

20世纪80年代后，Engle，Granger（1987）提出的线性协整理论得到快速发展，并在时间序列分析中占据核心地位。然而，线性协整假定协整关系是线性的，这一假定与许多实际经济现象很可能不一致。例如，尽管许多经济研究中假定货币需求函数为线性，但经济理论中并没有要求货币需求函数是线性的（Baba et al.，1992）。当使用线性协整估计的货币需求函数在预测中具有较大的偏差时，现实要求我们使用非线性协整方法估计货币需求函数。因此，基于方法论的进步和现实的需要，协整理论近年来发展的一个方向就是将非线性引入协整关系中。由此而提出的问题是：如何检验协整关系中的非线性？特别是，模型中的解释变量往往具有内生性。那么，如何在解释变量具有内生性时检验协整关系的非线性？回答上述问题正是本文研究的目的。

在数据生成过程为平稳的前提下，Luukkonen等（1988），Granger，Teräsvirta（1993）等提出了在非线性平滑转移回归模型（STR）中检验线性的方法，这些方法随后得到了广泛应用，并成为平滑转移回归模型中检验线性的标准方法（Dijk et al.，2002）。Choi，Saikkonen（2004）将上述模型中的平稳数据扩展为单位根过程，并允许解释变量具有内生性。基于此，他们借鉴Phillips，Loretan（1991），Stock，Watson（1993）等在线性协整框架下校正内生性的方法，在协整平滑转移回归模型中使用动态最小二乘法（DOLS）修正解释变量内生性，基于此构造LM统计量，检验协整向量的非线性。但是，使用DOLS修正解释变量内生性的效果显著依赖超前滞后项的选择，超前滞后项过多或不足都将影响检验效果，而目前还没有相应理论系统指导DOLS中超前滞后项的选择。为此，本文在Choi，Saikkonen（2004）模型的基础上，将DOLS估计方法扩展为完全修正的最小二乘法（FMOLS），进而根据FMOLS的估计结果构造用于检验协整向量非线性的LM统计量。

一、协整平滑转移回归模型

考虑以下具有协整关系的平滑转移回归（STR）模型：

$$y_t=\mu+\upsilon g(z_{st})+\alpha' x_t+\beta' x_t g(z_{st})+u_t \quad t=1,2,\cdots,T \tag{1}$$

$$z_{st}=\gamma(x_{st}-c),\quad \gamma>0,\quad s\in[1,2,\cdots,p] \tag{2}$$

这里，$x_t=[x_{1t},x_{2t},\cdots,x_{pt}]'$是 p 维的 $I(1)$ 过程，u_t 是平稳的零均值随机误差项。$g(z_{st})$ 是变量 x_{st} 的平滑、实值转移函数，参数 γ 是决定机制转换速度的变量，x_{st} 为阈值变量，c 为阈值参数。μ，υ 为标量，α，β 为 $p\times1$ 向量。若模型（1）中的 υ，β 分别为零距阵，则模型（1）蜕化为 Engle，Granger's（1987）标准线性协整模型；否则，模型（1）就为平滑机制转移的非线性协整模型，其非线性由转移函数 $g(z_{st})$ 刻画。因此，检验模型（1）为线性协整的原假设就是 H_0：$\upsilon=0$，$\beta=0$。在非线性机制转移情形下，最常用的转移函数有逻辑函数和指数函数。这里，我们设定转移函数为逻辑函数，需要指出的是，本文的方法同样适用指数函数。当转移函数为逻辑函数时，模型（1）可表述为：

$$y_t=\mu+\upsilon[1+exp(-\gamma(x_{st}-c))]^{-1}+\alpha' x_t+$$
$$\beta' x_t[1+exp(-\gamma(x_{st}-c))]^{-1}+u_t \tag{3}$$

进一步，假定数据生成过程为 $x_t=x_{t-1}+v_t$。其中，v_t 是零均值的平稳过程，并且初始值 x_0 满足 $E||x_0||^4<\infty$。显然，$I(1)$ 过程 x_t 的生成过程不包括漂移项，当 x_t 的生成过程包括漂移项，则有：

$$x_t=\mu_x+x_{t-1}+v_t=x_0+\mu_x t+\sum_{j=1}^{t}v_j \tag{4}$$

若如此，则阈值变量 x_{st} 累积时间趋势，为褪去这一趋势，转移变量变化为：$z_{st}=\gamma(x_{st}-\mu_{sx}t-c)$，其中 μ_{sx} 为向量 μ_x 的第 s 个元素。进一步，过程 w_t 的长期方差 Ω 定义并分解为：

$$\Omega=\lim_{T\to\infty}E\left[T^{-1}\left(\sum_{t=1}^{T}w_t\right)\left(\sum_{t=1}^{T}w'_t\right)\right]=\Omega^0+\Gamma+\Gamma'=\begin{bmatrix}\Omega_u & \Omega_{uv}\\ \Omega_{vu} & \Omega_v\end{bmatrix},$$

$$\Gamma=\lim_{T\to\infty}\frac{1}{T}\sum_{k=1}^{T-1}\sum_{t=k+1}^{T}E(w_t w'_{it})=\begin{bmatrix}\Gamma_{11} & \Gamma_{12}\\ \Gamma_{21} & \Gamma_{22}\end{bmatrix},\ \Omega^0=\lim_{T\to\infty}\frac{1}{T}\sum_{t=1}^{T}E$$

$$(w_t w'_t)=\begin{bmatrix}\sigma_1^2 & \Sigma_{12}\\ \Sigma_{21} & \Sigma_{22}\end{bmatrix},\ \Pi=\Omega^0+\Gamma=\begin{bmatrix}\Pi_{11} & \Pi_{12}\\ \Pi_{21} & \Pi_{22}\end{bmatrix}$$

基于上述，可以构造检验原假设为线性协整，备择假设为 STR 协整的统计量。但在原假设下，总体参数 γ，c 不可识别。为此，对模型（1）中的转移函数在原点进行泰勒展开，然后用泰勒展式近似代替转移函数。对转移函数在原点的一阶泰勒级数展开即为：$g(z_{st})\approx g\gamma(x_{st}-c)$。其中 $b=\frac{\partial g(z)}{\partial z}\mid z=0$，将展开式代入模型（3），可得：

$$y_t=\mu+\upsilon b\gamma(x_{st}-c)+\alpha' x_t+\beta' x_t b\gamma(x_{st}-c)+\eta_t$$

$$=\phi+\rho' x_t+\sum_{k=1}^{p}\theta_k x_{kt} x_{st}+\eta_t\ (=u_t+\varepsilon_t) \tag{5}$$

这里，误差项 η_t 就是误差 u_t 和泰勒展开式残余项（ε_t）之和。在线性协整原假设 H_0 下，泰勒展开式残余项渐进消失，就有 $\eta_t=u_t$。因此，线性协整原假设就转化成在辅助回归中检验下述原假设：

$$H'_0:\theta_k=0\quad(k=1,2,\cdots,p) \tag{6}$$

若解释变量外生，则可直接基于 OLS 结果构造 LM 统计量检验 H'_0，但是当 x_t 与随机误差项 u_t 相关时，即解释变量具有内生性，则在检验 H'_0 时必须校正解释变量的内生性。Choi，Saikkonen（2004）的方法是在辅助回归（5）中加上解释变量一阶差分后的超前滞后项（称为动态最小二乘法，简记 DOLS）。为理解 DOLS 如何校正解释变量的内生性，随机误差项 u_t 可表述为①：

$$u_t=\sum_{j=-\infty}^{\infty}\pi'_j v_{t-j}+e_t \tag{6}$$

这里，e_t 是零均值的平稳随机过程，并满足：$Ee_t v'_t=0$，并且，对于所有的 $j=0,\pm1,\cdots,\sum_{j=-\infty}^{\infty}\|\pi_j\|<\infty$。将式（6）代入式（5），则有辅助回归：

$$y_t=\phi+\rho' x_t+\sum_{k=1}^{p}\theta_k x_{kt} x_{st}+\sum_{j=-k}^{k}\pi'_j\Delta x_{t-j}+\eta_{kt}$$

$$=\phi+\rho' x_t+\varsigma' n_t+\sum_{j=-k}^{k}\pi'_j\Delta x_{t-j}+\eta_{kt} \tag{7}$$

这里，$\varsigma=[\theta_1,\theta_2,\cdots,\theta_p]'$，$n_t=[x_{1t}x_{st},\cdots,x_{pt}x_{st}]$，误差项 η_{kt} 就是泰勒展开式的近似误差及 e_{kt} 之和，其中 $e_{kt}=e_t+\sum_{|j|>k}\pi'_j v_{t-j}$。进一步，模型（7）与模型（4）的显著区别在于，模型（7）将随机误差项 u_t 中与解释变量相关的部分 $\sum_{j=-k}^{k}\pi'_j\Delta x_{t-j}$ 分离出来，从而使得新的随机误差项 η_{kt} 与解释变量不相关，这正是 DOLS 校正解释变量内生性的核心所在。这样，检验线性原假

① 式（6）需要满足一定假定条件才能成立，这些假定在协整平滑机制转移模型中具有普遍性，为节省篇幅，本文略去这些假定，详细假定条件及推导参见 Saikkonen（1991）；Choi，Saikkonen（2004）；Saikkonen，Choi（2004）。

设 H'_0：$\theta_k=0$ 就转化为检验：$\varsigma=0$。进一步，利用辅助回归（7）检验$\varsigma=0$ 必须对超前滞后项进行截取，以选择 k。Saikkonen（1991）的方法是选择 k 使得：$k=o$（T^3），并且，$T^{1/2}\sum_{|j|>k}\leqslant||\pi\varsigma'_j||\to 0$，当 $T\to\infty$。

二、检验统计量的构造

（一）利用 DOLS 估计结果构造检验统计量

令 $M=n'n$，则在原假设 H'_0 下，利用 DOLS 估计辅助回归构造的 LM 统计量定义为：

$$LM_D=\hat{\varsigma}'\ [\hat{\omega}_e^2M]^{-1}\hat{\varsigma} \tag{8}$$

这里，$\hat{\varsigma}$就是对模型（7）中ς的 OLS 估计量，$\hat{\omega}_E^2$ 为原假设下对模型（7）OLS 估计残差的长期方差估计量，即$\hat{\omega}_E^2$ 是估计残差$\tilde{u}_t=y_t-\tilde{\phi}-\tilde{\rho}'x_t-\sum\limits_{j=-k}^{k}\tilde{\pi}_j\Delta x_{t-j}$的长期方差。其中，$\tilde{\phi}$，$\tilde{\rho}'$，$\tilde{\pi}_j$ 是系数 ϕ，ρ'，π'_j 的 OLS 估计结果。在原假设下 $\eta_{kt}=e_{kt}$，这意味着辅助回归模型（11）中的随机误差项 η_{kt} 是平稳的并与解释变量 x_t，n_t，Δx_{t-j} 不相关。根据 Saikkonen，Choi（2004）的证明，LM_D 有如下极限分布：

$$LM_D=\hat{\varsigma}'\ [\hat{\omega}_e^2M]^{-1}\hat{\varsigma}\to\chi^2\ (p) \tag{9}$$

上述检验方法是假定解释变量的数据生成过程中不含漂移项，类似于上文的分析，可以方便地将上述方法扩展至数据生成过程含有漂移项，从而得到辅助回归（10）：

$$y_t=\phi+\rho'x_t+\varsigma_1{}'\hat{n}_t+\sum_{j=-k}^{k}\pi'_j\Delta x_{t-j}+\eta_{kt} \tag{10}$$

这里，$\hat{n}_t=[(x_{1t}-t\hat{\mu}_{1x})(x_{st}-t\hat{\mu}_{sx}),\cdots,(x_{pt}-t\hat{\mu}_{px})(x_{st}-t\hat{\mu}_{sx})]'$，随机误差项的表述如前述。进一步，由于解释变量 x_t 既含有随机趋势，又含有确定性趋势。为褪去时间趋势，模型（10）改变为模型（11）：

$$y_t=\phi+\tau t+\rho'x_t+\varsigma_1{}'\hat{n}_t+\sum_{j=-k}^{k}\pi'_j\Delta x_{t-j}+\eta_{kt} \tag{11}$$

根据模型（11），类似于式（8）可以构造检验统计量，并具有相同的极限分布。但 Choi，Saikkonen（2004）的仿真试验表明，这样构造的统计量在有限样本下的检验势较低。为提高有限样本的检验势，模型（11）可改写为：

$$y_t=\phi^++\tau^+t+\rho'\ (\sum_{j=1}^{t}v_j)\ +\varsigma'_1\hat{n}_t+\sum_{j=-k}^{k}\pi'_j\Delta x_{t-j}+\eta_{kt} \tag{12}$$

其中，$\phi^+=\phi+\rho'x_0$，$\tau^+=\rho'\mu_x$。这样，基于模型（12）构造的统计量：

$$LM_{1D}=\hat{\varsigma}_1{}'\ [\hat{\omega}_{1e}^2 M_1]^{-1}\hat{\varsigma}_1 \to \chi^2\ (p) \tag{13}$$

上式中各变量的含义类似式（8）。

(二) 利用 FMOLS 估计结果构造检验统计量

显然，DOLS 校正解释变量内生性的效果显著依赖超前滞后项 k 的选择，k 过小，新的误差项中仍然含有与解释变量相关成分，内生性较正不足；k 过大，损失自由度，但目前还没有较完善的理论指导选择 k。完全修正的最小二乘法（FMOLS）是另一类修正解释变量内生性的估计方法，以下将说明 FMOLS 如何校正解释变量内生性，并同时介绍利用 FMOLS 估计结果构造检验统计量。为此，定义 $u_t^+=u_t-\Omega_{uv}\Omega_v^{-1}v_t$，$y_t^+=y_t-\Omega_{uv}\Omega_v^{-1}v_t$。辅助回归（5）可写为：

$$\begin{aligned}&y_t-\Omega_{uv}\Omega_v^{-1}v_t=\mu+\upsilon b\gamma\ (x_{st}-c)\ +\alpha' x_t+\beta' x_t b\gamma\ (x_{st}-c)\ +u_t-\Omega_{uv}\Omega_v^{-1}v_t+\varepsilon_t\\&=\phi+\rho' x_x+\sum_{k=1}^{p}\theta_k x_{kt}x_{st}+\ (u_t-\Omega_{uv}\Omega_v^{-1}v_t+\varepsilon_t)\ =\phi+\rho' x_t+\varsigma' n_t+\ (u_t-\Omega_{uv}\Omega_v^{-1}v_t\\&+\varepsilon_t)\end{aligned} \tag{14}$$

由此可得，$\begin{bmatrix}u_t^+\\ v_i\end{bmatrix}=\begin{bmatrix}1 & -\Omega_{uv}\Omega_{vv}^{-1}\\ 0 & I_p\end{bmatrix}\begin{bmatrix}u_t\\ v_t\end{bmatrix}$，长期协方差矩阵 cov（$u_t^+$，$v_t$）$=E\begin{bmatrix}u_t^+\\ v_t\end{bmatrix}[u_t^+\quad v_t]=\begin{bmatrix}\Omega_{u,v} & 0\\ 0 & \Omega_v\end{bmatrix}$。

其中，$\Omega_{u,v}=\Omega_u-\Omega_{uv}\Omega_v^{-1}\Omega_{uv}$，$I_p$ 为 $p\times p$ 单位矩阵。因此，长期协方差矩阵表明 u_t^+ 和 v_t 不相关，从而模型（17）中的复合误差项与解释变量不相关，这正是 FMOLS 校正解释变量内生性的核心所在。由此可见，FMOLS 避免了 DOLS 因选择超前滞后项而带来的不足。进一步，定义 $\psi=[\rho',\ \varsigma']'$，FMOLS 对式（14）的估计量为：

$$\psi=\ (XX')^{-1}\ (Xy_i^+-T\hat{\delta}^+) \tag{15}$$

其中，$X_t=[1\quad x_t\quad n_t]'$，$\hat{\delta}^+=\hat{\Pi}_{21}-\hat{\Pi}_{22}\hat{\Omega}_v^{-1}\hat{\Omega}_{uv}$。进一步，由于使用 FMOLS 估计辅助回归（14）同样满足 Choi，Saikkonen（2004）的假定，并且误差项与解释变量不相关。因此，在原假设下，基于 FMOLS 估计结果而构造的 LM 统计量与使用 DOLS 估计结果而构造的 LM 统计量具有相同的极限分布：

$$LM_F=\hat{\varsigma}_F{}'\ [\hat{\omega}_F^2 M]^{-1}\hat{\varsigma}_F \to \chi^2\ (p) \tag{16}$$

其中，$\hat{\varsigma}_F$ 为式（15）中对ς的估计结果，$\hat{\omega}_F^2$ 为在原假设下使用 FMOLS 对模型（14）估计残差的长期方差，矩阵 M 的定义如前述。同样，可以将上述检验方法扩展至解释变量生成过程含有漂移项的情形。这样，辅助回归（14）就扩展为：

$$y_t-\Omega_{uv}\Omega_v^{-1}v_t=\phi^{+}+\tau^{+}t+\rho' x_t+\varsigma'\tilde{n}_t+(u_t-\Omega_{uv}\Omega_v^{-1}v_t+\varepsilon_t) \quad (17)$$

其中，$\tilde{n}_t=[(x_{1t}-t\tilde{\mu}_{1x})(x_{st}-t\tilde{\mu}_{sx}),\cdots,(x_{pt}-t\tilde{\mu}_{px})(x_{st}-t\hat{\mu}_{sx})]'$，$\phi^{+}=\phi+\rho' x_0$，$\tau^{+}=\rho'\mu_x$，则 LM 统计量为：

$$LM_{1F}=\hat{\varsigma}_{1F}'[\hat{\omega}_{1F}^2 M]^{-1}\hat{\varsigma}_{1F}\rightarrow\chi^2(p) \quad (18)$$

其中，$\hat{\varsigma}_{1F}$为模型（17）中对ς的估计结果，$\hat{\omega}_{1F}^2$为在原假设下 FMOLS 对模型（17）估计残差的长期方差，其余变量定义如前述。

三、线性检验统计量的有限样本性质

为研究 LM_F，LM_{1F} 的有限样本性质，并比较本文与 Saikkonen，Choi（2004）的结果，本文的仿真试验的数据生成如下：

$$\begin{cases} y_t=\mu+\upsilon g(z_t)+\alpha x_t+\beta x_t g(z_t)+u_t \\ x_t=\tau+x_{t-1}+v_t \\ \begin{pmatrix} v_t \\ u_t \end{pmatrix}=\varepsilon_t+B\varepsilon_{t-1};\ B=\begin{bmatrix} \omega & \omega \\ 0 & \omega \end{bmatrix} \\ \varepsilon_t\sim \mathrm{iid}N\left(0,\begin{matrix} 1 & 0.5 \\ 0.5 & 1 \end{matrix}\right) \end{cases} \quad (19)$$

在上述数据生成过程中，解释变量 x_t 和截距项的系数在两个机制之间平滑转移，并且解释变量 x_t 和误差项 u_t 存在同期相关和序列相关。其相关程度由参数 ω 刻画，较大的 ω 意味着 x_t 和 u_t 有较大的同期和序列相关。阈值参数 c 的值位于经由小到大排列后的 $\{x_t\}$ 的 15%～85%之间。仿真试验中参数的设定为：$(\upsilon,\beta)=(0,0)$，$(0,2.5)$，$(2.5,0)$，$(2.5,2.5)$。其中 $(\upsilon,\beta)=(0,2)$ 对应线性原假设，其余则对应非线性协整平滑转移的备择假设。设定 $\tau=(0,0.5)$，当 $\tau=0$ 时，对应解释变量生成过程不含漂移项，当 $\tau=0.5$ 时，对应解释变量生成过程含漂移项。其余参数设定为：$\mu=\alpha=1$，$c=0.1$，$\gamma=10$。在计算实际显著性水平（*size*）和检验势（*power*）过程中，设定名义显著性水平为 5%，样本容量 T 分别为 100，200，超前滞后截取 k 分别选取 1，2，3，长期协方差矩阵 Ω 根据 Newey-West 方法估计，滞后窗宽选择为 1，重复 10000 次仿真试验结果见表 1 和表 2。

表 1　线性检验统计量的经验 size 和 power

ω	T	(υ, β)	LM_D			LM_F	LM_o①
			k=1	k=2	k=3		
0.2	100	(0.0, 0.0)	0.081	0.083	0.097	0.054	0.020
		(0.0, 2.5)	0.70	0.71	0.71	0.72	0.72
		(2.5, 0.0)	0.58	0.58	0.61	0.59	0.57
		(2.5, 2.5)	0.67	0.67	0.69	0.69	0.68
	200	(0.0, 0.0)	0.066	0.069	0.083	0.057	0.025
		(0.0, 2.5)	0.77	0.79	0.78	0.80	0.78
		(2.5, 0.0)	0.69	0.69	0.71	0.70	0.67
		(2.5, 2.5)	0.75	0.76	0.77	0.77	0.75
0.8	100	(0.0, 0.0)	0.087	0.091	0.103	0.059	0.017
		(0.0, 2.5)	0.72	0.73	0.74	0.77	0.68
		(2.5, 0.0)	0.54	0.57	0.59	0.56	0.40
		(2.5, 2.5)	0.71	0.72	0.73	0.74	0.61
	100	(0.0, 0.0)	0.088	0.094	0.103	0.061	0.016
		(0.0, 2.5)	0.79	0.80	0.81	0.82	0.67
		(2.5, 0.0)	0.66	0.68	0.69	0.67	0.51
		(2.5, 2.5)	0.77	0.79	0.80	0.80	0.66

表 1 列出了解释变量的生成过程无漂移项时，在原假设和备择假设下，分别使用 DONS，FMOLS 和 OLS 的估计结果所得到的线性检验 LM 统计量的 size 和 power。从整体结果看，LM_F，LM_D 的水平扭曲都处于较为合理的范围，但 LM_D 的水平扭曲相对较大。例如，LM_F，LM_D 统计量水平扭曲最大出现在 $\omega=0.8$，$T=200$ 时，在 5%的名义显著性水平下，LM_F 拒绝原假设的概率为 6.1%，扭曲 1.1%，LM_D（$k=1$，2，3）拒绝原假设的概率分别为 8.8%，9.4%，10.3%，分别扭曲 3.8%，4.4%和 5.3%。其余情形下，LM_D 的水平扭曲也略大于对应的 LM_F。

另外，LM_F，LM_D 的检验势都较高，并且没有实质差异。例如，在 $\omega=$

① 表 1 中的 LM_o 和表 2 中的 $LM\,1o$分别是指数据生成过程无漂移项和有漂移项时，使用 OLS 估计辅助回归模型（8）而构造的线性检验 LM 统计量。

0.8，$T=200$，（υ，β）=（0，2.5）时，LM_F 拒绝原假设的概率为 0.82；LM_D（$k=2$）拒绝原假设的概率为 0.80。进一步，当仅有协整向量中的截距项含有机制转移时，LM_F，LM_D 统计量的检验势相对其他两种情形都会有所降低。例如，当 $\omega=0.2$，$T=100$，（υ，β）=（2.5，0）时，LM_F，LM_D（$k=2$）拒绝原假设的概率分别为 0.58，0.59。固定 ω，T 保持不变，参数（υ，β）=（2.5，2.5），对应 LM_F，LM_D 拒绝原假设的概率增加为 0.67，0.69。可见，当协整 STR 模型的斜率系数含机制转移时，LM_F，LM_D 统计量的检验势较高。

表 2　线性检验统计量的经验 size 和 power（含漂移项）

ω	T	(υ, β)	LM_{1D}			LM_{1F}	LM_{1o}
			$k=1$	$k=2$	$k=3$		
0.2	100	(0.0, 0.0)	0.090	0.098	0.094	0.067	0.034
		(0.0, 2.5)	0.61	0.61	0.62	0.67	0.56
		(2.5, 0.0)	0.34	0.35	0.34	0.30	0.24
		(2.5, 2.5)	0.59	0.61	0.63	0.65	0.58
	200	(0.0, 0.0)	0.075	0.074	0.071	0.064	0.029
		(0.0, 2.5)	0.72	0.73	0.74	0.76	0.68
		(2.5, 0.0)	0.47	0.48	0.48	0.43	0.37
		(2.5, 2.5)	0.72	0.74	0.73	0.76	0.67
0.8	100	(0.0, 0.0)	0.093	0.101	0.095	0.077	0.018
		(0.0, 2.5)	0.72	0.69	0.70	0.75	0.55
		(2.5, 0.0)	0.32	0.31	0.30	0.28	0.16
		(2.5, 2.5)	0.61	0.61	0.62	0.65	0.54
	200	(0.0, 0.0)	0.093	0.097	0.099	0.077	0.018
		(0.0, 2.5)	0.72	0.74	0.73	0.76	0.61
		(2.5, 0.0)	0.44	0.45	0.46	0.40	0.27
		(2.5, 2.5)	0.72	0.73	0.72	0.75	0.62

表 2 给出了解释变量的生成过程有漂移项时，在原假设和备择假设下，三个线性检验统计量的 size 和 power。从结果看，LM_{1D}，LM_{1F} 的有限样本性质特征和 LM_D，LM_F 的有限样本性质特征相似，即在相同的数据生成下，LM_{1D} 的水平扭曲略大于 LM_{1F}，但两者的检验势基本相同。进一步，相对无漂移项

时，数据生成有漂移项时统计量的检验势有所下降，并且 LM_D，LM_F 的水平扭曲也有所加大。例如，在 ω=0.8，T=200，(υ，β) = (0，2.5) 时，LM_D (k=2) 拒绝原假设的概率由无漂移项时的 0.8 下降为有漂移项时的 0.74；LM_F 拒绝缘假设的概率由 0.82 下降为 0.67。在 ω=0.2，T=100，(υ，β) = (0，0) 时，LM_D (k=2) 和 LM_F 的水平扭曲有所增加，实际显著性水平分别为 0.098，0.067。

另外，无论在数据生成过程中是否含有漂移项，LM_o 的检验势都略低于相同情形下 LM_D，LM_F 的检验势。并且，随着参数 ω 增加（内生性程度增加），LM_o 的检验势随之有所下降，而 LM_D，LM_F 的检验势基本保持不变。由此说明，在协整 STR 模型中，DOLS 和 FMOLS 对解释变量内生性具有显著校正作用。

四、结论

在非平稳的分析框架内引入非线性，研究实际经济中的非线性问题已成为现代宏观计量经济学的前沿热点领域之一，协整平滑转移回归模型（STR）正是使用机制转移函数刻画单位根变量之间的长期非线性均衡关系，从而体现对线性协整的扩展，并成为协整理论后续发展的主要方向。Choi，Saikkonen（2004）构建 LM 统计量检验协整 STR 模型中的非线性，为校正解释变量的内生性，Choi，Saikkonen 的 LM_D 统计量是基于动态最小二乘法的估计结果而构建。本文将 Choi，Saikkonen 的动态最小二乘法扩展为完全修正的最小二乘法，并进而构造 LM_F 统计量检验非线性。进一步，通过对动态最小二乘法和完全修正最小二乘法的估计方法分析，本文发现，在实际应用中，LM_D 的检验效果依赖于超前滞后 k 的正确选择，LM_F 的检验效果则依赖于误差项长期方差的有效估计。为检验在有限样本下，LM_D 和 LM_F 在实际应用中的效果，本文设计了相应的仿真试验，结果表明，本文构造的 LM_F 统计量与 LM_D 统计量的检验势没有显著差异，但 LM_F 的水平扭曲相对较小。

参考文献：

［1］Baba，Y.，Hendry，D. F. and Starr，R. M.，The Demand for M1 in the U. S. A.，1960-1988，*Review of Economic Studies*，1992（59），pp. 25-61.

［2］Choi，I. and Saikkonen，P.，Testing Linearity in Cointegrating Smooth Transition Regressions，*Journal of Econometrics*，2004（2），pp. 341-365.

[3] Dijk, D. V. and, Teräsvirta, T., Smooth Transition Autoregressive Models-A Survey of Recent Developments, *Journal of Econometric Review*, 2002 (1), pp. 1-47.

[4] Engle, R. F., and Grangle, C. W. J., Cointegration and Error Correction: Representation, Estimation and Testing, *Econometrica*, 1987 (55), pp. 251-276.

[5] Granger, C. W. J. and *Teräsvirta*, T., Modelling Nonlinear Economic Relationships, Oxford University Press, 1993.

[6] McCoskey, S. and Kao, C., A Residual-Based Test of the Null Cointegration in Panel Data, *Econometric Reviews*, 1998 (17), pp. 57-84.

[7] Phillips, P. C. B. and Loretan, M., Estimating Long Run Economic Equilibria, *Review of Economic Studies*, 1991 (58), pp. 407-436.

[8] Saikkonen, P., Asymptotically Efficient Estimation of Cointegration Regressions, *Econometric Theory*, 1991 (7), pp. 1-21.

[9] Saikkonen, P. and Choi, I., Cointegrating Smooth Transition Regreessions, *Econometric Theory*, 2004 (7), pp. 1-21.

[10] Stock,, J. H and Watson, M. W., A Simple Estimator of Cointegrating Vectors in High Order Integrated System, *Econometrica*, 1993 (61), pp. 783-820.

测度收入分布变迁的相对分布方法研究

陈　云　纪　宏
（北方工业大学，首都经济贸易大学）

一、引言

当前定量分析居民收入分配问题的方法主要是通过一些描述性统计指标进行，如基尼系数（Gini Coefficient）、洛仑兹曲线（Lorenz Curve）、阿鲁瓦利亚指数（Ahluwalia Index）、库兹涅茨指数（Kuznets Index）和泰尔指数（Theil index）等。这些指标大多可以被理解为居民收入分布的参数，提供的信息量有限，主要用来反映居民收入分配的公平性。拓展、深化收入分配问题的研究，合理估计居民收入分布是关键。

假如能合理估计得到居民收入分布，则几乎可以掌握居民收入分配的全部信息，能清晰地描述居民收入分配的结构和规律。但是，目前有关居民收入分布研究的文献不多，特别是在总体分布未知情况下分析居民收入分布变迁的论述更少。造成这种情况的主要原因有两个：一是数据缺乏；二是方法制约。文献检索显示，国内外关于居民收入分布的研究成果，大多根据经验假定居民收入服从某种特定分布形式，进而估计分布中的参数并计算社会收入不平等程度等指标。其中，最常用的居民收入分布形式有：帕雷托分布（Pareto Distribution）、伽玛分布（Gamma Distribution）和对数正态分布（Log-normal Distribution）。现实中，我们对总体分布的假定并不一定是贴切的。因为，收入数据可能并不是来自所假定的分布总体；或者收入数据根本不是来自同一个总体；还有可能，收入数据因为种种原因被严重污染。那么，从假定的总体分布所进行的统计推断就可能产生错误的结论。于是，人们希望在不假定居民收入分布的情况下，尽量从居民收入数据本身获得所需要的信息，这就是现代非参数统计（Modern Non-parametric Statistics）方法的要义所在，也正是本文研究的出发点。

在现代非参数统计方法——核密度估计方法和国外研究文献基础上，本文综合提出一种能够有效测度居民收入分布变迁的新方法——收入相对分布方法。①

二、收入相对分布方法的构建及经济意义

收入相对分布方法是一种非参数统计方法，主要用来比较来自两组（即参照组和对比组）居民收入分布之间的差异。参照组和对比组既可以为同一时间的不同群体，也可以为不同时间的同一群体，即可以用来分析同一时间不同群体的收入分布差异或者不同时间同一群体的收入分布变迁。本文主要通过收入相对分布方法分析不同时间我国居民收入分布的变迁情况。

本文提出的收入相对分布方法的构建原理如下：令连续型随机变量 Y_0 代表参照组居民的收入水平，且 Y_0 的分布函数和密度函数分别为 $F_0(y)$ 和 $f_0(y)$；对比组居民收入用连续型随机变量 Y 表示，$F(y)$ 和 $f(y)$ 分别表示它的分布函数和密度函数。②

连续型随机变量 Y 对 Y_0 的相对分布即为随机变量 R 的分布，其中 R 的定义如式（1）所示：

$$R=F_0(Y) \tag{1}$$

随机变量 R 通过变量 Y 在 Y_0 的分布函数 $F_0(Y)$ 中的取值获得。由（1）式可知，随机变量 R 的取值范围在 [0，1]，具有自身的分布函数和密度函数，本文分别用 G（r），g（r）表示。通过复合函数的求分布函数法则可以得到：

$$G(r)=F(F_0^{-1}(r))=F(Q_0(r)) \quad (0\leqslant r\leqslant 1) \tag{2}$$

其中，$Q_0(r)$ 是分布函数 F_0 的 r 分位数，表示参照组收入小于等于 $Q_0(r)$ 的人口比重为 r。G（r）被称为收入相对分布函数。

对式（2）求导得到变量 R 的密度函数，即收入相对密度函数为：

$$g(r)=\frac{f(Q_0(r))}{f_0(Q_0(r))} \quad (0\leqslant r\leqslant 1) \tag{3}$$

由分位数函数的定义可知，在参照组收入变量 Y_0 的分布中 $Q_0(r)=y_r$，因此式（3）可以变形为：

---

① 本文“居民收入分布变迁”的含义是指同一总体收入分布随时间的变化情况。实际上，本文提出的收入相对分布方法也可以用来分析不同总体收入分布的差异问题，本文没有展开这方面的研究。

② 除明确指出外，本文的居民收入分布函数和收入密度函数都是连续函数。

$$g(r)=\frac{f(Q_0(r))}{f_0(Q_0(r))}=\frac{f(y_r)}{f_0(y_r)} \quad (y_r=Q_0(r)\geqslant 0) \tag{4}$$

式（4）即为对比组收入水平 Y 在参照组收入水平 Y_0 分布中的相对变量 R 的密度函数，也被称为收入 Y 对 Y_0 的相对密度函数，进一步可以被解释为两个密度函数 f（y）、f_0（y）的比值，而 f（y）和 f_0（y）的连续性保证了 g（r）在［0，1］区间的连续性。

根据式（2）和式（4），收入相对分布函数和相对密度函数的经济意义可以解释为：对于参照组收入分位数 Q_0（r），即收入水平 y_r，当 G（r）＞r（G（r）＝r 或 G（r）＜r）时，则对比组收入小于等于 y_r 的人口比重大于 r（等于 r 或小于 r）；当相对密度函数 g（r）的数值大于 1（等于 1 或小于 1）时，则对比组收入等于 y_r 的人口比重大于（等于或小于）参照组中收入等于 y_r 的人口比重。

三、我国居民收入分布变迁的实证分析

（一）我国居民收入分布的核密度估计

设 $K(\cdot)$ 是 R^1 上一个给定的概率密度函数，$h_n>0$ 是一个同 n 有关的常数，定义我国居民收入分布密度函数的核密度估计形式为：

$$f_n(x)=\frac{1}{nh_n}\sum_{i=1}^{n}K\left(\frac{x-X_i}{h_n}\right)$$

$K(\cdot)$ 称为核（Kernel）函数；h_n 是一个同 n 有关的正数，称为带宽（Band-width）。本文选择的核函数是高斯函数，带宽的选择方法是交叉验证法。

依据中国健康和营养调查（CHNS）中的个人收入数据，估计得到 1990、1992、1996、1999、2003、2005 六年居民收入分布密度函数的核密度估计，分别如图 1 和图 2 所示。

观察图 1 和图 2 发现，1990 年、1992 年、1996 年、1999 年、2003 年、2005 年六年中，我国居民收入分布发生了明显变化，这说明我国居民收入分布变化是巨大的。

总体来看，我国居民收入分布及其变化呈现如下特征：

1. 居民收入分布右偏，且右侧尾部有不断拉长和不断加厚趋势。
2. 居民收入分布左侧尾部有不断加厚的趋势。
3. 居民收入密度函数曲线的顶部持续下沉。

这些特征初步反映出我国不同人群收入变动的不一致性，居民收入差距不

断扩大。

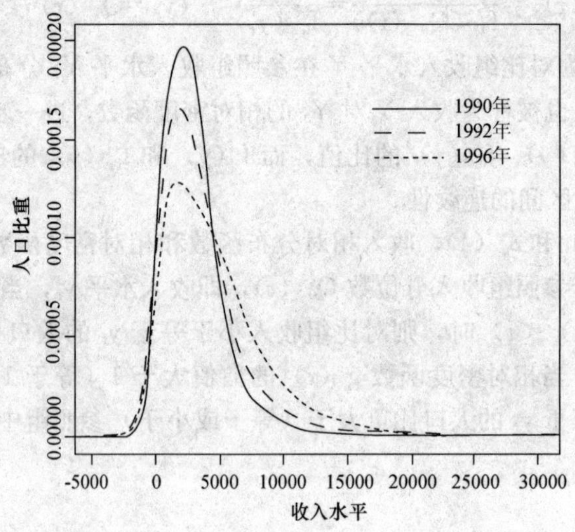

图 1　1990 年、1992 年、1996 年我国居民收入分布密度函数的核密度估计①

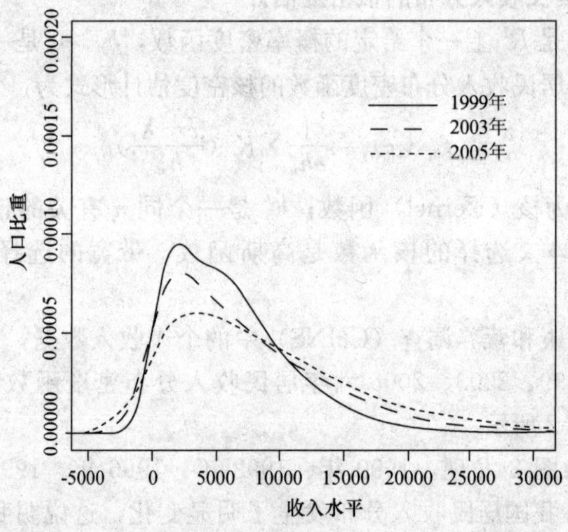

图 2　1999 年、2003 年、2005 年我国居民收入分布密度函数的核密度估计

① 由于高收入人群分布极为离散，若显示整个收入区间的图形则不便于我们观测到居民收入分布的变动。为了方便看清楚居民收入分布的变动，笔者特将图 1 和图 1 显示的收入区间设定在 −5000～30000 元，主要是为了方便观察不同收入水平下人口比重的变动情况。收入出现负值主要是由于 CHNS 数据特征造成的。

相比传统的统计分析方法，核密度估计得到的居民收入密度函数能进一步细致反映居民收入分布的变动，但如何具体测度不同收入水平和收入区间人口比重的变动情况则显得更为重要。

（二）我国居民收入分布的变迁过程

基于核密度估计方法、收入相对分布方法，通过 R 语言编程估计得到我国 2005 年相比 1990 年居民收入分布密度函数的核密度估计、收入相对分布密度函数和收入相对分布函数，分别如图 3、图 4 和图 5 所示。

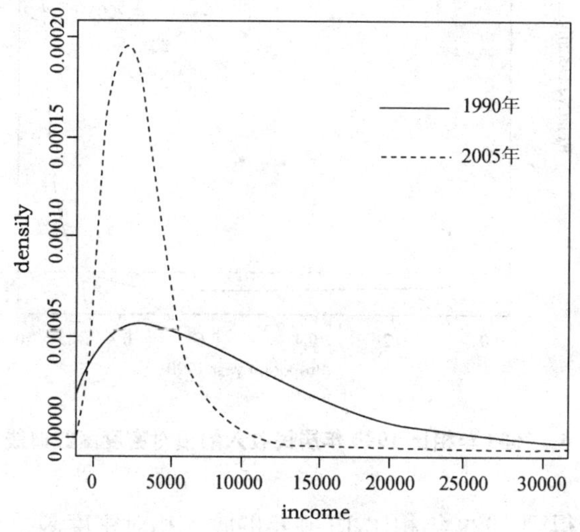

图 3　1990 年和 2005 年居民收入分布密度函数的核密度估计

观察图 3 发现，1990～2005 年的 16 年间，我国居民收入分布发生了较剧烈的变化，收入分布的集中程度大大下降。观察图 4 可知，从 1990 年到 2005 年，年收入低于－126.71 元的各收入水平对应的人口比重（1990 年该区间的累计人口比重为 1.5%）在 2005 年均有上升；年收入在－126.71～5766.62 元之间的各收入水平对应的人口比重（1990 年该区间的累计人口比重为 87%）在 2005 年均有所下降；年收入高于 5766.62 元的各收入水平对应的人口比重（1990 年该区间的累计人口比重为 11.5%）则大幅度上升，上涨的幅度在 1～16 倍之间，即该收入区间某一收入水平下 2005 年人口比重为 1990 年人口比重的 1～16 倍不等。观察图 5 可知，收入相对分布函数曲线几乎处处都在 45°对角线，且偏离 45°对角线的幅度很大。根据收入相对分布函数的经济意义可知：1990 年收入分布的各收入区间内，2005 年的累计人口比重均小于 1990

年，即更多的人口向高收入区间流动了。A点1990年年收入低于2574.65元的累计人口比重为50%，2005年为23%，即1990～2005年有27%的人口流入了年收入高于2574.65元的收入区间。B点1990年收入低于6190.08元的累计人口比重为90%，2005年为44%，即1990～2005年有46%的人口流入了年收入高于6190.08元的收入区间。

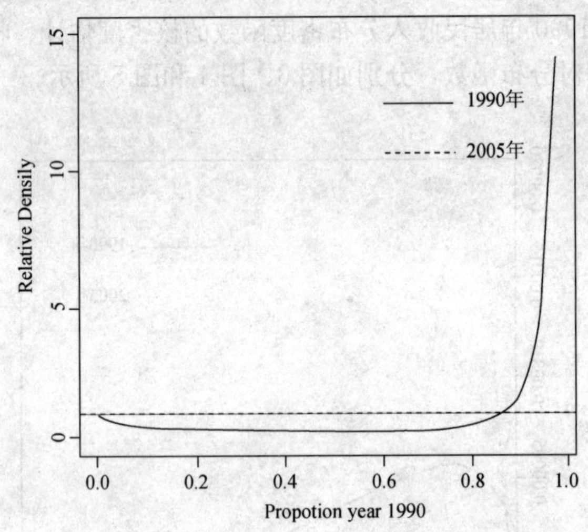

图4 2005年相比1990年居民收入的相对密度函数曲线①

进一步估计得到1999年相比1990年的收入相对密度函数和收入相对分布函数，分别如图6和图7所示。

观察图6发现，1990年和1999年收入分布的不动点为年收入4594.07元。从1990年到1999年，年收入低于4594.07元的各收入水平对应的人口比重（1990年该区间的累计人口比重为81%）在1999年均有下降；年收入高于4594.07元的各收入水平对应的人口比重（1990年该区间的累计人口比重为19%）在1999年均有所上升。观察图7发现，收入的相对分布函数曲线处处低于45°对角线，且偏离45°对角线的幅度较大。根据收入相对分布函数的经济意义可知：1990年收入分布的各收入区间内，1999年的累计人口比重均小于1990年，即更多的人口向高收入区间流动了。A点1990年年收入低于

① 本文收入相对密度曲线与水平线1的交点用两个数字表示。其中，第一个数字表示横轴（参照组）收入分布的分位数，第二个数字横轴（参照组）收入分位数对应的居民收入水平。如不说明，下文含义相同。

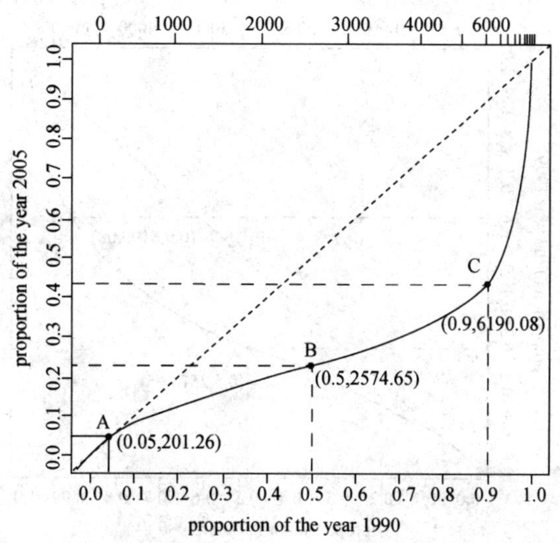

图5　2005年相比1990年居民收入的相对分布函数曲线

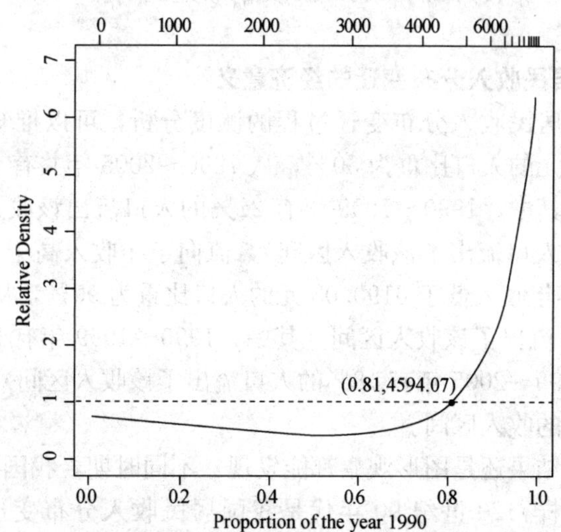

图6　1999年相比1990年居民收入的相对密度函数曲线

2574.65元的累计人口比重为50%，1999年为29%，即1990～1999年有21%的人口流入了年收入高于2574.65元的收入区间。B点1990年年收入低于6190.08元的累计人口比重为90%，1999年为62%，即1990～1999年有

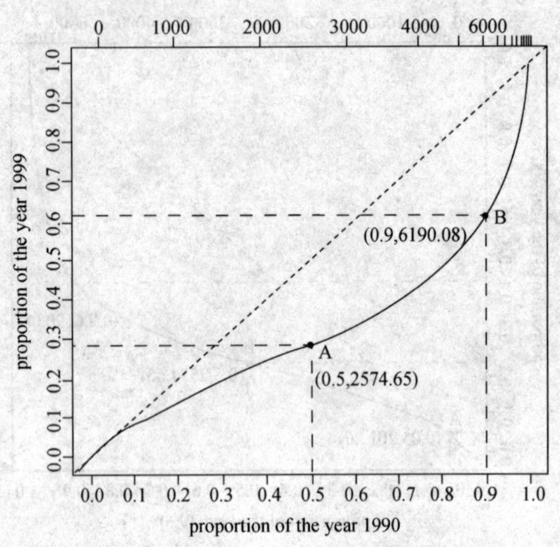

图7　1999年相比1990年居民收入的相对分布函数曲线

28%的人口流向了年收入高于6190.08元的收入区间。

（三）我国居民收入分布变迁的经济意义

通过对我国居民收入分布变迁过程的测度分析，可以推知：1990年年收入低于2574.65元的人口比重为50%，从1990～2005年共有27%的人口流出了该收入区间（其中，1990～1999年有21%的人口流出该收入区间、1999～2005年有6%的人口流出了该收入区间），流向了年收入高于2574.65元的收入区间。1990年年收入低于6190.08元的人口比重为90%，从1990～2005年共有46%的人口流出了该收入区间（其中，1990～1999年有28%的人口流出该收入区间、1999～2005年有18%的人口流出了该收入区间），流入了年收入高于6190.08元的收入区间。

无论从计算结果还是图形观察都能发现：不同时期，我国居民收入分布变迁的速度并不一样，20世纪90年代是我国居民收入分布变迁比较剧烈的时期，2000年以后我国居民收入分布变迁的程度在减弱。

20世纪90年代，随着市场经济体制改革确立、深化，重视效率优先，不同收入群体流动加快，居民原有的收入分层不断被打破，居民收入分布变迁激烈。这种现象除了家庭结构和人力资本的变化外，主要是由于市场化导致的收入来源和获得收入的要素变化所造成的。进入21世纪，收入分配问题不断显现，在发展经济的同时国家更加关注收入分配公平问题，更加重视社会和谐对经济增长的作用，社会领域的各项改革不断完善，不同收入群体流动性在趋缓，居民收入分布变得相对稳定，收入变迁持续但是程度开始减小。我国居民收入分布变迁表现出来的收入流动性的高低，正好与我国深化改革的进程相对应。

四、结论与启示

通过对收入相对分布方法的理论研究和实证分析，得到以下几个主要结论和启示：

第一，在居民收入分布未知条件下，核密度估计方法能更精确地给出居民收入分布，清晰地描述居民收入分布的结构和规律，并能大致反映居民收入分布的变迁情况，便于进一步深入地分析相关的居民收入分配问题。

第二，收入相对分布方法中的收入相对密度函数可以测度任意收入水平下对比组和参照组相应人口比重的变动情况；收入相对分布函数可以测度任意收入区间内对比组累计人口比重与参照组累计人口比重的变动情况。

第三，收入相对分布不动点现象。如果在某个收入水平下相对密度函数＝1，对比组人口比重相对参照组人口比重保持不变，即无论从参照组到对比组收入分布如何变化，这个收入水平下人口比重始终保持不变。根据收入相对密度函数的性质，在收入变迁的过程中至少有一个这样的不动点，本文称之为收入相对分布不动点。直观地看，收入相对分布不动点是一个非常有趣的现象，我们可以运用这个原理分析许多收入分配现象。

第四，收入相对分布方法不仅仅适用于整个社会的收入分布变迁问题研究，还适用于不同群体之间的收入分布差异问题研究，如不同性别、不同学历、不同年龄人群的收入分布差异等。通过收入相对分布方法对居民收入分布变迁进行测度分析，可以进一步对税收、社会保障、银行信贷、消费品消费量等与收入分布变迁密切相关的问题展开深入研究。

另外，收入相对分布方法也可以被应用到其他社会经济研究领域中，对相应领域中的变量分布变迁或差异进行研究。

参考文献：

[1] Cowell，F. A. Measuring Inequality-Techniques for the Social Sciences [M]. New York：John Wiley & Sons，1977.

[2] Kmietowicz, Z. W. and Ding, H. Statistical Analysis of Income Distribution in the Jiangsu Province of China [J]. The Statistician, 1993, 42 (2): 107～121.

[3] Salem and Mount. A Convenient Descriptive Model of Income Distribution: The Gamma Density [J]. Econometrica, 1974, 42 (6).

[4] Silverman, B. W. Density estimation for statistics and data analysis [M]. New York: Chapman and Hall Ltd, USA, 1986: 34～72.

[5] Fields, G. S. Accounting for income inequality and its changes: A new method with application to the distribution of earning in the United States [J]. Research in Labor Economics, 2003 (22): 1～38.

[6] Morris, M., Bernhardt, A. D., Handcock, M. S.. Economic inequality: new methods for new trends. Am. Sociol [J]. Rev. 2004 (59): 205～219.

[7] Parzen, E. Nonparametric statistical data science: A unified approach based on density estimation and testing for 'white noise'. Technical Report 47, Statistical Sciences Division, State University of New York at Buffalo, Buffalo, NY.

[8] Fraser, DAS. (1957) Nonparametric Methods in Statistics, John Wiley & Sons, New York, NY.

[9] 王海港．中国居民收入分配的格局——帕雷托分布方法 [J]．南方经济，2006，5：73～82.

[10] 吴喜之．非参数统计 [M]．北京：中国统计出版社，1999：1～16.

[11] [美] L. 沃塞曼著，吴喜之译．现代非参数统计 [M]．北京：科学出版社，2008：100～110.

[12] 陈希孺，柴根象．非参数统计教程 [M]．北京：北京师范大学出版社，1993：247～274.

[13] 峁诗松，周纪芗．概率论与数理统计 [M]．北京：中国统计出版社，2000：50～70.

信息冲击与资产定价*

陈　莹
（深圳大学经济学院，中山大学行为金融与金融经济学研究所）

一、引言

资产定价是现代金融学的核心研究领域之一。信息冲击指的是市场公布了较重大的信息（例如，提高印花税、提高准备金率等），令投资的市场环境产生了改变。国外的研究结果发现，“好信息冲击”与“坏信息冲击”对股价波动均有影响，且是不平衡的。这种现象在很多国家和地区的股票市场都存在①。陆蓉和徐龙炳（2004）指出在中国市场，“利好”和“利空”信息对股票市场都具有不平衡性的影响，研究这一现象对资产定价、投资组合构造及风险头寸确定都有重要作用，而新信息的出现对股票市场的影响应该区分股市所处的位置。

另一方面，已有的资产定价理论模型认为市场的交易成本对资产定价模型影响较小，而实证研究却不断显示交易成本对其影响显著，于是近年来学者们通过各种途径解释两者之间的关系。Huang（2003）从投资者层面的流动性冲击角度对此矛盾进行分析，他认为，家庭的个体投资者与机构投资者都会面临突如其来的流动性冲击，在有借入限制的条件下，投资者对流动性较差的资产要求有相应的补偿。他建立了一个连续时间模型，有流动性冲击，当冲击到来时，投资者不得不清算其资产，结论指出交易成本是资产定价模型中非常重要的因素。Lynch和Tan（2004）从收益的可预测性、财富冲击和交易成本的状

---

* 本文是国家社会科学基金重点项目（07AJL003）和深圳大学人文社会科学基金（09QNCG15）阶段性成果之一。对文中可能存在的问题，均由作者负责。

① Cheung与Ng（1992），Poon与Taylor（1992），Koutmos（1992），Booth等（1997）和Yeh等（2000）发现在美国、英国、加拿大、法国、日本、丹麦、瑞典、香港、台湾等股票市场均存在对好、坏消息的不平衡反应。

态依赖方面考虑了交易成本对溢价影响的大小问题。文章指出，在加入实际市场的复杂性因素后，交易成本对年流动性溢价所产生的影响不再小于交易成本比率本身，而是相同的。Lo，Mamaysky 和 Wang（2004）建立了一个动态均衡模型，认为即使很小的固定交易成本，也可以令异质投资者的最优交易策略的“无交易区间”增大，影响交易量，流动性溢价与固定交易成本之间是小于一阶的关系（近似于平方根），这说明了交易成本对资产价格有显著的影响。

本文的贡献则在于，从市场层面的信息冲击角度对此矛盾进行解释，将信息分为“好信息”（利好）与“坏信息”（利空）两种来建立模型，并对两类模型进行比较。在传统的均衡模型中加入外生的信息冲击，讨论等比例交易成本对资本收益所产生的影响。模型中，考虑了交易成本为零和等比例交易成本两种情况，并给出消费投资组合的最优解。运用计算机数值模拟，与理想市场模型（Constantinides，1986）进行比较。结论表明，在有外生信息冲击的模型中，好的信息的冲击令最优投资组合向风险资产移动，坏的信息冲击令最优投资组合向无风险资产移动——这与市场实际情况吻合，相对于传统模型，本模型中交易成本对资产收益的影响显著增大，从而说明了交易成本在资产定价模型中是不容忽视的因素。理想市场条件下，或静态摩擦市场中，由于缺少不确定性的冲击，投资者不需要经常调整消费投资组合，那么较小的交易成本在定价模型中的角色就变得无足轻重。然而，若存在信息冲击，不确定性增加，令投资环境随时间变化而变化，那么相对于传统模型，投资者需要经常调整投资组合避免离最优的目标过远，令信息冲击所产生的效用的损失减小，而交易频率的增加肯定会导致更多的交易成本的付出。因此，最终交易成本的相关影响就会显著增加。传统模型正是忽略了不确定性的冲击，从而降低了交易成本的重要性，所以与实证结果产生了矛盾。本文在经典模型中加入信息冲击，把不确定性引入到模型中，得到了与实证结果相一致的结论。

本文将以 Constantinides（1986）的均衡模型为框架，在基本假设中加入了更多实际市场的复杂性——信息冲击和卖空限制。与以上的文献不同的是，本文假设市场上存在信息冲击，且此冲击会改变市场的投资环境，当投资环境改变后，相应的环境参数也会产生变化，比如市场无风险利率、风险资产预期回报、波动性等，令模型更加符合实际情况。

二、模型设计

本文在 Constantinides（1986）模型的基础上，构建了一个投资者在有信息冲击的情况下，进行消费投资组合决策的连续时间模型。投资者将面临一个动态变化的投资环境，有好消息（或坏消息）的发布，令经济基本面转好（转坏），那么投资者将会对其消费投资组合进行调整。本文用独立的泊松过程（Poisson process）来表示信息冲击。

1. 金融结构

假设在金融市场中有两种资产，一种是无风险资产，它的价格为 B_t，收益率为 r_t，满足：$dB(t)=B(t)rdt$，其中 r 是常数，但是会随着投资环境的不同而变化。另一种是风险资产，用 S_t 表示其价格，满足：$dS(t)=s(t)(\mu dt+\sigma dw_t)$，其中 μ 和 σ 是常数，标准 w_t 是维纳过程。本文假设 $\mu>r$，这样保证不会出现卖空风险资产来进行投资的情况。假设在风险资产进行交易时，会产生等比例的交易成本，设此比例为 k，则投资者在买卖 x 单位风险资产时，需要支付的交易成本是 kxS_t①。

2. 投资偏好

假定投资者的偏好为状态独立、时间可分、二阶连续可微的 von Neumann-Morgenstern 效用函数，在任意时刻 t 用 $E_t\left[\int_0^{\infty}e^{-\beta(s-t)}U(c_s, I_s)ds\right]$ 的最大化表示。其中，$\{c_t\}$ 是随机消费过程，$\{I_t\}$ 为投资者的遗产部分。E_t 为在时刻 t 的可获信息条件下的条件期望算子，效用函数 $U(\cdot)$ 满足 $E_t[U(c_s, I_s)]<\infty$，$\beta\geqslant 0$ 为投资者的时间偏好系数。投资者认为风险资产和无风险资产价格变化过程均为正的扩散过程。投资者的效用函数 $U(\cdot)$ 具有常数相对风险厌恶（CRRA，Constant Relative Risk Aversion）的性质，即 $U_t(c_t)=e^{-\beta}\dfrac{c_t^{1-\gamma}}{1-\gamma}$，$\gamma\neq 1$，其中，相对风险厌恶系数 γ 为常数。

3. 消费—投资组合问题

假设在任意时刻 t，投资者的总财富为 W_t，消费为 c_t，满足 $c_t\geqslant 0$，且 $\int_0^t c_\tau d\tau<\infty$。投资者将财富分别投资于无风险资产（设为 a_t）与风险资产（设为 A_t），且 $A_t\geqslant 0$②。那么 $W_t=a_t+A_t\geqslant 0$，则有：

$$dW_t=da_t+dA_t=ra_t dt+\mu A_t dt+\sigma A_t dw_t-kL_t^A-kD_t^A-c_t dt, \quad (1)$$

其中，L_t^A 与 D_t^A 分别是 [0，t] 时间内对风险资产的购买与卖出的总价值（cumulative value），则 $a_t=L_t^A-D_t^A$，且在初始时刻满足：$L_0^A=D_0^A=0$。需要注意的是，买入 dL 单位的股票需要（1+k）dL，而卖出 dD 单位的股票只能兑现（1−k）dD 现金。显然，同时买入和卖出股票肯定不是最优的策略。

① 买卖的交易成本是 $2kxS_t$，但是这对模型的结果没有实质性的影响。

② $A_t\geqslant 0$ 保证了不会出现卖空的情况，这与 Constantinides（1986）模型假设没有卖空限制不同。

在不存在交易成本的情况下，k=0，则可以简化为：

$$dW_t=(ra_t+\mu A_t-c_t)dt+\sigma A_t dw_t。\tag{2}$$

假设人的生死过程服从一维齐次，强度为η的泊松过程。在投资者的预期效用函数中有两部分：消费部分与遗产部分，假设遗产部分的权重为ε，消费部分的权重为（1－ε）。本文假设市场是动态变化的，市场信息在不断更新。在公布了好（坏）消息的情况下，市场投资环境就产生了变化，则模型里的各参数也会相应发生变化，而各种状态的参数分别是独立的。假设这种环境变化的转换服从强度为λ的泊松过程，当有坏消息公布，令比较好的经济基本面转换到比较差的情况时，假设强度参数为λ_{bad}；当有好消息公布，令比较差的经济基本面转换到比较好的情况时，假设强度参数为λ_{good}。在这里，我们只讨论第一种情况，第二种情况的结果与此类似。

所要解决的消费—投资效用最大化问题为：

$$\max_{(a,A,c)}\left[\int_0^{T_{bad}} e^{-(\beta+\eta)t}\frac{(1-\varepsilon)c_t^{1-\gamma}+\varepsilon\eta W_t^{1-\gamma}}{1-\gamma}dt+e^{-(\beta+\eta)T_{bad}}J_{good}(W_{T_{bad}})\right]$$

$$\equiv J_{bad}(W_t)\tag{3}$$

$$s.t.\quad dW_t=ra_t dt+\mu A_t dt+\sigma A_t dw_t-kdL_t^A-kdD_t^A-c_t dt\tag{4}$$

$$W_t\geqslant 0。\tag{5}$$

其中，$J_{bad}(W_t)$（$J_{good}(W_t)$）是在有坏（好）消息公布时预期效用函数，T_{bad}是指坏消息持续影响的时间。

4. 溢价的定义

与Constantinides（1986）一致，本文定义，若存在两种同时面对信息冲击不同的市场体制，其中一种市场中，风险资产进行交易时需要支付等比例交易成本，另一种市场中，风险资产交易不需要支付任何交易成本，则两种市场机制下，资产的预期收益率之间的差值就是“流动性溢价”，用$\delta(k)$来表示。

假设投资者运用了最优的消费投资策略，按照上文对流动性溢价$\delta(k)$的定义，推导出$\delta(k)$满足的表达式。由于存在着不同的市场投资环境，随着参数的改变，流动性溢价也会产生相应的改变，因为需要定义不同投资环境中的流动性溢价$\delta_{bad}(k)$，$\delta_{good}(k)$及市场总体流动溢价$\delta(k)$。$\delta_{bad}(k)$，$\delta_{good}(k)$的计算过程在下面详细给出。

本文定义总体流动性溢价$\delta(k)$：$\delta(k)=\omega_{bad}(k)+\omega_{good}\delta_{good}(k)$，

其中，$\omega_{bad}=\dfrac{\lambda_{bad}}{\lambda_{bad}+\lambda_{good}}$，$\omega_{good}=\dfrac{\lambda_{good}}{\lambda_{bad}+\lambda_{good}}$，则有$\omega_{bad}+\omega_{good}=1$。

三、模型求解

(一) 交易成本为零的情况

首先讨论在理想的市场情况下，交易成本为零，即 $k=0$ 时，最优控制问题为：

$$J_{bad}(W_t)=\max_{(a,A,c)}\{E_t[\int_0^{T_{bad}}e^{-(\beta+\eta)t}\frac{(1-\varepsilon)c_t^{1-\gamma}+\varepsilon\eta W_t^{1-\gamma}}{1-\gamma}dt+e^{-(\beta+\eta)T_{bad}}J_{good}(W_{T_{bad}})]\} \tag{6}$$

$$s.t.\quad dW_t=ra_tdt+\mu A_tdt+\sigma A_tdw_t-c_tdt \tag{7}$$

$$W_t\geqslant 0。 \tag{8}$$

在此最优化问题中，投资者动态地选择它在消费和投资（无风险和风险资产）的比例，使得其预期效用最大化。则有此问题的 Hamilton-Jacobi-Bellman 方程（下文简称 HJB 方程）为①：

$$0=\max_{(a,A,c)}[\frac{(1-\varepsilon)c^{1-\gamma}+\varepsilon\eta W^{1-\gamma}}{1-\gamma}+(ra+\mu A-c)J_{badW}-(\beta+\eta+\lambda_{bad})J_{bad}+\lambda_{bad}J_{good}+\frac{1}{2}(\sigma A)^2J_{badWW}] \tag{9}$$

将上面的方程对消费 c_t 和风险资产投资 A_t 分别求导，可得：

$$(1-\varepsilon)c_t^{-\gamma}-J_{badW}=0,\ (\mu-r)J_{badW}+\sigma^2A_tJ_{badWW}=0 \tag{10}$$

运用 Merton（1971）的方法，本文猜测效用函数的形式为：

$$J_{bad}(W_t)=\frac{h_{bad}W^{1-\gamma}}{1-\gamma}, \tag{11}$$

其中常数 $h_{bad}>0$，且与信息冲击相关②。

代入可得最优解：

$$\frac{c^*}{W}=(\frac{1-\varepsilon}{h_{bad}})^{\frac{1}{\gamma}},\ A^*=\frac{\mu-r}{\gamma\sigma^2} \tag{12}$$

与 Constantinides（1986）模型对比，结果非常相似，特别地，投资于风险资产的数量 A^* 是完全相同的。这说明，当市场不存在交易成本的时候，信息冲击对最优消费投资组合的影响不大。

(二) 等比例交易成本的情况

现实的市场都是摩擦的市场，任何风险资产的交易都需要支付交易成本。

---

① 这样，一个随机控制问题就可以变成一个确定性的非线性规划问题。

② 具体的相关关系在数值模拟部分给出。

本文考虑的是等比例交易成本的情况，在风险资产进行交易时，会产生等比例的交易成本，设此比例为k（$k\geqslant$，k为常数），则投资者在买卖x股该股票时候，需要支付的交易成本是kxS_t。令：

$$\pi\equiv\frac{A_t}{a_t} \tag{13}$$

为投资于风险资产与无风险资产的比值。最优的投资策略可以用两个参数进行描述：存在边界$\underline{\pi}$与$\bar{\pi}$（$\underline{\pi}\leq\bar{\pi}$），若投资组合落在区间$[\underline{\pi},\bar{\pi}]$中，则此时为最优投资（称为无交易区间）；若投资组合落在区间$[\underline{\pi},\bar{\pi}]$外，则需调整投资组合$\pi$，令$\pi$重新落在无交易区间中。

对于$A/a\leqslant\pi$，那么投资的策略是卖出（1+k）x份的无风险资产，然后买入x份风险资产，令风险资产与无风险资产投资比为$\underline{\pi}$。也就是说，$(A+x)/[a-(1+k)x]=\underline{\pi}$。容易得到：$x=(\underline{\pi}a-A)/[(1+k)\underline{\pi}+1]$。则效用函数J（a，A）在无交易区间时满足边际条件：$(1+k)J_a=J_A$。同样，当$A/a\geqslant\bar{\pi}$时，效用函数J（a，A）在无交易区间时满足边际条件：$(1-k)J_a=J_A$。

用方程组（14）对图1的变化过程进行表示：

$$\begin{aligned} da_t&=(ra_t-c_t)dt-(1+k)dL_t^A+(1-k)D_t^A \\ dA_t&=\mu A_t dt+\sigma A_t dw_t+dL_t^A-dD_t^A \end{aligned} \tag{14}$$

存在等比例交易成本的条件下，最优控制问题为，在无交易区间（区域II）中满足：

$$J_{bad}(a,A,c,\underline{\pi},\bar{\pi})=\max_{(a,A,c)}\{E_t[\pi\int_0^{T_{bad}}e^{-(\beta+\eta)t}\frac{(1-\varepsilon)c_t^{1-\gamma}+\varepsilon\eta(a_t+(1-k)A_t)^{1-\gamma}}{1-\gamma}dt$$

$$+e^{-(\beta+\eta)T_{bad}}J_{good}(aT_{bad},A_{T_bad},c_{T_{bad}},\underline{\pi},\bar{\pi})]\} \tag{15}$$

$$s.t.\ da_t=(ra_t-c_t)dt-(1+k)dL_t^A+(1-k)D_t^A \tag{16}$$

$$dA_t=\mu A_t dt+\sigma A_t dw_t+dL_t^A-dD_t^A \tag{17}$$

$$a_t+(1-k)A_t\geqslant 0 \tag{18}$$

把此最优化问题转化为HJB方程：

$$0=\max_{(a,A,c)}\left\{\frac{\gamma(1-\varepsilon)^{1-\gamma}J_{bad\,a}^{\frac{\gamma-1}{\gamma}}+\varepsilon\eta(a+(1-k)A)^{1-\gamma}}{1-\gamma}+raJ_{bad\,a}+\mu AJ_{bad\,A}\right.$$

$$\left.-(\beta+\eta+\lambda_{bad})J_{bad}+\lambda_{bad}J_{good}+\frac{1}{2}(\sigma A)^2J_{bad\,AA}\right\} \tag{19}$$

可以求得最优消费解为：

$$c^*=(\frac{1-\varepsilon}{J_{bada}})^{\frac{1}{\gamma}} \tag{20}$$

最优投资策略为：进行最小量的交易，令 $\pi=\frac{A}{a}$ 在区间 $[\underline{\pi}，\bar{\pi}]$ 中。其中，当 $\pi<\bar{\pi}$ 时，$J_{badA}\leqslant(1+k)J_{bada}$，此时卖出风险资产，买入无风险资产；当 $\pi>\bar{\pi}$ 时，$J_{bada}\geqslant(1-k)J_{bada}$，此时卖出无风险资产，买入风险资产。

四、数值模拟结果

(一) 模拟步骤

为了更直观地进行对比，本文对传统模型与本文的模型进行数值模拟，并将结果进行对比。本模型假设有一个 J_{bad} 与 J_{good} 两个价值函数，当坏（好）的信息冲击来到的时候，是以强度为 λ_{bad}（λ_{good}）的泊松过程表示，那么价值函数 J_{good} 就转换成了 J_{bad}（J_{good} 就转换成了 J_{bad}），此时相关的状态参数也会随之变化①。

交易成本为零的情况下，把（11）式代入 HJB 方程（9）式中，可以得到方程组：

$$C_1h_{bad}+C_2h_{b}^{C_3}ad+C_4h_{good}+C_5=0, \tag{21}$$

$$C_6h_{good}+C_2h_{good}^{C_3}+C_7h_{bad}+C_5=0, \tag{22}$$

其中，$C_1\sim C_7$ 都是依赖于状态参数的常数。只要状态参数设定，则可以通过方程组求出 h_{bad} 与 h_{good}，代入（12）式即可以得到最优解。

当市场是摩擦的时候，即存在着等比例交易成本的情况下，把（13）式代入 HJB 方程（19）式中，从而转化为在无交易区间满足下面的常微分方程组：

$$\begin{aligned}&d_1\pi^2\Delta''_{bad}(\pi)+d_2\pi\Delta'_{bad}(\pi)+d_3\Delta'_{bad}(\pi)^{d_4}\\&\quad+d_5\Delta_{bad}(\pi)+d_6\Delta_{good}(\pi)+d_7=0\end{aligned} \tag{23}$$

$$\begin{aligned}&d_8\pi^2\Delta''_{good}(\pi)+d_9\pi\Delta'_{good}(\pi)+d_3\Delta'_{good}(\pi)^{d_4}\\&\quad+d_{10}\Delta_{good}(\pi)+d_{11}\Delta_{bad}(\pi)+d_{12}=0\end{aligned} \tag{24}$$

其中，$d_1\sim d_{12}$ 都是依赖于状态参数的常数。

只要状态参数设定，则可以通过方程组及无交易区间边界的定义，可以求出 H_{bad1}，H_{bad2} 与 H_{good1}，将 H_{good1} 代入（20）式及无交易区间边界定义，即可以得到最优解。

(二) 加入信息冲击后溢价的计算

流动性溢价 $\delta(k)=\omega_{bad}\delta_{bad}(k)+\omega_{good}\delta_{good}(k)$，其中，$\delta_{bad}(k)$ 与 δ_{good}

---

① 相关的状态参数有：无风险资产预期收益率 r，风险资产预期收益率 μ，风险资产波动率 σ，信息冲击强度 λ，交易成本的比例 k。

（k）满足下面的函数关系。

把猜测效用函数 J_{bad}（W_t）$=\frac{h_{bad}W^{1-\gamma}}{1-\gamma}$代入 HJB 方程（9）中，并用 $\mu_{bad}-\delta_{bad}$（k）来替代原式中的 μ_{bad}，$\mu_{good}-\delta_{good}$（k）来替代原式中的 μ_{good}，可得：

$$q_1h_{bad}+q_2h_{bad}^{C3}+q_4h_{good}+q_5=0,\ q_6h_{good}+q_2h_{good}^{C_3}+q_7h_{bad}+q_5=0, \tag{25}$$

其中，$q_1\sim q_7$ 都是依赖于状态参数的常数。

只要状态参数设定，h_{bad} 与 h_{good} 已知，则可以通过方程组求出 δ_{bad}（k）与 δ_{good}（k）。

（三）参数设定及结果分析

为了便于比较，模型的基本参数将按照 Constantinides（1986）的参数来进行设置，分别为：$\gamma=2$①，$\beta=0.1$/年，$r_{bad}=r_{good}=0.1$/年，$\mu_{bad}=\mu_{good}=0.15$/年，$\sigma_{bad}^2=0.04$/年，$\sigma_{good}^2=0.038$/年，$\lambda_{bad}=1.5$，$\lambda_{good}=0.2$，$\varepsilon=0$，$k_{bad}=0.01$。

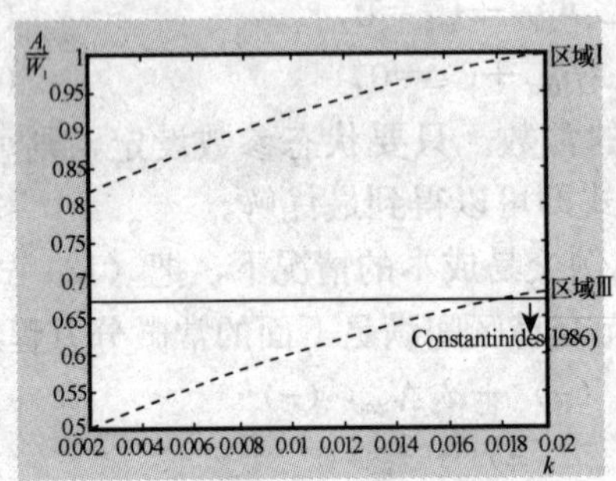

图2　最优投资比例对交易成本比例的敏感性分析

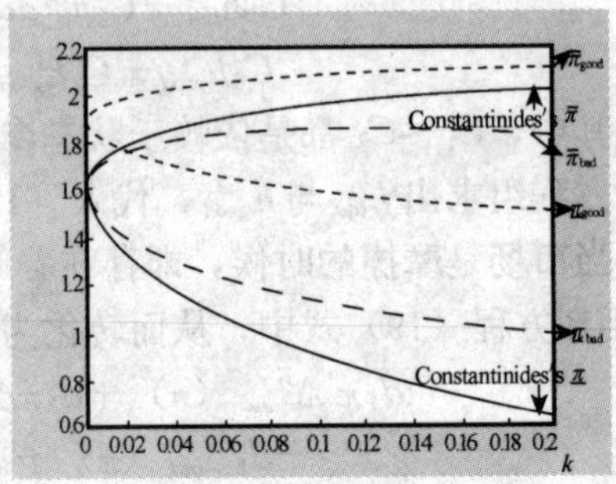

图3　不同 k 值所对应的无交易区间边界

根据以上参数的设定，令 k_{good} 在［0.02，0.2］中取不同的值，观察当坏信息冲击来临时，不同区域中最优投资比例$\frac{A_t}{W_t}$的变化。由图 2 的结果可以看出，Constantinides（1986）模型中，最优投资比例$\frac{A_t}{W_t}$对交易成本比例的变化不敏感，而在本模型中，在区域 I 与区域 III 中的最优投资比例$\frac{A_t}{W_t}$随交易成本

① 由于效用函数表达的形式不同，Constantinides（1986）的 $\gamma=-1$ 与本文的设置是相同的。

比例的变化而产生变化。这样，必定令交易频率不断增加，从而使得交易成本在决策中成为非常重要的考虑因素。正是由于传统的模型中静态化市场，令最优投资比例$\frac{A_t}{W_t}$总是保持不变，所以交易成本因素在理论模型中只有二阶的影响，与实证结果矛盾。

图 3 是对不同状态下，当无交易边界的交易成本比例变化时，无交易区间的取值。分别对投资环境较好的状态（good），投资环境较差的状态（bad），和 Constantinides（1986）的模型分别进行讨论。图 3 中，投资环境较好的状态（good）的无交易区间高于其他两种情况，这与直觉是吻合的。当投资环境比较好的时候，投资者总是倾向于投资风险资产以获得更大的回报。当不存在交易成本时，$k=0$，由（12）式可知，若市场状态参数设置与 Constantinides（1986）相同，那么三种情况下的最优投资比例$\frac{A_t}{W_t}$是相同的，这表明，在无交易成本的情况下，信息冲击对市场最优投资比例$\frac{A_t}{W_t}$没有影响。

另一方面，从图 3 可以直观地看出，Constantinides（1986）的无交易区间在可行集中占了绝大部分，这令模型中的投资者在投资中不需要经常对投资比例$\frac{A}{a}$做出调整，因此，交易成本在 Constantinides（1986）模型中的影响是很小的。相对与 Constantinides（1986）的无交易区间，本文模型在投资环境较好的状态（good），投资环境较差的状态（bad）中的无交易区间就缩小了很多。这说明，投资者的投资比例$\frac{A}{a}$会经常落在无交易区间之外，这就需要投资者经常对投资比例$\frac{A}{a}$做出相应的调整，因此交易成本将较大的影响投资组合的收益，不能轻易忽略。这个结论与实证结果是非常吻合的。将投资环境较好的状态（good）与投资环境较差的状态（bad）的无交易区间相比较，可以看出在投资环境比较差的状态（bad）中，投资者对交易成本的变化更加敏感。这是因为在投资环境较差的情况下，投资者对风险资产的收益率要求更高，否则宁愿选择不进行交易。所以投资环境较好的状态（good）的无交易区间比较小，在投资环境较好时，投资者对交易成本的变化较为不敏感。

表 1 不同交易成本下所产生的溢价及无交易区间边界

<table>
<tr><td></td><td colspan="3">k=0.005</td><td colspan="3">k=0.02</td></tr>
<tr><td></td><td>bad</td><td>good</td><td>Constantinides</td><td>bad</td><td>good</td><td>Constantinides</td></tr>
<tr><td>$\underline{\pi}$</td><td>1.523</td><td>1.845</td><td>1450</td><td>1.381</td><td>1.762</td><td>1.277</td></tr>
<tr><td>$\bar{\pi}$</td><td>1.7</td><td>1.951</td><td>1.767</td><td>1.764</td><td>1.977</td><td>1.803</td></tr>
<tr><td rowspan="2">δ (k) /k</td><td>0.4231</td><td>0.6017</td><td rowspan="2">0.16</td><td>0.7042</td><td>0.3573</td><td rowspan="2">0.13</td></tr>
<tr><td colspan="2">0.4419</td><td colspan="2">0.6677</td></tr>
<tr><td></td><td colspan="3">k=0.05</td><td colspan="3">k=0.1</td></tr>
<tr><td></td><td>bad</td><td>good</td><td>Constantinides</td><td>bad</td><td>good</td><td>Constantinides</td></tr>
<tr><td>$\underline{\pi}$</td><td>1.252</td><td>1.682</td><td>1.087</td><td>1.156</td><td>1.599</td><td>0.891</td></tr>
<tr><td>$\bar{\pi}$</td><td>1.789</td><td>2.021</td><td>1.844</td><td>1.797</td><td>2.045</td><td>1.905</td></tr>
<tr><td rowspan="2">δ (k) /k</td><td>0.8584</td><td>0.3316</td><td rowspan="2">0.12</td><td>0.9137</td><td>0.3184</td><td rowspan="2">0.13</td></tr>
<tr><td colspan="2">0.8029</td><td colspan="2">0.8510</td></tr>
<tr><td></td><td colspan="3">k=0.15</td><td colspan="3">k=0.2</td></tr>
<tr><td></td><td>bad</td><td>good</td><td>Constantinides</td><td>bad</td><td>good</td><td>Constantinides</td></tr>
<tr><td>$\underline{\pi}$</td><td>1.063</td><td>1.547</td><td>0.754</td><td>0.995</td><td>1.511</td><td>0.65</td></tr>
<tr><td>$\bar{\pi}$</td><td>1.801</td><td>2.062</td><td>1.965</td><td>1.83</td><td>2.113</td><td>2.026</td></tr>
<tr><td rowspan="2">δ (k) /k</td><td>1.0140</td><td>0.3052</td><td rowspan="2">0.0216</td><td>1.7603</td><td>0.2998</td><td rowspan="2">0.0347</td></tr>
<tr><td colspan="2">0.9394</td><td colspan="2">1.6066</td></tr>
</table>

表1给出了在不同交易成本条件下，Constantinides（1986）模型与本文模型的无交易区间与流动性溢价之间的对比。从表中数据可以看出，本文模型所求出的 $\delta(k)/k$ 显著大于 Constantinides（1986）模型，也就是说，在加入了信息冲击后，等比例交易成本所产生流动性溢价显著增大，在等比例交易成本超过 0.15 时，$\delta(k)/k$ 是接近或者大于1的。与 Constantinides（1986）模型的数据相差非常大。这是由于在交易成本变大的情况下，Constantinides（1986）模型中，投资者基本上是不进行交易的，这就令流动性溢价变得非常小。这与现实市场不吻合。另外，模型中，在投资环境较好的状态（good）下，流动性溢价随着交易成本的增加而下降，且随着交易成本的增大，下降速度较为缓慢；而投资环境较差的状态（bad）下，流动性溢价随着交易成本的增加而增加，且随着交易成本的增大，增长速度是变快的。这与现实市场是一致的。在投资环境较好的状态（good）下，交易成本的提高不会很大程度上减少投资者购买风险资产的欲望；但是在较差的状态（bad）下，交易成本的

很小程度的提高，投资者对资产流动性溢价的期望会显著增加。

五、结论

本文主要从市场角度，对信息冲击与资产定价之间的关系进行研究。实证数据表明，加入信息冲击后，溢价显著存在，交易成本在资产定价模型中是非常重要的因素。

经典的理论模型认为，等比例或者固定交易成本对资产收益影响较小，所产生的溢价不显著，与实证相矛盾。本文从市场角度，引入不确定性，在Constantinides（1986）模型的基础上加入信息冲击，通过两模型的结果对比，解释了实证与模型的矛盾。本文认为，Constantinides（1986）模型把现实市场环境看成是静态的，投资者不需要经常对消费投资组合进行调整，所以等比例交易成本所产生的流动性溢价较小。但在加入了信息冲击后，由于不确定性的存在，投资者需要不断调整消费投资组合，无交易区间变小。这就解释了理论模型与实证结果相矛盾的重点是，前者忽略了一些不确定性因素所产生的溢价，在实际市场的资产定价中，应该考虑更多的因素。

参考文献：

[1] Booth，G. G.，Martikainen，T.，and Y. Tse，1997，Price and Volatility Spillovers in Scandinavian Stock Markets，*Journal of Banking and Financ*，21，811-823.

[2] Huang，M.，2003，Liquidity Shocks and Equilibrium Liquidity Premia，*Journal of Economic Theory*，109，104-29.

[3] Koutmos，G.，1992，Asymmetric Volatility and Risk Return Tradeoff in Foreign Stock Markets，*Journal of Multinational Financial Management*，2，27-43.

[4] Lo，A.，H. Mamaysky，and J. Wang，2004，Asset Prices and Trading under Fixed Transaction Costs，*Journal of Political Economy*，112，1054-90.

[5] Lynch，A. and S. Tan，2004，Explaining the Magnitude of Liquidity Premia：The Roles of Return Predictability，Wealth Shocks and State-dependent Transaction Costs，mimeo，NYU.

[6] Yeh，Y. H.，and Tsai，L. J.，2000，The Interaction and Volatility Asymmetry of Unexpected Returns in the Greater China Stock Markets，*Global Finance Journal*，11，129-149.

[7] 陆蓉，徐龙炳：“‘牛市’”和‘熊市’对信息的不平衡性反应研究”，经济研究，2004，(3)：65-72。

二

宏观经济增长与发展

中国经济增长与能源消费依从关系的实证研究*

——基于改革开放30年间的动态分析

葛新权　张劲文
（北京信息科技大学经济管理学院）

一、文献述评

中国经济高速发展以能源大量消耗为代价是一个不争的事实，因此能源消费与经济增长之间的内在依从关系以及作用机制便成为值得研究并应引起足够重视的问题。

经济增长与能源消费之间的关联关系，一直都是研究领域的热点问题而备受重视，国内外学者利用各种方法也为此做了大量的定性和定量研究，但至目前为止仍没有一个统一的结论，许多分歧和争议依然存在。Kraft，J. 和 Kraft，A. 于1978年最早开创性地分析了经济增长与能源消费的关系，他们利用美国1947～1974年的数据分析发现GNP与能源消费之间存在从GNP到能源消费的单向因果关系[1]。但Akarca and Long（1980）的研究却发现：当使用同样的时间序列数据，但样本区间比Kraft和Kraft（1978）更短时，不能得到类似的结果，这意味着样本区间的不同选择可能会影响两者之间的实证分析结果[2]。Yu和Hwang（1984）将上述研究的美国数据样本区间更新为1947～1979年，结果发现GNP增长与能源消费之间又不存在因果关系[3]。Stern（1993）使用4变量（GDP、劳动力、资本和能源）向量自回归（VAR）模型，对美国1947～1990年间的年度数据进行了标准的因果关系检

* 本文获国家自然基金项目——废弃电子产品资源化共生网络治理研究（项目编号：70873005）资助。

验，发现：虽然不存在能源消费总量到GDP的Granger因果关系，但若对最终能源消费测量数据按燃料构成进行调整，则会发现存在能源消费到GDP的单向Granger因果关系[4]。值得注意的是，不同国家和地区以及同一国家时间间隔的不同或者所采用的检验技术不同，所得到的结论都存在着不同。Masih and Masih（1996）分析了相关国家1955～1990年的数据，结果显示马来西亚、新加坡、菲律宾的能源消费与经济增长之间缺乏协整关系，在印度表现为从能源消费到经济增长的单向因果关系，在印度尼西亚表现为从经济增长到能源消费的单向因果关系，在巴基斯坦表现为双向因果关系[5]。Masih and Masih（1997）在上述国家的基础上又加入了中国台湾进行能源消费与经济增长的因果关系检验，以上六个国家情况大致不变，中国台湾存在着能源消费与GDP之间的双向因果关系[6]。Glasure and Lee（1997）分别利用标准的Granger检验方法和协整与误差修正模型，对韩国与新加坡的经济增长与能源消费进行了检验，结果发现，利用协整和误差修正模型时，两国的经济增长与能源消费均存在双向因果关系，而运用标准的Granger方法检验时，韩国的能源消费与经济增长不存在因果关系，而新加坡存在从能源消费到经济增长的单向因果关系[7]。Ugur and Ramazan（2003）通过对16个国家能源消费与GDP因果关系的研究发现，在所有国家中，这两个系列水平值是不平稳的，但其一阶差分是平稳的，其中7个国家变量之间存在平稳线性协整关系。在土耳其、法国、德国和日本，能源消费与GDP之间的作用方向是能源消费促进经济增长，显示这些这些国家长期的能源节约可能损害经济增长；在意大利和韩国其因果关系则正好相反；而在阿根廷又表现为双向因果关系[8]。

国内学者赵丽霞等（1998）利用C-D生产函数建立VAR模型来分析了能源与经济增长的关系，结果得出我国能源消费同经济增长存在正相关关系。林伯强（2001）将协整误差修正模型引入能源分析中，通过分析能源需求和GDP、能源价格、经济结构中重工业份额的协整关系，建立了中国的能源需求的计量经济模型。韩智勇等（2004）采用E-G两步法和格兰杰因果关系检验来分析1978～2000年中国能源消费与经济增长的关系，得到结论为中国能源消费与经济增长之间存在双向的因果关系，但不具有长期的协整性。马超群等（2004）采用E-G两步法对1954～2003年间GDP和能源消费总量以及能源消费各构成部分（包括煤、石油、天然气和水电力等）之间的长期均衡关系，结果表明GDP分别与能源消费总量、煤炭消费量之间存在协整关系并且存在很强的Granger双向因果关系，而GDP与石油、天然气和水电之间不存在协整关系，但石油消费量是GDP的Granger原因，GDP是水电消费量的Granger原因。赵进文，范继涛（2007）利用1953～2005年间GDP和一次能源消费总量两组数据经过一阶差分成平稳序列后进行 Granger 因果检验，结果表明：存在从能源消费到经济增长的单向 Granger 因果关系，此外通过建立非线性 LSTR 模型发现经济增长对能源消费也存在着较强的影响。胡誉湘，贺昌政（2007）研究了 1989～2003 年中国经济增长与能源消费之间的因果关系问题，结果反映：GDP 是能源总消费量和煤炭消费量的 Granger 原因，并用 GMDH 模型进行同样的因果关系检验，得到和 Granger 因果关系检验一致的结论，结果表明，GDP 是能源总消费量和煤炭消费量的原因。

本文将严格遵循 Granger 因果检验的定义和前提假设对我国改革开放 30 间经济增长与能源消费的依存关系进行探索。

二、数据来源和处理

对中国能源消费与经济增长依从关系的研究，我们选取了 1978～2007 年的中国能源消费量与实际 GDP 的数据，记 LGDP 为国内生产总值，LTEC 为能源消费总量，LCOAL 为煤炭消费量（为消除数据的异方差性，分别对各数据序列取对数，此处数据为取对数以后的序列）。依此类推，记 LPETROLEUM、LNATURALGAS、LELECTRICITY 分别为石油，天然气和电力的消费量。其中能源消费类的统计数据来自《中国经济年鉴 2002》、《中国统计年鉴 2006》、《中国统计年鉴 2007》、《中国统计年鉴 2008》，单位是万吨标准煤；国内生产总值统计数据来自《中国统计年鉴 2008》，是根据以 1978 年为基期的 GDP 指数和 1978 年 GDP 数据计算获得，得到的 GDP 数据均为 1978 年不变价 GDP，单位是亿元，全文所有的回归及检验都通过 Eviews 6.0 来完成。

三、实证分析

（一）单位根检验

在对国内生产总值、能源消费总量、煤炭、石油、天然气、电力的消费量的所对应的对数序列的单位根检验过程中，我们首先利用 ADF 检验法对各个序列的平稳性进行检验，得到检验结果，但是该结果在 VAR 模型的平稳性检验中被证明是失效的，因此我们利用 PP 检验法对各个序列进行单位根检验，检验结果如表 1 所示。表 1 给出了所有序列首次平稳时的情况，可以看出，LGDP、LTEC 和 LCOAL 都是二阶单整，天然气（LNATURALGAS）和电力（LELECTRICITY）是一阶单整，石油原序列符合平稳性。

表1 GDP和能源消费总量以及煤炭、石油、天然气、电力的消费量的平稳性检验

变量	PP检验							平稳性判断
	统计量	临界值		DW	AIC	SC	检验设定	显著性：1%
		1%	5%				(I, T, B)	
D (lGDP, 2)	−5.43	−2.65	−1.95	1.84	−4.52	−4.47	(0, 0, 9)	平稳
D (lTEC, 2)	−4.66	−2.65	−1.95	1.85	−3.95	−3.91	(0, 0, 6)	平稳
D (LCOAL, 2)	−5.00	−2.65	−1.95	1.91	−3.45	−3.4	(0, 0, 5)	平稳
LPETROLEUM	−10.58	−4.31	−3.57	2.03	−3.92	−3.78	(1, 1, 26)	平稳
D(LNATURALGAS)	−6.88	−4.32	−3.58	1.92	−2.68	−2.54	(1, 1, 2)	平稳
D(LELECTRICITY)	−5.22	−3.69	−2.97	1.99	−2.53	−2.44	(1, 0, 2)	平稳

注：I表示截距项；T表示趋势项（1表示包括，0表示不包括）；B表示截断滞后项数；滞后项数是利用Battlett Kernel方法进行估的Newey-West标准所确定。

(二) 格兰杰因果关系检验

时间序列数据回归分析的背后都有一个隐含的假定，即这些数据是平稳的；否则，传统的基于t、F以及χ^2等检验的假设检验程序和结果都是可疑的。格兰杰因果关系检验对变量序列的平稳性更是敏感，通常情况下，以两个变量X和Y为例，Granger因果检验的具体使用可以根据序列平稳性的不同情况分别进行：①X和Y均平稳，可用VAR模型来进行检验；②X和Y均非平稳但协整，可用VEC模型来进行检验；③X和Y均非平稳又不协整，可对序列进行差分后使其变成平稳序列再利用VAR模型进行检验，值得注意的是此时变量的经济含义已发生变化。在以上的单位根检验中，结果表明，水平变量LGDP、LTEC和LCOAL均为二阶平稳变量，即I（2）序列，LNATURALGAS和LELECTRICITY为一阶平稳序列，仅LPETROLEUM原序列平稳，因此要检验经济增长与能源消费量（包括各品种能源消费量）的格兰杰因果关系，只能在②情况下进行。因为LGDP、LTEC和LCOAL都是二阶单整，其差分平稳后的序列失去了经济可解释意义所以③情况的操作也没有了现实价值。

1. 协整检验

所谓协整（cointegration），是指X和Y变量虽然都是非平稳的，但它们的某个线性组合却是平稳的。常用的协整检验方法有Engle-Granger两步法和约翰森（Johansen，1988）检验法。Engle-Granger 检验通常用于检验两变量之间的协整关系，而 Johansen 检验法用于基于自回归模型的多变量间的协整关系，本文检验国内生产总值分别与能源消费总量以及各个主要品种能源消费量的协整关系，所以采用 Engle-Granger 两步检验法。因为 LGDP、LTEC 和 LCOAL 序列都是二阶单整序列，所以可以进一步检验其协整性。

（1）国内生产总值与能源消费总量的协整检验。通过上面的单位根检验可以得知，LGDP 和 LTEC 属于同阶单整，都是 I（2）序列，因此满足两变量协整所要具备的基本要求。根据协整的定义，利用 OLS 对 LGDP 和 LTEC 进行回归得到两者之间的协整回归方程如下：

$$LGDP_t = -11.92 + 1.85LTEC_t + \varepsilon_{1t} \qquad R^2 = 0.9715 \qquad (1)$$
$$(-17.16) \qquad (30.90) \qquad DW = 0.2163$$

同时，运用 Engle-Granger 基于协整回归残差的 ADF 检验对残差序列进行单位根检验，滞后阶由 SIC 准则自动选择，最大滞后项从 0 开始逐一设定并在此过程中选择能使 SC 达到最小值的滞后阶（剔除了过度滞后所导致的 SC 为最小的情况），从而可获得三种设定情况下的检验结果，如表 2 所示。

表 2　残差项的单位根检验结果

LGDP～LTEC						
回归方程设定	ADF	1%临界值	5%临界值	10%临界值	检验设定（C，T，L）	判断结论
有截距项没有时间趋势项	−2.9	−3.71	−2.98	−2.63	（1，0，3）	截距项不显著
有截距项有时间趋势项	−3.77	−4.36	−3.6	−3.23	（1，1，3）	截距项不显著
没有截距项和时间趋势项	−3.15	−2.65	−1.95	−1.61	（0，0，1）	平稳

注：C 表示截距项，T 表示趋势项（1 表示包括，0 表示不包括）。L 表示滞后阶数，L 的选取严格按照 SIC 准则，经过选择不同的最大滞后阶，最后所得的滞后阶数已使得 SIC 达到最小；协整残差项的 ADF 检验一般不含趋势得以验证。（下同）

从对残差序列的稳定性检验中可以看出，1978～2007 年间中国经济增长与能源消费之间具有显著的协整关系。

（2）国内生产总值与煤炭的协整检验。以同样的方法对 LGDP 和 LCOAL 进行协整检验，同样可建立它们相应的协整回归方程：

$$LGDP = -12.18 + 1.92LCOAL + \varepsilon_{2t} \qquad R^2 = 0.9470 \qquad (2)$$
$$(-12.54) \qquad (22.37) \qquad DW = 0.2033$$

表 3　协整方程的回归误差项平稳性检验

LGDP～LTEC						
回归方程设定	ADF	1% 临界值	5% 临界值	10% 临界值	检验设定 （C，T，L）	判断结论
有截距项没有趋势项	−2.78	−3.69	−2.97	−2.63	（1，0，1）	截距项不显著
有截距项有趋势项	−2.78	−4.32	−3.58	−3.23	（1，1，1）	截距项与趋势项不显著
没有截距项和趋势项	−2.85	−2.65	−1.95	−1.61	（0，0，1）	平稳

从表 3 中可以得出结论，1978～2007 年间经济增长与煤炭消费量具有显著的协整关系。

（3）国内生产总值分别与石油消费量、天然气消费量、电力消费量之间都不存在协整关系。因为 LGDP 属于 I（2）序列，LPETROLEUM 属于 I（0）序列，LNATURALGAS 和 LELECTRICITY 属于 I（1）序列，两个不是同阶单整的序列不可能存在协整关系。

2. 误差修正模型（ECM）

Granger 定理指出：如果两个变量之间存在协整关系，那么一定可以用误差修正模型来表示。Granger（1988）进一步指出，存在协整关系的两个变量也一定存在某种形式的 Granger 因果关系，或是单向的，或是双向的[16]。因此我们可以通过利用误差修正模型（ECM）来研究中国经济增长分别与能源消费总量以及煤炭消费量之间的依从关系，并借此对其短期波动和长期均衡进行直接的描述。

（1）中国经济增长与能源消费总量的 ECM 检验模型如下：

$$\Delta LGDP_t=\delta+\lambda e_{t-1}+\sum_{i=1}^{p}\alpha_i\Delta LGDP_{t-i}+\sum_{j=1}^{q}\beta_j\Delta LTEC_{t-j}+\mu_{1t} \quad (3)$$

$$\Delta LTEC_t=\gamma+\theta e_{t-1}+\sum_{i=1}^{n}\Phi_i\Delta LGDP_{t-i}+\sum_{j=1}^{m}\psi_j\Delta LTEC_{t-j}+\mu_{2t} \quad (4)$$

其中 $e_{t-1}=LGDP_{t-1}-\sigma-\psi LTEC_{t-1}$（协整方程的回归误差项）

首先，我们利用 VAR 模型①对最佳滞后阶数进行选定，在 VAR 滞后阶数选择标准中，LR、FPE、AIC、SC、HQ 五项标准均选择滞后二阶，以此作为 ECM 检验模型的最终滞后阶数。模型的拟合结果如下：

① $LGDP_t=C_1+\sum_{i=1}^{p}\partial_i LGDP_{t-i}+\sum_{j=1}^{q}\beta_j LTEC_{t-j}+\mu_{1t}$；$LTEC_t=C_2+\sum_{i=1}^{m}\theta_i LGDP_{t-i}+\sum_{j=1}^{n}\gamma_j LTEC_{t-j}+\mu_{2t}$

D（LGDP）＝0.0667－0.0111×（LGDP（－1）＋11.92
　　　　(3.78)　(－0.2766)

－1.85LTEC（－1）＋0.7860D（LGDP（－1））－0.0116D（LTEC（－1））
　　　　　　　(3.61)　　　　　　　　　(－0.0739)

－0.5289D（LGDP（－2））＋0.0753D（LTEC（－2））
(－2.4)　　　　　　　　(0.3955)

R^2＝0.4669　　DW＝1.91　　P（F）＝0.0151　　(5)

式（5）中误差修正项（LGDP（－1）＋11.92－1.85LTEC（－1））、D（LTEC（－1））、D（LTEC（－2））在5%的显著性水平下表现为不显著，常数项、D（LGDP（－1））、D（LGDP（－2））都表现显著。能源消费总量的滞后项、差分项都不能显著地解释GDP的变化，它们前面的回归参数显著为零，说明能源消费不是经济增长的Granger原因。同理，我们也可以得到以上ECM检验模型中另一个回归结果，如下所示：

D（LTEC）＝0.0320＋0.1034（LGDP（－1）＋11.92－1.85LTEC（－1））
　　　　(1.91)　(2.12)

＋0.0692D（LGDP（－1））＋0.8299D（LTEC（－1））－0.2918
(0.4716)　　　　　　　(4.13)　　　　　　　(－1.88)

D（LGDP（－2））＋0.0098D（LTEC（－2））
　　　　　　　(0.0495)

R^2＝0.5939　　DW＝1.86　　P（F）＝0.0012　　(6)

式（6）中误差修正项（LGDP（－1）＋11.92－1.85LTEC（－1）、常数项、D（LTEC（－1））、D（LGDP（－2））分别对应的t统计量的P值为0.046、0.0704、0.0005、0.074，在5%的显著性水平下，原假设所有LGDP的滞后项和差分项前的系数皆为0不成立，接受备择假设即这些系数不全为0，如LGDP（－1）就是显著的，因此LGDP能对LTEC起到解释（预测）作用，由此表明，经济增长是能源消费的Granger原因。

(2) LGDP与LCOAL具有协整关系，因此我们同样可以用ECM检验模型来检验经济增长与煤炭消费量之间的Granger因果关系。仍然通过VAR模型对最佳滞后阶数进行选定，结果显示，LR、FPE、AIC、SC、HQ五项标准均选择滞后2阶，因此我们把滞后2阶作为ECM检验模型的最终滞后阶数。模型的拟合结果如下：

D（LGDP）＝0.0683－0.0087·（LGDP（－1）＋12.18－1.92LCOAL
　　　　(3.75)　(－0.3357)

（－1））＋0.7694D（LGDP（－1））＋0.0038D（LCOAL（－1））

(3.66) (0.0321)

$-0.5181D$ (LGDP (LGDP (−2)) $+0.052D$ (LCOAL (−2))

(−2.49) (0.3781)

$R^2=0.47$ DW=1.92 P (F) =0.0149 (7)

回归结果显示误差修正项（LGDP（−1）+12.18−1.92LCOAL（−1））、D（LCOAL（−1））、D（LCOAL（−2））在5%的显著性水平下表现为不显著，常数项、D（LGDP（−1））、D（LGDP（−2））分别对应的t统计量的P值为0.0012、0.0015、0.0214。由此可以看出，LCOAL的滞后项不能解释（预测）LGDP的变化，因此煤炭消费量不是经济增长的Granger原因。同时，在ECM检验模型中，我们可以得到另一个回归方程结果：

D (LCOAL) =0.097 (LGDP (−1) +12.18−1.92LCOAL (−1)

(2.3)

$+0.1419D$ (LGDP (−1)) $+0.7647D$ (LCOAL (−1))

(1.00) (4.72)

$-0.0691D$ (LGDP (−2)) $+0.0166D$ (LCOAL (−2))

(−0.5475) (0.1183)

$R^2=0.5382$ DW=1.91 (8)

回归方程中由于常数项极为不显著给予剔除，从而可得到以上的回归结果，拟合结果显示误差修正项（LGDP（−1）+12.18−1.92LCOAL（−1））以及LCOAL（−1）相应t统计量的P值分别为0.031、0.0001，都表现出显著性，而*D*（LGDP（−1））、*D*（LGDP（−2））、*D*（LCOAL（−2））都不显著，并且回归方程的残差项为白噪声序列。由此可以判断，LGDP的滞后项对LCOAL存在解释（预测）作用，因此经济增长是煤炭消费的Granger原因。

（三）动态趋势与预测

在上面我们获得了中国经济增长分别与能源消费总量、煤炭消费量的ECM检验模型，并借此进行了Granger因果检验。但模型是否具有良好的统计特征，是否具有很好的预测能力还需进一步对模型进行统计检验。此外，在前面的格兰杰因果检验中我们知道能源消费总量、煤炭消费量都不是经济增长的Granger原因，也就是说它们不能对GDP的变化起到预测作用，而经济增长是能源消费总量、煤炭消费量的Granger原因。因此，我们将对经济增长分别影响能源消费总量以及煤炭消费量的两个ECM进行统计检验，以判断模型的准确性和可预测能力。对式（6）使用Hendry的从一般到个别的建模方法去剔除回归系数不显著的滞后项并使得残差项满足白噪声的要求，修正后的ECM检验模型如下：

D（LTEC）=0.0347+0.1026（LGDP（−1）+11.92−185LTEC（−1））
　　　　(2.62)（2.27）

+0.8499D（LTEC（−1））−0.2570D（LGDP（−2））+ε_1
(7.37)　　　　　　　　(−1.77)　　　　　　　　　　　(9)

D（LGDP）=0.1268+0.6731D（LGDP（−1））−0.6064D（LGDP（−2））−0.4069D（LGDP（−5））+ε_2

通过对式（9）的残差项进行序列相关LM检验，根据SC准则选择了残差项最佳滞后阶数为二阶，得到检验结果表明，在5%的显著性水平下残差序列不存在序列相关。同时，模型也通过了White异方差检验，表明残差序列不存在异方差、残差与解释变量不存在相关关系、模型设定正确。此外Histogram-Normality检验表明，残差序列服从均值为零的正态分布。最后，通过Chow（邹至庄）预测检验，表明模型具有很好的稳定性。

利用式（9）建模来对我国直到2020年为止未来各年的国内生产总值和能源消费总量进行动态预测。

通过利用1978~2007年的实际观测值进行校对，动态预测的偏差都不超过5个百分点，总体来说预测结果（略）具有比较高的精度。由预测结果可以发现，到2020年我国实际GDP（按1978年不变价）和能源消费总量将分别达到183733.2亿元和447342.6万吨标准煤，相对于2007年来说，GDP增长236%，能源消费总量增长68%，年均增长约5%（此结果与RICS能源报告刚好吻合）。按照这种动态趋势，我们同样可以得到能耗强度将有不断下降趋势。尽管如此，从“十一五”期间能耗强度的变化中可以发现，如果仍然按照过去年份中我国经济增长与能源消费的变化状况，到2010年我国能耗强度相对于2005年的下降幅度达不到“十一五”规划中提出的下降20%的约束性指标。由此可见，“十一五”的未来几年我国需要进一步加大节能降耗的力度，制定高效科学的发展政策更是迫在眉睫。

同理可以对式（8）使用Hendry的从一般到个别的建模方法去剔除回归系数不显著的滞后项并使得残差项满足白噪声的要求，得到相应的ECM检验模型如下：

D（LCOAL）=0.1037*（LGDP（−1）+12.18−1.92*LCOAL（−1））+0.8608*D（LCOAL（−1））+ε_3　　　(10)

D（LGDP）=0.1268+0.6731*D（LGDP（−1））−0.6064*D（LGDP（−2））−0.4069*D（LGDP（−5））+ε_4

对式（10）的残差项进行序列相关的LM检验，根据SC准则选择了最佳滞后阶数为滞后1阶。检验结果表明，在5%的显著性水平下残差项不存在序列相关，同时模型也通过了white异方差检验，表明残差项不存在异方差、残差与解释变量不存在相关关系、模型设定正确。此外Histogram-Normality检验表明，残差项服从均值为零的正态分布。最后通过Chow（邹至庄）预测检验，表明模型具有很好的稳定性。利用式（10）建模来对我国直到2020年为止未来各年的国内生产总值和煤炭消费量进行动态预测。由预测结果（略）我们可以得到到2020年我国煤炭消费量将比2007年增长90.75%，年均增长达到了6.98%，远超过了能源消费总量的增长率。可以预见，如果继续保持过去对煤炭消费的增长趋势和依赖程度，未来我国煤炭消费的需求量是巨大的，同时需求增长也是迅猛的，而煤炭是非清洁能源并且我国储量并非富足，这势必将给环境保护和治理增添更大的压力，同时能源供应也将呈现后劲不足的局面，对我国经济可持续稳定发展将产生极大的制约作用。由此可见，大力开发新能源，加大清洁可再生能源的使用和推广，逐步降低对化石燃料的依赖和消耗，实现能源消费结构的进一步清洁化和合理化将对我国节能减排工作的开展起着积极的推动作用。

四、结论和政策建议

本文利用协整检验和误差修正模型（ECM）对我国1978～2007年间经济增长与能源消费的依从关系进行了实证研究，从实证结果中可得到以下结论和建议。

1. 在此期间经济增长和能源消费总量以及煤炭消费量之间存在单向的因果关系，经济增长长期和短期内均是能源消费总量的Granger原因，而经济增长仅在长期内是煤炭消费量的Granger原因，能源消费总量和煤炭消费量均不是经济增长的Granger原因。这表明能源作为生产要素并不是经济增长的决定性因素，能源消费的减少并不一定会导致GDP的下降，原因在于其他要素如劳动力的投入、资本的投入和其他的因素（如先进的管理方法和理念、先进的生产技术等）替代了能源对经济发展起到促进作用。因此，节能减排政策是可行的也是完全必要的，原因在于通过节能减排可以有力地缓解能源的瓶颈效应，为经济发展营造有利的外部环境。同时，由于其他要素的替代完全不会导致经济增长速度的放慢，因此我国应该加大节能减排的力度，独立探索一条能源消耗率低、环境污染少的新型工业化道路，跨越所谓的“库兹涅茨倒U形曲线”，实现经济的又好又快发展。

2. 我国改革开放30年来，经济的高速发展也带动了煤炭消费的高增长，这与我国能源消费中煤炭消费的基础性地位是分不开的。在本文的动态预测中可以看到，如果继续保持过去对煤炭消费的增长趋势和依赖程度，到2020年我国煤炭消费量将比2007年增长90.75%，对煤炭的需求是巨大的。尽管我国煤炭储量丰富，但要实现全面的小康社会对人均经济量的要求的话，按现有的消耗水平，煤炭的数量是远远不够的，并且据有关专家估计，我国东部的煤炭资源将在2030年耗尽。由此可见，降低对煤炭的消耗率，优化能源消费结构，积极开发水电、核电和可再生能源，加大对清洁能源的使用比例，使我国在中期内形成一个多元化的、清洁的能源结构，走可持续的能源发展战略。此外，我国还应该坚持"能源节约和开发并举"，贯彻把能源节约放在首位的方针，制定符合各地区发展特点的区域产业政策、技术政策和经济政策，提高我国整体的能源利用效率，增加生产的科技含量，为实现全面小康社会提供稳定、经济、清洁、可靠、安全的能源保障，以能源的可持续发展和有效利用支持我国经济社会的可持续发展。

3. 本文实证研究中表明经济增长在长期和短期内都是能源消费总量的Granger原因，由此可以从长期和短期两个不同的角度来研究制定相关政策促进能源消费水平的进一步下降。一方面，能源消费水平在长期内由生产技术水平所决定，因此可以通过财政手段鼓励利用新技术进行产业改造；另一方面，可以通过提高管理、培育市场环境、优化产业结构等体制性因素来实现清洁生产、消费、发展。具体的政策方案有待后续研究做出详尽的说明。

参考文献：

[1] Kraft, J. and Kraft, A., 1978, *On the relationship between energy and GNP* [J]. Journal of Energy and Development, 3, 401～403.

[2] Akarca, A. T., Long, T. V., 1980, *On the relationship between Energy and GNP: Re-examination* [J]. Journal of Energy Development, 5, 326～331.

[3] Yu, Eden S. H., Been-Kwei Hwang, 1984, *The relationship between Energy and GNP: Further Results* [J]. Energy Economics, Vol. 6, No. 3, 186～190.

[4] Stern D. I., 1993, *Energy Use and Economic Growth in the USA: A Multivariate Approach* [J]. Energy Economics, 15, 137～150.

[5] Masih, A. M. M, Masih, R., 1996, *Energy consumption, real income and temporal causality: results from a multi-country study based on cointegration and error-correction modeling techniques* [J]. Energy Economics, 18, 165～183.

[6] Masih, A. M. M., Masih, R., 1997, *On the temporal causal relationship be-*

tween energy consumption, real income, and prices: some new evidence from Asian-Energy Dependent NICs based on a multivariate cointegration vector error-correction approach [J]. Journal of Policy Modeling, 19, 417～440.

[7] Glasure Yu, Lee, A. R., 1997, *Cointegration, error-correction, and the relationship between GDP and case of South Korea and Singapore* [J]. Resource and Electricity Economics, 20, 17～25.

[8] Ugur S, Ramazan S., 2003, *Energy consumption and GDP: Causality relationship in G-7 countries and emerging markets* [J]. Energy Economics, 25, 33～37.

基于时变参数的我国教育投入对经济增长贡献率估计

颜　敏　王维国
（东北财经大学数学与数量经济学院，
东北财经大学经济计量分析与预测研究中心）

一、引言

当今世界，几乎所有国家都把加强教育投资作为推进国家经济可持续发展的核心组成部分，并作为增强综合国力和提高国际竞争力的重大战略措施。政府教育支出作为一种公共选择，其行为本身能够为整个社会的人力资本的积累创造条件。由于教育和培训是人力资本形成的核心，对全社会和经济增长的贡献越来越大，政府如何将有限的财力投入到教育领域中，如何在国家教育目标下选择有效的公共教育支出政策，提高政府教育资源配置效率，逐渐成为各国政府和学术界的一个新的焦点。那么，在当前国际经济不景气的大环境下，以扩大内需为政策导向的中国，40000 亿的国家财政支出如何有效地拉动内需？教育投入的比重应为多大？显然是一个迫切需要回答的问题！本文试着用现代计量经济学相关理论实证分析这一问题。

二、教育投入对经济增长贡献率测算相关文献回顾

自从以罗默、卢卡斯为代表的经济学家开始将人力资本作为经济增长的内生变量以来，国内外许多学者广泛探讨了教育投入对经济增长的贡献。测度方法主要有以下几种：

（一）经济增长因素分解法

其思想是计算教育对国民收入增长速度的贡献比例，即计算由教育这个要

素投入所带来的那部分国民产值的增长速度占国民产值总增长度的比例，丹尼森、麦迪逊等美国学者主要采用这种方法来衡量教育对经济增长的贡献。崔玉平（2001）采用该法，计算了中国1982～1990年教育对经济增长率的贡献为0.0884，并把计算结果同西方六国的数据进行对比，结论为中国的教育贡献率非常低[1]。

（二）费德模型回归法

其思想源于费德最早提出的用于估计出口对经济增长作用的出口与非出口两部门模型，蔡增正将经济部门分为教育与非教育两类，从而开创了估算教育内部和外溢作用的回归方法。陆根尧、朱省娥（2004）应用此法测算了中国教育部门对经济增长的全部作用和教育部门对其他部门的外溢作用，测算结果表明教育对经济的全部拉动作用系数是1.7493，即假定其他条件不变，向教育部门每多投资一元钱，GDP将增加1.7493元[2]。张波、周志刚（2006）选择全国教育经费支出总额（包括国家财政性教育经费、社会团体和公民个人办学经费、社会捐资和集资办学经费、学杂费和其他教育经费）作为教育投入指标，加入了全社会固定资产投资、从业人员等控制变量，利用费德模型测算了我国1994～2003年间的教育对经济的全部拉动作用系数为1.781[3]。

（三）复杂劳动简化法

其思想是首先确定各级教育程度劳动简化系数，以各级教育程度劳动者占全部劳动者的比重为权数，加权平均计算一定时期全社会的综合简化系数k，然后以社会简化系数乘以劳动者人数（以L表示），将劳动复杂程度不同的实有劳动量折算为以简单劳动单位计量的简化劳动量kL，用公式$Y(kL-L)/kL$计算教育的收益额（以G表示），最后计算报告期与基期间由于教育程度提高对国民收入增长的贡献率$\Delta G/\Delta Y$。马骁、徐浪（2001）采用此法测算了1990年与1998年两年间我国东、中、西以及各个代表性省份的教育对经济增长的贡献率，得出的结论是教育对经济增长具有巨大的推动作用，但各个地区贡献率差异很大。该文作者虽然对劳动简化系数的计算作了改进，以教育年限确定简化系数，但笔者认为处于不同教育层次群体在同一年中获得的知识含量是不一样的。例如，一个大学生在一年受到的教育与一个小学生在一年中受到的教育不能因为时间一样而视为等同，从而将劳动简化系数按受教育年限递推，小学为1，初中为1.5，高中为2，两年制大专为2.33，三年制大专为2.5，大学本科为2.67，研究生为3.17，仅从这一点有待商榷。另外，从复杂劳动简化法的计算公式可见，其测算的教育的贡献率也是报告期与基期之间的平均值，未能体现各个时间点教育贡献率的动态变化。

(四) 教育贡献的软计算方法

郭海湘、黄毓芝、诸克军、李四福（2008）根据教育经济学的基本原理，基于模糊数学理论，提出了一种新的教育经济贡献率的软计算方法，并对教育对经济的贡献进行计量，测算全国以及各个地区教育对经济增长的贡献，其中全国来看教育对经济增长的贡献为 8.278%[5]。

(五) 运用现代计量经济学中协整、误差修正、格兰杰因果检验等分析法测算教育对经济增长的贡献率

陆秋君、艾克凤（2007）选择《中国财政年鉴》上国家财政性教育经费支出作为教育投入指标，利用 1957～2003 年中国教育投资和经济增长的年度数据，建立了一个反映二者动态关系的误差修正模型。通过基于误差修正模型的 Granger 因果检验，发现中国教育投资和经济增长之间存在着双向正向因果关系[6]。周英章、孙崎岖（2002）选择政府教育投入作为教育投入指标，运用协整理论和格兰杰因果检验对 1952～1998 年的我国教育投入在实际经济增长中的作用进行实证分析，得出结论：我国教育投入和实际经济增长之间稳定地存在着某种协同互动的均衡关系，我国教育投入对经济增长弹性为 0.976，但其完全忽视了所得模型中 DW 值为 0.36 所反映出来的高度自相关问题，因而其结论是不可信的[7]。孙林岩（1996）以国家各级政府及企业用于教育的支出作为教育投资指标，以国民收入作为经济总量指标，利用协整、误差修正理论实证分析 1950～1988 年，我国教育投资和国民收入之间的相互关系，研究结果证实在 1950～1988 年，我国国民收入与国家对教育的投资之间存在着长期稳定的关系，且教育投资与国民收入间存在着双向的因果关系，教育投资的弹性为 0.79 左右[8]。李玲（2004）用财政性教育经费支出代表教育投资，引入固定资产投资控制变量，选取 1978～2000 年数据，测算教育投资弹性为 0.067，为固定资产投资弹性的 2.3 倍[9]。杨逢珉、曹萍（2006）选择实际国内生产总值作为经济发展水平指标，国家财政用于教育支出作为教育投入指标，运用简单回归分析，测算了 1978～2003，教育投入对经济增长的贡献为 42.929%[10]，但由于影响经济增长很多，其中至少包括物质资本和劳动力投入等因素。另外，教育对经济增长的影响具有滞后性，单纯用当期教育支出作为解释变量得出的结论值得商榷。范柏乃、来雄翔（2005）和翁莉娟（2006）选择国家财政预算内教育经费作为教育支出指标，运用协整与误差修正理论，并且考虑到教育的滞后性，将教育投入的一期、二期滞后项纳入到分析框架，

实证分析了我国1952～2006教育投资与经济增长的内在依存关系，表明短期内扩大教育投资对经济增长不产生作用，但长期来看教育投资对经济增长的拉动弹性为1.11[11]、[12]。

从以上文献综述可见，对教育贡献率的测算可谓各有千秋，由于选择的指标不同、样本期不同、测算方法不同，得出的结论相差较大。另外，大部分学者都是从静态角度刻画教育投入对经济增长的影响过程。就笔者查阅的文献来看，从动态角度研究二者关系的有：吴学品（2007）运用非参数回归模型实证分析了我国教育投入和经济增长的动态关系。结果表明，我国教育投入对经济增长的弹性系数在不同时期有显著的差异，教育投入弹性系数相对较小，我国教育投入对经济增长的弹性系数受我国经济系统“结构性变化”的影响较大[13]。王俊、孙蕾（2005）以VAR模型作为基本分析框架，通过参数分析、脉冲反应和方差分解，从动态角度说明预算内教育支出规模与GDP在长期趋势上的相互影响，结果表明滞后一期的预算内教育支出对GDP的弹性大约为－0.188，滞后两期的预算内教育支出对GDP弹性为0.1016，但是统计上并不显著[14]。考虑二者之间的动态相依关系，但未能体现出教育对经济影响的时变规律。因而大部分研究都隐含了一个假定：样本期内教育对经济增长的影响规律是不变的。但仅就1952～2006期间GDP与国家财政预算内教育支出散点图可见，样本期内折线出现了较大的波动，即GDP与国家预算内教育支出的依存关系在样本期内出现了很大的变化。其中，1953～1977年间财政预算内教育支出对经济的拉动基本是停滞不前的，在此期间我国正处于建国初期国民经济恢复阶段，历经“大跃进”和“文化大革命”，“文化大革命”期间的“读书无用论”严重抑制了受教育的激励。自1978十一届三中以来，高考制度的恢复，对外经济开放，党中央对教育工作做出了一系列新的论断和决策，相继进行了一系列经济体制改革和教育体制改革，我国教育事业得到了恢复，弥补了“文化大革命”带来的创伤，GDP随着教育投入的增长而稳步增长，但随着改革的深入，教育投入对经济增长的促进作用更明显，1995年又出现了一个转折，预算内教育投入的对经济增长的影响进入平稳上升阶段，这可能与我国实行了市场经济体制有关。总之，1952～2006年，教育投入与经济增长之间的关系并不是线形的，而是曲折波动的。但是采用传统方法得到的参数值是样本期间内参数的“平均值”，认为计算时间段内各个参数保持不变。事实上，各要素间的相互影响及其对经济增长的作用是一个动态的、复杂的、多变的相互制约与促进过程，加上样本期内经济体制、教育体制、相关政策相差很大，导致这一过程的鲜明特点就是时变性。因此，简单地用静态模型模拟一个动态的时变参数系统，显然不能正确描述经济增长与教育投入之间的关系，也难以对教育投入对经济增长的贡献进行动态分析。鉴于此，本文将以索洛增长方程理论假设为基础，从固定参数模型出发，进而建立一个较为完整的基于时变参数的教育贡献率的估计体系，通过状态空间模型，利用卡尔曼滤波算法检验我国1952～2006年的教育投入与经济增长之间的变协整关系，然后将固定参数模型与变参数模型加以比较。

三、理论模型、指标数据与实证分析

（一）指标与数据

1. 教育投入

教育经费的投入，其计量口径有多种，其一是《中国教育经费统计年鉴》的教育经费总额其中包括国家、社会团体和个人、社会捐资、学杂费及其他教育经费等；其二是采用占主要部分的国家财政性教育经费投入；其三是采用生均教育经费。本文选择我国1952～2005期间政府财政教育支出（EDU）作为教育投入指标，其中包括教育事业费、教育基建投资、各部门事业费中用于教育的支出、城市教育费附加支出、支援不发达地区资金用于教育支出、农村教育附加费支出等。数据来自《中国财政年鉴》(2006)，年鉴上数据以当年价格计算，为了数据的可比性，用1991为基期的消费者价格指数（cpi）进行消涨处理。

2. 经济发展水平

本文选择国内生产总值（GDP）作为经济发展水平指标，数据来自《新中国55年统计资料汇编》、《中国统计年鉴》(2007)，并用1991年为基期的GDP指数进行平减。

3. 物质资本投入

为了更准确地反映教育投入对经济增长的影响，本文选择物质资本存量（K）作为控制变量，采用戈登史密斯（Goldsmith）在1951年开创的永续盘存法计算：

$$K_t = (1-\delta) K_{t-1} + I_t \tag{1}$$

当年投资I选择固定资本形成总额，固定资产折旧率选择张军等的估算0.096，由于在永续盘存法定义下，基期的选择越早，基年资本存量估计的误差对后续年份的影响就会越小。根据数据计算的可得性，本研究以1952年为基年，基年固定资本存量选择1952年固定资本形成总额除以10%，同张军(2004)[15]，其中固定资本形成总额数据来自《中国国内生产总值核算资料1952～1995》和《中国统计年鉴》(2007)。固定资本形成总额数据各年鉴上是按当年价格计算的，年鉴上只有1991年以后的固定资产投资价格指数和固定资本形成总额指数，为了折算成不变价，我们按如下公式：

$$IPI_t=\frac{t\text{年按当年价计算的固定资本形成总额}}{t\text{年固定资本形成总额指数（1952=100）}\times 1952\text{年按当年价计算的固定资本形成总额}} \tag{2}$$

IPI_t 代表第 t 年以1952为基期的当年物质资本投资平减指数，然后转化成1991年=100的固定资产投资价格指数，与统计年鉴上重叠部分相差不大，1998年以后部分采用2007年《中国统计年鉴》的固定资产投资价格指数补充，将各年固定资本形成总额用1991为基期的固定资产价格指数进行平减，按公式（1）计算出各年物质资本存量 K。

4. 劳动力投入（L）

新古典经济理论认为劳动力投入是影响产出的重要因素，所以本文选择各年末从业人员作为初始劳动力投入变量，作为另一个控制变量。数据来自《新中国55年统计资料汇编》，《中国统计年鉴》(2007)。

为了避免模型中可能出现的异方差，我们将所有的变量取自然对数，从而得到序列 $\ln GDP$，$\ln EDU$，$\ln K$，$\ln L$

（二）理论模型与实证分析

1. 固定参数教育投入对经济增长影响的回归分析

基于固定参数的教育投入对经济增长影响的计量模型一般可表示如下：

$$\ln GDP_t=\alpha+\beta_1\ln EDU_t+\beta_2\ln K_t+\beta_3\ln L_t+\varepsilon_t \tag{3}$$

由于教育投资的产出效应具有时滞性，且教育周期长，相对而言物质资本的产出效应虽然也有周期性，但属于一种短期的投资。根据拟合优度、D－W统计量、模型整体显著性、参数显著性以及AIC、BIC准则等各方面考虑最终拟合有效模型如下：

$\ln GDP_t=6.9238+0.103392\ln EDU_{t-2}+0.277136\ln K_{t-1}+[AR(1)=1.661582, AR(2)=-0.687302]$[①] (4)

(10.078) (3.7126) (4.539268) (15.97543) (−6.481676)

(0.0000) (0.0006) (0.0000) (0.0000) (0.0000)

$\overline{R^2}=0.996943$　D－W统计量＝1.883173　F统计量＝3668.379

① 最终建模时没有加入劳动力投入控制变量是基于以下考虑：当加入劳动力投入 $\ln L$ 时，估计系数为负，可能的解释是我国劳动力资源配置的低效率阻碍了经济发展，考虑到我国劳动力资源丰富，存在大量失业，相对劳动力数量而言，劳动力质量可能更重要。如果考虑劳动力质量变量可能与教育投入变量高度相关。

第一行括号中的数值是各个待估参数的 T 统计量，第二行括号中的数值是对应待估参数 P 值。从估计结果看，模型拟合很好，通过残差的相关图加入其自回归项消除了序列相关，模型整体以及各个回归参数都在 1%水平上显著，参数符号符合经济意义。从模型结果可见，在样本期内平均而言，滞后两期国家财政教育支出每增长 1%，可使当期的 GDP 大约增长 0.1034%，与王俊、孙蕾（2005）相近，滞后一期物质资本存量每增长 1%，可使当期的 GDP 增长大约 0.277%，说明样本期内平均而言，我国经济增长主要是物质资本拉动的，其贡献率是教育投入的 2.7 倍，这与李玲（2004）的估算结果有很一定差异。与以往研究相比本文样本期较长，历经十个五年计划，期间经历从计划经济到市场经济的转型以及改革开放和加入世贸。教育体制正如前段所述更是经过翻天覆地的变化。因而，我们在承认教育对经济增长有巨大推动作用的同时，更要把握教育对经济增长促进作用的时变规律，进而为政府部门提供相应的政策建议。

2. 变参数教育投入对经济增长的贡献估计

为了考察教育投入与 GDP 之间可能存在的不断变化的长期均衡关系，我们对模型（4）进行修正建立状态空间模型如下：

量测方程：$\ln GDP_t = c(1) + svl_t \cdot \ln EDU_{t-2} + c(2) \cdot \ln K_{t-1} + \varepsilon_t^1$ （5）

状态方程：$svl_t = c(3) + c(4) \cdot svl_{t-1} + \varepsilon_t^2$① （6）

方程（5）和方程（6）一起组成状态空间模型，方程（5）是量测方程，表示教育投入、物质资本投入与 GDP 之间的一般关系，其中参数 svl_t 称为状态变量，svl_t 带有下标 t，说明这里的教育投入弹性是逐年变化的，这一点与最小二乘回归有所不同。方程（6）称为状态方程或转换（Transition）方程，它描述了状态变量的生成过程。在方程（6）中，假定参数服从于 AR（1）模型，c（3），c（4）是待估的 AR（1）系数，c（2）表示物质资本投入的不变产出弹性，ε_t^1，ε_t^2 分别是量测方程和状态方程的扰动项。假定它们是相互独立的，且服从均值为零、方差是常数的正态分布：$\varepsilon_t^1 \sim N(0, \sigma_{1t}^2)$，$\varepsilon_t^2 \sim N(0, \sigma_{2t}^2)$ 建立了方程（5）和方程（6）所示的状态空间模型后，应用卡尔曼滤波算法，利用 Eviews 6.0 软件就可以把时变教育投入弹性 svl_t、物质资本投入弹性一并估计出来，估算细节详见高铁梅（2006）[16]。估算结果如下：

① 利用卡尔曼滤波估计状态空间模型时我们选择初始值分别为 c（1）7.117861、c（2）0.250069、c（3）－6.92891344、C（4）0.001113、c（5）0.99538、c（6）－9.56739789，其中 c（3）、c（6）分别为量测方程与状态方程的对数残差，c（3）初始值是固定参数模型残差估计值，c（6）初始值是首次得到的状态变量做一阶自回归得到的对数方差。

$$\ln GDP_t = 7.117865 + svl \cdot \ln EDU_{t-2} + 0.250069 \ln K_{t-1} + \varepsilon_t^1 \tag{7}$$

Z统计量 (13.6182) (17.17333) (3.677643)

P值 (0.0000) (0.0000) (0.0002)

$$svl_t = 0.002237 + 0.978246 svl_{t-1} + \varepsilon_t^2 \tag{8}$$

Z统计量 (0.576638) (28.23145)

P值 (0.5642) (0.0000)

状态方程（8）中的常数项不显著，自回归系数在1%水平上显著，且估计值接近于1，说明 svl_t 符合随机游走形式，也就是说除教育投入、物质资本投入以外的其他因素对中国经济增长与教育投入之间关系的影响是持久而深远的。参数 svl_t 刻画了中国教育投入产出弹性的变化。图1给出了中国教育投入产出弹性在1952～2005年的变化趋势。在用卡尔曼滤波算法估计时变参数 svl_t 的过程中，由于受初始值选取的影响，早期的 svl_t 不能真实地反映中国教育投入和经济增长的关系，因此我们略去四年，从1956年开始对变参数 svl_t 进行讨论。在1956～2005年间，中国教育产出弹性变化较大，大约在0.034533～0.162976波动，即财政教育支出每增加1%，促使GDP增长0.034533%～0.16976%，并且在1977年创建国以来最低弹性值为0.034533，1997年达到最高弹性0.162976。在建国初期到20世纪60年代初，教育产出弹性急剧下降，从1956年的0.065793下降到1961年的0.046039，这可能由于我国正处于国民经济恢复期和“大跃进”思想影响有关。当“大跃进”宣告结束，随后周恩来总理提出了“调整、巩固、充实、提高”的八字方针之后，国民经济渐渐步入正常轨道，1961年到1965教育产出弹性又开始回升。1965～1977年又开始下降，众所周知此间正值“文化大革命”期间，“读书无用论”风靡一时，1977年恢复高考，进而1978年改革开放，“八五”期间，特别是实施《中国教育改革和发展纲要》以来，我国教育事业进一步发展，取得了显著成绩。这些利好政策促使全国上下充分认识到教育的重要性，政府教育支出多了，全民受教育的热情高了，与此同时，教育的产出弹性急剧上升，从低谷走向高峰。但从1998年我国教育产出弹性又开始下降了，应引起相关部门关注，难道与亚州金融危机有关？还是我国自身的教育体制有关？我国从1999年高考扩招，扩招的同时学费也在迅速增加，这些都导致教育支出在增加，但为什么教育贡献率会伴随在下降呢？值得我们为此思考。从图2可见，整个样本期内教育投入弹性的变化趋势与我国的经济体制、教育体制以及整个世界经济环境密切相关，与国际相比我国教育投入弹性比较低，这与吴学品（2007）运用非参数回归模型得出的结论相似。

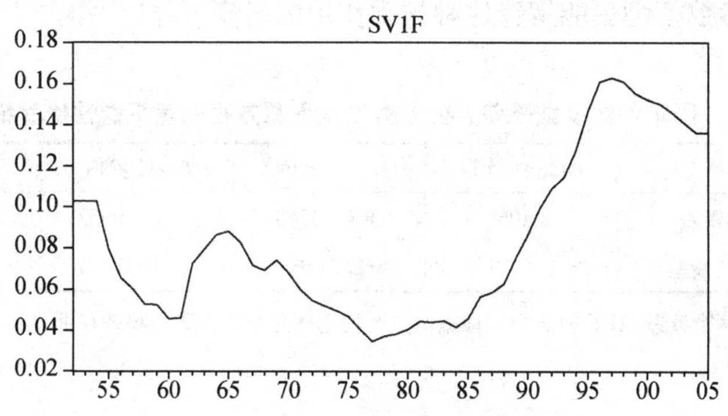

图 1 教育投入的时变产出弹性估计值

3. 变参数协整性分析

为了检验以上估计结果的可靠性，还必须对状态空间模型描述的经济发展水平、教育投入、物质资本投入之间的关系进行协整分析。首先量测方程的诸变量必须是同阶单整的，在此基础上量测方程的残差如果是平稳的，则上述估计有效［高宇明、齐中英，(2008)］[17]，说明教育投入、物质投入、经济增长之间存在时变的长期均衡关系，否则可能导致伪回归。

(1) 单位根检验

为了检验各个变量的同阶单整性，我们选择增广迪基—福勒（ADF）检验，ADF 检验类型有三种：含截距和趋势项、只含截距项、不含截距不含趋势项。本文中，我们通过散点图观察各序列走势图均选择含截距含趋势的 ADF 检验类型，检验的最优滞后阶数根据 AIC 准则选择。

从检验结果可见，它们都是一阶单整的，从而可能存在长期均衡关系。

(2) 协整检验

我们采用 E—G 两步法进行协整检验，即对量测方程的残差进行平稳性检验。量测方程残差包括了状态方程的残差，是两个方程预测精度的综合反映，如果它是平稳的，就说明教育投入、物质投入与经济增长之间存在变协整关系。通过方程：

$$\varepsilon_t^1 = \ln GDP_t - c(1) - svl_t \cdot \ln EDU_{t-2} - c(2) \cdot \ln K_{t-1} \quad (9)$$

计算量测方程残差数据、ADF 检验结果如表 1 所示。

ADF 检验结果表明，量测方程的残差在 5% 水平上是平稳的，可以认为状态空间模型估计是有效的。同时，我们将固定模型的残差也进行了平稳性检验，检验结果表明也是平稳的，也就是本文中固定参数模型估计也是有效的，也就是无论从静态角度还是动态角度看，教育投入对经济增长都有显著的拉动作用，但变参数模型更能解释这种拉动作用的时变规律。

表1 固定参数模型残差、变参数模型量测方程残差平稳性检验结果

变量	ADF统计量	1%临界值	5%临界值	结论
变参数模型残差	－3.406907	－3.56543	－2.919952	平稳
固定参数模型残差	－6.212776	－2.611094	－1.947381	平稳

注：在上述两个残差ADF检验中，根据散点图均选择无截距、无趋势的检验类型，最优滞后阶数根据AIC准则选取。

三、基本结论与政策建议

本文利用1952～2005中国宏观经济数据，分别建立教育投入对经济增长影响的固定参数、时变参数模型，估算了样本期内我国财政教育投入的平均弹性与时变弹性。估计结果表明，无论从静态还是动态角度看，教育投入对经济增长的影响是显著的，平均而言，样本期内滞后两期教育投入每增长1%，可使当期的GDP大约增长0.1034%，但是教育投入弹性在样本期内随着我国经济体制、经济政策、教育体制、教育改革、教育政策以及国际经济环境的变化呈现较大的波动，国际经济形式我们无法控制，但国内的经济、教育形式完全掌握在我们自己手中，教育作为人力资本形成的重要途径，不仅作为社会直接投资或消费影响经济增长，而且影响着教育质量、劳动投入效率、劳动者的收入进而影响整个社会的和谐与稳定。在国际竞争日益激烈的当代，一国的教育状况直接影响该国的人力资本存量；而人力资本存量决定着能否吸引国际高附加值的外商直接投资的关键［王维国等（2008）］[18]。因而我国首先应加大教育投入力度，以教育为支点带动经济的各个环节健康发展，注重教育投入总量提高的同时，注意投入地区结构、城乡结构分布合理，兼顾效率和公平。

参考文献：

［1］崔玉平．中国高等教育对经济增长率的贡献［J］．教育与经济，2001（1）：31～37.

［2］陆根尧，朱省娥．中国教育对经济增长影响的研究［J］. 数量经济技术经济研究，2004（1）：15～19.

［3］张波，周志刚．教育投资对中国经济增长贡献的计量分析［J］. 天津工业大学学

报，2006（1）：78～80.

［4］马骁，徐浪．教育对经济增长的贡献：东西部之比较［J］．经济学家，2001（2）：34～38.

［5］郭海湘，黄毓芝等．中国及各地区教育经济贡献率的软计算［J］．中国软科学，2008（9）：27～38.

［6］陆秋君，艾克凤．中国教育投资与经济增长关系研究［J］．生产力研究，2007（12）：50～51.

［7］周英章，孙崎岖．我国教育投入对实际经济增长的贡献实证分析［J］．中国软科学，2002（7）：39～41.

［8］孙林岩．我国教育投资对国民收入的影响分析［J］．系统工程理论与实践，1996（2）：34～38.

［9］李玲．中国教育投资对经济增长低贡献水平的成因分析［J］．财经研究，2004（8）：40～51.

［10］杨逢珉，曹萍．教育投入与经济增长的实证研究［J］．华东理工大学学报（社科学版），2006（4）：34～37.

［11］范柏乃，来雄翔．中国教育投资对经济增长贡献率研究［J］．浙江大学学报（人文社会科学版），2005（7）：52～59.

［12］翁莉娟．我国教育投资与经济增长的协整分析与误差修正模型［J］．数学的认识与实践，2006（10）：216～220.

［13］吴学品．我国教育投入对经济增长影响的动态关系研究［J］．统计与决策，2007（21）：118～120.

［14］王俊，孙蕾．我国经济增长与预算内教育支出增长的 VAR 时间序列分析［J］．财贸研究，2005（6）：72～78.

［15］张军，吴桂英，张吉鹏．中国省际物质资本存量估算：1952～2000［J］．经济研究，2004（10）：35～44.

［16］高铁梅．计量经济分析方法与建模 Eviews 应用及实例［M］．清华大学出版社，2006：353～385.

［17］高宇明，齐中英．基于时变参数的我国全要素生产率估计［J］．数量经济技术经济研究，2008（2）：100～109.

［18］王维国，颜敏．人力资本存量、人力资本结构与 FDI 互动关系研究［J］．财经问题研，2008（9）：63～70。

中国金融发展与经济增长关系的实证研究

徐晓光[1]　徐　娜[2]

（1 深圳大学，2 深圳大学）

一、引言

改革开放三十年来，中国经济飞速发展，金融市场也在不断深化。究竟是经济的发展带动了金融的发展还是金融的发展促进了经济的发展？两者之间的关系一直是西方学者们研究的热点问题，因为两者之间的关联性是制定经济政策和判断经济形势的基础，研究两者之间的关系有着重要的现实意义。由于我国经济发展时间较短，市场经济体制还不够完善，金融体系发展还不够成熟，受经济发展水平和金融发展程度的影响，无论在理论研究还是实证分析上与国外的研究相比都相对较晚。我国学者从 20 世纪 90 年代才开始对我国金融发展与经济增长进行理论和实证研究。在新的增长阶段，我国金融发展与经济增长之间的关系如何？如何利用金融发展促进经济又快又好地发展？这是我们需要认真探讨的问题。本文将在向量自回归模型（VAR）的框架下，利用 Johansen 协整检验、Granger 因果关系检验以及脉冲响应分析等方法对我国 1997 年第一季度至 2008 年第四季度的相关数据进行实证分析。

二、文献综述

我国经济发展时间较短，市场经济体制不够完善，金融体系的建立到 20 世纪 90 年代才起步，因此，受经济发展水平与金融发展程度的影响，我国关于金融发展的研究相对较晚，国内已有部分学者对中国金融发展与经济增长的关系进行过实证研究。

谈儒勇（1999）用 1993 年第一季度至 1998 年第一季度的数据，分别对中国金融中介的发展与经济增长、中国股票市场的发展与经济增长、中国金融中介的发展与股票市场的发展用 OLS 进行实证研究。

韩廷春（2001）用 1978～1999 年的年度数据进行实证研究，结果表明金融发展指标与经济增长之间呈现负的相关关系，股票市场的发展对经济增长的效应是正的，但很微弱。在 1978～1989 年的样本数据上，不考虑股票市场的发展，金融发展指标仍然与经济增长呈现负的相关关系。在 1990～1999 年的样本数据上，金融发展和股票市场的发展对经济增长有很强的正效应。

周立和王子明（2002）对中国各地区 1978～2000 年金融发展与经济增长关系的实证研究，结果表明，中国各地区金融发展与经济增长密切相关，金融发展差距可一部分解释中国各地区经济增长差距。

樊胜和王晓黎（2003）应用动态计量建模理论对 1995 年第一季度至 2001 年第一季度中国金融发展与经济增长进行了实证研究，结果表明，金融中介的发展和股票市场的发展都对经济的增长有一定副作用。

卢峰和姚洋（2004）用 20 世纪 90 年代中国省级单位数据进行实证研究，结果表明，加强法制有助于提高私人部门获得的银行信贷份额，推动银行业的竞争，但抑制私人投资，并对金融深化没有显著影响，加强法治并不能显著提高经济的平均增长率，这些结果源自中国金融部门的“漏损效应”。

由于以上研究各自考察的角度和阶段不同，或采用的方法制约，得到的结论也不一致，有的甚至得出相反的结论。本文选择 1997 年到 2008 年的季度数据进行实证分析，并结合实证分析的结论，针对目前存在的问题提出相关的政策建议。

三、金融发展与经济增长分析实证分析

（一）数据及变量

有关增长的经济学和发达国家的政府都把国内生产总值（GDP）作为衡量经济增长的最重要的指标。国际上通常采用实际人均 GDP 增长率和实际人均 GDP 两种方法来衡量经济增长，由于我国缺乏人均 GDP 的季度数据，因此我们采用 GDP 数据作为衡量经济增长的指标。我国公布的 GDP 数据是按当年价计算的名义 GDP，为了剔除价格因素的影响，反映经济增长的真实情况，我们需要利用 GDP 平减指数来计算实际 GDP。这里我们使用居民消费价格指数（CPI）作为 GDP 的平减指数，通过《人民银行统计季报》公布的各年 CPI 上年同月比的环比数据，推算出按 1996 年为基期（100）的月度定基 CPI 指数，取每季三个月 CPI 指数的算术平均值作为当季的定基 CPI 指数。将季度名义 GDP 除 CPI 我们可以得到以 1996 年的价格计算的各季 GDP 的值（记为

GDP)。

金融发展的主要度量指标有金融发展总体水平指标和金融发展结构指标两大部分。金融发展总体指标是对中国金融发展整体水平的总的概括，我们可以选择金融相关率（FIR）——金融资产总额与名义 GDP 之比来表示；其次我们也可以选择经典的金融深化指标（DEPTH）M2/GDP，该指标能够在一定程度上反映我国目前的经济货币化程度。金融发展结构指标由金融市场结构指标、金融资源配置效率指标（或称为资源配置结构指标）组成。我们采用银行国内资产与金融机构全部资产之比（BANK）来衡量金融中介市场在整个金融市场的相对规模，反映金融市场的结构。采用银行部门对非金融部门的债权与金融机构国内信贷之比（COLL）来衡量金融资源配置结构，该指标能够反映我国金融机构的商业化和市场化进程，体现金融资源配置的整体效率。

由于 1997 年以前的数据不易搜集，本文仅采用 1997 第一季度至 2008 年第四季度共 48 期的季度数据来分析我国金融发展与经济增长之间的动态关系，样本容量较小可能导致模型存在偏差。名义 GDP、CPI、M2、银行国内资产、金融资产总额、金融机构贷款以及银行部门对非金融部门的债权数据均来自《人民银行统计季报》和中国统计局网站。

我们所使用的数据都是季度数据，在经济分析中，季节变动要素往往会掩盖经济发展中的客观变化，给研究和分析经济发展趋势和判断经济所处状态带来困难。因此需要在经济分析之前将经济时间序列进行季节调整，剔除其中的季节变动因素，本文是采用 X11 季节调整法剔除季节因素。

（二）实证研究结果

1. 单位根检验

首先我们对所选取的经过季节调整的变量序列 GDP、FIR、DEPTH、COLL 以及 BANK 进行单位根检验，以此判断各序列的平稳性。利用 Eviews5.0 输出结果整理如下：

输出结果表明：GDP、FIR、DEPTH、COLL 以及 BANK 均为 I（1）序列。为了避免建立模型时出现多重共线性而影响模型的有效性，在这里我们对 FIR、DEPTH 以及 COLL 四个变量间的相关关系进行分析，分析结果如下：FIR 与 DEPTH 之间的相关系数达到 0.99，我们认为两者之间的相关程度较高，其他变量之间的相关系数较小，相关关系较弱。因此综合考虑变量间的相关关系及变量的代表性，我们保留与其他变量相关关系更弱的 DEPTH，剔除 FIR 变量。最终入选模型的是 GDP、DEPTH、COLL 以及 BANK 四个变量。

表 1 ADF 检验结果

变量	检验类型	ADF 值	临界值（0.05）	P 值
GDP	无常数项，无趋势项	3.83	−1.94	0.99
FIR	无常数项，无趋势项	0.42	−1.94	0.80
DEPTH	无常数项，无趋势项	0.42	−1.94	0.80
COLL	无常数项，无趋势项	0.20	−1.94	0.74
BANK	无常数项，无趋势项	−0.83	−1.94	0.35
D（GDP）	无常数项，无趋势项	−8.82	−1.94	0.00
D（FIR）	无常数项，无趋势项	−9.72	−1.94	0.00
D（DEPTH）	无常数项，无趋势项	−9.50	−1.94	0.00
D（COLL）	无常数项，无趋势项	−5.56	−1.94	0.00
D（BANK）	无常数项，无趋势项	−7.28	−1.94	0.00

2. VAR 模型的建立

首先我们要确定 VAR 模型的滞后期长度，以此建立适合的 VAR 模型。结果发现 Schwarz 信息准则（SC）表明 1 个滞后期。因此我们选择 1 个滞后期建立 VAR 模型。

确定模型滞后期长度后我们可以建立 VAR 模型，输出结果如下：

$$\begin{pmatrix} GDP \\ DEPTH \\ COLL \\ BANK \end{pmatrix} = \begin{pmatrix} 0.898 & 2182.2 & 13482.9 & -2713.72 \\ 1.66E-05 & 0.721 & -3.337 & 3.845 \\ 2.37E-07 & 0.011 & 0.471 & 0.021 \\ -7.42E-07 & 0.016 & -0.485 & 0.836 \end{pmatrix} \begin{pmatrix} GDP(-1) \\ DEPTH(-1) \\ COLL(-1) \\ BANK(-1) \end{pmatrix} + \begin{pmatrix} -308.9 \\ 1.484 \\ 0.474 \\ 0.577 \end{pmatrix}$$

其中：$\overline{R}^2_{GDP}=0.964$ $\overline{R}^2_{DEPTH}=0.744$ $\overline{R}^2_{COLL}=0.876$ $\overline{R}^2_{BANK}=0.601$

3. 协整检验

根据 VAR 模型我们对变量进行协整检验。由于进行变量序列的单位根检验时我们选择的是无常数项无趋势项这一类型，所以协整检验中选择第一种情况。协整检验的滞后期则由前面 VAR 模型的滞后期来确定。软件分析结果表明：在滞后期长度为 1 的情况下，迹检验和最大特征值检验均表明 GDP、DEPTH、COLL 以及 BANK 四个变量之间存在 1 个协整向量。检验结果如下表：

表 2 协整检验结果

原假设	特征值	迹检验	临界值 0.05	P值	最大特征值统计量	临界值 0.05	P值
0个*	0.5840	56.0848	40.1749	0.0006	40.3401	24.1592	0.0002
最多1个	0.2042	15.7447	24.2760	0.3983	10.5048	17.7973	0.4334
最多2个	0.1025	5.2399	12.3209	0.5344	4.9747	11.2248	0.4809
最多3个	0.0057	0.2652	4.1299	0.6666	0.2652	4.1299	0.6666

利用Johansen协整检验方法我们还同时得到协整向量为：

$$(1, -3131.6, -40935.4, 88076.2)$$

上述结果写成方程形式为：

$$GDP = 3131.6 \cdot DEPTH + 40935.4 \cdot COLL - 88076.2 \cdot BANK$$

协整检验的结果说明经济增长与金融发展之间具有长期均衡的关系，从长期来看，金融深化程度及资源配置结构对经济增长起着正向推动作用。而金融市场结构与经济增长呈负相关关系，对经济增长起着反向抑制作用。笔者认为，出现这种情况跟我国的实际情况是相符的。因为我国的金融市场是以间接融资市场为主，直接融资市场比例较低，虽然近年来银行资产占金融资产的比重在下降，但仍未打破银行，特别是国有商业银行垄断全国金融市场的格局，这就导致金融机构无法为企业部门提供完善的金融服务，企业部门融资渠道有限，降低了我国企业的整体活力，而且也不利于产业结构的优化升级，对经济增长有不利影响。

4. 格兰杰（Granger）因果关系检验

为了更深入地了解金融发展与经济增长的关系，我们需要判断金融指标的变化是否是经济增长指标变化的原因以及经济增长指标的变化是否是金融指标变化的原因。因此我们对变量进行Granger因果关系检验。因果关系检验结果表明：在GDP方程中，资源配置结构不能Granger引起GDP，金融深化程度指标和金融市场结构指标能够Granger引起GDP；在金融深化指标方程中，GDP和资源配置结构指标均不能Granger引起金融深化指标，但金融市场结构指标是金融深化程度指标的Granger原因；在资源配置结构指标方程中，GDP及金融市场结构指标不能Granger引起资源配置结构指标，但金融深化指标能够Granger引起资源配置结构指标。金融市场结构指标方程中，GDP

不是金融市场结构指标的 Granger 原因，但资源配置结构指标及金融深化程度指标是它的 Granger 原因。检验结果如表 3 所示：

表 3 格兰杰因果关系检验结果

	原假设	统计量	自由度	P 值
GDP 方程	DEPTH 不能 Granger 引起 GDP	9.3569	1	0.0022
	COLL 不能 Granger 引起 GDP	0.3127	1	0.5760
	BANK 不能 Granger 引起 GDP	4.2335	1	0.0396
	三个变量不能同时 Granger 引起 GDP	11.0465	3	0.0115
DEPTH 方程	GDP 不能 Granger 引起 DEPTH	3.6559	1	0.0559
	COLL 不能 Granger 引起 DEPTH	0.9940	1	0.3188
	BANK 不能 Granger 引起 DEPTH	4.4121	1	0.0357
	三个变量不能 Granger 引起 DEPTH	4.5292	3	0.297
COLL 方程	GDP 不能 Granger 引起 COLL	0.3835	1	0.5357
	DEPTH 不能 Granger 引起 COLL	6.0338	1	0.014
	BANK 不能 Granger 引起 COLL	0.0670	1	0.7958
	三个变量不能同时 Granger 引起 COLL	8.4615	3	0.0374
BANK 方程	GDP 不能 Granger 引起 BANK	2.0540	1	0.1518
	DEPTH 不能 Granger 引起 BANK	7.4790	1	0.0062
	COLL 不能 Granger 引起 BANK	5.9132	1	0.0150
	三个变量不能同时 Granger 引起 BANK	18.6583	3	0.0003

5. *脉冲响应分析*

对分别来自 GDP、DEPTH、COLL 以及 BANK 的一个单位标准差冲击，模型的具体反应情况如下：图 1 表示 GDP 对来自金融深化指标、资源配置结构指标、市场结构指标以及自身的一个单位标准差冲击的反应，可以看出给金融深化指标一个正向的单位标准差冲击会给 GDP 带来较强的正向冲击，这种作用随着滞后期的延长而增强；给资源配置效率指标一个正向的标准差冲击，会给 GDP 带来正向冲击，这种冲击在第六期达到最大，之后随滞后期的延长而不断减弱，在第二十五期转为负向冲击；市场结构指标的标准差冲击会给 GDP 带来负向响应，这种作用在第五期最大，之后逐渐减弱；而对于自身的正向单位标准差冲击，GDP 的响应函数表现为正，并随滞后期的延长而增强。图 2 表示金融深化指标对来自 GDP、资源配置结构指标、市场结构指标以及自身的一个标准差冲击的反应，图形表明 GDP、资源配置结构指标及市场结构指标的标准差冲击对金融深化指标的影响都较弱，在 0.15 和～0.05 之间，其中 GDP 的冲击对金融深化指标的影响在前十六期是正向的，之后转为负向冲击并缓慢增强，资源配置结构指标的冲击对金融深化指标的影响负向的，这种作用在第六期达到最大，之后缓慢减弱，市场结构指标对金融深化指标的冲击是正向的，在第五期达到最大值 0.1448，之后缓慢减弱，而自身的标准差冲击对金融深化指标的影响是正向的，在第一期达到最大之后逐渐减弱。图 3 表示资源配置结构指标对来自 GDP、金融深化指标、市场结构指标以及自身的一个标准差冲击的反应，资源配置结构指标对来自 GDP、金融深化指标及市场结构指标的标准差冲击的反应都是正向的，这种作用非常微弱，在 0.006 内，而对于来自自身标准差的冲击，资源配置结构指标的响应函数表现为第一期最大，达到 0.017，之后迅速减弱并转化为负向冲击。图 4 表示市场结构指标对来自 GDP、金融深化指标、资源配置结构指标及自身的一个标准差冲击的反应，其中给 GDP 一个标准差冲击，对市场结构指标的影响是负向的，并且随滞后期的延长，这种作用力增强，给金融深化指标一个标准差冲击，在前七期对市场结构指标的作用是正向的，这种作用之后转化为负向冲击并逐渐增强，给资源配置结构指标一个标准差冲击，对市场结构指标的影响是负向的，并随滞后期的延长而接近 0，对于自身的标准差冲击，其响应是正向的但也非常微弱。可见脉冲响应分析与前面的协整检验以及因果关系检验都是一致的。在 GDP 方程中，金融深化指标与 GDP 存在 Granger 因果关系，三个变量中，金融深化指标对 GDP 的冲击影响最大，而且这种冲击是正向的，资源配置结构指标对 GDP 的冲击影响也是正向的，市场结构指标对 GDP 的冲击则是负向

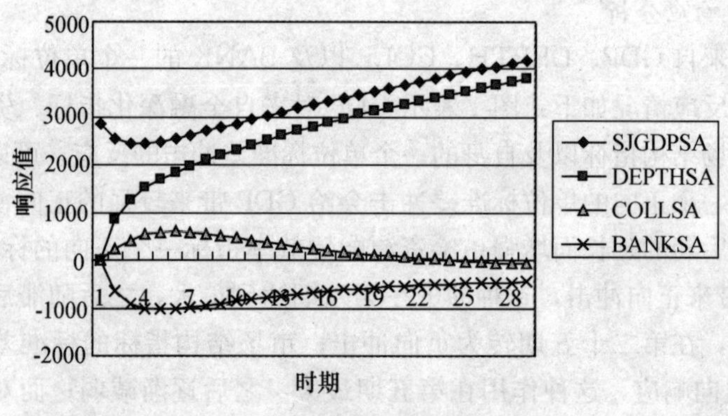

图 1　GDP 的响应函数

的。这说明金融的发展在一定程度上能够推动经济的增长，但是金融市场结构的不合理在一定程度上影响了这种促进作用，而经济增长对金融发展有着促进作用，但这种作用不显著。

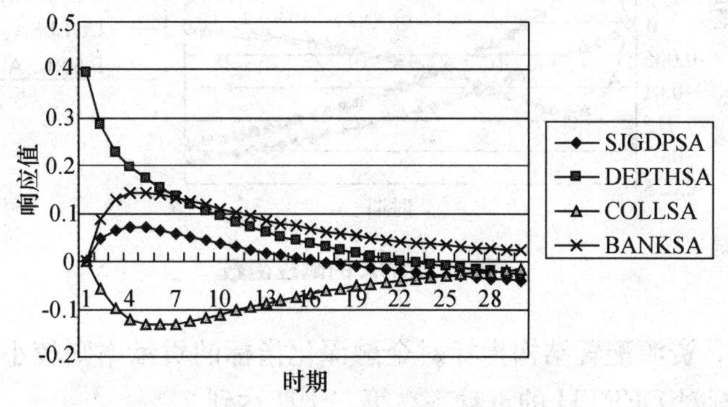

图 2　DEPTH 的响应函数

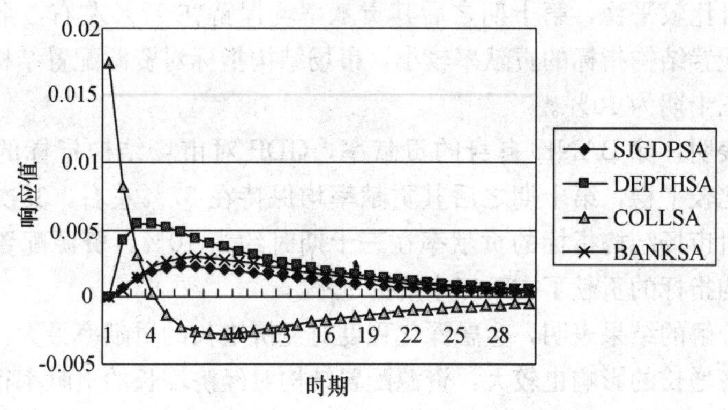

图 3　COLL 的响应函数

6. *方差分析*

接下来我们对 VAR 模型中的各变量进行方差分解，进一步考察金融发展的各个指标对经济增长的相对重要性，图 5 至图 8 分别报告了 GDP、DEPTH、COLL 以及 BANK 方差分解的结果。

从图 5 中我们可以发现，不考虑 GDP 自身的贡献率，金融深化指标对 GDP 的增长贡献最大，第三十期达到 31%。其次是市场结构指标，对 GDP 的贡献率达到 15%，资源配置结构指标对 GDP 的贡献率相对较小，第三十期贡献率为 2.5%。

图 6 表明，GDP 对金融深化指标的贡献率非常高，前三十期的贡献率均

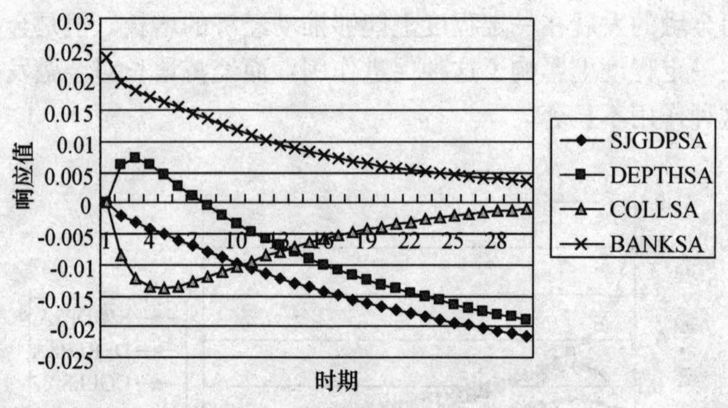

图4 BANK的响应函数

在65%以上，资源配置结构指标对金融深化指标的贡献率则较小，不足5%，市场结构指标对DEPTH的贡献率在第三十期达到24%。

图7表明，除COLL自身的贡献率，GDP对资源配置结构指标的贡献率最大，并且比较平稳，第十期之后其贡献率均保持在17%左右，金融深化指标对资源配置结构指标的贡献率较小，市场结构指标对资源配置结构指标的贡献了在第三十期为10%。

图8表明，除BANK自身的贡献率，GDP对市场结构指标的贡献率最大，并且比较平稳，第十期之后其贡献率均保持在37%左右，其次为金融深化指标，对市场结构指标的贡献率在三十期时约为10%，资源配置结构指标对市场结构指标的贡献了在第三十期为7%。

方差分解的结果表明，金融深化程度对经济增长的贡献率最大，金融市场结构对经济增长的影响也较大，资源配置结构对经济增长的贡献率很小。

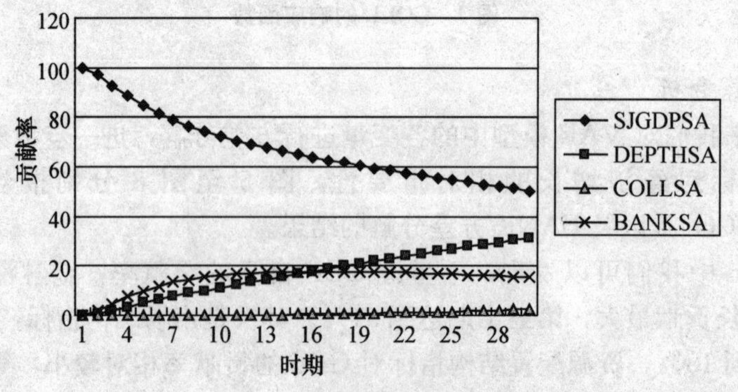

图5 GDP的方差分析

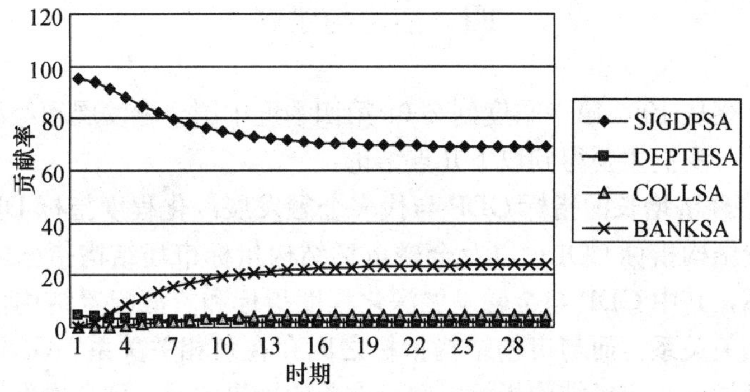

图 6 DEPTH 的方差分析

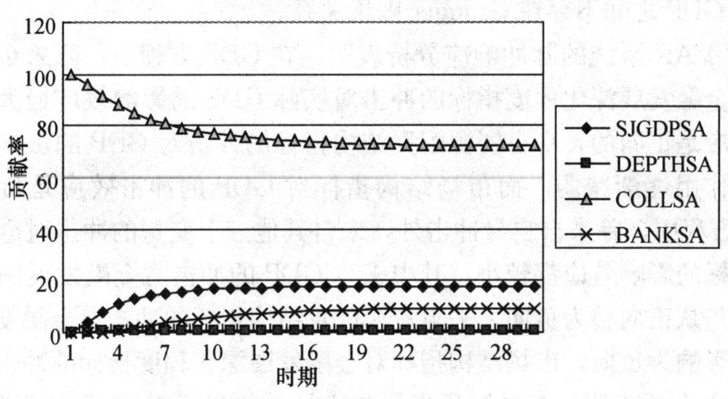

图 7 COLL 的方差分析

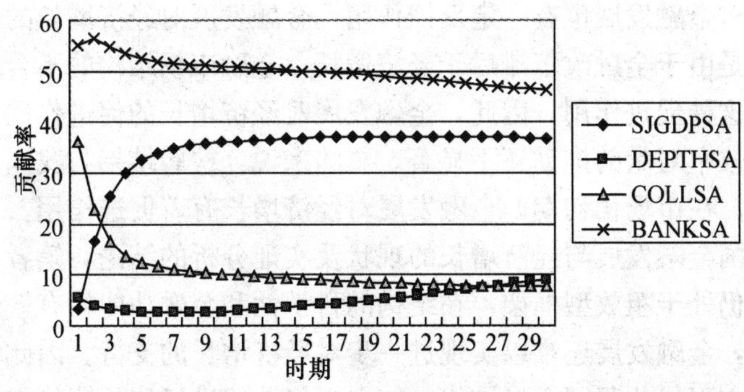

图 8 BANK 的方差分析

四、结论与建议

通过考察从1997第一季度到2008第四季度中国金融发展和经济增长之间的动态关系，我们主要得到以下几点结论：

1. 代表经济增长的指标GDP与代表金融发展深化程度指标DEPTH、金融资源配置结构指标COLL以及金融市场结构指标市场结构指标之间存在长期均衡关系，其中GDP与金融发展深化程度指标和资源配置结构指标之间存在正向的相关关系，而与市场结构指标之间存在负相关关系；GDP与金融发展深化程度指标及市场结构指标之间存在单向因果关系，即金融发展深化程度指标及市场结构指标的变化能Granger引起GDP的变化，但GDP的变化不能显著Granger引起金融发展深化程度指标及市场结构指标的变化，资源配置结构指标与GDP之间不存在Granger因果关系。

2. 对VAR系统的脉冲响应分析表明：在GDP方程中，除来自自身冲击外，来自金融发展深化程度指标的冲击对实际GDP的影响效应最大，而且这种冲击效应是正向的，来自资源配置结构指标的冲击对GDP的影响效应也为正且这种作用逐渐减弱，而市场结构指标对GDP的冲击效应是负向的；在DEPTH方程中，除来自自身冲击外，来自其他三个变量的冲击对金融发展深化程度指标的影响效应都较小，其中来自GDP的冲击对金融发展深化程度指标的影响是从正向转为负向，来自资源配置结构指标的冲击对金融发展深化程度指标的影响为负向，市场结构指标对金融发展深化程度指标的冲击为正向。

3. 方差分析表明：金融深化指标与市场结构指标对GDP的贡献率较大，而资源配置结构指标的贡献率很小。

综上所述，在1997～2008年，金融发展在一定程度上促进了经济的增长，经济的增长对金融发展也有一定反馈作用，金融发展对经济增长的促进作用更为明显。但是由于金融改革滞后于经济增长，金融市场结构的不合理在一定程度上影响了这种促进作用，因此，金融发展对经济增长的促进作用还处于量对量的推动，效率对量的推动还不显著。总的来说，检验结果与我国现阶段的实际情况相符，在市场化初期，金融发展对经济增长有着促进作用。

结合我国金融发展与经济增长的现状及实证分析的结论，笔者认为当前我国金融发展仍处于粗放型框架，在结构的科学性和金融功能的有效性方面还存在许多不足，金融发展还难以实现进一步对经济增长的支持。因此笔者建议应该从以下几方面优化我国金融结构，使之更好地促进经济长期稳定地发展。

1. 在经济体制改革的进程中促进金融市场的结构合理化。配合国有经济进行战略性调整，调整上市公司的股权结构，改善上市公司股权结构异化的问题，并通过引入更多的投资主体，建立有效的公司治理结构，深化国有企业改革；配合我国产业结构调整，加快上市公司产业结构的更替和升级；切实解决参与者资格中所有制歧视问题，特别是在股票市场上，需要改变现有股票发行上市资格的审批规则和程序，保证任何所有制类型的公司都能获得平等的上市机会，充分发挥市场的力量，主要依靠市场来选择业绩优良、管理规范且具有良好发展前景的优质企业上市，以改变目前上市公司总体质量低、结构不合理的现状。

2. 加快证券、保险和信托等非银行业的发展步伐，促进金融产业内各业的均衡发展，完善金融功能。(1) 在发展中规范证券业，不断提高证券机构的实力和竞争力。加快证券市场结构的调整，在发达、完善的证券市场的基础上促进证券公司的稳健发展；扩大证券中介机构的资本规模，壮大资本实力，通过增资扩股、重组并购、上市等方式尽快扩大规模并建立金融控股集团，进行优化配置，走集团化、大型化之路；调整证券机构的业务结构，通过业务创新提高技术性业务的比重，增强核心竞争力，同时加强与外资证券经营机构的合作以提高管理能力。(2) 推进保险业的改革。通过鼓励外资参股、合资、规范上市等形式，调整保险公司的股权结构，增加资本和偿付能力，理顺产权关系，建立现代企业制度，强化公司治理结构；优化保险市场主体结构，规范发展保险中介机构，通过适当增加保险公司数量和分支机构来促进市场竞争，改变保险市场主体数量偏少、竞争不充分的局面；推进创新，提高经营管理水平，通过广泛运用高新技术和现代化设备，积极开展网上保险和利用网络进行内部管理，提高经营效率和管理效率；加快人才培养和引进，以适应经营范围走向综合化、国际化和经营规模扩大的需要。(3) 加快信托业的发展。大力普及和传播信托知识，宣传信托观念，让广大企业和大众了解信托业务和信托方式，提高人们对信托业的认识和参与意识；根据我国金融市场的需要，把信托公司办成真正从事受托理财，以手续费、佣金收入为主的金融机构，培育信托业的核心竞争力；加快人才培养步伐，加强与其他金融机构的合作。

3. 深化金融机构的改革，推进金融业务的创新。(1) 以银行体制改革为契机，加快金融机构的产权制度改革与创新，对国有金融实行股份制改革，突破单一产权结构，实现国有金融机构的股权多元化、社会化及其流动性；(2) 积极进行业务创新，形成合理的收入来源结构。银行业应积极开展业务创新，调整国有商业银行信贷资源结构，利用高科技发展网上业务，改变传统经营模式，发展个人理财业务，开辟中间业务新领域，把握混业经营商机，推动业务持续发展，拓展国际银行业务，加快国际化进程。证券业应通过“多样化、个性化和创新化”来丰富资本市场的金融品种，加强业务创新，建立各具特色的品牌，用品牌打造市场。保险业要推动保险产品的差异化，业务趋向全能化，培育保险集团公司。信托租赁业则要加快产品开放的步伐。但是在创新的同时应该加强对金融创新产品及市场的监管，当前的金融危机就是由于美国“先天不足”的次级抵押贷款通过证券化扩大规模而导致风险不断积聚、蔓延，最终演变成全球金融危机。因此我国金融监管当局吸取教训严格控制金融创新风险。

4. 有计划、有步骤地发展各类中小金融机构，改善区域金融结构。发展民营银行，改造现有金融企业，打破国有商业银行的垄断局面，提高银行业的竞争水平和效率，缓解民营企业融资难的问题；鼓励发展中小金融机构，以适应我国经济结构变化、满足多元微观主体、多样化金融需求，优化资源配置结构。

参考文献：

[1] 杨慧芳：《金融发展与经济增长：基于1952～2007年中国数据的再检验》[J]，《当代经济科学》，2008第3期。

[2] 洪修文：《法律、投资者保护与金融发展》[M]，武汉大学出版社，2007。

[3] 朱波：《金融发展与内生增长：理论及基于中国的实证研究》[M]，西南财经大学出版社，2007。

[4] 杨慧芳：《经济与金融协调发展分析：基于2005年广东的实证》[J]，《南方金融》，2006第1期。[10] 李健：《中国金融发展中的结构问题》[M]，中国人民大学出版社，2005。

[5] 徐海洁：《银行与股市互动发展对经济增长影响的实证研究》[J]，《浙江金融》，2005第2期。

[6] 丁晓松：《我国金融发展与经济增长关系的协整分析》[J]，《统计观察》，2005第1期。

[7] 梁琪、腾建州：《股票市场、银行与经济增长：中国的实证研究》[J]，《金融研究》，2005第10期。

[8] 周立：《中国各地区金融发展与经济增长（1978—2000）》[M]. 北京：清华大学出版社，2004

[9] 周春果：《我国金融结构与经济增长关系的实证研究》[D]. 北京：首都经济贸易大学，2004。

[10] 张敏：《金融发展与经济增长关系的理论与实证研究》[D]. 长沙：湖南大学，2004。

[11] 冉茂盛，张宗益，钟子明：《中国经济增长与金融发展关联性的实证分析》[J]，

《重庆大学学报》2003 年第 2 期。

[12] 曹啸、昊军:《我国金融发展和经济增长关系的格兰杰检验和特征分析》[J],《财贸经济》2002 年,第 5 期。

[13] 韩廷春:《金融发展与经济增长:经验模型与政策分析》[J],《世界经济》2001 年第 5 期。

[14] 谈儒勇:《中国金融发展和经济增长关系的实证研究》[J],《经济研究》1999 年第 10 期。

[15] 高铁梅:《计量经济分析方法与建摸:Eviews 应用及实例》[M],清华大学出版社,2006。

[16] 孙敬水:《计量经济学》[M],清华大学出版社,2004。

结构调整过程中公共支出政策效果的金融 CGE 模型分析*

李　猛

（深圳大学经济学院）

一、引言

结构调整既是中国经济健康增长的本质，也是提升技术水平的重要手段，更是扩大内需政策的战略重点。经济结构问题也是当前中国经济发展中的突出矛盾和问题实质，从深层次分析，我国自 20 世纪 90 年代末期以来出现的总量供给过剩、需求不足只是问题的表象，而问题的实质则是由于供给结构的不合理所导致的无效供给过剩与有效供给不足、有效需求不足并存。如何加快经济结构调整是解决我国目前宏观经济运行中存在问题的关键所在。

而在调整的操作过程中，如何处理好近期与远期的关系、局部与整体的关系、发展与稳定的关系，尤其是发展与稳定的关系？在国外，结构调整的效应分析经常被纳入可计算一般均衡（Computable General Equilibrium，CGE）模型的框架之下（钱纳里，1995）。追溯可计算一般均衡模型的发展，最初源于 Johansen 在 1960 年创立的挪威经济多部门增长模型。其发展脉络，大体可归纳为三条主线：第一条发展主线是在多部门增长模型基础上，Johansen 模型被进一步发展成为澳大利亚经济的 ORANI 模型，目前 ORANI 模型已成为研究全球经济连接 GTAP（Global Trade Analysis Project）模型的基础模型。另一条发展主线是 Harberger-Scarf-Shoven-Whalley 为代表的、基于 Harberger-Scarf 算法求解均衡的研究，模型被称为 AGE（Applied General Equilibrium）模型，主要应用于美国等一些发达经济体的经济分析。CGE 模型的第三

* 本文获得“深圳大学自然科学基金面上项目（项目编号 801000029）”资助。

条发展主线是以 Adelmon-Robinson 为代表的，主要应用于发展中国家的经济分析；最初应用于韩国收入分配的研究，并进一步被世界银行发展成为分析经济发展计划与政策效果的工具。目前，CGE 模型是研究一般均衡框架下进行数量分析模型的一种统称，涵盖 ORANI、AGE 和其他与之相关的模型。无论是在发达国家还是在发展中国家，CGE 模型正日益成为评估政策效果和指导政策实施的有力工具。

但在目前大多数 CGE 模型中，由于 CGE 模型受到货币中性假设的制约，没有把金融市场考虑在内，忽视了金融部门与实物部门之间的相互作用。然而，在经济结构调整及宏观经济稳定政策中，金融市场发挥着非常重要的作用。用传统的 CGE 模型对这些政策进行模拟显然是不恰当的，必须克服 CGE 模型的这个缺陷。而近年来，国内对金融 CGE 模型的研究仍处于起步阶段，在这个领域的研究经验的积累还很不充分，本研究针对这个领域探索是一个新的尝试。

二、金融 CGE 模型的结构框架和特征及模型数据

结合中国经济结构的发展战略，本文构建了一个动态的中国金融 CGE 模型。本模型以 Devarajan et al.（1997）开发的静态 CGE 模型为出发点，把生产行业概括为 16 个行业[①]，追加了商品的供给（生产函数、劳动力和资本的供求）以及资本存量的动态积累的部分。同时也参考了江崎等（2002）、Hertel（1997）的模型结构。模型包括六个模块：生产模块、贸易模块、国民收入分配模块、居民消费模块、要素供求及其均衡模块和递推动态模块。

关于金融 CGE 模型的数据编制，本文结合中国的实际情况及本文构建金融 CGE 模型实证分析的需要，根据模型的基本结构和 2002 年投入—产出表与资金流量表的相关数据资料，构建并编制一个反映中国经济的金融社会核算矩阵（Social Accounting Matrix，SAM），这个金融 SAM 包括 16 个生产部门、两种劳动力类型（技术型和非技术型）。同时，实物 SAM 被扩展成包含金融资产和交易，具体包括 7 类资产：货币、银行存款和国外资产等。首先构建并编制一个适用于中国金融 CGE 建模分析的 2002 年金融 SAM 矩阵（社会核算矩阵，Social Accounting Matrix）。其基本结构如表 1（实物 SAM）和表 2

① 16 个行业分别为谷物、其他农作物、其他农业、采矿业、原油和天然气、食品加工、纺织、造纸印刷、化学和非金属、金属和机械加工、其他制造业、建筑业、货物运输业、金融和保险、公共服务、其他服务业。

（金融 SAM）所示：

表 1 中国实物 SAM（社会核算矩阵）的构成

		商品	劳动力	资本	企业	居民户	政府	储蓄—投资	世界其它	合计
生产活动		国内销售								总产出
商品	中间投入					私人消费	政府消费	私人投资	出口	总需求（吸收）
劳动力	劳动者报酬								从国外获得的职工报酬收入	劳动收入
资本	资本租金								从国外获得的投资收益收入	资本收入
企业	营业盈余			资本收入			政府补贴		国外对中国企业的转移支付	企业总收入
居民户			工资收入		转移支付		转移支付		侨汇	家庭收入
政府	生产税净额	关税			企业所得税	个人所得税			国外对本国捐赠和转移支付	政府收入
储蓄—投资					企业存款	家庭储蓄	政府储蓄		外汇存款	总储蓄
世界其他		进口	外国人获得的劳动报酬	投资收益汇出	外企利润汇出	资本转移	中国政府对外转移支付			外汇流出
合计	总生产成本	总供给	增加值		企业总支出	家庭支出	政府支出	投资支出	外汇流入	

2002 年中国经济的社会核算矩阵的结构描述见表 1（实物 SAM）和表 2（金融 SAM）。实物 SAM 分为 9 个账户类。账户 1 和账户 2 分别为商品、活动。有两个要素账户即劳动和资本。账户 5、6、7 分别为企业、居民户和政府。账户 9 是世界其他地区。在进行经济核算时，所有数据都必须符合以下的基本经济关系，即：

（1）增加值＋中间投入＝总产出

（2）总产出＋进口＝总供给

（3）中间使用＋出口＋农村居民消费＋城镇居民消费＋政府消费＋固定资本形成总额＋库存增加＋其他＝总使用

（4）总供给＝总使用

此外，在编制这张金融 SAM 时，以下经济关系使实物 SAM 的基本结构能与 CGE 模型的基本结构要求相符合：

（1）固定资产折旧＋营业盈余＋劳动者报酬＝增加值

（2）固定资产折旧＋营业盈余＝资本收入

（3）生产税净额＝间接税

（4）工资收入＝劳动者报酬＋从国外获得的职工报酬收入－外国人获得的劳动报酬（以保证劳动类要素增加值等于劳动者收入）

（5）资本收入＝固定资产折旧＋国外对中国企业的转移支付－投资收益汇出（以保证资本类要素增加值等于资本收入）

三、模型的模拟分析

（一）情景方案设计

首先设计的是基准情景（Business As Usual，BAU）方案[①]。基准情景的仿真结果用于提供对照情景的参照系。随后评价公共支出政策对实物部门和金融部门影响，我们设计了 6 种动态变动的对照情景。这具体的模拟情景（S1～S3a）以及作为情景参照系的比较基准情景（S0）如下所示：

S0 基准值。S1 增加 10％的公共消费，同时假定汇率完全浮动。

S2 增加 10％的公共投资，假定汇率完全浮动。假定公共投资对全要素生产率增长无影响。

S3 增加 10％的公共投资，假定汇率完全浮动。假定用于基础设施建设的公共投资部分对全要素生产率的增长有影响。

---

① 本文在基准情景中包含了结构变动方面，主要考虑了以下影响结构动态调整的供给与需求因素：（1）根据国际发展经验揭示的中间投入结构发生的变化，即随着经济发展水平越高，总产出中中间需求比例也将越高，且中间投入中重化工制成品和生产性服务业的投入比重会有所上升；（2）恩格尔定理揭示的居民消费结构将从农业向工业商品、进而向第三产业变化的倾向；（3）政府制定的优先发展先进制造业和现代服务业的产业发展政策。模型中为了模拟上述结构变动趋势，将主要通过以下模型参数的变动加以反映：（1）中间投入系数在部门间发生偏向；（2）居民对第三产业的边际消费倾向增加；（3）固定资产投资系数在部门间发生偏向。

表 2 中国金融 SAM(社会核算矩阵)的构成

		经常账户	资本账户						资产变动							合计
			居民户	企业	政府	中央银行	商业银行	世界其他	公共资本	私人资本	有价证券	现金	国内贷款	国外贷款	国外资产	
经常账户	实物SAM								政府投资	私人投资						总投资
资本账户 居民户	家庭储蓄												△国内贷款			
资本账户 企业	企业存款										△负债		△国内贷款	△国外贷款		
资本账户 政府	政府储蓄												△国内贷款	△国外贷款		资产变动
资本账户 中央银行	银行收入															
资本账户 商业银行	银行收入											△现金需求	△备付金			
资本账户 世界其他	经常账户盈余														△国外资产	

续表

		经常账户	资本账户						资产变动							合计
			居民户	企业	政府	中央银行	商业银行	世界其他	公共资本	私人资本	有价证券	现金	国内贷款	国外贷款	国外资产	
负债变动	公共资本				△公共资本											政府投资
	私人资本			△私人资本												私人投资
	有价证券		△居民持有有价证券					△国外持有有价证券								△有价证券
	现金		△居民持有现金	△企业持有现金												△现金需求
	国内贷款		△居民存款	△企业存款		△银行收入	△再贴现贷款									△商业银行贷款
	国外贷款							△国外贷款								△国外贷款
	国外资产		△居民国外资产			△外汇储备										△国外资产
合计		总储蓄	负债变动						政府投资	私人投资	△有价证券	△现金需求	△商业银行贷款	△国外贷款	△国外资产	

S1a 增加10%的公共消费，假定汇率采取完全浮动和固定利率。

S2a 增加10%的公共投资，假定汇率完全浮动和固定利率。假定公共投资对全要素生产率的增长没有影响。资本自由流动。

S3a 增加10%的公共投资，同时假定汇率完全浮动和固定利率。假定用于基础设施建设的公共投资部分对全要素生产率的增长有影响。资本自由流动。

（二）模拟结果分析

本文基于一个实物部门与金融部门相统合的动态CGE模型，定量公共支出政策对中国经济系统的影响。（模拟情景S1—S3）分析汇率、利率完全自由浮动下的影响结果（如表3、4所示）。

模拟情景（S1）表示增加10%公共消费支出所引发的短期、中期和长期的经济效果。财政赤字增加，而新增的财政赤字部分通过商业银行借款进行融资，因此政府在商业银行的负债第一年增加7.6%，最后一年增加24.4%；较高的政府借款会减少私人部门的资金供给，导致国内利率第一年上升13.3%，最后一年上升13.4%；同时增加公共消费支出显著地提高国内价格，在第一年上升1%，最后一年上升4.8%；人民币名义汇率上升，导致实际币值升值；同时较高的利率水平导致企业利息支付成本上升、利润下降，并引发企业股票的回报率下降。

在实物部门中，增加10%公共消费支出对总需求产生不同的影响。由于国内利率上升提高资金的借入成本，从而减少投资需求，在第一年下降1.7%，最后一年下降2.4%。由于实际汇率上升，从而出口下降、进口上升，影响经常项目账户。可见，增加公共消费支出政策产生的正效果会部分被私人投资减少和净出口下降所抵消；实际GDP上升，但是GDP的增长率下降。另外，由于居民收入上升，居民消费和储蓄增加。

模拟情景（S2）表示增加10%公共投资所引发的短期、中期和长期的经济效果，与模拟情景（S1）相似的是：财政赤字上升，增加政府部门向商业银行的借款，国内利率上升；同时国内价格由于需求增加而上升；人民币名义汇率上升，导致剔除物价水平后的实际汇率上升；利率水平提高，利润下降、企业股票的回报率降低。致使居民将手中的有价证券从股票形式转换成金融资产，居民储蓄额增加超过1%；国内实际银行存款金额增加，居民手中持有的股票和国外资产份额下降。

国内利率上升提高国内资金的借入成本，而人民币汇率升值减少国外贷款的借入成本；但由于最终的平均借入成本上升，导致私人投资下降，并且下降

表 3 财政政策的效果——宏观经济指标(%)

	模拟情景 S1			模拟情景 S2			模拟情景 S3				模拟情景 S1			模拟情景 S2			模拟情景 S3		
	第一年	第三年	第八年	第一年	第三年	第八年	第一年	第三年	第八年		第一年	第三年	第八年	第一年	第三年	第八年	第一年	第三年	第八年
人民币汇率	1	1.12	1.26	1.01	1.12	1.26	1.01	1.13	1.26	居民消费	0.39	0.71	0.35	0.17	0.6	0.5	0.17	0.79	0.69
GDP 价格指数	1.01	2.11	4.83	1.01	2.11	4.83	1.01	2.1	3.22	政府消费	10	10	10	0	0	0	0	0	0
消费价格指数	1.01	2.11	4.72	1.01	2.1	4.72	1.01	2.1	3.21	实际投资额:	−1.16	−1.88	−1.74	1.55	0.86	0.64	1.55	0.96	1.13
资本租金	0.19	0.2	0.21	0.19	0.2	0.21	0.19	0.2	0.21	政府投资	0	0	0	10	10	10	10	10	10
平均工资水平:	4.96	5.83	6.94	4.92	5.78	6.91	4.92	5.77	6.87	私人投资	−1.66	−2.66	−2.44	−2.1	−2.97	−3.11	−2.1	−2.82	−2.42
技术人员	17.79	19.87	22.27	17.77	19.8	22.2	17.72	19.77	22.09	居民收入	1.76	4.18	5.3	1.22	3.6	5.1	1.22	3.48	4.5
非技术人员	3.56	4.24	5.12	3.54	4.22	5.11	3.54	4.22	5.09	居民储蓄	1.58	4.03	5.2	0.82	3.39	4.95	0.82	3.35	4.35
利率	13.35	14.14	13.41	12.86	14.27	14.49	12.86	13.15	12.85	政府收入	0.97	2.74	4.2	1.22	3	4.69	1.22	3.06	4.62
实际 GDP	0.51	0.47	0.34	0.19	0.26	0.22	0.19	0.47	0.58	政府支出	4.46	5.98	7.22	4.01	6.04	8.11	4.01	5.77	7.47
出口	−0.54	−0.8	−0.69	−0.22	−0.38	−0.29	−0.22	0.17	0.7	财政赤字	40.1	43.6	50.2	32.44	41.47	56.93	32.44	37.28	47.07
进口	0.46	0.41	0.09	0.47	0.56	0.39	0.47	0.62	0.47	预算账户盈余	−2.8	−3.66	−4.56	−2.76	−3.67	−4.64	−2.76	−3.59	−4.5

资料来源:CGE 模型的计算结果。

表 4　财政政策的效果——金融指标(%)

	模拟情景 S1			模拟情景 S2			模拟情景 S3				模拟情景 S1			模拟情景 S2			模拟情景 S3		
	第一年	第三年	第八年	第一年	第三年	第八年	第一年	第三年	第八年		第一年	第三年	第八年	第一年	第三年	第八年	第一年	第三年	第八年
居民资产构成:										政府债务:									
资本	−0.24	−0.12	0.15	−0.66	−0.84	−0.78	−0.66	−0.64	−0.44	商业银行借款	7.56	17.55	24.43	6.13	15.51	23.81	6.13	14.91	21.59
银行存款	1.92	3.97	2.13	2.13	3.91	5.26	2.13	3.56	4.48	中央银行借款	12	23.98	30.84	9.73	21.2	30.05	9.73	20.37	27.26
现金	1.42	4	0.89	0.89	3.3	4.98	0.89	3.13	4.48	国外借入	1.14	3.21	5.07	0.91	2.79	4.85	0.91	2.68	4.39
国外资产	−0.1	−0.39	0.03	0.03	0.21	0.07	0.03	0.06	−0.32	企业债务:									
总财富水平	−0.55	−0.53	−0.06	−0.06	−0.19	−0.16	−0.06	−0.04	0.16	国内	−0.8	3.77	6.53	−0.28	3.91	6.76	−0.28	3.96	5.84
居民有价证券构成:										国外	0.4	2.89	3.19	0.41	2.9	3.53	0.41	2.51	2.14
股票份额	−0.14	−0.21	−0.15	−0.15	−0.2	−0.17	−0.15	−0.2	−0.12	存款总额	1.56	3.52	4.86	1.69	3.51	5.02	1.69	3.36	4.55
人民币存款份额	−0.04	−0.1	−0.07	−0.05	−0.1	−0.08	−0.05	−0.11	−0.07	货币基础	1.44	4.25	6.15	1.41	4.02	6.14	1.41	4	5.83
国外资产份额	−0.69	−0.55	−0.32	−0.58	−0.55	−0.41	−0.58	−0.41	−0.23										

资料来源:CGE 模型的计算结果。

的幅度大于模拟情景（S1）。而公共投资的增加会部分抵消私人投资的下降，因此总投资额的下降率减缓，在第一年下降率为1.6%，最后一年下降率为0.6%。区别于公共消费，公共投资提高经济的供给能力。公共投资增加不仅会提高经济系统的资本存量，还会对生产率的提高产生积极影响。

模拟情景（S3）假定政府将公共投资主要用于基础设施建设，增加对道路、电信和电力等基础设施方面的投资，促进了全要素生产率增长。在最初的两年里，增加10%公共投资所引发的经济效果与模拟情景（S2）中的效果相似，较高的政府借款导致国内利率上升，提高资金借入成本，私人投资需求下降。公共投资促进全要素生产率增长在第三年产生效果，生产率的提高促进实际GDP增长，使总供给增加，导致国内价格和汇率相对下降；同时总产出增加还提高了居民收入和储蓄。由于银行存款等金融资产的增加使居民财富提高，部分抵消公共投资的“挤出效应”；利率上升的幅度减小，实际私人投资在最后一年的下降率为2.4%。

以上情景（S1～S3）是假定国内汇率、利率自由浮动下，模拟公共支出政策对中国经济系统的影响。下面三个情景（S1a～S3a）将模拟在信贷配额下，扩张性的财政政策所引发的短期、中期和长期的经济效果（如表5、6所示）。在这三个情景（S1a～S3a）中，假定国内利率固定，并且中央银行设定最高信贷额度。如果信贷需求超过最高信贷额度，个人投资所需将按信贷配额实施。

在信贷配额约束下，扩张性的公共支出政策将直接影响私人投资。模拟情景（S1a）表示增加10%公共消费支出所引发短期、中期和长期的经济效果。增加公共消费支出明显影响政府预算，财政赤字增加，而新增的财政赤字将部分通过商业银行借款进行融资，因此政府在商业银行的负债（如表6所示）第一年增加7.4%，最后一年增加23.4%；并直接减少私人部门的信贷供给，从而导致私人投资以及总投资的下降。

增加公共消费支出引发国内价格水平上升，在最后一年提高5.7%；并导致人民币实际汇率升值，但升值的幅度小于第一个模拟情景（S1）。通货膨胀降低了国内借款的实际成本，并提高了企业利润，引发企业股票的回报率提高。同时，实际利率下降，促使居民将手中的有价证券从银行存款形式向股票形式或国外债券形式的金融资产转换。实际的私人投资下降，在第一年下降5.2%，最后一年下降2.3%。可见，增加公共消费支出政策产生的正效果大部分被投资减少所抵消；实际GDP上升，但是GDP的增长率下降。同时，由于居民收入上升，居民消费和储蓄增加。由于人民币实际汇率升值，导致出口下降，但由于投资减少而最终导致进口下降，从而使经常项目账户状况好于模

表 5 财政政策的效果——宏观经济指标(%)

	模拟情景 S1a			模拟情景 S2a			模拟情景 S3a				模拟情景 S1a			模拟情景 S2a			模拟情景 S3a		
	第一年	第三年	第八年	第一年	第三年	第八年	第一年	第三年	第八年		第一年	第三年	第八年	第一年	第三年	第八年	第一年	第三年	第八年
人民币汇率	1.01	1.14	1.28	1.01	1.14	1.28	1.01	1.14	1.28	居民消费	0.04	−0.21	−0.33	−0.15	−0.27	−0.31	−0.15	−0.01	0.14
GDP 价格指数	1.01	2.12	5.724	1.01	2.11	5.24	1.015	1.11	3.83	政府消费	10	10	10	0	0	0	0	0	0
消费价格指数	1.02	2.12	5.68	1.01	2.11	5.23	1.015	1.1	3.62	实际投资额:	−3.63	−2.28	−1.67	−0.73	0.21	0.41	−0.73	0.77	1.11
资本租金	0.19	0.205	0.219	0.19	0.2	0.21	0.19	0.2	0.21	政府投资	0	0	0	10	10	10	10	10	10
平均工资水平:	4.95	5.85	6.97	4.92	5.8	6.94	4.92	5.8	6.9	私人投资	−5.2	−3.24	−2.33	−5.36	−3.88	−3.44	−0.536	−3.09	−2.46
技术人员	17.9	20.04	22.42	17.87	19.97	22.39	17.87	19.91	22.22	居民收入	1.85	4.06	5.35	1.3	3.49	5.1	1.3	4.37	5.58
非技术人员	3.56	4.26	5.14	3.54	4.23	5.13	3.54	4.23	5.1	居民储蓄	1.61	3.65	5.14	0.85	3.05	4.79	0.85	4.02	5.37
利率	0	0	0	0	0	0	0	0	0	政府收入	1.3	3.72	5.11	1.52	3.92	5.66	1.52	3.94	5.37
实际 GDP	0.21	0.179	0.149	−0.13	−0.13	−0.13	−0.13	0.15	0.33	政府支出	4.68	6.72	7.92	4.2	6.74	8.88	4.2	6.44	8.05
出口	−0.1	−0.4	−0.42	0.2	0.04	0.09	0.2	0.5	0.93	财政赤字	39.21	41.66	47.94	31.58	39.67	54.8	31.58	35.56	46.26
进口	−0.49	−0.45	−0.44	−0.41	−0.33	−0.34	−0.41	−0.08	0.03	预算账户盈余	−2.25	−3.11	−4.15	−2.25	−3.1	−4.12	−2.25	−3.13	−4.16

资料来源:CGE 模型的计算结果。

表 6 财政政策的效果——金融指标(%)

	模拟情景 S1a			模拟情景 S2a			模拟情景 S3a				模拟情景 S1a			模拟情景 S2a			模拟情景 S3a		
	第一年	第三年	第八年	第一年	第三年	第八年	第一年	第三年	第八年		第一年	第三年	第八年	第一年	第三年	第八年	第一年	第三年	第八年
居民资产构成:										政府债务:									
资本	0.17	-0.41	-0.69	-0.28	-0.94	-1.16	-0.28	-1.06	-1.51	商业银行借款	7.41	16.92	23.43	5.97	14.32	20.72	5.97	14.92	22.87
银行存款	0.45	3	4.65	0.77	2.78	4.04	0.77	2.88	4.54	中央银行借款	11.76	23.13	29.58	9.47	19.57	26.15	9.47	20.39	28.86
现金	1.97	4.24	5.42	1.39	3.31	4.58	1.39	3.57	5.1	国外借入	1.07	2.93	4.6	0.84	2.43	4	0.84	2.53	4.4
国外资产	-0.83	-0.63	-0.54	-0.64	-0.82	-1.05	-0.64	-0.81	-0.95	企业债务:									
总财富水平	-0.93	-0.91	-0.75	-0.4	-0.37	-0.17	-0.4	-0.57	-0.57	国内	-1.08	-1.95	-2.31	-0.53	-1.26	-1.78	-0.53	-1.4	-2.07
居民有价证券构成:										国外	-2.96	-5.94	-7.53	2.69	-5.28	-7.03	-2.69	-5.56	-7.75
股票份额	0.08	0.05	0.03	0.05	0.02	0.02	0.05	0.05	0.03	存款总额	0.97	3.42	4.93	1.15	3.32	4.61	1.15	3.36	5.01
人民币存款份额	-0.12	-0.1	-0.05	-0.15	-0.11	-0.05	-0.15	-0.11	-0.07	货币基础	2.14	5.28	6.83	2.06	4.87	6.39	2.06	5.05	7
国外资产份额	0.14	0.14	0.09	0.18	0.16	0.11	0.18	0.18	0.14										

资料来源:CGE 模型的计算结果。

拟情景（S1）。

模拟情景（S2a）考察了增加10%公共投资所引发的短期、中期和长期的经济效果，与模拟情景（S1a）相似的是：公共支出政策导致了“挤出效应”。在模拟情景（S2a）中，增加公共投资直接“挤出”私人投资。由于人民币实际汇率下降，促使居民进一步将手中的有价证券从银行存款形式向国外债券形式的金融资产转换，实际的私人投资与第四个模拟情景（S1a）相比较下降得更快。由此导致实际GDP下降0.1%，居民收入增长率下降，从而居民消费和储蓄增长率也出现下降。

模拟情景（S3a）考虑到公共投资对生产率增长的效果，公共投资促进全要素生产率提高在第三年产生效果。从第三年开始，生产率的提高改变了居民收入增长率下降的趋势，而收入增加使居民消费和储蓄也出现上升。居民财富的增加部分抵消了金融资产向国外转移所引发的不利影响，因此，私人投资下降的幅度减小。实际GDP从第一年开始一直下降，但从第三年开始增加。增加公共消费和投资政策对产业部门产出和收入分配的影响如表7所示。其中，收入分配的影响主要关系到要素收入的变化，而要素收入又受到不同经济政策所导致的部门产出和相对价格变化的影响。在第一个模拟情景（S1）中，由于增加公共消费支出，导致公共服务部门的扩张，而其他大多数产业部门遭受损失。其中遭受损失最大的部门是与投资相关的产业，如建筑业；另外，人民币汇率上升还抑制了出口导向型产业，如纺织、服装产业等。功能性收入的分配情况根据部门产出的变化而变化，正规部门的劳动力工资收入在第一年增加1.4%，但最后一年下降到1%。资本收入在非农业部门增加，而在农业部门下降。

表7 财政政策的效果——居民财富和收入（%）

	模拟情景S1		模拟情景S2		模拟情景S3		模拟情景S1a		模拟情景S2a		模拟情景S3a	
	第一年	第八年	第一年	第八年	第一年	第八年	第一年	第八年	第一年	第八年	第一年	第八年
居民收入：												
第一组	0.13	−0.17	0.06	−0.02	0.06	0.37	−0.12	−0.48	−0.18	−0.36	−0.18	0.14
第二组	0.14	−0.2	0.05	−0.06	0.05	0.34	−0.12	−0.47	−0.20	−0.38	−0.2	0.13
第三组	0.14	−0.24	0.03	−0.11	0.03	0.30	−0.12	−0.46	−0.21	0.40	−0.21	0.1
第四组	0.18	−0.12	0.02	0.01	0.02	0.36	−0.09	−0.42	−0.23	−0.41	−0.23	0.07
第五组	0.6	1.09	0.18	1.19	0.18	1.13	0.12	−0.08	−0.27	−0.18	−0.27	0.23

资料来源：CGE模型的计算结果。

模拟情景（S2）中，出口导向型产业得到较大发展，而与投资相关的产业部门产出下降。在非农产业部门要素收入增加，而农业部门的劳动力收入出现下降。依照不同居民组收入情况看，五类居民组实际收入在第一年都出现增长，但是前三组居民在最后一年出现下降，第四组居民全期收入增加，而第五组居民收益最大。在第三个模拟情景（S3）中，由于生产率提高导致所有产业产出扩大，所有居民组的收入增加。五组居民的收益状况与S2相似，第五组（最富裕阶层）居民的收益最大。

四、结束语及政策含义

近年来，国内对金融CGE模型的研究仍处于起步阶段，在这个领域的研究经验的积累还很不充分，本研究针对这个领域探索是一个新的尝试。本文的动态金融CGE模型扩展了传统的瓦尔拉斯框架，主要特色包括：(1）在本模型中，个人投资将根据利率和资本回报率内生决定。(2）储蓄不再直接转化为投资，而是由居民根据实物和金融资产的相关回报率来配置他们的储蓄和财富。(3）本模型不但能够分析由于经济政策引发的相对价格变化的长期影响，而且还能够捕捉到通过资产价格和总需求变动对经济行为的短期影响。(4）在实物部门与金融部门相统合的多部门一般均衡体系中，由于金融部门的导入，价格和利率的绝对水平允许模型内生决定；据此，通货膨胀的货币层面分析成为可能。

本文研究表明，将公共支出增加对道路、电信和电力等基础设施方面的投资，会提高工资率，降低中间品的价格。同时，公共投资规模的大小会影响专业化分工程度和产品的生产规模。公共支出政策模拟分析表明，不同的扩张性财政政策对经济产生积极影响的着力点不同。其中，扩大公共投资政策相对于扩大公共消费政策体现出更多的益处，这是因为前者促进了全要素生产率（TFP，Total Factor Productivity）的提高。另外，公共支出政策导致了“挤出效应”，扩大公共支出将减少贷款的供给量并且降低私人投资。值得注意的是，在利率完全自由浮动的情况下，公共支出政策在信贷配额约束下的“挤出效应”最显著。

从以上6种模拟情景（S1～S3a）的比较动态分析的结果来看，在实物部门中，增加公共消费支出政策对总需求的构成部分产生不同的影响。由于国内利率上升提高资金的借入成本，从而减少投资需求，在第一年下降1.7％，最后一年下降2.4％。由于人民币实际汇率升值，从而出口下降、进口上升，影响经常项目账户。因此增加公共消费支出政策产生的正的经济效果会部分被私人投资减少和净出口下降所抵消；实际GDP上升，但是GDP的增长率下降。区别于公共消费支出政策，公共投资政策提高了经济体的供给能力。公共投资的增加不仅会提高经济体的资本存量，还对生产率的提升产生积极的影响。由于生产率的提高使总供给增加，从而导致国内价格和汇率相对下降；同时总产出的增加还提高了居民收入和储蓄。增加公共消费支出，导致公共服务部门的扩张，而其他大多数产业部门遭受损失。其中遭受损失最大的部门是与投资相关的产业，如建筑业。

对经济效率和收入分配而言，如果公共支出以基础设施和人力资本为中心的话，会大幅提高要素的生产效率，这不仅有利于提高我国整体的经济效率和促进结构变化，还能通过要素流动驱使的价格均衡为缩小我国产业部门之间、地区和城乡之间经济发展差异铺平道路。

参考文献：

[1] 樊明太，郑玉欲．贸易自由化对中国经济影响一般均衡分析．世界经济，2000，(4).

[2] 翟凡，李善同，冯珊．中期经济增长与结构变化—递推动态一般均衡分析．系统工程理论与实践，1999，(2)．

[3] 江崎光男，伊藤正一，王飛．中国の地域開発と地域間労働移動—マクロ地域CGEモデルによる計量分析—．国際開発研究フォラム，2002，(22)．

[4] H. 钱纳里，S. 鲁滨逊．工业化和经济增长的比较研究［M］. 上海：上海人民出版社，1995. 7.

[5] Armington，P.，1969，A theory of demand for products distinguished by place of production. IMF Staff Papers 16 (March)．

[6] Dervis，K.，De Melo，J. and Robinson，S.，1982，*General Equilibrium Model-A New Approach*. *Oxford Press*，Ch. 2，3，4，pp. 26-190.

[7] Naastepad，C. W. M.，2002，Trade-offs in Stabilization，Economic Modeling. 19 (221－244)．

[8] Hertel，Thomas W.，1997，GlobalTrade Analysis：Modelingand Applications. Cambridge：Cambridge University Press. Ch. 3，4，pp. 36-160.

国家竞争力的关键要素：经济内能的测度及影响因素分析*

谢识予[1]　李　六[2]

（1. 复旦大学经济学院 复旦大学博弈论与数量经济研究中心；
2. 复旦大学经济学院）

一、引言

在日益开放和一体化的全球经济中，增强竞争力已经成为发达国家和发展中国家发展的当务之急。尽管竞争力的重要性是公认的，但它的概念常常被误解。目前，关于竞争力和经济发展的绝大多数研究，仍旧集中于支撑一种成功的经济所需的宏观经济、政治、法律等环境。

"我们知道，合理的财政、货币政策，一个公正而有效的法律系统，一套稳定的民主制度以及社会条件，都对一种健康的经济作出了巨大的贡献。但是，资源、资本、技术、组织制度等，都只是增长的条件和外因，或者增长的中间过程或手段，必须通过人们经济努力的主观意愿这个内因才能起作用。这些广泛的条件虽然是必需的，却并不充分。这些条件提供了创造财富的机会，但本身却不会创造财富。"[谢识予（2000)]。财富来源于人的劳动。那么，人的内在工作能动性就必定是国家竞争力的一个很重要的因素，目前国际上主要的竞争力评价体系主要从受教育程度和人力资本两方面来体现国家公民对竞争力的影响。虽然国家公民的内在能动性是人的心理活动，通过相关指标进行刻画存在一定的主观性，但在评价一个国家的竞争力时把人的内在工作能动性完全排除在外也是不合适的。

本文利用世界价值调查数据，对公民工作能动性进行定量测度，试图在测

* 本文获得复旦大学中国经济国际竞争力创新基地数据库项目资助。

度公民工作能动性方面作出尝试，并在此基础上构建了经济内能的测量指标体系。

二、文献综述

谢识予（1999）最先提出了“经济内能”这一概念。对经济内能的含义、影响经济增长的基本原理作了详细的论述，并用经济内能原理对大国兴衰背后的经济增长内在规律进行了解释［谢识予（2007）］。但是谢并没有提出如何定量测度经济内能。经济内能影响经济增长的内在机制也只是从定性的角度进行论述。

经济内能的核心是公民积极努力工作的愿望，工作中心度大小可以衡量一个国家经济内能的强度。关于工作中心度的测量，Quimtunilla and J. Maimer在1995年设计了工作意度量表，共有17个项目组成。各研究者以此量表为基础对研究对象进行问卷调查以获得有关工作中心度的数据。另外，世界价值调查（world value survey）中涉及了工作中心度的主题，由于世界价值调查是一连续性的调查项目，共有48个国家参与，是目前研究工作中心度问题的主要数据来源。国外关于经济内能的一个重要方面——工作中心度的研究研究可归纳为两类：一类是有关影响工作中心度的因素问题，大多研究认为社会文化是影响工作中心度的主要因素（Hofstede 1984 2001，Schwartz 1999，Trompenaar 1994）。国外大部分研究主要应用Hofstede（1984，2001）和Schwartz（1999）及Trompenaar（1994）提出的文化模型来检验社会文化对工作行为、态度的影响。这些研究均认为社会文化可以很好地解释国家间的个体工作行为、工作态度的差异性。然而，正如Hofstede（2001），所认识到的那样，民族文化只是影响因素的一部分，虽然是很重要的一部分。我们认为除了社会文化这一因素外，社会制度也是影响个体工作行为、态度的重要因素。Scott（1995）and Whitley（1994）的研究表明社会制度对组织特性产生影响。Biggart and Guill6n（1999）的研究表明国家水平层面的制度因素会对诸如是“否开始创业”以及“选择什么样的行业进行创业”等组织行为产生影响。然而，国内外很少有国家间的有关社会制度和个体工作行为和价值关系的研究。少有的研究也只是表明社会制度对一个国家的社会文化价值有影响，社会制度通过社会文化间接影响个体工作行为、态度。而且，这些少有的关于个体工作行为、态度的研究也都以一个国家或2～5个国家为研究样本，并且没有直接测度社会制度水平。

第二类是关于工作中心度特征的研究。具体来说，包括工作中心度在一个国家内是否是稳定的？工作中心度是如何产生的？一些研究表明，工作中心度的形成主要来源于父母、老师、亲密朋友（Krau，198；Wijting，Arnold and Conrad，1978）。一些学者通过高中学生的调查来估计工作中心度的稳定性（Jepsen，1984）。

三、经济内能

（一）什么是经济内能

本文所提出的经济内能有微观和宏观两方面的含义，微观方面是指“人们为改善生活福利等进行经济努力的主观意愿包括劳动、经营的意愿和敬业精神、工作重视程度，以及接受教育、发明创造、改变职业和采用新技术等的主动积极性，也就是刘易斯所说的人们‘改善生活的愿望’和‘愿意为此付出的代价’”［谢识予（1999）］；所以，劳动者内能主要体现在工作重视、创新动力和创业动力和三个方面。

劳动者内能要通过参于工作来发挥作用，如果一个国家的失业率很高，即使劳动者的工作努力度很高，这个国家的经济发展动力仍然有限。最后，劳动者知识水平直接影响劳动者内能转换成工作效率的程度。所以，宏观层面的内能，即一个国家发展的内在动力还应考虑劳动参与因素和劳动者素质因素。一个国家的内能是一个国家竞争力的一个重要影响因素或者说关键因素。总的来说，一个国家的内能可以用图1所示的层次结构来说明。

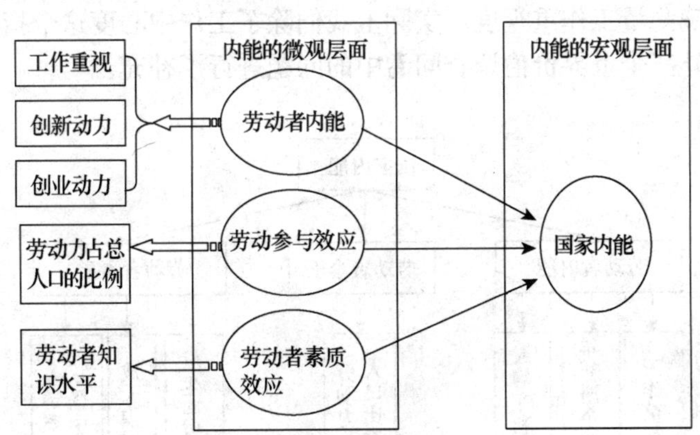

图1　内能的两个层面及表现形式

注：→表示构成关系；⊐⇒表示表现形式关系。

(二) 经济内能的度量

内能属于人内在心理感受，是主观意愿，属心理学范畴。内能的度量就存在一定的难度，本文认为内能数据最好通过问卷调查的方式获得，我们可以设计相关的语句来测量微观层面上的劳动者内能，但这种方法所花费成本很高。目前，还没哪个机构或研究者在国家层面上做过关于内能的调查。笔者认为，除了上述所说最优方案外还有一个方法是可行的，那就是从内能的表现形式出发，分别选取能够体现这三个方面的数量指标构成一个关于内能的指标体系，然后再将指标体系中的各指标加总，最后得出一个内能指数，这样就解决内能的度量问题。社会价值调查（world value survey）里面涉及了大量有关各个国家的关于人生价值，信任度，工作中心度等方面的调查，这里面工作中心度的数据是我们感兴趣的，工作中心度这个概念来源于 Dubin（1956），他认为工作是一个人生活乐趣的主要来源，可见工作中心度的基本含义就是指工作在一个人一生中和其他活动如休闲、和朋友、家人在一起等相比的重要程度。很明显，这和我们劳动者内能的表现形式—工作重视度含义是相同的。所以，用工作中心度作为工作重视度的代理指标之一是合适的。内能的另外两个方面是创新和创业，创新用申请的专利数目衡量，创业用年新增企业数目衡量。

关于劳动参与因素，我们用劳动力占总人口的比例来衡量；劳动者素质，我们从两方来度量，一方面是出生期望寿命，另一方面是劳动者知识水平用成人识字率和小学中学总入学率来测量。这样，我们就构建了总的国家内能评价体系，如图 2 所示。

为了准确测量工作重视度，实际上我们除了工作中心度这个指标外，我们还选用了另外三个世界价值调查问卷中的问题进行了补充。

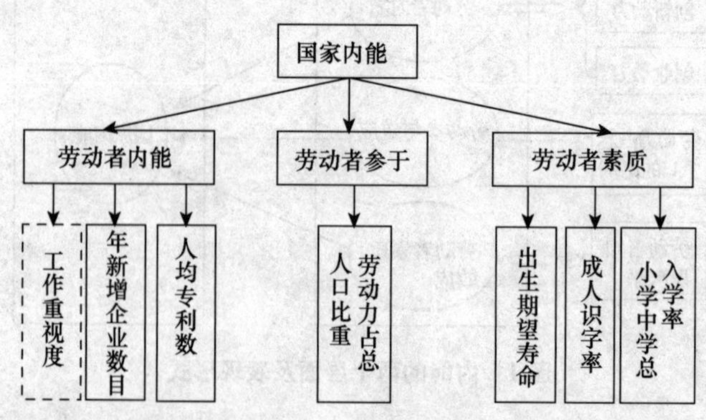

图 2 国家内能评价指标体系

注：虚框表示此指标由若干指标构成。

工作中心度

	问题	1 非常重要	2 比较重要	3 不重要	4 一点也不重要
V1	你认为工作在你生活中的重要程度如何？				

补充问题：

	问题					
V2	你认为努力工作是你的孩子在家庭教育中最应该培养的性格吗？	1 是	2 不是			
V3	“工作总是应放到第一位，即使工作会占用我许多自由时间“这句话你同意度如何？	1 完全同意	2 基本同意	3 无所谓	4 不同意	5 完全不同意
V4	如果在将来“工作在我们生活中变得不重要了”你认为是好事还是坏事？	1 好事	2 不介意 （无所谓好坏）		3 坏事	

1. 数据标准化

上面所列问题，有的是采用 4 分制量表，有的是 3 分制，有的还是“是、否”哑变量。为了计算统一的劳动者内能指数，我们分别采用下述方法处理。对于 V1，我们计算所有被访者中选择“非常重要”的比例作为各样本国的工作中心度变量取值；对于 V2，我们计算所有被访者中选择“是”的比例作为各样本国的取值；对于 V3，我们取选择“完全同意”的比例；对于 V4，我们选取选择“坏事”这一被访问者的比例作为该国在这个变量上的取值。

2. 权重的确定

指标体系中各指标权重的确定一直是个有争议的问题，无论采用层次分析法还是专家打分法都无法排除主观因素，本文采用等权重的处理方法。因此，工作重视度指数计公式为：

$$WI = (X1 + X2 + X3 + X4)/4 \tag{1}$$

式中，WI 为工作重视度；X1 为工作中心度；X2 为工作总是应放在第一位；X3 为努力工作是孩子最应具备的性格；X4 为工作变得不重要对我来说是件坏事。

根据公式（1），我们分别计算出样本国家的“工作重视度”指数，见表1（我们选取了48个国家）。

表1 世界各国劳动者工作重视度

国家	工作重视度指数	国家	工作重视度指数	国家	工作重视度指数
加纳	73.19	秘鲁	55.92	意大利	41.25
布基纳法索	71.86	阿根廷	54.64	波兰	41.12
卢旺达	71.67	韩国	53.71	哥伦比亚	41.11
马里	70.69	土耳其	53.45	日本	40.97
埃及	67.74	越南	52.68	泰国	37.25
摩洛哥	67.47	塞尔维亚	52.39	德国	37.00
俄罗斯	66.38	中国	52.20	智利	36.72
印尼	65.08	巴西	50.73	英国	34.49
赞比亚	63.11	法国	50.34	新西兰	34.01
罗马尼亚	62.19	摩尔多瓦	48.22	安道尔	33.06
特立尼达和多巴哥	62.09	马来群岛	47.37	美国	32.53
印度	60.44	塞浦路斯	44.10	荷兰	30.49
约旦	58.44	乌克兰	44.01	芬兰	29.92
南非	57.75	墨西哥	43.62	澳大利亚	29.07
保加利亚	56.71	西班牙	42.32	瑞典	26.81
埃塞俄比亚	56.58	期洛文尼亚	42.29	中国香港	23.53

为了计算国家内能，按我们设计的指标体系还需要计算劳动参与因素，和劳动者素质因素。对于反映这些因素的其他变量指标（劳动力占总人口的比例、出生期望寿命、成人识字率、小学中学总入学率）我们采用公式$\frac{v-\underline{v}}{\overline{v}-\underline{v}}\times 100$，统一转化为百分制。然后，用等权加权平均计算各样本国的国家内能指数，计算结果如表2第一列所示。

表 2 样本国家内能排名情况表

国家	国家内能	劳动者内能	劳动参与指数	劳动者素质指数	样本国家排名
日本	64.98	47.96	52.39	94.60	1
美国	63.83	44.39	50.00	97.10	2
芬兰	61.33	33.68	51.00	99.30	3
韩国	60.45	34.36	49.00	98.00	4
德国	59.78	31.22	52.82	95.30	5
瑞典	59.07	25.90	53.50	97.80	6
西班牙	56.82	16.95	54.80	98.70	7
澳大利亚	56.53	17.14	53.15	99.30	8
中国	55.46	22.28	60.40	83.70	9
斯洛文尼亚	55.31	22.44	46.07	97.40	10
罗马尼亚	55.25	33.21	42.03	90.50	11
泰国	54.34	21.18	56.34	85.50	12
巴西	54.13	22.27	51.83	88.30	13
塞浦路斯	53.96	21.90	49.58	90.40	14
阿根廷	53.84	27.42	39.41	94.70	15
波兰	53.67	22.11	43.79	95.10	16
越南	53.36	24.68	53.90	81.50	17
印尼	53.34	30.76	46.27	83.00	18
意大利	53.00	20.69	42.50	95.80	19
南非	51.68	27.44	47.00	80.60	20
保加利亚	51.60	26.54	35.66	92.60	21
智利	50.50	17.74	42.36	91.40	22
马来群岛	50.18	23.35	43.29	83.90	23
约旦	49.90	37.67	25.22	86.80	24
埃及	48.87	46.35	27.05	73.20	25
秘鲁	48.70	25.19	33.72	87.20	26
卢旺达	48.43	39.92	45.16	60.20	27
墨西哥	48.40	18.25	40.66	86.30	28
加纳	47.44	38.55	48.28	55.50	29

续表

国家	国家内能	劳动者内能	劳动参与指数	劳动者素质指数	样本国家排名
赞比亚	46.09	30.02	42.75	65.50	30
土耳其	45.76	23.35	32.73	81.20	31
印度	45.68	30.04	44.98	62.00	32
乌克兰	45.17	17.51	46.92	71.10	33
摩洛哥	42.02	39.48	32.18	54.40	34
马里	37.40	40.18	43.82	28.20	35
塞尔维亚	29.80	22.15	29.15	38.10	36

(三) 内能和经济增长、发展水平的关系

我们对工作重视度及其各构成指标和经济水平和经济增长水平作了相关分析，分析结果见表3。

从表3我们可以看出，GDP增长率和工作重视度在0.05显著水平上显者正相关。也就是说，工作内能对一个国家的经济增长确实有正的推动作用。另外，经济发展水平（用人均GDP衡量）和工作重视度及其各构成指标均显著负相关，和工作重视度的相关系数为－0.696。这说明，一个国家越贫穷，国家公民的内能越大，即贫困的国家公民通过努力工作改变自身生活状况的动力越高，内能也越大。这些基本结论和我们的直觉是一致的。

表3 工作重视度和经济水平、经济增长率相关系数

		WI 工作重视度	X1	X2	X3	X4
GDP增长率	Pearson Correlation	0.380**	0.249	0.318*	0.355*	0.273
	Sig. (2－tailed)	0.006	0.085	0.043	0.011	0.055
	N	50	49	41	50	50
人均GDP	Pearson Correlation	－0.696**	－0.663**	－0.653**	－0.393**	－0.560**
	Sig. (2－tailed)	0.000	0.000	0.000	0.005	0.000
	N	50	49	41	50	50

注：** Correlation is significant at the 0.01 level (2－tailed).

* Correlation is significant at the 0.05 level (2－tailed).

四、工作中心度的影响因素及检验

(一) 变量的选取及数据来源

1. 内能指标

数据来源于世界价值调查，我们在其中选取了 4 个调查问题。

2. 社会制度指标

(1) 公有化程度

根据 Turner (1997) 的研究，我们用政府支出占 GDP 的比来测量公有化程度。Olsen (1991) 和 Turner (1997) 注意到社会主义国家都有一个较高的政府支出，因为在社会主义国家政府参与经济的活动很多，且国有企业数量很大。所以，政府支出可以反应一个国家的公有化程度。本文政府支出数据主要来源于世界银行、IMF。

(2) 工业化程度

早期的研究 (Smits 等，1997) 常采用国家能源使用总量作为工业化程度的代理变量。我们认为，这并不是一个最优的代理变量，因为随着经济的发展，交通、运输业的能源消费越来越高；另外，随着人们的生活水平的提高、现代化高档家电大量进入家庭再加上家庭汽车的使用量大大提高，这也使家庭能源使用的比重越来越高。本文认为，采用工业增加值占 GDP 的比重和工业电力消费这两个代理变量均优于能源使用总量。由于数据的可得性，本文采用了工业电力消费这一指标作为工业化程度的代理变量。数据来源于联合国统计数据库 (UN Statistic Division)。

(3) 社会不均等性

本文采用基尼系数 (GINI) 来测量社会的不均等。数据主要来源于世界银行的《世界发展指数》(World bank 2005－2008)。

(二) 计量分析及结果

首先，我们对各制度变量和劳动者内能做了统计相关分析，结果见表 4。

其次，为了分析劳动者内能的因影响因素，我们以本文前面算出的各样本国劳动者内能为因变量，以各制度变量为自变量进行了计量分析。本文分析了三个模型，模型一以工作重视度为因变量；模型二以劳动者内能为因变量；模型三以国家内能为因变量，解释变量三个模型均相同。回归分析结果见表 5。

表4 各变量相关系表

	劳动者内能	国家内能	公有化程度	工业化程度	社会不均性	工作重视度
劳动者内能	1					
国家内能	0.036	1				
公有制程度	0.124	0.142	1			
工业化程度	0.071	0.331	0.006	1		
社会不均性	−0.015	−0.145	−0.305	0.163	1	
工作重视度	0.574	−0.525	−0.142	−0.278	−0.188	1

数据来源：作者计算。

表5 计量分析结果

	模型一	模型二	模型三
解释变量	Beta	Beta	Beta
(Constant)			
公有制程度	−0.126*	0.088*	0.162*
工业化程度	−0.182*	−0.197*	0.240*
社会不均性	−0.174*	−0.038*	−0.270*

注：1. 模型一：工作重视度；模型二：劳动者内能；模型三：国家内能。

2. * $P<0.05$，表中结果为标准化数据后的回归结果，故常数项为0。

五、基本结论

从分析结果中，可以看出各社会制度因素对国家内能的影响情况。基本结论为：(1) 公有制程度越高劳动者内能和国家内能越高，但这种正相关性是由于劳动者总量因素作用的结果，因为大多数社会主义国家人口众多，劳动力数量也大。实际上，社会主义程度和工作重视度是负相关的（见模型一），这说明社会主义程度高的国家由于国有企业的数量高，而国有企业的职工对工作重视度低已成共识。(2) 工业化程度越高劳动者内能越低，工作重视程度越低，这有些出人意料。大多研究者认为工业化程度越高，劳动者对工作的重视度应越高（Bell，1973；Ingleharte，1998；Kerr，1996；Blau and Duncan，1967等）。但最近的研究也表明工业水平越发达使社会价值观从物质主义（materialistv alue system）向非物质主义价值体系（post materialist value system）转变（Inglehart and Baker，2000）。而后者和物质主义价值体系相反，它更重视审美、自我实现和生活质量。这样工业化程度越高，对工作重视度就越低，我们的分析结论支持了这个观点。（3）社会不均对劳动者内能和国家内能有促进和抑制两方面的影响，一方面，不均等可以促进低收入劳动者积极工作以缩短和高收入群体的差距。另一方面，严重的不均等性会对工作中心度起到了抑制作用。因为，过大的不均等性使低收入群体认为，无论如何努力工作，都无法缩短差距，放弃努力。对高收入群体来说，他们也失去了努力工作的动力，更重视自我实现和生活质量。本文的分析结论认为，社会不均等性对工作中心度的抑制作用要大于促进作用。

参考文献：

［1］Bond，M. H.，p. B. Smith. 1996，Cross-cultural social and organizational psychology，*Annual Rev Psych.*，Vol. 47 pp. 205-246.

［2］Ingle hart，R. 1994，Codebook for the 1981－1984 and 1990－1993 World Values Survey，Institute for Social Research，Ann Arbor，MI.

［3］Kerr，C.，F. H. Harrison，J. T. Dunlop，C. A. Myers.，1996，Industrialism and industrial man，*Internal Labor Rev*. Vol. 135 pp. 383-392.

［4］Robert，R. Hirschfield and Hubert，S. Field，2000，Work centrality and work alienation：distinct aspects of a general commitment to work，*Journal of Organizational Behavior*，Vol. 21，No. 7，pp. 789-800.

［5］Whitley. R.，1994，Dominant forms of economic organization in market economies，*Organ. Stud*. Vol. 15 pp. 153-182.

［6］World Values Study Group，1994，World Values Survey，2001－2005，*Inter-University Consortium for Political and Social Research*，*Ann Arbor*，*MI*.

［7］谢识予，2007，《大国兴衰现象背后的经济增长内在规律》，《首都经济贸易大学学报》第 3 期。

［8］谢识予，2000，《经济增长的动因和中国经济增长》，《复旦大学学报（社会科学版）》第 5 期。

［9］谢识予，1999，《论经济增长的动因》，复旦大学博士论文，第 54—60 页。

中国人均产出增长率的非线性调整*

胡 进 王少平
（华中科技大学经济学院）

一、引言

众所周知，我国经济发展的战略目标是，从2000年到2020年，人均产出翻两番，达到28312元。这就要求从2008年起，我国人均产出年均增长率至少应达到5.72%。由此提出的问题是，实现这一战略目标的路径具有什么特征？其隐含的政策含义是什么？本文针对我国人均产出的数据特征，应用非线性阈值模型，揭示我国人均产出动态调整的非线性调整，基于此分析经济发展的战略目标的实现途径并分析其政策内涵。

现有的文献表明，西方经济学很早就开始研究人均产出的动态行为，早期的研究主要是应用简单的线性自回归（如AR或ARMA）模型，分析其动态调整行为。但西方经济滞涨的发生及其持续，以及相继发生的复发与增长，使得线性自回归模型已不能准确揭示其特征。也就是说，经济的滞涨与复苏，导致人均产出呈现出非线性的调整。基于这种非线性调整的现实，计量经济学家于20世纪80年代左右提出了非线性理论和方法。现有的研究证明，许多重要的宏观经济变量具有非对称的调整行为。这些非对称的调整行为，从经济理论上分析，是由于预期和预期的变化、政策的调整等因素所引致的。例如，当人均实际产出增长率下降时，个人因实际收入的下降而改变预期，或者政策转向于扩张性政策。由此，人均产出增长率很可能展现出非对称调整的行为。对于我国经济而言，人口的增长、政策的调整、结构的升级、诸如地震等自然灾害的冲击，尤其是国际金融危机的冲击，都可能成为我国人均产出呈现出非线性调整的源泉。为了描述这种非对称的调整行为，计量经济学家引入非线性时间

* 本文得到国家社会科学基金重点项目（07AJY010）的资助。

序列模型，其中最具应用性的模型是由 Tong (1977) 提出的阈值自回归模型。对这类模型的发展和应用，已成为宏观计量的一个重要领域。Tiao 和 Tsay (1994) 证实了美国季度实际 GNP 具有非线性调整行为。而且，自 Tong 提出 TAR 模型以后，Teräsvirta 和 Anderson (1992) 在阈值自回归模型的基础上，提出了平滑转换 TAR 模型，Balke 和 Fomby (1997) 提出了均衡 TAR 与带宽 TAR 模型，Chan 和 Tsay (1998) 提出的连续 TAR 模型，Enders 和 Granger (1998) 提出的动量 TAR 模型（以下简称 M-TAR）等。这一类模型已广泛用于宏观经济的研究之中。另一方面，对于目前广泛应用的非平稳的单位根检验（简称为 I (1)），已出现与非线性阈值调整模型相融合的研究迹象。现有的研究表明，大量的非平稳的宏观经济变量，同时具有非线性的调整行为。但是，非平稳和非线性相结合，导致相应的检验和估计等问题变得尤为复杂。Pippenger 和 Gregory (1993) 首先通过仿真实验证明了如果一个数据是由 TAR 模型生成，那么标准的单位根检验（如 ADF）的势非常低。而后 Balke 和 Fomby (1997)，Enders 和 Granger (1998)、Berben 和 van Dijk (1999) 等也都证实了这种低势的存在。Enders 和 Granger (1998)、Berben 和 van Dijk (1999)、Caner 和 Hansen (2001) 分别针对这种低势的问题提出了相应的检验方法，得到了具有相对较高势的统计量检验方法。

综上所述，对于宏观经济变量的动态调整行为的研究，非线性和非平稳，已经成为一个具有普遍意义的特征。我国对于宏观经济变量是否具有非线性的动态调整行为的研究仍然相对薄弱。从现存的国内文献来看，我国学者对这一问题亦有相关的研究：刘灿和吴垠 (2008) 认为，为实现 2020 年比 2000 年的人均 GDP 翻两番的基本发展目标，所需的人均 GDP 增长速度的区间估计为 [5.34%，5.73%]；刘钢 (2008) 的研究表明，虽然我国在 20 世纪 80 年代和 90 年代人均产出在全世界的相对位置有明显的改善，但仍然低于世界平均水平；张晓旭和冯宗宪 (2008) 利用空间计量方法对我国各省份的人均 GDP 的收敛性进行了深入研究，认为地理位置虽然影响了地区经济增长，但没有改变地区间人均 GDP 的收敛趋势。但是，这些研究大多都是对我国人均 GDP 的基本统计特征进行了若干讨论，没有涉及人均 GDP 是否具有非线性的动态调整行为。而由前述，诸如政策的调整，预期的改变，自然灾荒的冲击等因素，很可能导致我国的宏观经济变量呈现出非线性的动态调整。本文正是基于我国经济发展的战略目标，揭示我国的人均产出数据的非线性调整，即为本文的研究目的。

本文第二部分应用单位根与非线性理论对我国人均产出增长率进行简单的分析，第三部分为非线性与非平稳性检验，第四部分为结论。

二、我国人均产出增长率的数据特征

人均产出增长率即为一国的人均 GDP 增长率。由此，本文取我国从 1953 年至 2007 年共 55 年的人均 GDP 指数①作为我国人均产出增长率的数据。记人均产出指数序列为 y_t，其数据图即为图 1。

从图 1 中，可以明显看出，在改革开放之前，我国人均产出增长率变动速率相对较快，波幅也较大；而在改革开放之后，变动速率相对较慢，而且较平缓，增长波幅减少。图中实线为增长速度为零的水平线，由此知，我国大部分时期人均收入都处于增长阶段，人均产出增长率降低阶段的调整速度明显比增长阶段的调整速度快。图中虚线为指数均值线，均值为 106.67，即我国人均产出平均每年增长为 6.67%，而均值线之上与之下的调整行为也较明显的不一致。这些特征暗示着人均产出增长率的非线性调整行为。

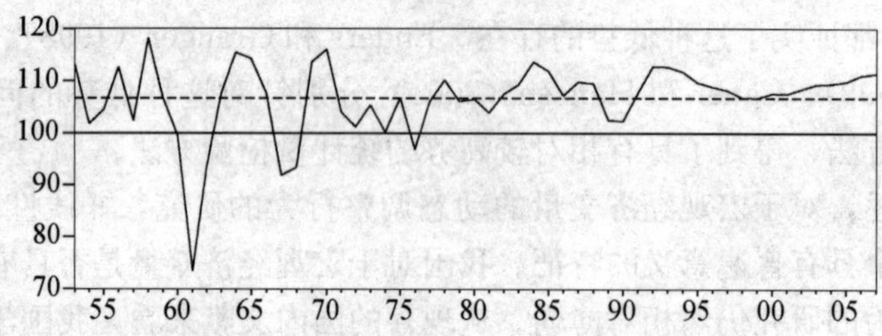

图 1　我国人均产出增长率数据图

从图 1 中，还可以清楚地看到改革开放后，尤其是 1992 之后，我国人均产出一直保持着平滑而稳定增长态势。但在 2008 年年初，突如其来的冰雪灾害和随后的地震，特别是美国金融危机的冲击，我国经济增长速度明显下滑。统计局初步估计，2008 年四季度我国产出同比增长仅 6.8%。这势必导致人均产出增长率的一个较大的滑坡。由此提出的问题是，本次的下滑是否会改变人均产出增长率的基本走势？我国人均产出增长是否存在均衡点？当其偏离均衡点时，调整速度如何？而这些问题的解答取决于正确地捕捉到我国人均产出增长的动态特征。本文旨在基于我国的经济运行背景与数据特征，应用我国人均产出增长率数据进行非对称调整与非平稳性分析，基于此揭示其动态行为特

① 数据来源于中经网数据库，按可比价格计算的人均国内生产总值指数（国家统计局对国内生产总值 2004 年及历史数据进行了重新核算和系统的修订）。

征，以此来解释上述问题。

首先，对数据进行标准的单位根检验。从图 1 可以明显看出，数据不带有明显的趋势特征。因此，我们选择带截距而不带趋势的 ADF 单位根检验，并使用 KPSS 趋势平稳检验，检验结果列入表 1。结果表明，我国人均产出增长率为平稳过程。

表 1　我国人均产出增长率的单位根检验和趋势平稳检验

检验方法	检验形式	原假设	统计量值	临界值	结论
ADF	(c，0，0)	单位根	−5.4036	−2.9177	否
KPSS	(c，0，0)	趋势平稳	0.4075	0.4630	是

说明：表中的临界值均为 5%显著性水平下的临界值。

接下来，对我国人均产出增长率是否具有非线性特征进行预检验。本文采用 Tsay（1989）提出的排列自回归检验。该检验的原假设为线性自回归过程，备选假设为阈值自回归过程。由于该检验没有设定具体的非线性模型，所以用其做一个数据初步探索是一个较好的选择。排列自回归的基本思想是基于阈值对数据进行排列，排列后的数据与原始数据的动态性质保持一致。而后对排列之后的数据进行自回归并由此得到预测残差，然后考查预测残差与进行自回归的自变量之间是否正交。如果不正交，则表示数据的动态性质存在非线性阈值调整行为。在探索过程中，有两个未知量没有确定。一是自回归的阶数 p，二是阈值变量的滞后期数 d。阈值变量的滞后期数，反映了政策制定与调整的时滞。一般选择一个较大的 p，而 d 一般要小于 p，开始进行试探。对每个 p 与 d 的二元组合，可以计算出 Tsay 提出的 F 统计量，记其为：F（p，d）。该统计量渐进与 F 分布，于是可以通过 F 分布表找到其对应的 p 值。选择这些组合中 p 值最小的值，如果这个最小的 p 值小于选择进行假设检验的显著性水平（如 5%），那么 Tsay 建议拒绝线性自回归的原假设，而接受阈值自回归的备选假设。

由相关图可知，我们选择最大滞后阶数 p 为 4。将对应 F（p，d）的 p 值列入表 2。从表 2 中可以看到最小的 p 值为 0.0106，因此可以显著拒绝线性原假设。此表与图 1 反映出的特征基本吻合，因此可以初步判定我国人均产出增长率具有非线性。

表2 我国人均产出增长率的非线性检验

p \ d	1	2	3	4
1	0.1049			
2	0.1318	0.8636		
3	0.0881	0.6975	0.0664	
4	0.0412**	0.5844	0.0106**	0.5905

说明：表中的数值为 Tsay 对应检验统计量的 p 值，标记“＊＊”代表 p 值小于 0.05。

三、我国人均产出增长率的非平稳与非线性检验

传统的 ADF 单位根检验成立的前提是自回归过程是线性的。而当自回归过程为非线性时，传统 ADF 检验的势极低。在上一部分，本文已经给出了我国人均产出增长率可能存在非线性调整行为的初步证据。因此，对我国人均产出增长率的非平稳性检验必须与非线性结合起来。由此，与传统的 ADF 检验不同，我们建立的假设检验原假设为单位根，但备选假设不是线性自回归，而是阈值自回归模型。

由经济增长理论，如索洛模型知，人均产出增长率最终会趋于一个稳定的状态。一个最简单的具有均衡值的 TAR 模型可以表示为：

$$y_t-\lambda=\begin{cases}\phi_1\ (y_{t-1}-\lambda)\ +\varepsilon_t, & y_{t-1}\geqslant\lambda\\ \phi_2\ (y_{t-1}-\lambda)\ +\varepsilon_t, & y_{t-1}<\lambda\end{cases} \tag{1}$$

其中 $\phi_1\neq\phi_2$，均衡状态为 λ。序列 y_t 的当期动态行为依赖于序列前期的水平值。当前期水平值位于均衡点之上时，调整速度为 ϕ_1；而当前期水平值位于均衡点之下时，调整速度为 ϕ_2。如果 $|\phi_1|<|\phi_2|$，意味着序列位于均衡值以下向均衡值调整的速度比位于均衡值以下向均衡值调整的速度要快。在某些经济行为中，这是合理的。例如，当政府当局发现经济继续转好时，会保持相应的政策，以保证经济在好的阶段保持时间更长一些。而当政府当局发现经济恶化时，会积极采取相应的政策来尽快扭转相应的局面。这种 TAR 模型较好地刻画了这种现实的非对称调整行为。Sichel（1993）的研究把经济变量的非连续回复调节分为“纵深”（deep）和“急剧”（sharp）两种。自激励 TAR 模型适合刻画“纵深”型，而 M-TAR 模型适合刻画“急剧”型。其中，“急剧”表现为收缩比扩张更迅速，或者反之。从图 1 的特征，本文认为 M-TAR 模型为描述我国人均产出增长率的一个较合适的模型。M-TAR 是由变量的变化作为阈值变量，变量增加或者减少时，调节速度是不同的。这种模型的现实

意义在于，当政策制定者发现前期的变化为正（即有增加的趋势）时与前期的变化为负（即有减少的趋势）时的调整行为会有所差异。那么，对应与 TAR 模型（1）的 M-TAR 模型可以写为：

$$y_t-\lambda=\phi\begin{cases}\phi_1\ (y_{t-1}-\lambda)\ +\varepsilon_t, & \Delta y_{t-1}\geqslant 0\\ \phi_2\ (y_{t-1}-\lambda)\ +\varepsilon_t, & \Delta y_{t-1}<0\end{cases}\tag{2}$$

与传统的 ADF 检验相同，将式（2）转化为差分形式，即在式（2）两边同时减去 $y_{t-1}-\lambda$：

$$\Delta y_t=\begin{cases}(\phi_1-1)\ (y_{t-1}-\lambda)\ +\varepsilon_t, & \Delta y_{t-1}\geqslant 0\\ (\phi_2-1)\ (y_{t-1}-\lambda)\ +\varepsilon_t, & \Delta y_{t-1}<0\end{cases}\tag{3}$$

如果式（3）中的两个调整系数都等于零，即 $\phi_1-1=\phi_2-1=0$ 时，说明序列 y_t 为单位根过程。但若 $-2<\phi_1-1$，$\phi_2-1<0$，则说明序列为平稳过程。令 $\rho_1=\phi_1-1$，$\rho_2=\phi_2-1$，示性变量 I_t 为：

$$I_t=\begin{cases}1, & \Delta y_{t-1}\geqslant 0\\ 0, & \Delta y_{t-1}<0\end{cases}$$

则式（3）可以简化为：

$$\Delta y_t=I_t\rho_1\ (y_{t-1}-\lambda)\ +\ (1-I_t)\ \rho_2\ (y_{t-1}-\lambda)\ +\varepsilon_t\tag{4}$$

当然，式（4）很容易扩展到高阶的情况：

$$\Delta y_t=I_t\rho_1\ (y_{t-1}-\lambda)\ +\ (1-I_t)\ \rho_2\ (y_{t-1}-\lambda)\ +\sum_{i=1}^{p-1}\beta_i\Delta y_{t-i}+\varepsilon_t\tag{5}$$

现综合考察非平稳与非线性的假设检验，建立如下假设检验：

原假设 H_0：$\rho_1=\rho_2=0$

备选假设 H_1：$-2<(\rho_1,\ \rho_2)<0$，$\rho_1\neq\rho_2$

Enders 和 Granger（1998）（以下简称 EG）提出了使用一个类似传统 F 统计量对其作检验，将其记为为 FEG。构造 FEG 的方法与普通的 F 统计量相同。

第一步，将式（5）看做为一个无约束模型，直接对其进行最小二乘回归得到残差平方和，将其记为 SSR1。

第二步，对受约束模型，即原假设 H_0 下的模型：

$$\Delta y_t=\sum_{i=1}^{p-1}\beta_1\Delta y_{t-i}+\varepsilon_t\tag{6}$$

进行最小二乘回归可得到其残差平方和，记为 SSR_0。

第三步，按下式计算 F_{EG}：

$$F_{EG}=\frac{(SSR_0-SSR_1)\ /2}{SSR_1/n-2-\ (p-1)}\tag{7}$$

由于，在原假设下，序列为单位根过程，参数估计分布为非标准分布。故

此处得到的 F_{EG}统计量与普通的 F 统计量不同，它的分布也为一个非标准的分布。EG（1998）并没有推导出其渐进分布，而是通过 Monte Carlo 仿真实验给出了相应的临界值。后来，Berben 和 van Dijk（1999）推导出其渐进分布为一个复杂的随机泛函。而后，Enders（2001）再次通过 Monte Carlo 仿真实验得到修正的临界值。表 3 即为由 EG 与 Enders 给出 F_{EG}统计量在样本为 50 与 100 时的临界值表：

表 3　F_{EG}统计量临界值表

			50				100	
		10%	5%	1%		10%	5%	1%
TAR	EG	3.30	4.12	6.09		3.18	3.95	5.69
	修正 EG	5.15	6.19	8.64		5.08	6.06	8.19
M-TAR	EG	2.98	3.81	5.79		2.83	3.60	5.38
	修正 EG	5.02	6.05	8.59		4.81	5.77	7.99

注：此表来源于 Enders and Granger（1998）与 Enders（2001）。

EG 建议首先对｛y_t｝除均值得到序列｛$\hat{y}_t$｝，根据 $\hat{y}_{t-1}$（或 $\Delta\hat{y}_{t-1}$）的正负来定义示性变量 I_t。根据式（7）计算 F_{EG}，利用 EG 的临界值表进行推断。而后，对残差进行诊断。

根据上述建议，本文首先计算出了在不同自回归阶数下，相应的 F_{EG}统计量的值，将其列入表 4。

表 4　F_{EG}统计量结果

滞后阶数	0	1	2	3
F_{EG}	12.06	14.88	15.50	7.81

本文样本容量为 55，由表 3 和表 4 知，在 5%的显著性水平下可以拒绝单位根的原假设。因此，我国人均产出增长率为一个非单位根过程。而后，对残差进行诊断，依据残差为白噪音的原则，选择滞后阶数为 3。由于篇幅限制，本文只列出残差前 6 阶自相关检验的结果，如表 5 所示。

表 5 残差自相关检验结果

滞后阶	1	2	3	4	5	6
Q—统计量	0.0222	0.7251	0.8046	3.6122	3.6285	4.8149
P 值	0.881	0.696	0.848	0.461	0.604	0.568

由此，构建的适合我国人均产出增长率的一个合适的 M-TAR 模型估计结果如下：

$$\Delta \hat{y}_t = -1.057 I_t \hat{y}_{t-1} + -0.8623 (1-I_t) \hat{y}_{t-1} + 0.4360 \Delta \hat{y}_{t-1} + 0.2401 \Delta \hat{y}_{t-2} + \varepsilon_t \tag{8}$$

即为：

$$\Delta \hat{y}_t = \begin{cases} -1.057 \hat{y}_{t-1} + 0.4360 \Delta \hat{y}_{t-1} + 0.2401 \Delta \hat{y}_{t-2} + \varepsilon_t, & \Delta \hat{y}_{t-1} \geqslant 0 \\ -0.8623 \hat{y}_{t-1} + 0.4360 \Delta \hat{y}_{t-1} + 0.2401 \Delta \hat{y}_{t-2} + \varepsilon_t, & \Delta \hat{y}_{t-1} < 0 \end{cases} \tag{9}$$

从上述估计结果式（9）可知，我国人均产出指数为一个具有均衡状态的 M-TAR 过程，其均衡值为 106.67。该均衡值说明，我国人均产出的增长率的均衡状态为 6.67%。这个均衡值超过了 5.72%，这表明我国制定的政策目标是完全合理并且完全可以达到的。而且，这也说明，只要实现保增长的刺激政策，近期的金融危机依然不会改变我国人均产出增长率的基本路径和均衡状态；估计结果式（9）中，当人均产出增长率前期上升和下降时，前期水平值对其的调整参数是不同。这种非对称的调整行为造成了实现人均产出战略目标的路径的非对称调整特征。当前期上升时，对当期人均产出增长率会产生较小的负效应，调整系数仅为－0.057（1＋（－1.0570）＝－0.057）。当前期下降时，对当期人均产出增长率会产生一个稍大的正效应，调整系数为 0.1337（1＋（－0.8623）＝0.1337）。该结果说明，当人均产出增长率上升时，其回复到均衡状态的速度较慢。而当人均产出增长率下降时，其回复到均衡状态的速度较快。这暗示，若需确保我国制定的人均产出目标的完成，需采用相机抉择，保证人均产出增长率的均衡状态。因此，当我国宏观政策制定当局发现经济继续转好时，理应尽力保持相应的政策，以保证经济在好的阶段的时间持续时间更长。而当发现经济恶化时，应积极采取相应的政策来尽快扭转相应的局面。

四、结论与启示

本文利用 1953～2007 年间我国人均 GDP 指数数据，对我国人均产出增长率的动态行为进行了深入研究。研究结果发现：

（1）我国人均产出增长率并非一个简单的单位根过程，而为一个平稳的具有均衡状态的序列，具有均衡点，均衡值为106.67。该均衡值说明，我国人均产出的增长率的均衡状态为6.67%。这不仅说明近期的金融危机不会改变我国人均产出增长率的基本路径和均衡状态，也说明我国制定的政策目标的合理性与可实施性。

（2）我国人均产出具有典型非对称的调整行为。进一步分析表明，以前期变化值的正负值作为阈值的两体制M-TAR模型适合描述我国人均产出的动态调整行为。实证结果说明，当我国人均产出增长率上升时，其回复到均衡状态的速度较慢，调整系数仅为－0.057；而当人均产出增长率下降时，其回复到均衡状态的速度较快，调整系数为0.1337。

（3）我国实现人均产出战略目标的路径具有非对称调整的特征。为确保目标的实现，我国宏观政策制定应使用相机抉择，保证经济在相对高位时更持久，而在相对低位时回复更快。借以维持我国人均产出的均衡状态值，以顺利完成或者超过战略目标。

参考文献：

[1] Balke，N.S. and Fomby，T.B.，1997，*Threshold cointegration* [J]，International Economic Review，38，627～645.

[2] Berben，R.p. and D. van Dijk，1998，*Nonlinear Adjustment to Purchasing Power Parity：Evidence on the Effects of Transactions Costs* [J]，Working paper，Tinbergen Institute，Erasmus University Rotterdam.

[3] Berben，R.p. and D. van Dijk，1999，*Unit Root Tests and Asymmetric Adjustment：A Reassessment*，Working paper，Tinbergen Institute，Erasmus University of Rotterdam.

[4] Caner，M. and Hansen，B.E.，2001，*Threshold Autoregression With a Unit Root* [J]，Econometrica，69，1555～1596.

[5] Chan，K.S.，1993，*Consistency and limiting distribution of the least squares estimator of a threshold autoregressive model* [J]，Annals of Statistics，21，520～533.

[6] Chan，K.S. and Tsay，R.，1998，*Limiting properties of the least squares estimator of a continuous threshold autoregressive model* [J]，Biometrika，85，413～426.

[7] Enders，W. and Granger，C.W.J.，1998，*Unit-root tests and asymmetric adjustment with an example using the term structure of interest rates* [J]，Journal of Business and Economic Statistics，16，304～311.

[8] Enders，W.，2001，*Improved Critical Values for the Enders-Granger Unit-Root*

Test [J], Journal of Applied Statistics, 4, 257～261.

[9] Gonzalez, M. and Gonzalo, J., 1997, *Threshold Unit Root Models*, Working paper, Universidad Carlos III de Madrid.

[10] Lo, M. C. and Zivot, E., 2001, *Threshold Cointegration and Nonliear Adjustment to the Law of One Price* [J], Macroeconomic Dynamics, 5, 533～576.

[11] Pippenger, M. K. and Goering, G. E., 1993, *A note on the empirical power of unit root tests under threshold Processes* [J], Oxford Bulletin of Economics and Statistics, 55, 473～481.

[12] Sichel, D. E., 1993, *Business Cycle Asymmetry: A Deeper Look* [J], Economic Inquiry, 31, 224～236

[13] Tiao, G. C. and Tsay, R. S., 1994, *Some advances in nonlinear and adaptive modeling in time series* [J], Journal of Forecasting, 13: 109～131.

[14] Teräsvirta, T. and Anderson, H. M., 1992, *Characterizing nonlinearities in business cycles using smooth transition autoregressive models* [J], Journal of Applied Econometrics, 7, 119～S136.

[15] Tsay, R., 1989, *Testing and modeling threshold autoregressive processes* [J], Journal of the American Statistical Association, 84, 231～240.

[16] Tsay, R., 1998, *Testing and modeling multivariate threshold models* [J], Journal of the American Statistical Association, 93, 1188～1202.

[17] 刘灿，吴垠．人均 GDP 翻两番：年均增长率的区间估算 [J]. 统计研究，2008 年第 5 期．

[18] 刘钢．中国人均产出稳定状态在世界范围内的相对变化 [J]. 数量经济技术经济研究，2008 年第 4 期．

[19] 刘汉中，王少平．Caner & Hansen 方法在协整检验中的应用研究 [J]. 系统工程理论与实践，2008 年第 7 期．

[20] 王少平，欧阳志刚．中国城乡收入差距对实际经济增长的阈值效应 [J]. 中国社会科学，2008 年第 2 期．

[21] 张晓旭，冯宗宪．中国人均 GDP 的空间相关与地区收敛：1978～2003 [J]. 经济学（季刊），2008 年第 2 期．

人民币预期升值率对货币需求影响的实证检验：1999～2007*

易行健　杨碧云
（广东外语外贸大学国际经济贸易学院）

引　言

由于一个稳定的货币需求函数是货币政策实施中运用货币供应量为中介目标的先决条件，因此许多文献资料致力于寻找一个稳定的货币需求函数。但是，已有对货币需求函数进行估计的研究大多局限于封闭经济的框架，然而随着布雷顿森林体系的解体，世界主要货币之间的汇率随市场力量而浮动，工业化国家之间资本高度流动。新兴市场经济国家也正日益融入现代化、全球化的金融市场，而发展中及转轨经济国家也正朝着资本项目更加自由化的体制推进。因此我们预期国际金融市场可能通过预期汇率波动与（或）利率波动对国内货币需求产生影响（Hueng，1998）。

我国自从1994年初汇率并轨至2005年7月人民币汇率形成机制改革这一段时期，名义上实行的是以市场供求为基础的、有管理的浮动汇率制度，但人民币对美元的名义汇率（以下简称人民币名义汇率）除了在1994年1月到1995年8月期间小幅度升值外，始终保持相对稳定状态，特别是亚洲金融危机以后我国收窄了人民币汇率的浮动区间，这导致1998年1月至汇率形成机制改革这一段时期人民币的名义汇率几乎保持不变。然而1997年亚洲金融危机到2002年底国际金融市场一直存在人民币的贬值预期，但是自从2003年初以来形势急剧发生改变，国际金融市场存在强烈的人民币升

* 本文系2008年广东省自然科学基金“中国外汇储备增长的收量分析与外汇储备适度规模的动态路径研究”（8151042001000012）与广东省普通高校人文社会科学重点研究基地重点项目（07JDTDXM79004）的阶段性成果。

值预期。2005 年 7 月人民币汇率形成机制改革以来，截至 2008 年 11 月底人民币名义汇率已经累计升值 17.4%，但是欧美发达国家从国际收支平衡的角度始终认为我国人民币的升值幅度没有达到他们的预期，因此从多方面给人民币施加升值压力并由此造成国际金融市场上持续的人民币升值预期。国内已有关于人民币汇率与货币的研究文献大多从货币供给的角度进行分析，到目前为止尚没有文献就人民币预期升值率对我国货币需求的影响进行实证检验，这种分析思路存在一定的缺陷，将会导致有误差的结论与政策建议。与此同时，由于我国目前还没有完全实现利率市场化，利率在相当大的程度上仍然受到管制，中央银行对利率的调整也具有一定的刚性与时滞，而目前我国实际上已经实现了资本项目的部分可兑换，因此国外利率的变动也可能对我国的货币需求产生影响。

本文的目的在于分析人民币预期升值率与国外利率对我国货币需求的影响机制并进行实证检验，最后对我国货币政策的制定与实施提出相应的政策建议。本文的其余部分安排如下：第一部分将回顾国内外有关预期汇率变化对货币需求影响的文献；第二部分将利用协整方法就人民币预期升值率与国外利率对货币需求的影响进行实证检验；第三部分将从多个角度分析人民币预期升值率对我国货币需求的影响机制并进行实证检验；第四部分是结论与简短的政策建议。

一、预期汇率变化对货币需求影响的理论分析与实证检验文献综述

对货币需求和汇率之间的关系进行研究起始于 Mundell（1963），他在这篇经典文献中主要论述了固定汇率制度与浮动汇率制度下财政政策与货币政策的有效性问题，并得出结论认为资本完全流动与浮动汇率条件下货币政策强有效而财政政策失效。然后 Mundell（1963，p.484）对结论进行了补充与扩展，他猜想：货币需求可能不仅仅依赖于收入水平与利率，而且可能受到汇率的影响；那么这将轻微地降低给定货币数量变化的有效性，同时将轻微地增加浮动汇率条件下财政政策对收入与就业的影响效果。后来 Bahmani-Oskooee 与 Pourheydarian（1990））把这称为“蒙代尔的初始猜想(Mundell’Oiginal Conjecture)”。其实在这一“初始猜想”中间还隐含着另外一个猜想，即货币的贬值将导致货币需求的增加，也就是说货币需求的汇率弹性为正，但是蒙代尔没有对货币贬值与货币需求之间的关系进行深入的分

析。在此之后，Arango & Nadiri (1981)① 对开放条件下的货币需求进行了完整的理论分析与实证检验，该文首先构建了一个资产组合模型，并推导出一个开放条件下的货币需求函数，该函数包括永久性收入的实际余额、国内利率、国外利率、汇率的水平值（the level of exchange rate)、汇率的预期贬值率以及预期通货膨胀率。其中永久性收入与国内利率对货币需求的影响方向与传统的货币需求模型是一致的，同时国外利率与汇率的预期贬值率对货币需求的影响方向相同，都是负向的。

从 20 世纪 70 年代末以来还有一类专注于研究货币替代的文献非常深入地分析了汇率预期贬值率与国外利率变动对货币需求的影响机制，其中 Cuddington (1983)、Leventakis (1993)、Khalid (1999) 得出结论认为：假设资本不完全流动，那么预期本币贬值时，国内居民与国外居民都倾向于多持有外币而少持有本币，这直接形成了外币对本币的替代，这通常被称为货币替代效应；而随着本币预期贬值率与国外利率的上升，国外债券的吸引力也相对上升，那么国内居民与国外居民将倾向于增加持有国外债券而减少持有国内债券，从而间接地对货币需求产生影响，这通常被称为资本流动效应。

在对汇率、预期汇率变化以及国外利率对国内货币需求的影响机制进行理论分析与争论的同时，国际学术界也对开放条件下的货币需求函数进行了实证检验，所采用的实证模型结构也由局部调整模型向协整与误差修整模型以及动态分布滞后模型转变，同时实证检验的对象也逐渐由发达的工业化国家向发展中国家转移。Arango 与 Nadiri (1981) 利用 1960～1975 年美国、加拿大、英国与德国的季度数据对该文得出的开放条件下的货币需求函数进行了估计，实证结论显示国外利率与预期贬值率显著影响狭义货币 M1 的需求，并且本币的预期贬值率与货币需求呈负相关关系。但是 Leventakis (1993) 对 Arango 与 Nadiri (1981) 的实证检验结果表示了怀疑，这是因为 Arango 与 Nadiri (1981) 实证分析的样本区间横跨了两个不同的汇率制度时期并且没有对制度的变化进行了任何处理。而 Leventakis (1993) 在开放条件下两国的资产组合均衡模型的基础上推导出一个货币需求模型，然后利用 G—7 国家浮动汇率时期的季度数据进行了实证检验，方程形式采用了误差修正模型。实证检验结论表明国外利率对这 7 个主要的工业化国家的货币需求有着显著的影响，但是除开美国的狭义货币 M1 以外，预期贬值率均不对其余 6 个国家的货币需求以及

① Arango & Nadiri (1981) 这篇文献在开放条件下的货币需求的理论与实证分析史上占有非常重要的地位，在此之后的文献基本上都对这篇文献进行了引用与扩展。

美国的广义货币需求产生显著的影响，这说明对 G7 国家而言，货币替代效应均不显著，但是资本流动效应则对货币需求产生了不可忽视的影响。当然这两篇论文实证检验结论不同可能源于样本区间的差异，也可能是源于变量所采取的衡量方法不一样：Arango 与 Nadiri（1981）采用 3 月期远期外汇市场的升水与贴水作为本币的预期贬值率；而 Leventakis（1993）则采用前一时期货币的实际贬值率来作为预期贬值率的替代变量。

Ahmed 与 Benkato（1996）利用日本 1963～1992 年的季度数据对包含预期贬值率的货币需求函数进行了协整检验，该文基于购买力平价的假设，采用日本与美国的通货膨胀率之差来作为预期贬值率的替代变量，结果表明日元的预期贬值率将导致日本广义货币需求的减少，这体现了日元与美元之间的货币替代。Khalid（1999）利用菲律宾、新加坡与韩国 1977～1993 年的季度数据对本币预期贬值与货币需求（狭义货币 M1 与广义货币 M2）之间的关系进行了实证研究，结果表明预期贬值率对新加坡与韩国的货币需求的影响方向为正，即本币的预期贬值将导致居民对货币需求的增加，而在菲律宾则刚好相反。这一结论的得出也与预期贬值率的衡量有关，该文利用前期的实际贬值率作为预期贬值率的替代变量，这与 Leventakis（1993）所采用的衡量方法一致，因此所导致的误差性质也相同。目前尚没有文献就人民币预期升值率或者预期贬值率对货币需求的影响进行实证检验，只有易行健（2006）利用中国 1994～2004 年的季度数据估计了包含人民币有效汇率指数与国外利率的货币需求函数，结论显示人民币有效汇率指数的上升将通过货币替代效应与资本流动效应显著减少我国经济主体对狭义货币与广义货币的持有，这其中主要利用了汇率波动对货币需求影响的“预期效应”。

综观国外文献关于汇率波动与预期汇率变化对货币需求影响的理论与实证研究文献，我们可以得出几点与本文相关的基本结论：第一，汇率、预期贬值率与国外利率变量是否显著影响本国的货币需求取决于本国货币与外国货币之间以及本国资产与外国资产之间的可替代程度。第二，国外利率的上升与汇率的预期贬值可能通过“货币替代效应”与“资本流动效应”减少对本国货币的需求，但是如何选取预期汇率变动的替代变量却成为实证分析中的一个难点；其中较多采用的有：外汇市场上的远期汇率与即期汇率之差、前一期的实际贬值率或前几期实际贬值率的加权平均值，当然也有文献基于利率平价或购买力平价的假设而利用国内外利率差或国内外通货膨胀率之差来代替。第三，汇率波动对发达国家与发展中国的货币需求的影响方向存在很大的差异①，但是汇

① 关于汇率波动对货币需求影响更为详细的综述可以参见易行健（2007）。

率的预期贬值率或者预期升值率对货币需求的影响方向则无论是在发达国家还是发展中国都相同，只是影响效果的大小存在差异，这可能体现了一个国家金融市场的国际化程度以及外汇管理体制等方面的差异。

二、人民币预期升值率对货币需求影响的协整检验

(一) 模型的设定与变量的选择

由于数据的可得性，本文选取 1999～2007 年的月度数据作为计量分析的样本。货币需求函数是研究货币需求总量同收入、利率、物价水平等宏观经济变量之间的相关程度，一般而言，货币需求函数包括两个类型的变量：规模变量和机会成本变量，其中规模变量是用于衡量经济活动中利用货币进行交易的规模，在实证分析中规模变量通常选择 GDP、商品零售总额、财富等，由于在我国的官方统计报表中没有月度 GDP 数据，因此本文准备采用商品零售总额作为影响货币需求的规模变量。货币需求的机会成本变量是指人们因持有货币而放弃其他资产所获得的收益，它一般包括两个组成部分：货币自身的收益率和除货币以外的其他资产的收益率（Sriram，1999），这主要包括国库券的利率、商业票据的利率、定期存款利率、预期通货膨胀率和国外资产的收益率等。本文准备采用国内实际利率、国外实际利率与人民币预期升值率作为影响我国货币需求的机会成本变量，我国的实际利率则采用一年期定期存款利率①减去基于 CPI 指数的通货膨胀率，国外的实际利率则采用美国的联邦基金利率②减去基于 CPI 指数的通货膨胀率来作为替代变量；人民币预期升值率是根据人民币一年期无本金交割远期外汇（NDF，Non-deliverable Forward）与人民币名义汇率数据计算所得。本文采用如下半对数③形式的货币需求函数：

$$m=\beta_0+\beta_1 y+\beta_2 r+\beta_3 e+\beta_4 r^*+\varepsilon \qquad (1)$$

① 本文采用一年期定期存款利率是基于以下两个原因：一是目前一年期存款利率仍然属于我国的基准利率之一；二是根据 Laidler（1993，p. 156）的论述，货币需求函数引入的利率变量应该解释成居民持有的金融资产（作为货币的替代资产）的代表性收益率，而在我国居民持有的大部分金融资产仍然是储蓄存款。

② 与国内利率相对应，本文采用美国联邦基金利率作为国外利率的替代变量，本文采用的美国联邦基金利率已经经过换算成为年度数据。

③ 半对数模型意味着方程中包括的是利率与通货膨胀率变量的水平值而非对数值，这暗含着假定利率与通货膨胀率的水平值变化而非百分率变化是与货币需求相关，弗里德曼（1991）认为半对数模型得出的结果要好于对数模型得出的结果，详细的分析请见弗里德曼等（1991，中译本 pp. 300-301）。

（二）数据的来源、处理与单位根检验

狭义货币 M1、广义货币 M2、商品零售总额与 r、π 直接来源于《中国人民银行统计季报》与中经网统计数据库，而 r^*、π^* 与人民币名义汇率数据则来源于国际货币基金组织的 IFS 数据库，人民币预期汇率数据采用彭博资讯（Bloomberg）的人民币一年期无本金交割远期外汇（NDF），然后根据 NDF 数据与人民币名义汇率数据计算得到预期升值率 e。由于本文采用的是月度数据，在实证分析前我们采用 X11 方法对 M1、M2 与商品零售总额数据采用 Eviews6.0 统计软件用 X11 方法进行了季节调整，然后本文使用定基比消费价格指数将经过季节调整后的 M1、M2 与商品零售总额折算为实际余额，其中的定基比价格指数是根据环比的消费价格指数计算而得。在这个基础上我们对经过季节调整以后的 M1、M2 与商品零售总额的实际余额进行自然对数变换，得到 m_1、m_2 与 y。

在经济计量分析中，经济变量之间存在的长期均衡（静态）关系被称为协整关系，协整理论是研究非平稳时间序列的一个重要方法。根据协整检验的标准步骤，首先必须对各时间序列进行单位根检验，以判断各序列的平稳性。本文利用 Eviews6.0 软件分别对各变量的水平值和一阶差分进行 ADF 单位根检验，其中检验过程中滞后项的确定采用 SIC 准则，结果见表 1。从表 1[①] 可以看出：除开 π 与 r^* 是在 5%的显著水平下一阶差分平稳，其余各序列都在 1%的显著水平下是一阶差分平稳，也就是都是属于序列 I（1）。因此，它们满足进行协整检验的必要条件。

表 1 各个序列的单位根检验结果

变量	检验形式（C，T，K）	ADF 检验值	1% 临界值	变量	检验形式（C，T，K）	ADF 检验值	1% 临界值
m_1	(C. T. 1)	−1.4423	−4.0469	dm_1	(C. 0. 1)	−7.5244	−3.4937
m_2	(C. T. 1)	−0.3049	−4.0469	dm_2	(C. T. 0)	−10.9776	−4.0469
y	(C. T. 1)	−2.1217	−4.0469	dy	(C. 0. 1)	−9.5980	−3.4937
e	(C. T. 1)	−4.0270	−4.0469	de	(C. 0. 3)	−7.0051	−3.4950
r	(C. T. 12)	−2.5258	−3.4578	dr	(C. 0. 11)	−3.3093	−2.8922
r^*	(0，0，12)	−1.8117	−2.5895	dr^*	(0，0，11)	−2.8192	−2.5895

① 表 1 还包括本文第三部分序列的单位根检验结果。

续表

变量	检验形式（C，T，K）	ADF 检验值	1% 临界值	变量	检验形式（C，T，K）	ADF 检验值	1% 临界值
cs	(C，T，7)	−3.3851	−4.0524	dcs	(C，T，2)	−5.7069	−4.0487
grr	(C. T. 12)	−2.9453	−4.0575	dgrr	(0. 0. 11)	−2.6108	−2.5895
cf	(C. T. 1)	−3.7742	−4.2529	dcf	(0. 0. 1)	−7.2760	−2.6369
e_1	(C. T. 0)	−3.4694	−4.2436	de_1	(C. 0. 1)	−5.9022	−3.6463
grr_1	(C. T. 4)	−2.6014	−4.2846	$dgrr_1$	(0. 0. 4)	−3.3048	−2.6443

注：其中检验形式（C，T，K）分别表示单位根检验方程包括常数项、时间趋势和滞后项的阶数，加入滞后项是为了使残差项为白噪声，d 表示一阶差分；“*”表示 5%显著水平下的临界值。

（三）协整检验

两个常用的协整检验方法是 Engle-Granger 两步法及 Johansen 检验法，本文准备分别采用这两种方法来检验我国货币需求与其解释变量之间的协整关系。我们首先采用 Engle-Granger 两步检验法来检验货币与其决定变量之间的协整关系，即第一步采用最小二乘法来估计货币需求方程，因为在广义货币需求方程国内实际利率变量不显著，因此在广义货币需求方程中把这个变量剔除掉，得到方程（2）与方程（3）；第二步则对这两个方程的残差进行 ADF 检验，结果见表 2：

$$m_1 = 0.9057y + 0.0132e - 0.0084r - 0.0177r^* + 3.6921 \quad (2)$$

$$(38.7584)^* \quad (6.8453)^* \quad (-3.7864)^* \quad (-7.6806)^* \quad (19.2048)^*$$

$$R^2 = 0.9929 \quad D.W. = 0.6321$$

$$m_2 = 1.0588y + 0.0076e - 0.02108r^* + 3.4230 \quad (3)$$

$$(51.6613)^* \quad (4.7300)^* \quad (-10.4651)^* \quad (20.3319)^*$$

$$R^2 = 0.9948 \quad D.W. = 0.6708$$

表 2 方程（2）与方程（3）残差的单位根检验结果

残差序列	检验形式（C，T，K）	ADF 检验值	1%临界值
方程（2）的残差序列	(C，0，0)	−4.3931	−3.4925
方程（3）的残差序列	(C，0，0)	−4.4717	−3.4925

从表 2 我们可以看出在 1%的显著性水平下方程（2）与方程（3）的残差

不存在单位根，即都是平稳序列，这分别表示狭义货币、广义货币与消费品零售总额、人民币预期升值率、国内利率与国外利率之间存在长期均衡的协整关系。然后我们利用 Eviews6.0 计量软件进行 Johansen 协整检验，选择滞后阶数为 12，结果分别如表 3 与表 4 所示：

表 3　狭义货币与其解释变量之间的 Johansen 协整检验结果

样本区间：1999：1—2007：12；趋势假定：线性确定趋势；非限定性协整秩检验

序列：m_1，y，e，r，r^*；滞后间隔（一阶差分）：1 到 12

协整方程个数假定	特征值	迹统计量	5%的临界值	概率统计值
None*	0.510554	137.0503	69.81889	0.0000
At most1*	0.280190	69.17465	47.85613	0.0002
At most2*	0.242513	37.94168	29.79707	0.0046
At most3	0.111987	11.55553	15.49471	0.1795
At most4	0.002864	0.272504	3.841466	0.6017

注：“*”表示以 5%的显著性水平拒绝原假设。

表 4　广义货币与其解释变量之间的 Johansen 协整检验结果

样本区间：1999：1—2007：12；趋势假定：线性确定趋势；非限定性协整秩检验

序列：m_2，y，e，r^*；滞后间隔（一阶差分）：1 到 12

协整方程个数假定	特征值	迹统计量	5%的临界值	概率统计值
None*	0.352224	75.69500	47.85613	0.0000
At most1*	0.233849	34.44509	29.79707	0.0136
At most2	0.075459	9.139355	15.49471	0.3526
At most3	0.017589	1.685834	3.841466	0.1942

注：“*”表示以 5%的显著性水平拒绝原假设。

如表 3 和表 4 所示，在 5%的显著性水平下狭义货币与其解释变量之间存在 3 个协整向量，广义货币与其解释变量之间存在 2 个协整向量，我们选择最大特征值的向量分别作为货币需求的协整方程，见下式（括号中是标准差）：

$$m_1 = 0.8179y + 0.0233e - 0.0081r - 0.0185r^* + 4.4107 \quad (4)$$

$$(0.0209) \quad (6.8453)^* \quad (0.0021) \quad (0.0017)^*$$

$$m_2 = 1.0450y + 0.0098e - 0.0270r^* + 3.5377 \quad (5)$$

$$(0.0294) \quad (0.0028) \quad (0.0025)$$

比较式（4）、式（5）与式（2）、式（3）可以发现通过这两种方法得出来的协整方程比较接近，因此我们可以得出结论，狭义货币、广义货币与消费品零售总额、人民币预期升值率、国内利率与国外利率之间存在长期均衡的协整关系。

三、实证结果的分析：人民币预期升值率对货币需求的影响机制

从两种方法得出的协整方程我们可以得知人民币预期升值率的上升将导致经济主体对货币需求的显著增加，这一结果与 Cuddington（1983）、Leventakis（1993）、Khalid（1999）得出结论比较吻合，即国外利率的上升与汇率的预期贬值可能通过“货币替代效应”与“资本流动效应”减少对本国货币的需求，本部分将对这两个效应进行检验。

（一）人民币预期升值率波动对货币需求影响的资本流动效应

根据《新帕尔格雷夫货币金融大辞典》的定义，货币替代就是“指一国居民对相关机会成本的变化作出反应，从而改变其持有的本国和外国货币的倾向”。这个定义是一种比较宽泛的定义，造成货币替代的规模难以衡量。本文采用的是另一种较为严格的定义，就是单纯指“外国货币在本国境内替代本国货币充当价值标准、交易媒介、支付手段和价值储藏等职能的一种现象”（姜波克、杨槐，1999）。考虑到数据的可得性，本文用 F/M2（即外币存款与广义货币之比）来表示我国的货币替代程度 cs，样本为 1999～2007 年的月度数据，数据来源于《中国人民银行统计季报》。根据前面所推导的开放条件下的货币需求函数以及已有的文献，我们假定影响中国货币替代的因素主要包括：人民币预期升值率 e 与国内外实际利率之差 grr，grr 为我国与美国的实际利率差，其中这几个数据的来源与处理同前一部分。首先我们对变量 cs 与 grr 利用 Eviews6.0 软件进行 ADF 单位根检验，检验结果如表 1 所示，结果表明 cs 序列与 grr 序列未通过检验，存在单位根，而这两个变量序列的一阶差分序列都通过了检验，因此，它们满足进行协整检验的必要条件。Johansen 协整检验结果如表 5 所示：

表 5 货币替代与其解释变量之间的 Johansen 协整检验结果

样本区间：1999：1—2007：12；趋势假定：线性确定趋势；非限定性协整秩检验
序列：cs，e，grr；滞后间隔（一阶差分）：1 到 12

协整方程个数假定	特征值	迹统计量	5%的临界值	概率统计值
None*	0.237664	36.80283	29.79707	0.0066
At most1*	0.108216	11.02287	15.49471	0.2101
At most2	0.001498	0.142384	3.841466	0.7059

注："*"表示以 5%的显著性水平拒绝原假设。

S 如表 5 协整检验结果所示，在 5%的显著性水平下货币替代程度与其解释变量之间存在 2 个协整向量，我们选择最大特征值的向量作为货币替代的协整方程，协整方程式（6）表明人民币预期升值率的上升将显著降低我国的货币替代程度程度，也就是说导致居民相对增加持有人民币而减少持有外币，而预期升值率的下降或者说预期贬值率的上升则将显著提高我国的货币替代成都，这与已有的研究成果是相一致的，比如周晴（2000）指出：货币替代对我国货币政策影响最明显的阶段是亚洲金融危机后，国内银行、企业、居民的持汇意识大大增强。

$$cs=-0.5401^{*}e+0.2278^{*}grr+6.6820 \tag{6}$$
$$(0.0882) \qquad (0.1321)^{*}$$

（二）人民币预期升值率波动对货币需求影响的资本流动效应

根据《新帕尔格雷夫货币金融大辞典》中的定义，"当一国（资本输出国）居民向另一国（资本输入国）居民提供贷款或向其购买财产所有权时，就产生了国际资本的流动"。对于我国而言，目前名义上虽然仍然没有完全实现资本项目下的可兑换，但是对资本项目的管制正逐渐放松并已实现资本项目的部分可兑换；同时大量的资本经过非正式的、甚至非法的渠道（本文把这部分资本流动称为资本外流）进行非正常的跨国境流动。由于我们缺乏完整的季度资本流动数据，因此我们以估计出来的季度资本外流数据来分析人民币有效汇率波动对货币需求影响的资本流动效应并进行实证检验。根据资本外流规模估计的"世界银行法"，即可以通过国际收支平衡表中的四个项目的剩余部分间接估计资本外流，即资本外流＝经常项目顺差＋外国直接投资净流入＋外债增加—储备资产增加。由于我们国家的经常项目顺差主要表现为进出口顺差，外债的增减与FDI相比而言比较少，而且储备资产的增减也主要体现在外汇储备上，同时我国对外的直接投资与外国对我国的直接投资相比也非常少，因此我们这里对1999～2007年资本外流季度数据[①]的估计就以"资本外流＝进出口顺差＋外商直接投资的流入—外汇储备的增加"来粗略估计资本的外流，数据来源为《中国人民银行统计季报》各期。

前面我们分析到当预期汇率贬值时，外国债券对本币的间接替代被称为资本流动效应。这个定义比较严格并且难以衡量，本文采取的是一个比较宽泛的标准。同样我们假定影响中国资本外流的因素主要包括：人民币预期升值率与国内外实际利率之差，这几个数据的来源与处理同前一部分。其中cf、e_1与grr_1分别是资本外流规模、人民币预期升值率、我国与美国的实际利率差。首先我们利用Eviews6.0软件对变量cf、e_1与grr_1序列进行ADF单位根检验，检验结果如表1所示，结果表明cf、e_1与grr_1序列在1%显著水平下是一阶差分平稳，因此，它们满足进行协整检验的必要条件。Johansen协整检验结果如表6所示：

表6 资本外流与其解释变量之间的Johansen协整检验结果

样本区间：1999：1—2007：4；趋势假定：线性确定趋势；非限定性协整秩检验

序列：cf，e，grr；滞后间隔（一阶差分）：1到2

协整方程个数假定	特征值	迹统计量	5%的临界值	概率统计值
None*	0.582856	43.43849	29.79707	0.0008
At most1*	0.289392	14.58580	15.49471	0.0682
At most2	0.095488	3.311882	3.841466	0.0688

注："*"表示以5%的显著性水平拒绝原假设。

如表6协整检验结果所示，在5%的显著性水平下资本外流规模与其解释变量之间存在2个协整向量，我们选择最大特征值的向量作为资本外流的协整方程，协整方程式（7）表明人民币预期升值率与资本外流规模呈负相关，也就是说当人民币预期升值率上升时资本外流规模减少甚至转变为资本内流。

$$cf_1 = -44.8000^{*} e_1 - 25.6306^{*} grr_1 + 13.0885 \quad (7)$$
$$(4.02196) \qquad (9.7752)$$

① 由于月度资本外流数据波动非常大，因此我们采用相对平滑的季度数据来进行实证检验。

四、结论

本文就人民币预期升值率与国外利率的波动对我国货币需求的影响进行了实证检验，得出以下几个结论：

结论 1：文献综述表明汇率的预期波动与国外利率变量可能通过“货币替代效应”与“资本流动效应”影响本国货币的需求，但是影响程度的大小存在差异，这体现了一个国家金融市场的国际化程度以及外汇管理体制等方面的差异。

结论 2：对我国包含实际商品零售总额、人民币预期升值率、国内实际利率、美国实际利率的货币需求函数进行了协整检验，结果表明狭义货币、广义货币分别与实际商品零售总额、人民币预期升值率、国内实际利率、美国实际利率之间存在长期的协整关系，并且人民币预期升值率的上升将显著增加国内居民与企业对狭义货币与广义货币的需求。

结论 3：本文对包含人民币预期升值率与国内外实际利率差的货币替代函数与资本外流函数进行了协整检验，结果表明人民币预期升值率的上升将显著降低我国的货币替代程度以及资本外流规模，这验证了人民币预期汇率波动通过“货币替代效应”与“资本流动效应”影响本国货币的需求。

基于以上分析，本文认为伴随着我国经济开放度的不断提高，资本项目管制的逐渐放松以及人民币汇率形成机制的逐步改革，国外利率与国际金融市场形成的人民币汇率预期对我国货币需求的影响将会日益显著。因此中央银行在确定货币供应量目标和进行货币政策操作时必须考虑到人民币汇率的预期变化以及国外利率对我国货币需求的影响。

参考文献：

[1] 彼得·纽曼，默里·米尔盖特，约翰·伊特维尔．新帕尔格雷夫货币金融大辞典[M]. 北京：经济科学出版社，2000.

[2] 姜波克，杨槐．货币替代研究 [M]. 上海：复旦大学出版社，1999.

[3] 杨军．中国货币替代弹性的实证研究 [J]. 金融研究，2002 (4)．

[4] 张晓朴．入世后中国应对国际资本流动的政策选择（上、下）[J]. 经济体制比较，2002 (4，5)．

[5] 弗里德曼·米尔顿，安娜·J. 施瓦茨．美国和英国的货币趋势（中译本）[J]. 北京：中国金融出版社，1991.

[6] 易纲，汤弦，范敏．汇率制度的选择和人民币有效汇率的估计 [J]. 北京大学中

国经济研究中心学刊，2000（2）.

[7] 易行健. 人民币升值压力的研判及对策分析 [J]. 投资研究，2004（1）.

[8] 易行健. 经济开放条件下的货币需求函数：中国的经验 [J]. 世界经济，2006 [4].

[9] 易行健. 经济转型与开放条件下的货币需求函数：基于中国的实证研究 [M]. 北京：中国金融出版社，2007.

[10] 周晴. 资本内流下的货币政策操作与效果 [J]. 金融研究，2000（7）.

[11] Akiba，H. Exchange rate sensitive demand for money and overshooting [J]. *International Economcis Journal*，1996，Autumn，10（2）：119-129.

[12] Arango，S. & Nadiri，M. I. Demand for Money in Open Economies [J]. *Journal of Monetary Economics*，1981，7：69-83.

[13] Arize，A. C. & Shwiff，S. The Appropriate Exchange-rate Variable in the Money Demand of 25 Countries：An Empirical Investigation [J]. *North American Journal of Economics and Finance*，1998，9：169-185.

[14] Arize，A. C.，Malindretos，J. & Shwiff，S. Structural Breaks，Cointegration，and Speed of Adjustment：Evidemce from 12 LDCs Money Demand [J]. *International Review of Economics & Finance*，1999，8：399-420.

[15] Bahmani-Oskooee，M. & Pourheydan，M. Echange rate sensibility of the demand for money and effectiveness of fiscal and monetary policies ". *Applied Economics*，1990，27：917-925.

[16] Bahmani-Oskooee，M. The Demand for Money in Open Economy：the United Kingdom [J]. *Applied Economics*，1991，23：1037-1042.

[17] Bahmani-Oskooee，M. & Malixi，M. Exchange Rate Sensitivity of the Demand for Money in Developing Countries [J]. *Applied Economics*，1991，23：1377-1384.

[18] Cuddington，J. T. Currency Substitution，Capital Mobility and Money Demand [J]. *Journal of International Money and Finance*，1983，2：111-133.

[19] Hueng，C. J. The Demand for Money in a Open Economy：Some Evidence for Canada [J] *North American Journal of Economics and Finance*，1998，9：15-30.

[20] Hueng，C. J. The Impact of Foreign Variables on Domestic Money Demand：Evidence from the United Kingdom [J]. *Journal of Economics and Finance*，2000，24：97-109.

[21] Khalid，A. Modelling Money Demand in Open Economies：the Case of Selected Asian Countries [J] *Applied Economics*，1999，31：1129-1135.

[22] Laidler，D. The Demand for Money：Theories，Evidence，and Problem [M]. New York：Harper Collins College Publishers，1970.

[23] Leventakis，J. A. Modelling Money Demand in Open Economics over the Modern Floating Rate Period [J]. *Apllied Economics*，1993，25：1005-1012.

[24] Mackinnon, R. Currency Substitution and Instability in the world Dollar Standard [J]. *American Economy Reviews*, 1982, June: 320-333.

[25] McCallum, Bennett T. & Marvin S. Goodfriend. Theoretical Analysis of the Demand for Money [J]. *Economic Review*, Federal Reserve Bank of Richmond, 1988, (January/February): 16-24.

[26] Mcgibany. J. M & Nourzad, F. Exchange Rate Volatility and the Demand for Money in the U. S. [J]. *International review of Economics and Finance*, 1995, 4 (4): 411-425.

[27] Miles, M. A. Currency Substitution, Flexible Exchange Rates, and Monetary Independence [J]. *American Economic Review*, 1978, 68: 428-436.

[28] Mundell, R. A. Capital Mobility and Stabilization Policy under Fixed and Flexible Exchange Rates [J]. *Canadian Journal of Economics and Political Science*, 1963, 29: 475-485.

[29] Yamada, H. M2 Demand Relation and Effective Exchange Rate in Japan: A Cointegration Analysis [J]. *Applied Economics Letters*, 2000, 7: 229-232.

人民币汇率的波动性和互动性特征研究

于　荣　朱喜安

（中南财经政法大学信息学院）

一、背景及研究目的

自中国在2005年7月实施人民币汇率形成机制改革以来，人民币汇率不再盯住单一美元，而是形成更富弹性的人民币汇率机制。人民币汇率调整引起汇率波动比较频繁。理论界的争议以及人民币汇率波动较为频繁的事实，使得汇率预测方面的研究显得尤为迫切。汇率是开放经济运行中居于核心地位的变量，各种宏观经济变量及微观因素都会通过各种途径引起它的变动，而它的变动又会对其他的经济变量带来重要的影响。

外汇市场上供给与需求量的变动对汇率有着直接的影响，而外汇市场上的交易行为又都是由国际收支决定的，因此分析汇率的波动情况对于研究我国的外汇市场和国际收支情况具有一定的作用。在高速经济增长时期，由于经常项目顺差会引起实际货币升值，在经济过热情况下会出现外国资本的持续流入引起货币升值。反之，经济衰退、外资抽逃则会触发汇市狂跌和货币危机。另外，汇率的波动会影响我国的贸易与外国的直接投资，而投资对于促进经济发展有着重要的作用，因此汇率的波动会间接地影响我国的经济发展。

自2005年7月以来，人民币对美元汇率表现出持续升值的状态，与此同时，中国仍然出现“双顺差”局面，2006年的贸易顺差达到1774.7亿元，外汇储备截止2006年末超过一亿元，据此，一些经济学家指出，上述局面形成的主要原因是人民币汇率在汇改后并未显著升高，货币当局应该进一步关注人民币汇率的变动。

在研究汇率波动的基础上，结合各种汇率的互动性关系，可以更有效地指导我国外汇当局的政策制定及实施途径，所以本文对汇率的波动研究的现实意义就更加突出。

二、文献综述

关于汇率波动的测算问题，国内外学者进行了相当广泛的研究，通常采用ARCH和GARCH模型来拟合数据进行实证分析。因为汇率的时间序列一般具有方差时变的特点，表现出波动集群、高峰厚尾、持久记忆等现象，其他模型通常不能够较好地拟合此类数据。而ARCH模型把方差和条件方差分开，让条件方差作为过去误差的函数而变化，提供了解决异方差的新途径。

国外经典的文献，比如Torben等，都运用该模型研究汇率数据，国内也有较多学者运用ARCH和GARCH模型研究汇率的波动，比如戴晓枫和肖庆宪对美元兑人民币的日汇率值进行实证研究，建立相应的A RIMA模型和GARCH模型，并进行预测和评价。其研究结果表明，GARCH模型的预测结果较为理想，适合描述人民币兑美元汇率的变动趋势。任兆璋和宁忠忠使用ARCH模型研究人民币汇率预期的波动特征。结果表明，人民币汇率预期存在ARCH效应，具有高峰、厚尾、波动集群和非对称性等特征。这些特征要求在应对人民币升值或贬值冲击时，在保持汇率基本稳定的前提下，应使汇率更具灵活性，适度扩大人民币汇率的浮动空间并逐步改善人民币汇率的形成机制。朱孟楠和严佳佳采用年度实际有效汇率分析了人民币汇率的波动，并将其与美元、日元、港币、菲律宾比索、马来西亚林吉特和新加坡元的关系进行了研究，认为现阶段我国政府应该在不放弃对汇率干预的前提下，适度放宽汇率波动的区间。

尽管很多学者对汇率的波动问题进行了研究，但是缺乏采用高频日汇率数据，对几种影响力较大的货币汇率的互动性进行分析的研究，所以本文试图从这个角度入手，进行相关的研究，并提出建议。

三、汇率波动的测算

（一）模型介绍

国际上研究汇率的变动，较多采用实际有效汇率，使用年度数据。本文采用美元、日元、港币兑人民币的中间价日汇率数据，选取2005年7月21日到2008年12月2日共826个数据，这种高频数据较年度数据而言，不仅增加了样本量提高了精确度，而且使得波动更加敏感，能够更准确地刻画汇率的波动路径。本文的数据来自国家外汇管理局提供的统计数据。

通过大量的实证分析发现，金融时间序列都没有固定的均值，汇率的时间序列一般具有方差时变的特点，即波动集群。扰动项往往在较大幅度波动后而伴随着较大幅度的波动，在较小幅度波动后伴随着较小幅度的波动。此外，还有高峰厚尾、持久记忆等现象。这违背了一般回归分析的假设条件。为了刻画这种波动性，Engle 于 1982 年提出了自回归条件异方差模型（ARCH 模型），让扰动项的条件方差作为过去扰动项的函数而变化，提出了解决异方差的新途径。ARCH（1）模型由均值方程和条件方差方程两部分给出：

$$\begin{cases} y_t = \beta X_t + \varepsilon_t \\ h_t = Var(\varepsilon_t \mid \psi_{t-1}) = \omega + \alpha\varepsilon_{t-1}^2 \end{cases} \tag{1}$$

其中，ψ_{t-1} 表示 $t-1$ 时刻所有可能信息的集合，h_t 表示条件方差。

ARCH 模型有一定的局限性，即条件方差方程随着滞后期的无限增加，不仅使得待估参数增加，而且常常会违背系数非负的假设。所以 Bollerslev 于 1986 年提出了 GARCH 模型，是在 ARCH 模型的条件方差方程的自变量中添加了条件方差的滞后项 h_{t-1}，这就解决了上述的问题。GARCH（1）模型为：

$$\begin{cases} y_t = \beta X_t + \varepsilon_t \\ h_t = Var(\varepsilon_t \mid \psi_{t-1}) = \omega + \alpha\varepsilon_{t-1}^2 + \beta h_{t-1} \end{cases} \tag{2}$$

（二）实证分析

基于已有的研究，本文运用 GARCH（1，1）模型研究美元和港币对人民币汇率的波动。

1. 美元兑人民币汇率的波动分析

用 exa_t 表示美元兑人民币汇率，为了研究的需要，计算汇率的对数为：$x_{1t}=\log(exa_t)$，序列 x_{1t} 作为研究对象。观察 x_{1t} 序列的自相关图和偏相关图，可以对 x_{1t} 序列拟合 AR 模型。根据 AIC 和 SC 定阶准则以及系数的显著性检验结果（见表 1），对序列 x_{1t} 建立 AR（2）模型为（3）。

表 1 x_{1t} 序列的 AIC 和 SC 定阶准则值

滞后期	AIC	SC	系数的显著性（5%）
1	−10.7041	−10.6926	常数项不显著
2	−10.2283	−10.2168	均显著
3	−9.93557	−9.92411	均显著
4	−9.69429	−9.68283	均显著

$$x_t = 0.013 + 0.998x_{t-2} + \varepsilon_t \qquad R^2 = 0.999$$
$$(0.02) \qquad (0.00) \tag{3}$$

模型（3）的系数均通过了5%的显著性检验，并且拟合的程度也很高，观察（3）的残差图（见图1），图1表现出很明显的波动集群现象。在图形左侧的波动幅度较大，在右侧的波动幅度较小，这说明误差项具有条件异方差性。

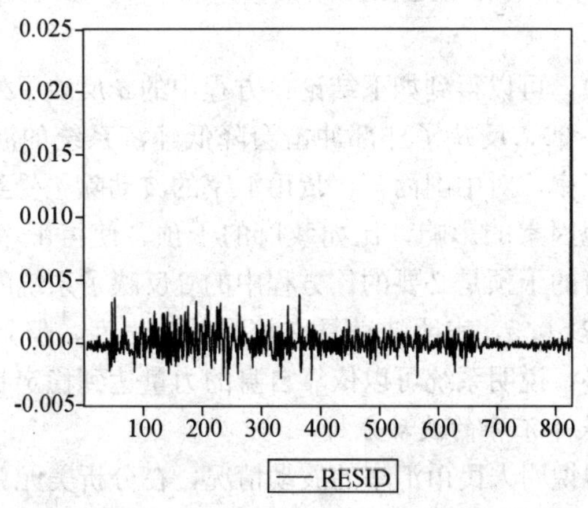

图1 x_{1t}序列的AR（2）模型残差图

对模型（3）进行条件异方差的ARCH-LM检验，得到了在滞后阶数为1时的ARCH-LM检验结果（见表2）。从表2的P值可以看出，在10%的显著性水平下，x_{1t}的残差序列存在ARCH效应。

表2 x_{1t}序列的ARCH-LM检验结果

AR（2）模型	F统计量	3.282962	Probability	0.070368
	T^*R^2统计量	3.277853	Probability	0.070221
GARCH（1，1）模型	F统计量	0.51182	Probability	0.474555
	T^*R^2统计量	0.512747	Probability	0.473952

接着，就可以建立美元兑人民币汇率的GARCH（1，1）模型为：

$$\begin{cases} x_{1,t}=0.011+0.998x_{1,t-2}+\varepsilon_t \quad R^2=0.999 \\ \qquad\quad (0.00) \\ h_t=1.19e-6-0.146\varepsilon_{t-1}^2+0.59h_{t-1} \\ \quad (0.04) \qquad (0.02) \qquad (0.00) \end{cases} \tag{4}$$

均值方程和条件方差方程的各个系数均通过了5%显著性检验，再对这个方程进行ARCH-LM检验（见表2），此时的残差项就不存在ARCH效应。(4)中的ARCH项系数和GARCH项系数之和$\hat{\alpha}+\hat{\beta}=0.452<1$，满足参数的约束条件。

通过分析(4)，可以得到如下结论：方程中的α反映了外部冲击对波动的影响，在模型中$\alpha<0$，反映了外部冲击会降低经济系统的波动性，说明了外部的冲击会稳定汇率，对中国而言，货币汇率的波动除了受到市场因素的影响之外，还受到其他因素的影响，比如政府的干预，使得汇率波动的持续期缩短，进而说明政府的干预是必要的；方程中的β反映了系统的长期记忆性，在模型中，$\beta>0$且$\beta>0.5$，表明波动具有较强的记忆性，但是前期的波动对本期的影响衰减趋势，说明系统可以依靠自身的力量达到稳定状态。

2. 港币兑人民币汇率的波动分析

为了更详尽地说明人民币汇率的波动情况，在分析美元兑人民币汇率的基础上，分析港币兑人民币汇率的波动状况，用x_{2t}表示港币兑人民币汇率的对数，分析的步骤同1，相关的结果见表3、4，图2，模型(5)。

表3 x_{2t}序列的AIC和SC定阶准则值

滞后期	AIC	SC	系数的显著性（5%）
1	−10.9095	−10.9038	显著
2	−10.1771	−10.1714	显著
3	−9.8181	−9.8124	显著

表4 x_{2t}序列的ARCH-LM检验结果

AR（1）模型	F统计量	522.5955	Probability	0.0000
	T*R^2统计量	320.2589	Probability	0.0000
GARCH（1，1）模型	F统计量	1.865891	Probability	0.133815
	T*R^2统计量	5.586815	Probability	0.133537

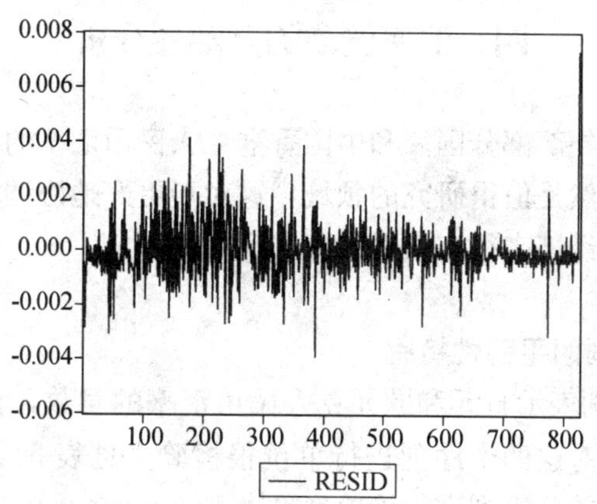

图 2 x_{2t} 序列的 AR（1）模型残差图

$$
\begin{cases}
x_{1,t}=1.00003x_{1,t-2}+\varepsilon_t \quad R^2=0.9997 \\
\quad (0.00) \\
h_t=1.05e-7+0.245\varepsilon_{t-1}^2+0.668h_{t-1} \\
\quad (0.00) \qquad (0.00) \qquad (0.00)
\end{cases}
\tag{5}
$$

对 x_{2t} 序列建立 GARCH（1，1）模型后，拟合的效果很好，$\hat{\alpha}+\hat{\beta}=0.913<1$ 符合约束条件，残差项不再具有 ARCH 效应。

对比模型（4）和（5）可以得到结论：（1）模型（5）中的 $\alpha<0$，说明外部的冲击会加剧经济系统波动性，这和（4）是相反的；（2）从 β 可以看出，模型（5）的 β 高于模型（4），说明了模型（5）具有更长的记忆性；（3）$\hat{\alpha}+\hat{\beta}$ 反映了系统波动的持续性，模型（5）的 $\alpha+\hat{\beta}$ 大于模型（4），说明模型（5）的波动性强于模型（4）。

美元兑人民币汇率的波动持续性和记忆性均弱于港币兑人民币汇率的波动，并且前者在外部的冲击作用下，波动逐期减弱。这说明在亚洲国家内部，汇率波动的持续性高于亚洲国家外部的汇率波动，主要因为在中美外汇市场上，政府的干预作用更强，而在亚洲内部，政府忽视了在外汇市场上的行政干预，导致了亚洲内部国家间的汇率波动比较剧烈。另外，由于发达国家的经济自我调控能力较强，对汇率的波动也有很强的自我稳定功能，前期的大幅度波动对后期的影响，也就是波动的记忆性不像亚洲内部国家强烈，进一步使得美元对兑人民币汇率的波动持续性弱于港币兑人民币汇率的波动。

四、汇率波动的互动性分析

在分析了亚洲外部部分国家和中国香港兑人民币汇率的波动的基础上，各种汇率的互动性仍然是值得研究的领域，这对于更好地协调中国内地和香港地区以及其他国家的经济来往有很强的现实意义。

（一）汇率序列的平稳性检验

用x_{3t}，x_{4t}分别表示日元和欧元兑人民币汇率的对数，首先需要检验这四个序列的平稳性，对这四个序列进行单位根检验（见表5），发现都是不平稳的。然后对其一阶差分序列进行检验（见表5），p＝0.000，在1%的显著性水平下，均拒绝了原假设，说明这四个序列的一阶差分是平稳的，进而说明这四个序列都是一阶单整过程。

表5　x_{1t}，x_{2t}，x_{3t}，x_{4t}序列的单位根检验结果

p值	x_{1t}	x_{2t}	x_{3t}	x_{4t}
原序列	0.7472	0.8158	0.1735	0.0220
原序列的一阶差分	0.0000	0.0000	0.0000	0.0000

（二）汇率序列的单方程协整检验

从前面的结论可以得出，四个序列都是一阶单整过程，符合协整检验的条件，而且从图3可以看出，这四个序列虽然都是不平稳的，但是当x_{1t}和x_{2t}序列上升的时候，x_{3t}和x_{4t}均有下降的趋势，说明这四个序列可能协整。对序列进行协整检验有两大类方法，分别为针对单方程的协整检验和Johnhansen协整检验，前者主要是对回归模型的残差的平稳性进行检验，后者是对回归系数的检验。本文采用针对单方程的协整检验。对序列进行单方程协整检验通常有两种做法：E-G两步法和CRDW法。本文采用E-G两步法对这个序列进行协整检验。首先对这四个变量建立回归模型（6）：

$$x_{1t}=1.086x_{2t}+0.054x_{3t}+0.225x_{4t}+\varepsilon_t \quad R^2=0.967$$
$$(0.000)\,(0.000)\,(0.000) \tag{6}$$

模型（6）的各个变量的系数进行t检验的p值均为0.000，通过了1%的显著性检验，是高度显著的。模型的可决系数也很高，说明模型的拟合效果很好。

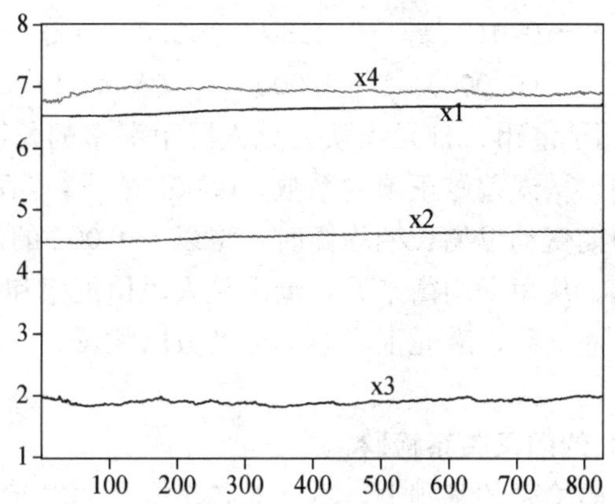

图 3　x_{1t}，x_{2t}，x_{3t}，x_{4t}序列的折线图

接着对模型（6）的残差进行平稳性检验，检验结果表明：使用截距项和趋势项都不存在的模型，在1%的显著性水平下，可以拒绝存在单位根的原假设，认为 ε_t 是平稳序列。

所以通过 E-G 两步法的协整检验，可以认为这四个汇率序列存在协整关系，协整模型即（6），港币兑人民币汇率每变动一个单位，美元兑人民币汇率将变动 1.086 个单位；日元兑人民币汇率每变动一个单位，美元兑人民币汇率将变动 0.054 个单位；欧元兑人民币汇率每变动一个单位，美元兑人民币汇率将变动 0.225 个单位。这说明，港币兑人民币汇率的波动较大幅度的影响美元兑人民币汇率的波动，欧元兑人民币汇率次之，日元兑人民币汇率的影响最小，但总体来说，这四种汇率符合长期的均衡关系。在前述分析的基础上，我们认识到亚洲内部国家的汇率波动较大，这种波动不仅影响了自身后期的波动，对亚洲外部国家的汇率也有很强烈的影响，并且这种影响呈现放大趋势，因为港币对人民币汇率的 1 单位波动带来了美元兑人民币汇率的 1.086 单位波动，这进一步说明了不仅在亚洲国家内部，政府的行政干预对汇率的波动控制起到了举足轻重的作用，而且在亚洲国家外部，这种干预间接地产生了控制汇率波动的作用。两个亚洲外部国家和日本对人民币汇率的波动的相互影响较小，说明了发达国家的汇率波动对各自的影响不大，发达国家的汇率有很强的自我调控能力。虽然日本也是亚洲内部国家，但是香港地区和内地的经济往来更为频繁，说明了现阶段政府的重心应该放在调控亚洲内部和中国经济往来较为频繁的国家和地区，这不仅会控制干预国或地区对中国汇率的波动，而且会间接地稳定亚洲外部国家兑人民汇率的波动。

在建立协整模型的基础上，可以建立 ECM 模型，见（7）：

$$dx_{1t}=0.878dx_{2t}-0.013dx_{3t}-0.013dx_{4t}-0.001ecm_{t-1}+\varepsilon_t$$
$$(0.000)\quad(0.000)\quad(0.000)\quad(0.000)\qquad(7)$$

ECM 模型表明了港币、日元和欧元兑人民币汇率的长期波动和短期波动对美元汇率的影响，从误差修正项的系数－0.001 来看，当港币、日元和欧元兑人民币汇率的短期变动偏离长期均衡时，将以－0.001 的调整力度将非均衡状态拉至均衡状态。从短期均衡来看，港币兑人民币汇率和美元兑人民币汇率的变动方向相同，而日元、欧元汇率与其变动方向相反。

（三）汇率序列的因果关系检验

在单位根和协整检验的基础上，本文对各个变量的二元关系进行了格兰杰因果关系检验，依据迭代的 General-to-Specific 方法，选取的滞后期为 2，检验结果见表 6。

表 6　x_{1t}，x_{2t}，x_{3t}，x_{4t} 序列的格兰杰因果关系检验结果

Null Hypothesis:	p 值	Null Hypothesis:	p 值
x1does not Granger Cause x2	0.00	x2does not Granger Cause x3	0.00
x2does not Granger Cause x1	0.00	x3does not Granger Cause x2	0.36
x1does not Granger Cause x3	0.00	x2does not Granger Cause x4	0.00
x3does not Granger Cause x1	0.79	x4does not Granger Cause x2	0.00
x1does not Granger Cause x4	0.01	x3does not Granger Cause x4	0.13
x4does not Granger Cause x2	0.00	x4does not Granger Cause x3	0.80

从表 6 可以看出，美元兑人民币汇率是其他三者的 Granger 原因，说明美元这种强势货币，对其他货币的影响是很明显的，而且会控制其他货币的走势。因为格兰杰因果关系检验是基于预测的角度进行检验的，所以美元兑人民币汇率可以对其他货币的汇率进行预测。港币兑人民币汇率是其他三者的 Granger 原因，因为中国内地和香港地区的经济来往密切，所以港币通过中国这个媒介，对其他三种货币的汇率也有很强的控制作用。另外，对于涉及 x_{3t} 为 Granger 原因的假设检验，在 5%的显著性水平下，均不能拒绝原假设，认为 x_{3t} 不是其他三者的 Granger 原因。这表明日元兑人民币汇率不是另外三者的 Granger 原因，从协整模型也可以看出，x_{3t} 的系数最小，说明日元兑人民

币汇率不能对其他三者产生较大的影响，日元在我国外汇市场的影响力是很有限的。在5%的显著性水平下，认为 x_{4t} 仅不是 x_{3t} 的 Granger 原因。特别的，说明对于欧元和日元兑人民币汇率，二者均不是对方的 Granger 原因，二者之间没有明显的控制关系。

五、结论及建议

本文在分析了具有代表性的美元和港币兑人民币汇率的波动的基础上，鉴于资料的可得性，对我们外汇市场上的四种主要货币兑人民的汇率的互动性进行了研究。本文的数据取自人民币汇率调整之后的最新数据。从美元和港币汇率的波动情况看，美元兑人民币汇率的波动持续性和记忆性均弱于港币的汇率，外部的冲击加剧了港币汇率的波动，而削弱了美元汇率的波动。从互动性研究看出，美元作为强势货币，对其余三种货币的汇率有很强的控制和预测作用；香港由于和内地的地理位置接近，港币兑人民币汇率对其余三种货币的汇率的预测作用也很强；日本刚好相反，对其余三种货币的汇率没有明显的影响。进而说明，在中国的外汇市场上，美元和港币的主导型最强，欧元次之，日元最弱。

在我国这个尚未成熟的外汇市场上，我国政府的干预行为缩短了汇率波动的持续性，促进了汇率的稳定发展。从美元兑人民币汇率的波动来看，美元成为世界通用货币，因为这种波动具有自我稳定的功能，所以建立对一种货币的信心是与该货币的价值的长期稳定相联系的。在现有的经济基础和市场条件下，人民币自由浮动会给我国的经济带来冲击，所以目前我国还不适宜放弃政府的干预而使用浮动汇率制度。

从四种货币对人民币汇率的互动性可以看出，美元和港币的波动对其他货币的影响很大，所以要想人民成为区域性货币甚至国际货币，就应该尤其注意加强对这两者的控制，进而稳定整个汇率体系，使人民币具有长期较稳定的市场价值，增强我国在世界货币体系中的竞争力。

参考文献：

[1] 高铁梅．计量经济分析方法与建模：EVIEWS应用及实例［M］．北京：清华大学出版社，2006

[2] 戴晓枫，肖庆宪．时间序列分析方法及人民币汇率预测的应用研究［J］．上海理工大学学报，2001（5）

[3] 任兆璋，宁忠忠．人民币汇率预期的 ARCH 效应分析 [J]．华南理工大学学报，2004 (12)

[4] 王佳妮，李文浩．GARCH 模型能否提供好的波动率预测 [J]，数量经济技术经济研究，2005 (6)

[5] 池启水，刘晓雪．人民币汇率波动特征实证研究．统计与决策，2007 (23)

[6] 朱孟楠，严佳佳．人民币汇率波动：测算及国际比较．国际金融研究，2007 (10)

[7] Torben G. A. et al. *The Distribution of Realized Exchange Rate Valotility*, Journal of American Statistical Association, 2001

通货膨胀与中国货币需求函数的稳定性
——基于自举法的协整结构变化检验

叶 光
（河南财经学院经济学系）

一、引言

长期以来，货币需求问题一直受到学术界的广泛关注，而其中货币需求函数的估计和结构稳定性检验更是人们研究的重点。货币需求函数的稳定性是对其进行有效估计的前提，只有货币需求函数保持长期稳定时，才可能利用相关经济数据对货币需求的收入弹性、利率弹性等重要参数进行有效估计，并在此基础上比较精确地预测未来货币需求总量的变化趋势。就中国的实际情况而言，改革开放初期，在计划经济体制向市场经济体制的转变过程中，货币化趋势、非国有经济发展程度和实物资产价格自由化程度等制度变量对中国货币需求有着重要影响，易纲（1996），刘斌等（1999）和王曦（2001）等。而如今，随着市场经济体制的逐步完善和金融市场的发展，人们又开始关注股票市场、金融创新和虚拟经济对货币需求的影响，石建明（2001），伍超明（2004）等。这种变化一方面反映了中国经济和金融体制的变革，另一方面也反映了人们持币行为和动机的变化。如此一来，先验地假定1978年以来中国货币需求函数一直保持稳定明显过于主观，但事实上，这种假定隐含于所有的基于年度数据进行的实证研究之中，而这些研究无一例外，都没有对货币需求的稳定性予以足够的重视，王曦（2001），王少平和李子奈（2004）等。

近些年来，随着季度数据的增加，人们开始使用季度数据对货币需求关系进行计量分析，但这并不能完全避免结构变化问题的出现。目前国内一些宏观经济变量（如GDP、货币余额和利率等）的季度数据可以追溯到1992年第1季度，但中国人民银行于1993年取消对贷款规模的控制，并在1998年正式确定以货币供应量为货币政策的中介目标，这些政策调整是否影响货币需求函数的稳定性尚存疑问。而且这一样本期间既包括 1993～1996 年的高通胀时期，又包括随后数年的经济平稳增长。一般情况下，如果名义利率能够充分反映通胀率的变化，可以认为预期通胀率对货币需求的影响是通过名义利率实现的。但在中国，利率同时也是中央银行控制通胀的重要货币政策工具，如图 1 所示，在高通胀时期，名义利率远远低于通胀率，实际利率为负值。因而，很难相信名义利率、通胀率和货币需求量之间的关系在这十几年内一直保持稳定。这种不稳定性一定程度上也解释了为什么同样使用季度数据，不同研究的结果之间却差异很大，汪红驹（2003），刘斌等（1999），张勇和范从来（2006）等。

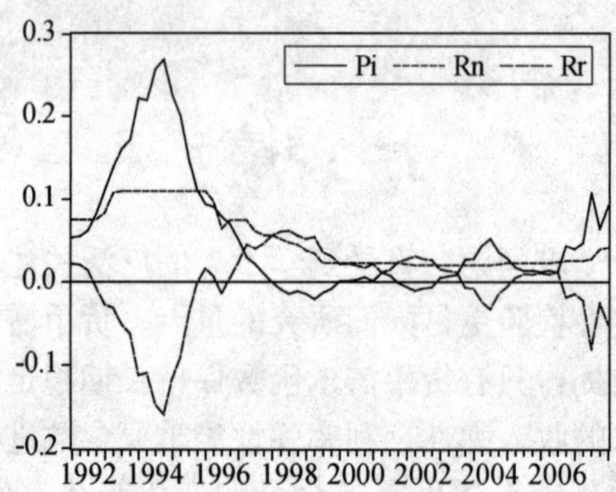

图 1　通胀率 π（Pi）、1 年期名义利率（R_n）和真实利率（R_r）

关于中国货币需求函数的稳定性检验对相关的实证研究具有重要意义，它不仅决定着现有诸多研究成果的实际价值，还可以为未来实证研究中样本数据的选择提供一些建议。事实上，国内一些学者已经开始关注货币需求函数的稳定性问题，并进行了一些较为深入的分析，刘金全等（2006）、张勇和范从来（2006）。前者通过比较两个子样本期间货币需求函数的估计结果来检验其稳定性，但这种比较是否有效却又依赖于货币需求函数在这两个子样本期内是否稳定。至于后者，严格意义上其关注的并不是货币需求函数的稳定性，而是基于向量误差修正模型（VECM）的货币需求短期预测的可靠性，但这同样要求样本期内的长期货币需求关系是稳定的，否则在此基础上建立的 VECM 也是没有意义的。一定程度上，可以认为这些研究是通过假定货币需求函数的稳定性来检验其稳定性，他们的结论显然也是值得商榷的。正基于此，论文采用 Hansen（1992）的 Sup$F$、Mean$F$ 和 L_c 统计量，以及 Andrews 和 Kim（2003）的样本端点结构变化检验方法，分别针对年度数据和季度数据对中国货币需求函数的稳定性进行检验。其中季度数据是我们关注的重点，因为后文分析表明20世纪90年度中期中国货币需求函数的确发生了结构变化，从而至少就目前的样本情况而言，不应该使用年度数据进行货币需求分析。此外，在使用Andrews和Kim的方法对季度数据进行分析过程中，为了消除样本数据不足对研究结果有效性的影响，论文尝试使用自举法对Andrews和Kim的方法进行改进，并给出具体的自举步骤。

二、变量选择、模型设定与计量分析方法

(一) 变量选择与模型设定

论文主要利用M_1和M_2两种统计口径对中国货币需求函数的稳定性进行研究，假设货币供给和货币需求在长期内是均衡的，则M_1和M_2就是对应的货币需求量。为得到实际货币余额，使用消费者价格指数（CPI）对M_1和M_2进行折算。对CPI取对数并差分，得到通胀率π。遵循国内同类研究的习惯，货币需求的规模变量选择GDP，同样用季度CPI进行折算以得到真实GDP，机会成本变量选择1年期利率R和预期通胀率π^e。对M_1和M_2的真实值和真实GDP取对数，分别用小写字母m_1、m_2和y表示。如果这些变量都是非平稳的，可以将货币需求函数表示为如下的协整关系：

$$m_i=\beta_1+\beta_2 y+\beta_3 R+\beta_4 \pi^e+e \qquad (i=1,\ 2) \tag{1}$$

如果π^e是对π的理性预期，则满足：

$$\pi=\pi^e+\varepsilon \tag{2}$$

其中，ε为白噪声。将式（2）代入式（1），简单变换后可以得到：

$$m_i=\beta_1+\beta_2 y+\beta_3 R+\beta_4 \pi+e-\beta_4 \varepsilon=\beta_1+\beta_2 y+\beta_3 R+\beta_4 \pi+u \ (i=1,\ 2) \tag{3}$$

这里$u=e-\beta_4\varepsilon$是平稳的，因而m_i与y、R和π之间也存在着协整关系，而且协整参数与式（1）中货币需求函数的参数完全一致。因而，我们可以将货币需求函数的估计转化为对$\{m_i\ y\ R\pi\}$四个变量的协整分析。汪红驹(2003）认为，20世纪90年代以后人民银行基本上都能够根据通货膨胀率的变化调整存款利率，从而货币需求函数中不必引入预期通货膨胀率，只需考虑利率。但在1996年以前很长一个阶段，实际利率为负，此时预期通货膨胀是否影响货币需求尚需要进一步的检验。

式（3）被称为确定性协整，与此对应，一些实证研究将货币需求函数设定为随机性协整关系，即在协整方程中引入时间趋势项t，王少平和李子奈(2004)：

$$m_i=\beta 1+\beta 2y+\beta 3R+\beta 4\pi+\beta_5 t+u \tag{4}$$

式（4）的关键问题在于，很难对货币需求的时间趋势赋予合理的经济解释。而且时间趋势项的引入意味着 m_i 与 y 的平均增长趋势不相适应，长期内两者将无限偏离，但现实中任何中央银行都不应该允许 m_i 对 y 的无限背离。后文将分别针对这些模型设定进行稳定性检验，并以数据分析为基础，从中选择出合适的模型设定。

（二）协整参数的稳定性检验

实证研究中，货币需求函数通常表示为实际余额、实际产出和利率等变量的长期经济关系或协整关系，因而，货币需求函数的稳定性检验实际上主要是其中协整参数的稳定性检验。Hansen（1992）将平稳序列中诸多稳定性检验方法推广到非平稳序列之中，所给出的 Sup$F$、Mean$F$ 和 L_c 统计量在相关的实证研究中非常常见，但其假定协整参数的结构变化只能出现在样本的中间位置，而不能在样本的端点附近。如果使用年度数据对中国货币需求进行分析，则可以利用这些统计量检验货币政策中介目标的变化或 1993～1996 年的高通胀是否已经改变了中国货币需求函数的结构。但一旦稳定性假设不能接受，国内原本有限的样本数据将更加缺乏，从而基于年度数据的货币需求函数估计将失去应有的价值，这或许就是国内研究回避稳定性检验的主要原因。如果使用季度数据，我们同样需要检验 1993～1996 年的高通胀和 2007 年后新一轮的通胀是否对中国货币需求产生影响。而对于这些可能发生在样本端点处的结构变化，Hansen 检验有些无能为力。Andrews 和 Kim（2003）则提出了一种样本端点处协整结构变化的检验方法，Carstensen（2006）利用这一方法对欧洲货币需求的稳定性进行研究，认为 2001 年第 3 季度该需求函数发生结构变化，而股指下滑是其根本原因。

1. Andrews 和 Kim（2003）检验

考虑以下模型：

$$y_t=\begin{cases}x'_t\beta_0+u_t, & t=1, \cdots, T\\ x'_t\beta_t+u_t, & t=T+1, \cdots, T+m\end{cases} \tag{5}$$

其中，$y_t \sim I(1)$，x_t 由 $I(1)$ 变量和一些确定性变量共同组成。将全部观测值分为两组，前面 T 个观测值为第一组，后面 m 个观测值为第二组。零假设为“协整关系存在且稳定”，即

H_0：$\beta_0=\beta_t$，$\forall_t=T+1, \cdots, T+m$；且 u_t 是平稳的和遍历的，$\forall t=1, \cdots, T+m$。

与此对应的备择假设为：

H_1：$\beta_t \neq \beta_0$，$\exists t=T+1, \cdots, T+m$；或（$u_{T+1}, \cdots, u_{T+m}$）与（$u_1$，

…，u_m）的分布不同。

零假设下，对于全部观测值协整关系都存在，且协整参数稳定；而备择假设下，稳定的协整关系仅存在于前面 T 个观测值中，而对于后面 m 个观测值，要么不存在协整关系，要么协整参数发生了变化。

Andrews 和 Kim 给出的第一类检验是邹氏检验，利用前面 T 个观测值得到协整参数的一致估计量$\hat{\beta}_{1\ldots T}$，然后利用$\hat{\beta}_{1\ldots T}$计算后面 m 个观测值的预测误差：

$$\hat{u}_t = y_t - x'_t \hat{\beta}_{1\ldots T},\ t = T+1,\ \cdots,\ T+m \tag{6}$$

对这些预测误差平方求和，得到第一个检验统计量：

$$P_a = \sum_{t=T+1}^{T+m} \hat{u}_t^2 \tag{7}$$

与统计量 P_a 类似，如果使用前面 T＋［m/2］或全部观测值对协整参数进行估计，估计结果分别为$\hat{\beta}_{1\ldots t+[M/2]}$和$\hat{\beta}_{1\ldots T+m}$，用其替换式（6）中的$\hat{\beta}_{1\ldots T}$，则式（7）就给出了另外两个统计量 P_b 和 P_c。这三个统计量被称为 P 类统计量，［m/2］表示大于或等于 m/2 的最小整数。

与通常的渐近分析不同，Andrews 和 Kim 借助参数再抽样（parametric subsampling）技术来确定这三个统计量的临界值和 p 值。定义下面的统计量：

$$P_1(\beta_0) = \sum_{t=1}^{m} (y_t - x'_t\beta_0)^2$$

$\hat{\beta}_{1\ldots T}$收敛于真实参数 β_0，零假设下 u_t 的平稳性和遍历性保证了 $P_1(\beta_0)$ 的分布收敛于 P_a 的分布。因而，可以借助 $P_1(\beta_0)$ 的分布对 P_a 的分布进行估计。与 $P_1(\beta_0)$ 类似，进一步定义如下随机变量：

$$P_j(\beta_0) = \sum_{t=j}^{j+m-1} (y_t - x'_t\beta_0)^2,\ j = 1,\ \ldots T-m+1$$

随机变量 $P_j(\beta_0)$ 是平稳的和遍历的，因此可以用其经验分布函数就对 $P_1(\beta_0)$，进而 P_a 的分布函数进行一致估计。$P_j(\beta_0)$ 中参数 β_0 是未知的，同样需要估计。为使 $P_j(\beta_0)$ 和 P_a 的分布尽可能接近，Andrews 和 Kim 建议使用“排除 m”估计量$\hat{\beta}_{(j)}$对 $P_j(\beta_0)$ 进行计算，$\hat{\beta}_{(j)}$就是利用前面 T 个观测值中除 $t=j,\ \ldots j+m-1$ 外的剩余 $T-m$ 个观测值得到的协整参数的一致估计量。如此一来，利用这一经验分布容易确定 P_a 的临界值和 p 值。P_b 和 P_a 使用同样的经验分布，而 P_c 的分布则需要利用“排除［m/2］”估计量进行计算。

Andrews 和 Kim 给出的第二类统计量是 R 类统计量，对于（u_{T+1}，...，u_{T+m}）为单位根过程的备择假设，它们属于局部最优不变（Locally best invariant）检验。同样有三种：

$$R_a=\sum_{i=T+1}^{T-m}\left(\sum_{j=i}^{T+m}\hat{u}_j\right)^2 \tag{8}$$

其中，$\hat{u}_j$ 为式（6）中的预测误差。而 R_b 和 R_c 的定义与 P_b 和 P_c 类似，分别使用估计量$\hat{\beta}_{1\ldots T+[m/2]}$和$\hat{\beta}_{1\ldots T+m}$计算预测误差。$R$ 类统计量分布的估计方法与 P 类统计量基本类似，按照式（7）中等式右侧的公式计算与 P_j（β_0）类似的随机变量 R_j（β_0），利用 R_j（β_0）的经验分布估计对应的 R 类统计量的分布。

这里考虑的结构变化发生在样本尾端，而对于始端的结构变化，同样可以使用上述统计量进行检验，计算方法完全相同，区别仅仅在于用后面 T 个观测值估计协整参数，而后用前面 m 个观测值的预测误差构造统计量。当 $T-m$ 足够大时，P_j（β_0）的经验分布理论上应该与 P_1（β_0）和 P_a 的真实分布足够接近，在此基础上确定的临界值和 p 值与其真实水平也应该保持一致。但对中国货币需求函数进行分析时，假设以 1997 年第 1 季度到 2006 年第 4 季度的 40 个观测值构造基准模型，$T=40$，则即便 $m=1$，也只能得到 $T-m+1=40$ 个 P_j（β_0），这对于精确估计 P_a 的真实分布是不够的。进一步，如果 $m=12$，即要检验与基准模型相比，1994 年第 1 季度到 1996 年第 4 季度是否存在结构变化，此时 $T-m+1=29$，在此基础上的分析结果显然更不能令人信服，为此，我们尝试利用自举法对这些统计量的分布进行更加精确的估计。

2. 自举 Andrews 和 Kim 检验

自举法的引入是为了利用自举样本生成更多的渐近分布与 P_j（β_0）或 R_j（β_0）相同的随机变量，利用它们的经验分布得到关于 P 类和 R 类统计量分布的更加精确的估计。这就意味着仅仅需要对前面不存在结构变化的 T 个样本观测值进行自举，合理的自举方法可以保证自举样本与原始样本的渐近分布相同，从而利用自举样本和原始样本得到的 P_j（β_0）或 R_j（β_0）都是平稳的和遍历的。不断重复的自举能够保证我们利用 P_j（β_0）或 R_j（β_0）的经验分布对 P 类和 R 类统计量的分布函数进行相对精确的估计。为保证自举样本与原始样本的统计特征足够接近，这里遵循 Li 和 Maddala（1997）的建议，利用残差抽样间接生成自举样本，以保证自举样本中变量是 I（1）的，且存在特定的协整关系。下面以 P_a 和 R_a 两个统计量为例，给出具体的自举步骤，对于其他四个统计量，除了一些计算公式的差别外，基本过程完全一样。

①利用不存在结构变化的 T 个样本进行协整分析，得到协整参数的估计值$\hat{\beta}$，以及残差序列$\hat{u}=y_t-x'_t\hat{\beta}$和$\hat{V}=\Delta x_t$。根据公式（7）和（8）计算两个统计量的值 P_a 和 R_a。

②直接对 $\{\hat{u},\ \hat{V}\}$ 进行移动块自举抽样，得到残差的自举样本 $\{u^*$，

$V^*\}$，然后结合协整参数的估计值$\hat{\beta}$生成自举样本$\{y_t^*, x_t^*\}$，样本容量为T。生成过程如下：

$$y_t^* = x_t^* \hat{\beta} + u^* \qquad x_t^* = x_{t-1}^* + V^*$$

③利用$\{y_t^*, x_t^*\}$中除$t=j, \ldots j+m-1$外的$T-m$个自举样本，估计协整参数$\hat{\beta}^*_{(j)}$，在此基础上计算$P_j(\hat{\beta}^*_{(j)})$和$R_j(\hat{\beta}^*_{(j)})$：

$$P_j(\hat{\beta}^*_{(j)}) = \sum_{t=j}^{j+m-1}(y_t^* - x^{*\prime}_t\hat{\beta}^*_{(j)})^2 \quad R_j(\hat{\beta}^*_{(j)}) = \sum_{i=j}^{j+m-1}[\sum_{t=i}^{j+m-1}(y_t^* - x^{*\prime}_t\hat{\beta}^*_{(j)})]^2$$

④多次重复步骤②和③，得到P_a^*和R_a^*的经验分布，在此基础上分别计算两个统计量的自举p值：$p^* = P(|P_a^*| > |P_a|)$和$p^* = P(|R_a^*| > |R_a|)$。

至于协整参数的估计方法，论文使用 Phillips 和 Hansen（1991）提出的完全修正最小二乘法（Full Modified Ordinary Least Square，简称 FMOLS），其中的核估计使用 Barlett 核，而窗口宽度的选择则遵循 Andrews（1991）的建议。其原因在于，虽然关于中国货币需求分析的诸多文献之中，Johansen 程序因其易于操作而成为最常见的一种研究方法，但 Phillips（1994）证明，协整参数 Johansen 估计量的精确有限样本分布尾端与高斯分布非常类似，从而不存在有限的整数阶矩，也就是说 Johansen 估计量的方差较大，而且容易出现异常估计值，这应该是中国货币需求函数估计结果千差万别的另外一个重要原因。

三、年度数据分析（1978～2007）

协整关系的稳定性决定着协整检验的有效性，如果不能保证改革开放以来中国货币需求函数的稳定性，那么利用这 30 年数据进行的协整检验就没有任何意义。但通常情况下，人们怀疑的是改革开放以来中国货币需求函数的稳定性，而不是这一期间货币需求函数的存在性。因而，虽然没有借助协整检验，也有理由相信货币需求函数会作为m_i（i=1，2）与 y、R 和 π（之间的协整关系而长期存在，经济理论和现有的实证研究为此提供了足够的证据，而且这也是我们进行协整关系稳定性检验的必备条件。这里将直接对货币需求关系进行 FMOLS 估计，并在此基础上研究协整关系的稳定性。数据主要来源于《中国统计年鉴》（1996，2007），1990 年以前的M_1和M_2间接引自易纲（1996），2007 年的数据来源于中国国家统计局和中国人民银行网站。

Hansen（1992）给出三种统计量：Sup$F$、Mean$F$ 和 L_c，用来检验协整关系的稳定性。三个统计量的零假设是相同的，即样本期内存在稳定的协整关系，但它们的备择假设有所不同，Hansen 认为如果旨在发现是否存在结构变化，Sup$F$ 是最合适的，但如果旨在检验特定模型能否较好地反映变量之间的稳定关系，L_c 则是最优的。我们分别利用这三种统计量对改革开放 30 年来中国货币需求的稳定性进行检验，主要结论如表 1 所示。在计算 Sup$F$ 和 Mean$F$ 统计量时，假设可能发生结构变化的位置位于全样本的［0.2，0.8］区间，即在 1984 年到 2001 年之间。[①]

表 1 货币需求函数稳定性的 Sup$F$、Mean$F$ 和 L_c 检验（年度数据）

模型	检验
$m_1=-3.15+1.25y-1.15R+0.01\pi+u$ (0.13) (0.01) (0.46) (0.19)	Sup$F$=262.15* Mean$F$=109.26* L_c=3.93*
$m_1=-3.24+1.26y-0.96R+u$ (0.14) (0.01) (0.35)	Sup$F$=221.93* Mean$F$=46.67* L_c=0.73***
$m_1=-2.10+0.01t+1.12y-1.17R+u$ (1.16) (0.01) (0.14) (0.34)	Sup$F$=749.89* Mean$F$=85.78* L_c=1.16*
$m_2=-6.37+1.65y+3.64R-1.17\pi+u$ (0.31) (0.03) (1.12) (0.46)	Sup$F$=498.43* Mean$F$=135.29* L_c=2.97*
$m_2=5.84+0.13t+0.15y+0.62R-0.24\pi+u$ (0.31) (0.02) (0.20) (0.70) (0.28)	Sup$F$=2012.92* Mean$F$=869.19* L_c=3.78*

注：括号内为标准差，统计量的临界值参加 Hansen（1992），*、**和***分布表示在 1%、5%和 10%的显著水平上显著，下同。

表 1 中给出几种模型设定下的 Sup$F$、Mean$F$ 和 L_c 检验的结果。为方便与现有文献比较，还给出了基于全部样本的模型估计结果，其中包括两个随机性协整设定，但由于样本期内货币需求函数并不稳定，这些估计结果没有实际意义。如果旨在使用 Sup$F$ 统计量检验结构变化，那么无论哪一种模型设定，都可以在 1%的显著水平下拒绝零假设。即便使用 L_c 统计量，也可以在 10%的显著水平下拒绝零假设。因而，可以认为中国的货币需求函数在这 30 年里

① 我们根据协整参数的递归估计结果，发现结构变化的位置应该在 20 世纪 90 年代。

是不稳定的，从而对于那些利用年度数据进行的货币需求分析，其结论的可靠性都是值得商榷的，至少这些结论需要我们在有效样本区间（不存在结构变化）的基础上进行进一步的检验。

四、季度数据分析（1994：1～2008：1）

（一）基准期间的选择

季度数据的样本观测值较多，即使存在一定的结构变化，我们也可以利用那些稳定区间的数据对货币需求函数进行比较有效的估计。因而，季度数据分析的关键是寻找一个稳定的基准区间，在此基础上检验样本端点处两次高通胀是否改变了中国的货币需求结构。M_1 和 M_2 的数据来源于各期《中国金融年鉴》，2007 年和 2008 年第 1 季度数据来源于中国人民银行网站；2001 年以前的 GDP 数据来源于《中国季度国内生产总值核算历史资料（1992～2001）》，其他 GDP 数据来源于中国统计局网站，并利用 X－12 进行季节调整；CPI 来源于中经网数据库和中国国家统计局网站。

1997 年第 1 季度到 2006 年第 4 季度之间不存在严重通胀和重要的制度变革，这 10 年可能是中国货币需求函数相对稳定的时期。我们首先使用 Sup$F$、Mean$F$ 和 L_c 统计量检验在此期间，即全样本的［0.22，0.90］之间是否存在结构变化，结果如表 2 所示。对于 M_1 的三种模型设定，在通常的显著水平下，三种统计量的检验结果都表明零假设不能被拒绝，即在 1997 年第 1 季度与 2006 年第 4 季度之间，可以认为 M_1 需求函数是稳定的，表 2 左侧给出了在这一稳定期间货币需求函数的估计结果。对于 M_2，无论选择哪个统计量，基本上都应该拒绝零假设。也就是说，在这经济发展较为稳定的 10 年里，关于 M_2 的需求依然是不稳定的，因而，中央银行应该选择 M_1 而不是 M_2 作为政策目标和主要的监控对象，这与王少平和李子奈（2004）、张勇和范从来（2006）的结论是一致的。当然，这里零假设被拒绝也可能是因为模型存在设定错误，如忽略了一些重要的解释变量等，这些结果至少已经表明，我们不能利用式（3）或（4）中的货币需求函数对 M_2 进行分析。比较表 2 中 M_1 需求函数的三种设定形式：第 1 个模型中（的系数不显著，这一时期名义利率基本上充分反映了通胀率的变化，预期通胀率对货币需求的影响可以通过名义利率来实现；第 3 个模型 y 的系数为负，与经济理论不符。相对而言，第 2 个模型更为可靠，因而，后文关于货币需求函数的稳定性检验都是针对表中第 2 个模型展开的。

表 2 货币需求函数稳定性的 Sup*F*、Mean*F* 和 L_c 检验（季度数据）

模型	检验
$m_1=-0.08+1.10y-5.44R+5.80\pi+u$ (0.65) (0.07) (1.16) (3.43)	Sup$F$=8.55 (>0.2) Mean$F$=4.74 (>0.2) L_c=0.41 (0.18)
$m_1=-0.82+1.17y-4.43R+u$ (0.60) (0.06) (1.19)	Sup$F$=5.23 (>0.2) Mean$F$=2.87 (>0.2) L_c=0.22 (>0.2)
$m_1=16.71+0.06t-0.92y+0.55R+u$ (6.18) (0.02) (0.73) (1.90)	Sup$F$=6.37 (>0.2) Mean$F$=3.43 (>0.2) L_c=0.23 (>0.2)
$m_2=0.21+1.17y-5.31R+2.31\pi+u$ (0.59) (0.0.06) (1.04) (3.09	Sup$F$=42.60 * Mean$F$=21.13 * L_c=0.77 ***
$m_2=18.38+0.06t-1.01y+1.23R-+2.81\pi+u$ (3.15) (0.01) (00.38) (0.90) (1.43)	Sup$F$=46.50 * Mean$F$=21.64 * L_c=1.73 * *

注：右侧括号内为 p 值，Hansen（1992）给出的响应面函数只能用于计算［0.015，0.20］之间的 p 值。

事实上，表 2 中统计量 Sup$F$ 和 Mean$F$ 检验的是对全部样本而言货币需求函数是否在 1997 年第 1 季度与 2006 年第 4 季度之间发生结构变化。也就是说，其检验结果会受到 1997 年第 1 季度到 2006 年第 4 季度之外的其他样本点的影响。为得到更加稳健的结论，针对第 2 个模型，以 1997 年第 1 季度到 2006 年第 4 季度的数据作为全样本，进一步检验结构变化是否发生于［0.15，0.85］之间，结果为 Sup$F$＝10.48（>0.2），Mean$F$＝7.89（0.11），L_c＝0.56（0.14），括号内为 p 值，这也证实了 M_1 需求函数在此期间的稳定性。

（二）高通胀时期货币需求函数的稳定性检验

确定 1997 年第 1 季度到 2006 年第 4 季度作为稳定的基准期间之后，我们利用 Andrews 和 Kim 的 P 类和 R 类统计量检验 1993～1996 年的高通胀和 2007 年后新一轮通胀是否改变了 M_1 的需求结构。基准期间共包括 40 个样本观测值，对应式（5）的模型，$T=40$，我们从 1996 年第 4 季度到 1994 年第 1 季度分别计算 P 类和 R 类统计量的值，相应的 $m=1$，...，12。如果 $m=1$，...j 时接受零假设，$m=j+1$，...12 时拒绝零假设，则结构变化应该发生于

1997 年第 1 季度的前 $j+1$ 期。此外，随着 m 的变化，每次自举得到的随机变量 P_j（β_0）或 R_j（β_0）的个数（$40-m+1$）也在变化，因此，将自举次数设定为［500/（$40-m+1$）］，以保证用于估计统计量分布函数的随机变量个数维持在 500 附近。我们使用残差抽样间接生成自举样本，而对残差使用移动块自举抽样，块长度为 5。

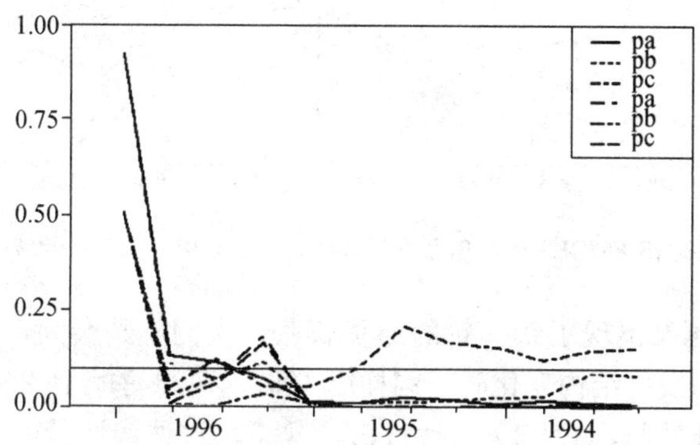

图 2　货币需求函数的稳定性检验（1994：1～1996：4）

图 2 给出了 P 类和 R 类六种统计量的 p 值，横线对应着 $p=0.10$。这些统计量关于 1996 年第 4 季度的结论非常一致，该期间不存在结构变化。而 1995 年之前，除统计量 P_c 的异常表现外，其他 5 个统计量的 p 值都远远低于 0.10，因此可以认为货币需求函数在 1995 年前后发生了结构变化。至于 1996 年的后 3 个季度，除第 2 个季度中 P_b、R_b 和 R_c 偏低外，其他情形下各统计量的 p 值均大于 0.05，六个统计量的结论并不统一。我们以 1997 年第 1 季度到 2006 年第 4 季度为基期，向前进行递归 FMOLS 估计，结果如图 3 所示。货币需求收入弹性 β_2 没有明显变化，但利率对货币需求的影响却显著增加。的确，经历了 1985 年和 1988～1989 年连续两次通胀以后，在新一轮的通胀期间，人们持有货币时最关心的是物价上涨导致的货币实际购买力下降，而不是名义利率所衡量的因持有货币而放弃的潜在收益。而且从图 1 可以看出，这一期间的实际利率为负，名义利率的调整并不充分。1996 年以后，名义利率的调整基本上完全反映了通胀率的变化，此后中央银行的利率调节对中国宏观经济的健康运行一直发挥着重要作用，人们持有货币时考虑的机会成本主要就是利率。比较图 3 中 1996 年前后货币需求对利率的半弹性系数，也可以看出，当样本中包含 1996 年以前的高通胀时期时，利率对货币需求的影响程度明显下降，这也说明高通胀时期利率对货币需求的影响与一般时期是不同的。总而

言之，随着未来样本数据的不断增加，相对稳妥的选择是使用1996年第4季度以后的样本，但通常情况下，也可以认为从1996年第1季度到2006年第4季度，中国的货币需求函数一直是稳定的。

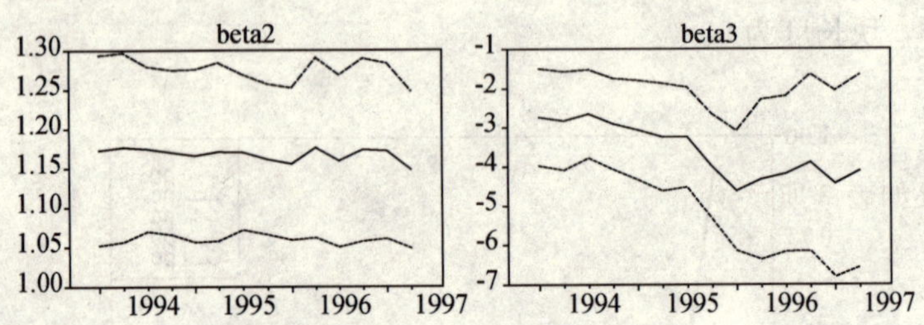

图3 递归FMOLS估计值及95%置信区间（1997：02～1994：01）

2007年中国又出现了新一轮的通货膨胀，人们不禁会问，中国的货币需求函数会因此而发生结构变化吗？同样以1997年第1季度到2006年第4季度作为稳定的基准期间，$T=40$，$m=1$，...，5。六种统计量的p值如图4所示，除2008年第1季度$R_b=0.07$外，其他情形中所有统计量的值均大于0.10。六个统计量的检验结论完全一致，即2007年至今货币需求函数没有发生结构变化。这意味着虽然2007年以来物价一路攀升，但至少到2008年第1季度，人们的行为机制还没有发生变化，货币、产出与利率之间的关系依然稳定。与1993～1996年的通胀相比，当前的经济形势虽然也不容乐观，但中央银行的货币政策依然会按照原来的路径对宏观经济产生影响，货币政策的活动空间还很大。

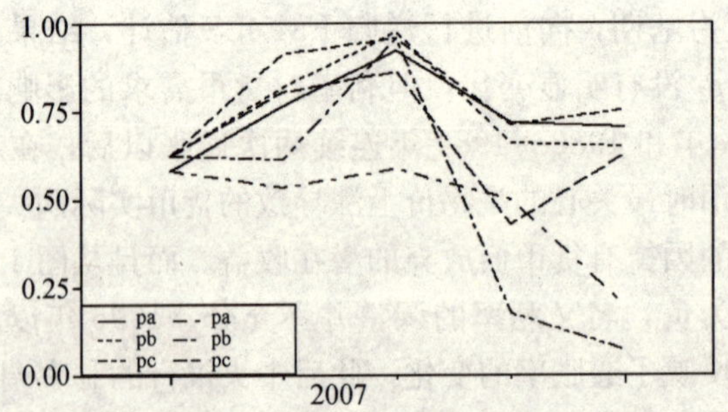

图4 货币需求函数的稳定性检验（2007：1～2008：1）

(三) 协整检验与误差修正模型（ECM）估计

前述分析一直假设协整关系成立，而没有进行严格的计量检验。确定货币需求函数在1996年第1季度到2008年第1季度保持稳定以后，我们利用这些样本数据进行Johansen协整检验。① VAR模型的滞后阶数选择8，此时残差的自相关检验可以通过，但联合正态性检验不能通过，如此长的滞后阶数依然不能保证残差的良好性质，这在一定程度上也说明了使用FMOLS方法的合理性。结果如表3所示：

表3 m_1、y 和 R 的协整检验

原假设 H_0	备择假设 H_1	λ_{max}	迹统计量
$r=0$	$r\geqslant1$	23.50*	38.84*
$r\leqslant1$	$r\geqslant2$	13.18	15.35
$r\leqslant2$	$r=3$	2.17	2.17

在5%的显著水平下，三个变量之间存在一个协整关系，即长期货币需求关系。利用这些有效样本估计的货币需求函数为：

$$m_1 = -0.78+1.17y-4.51R+u \tag{9}$$

$$(0.34)\ (0.03)\ (0.63)$$

括号内为标准差。式（9）与表2中第2个模型基本一致，这进一步说明货币需求函数在这一期间是稳定的。线性独立的协整关系个数确定后，可以利用Johansen（1996）给出的LR统计量对式（3）中确定性协整和式（4）中随机性协整进行检验：

$$LR=T\sum_{i=1}^{s}log\left[(1-\lambda_i^*)/(1-\lambda_i)\right]\sim\chi^2(s)$$

其中，$\lambda_i i$ 和 λ_i^* 分别表示按照确定性协整和随机性协整进行Johansen检验得到的特征根，$\lambda_1>\ldots>\lambda_s>\ldots$，$\lambda_1{}^*\ldots>\lambda_s{}^*>\ldots$；$T$ 为样本容量，s 为协整关系的个数。代入数据，LR=1.30（$p=0.75$），接受零假设，即应该使用式（3）的确定性协整对货币需求函数进行分析，这与我们从表2中得到的结果完全一致。

最后，我们利用式（9）的协整关系建立货币需求的短期动态方程，除去

① 单位根检验的结果没有在此给出，一是因为单位根检验对于Johansen检验并不是必需的，二是因为绝大多数相关的实证研究都证实了这些变量的I（1）性质。

所有不显著的变量，估计结果为：

$$\Delta m_{1t}=-0.16-0.27\Delta m_{1t-1}-0.38\Delta m_{1t-2}-0.28\Delta m_{1t-3}-0.25u_{t-1}+\varepsilon_t \quad (10)$$

(0.08) (0.14) (0.13) (0.14) (0.10)

括号内为对应系数的标准差。当期货币增长率取决于前3期的增长率和上一期的非均衡误差。从需求角度来看，这意味着对 M_1 的需求是自我稳定的，人们会根据过去的行为调整当前的决策，如果前几期货币增长率较高，或者货币持有超过了实际的需要，则当期就会减少对货币的需求。但如果从供给角度来看，式（10）也反映了中央银行的货币供给主要是对过去行为进行修正和被动地满足实际货币需求变化的需要，而没有真正做到结合实际的产出和通胀情况进行主动货币政策干预。

五、结论和建议

货币需求函数的稳定性是对其进行有效估计的前提，国内尚没有文献对此进行严格的计量检验。本文就 M_1 和 M_2 两种口径对中国货币需求函数的稳定性进行深入分析，主要的结论和建议如下：

（1）M_1 和 M_2 的货币需求函数在90年代中期都发生了结构变化，因而不建议使用年度数据进行货币需求分析；1996年以后十多年的经济稳定发展时期，M_2 的需求依然不稳定，因而从货币需求稳定性上来看，中央银行应该对 M_1 重点监测。

（2）M_1 的需求从1996年至今都很稳定，因而，利用季度数据进行 M_1 的需求函数分析时，应该使用1996年以后的数据，且要进行确定性协整分析。稳定的货币需求函数也意味者没有必要寻找更多的解释变量进行拟合。

（3）1996年以前，连续的通胀影响了人们的持币行为，也改变了货币需求函数的结构。但2007年后新一轮的通胀没有影响到货币需求的稳定性，这可能因为其时间较短而且政府治理通胀的立场非常坚定，从而人们对未来的预期没有太大改变，货币政策依然有很大的活动空间。而且央行的货币政策更应该结合产出和通胀的实际情况相机而行，而不是被动调整。

参考文献：

［1］Andrews，D W K. “Heteroskedasticity and autocorrelation consistent covariance matrix estimation.” *Econometrica*. 1991，59：817-858.

［2］ Andrews，D W K and J Y Kim. “End-of-sample cointegration breakdown tests.” Cowles Foundation Discussion Paper No. 1404. 2003.

［3］ K Carstensen. “Stock Market Downswing and the Stability of European Monetary Union Money Demand.” *Journal of Business & Economic Statistics*. 2006，25（4）：395-402.

［4］ Hansen B E. “Tests for parameter instability in regressions with I（1） processes.” *Journal of Business & Economic Statistics*. 1992，10（3）：321-335.

［5］ Johansen S. *Likelihood-based inference in cointegration*. Oxford：Oxford University Press. 1996.

［6］ Li H and Maddala G S. “Bootstrapping cointegrating regressing.” *Journal of Econometrics*. 1997，80：197-318.

［7］ Ogaki M and Park P. “A cointegration approach to estimating preference parameters.” *Journal of Econometrics*. 1997，82：107-134.

［8］ Phillips P C B. “Some exact distribution theory for maximum likelihood estimators of cointegrating coefficients in error correction models.” *Econometrica*. 1994，62：73-93.

［9］ Phillips P C B and Hansen B E. “Statistical inference in instrumental variables regression with I（1） processes.” *The Review of Economic Studies*. 1990，57：99-125.

［10］ 易纲．中国的货币、银行和金融市场：1984—1993. 上海：上海三联书店、上海人民出版社，1996.

［11］ 刘斌，邓述慧，王学坤．货币供求的分析方法与实证研究．北京：科学出版社．1999.

［12］ 石建明．股票市场、货币需求与总量经济：一般均衡分析．经济研究．2001，5：45—52.

［13］ 王曦．经济转型中的货币需求与货币流通速度．经济研究．2001，10：20—28.

［14］ 汪红驹．中国货币政策有效性研究．北京：中国人民大学出版社．2003.

［15］ 王少平，李子奈．中国货币需求的协整分析及其货币政策建议．经济研究．2004，39（7）：9—17，114

［16］ 伍超明．货币流通速度的再认识——对中国 1993—2003 年虚拟经济与实际经济关系的分析．经济研究．2004，9：36—47.

［17］ 刘金全，张文刚，于冬．中国短期和长期货币需求函数稳定性的实证分析．管理科学. 2006，8：62—67.

［18］ 张勇，范从来．货币需求函数结构稳定性的实证分析——来自政策变动、经济稳定预期不稳定的证据．管理世界．2006，2：10—17.

[illegible]

[illegible]

[illegible]

[illegible]

[illegible]

[illegible]

[illegible]

[illegible]

[illegible]

[illegible]

[illegible]

[illegible]

[illegible]

[illegible]

三

金融　资本　市场

不同金融体系下金融发展促进技术创新的实证研究

王朝晖[1,2]　唐绍祥[1]

（1. 宁波大学　2. 南京大学）

一、引言

有关金融发展促进技术创新的研究，源于金融与经济增长关系的研究，大部分学者认为金融体系通过动员储蓄、分散风险、处理信息、解决激励、便利交换等功能，改变了技术创新的数量和质量，从而推动经济增长。早在1912年，熊彼特就在其著作《经济发展理论》中强调了金融对技术创新的重要性。熊彼特认为技术创新往往受制于资金供给的制约，资本家通过辨别和资助那些最有创新能力的企业家辅助创新活动的完成。英国经济学家约翰·希克斯在其1969年出版的《经济史理论》一书中详细考察了金融在促进英国的工业化过程中所起的关键性作用，并认为引发18世纪英国工业革命从而促进经济增长的新的重要因素就是金融市场的流动性。Saint 和 paul（1992）从金融系统的风险分散功能的视角解释了金融对技术创新的选择。King 和 Levine（1993a）在 Schumpeter 有关企业家创新职能和金融机构功能论述的基础上，建立了一个引入金融系统的内生经济增长模型，进一步指出，金融中介能够对企业的投资计划做评估，从而可减少新投资计划的风险，进而提高企业投资计划成功的几率，良好的投资对于经济增长当然会有正面的帮助。Romer（1990）、Grossman（1991）、Howitt 和 Aghion（1992）通过构建模型也说明了金融发展通过识别新生产过程和新商品来改变技术创新率最终影响稳态增长。Solomon Tadesse（2002）认为，良好的金融体系能够向技术创新体系提供技术创新所需要的大规模投入融资，资本市场通过为技术创新投资者提供长效性的激励功能、分散风险和共享机会，促进了技术创新行为的长期化、稳定化和持续化。此外，King和Levine（1993b）在Goldsmith的研究基础上，利用77个国家1960—1989期间的面板数据，实证验证了金融发展水平对于长期生产率增长的预测能力。

技术创新具有高投入、高收益、高风险等特性，为金融体系介入其中提供了依据和空间。一国的金融体系可以分为以金融市场为主导的和银行中介为主导的。由于不同的金融体系在风险管理、信息处理及其解决激励等方面各有优势和劣势，从而促进技术创新的相对绩效也不相同。就风险管理而言，以银行中介为主的金融体系在分散纵向风险时有优势，以金融市场为主的在分散横向风险时有优势；就信息处理而言，以银行中介为主的金融体系在处理单一信息方面有优势，以金融市场为主的在处理多种不同信息时更有优势；就监督公司治理而言，以银行中介为主的金融体系对公司的监督成本较低，事后监督能力强，以金融市场为主的对公司的监督成本较高，事后监督能力较弱，但能利用让经理人的收入与公司股票价格挂钩的管理合同对公司管理层提供有效激励。但总体而言，哪一种金融体系更适合技术创新？

为此，本文以OECD国家为样本，以前沿技术进步率做为技术创新的代理变量，利用面板数据实证研究金融发展对技术创新的作用，并比较不同的金融体系对技术创新的总体影响。

二、技术创新的测度

本文以前沿技术进步率做为技术创新的代理变量，这首先需要明确它与全要素生产率和技术效率的关系，以及前沿技术进步率的计算方法。

（一）前沿生产率模型与数据包络分析

1. 全要素生产率、技术效率和技术进步

经济增长的核心就是全要素生产率（TPF）的增长。一般来说，产出的增长扣除投入增长之外就是全要素生产率的增长。传统的生产函数假定所有生产者在技术上是充分有效的，从而将产出增长扣除要素投入贡献后的剩余全部归结为技术进步（Technological Progress）的结果。但Farrell（1957）等指出：并不是每一个生产者都处在生产函数的前沿（Frontier of the Production Function）上，能够达到技术前沿（Frontier Technology），大部分生产者的效率与最优生产效率有一定的差距，即存在技术无效率（Technical Inefficiency）。全要素生产率的变化可经进一步分解为：技术效率变化、技术进步、规模效率变化、资源生产效率变化（Kumbhakar 和 Lovell，2000）。其中，技术效率用来衡量一个企业在等量要素投入条件下，产出与最大产出（技术前沿）的距离。距离越大，则技术效率越低。技术进步表明了生产可能性边界随时间变化的轨迹。技术效率和技术进步具有不同的政策含义，经济改革不仅要加速创新活动，促进技术进步，更重要的是要通过制度等手段提高现有资源的利用率，使实际产出接近潜在产出。

图 1 说明了全要素生产率、技术进步和技术效率的区别与联系。以一种投入和一种产出的生产函数为例，曲线 1 和 2 表示不同时期的技术前沿，它定义了最优的投入产出关系，代表了当前的技术水平下每一种投入水平所对应的最大产出水平。厂商或处于前沿面上，或位于前沿之下：A 点代表着技术无效率点，B 点和 C 点表示技术有效率点。无效率的程度可以用该点与前沿曲线的距离表示，距离越大越无效率。全要素生产率定义为从原点出发射线的斜率。如果一个厂商从 A 点移到 B 点，斜率变大，意味着全要素生产率的提高，同时技术效率也得到了改进。从 B 点移到 C 点技术效率不变，但是全要素生产率得到了提高。从前沿曲线 1 上移到前沿曲线 2 就是技术进步。从图 1 可以清楚地发现：无论是技术进步，还是技术效率的改进，都会导致全要素生产率的提高。如果技术进步的速度过快，可能同时伴随着技术效率的下降。也可能技术效率提高和技术退步共存。

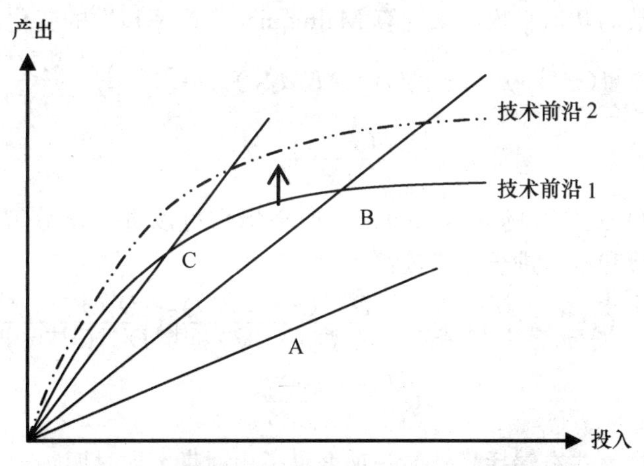

图 1　全要素生产率、技术效率和技术进步

2. Malmquist 生产率指数

1953 年瑞典统计学家 Sten Malmquist 最早提出了 Malmquist 指数，用来分析不同时期消费的变化情况。而 Caves et al.（1982）将该指数引进到生产力分析上，形成了最初的 Malmquist 生产率指数。经 Fare et al.（1994）全面改造后，Malmquist 生产率指数可以通过距离函数来定义，距离函数在刻画多投入和多产出生产技术方面的优势，它已成为实证研究生产模式的一个重要测度方法。根据 Fare（1988）中的阐述，对于时期 $t-1$，$\cdots T$，产出的距离函数可以定义为：

$$D_0^t(x^t, y^t) = \inf[\theta: (x^t, y^t/\theta) \in S^t] \\ = \{\sup[\theta: (x^t, \theta y^t) \in S^t]\}^{-1} \tag{1}$$

其中，x^t 表示时期 t 的投入向量，y^t 表示产出向量，上角标 t 表示对应时期的参考技术，S^t 表示技术集合。$D_0^t(x^t, y^t)$ 是一个封闭、有界的凸集合，并满足强可处置性。$D_0^t(x^t, y^t)$ 可以用来测量给定投入向量 x^t 情况下，产出向量 y^t 最大比例扩展的倒数，从而反映出各个生产决策单位相对于参考技术所对应生产前沿面的距离。Caves 提出的 Malmquist 生产率指数就是两个距离函数相对于相同参考技术的比值：

$$M_0^t = \frac{D_0^t(x^{t+1}, y^{t+1})}{D_0^t(x^t, y^t)} \tag{2}$$

$$M_0^{t+1} = \frac{D_0^{t+1}(x^{t+1}, y^{t+1})}{D_0^{t+1}(x^t, y^t)} \tag{3}$$

上述两个指数度量了相同参考技术下生产率由时期 t 到时期 $t+1$ 的变化，用这两个指数的几何平均值来计算 Malmquist 生产率指数的变化：

$$M_0^{t+1,t}(x^{t+1}, y^{t+1}, x^t, y^t) = (M_0^t M_0^{t+1})^{1/2} = [(\frac{D_0^t(x^{t+1}, y^{t+1})}{D_0^t(x^t, y^t)}) \\ (\frac{D_0^{t+1}(x^{t+1}, y^{t+1})}{D_0^{t+1}(x^t, y^t)})]^{1/2} \tag{4}$$

利用（4）式定义的 Malmquist 生产率指数可以进一步分解为两个部分，效率进步指数和技术进步率指数：

$$M_0^{t+1,t}(x^{t+1}, y^{t+1}, x^t, y^t) = \frac{D_0^{t+1}(x^{t+1}, y^{t+1})}{D_0^t(x^t, y^t)}[(\frac{D_0^t(x^{t+1}, y^{t+1})}{D_0^{t+1}(x^{t+1}, y^{t+1})}) \\ (\frac{D_0^t(x^t, y^t)}{D_0^{t+1}(x^t, y^t)})]^{1/2} \tag{5}$$

（5）式中等式右端括号外的一项度量了由时期 t 到时期 $t+1$ 的效率变动，实际上它反映了每个观察对象与最佳实践前沿的接近程度。而括号内的部分则度量了技术进步，它刻画了两个时期之间的前沿迁移。

3. 数据包络分析方法

前沿生产率分析主要有随机前沿分析（SFA）和数据包络分析（DEA）两种方法，前者是以回归分析为基础的参数方法，能够考虑环境变化和随机因素对生产行为的影响，但要对生产函数和随机项的概率分布进行设定；后者是基于线性规划的非参数方法，主要优点是不需要对生产函数进行任何假设，但缺点是忽略了随机因素对生产行为的影响。由于两种方法的结果往往是不一致的，甚至差异很大，有学者对随机前沿分析和数据包络分析的有效性进行了对比，结果发现没有任何证据表明一种方法比另一种绝对有效，二者各有不同的适用条件，经验研究中需要根据具体问题进行选择（Banker et al，1993；Mortimer，2002）。

本文将通过 Fare et al.（1994）提出的 DEA 非参数规划方法计算 Malmquist 生产率指数。假设在时期 $t=1, \cdots, T$，第 $k=1, \cdots, K$ 个国家使用 $n=1, \cdots, N$ 种投入 $x_n^{k,t}$，得到第 $m=1, \cdots, M$ 种产出 $y_m^{k,t}$。在固定规模报酬条件下，时期 t 的参考技术可以定义如下：

$$S^t = \{(x)^t, y^t: y_m^t \leqslant \sum_{k=1}^{K} z^{k,t} y_m^{k,t}, m=1, \cdots, M;$$
$$\sum_{k=1}^{K} z^{k,t} x_n^{k,t} \leqslant x_n^t, n=1, \cdots, N; \quad z^{k,t} \geqslant 0, k=1, \cdots, K\} \tag{6}$$

其中，$z^{k,t}$ 表示国家 k 在时期 t 的权重。为了构建国家 k 在时期 t 到 $t+1$ 过程中相对于规模报酬不变技术的 Malmquist 生产率指数，必须计算四个距离函数，即 $D_0^t(x^{k,t}, y^{k,t})$，$D_0^{t+1}(x^{k,t+1}, y^{k,t+1})$，$D_0^t(x^{k,t+1}, y^{k,t+1})$ 和 $D_0^{t+1}(x^{k,t}, y^{k,t})$。因此，如下的线性规划成为问题解决的关键：

$$[D_0^{t+i}(x^{k,t+j}, y^{k,t+j})]^{-1} = \max \lambda^k$$
$$\text{s.t.} \quad \lambda^k y_m^{k,t+j} \leqslant \sum_{k=1}^{K} z^{k,t+i} y_m^{k,t+i}, m=1, \cdots, M; \tag{7}$$
$$\sum_{k=1}^{K} z^{k,t+i} x_n^{k,t+i} \leqslant x_n^{k,t+i}, \quad n=1, \cdots, N;$$
$$z^{k,t+i} \geqslant 0, \quad k=1, \cdots, K;$$

（二）数据介绍

本研究的样本国家选自经济合作与发展组织（OECD）。OECD 成立于 1961 年，其前身是欧洲经济合作组织（OEEC），目前共有 30 个成员国，绝大多数为发达国家，其国民生产总值占全世界的三分之二。一般而言，发达国家拥有发达的金融体系，因此，研究发达国家的金融体系更具有代表意义。受数据可得性、可比性的限制，本文最后确定澳大利亚等 15 个家国为截面样本，时间跨度为 1988 年到 2000 年。

计算全要素生产率需要 GDP、劳动力、资本等 3 方面的数据，均来自 UNIDO（Unite Nations Industrial Development Organization）数据库。其中，资本用实际资本存量来计算，UNIDO 在估算实际资本存量时采用永续盘存法，估算公式为：

$$K_{t+1}= (1-\delta) K_t+I_t \tag{8}$$

I_t为t年的新增投资，K_t为t年的实际资本存量，δ为折旧率，UNIDO以6%估算。回溯至初始期的公式为：

$$K_t= (1-\delta)^t K_0+\sum_{i=1}^{t} (1-\delta)^{t-i} I_t \tag{9}$$

（三）各国金融体系的划分

经济学家在研究国家的金融体系时，一般将国家的金融体系划分为以市场为主导的和以银行为主导的，前者以美国和英国为代表，后者以德国和日本为代表。Demirguc和Levine（1999）在金融规模、金融活动和金融效率综合度量的基础上，构建了一个金融结构的混合指数，来研究银行部门发展与证券市场发展的比率，比率较大的国家被归为以银行主导的国家，比率低于均值的国家则被归为市场主导的国家。进一步，他们划分出三个类型的金融体系结构：以银行主导的金融体系结构、以市场主导的金融体系结构、落后的金融体系结构。按照他们的金融结构混合指数，如果一个国家的银行发展和市场发展低于中位值，那么该国的金融体系就被认为是落后的。表1为15个样本国家的金融体系结构分类情况。

表1　样本国家金融体系结构分类表

	国家
以银行为主导	比利时 芬兰 法国 意大利 日本 挪威 西班牙
以市场为主导	澳大利亚 加拿大 韩国 荷兰 瑞典 英国 美国
落后的金融体系结构	丹麦

（四）技术进度率估计结果与分析

按照上文介绍的计算方法，可以得到各国的全要素生产率增长率（ΔTPF）、技术进步率（TC）、技术效率变化率（TEC）（结果略）。表2为样本国家的全要素生产率增长率、技术进步率、技术效率变化率的年平均增长率。

表 2 全要素生产率增长率及两个分解部分的年平均增长率

	全要素生产率增长率（ΔTFP）	技术进步率（TC）	技术效率变化率（TEC）
市场主导国家	0.30%	1.69%	−0.01%
银行主导国家	0.50%	2.01%	−0.02%
所有样本国家	0.42%	1.84%	−0.02%

由表 2 可知，在 1988 年到 2000 年间，样本国家的全要素生产率增长率为 0.42%，这说明发达国家的全要素生产率增长率来源于技术创新，此外，数据分析初步表明，以银行为主的金融体系较以市场为主的更适合技术创新，这需要进一步的研究。

三、解释变量的选取及其度量

（一）金融发展变量的选择

为验证金融发展和技术创新之间的关系，我们建立以下金融中介与证券市场的指标。其中，金融深度与金融效率指标数据源自国际货币基金组织（IMF）的 IFS 数据库，资本化率与周转率指标数据来自世界银行的 WPI 数据库。

1. 金融中介深度

BANK 指标来反应金融中介发达程度的指标，即存款货币银行在配置国内信贷过程中相对于中央银行的重要性。不同类型金融中介体的重要性往往不同，如与中央银行相比，存款货币银行可能提供更好的风险管理和投资信息服务（King and Levine，1993b）。

$$BANK=\frac{\text{国内信贷总额}}{\text{GDP}} \tag{10}$$

2. 金融中介效率

在反映金融效率方面，银行向私人部门贷款与信贷总额的比值指标则更加适合（King 和 Levine，1993）。即存款银行私人部分贷款对名义 GDP 的比率，更能直接反映金融中介发展水平的指标。

$$PRIVATE=\frac{\text{私人部门信贷}}{\text{GDP}} \tag{11}$$

3. 资本化率

用来反映股票市场的规模，等于股市年未总市值（Market capitalization）与GDP的比率。

$$MKTCAP=\frac{\text{流通股总市值}}{\text{GDP}} \tag{12}$$

4. 周转率

该指标等于年度的股票市场总成交金额（Total value of shares traded）除以的股票市场年未总市值，反映了股票市场的流动性。金融系统能够为技术创新提供风险分散和提高流动性的机制，而股票市场的风险分散和提高流动性功能似乎有更大的优势，因此我们把股票市场的流动性指标放入模型中进行考察，以检验股票市场与技术创新的关系。但周转率不是效率的直接度量，它没有度量交易成本（Demirguc—Kunt 和 Levine，1996）。

$$TURNOVER=\frac{\text{股票总成交金额}}{\text{股票流通市值}} \tag{13}$$

（二）控制变量的选择

1. R&D 经费

R&D是指为了进行知识创造和知识应用而进行的系统的创造性工作，是人们不断探索、发现和应用新知识的连续过程。所以，R&D经费是投入，技术创新是产出，可以用R&D经费来解释技术创新。参考瑞士洛桑国际管理开发研究院《世界竞争力年鉴》对科技创新能力的指标设计，我们采用R&D总经费占GDP比重，或者人均全国R&D总经费做为控制变量解释各国的技术创新。数据来自经济合作与发展组织的OECD数据库。

$$R\&D1=\frac{R\&D\text{经费总额}}{\text{总人口}} \tag{14}$$

$$R\&D2=\frac{R\&D\text{经费总额}}{GDP} \tag{15}$$

2. 教育水平

技术创新活动本质上是人的活动，人力资源禀赋是创新活动的另一重要变量。人力资源整体素质越高，对于一国的创新活动越有利。通常用国民的受教育水平来代表一国整体的人力资源素质。国际上常用Barro和Lee（1993）的测算结果。遗憾的是，此数据为每5年计算一次，没有提供连续的时间序列数据。为此，从数据的可获得性，采用了教育支出（education expenditure）占国民收总值（GNI）的比例。数据来自国世界银行的WPI数据库。

$$EDU=\frac{\text{教育支出}}{GNI} \tag{16}$$

四、模型设定及估计结果分析

对面板数据估计时，使用的样本数据包括了国家、技术创新与金融发展指标、时间等三个方向上的信息，因此，要检验回归方程的截距项与解释变量系数项是否对所有个体样本点和时间都是常数。在本研究中，仅以样本自身效应为条件进行推论，宜使用确定效应模型。经 F 检验与 Hausman 检验，确定本研究宜使用个体固定效应回归模型进行估计，回归方程的形式为：

$$TC_{i,t}=\alpha_i+F_{it}\beta_1+C_{it}\beta_2+u_{it} \tag{17}$$

其中，F 为金融变量组成的向量，C 为控制变量组成的向量，u_{it} 为随机误差项，β_1、β_2 为待估参数组成的向量。在该模型当中，各国家存在个体影响而无结构变化，并且各国家影响可以用截距项 α_i 的差别来说明。

在估计中，由于 R&D 总经费占 GDP 比重这一指标不显著，所以，采用了人均全国 R&D 总经费做为研发的代理指标。此外，考虑到 1997 年的亚洲金融危机，而本研究的数据样本中包括日本和韩国，因此，要加入虚拟变量 D1997，这个变量只是 1997 年取值为 1，其余年份为 0。由于个别数据缺失，应采用非平衡数据估计，运用 GLS 法得到估计结果见表 3。

表 3 技术创新的决定因素

被解释变量 / 解释变量	技术进步率（TC）	t 值
BANK	－0.039628**	－2.527172
PRIVATE	0.036663**	2.525524
MKTCAP	0.010415**	2.232840
TURNOVER	0.005810	1.533494
R&D1	4.27E－05**	2.013938
EDU	－0.002612	－1.492812
D1997	0.024161***	5.092963
Constant	0.019909	1.192598
R^2	0.28	

注：*、**和***分别表示 t—统计量在 10%、5%和 1%的显著性水平显著。

根据上述模型的估计结果，在控制了其他变量的影响后，总体上可以肯定金融发展对于技术进步率的正向推动作用，下面具体分析如下：

第一，反映金融中介深度的全部信贷占GDP的比例——BANK变量的系数显著为负，这说明以BANK为代理变量的金融中介负向影响技术进步，这个实证结果出乎预料。这说明单纯在总量上扩大信贷规模并不利于技术创新。类似的实证结果是由Cull和Xu（2000）在研究中国国有银行信贷配给效率时得出的，即金融发展负向影响经济增长。而Levine和King（1993b）的实证结论表明：全部信贷占GDP比重这一指标与经济增长的联系并不紧密。

第二，反映金融中介效率的私人部门信贷占GDP的比值——PRIVATE变量的系数显著为正，说明以PRIVATE作为金融发展的代理变量时，金融中介发展将显著促进技术进步率增长金融中介正向影响技术进步。

第三，市场资本化率（MKTCAP）对技术进步率有显著的正向影响，周转率（TURNOVER）对技术进步率有正向的影响，但不显著。这说明证券市场对技术创新有正向的促进作用。要发展证券市场的直接融资与风险分散功能，提高直接融资的比重，促进技术创新。而证券市场的流动性对技术创新的影响并不明显。

第四，人均R&D显著正向影响技术创新，确认了增加研发的投入可以直接促进技术创新。但是，反映人力资源教育水平的教育投入占国民收入总值（GNI）的比值负向影响技术创新，统计上不显著。这说明用教育支出占GNI比值来代理教育水平并不合适，因为它反映了是教育支出的强度，并不能确切地代表人力资源的教育水平。

第五，1997年的虚拟变量的系数非常显著，说明1997亚洲金融风暴对日本、韩国的金融系统冲击很大。

最后，按金融结构将国家区分为银行主导型与市场主导型，对面板模型的个体影响进行分析。面板回归结果中的固定截距代表了非时变、不可观测的异质性因素，而一个国家金融结构的形成都有其独特的背景，将在较长一段时间保持稳定，因此，我们可以用金融结构来解释模型的个体影响。表4显示出银行主导型国家的有着较高自发技术进步率，如：比利时、挪威和意大利；相反，市场主导型国家的自发技术进步率较低，如：美国、瑞典和英国。这说明以银行为主导金融体系的国家有具有一定的技术创新优势。

表 4 各国自发技术进步率对均值偏离的估计结果

银行主导	截距	市场主导	截距
比利时	0.017468	美国	−0.016304
挪威	0.017263	瑞典	−0.012012
意大利	0.017103	英国	−0.011428
西班牙	0.005501	韩国	−0.010349
日本	−0.0002	荷兰	−0.002351
法国	−0.001861	澳大利亚	−0.001004
芬兰	−0.006435	加拿大	−0.000384

五、实证研究基本结论

本研究使用 1988—2000 年多国的面板数据，实证研究了金融发展对技术创新的促进作用，得到如下初步结论。

第一，以反映金融中介效率的私人信贷占 GDP 的比值作为金融发展的代理变量时，金融中介发展将显著促进技术创新，这说明我们应更加注重金融发展作用于技术进步的途径和传导机制，仅以全部信贷占 GDP 的比值作为金融发展代理片面地得出金融发展阻碍技术创新结论会导致我们低估金融中介发展对于技术创新的正面作用。

第二，证券市场对技术创新有明显的促进作用。主要表现为证券市场规模与技术创新显著正向相关，而市场的流动性与技术创新的关系并不显著。这进一步说明证券市场在资本筹措、公司控制及降低风险等方面对技术创新的正面作用。

第三，以银行为主导的国家与以市场为主导的相比，具有较高的初始技术进步率。这说明以银行为主导金融体系的国家有具有一定的技术创新优势。具体原因有待进一步研究。

参考文献：

[1] Banker R. D., Gadh V. M. and Gorr W. L. 1993. AMonte Carlo Comparison of Two Production Frontier EstimationMethods: Corrected Ordinary Least Squares and Data EnvelopmentAnalysis. European Journal of Operational Research, 1993, 67, pp. 332-343.

[2] Caves, D. W., L. R. Christensen and W. E. Diewert, 1982, Multilateral Compar-

isons of Output, Input, and Productivity Using Superlative Index Numbers, Economic Journal, 92 (365), 73-86.

[3] Cull, Robert and Lixin Colin, Xu, 2000, Bureaucrats, State Banks, and the Efficiency of Credit Allocation: The Experience of Chinese State-Owned Enterprises, Journal of Comparative Economics, 28 (1), 1 -31.

[4] Demirguc-Kunt, Asli & Levine, Ross, 1999. Bank-based and market-based financial systems-cross-country comparisons, Policy Research Working Paper Series 2143, The World Bank.

Grossman G. M. and E. Helpman (1991) . Quality Ladders in the Theory of Growth. Review of Economic Studies, 58 (1), 44-61.

[5] Färe, R., 1988, Fundamentals of Production Theory, Lecture Notes in Economics and Mathematical Systems, Heidelberg: Springer-Verlag.

[6] Färe, R., S. Grosskopf, M. Norris and Z. Y. Zhang, 1994, Productivity Growth, Technical Progress, and Efficiency Change in Industrialized Countries, American Economic Review, 84 (1), 66-83.

[7] Farrell J. 1957. The measurement of productive efficiency. Journal of the Royal Statistical Society, Series A, General 120, 1957.

[8] Howitt p. and Aghion p. 1992. A Model of Growth through Creative Destruction. Econometrica, 60, 323-351.

[9] King R. G. and Levine R. 1993a. Finance and Growth: Schumpeter Might Be Right. Quarterly Journal of Economics, August, 1993, pp. 7717-737.

[10] King R. G. and Levine R. 1993b. Financial, Entrepreneurship and Growth: Theory and Evidence. Journal of Monetary Economics. 1993. 32.

[11] Kumbhakar S. and Lovell C. 2000. Stochastic FrontierAnalysis. New York: Cambridge University Press, 2000.

[12] Levine R. 1997. Financial Development and Economic Growth: Views and Agenda. Journal of Economic Literature, 1997, 35: 688-726.

[13] Mortimer D. 2002. Competing Methods for Efficiency Measurement: A Systematic Review of Direct DEA vs SFA /DFA Comparisons. Centre for Health Program Evaluation working paper, No. 136, 2002.

[14] Romer p. M. 1990. Endogenous Technological Change. Journal of Political Economy 98 (5): 71-102.

[15] Saint-Paul G. 1992. Technological Choice, Financial Markets and Economic Development. European Economic Review. 1992. 36.

[16] Solomon Tadesse 2002. Financial Architecture and Economic Performance: International Evidence. Financial Development and Technology, 11, 429-454.

基于copulas技术的中国沪深股市相关性分析*

田　萍　张屹山
（吉林大学商学院；吉林大学数量经济研究中心）

一、引言

由于金融市场产品的复杂性和计算水平的提高，使人们越来越重视对各种的金融产品之间整体关系的研究。因为对这种关系的正确研究不但可以优化投资组合更可以使投资者很好的规避风险。当然，对于科研人员与市场管理者来说，正确地了解市场的整体运作形式能够有利于对市场的正确管理和保证经济市场平稳合理的运行。常见的一些研究主要包括如对市场的羊群效应研究、领滞关系研究以及整体风险和有效性研究等。国内外关于这方面的文献也数不胜数。长时间以来尽管随机变量的分布理论在处理单种资产收益率行为等的研究中被广泛应用，并取得了不错的结果。但是在多种资产的市场研究时很少应用联合分布的条件进行分析，这并不是因为联合分布不符合实际经济关系的假设，而主要是由于多元分布本身的复杂性和不可知性决定的。因此，即便研究者偶尔应用多元联合分布的假设，也通常是二元正态的情况，这也限制了其边际分布必须是正态，而且是线性的（尽管这种假设并非十分合理）。但是，随着经济社会复杂情况的加剧以及计算机水平的日益提高，使人们想要获得复杂的多元变量之间准确的相互关系的要求更加强烈了，这不仅包含变量间的线性关系，还有非线形性和尾部相关性等，所有这些问题已不仅仅是正态假设及线性相关系数能够应付得了的了。

---

* 本文部分受社科项目《前瞻性货币政策规则在我国的适应性研究》项目，基金号07BJY168、中国博士后基金二等项目、吉林大学“985工程”建设项目以及“经济分析与预测哲学社会科学创新基地”项目资助。

目前国际上正在发展的copulas函数技术对解决多个变量间复杂的相关关系问题有很大的帮助，它通过利用边际分布和已知的copulas函数进行多元关系研究，克服了直接研究多元分布函数的弊端。它不仅能够处理边际分布相同的多元分布问题，甚至对边际分布不同的多元联合分布问题也能够处理。又由于copulas函数的特殊性质，使人们对除线性关系以外的其他形式的变量间的相依关系的研究也有很大的帮助。因此，近些年来，关于copulas函数技术在金融的风险度量[4]、[7]、[11]、[13]、衍生工具定价[2]、生存模型[3]及保险[3]、[5]等方面都有很多重要且有意义的研究。可以预见copulas函数在金融市场的研究工作中将会起到越来越重要的作用。我国也有很多学者已开始重视copulas函数并关注其在金融方面的应用[11]~[15]。

本文在对copulas函数极其性质进行简单介绍的基础上，对中国的沪、深股市指数的相互关系进行参数估计，以便获得与其对应的几种可能的copulas函数形式，并就所得结果进行了简单的分析。

二、copulas简介

简单地说，一个copulas函数实质上是一个连接函数，其把一个多元分布函数和与之对应的一维边际分布函数连接到一起。copula一词最早于1959年在Sklar，A的理论中被提出。而copulas之所以能够被广泛的研究和应用的主要原因正如Fisher（1997）在《Encyclopedia of Statistical》[8]中所说的"copulas函数有两点主要原因使其获得统计学家的关注：'一、它是研究自由尺度相关性的一种方法；二、它是研究变量分布族结构的出发点。'"

（一）模型介绍（以二元随机变量为例）

设X，Y是二元随机变量分别具有分布函数$F(x)=P(X\leqslant x)$、$G(y)=P(y\leqslant y)$和联合分布函数$H(x, y)=P(X\leqslant x, Y\leqslant y)$，$\forall (x, y)\in(-\infty, \infty)^2$。下面考察$(F(x), G(y), H(x, y))$所处的$I^3$（$I=[0, 1]$）空间：称从$I^2$中把$(F(x), G(y))$映射成$I$中$H(x, y)$的函数为一个copulas，或称为一个连接函数。公式表示为$H(x, y)=C(F(x), G(y))$或者写成$C(u_1, u_2)=H(F^{-1}(u_1), G^{-1}(u_2))$，$\forall (u_1, u_2)\in[0, 1]^2$。其中，$F^{-1}$，$G^{-1}$形如$F^{-1}(p)=sup\{x \mid F(x)\leqslant p\}$。由Schweizer & Sklar（1983）给出的定理证明了当F，G是连续函数时Copula函数唯一；当F，G不连续时，这种copulas表示不唯一。copulas函数的一个优点是其不但能够表示变量之间的相关性，而且这种体现不会因为经过对变

量的严格的单调变换而改变，这是简单的线形相关系数做不到的。

(二) 几个有意义的或本文的实证研究将会用到的copulas函数：

1. 独立分布的copulas：

$$C_{\perp}(u_1, u_2) = u_1 u_2 \tag{1}$$

当随机变量相互独立时其copulas函数满足公式（1）。

2. 完美相依的copulas——Fréhet Copulas：

$$C_1(u_1, u_2) = \max\{(u_1 + u_2 - 1), 0\} \tag{2}$$

$$C_u(u_1, u_2) = \min(u_1, u_2) \tag{3}$$

简单地说，其中公式（2）体现了变量间完美的逆向相关的关系，而公式（3）却体现了变量间的完美的同向相关的关系，这两个copulas函数也正是所有的copulas函数的下、上界。因此，鉴于它们与独立分布的copulas函数的特殊性，虽然本文关心的沪、深指数的关系不适合使用，我们也在这里给出简单的介绍。

3. Gaussian copulas：

$$C_{Ga}^{\rho}(u_1 u_2) = \int_{-\infty}^{\Phi^{-1}} \int_{-\infty}^{\Phi^{-1}(u_2)} \frac{1}{2\pi(1-\rho^2)^{1/2}} \exp\left\{\frac{-(s^2 - 2\rho st + t^2)}{2(1-\rho^2)}\right\} dsdt \tag{4}$$

其中，$-1<\rho<1$ 表示两变量之间的相关性，但由于这个copulas函数已不单单表示具有线性关系的变量之间的联合分布形式了，因此参数 ρ 也不再是二个变量之间的线性相关系数。而 $\Phi(\cdot)$ 为标准正态随机变量的分布函数。

4. t分布copulas：

$$C_t^{\rho,v}(u_1, u_2) = \int_{-\infty}^{t_{v1}^{-1}(u_1)} \int_{-\infty}^{t_{v2}^{-1}(u_2)} \frac{(2\pi)^{-1}}{(1-\rho^2)^{1/2}} \exp\left\{1 - \frac{-(s^2 - 2\rho st + t^2)}{v(1-\rho^2)}\right\}^{-\frac{v+2}{2}} dsdt \tag{5}$$

其中，参数 ρ 同公式（4），t_{v1}^{-1} 表示自由度为 v_1 的分位数。而 v 也表示自由度，待估。

5. Gumbel copulas：

$$C_{Gu}^{\delta}(u_1, u_2) = exp\{-[\tilde{u}_1^{\delta} + \tilde{u}_2^{\delta}]^{1/\delta}\} \tag{6}$$

其中，$\tilde{u} = -\log(u)$。$\delta \geqslant 1$ 体现了变量之间的相依性：当 $\delta=1$ 时，两个变量相互独立。$\delta \to \infty$ 时表示变量是完美相依的。Gumbel是一个极值copulas，这种函数能够表现在紧张的市场状态（"牛市"或"熊市"）中资产的尾部相关性。该Gumbel copulas表现的是上尾相关，相关程度为 $2-2^{1/\delta}$。

三、copulas 函数的相关性度量

前面我们已经提到了 copulas 强于线性函数的地方是其能够正确的得到即便对变量进行了严格的单调变换后的变量的相关性，这无疑扩大了人们研究的范围。当然除了 copulas 函数外还有 Kendall 的 τ、Spearman 的 ρ_s 和基尼系数 r 也都是单调变换不变的的相关性度量指标，并且可以证明它们分别与 Copula 函数满足如下的关系：

$$\tau=4\iint_{0\leqslant u_1,u_2\geqslant 1} C(u_1,u_2)\,dC(u_1,u_2)-1 \tag{7}$$

$$\rho_s=12\iint_{0\leqslant u_1,u_2\leqslant 1} u_1u_2\,dC(u_1,u_2)-3 \tag{8}$$

$$r=4\left\{\int_0^1 C(u,1-u)\,du-\int_0^1 (u-C(u,u))\,du\right\} \tag{9}$$

显然，有了上面的指标间的关系表达式无论对验证或选择合适的 copulas 函数都有很大的帮助。而除了对相关系数的表述特征外，某些 copulas 函数还有能够表现变量间尾部相关性的能力。可以说尾部相关性在金融市场的分析中是非常有意义的一个指标，用条件概率 $P(Y>y \mid X>x)$ 或 $P(Y<y \mid X<x)$ 表示，若在股票市场中它就反映了一种股票的价格大幅上涨或下跌后，是否会引起其他股票价格的攀升或下跌。当 x，y 相当大或相当小时表示的就是随机变量的尾部相关性，用 $\lambda(u)$ 与 $\lambda(l)$ 分别表示概率 $p(Y>u \mid X>u)$ 和 $p(Y<l \mid X<l)$，则 $u\to\infty$ 和 $l\to-\infty$ 时 $\lambda(u)$ 和 $\lambda(l)$ 的极限值如果存在的话就反映了尾部相关性的大小，因此用：

$$\lambda_u=\lim_{u\to\infty}\lambda(u) \tag{10}$$

$$\lambda_L=\lim_{L\to\infty}\lambda(l) \tag{11}$$

表示尾部相关性。也可以证明 λ（u）和 λ（l）的极限是严格单调增变换不变的，因此它的极限满足连接函数的性质，可以用连接函数的极限值来表示。可以证明当极限存在时有：

$$\lambda_u=\lim_{\alpha\to 0^+}P\left(Y>G^{-1}(1-\alpha) \mid (X>F^{-1}(1-\alpha))\right)=\lim_{u\to 1}\frac{1-2u+C(u,u)}{1-u} \tag{12}$$

$$\lambda_t=\lim_{\alpha\to 0^+}P\left(Y<G^{-1}(\alpha) \mid (X<F^{-1}(\alpha))\right)=\lim_{\alpha\to 0}\frac{C(u,u)}{u} \tag{13}$$

前面我们介绍的 t 分布 copulas 和 Gumbel copulas 都是具有尾部相关性的

copulas 函数，并且其相关性程度会因参数值的不同而不同。通过对尾部相关性的引入就可以明显的区分出正态分布在处理股票市场联合分布时的弱点来，这是因为如果用 $\rho_{X,Y}$ 表示随机变量 X，Y 的相关系数，不论这个相关系数 $\rho_{X,Y}$ 有多大，只要不等于 1，它的 λ_u 和 λ_l 就等于 0。而对于非正态分布的厚尾分布如 t 分布而言情况就不一样了，它会根据自变量的相关系数的不同有不同的尾部相关性。

四、中国股市沪、深市场指数相关性的 copulas 实证研究

本文开始就已经提到了 copulas 在金融市场的投资、管理等很多方面都可以进行应用，并且也已经取得了很不错的成绩，甚至一些公司已经开发这方面的软件，正如张尧庭老师所讲的它很快应会变成一种实用的技术。然而，对 copulas 的正确应用的首要条件就是能够获得准确符合实际变量的 copulas 函数，因此对应用者来说进行合理的估计以得到准确的 copulas 函数的参数也是非常重要的。因此，本文根据沪、深股市的具体特点以及通常对市场的假设条件的基础上探讨它们所服从的 copulas 函数形式并进行参数估计和简单的分析。文中所涉及算法的部分均用 Eviews 和 MatLab 软件完成。

（一）简单的数据分析

本文所选的数据分别为上证综合指数和深证成分指数的从 1996 年 1 月 2 日～2001 年年底的每天的收盘数据共 1454 个。我们首先对普通的指数数据进行变化得到两个市场的每天的对数收益率数据 1453 个。首先我们可以得到收益率的散点图 1。

通过图 1 我们可以直观的看出在中国股票市场上的沪、深两个市场的收益率是存在明显的正相关关系的。使用样本数据获得两个市场对数收益率的线性相关系数为 0.845，这说明这两个市场的收益率存在程度很强的正相关性。但是正如前面所提到的线性相关系数仅能体现被考察者直观的共同变化趋势却不稳定，并且不能够表现如尾部相关性等特征。后面的进一步分析也能够体现这一特点。

（二）相关于 copulas 函数的分析

根据 copulas 函数的定义首先应该根据两种收益率各自的边际分布把收益率数据按其分布转化成［0，1］区间上均匀分布的数据，然后再应用这组数据获得 copulas 函数的参数估计值。当使用对数似然函数时可以把 copulas 函数

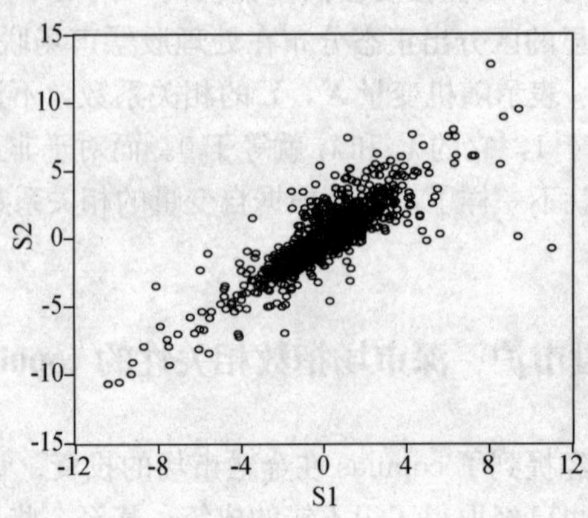

图 1　沪、深日对数收益率关系图（其中 s1 为上海收益率 s2 为深圳收益率）

的密度和边际分布函数的密度分开，从而完成先获得边际分布的参数再获得 copulas 函数的参数估计值的两步估计的目的。具体的基于二元变量的观测值组（x，y），其对数似然函数 l 形如如下的公式（14）：

$$l(x, y, \gamma_1, \gamma_2, \delta) = \log(c(F(x, \gamma_1), G(y, \gamma_2), \delta)) + \log f(x, \gamma_1) + g(y, \gamma_2) \tag{14}$$

其中，c 表示 copulas 函数的密度函数；f、g 分别表示两个边际分布的密度函数；γ_1、γ_2 和 δ 为待估参数。我们可以用极大似然估计法完成对待估参数的估计。当然，应用“三”中“copulas 函数的相关性度量”中的公式也可以完成对待估参数的估计。下面我们先用极大似然法来看我国沪、深股市指数对数收益率的 copulas 函数形式。

为了照顾到厚尾的特点，我们假设两个市场的股市指数的对数收益率服从 t 分布，这样我们分别用极大似然法估计出这两个边际分布的自由度都为 2。虽然应用 copulas 函数并不要求边际分布形式相同，但本文在都是 t 分布的假设前提下所得两组对数收益率所服从分布的自由度都为 2，这也与图 1 所示相符。根据边际分布可以把我们的收益率数据转化为［0，1］区间上的均匀分布的值，如图 2 所示。

图 2 给出了两个市场的对数收益率依边际分布转化为［0，1］区间上均匀分布的样本点的关系，横、纵轴分别表示沪、深日收益率变化的结果。通过该图可以观察到边际分布存在共同变化的趋势，并且可以看出在极值附近这种趋势更为明显。比较而言，在图 1 中我们并没有看出这么强烈的尾部相关性，但是这并不说明二者的结论相悖：这部分是由于前者相当于比较了两个市场同等

水平下的变化趋势，而后者却是考察在相同的分位数水平下的共同的变化。用公式表示前者考察的是$\lim_{u\to\infty} p$（$Y>u \mid X>u$），而后者却是$\lim_{\alpha\to 0^+} P$（$Y>G^{-1}$（$1-\alpha$）｜（$X>F^{-1}$（$1-\alpha$）））。因此，图1和图2看起来的差别，也许部分是由于沪、深市场指数的变化区间并不相同导致的。这样我们认为应该使用存在上下尾相关的copulas函数，故本文中介绍的Fréhet copulas中的C_u，t分布的$C_t^{\rho,v}$及Gumbel的C_{Gu}^{δ}可以作为被选的copulas函数。并且为了比较也可以把通常被假定为正态分布的copulas函数考虑在内。

为了使用t分布和正态分布的copulas函数，相关系数ρ有待估计。前面我们已提到由于边际分布可能不再是简单的线性关系，相关系数也不一定是线性相关系数。为了获得此相关系数的准确值可以应用Embrechts等（2001）的结论：$\hat{\rho}=\sin$（$\frac{\pi}{2}\hat{\tau}_k$）。其中，$\hat{\tau}_k$为Kendall的阶相关系数（rank correlation）$\hat{\tau}_k$的估计值。根据两个股票市场的收益率数据我们获得$\hat{\tau}_k=0.679$这也说明了两个市场的收益率存在一定程度的正相关性，进一步可得$\hat{\rho}=0.876$。

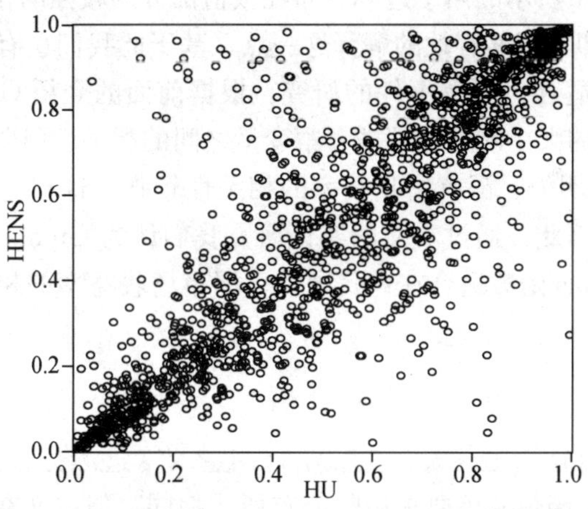

图2 天收益率数据变换为均匀分布的数据情况

对于我们考察的几个copulas函数还剩下$C_t^{\rho,v}$和C_{Gu}^{δ}有待估参数。对于$C_t^{\rho,v}$我们对每个$v\geqslant 2$的整数值，求使对数似然函数达到最大的v，如此得到v的估计值为2，从而可以获得该copulas函数的上下尾相关系数为0.72。对于C_{Gu}^{δ}我们也应用极大似然法获得参数的估计值，并同时得到其上尾相关系数具体结果，如表1所示。

表 1　使用天数据获得 copulas 函数的极大似然估计值

	Gaussian	t-Student（3）	Gumbel	Fréhet（C_u）
$\hat{\rho}$	0.876	0.876	—	—
θ	—	—	—	—
δ	—	—	48.6	—
λ_L	—	0.72	—	1
λ_u	—	0.72	0.9846	1

关注表 1 在边际分布都是 t 分布的假设下，得到关于正态 copulas 函数和二元 t 分布的 copulas 函数的相关系数都是 0.876，由于该相关性是稳定的我们认为在我国的沪、深市场上确实有很强的正相关性。另外，由 t 分布的 copulas 函数得到这两个边际分布有尾部相关性，同样应用 Gumbel 的 copulas 函数也可得到上尾相关性并且这个相关性较强，而如选择 Fréhet 的 copulas 函数则被考察的变量的尾部相关性就完全为 1 了，这几个 copulas 函数都在一定程度上体现了图 2 中所示的两个边际分布在极值部分的较强的相关性，但是正态的 copulas 函数却不能够有效的解释这一点，基于此我们也有理由认为正态分布的假设并不很适合对厚尾事件的研究。根据前面的介绍 Gumbel 的 copulas 函数的参数 δ 值的大小能够体现被考察变量之间的相关性强弱，我们得到的估计值为 48.6，说明沪、深市场收益率的相关性较强，这也与图 1 和图 2 所体现的情况相符。因此，通过本文的实证研究我们认为 Gumbel 的 copulas 函数和 t 分布的 copulas 函数适合在对我国沪、深市场收益率的相关性进行深入的研究中使用。

参考文献：

[1] Nelsen，R. B（1998），An Introduction to Copulas，Lectures Notes in Statistics，139，Springer Verlag，New York.

[2] Rob W. J. van den Goorbergh，Christian Genest，Bas J. M. Werker. Bvariate option pricing using dynamic copula models，Insurance：Mathematics and Economics 37（2005）101-114.

[3] Roger B. Nelsen. Some properties of Schur-constant survival models and their copulas.

[4] Charles N. Haas. On modeling correlated random variables in risk assessment. Risk Analysis，Vol. 19，No. 6，1999.

[5] Roger B. Nelsen. Dependence modeling with Archimede an copulas.

[6] Roger B. Nelsen. Properties and applications of copulas：A brief survey.

[7] Beatriz Vaz de Mendes，Rafael Martins de Souza. Measuring financial risks with copulas，Internal Review of Financial Analysis，13 (2004)，27-45.

[8] Fisher，N. I. Copulas. In：Encyclopedia of Statistical Sciences，Update Vol. 1 1997，159-163. John Wiley Sons，New York.

[9] Schweizer，B.，& Sklar，A. Probabo；ostic metric spaces，1983. New York：North-Holand.

[10] Embrechts，P.，Lindskog，F.，& McNeil，A. (2001). Modeling dependence with copulas and applications to risk management. Zurich：Department of Mathematik，ETH Zentrum，CH 8092.

[11] 张尧庭．连接函数（Copula）技术与金融风险分析．统计研究，2002，4.

[12] 张尧庭．我们应该选用什么样的相关性指标．统计研究，2002，9.

[13] 史道济，关静．沪深股市风险的相关性分析．统计研究，2003，10.

[14] 韦艳华，张世英．金融市场的相关性分析——Copula-GARCH 模型及其应用．系统工程，2004，4.

[15] 韩明．Copula——一个新的计量经济工具．统计与信息论坛，2004，5 (19).

我国名义利率与通货膨胀率非线性及非对称性机制的识别*

——基于 TVECM 模型的实证检验

刘金全[1] 张小宇[2]

（1. 吉林大学数量经济研究中心；2. 吉林大学农学部）

一、引言

利率作为货币政策的主要调控工具，其调整机理及作用效果一直受到货币当局及经济学家的高度关注。特别是利率与通货膨胀之间的作用机制更是人们关注的焦点。Fisher（1930）首次提出利率与通货膨胀的关系。Fisher 将名义利率分解成两个部分，即实际利率和预期通货膨胀，并指出在完全预期的情况下，实际利率由经济中的实际因素决定，与预期通货膨胀无关。因此，预期通货膨胀只会一对一地影响名义利率。这就是著名的“费雪效应”。

随后人们开始检验费雪效应。起初，人们将滞后通货膨胀作为预期通货膨胀的代理变量，并采用分布滞后模型检验名义利率与通货膨胀的关系，尽管分布滞后模型估计方法不同，但检验结果是一致的，都证实费雪效应是成立的（Gibson，1970；Yohe and Karnosky，1969；Lahiri，1976；）①。但将适应性预期作为通货膨胀的代理变量受到了人们的质疑。

Fama（1975）认为，如果市场是有效的，那么当前的利率水平能够反映未来的价格变化。因此，通货膨胀预期不仅包含过去的价格变化，还应包含对未来价格变化的预期。Fama 在理性预期框架下分析了美国一月期债券利率与

＊ 基金项目：吉林大学“211 工程”和“985 工程”建设项目、教育部人文社会科学重点研究基地重大课题（2007JJD790125）、教育部“国际金融危机应对研究”应急课题（2009JYJR014）资助。

① 为了避免多重共线性，将分布滞后模型中的分布滞后项用多项式逼近，相当于对分布滞后项的系数进行约束，Gibson 采用几何递减权数进行约束，Yohe 和 Karnosky 采用阿尔蒙多项式进行约束。

消费价格指数变化之间的关系。结果表明，过去债券利率的变化包含了未来消费价格指数变化的信息。

Engle 和 Granger（1987）以及 Johansen（1988）提出协整理论后，人们更加关注对名义利率与通过膨胀的长期均衡关系的检验。但检验结果存在很大差异，大部分研究表明美国利率与通货膨胀之间存在费雪效应（Bonham，1991；Mishkin，1992；Jacques，1995；）[①]。然而，在其他经合组织国家，费雪效应似乎并不成立；在发展中国家，除了拉丁美洲国家明显存在费雪效应外，其他国家并没有得到一致的检验结果（Cooray and Arusha，2002）。

我国学者刘金全等（1993）利用单位根及分整检验等方法检验名义利率和通货膨胀率序列的单位根性质，并利用协整检验判断二者之间的长期关系。检验结果表明，我国通货膨胀对名义利率的作用并不明显，我国经济当中没有出现显著的费雪效应。本文在名义利率与通货膨胀协整检验的基础上，构建 TVECM 模型，识别名义利率与通货膨胀的非线性及非对称调整特征。

二、名义利率与通货膨胀的费雪效应检验

目前检验费雪效应主要采用协整方法。如果名义利率与通货膨胀率存在长期协整关系，并且协整向量为（1，1），则认为存在费雪效应；如果二者存在长期协整关系，但协整向量不是（1，1），则二者存在“弱费雪效应”；否则，不存在费雪效应[②]。

（一）数据选取及平稳性检验

图 1 给出 1996 年 1 月至 2008 年 9 月我国银行间同业拆借利率（以下简称拆借利率）与金融机构人民币一年期存款基准利率（以下简称存款利率）变化曲线[③]。从拆借利率与存款利率的变化路径可以看出，二者具有相同的变动趋势（序列的趋势成分采用 H-P 滤波方法获得）。与存款利率相比，拆借利率的波动更加灵敏，更能反映货币供需关系的变动，因此本文选择拆借利率作为名义利率的代理变量。通货膨胀率由消费价格指数计算得到。

---

① 尽管很少检验出名义利率与通货膨胀存在一对一的关系，但大部分研究表明二者之间存在长期均衡关系，即存在“弱 Fisher 效应”。

② 上述定义主要从线性协整的角度考察费雪效应，目前已有学者开始利用非线性协整检验费雪效应。

③ 将数据起始点选择 1996 年主要是由于人民银行 1996 年才建立全国银行同业拆借市场，选择月度数据是为了增加结论的灵敏性和样本数量。

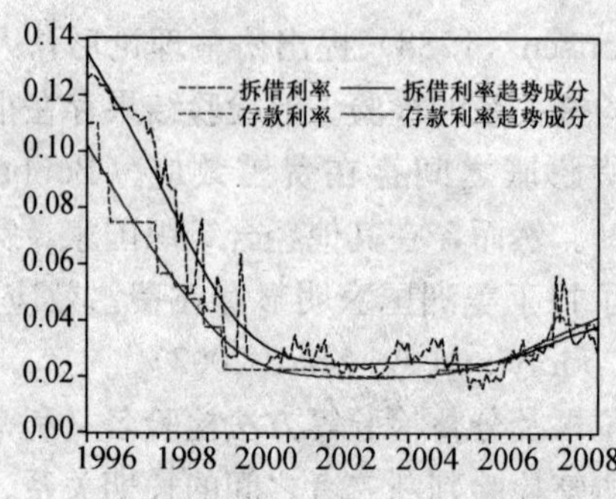

图 1 拆借利率与存款利率变化曲线

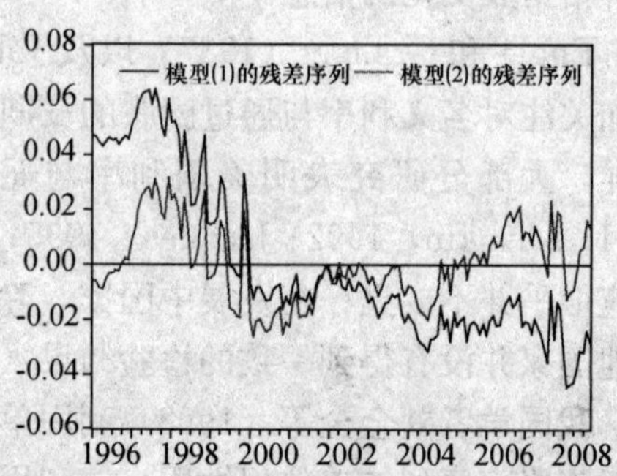

图 2 残差序列

为检验名义利率与通货膨胀的协整关系，首先要检验名义利率与通货膨胀率序列的单位根性质。我们采用扩展的 Dicky-Fuller（简称 ADF）及 Phillips-Perron（简称 PP）检验对序列进行单位根检验。ADF 检验模型的滞后阶数均根据 SIC 信息准则进行选取。检验结果见表 1。

表 1 名义利率与通货膨胀率序列的单位根检验

序列	ADF	PP	Mackinnon（1996）临界值		
R_t	−3.25	−2.95	10%临界值	5%临界值	1%临界值
ΔR_t	−9.29	−15.6			
π_t	−2.59	−2.25	−2.58	−2.88	−3.47
ΔR_t	−10.3	−10.3			

注：R_t 表示名义利率序列，π_t 表示通货膨胀率序列，Δ 表示差分算子，以上单位根检验均含截距项，不含时间趋势项。

从上述单位根检验结果可以看出，名义利率和通货膨胀率序列的水平值均在 1%的显著性水平上接受存在单位根的原假设，而相应的差分序列则拒绝存在单位根的原假设，说明名义利率与通货膨胀率序列均为一阶单整过程。进一步，我们可以通过检验名义利率与通货膨胀率序列是否存在协整关系来检验费雪效应。

(二)“费雪效应”检验

采用 Engle-Granger 两步法（1987）检验名义利率与通货膨胀率的协整关系[①]。第一步，用最小二乘法估计名义利率对通货膨胀率的线性方程，估计结果为（括号中的数字为对应参数的 t 统计量）：

$$R_t = 0.035 + 0.049\pi_t + e_t \quad (1)$$
$$(11.9)\ (6.26)$$

第二步，提取上述回归模型的残差序列（见图 2），并进行单位根检验，如果残差序列是平稳的，说明名义利率与通货膨胀率存在协整关系。从残差图可以看出，残差序列带有明显的时间趋势，为一非平稳时间序列，ADF 检验以及 PP 检验的结果证实了这一点（检验结果略）。表明我国名义利率与通货膨胀率之间不存在长期的均衡关系，即不存在费雪效应[②]。

为了进一步研究名义利率与通货膨胀的关系，我们在模型（1）中添加时间趋势项，得到回归方程的结果为：

$$R_t = 0.077 + 0.61\pi_t - 0.0006t + e_t \quad (2)$$
$$(33.3)\ (16.3)\ (-22.9)$$

提取残差序列并进行单位根检验表明（残差序列见图 2），在 1%的显著性水平下拒绝残差项存在单位根的原假设（检验结果略），表明名义利率、通货膨胀率与时间趋势项之间存在长期均衡关系，之所以出现这样的结果与本文所选样本区间内名义利率存在明显的下降趋势有关（见图 1）。

三、TVECM 模型及名义利率与通货膨胀的非线性及非对称调整的识别

尽管我国名义利率与通货膨胀之间并不存在费雪效应，但名义利率、通货膨胀率与时间趋势项之间却存在长期均衡关系，因此我们可以在协整检验的基础上，构建误差修正模型识别名义利率的短期调整特征。但无论是 Engle-Granger 的误差修正模型还是 Johansen 基于 VAR 的误差修正模型都假设变量服从线性调整机制，并不能识别出变量的非线性调整特征。Balke 和 Fomby

---

① 本文也采用基于 VAR 模型的 Johasen 协整检验方法对上述两变量进行协整检验，检验结果与 E－G 两步法的检验结果是一致的。为了研究残差性质，故本文只给出 E－G 两步法的检验结果。

② 实际上，上述残差序列为一趋势平稳过程（检验结果略），但只有残差序列为严格意义上的平稳过程时，“费雪效应”才成立。

(1997）首次将非线性引入到协整模型中，建立了门限协整模型（Threshold cointegration)。随后此模型得到了广泛的应用（Ender and Falk，1998；Baum et al，2001 and so on)。Hansen（2002）构建 TVECM（门限向量误差修正模型）模型用于识别变量向长期均衡调整的非线性及非对称特征。本文拟构造一个两区制 TVECM 模型识别名义利率与通货膨胀的非线性及非对对称调整机制。

（一）名义利率与通货膨胀的两区制 TVECM 模型

假设β为名义利率与通货膨胀的协整向量（包含时间趋势项和截距项），μ_t（β）为误差修正项，则 TVECM 模型可表示为：

$$\Delta y_t = I_{1t}(\beta,\lambda)A'_1 Y_{t-1}(\beta) + I_{2t}(\beta,\lambda)A'_2 Y_{t-1}(\beta) + \varepsilon_t \quad (3)$$

其中，$y_t=(R_t,\pi_t)'$，$Y_{t-1}(\beta)=(1,t,\mu_{t-1}(\beta),\Delta y'_{t-1},\Delta y'_{t-1},\cdots,\Delta y'_{t-p})'$，A 是一$q\times 2$维的系数矩阵（$q=2p+3$），$\lambda$为门限值，示性函数定义为：

$$\begin{cases} I_{1t}=1\ (\mu_{t-1}(\beta)\leqslant\lambda) \\ I_{2t}=1\ (\mu_{t-1}(\beta)\leqslant\lambda) \end{cases}$$

其中 l（·）为指示变量。误差项具有有限方差：$\Sigma=E(\varepsilon_t\varepsilon'_t)$。

上述模型按照误差修正项分为两个区制，除了协整向量，其余参数在两个区制内均可取不同值。为了保证上述门限模型有意义，必须保证$0<P(u_{t-1}(\beta)\leqslant\lambda)<1$，否则模型不存在门限效应，另外为了保证有足够样本识别门限参数λ，通常假设：

$$\pi_1 < P(u_{t-1}(\beta)\leqslant\lambda) < \pi_2 \quad (4)$$

其中，π_1、π_2 称为调整参数（trimming parameter)。

（二）协整向量β与门限值λ的参数估计

当ε_t服从高斯分布时，可利用极大似然法估计模型，对数似然函数为：

$$\ln(A_t,A_2,\Sigma,\beta,\lambda) = -n/2\log|\Sigma| - 1/2\sum_{t=1}^{n}\varepsilon_t(A_1,A_2,\Sigma,\beta,\lambda)'\Sigma^{-1}\varepsilon_t(A_1,A_2,\Sigma,\beta,\lambda) \quad (5)$$

其中，$\varepsilon_t=\Delta y_t - I_{1t}(\beta,\lambda)A'_1 Y_{t-1}(\beta) + I_{2t}(\beta,\lambda)A'_2 Y_{t-1}(\beta)$。

通常为了计算方便，首先固定参数β，λ计算限制性对数极大似然函数（相当于普通最小二乘回归)，得到A_1、A_2、ε_t和Σ的估计值为：

$$\hat{A}_1(\beta,\lambda) = [\sum_{t=1}^{n}Y_{t-1}(\beta)Y_{t-1}(\beta)'I_{1t}(\beta,\lambda)]^{-1}[\sum_{t=1}^{n}Y_{t-1}(\beta)\Delta y'_t I_{1t}(\beta,\lambda)] \quad (6)$$

$$\hat{A}_1\ (\beta,\ \lambda)\ =\ [\sum_{t=1}^{n}Y_{t-1}\ (\beta)\ Y_{t-1}\ (\beta)'I_{2t}\ (\beta,\ \lambda)]^{-1}\ [\sum_{t=1}^{n}Y_{t-1}\ (\beta)\ \Delta y'_t I_{2t}\ (\beta,\ \lambda)] \tag{7}$$

$$\hat{\varepsilon}_t\ (\beta,\ \lambda)\ =\varepsilon_t\ (\hat{A}_1\ (\beta,\ \lambda),\ \hat{A}_1\ (\beta,\ \lambda),\ \beta,\ \lambda) \tag{8}$$

$$\hat{\Sigma}\ (\beta,\ \lambda)\ =\frac{1}{n}\sum_{t=1}^{n}\hat{\varepsilon}_t\ (\beta,\ \lambda)\ (\beta,\ \lambda)' \tag{9}$$

进而得到“集中”似然函数（concentrated likelihood function）为：

$$ln\ (\beta,\ \lambda)\ =-\frac{n}{2}log\ |\ \hat{\Sigma}\ (\beta,\ \lambda)\ \ |\ -n \tag{10}$$

通过最小化 $n/2\log|\hat{\Sigma}\ (\beta,\ \lambda)\ |$，可以得到参数 β，λ 的估计值。

（三）门限效应检验与非对称性的识别

当 $A_1=A_2$ 时，模型（3）为一线性误差修正模型。否则，为一非线性误差修正模型，表明模型存在门限效应。为了识别名义利率与通货膨胀的非对称调整机制，我们只需考查系数矩阵中对应的误差修正项系数在两个区制上是否相等，即 $A_1^{(3\cdot)}$ 是否等于 A_2（3·）。其中 $A_1^{(3\cdot)}$、A_2（3·），分别为系数矩阵 A_1、A_2 的第三行向量。如果不相等，表明模型存在非对称调整特征。特别的，如果 A_1（31）$\neq A_2^{(31)}$，表明名义利率存在非对称调整特征；A_1（32）$\neq A_2^{(32)}$ 表明通货膨胀存在非对称调整特征。可以构造 Wald 统计量检验 3 上述门限效应及非对称性。由于在模型（3）中估计协整向量将导致门限效应的检验功效降低（Hansen，2002）。因此模型（3）的协整向量直接由 Engle-Granger 两步法的估计结果给出。

（四）名义利率与通货膨胀的 TVECM 模型估计结果

表 2 给出了不同滞后阶数模型估计的门限值、不同区制包含的样本个数比、对数似然函数以及相应门限效应检验的结果。

从表 2 的估计结果可以看出，除滞后阶数取 1 时，未检验出模型存在门限效应，其他滞后阶数的模型均存在门限效应。其中，滞后阶数取 5 时，模型在 10%的显著性水平上显著，其他模型均在 1%的显著性水平上显著。从门限值的估计结果可以看出，滞后阶数取 1 时的门限值估计结果与其他滞后阶数模型的估计结果有明显差别，此时区制 2 中所包含的样本数仅占全部样本数的 10.6%，这将影响 TVECM 模型在区制 2 上的估计结果，进而影响模型的门限效应检验结果。基于此，再结合模型的对数似然值及 AIC 统计量，名义利率与通货膨胀的 TVECM 模型的滞后阶数取 2，模型的估计结果为：

表 2 名义利率与通货膨胀的 TVECM 模型门限效应检验结果

滞后阶数	门限值	区制 1 与区制 2 包含样本个数比	对数似然值	AIC	门限效应检验的 Wald 统计量 ($A_1=A_2$)	Bootstrap P—值
1	0.02000	8.43750	—1538.01	—1506.01	12.0632	0.5770
2	0.00675	2.26087	—1542.37	—1494.37	41.2661	0.0036
3	0.00615	2.23913	—1535.54	—1471.54	51.6588	0.0088
4	0.00608	2.28889	—1536.24	—1456.24	70.1759	0.0032
5	0.00495	2.19565	—1530.59	—1434.59	74.1518	0.0748
6	0.00488	2.24444	—1531.82	—1419.82	137.664	0.0014

注：在估计门限值 λ 时，调整系数 π_1 取 0.05，π_2 取 0.95。bootstrap 模拟的次数为 5000。

$$\Delta\hat{R}_t = I_{1t}\ (0.0004-0.0452\mu_{t-1}+\cdots)\ +I_{2t}\ (0.006-0.4908\mu_{t-1}+\cdots) \tag{11}$$

[0.0008] [0.085] [0.002] [0.128]

$W_{A_1^{(31)}=A_2^{(31)}}=8.415 \quad P=0.0038$

$$\Delta\hat{\pi}_t = I_{1t}\ (0.0001+0.0789\mu_{t-1}+\cdots)\ +I_{2t}\ (-0.0017+0.0942\mu_{t-1}+\cdots) \tag{12}$$

[0.0008] [0.075] [0.002] [0.133]

$W_{A_1^{(32)}=A_2^{(32)}}=0.0101 \quad P=0.9199$

门限值的估计结果为：，此时对数似然函数取最小值为－1494.37，图 3 给出估计门限值的对数似然函数曲线。由于篇幅的限制，TVECM 模型中只给出常数项与误差修正项系数的估计值，与的滞后项均被省略。方括号中的数字为对应参数估计值的标准差。和分别表示不同区制下对应系数约束的 Wald 统计量，为对应 Wald 统计量的 bootstrap 值。从式（11）可以看出，名义利率向长期均衡调整的过程存在非对称性。当时，即时，名义利率向长期均衡的调整速度（此时为－0.0452）明显小于当时的调整速度（此时为－0.4908）。式(12）的估计结果表明，通货膨胀向长期均衡调整的过程不存在非对称性，Wald 统计量对应的 bootstrap 值为 0.9199，并且在两个不同的区制上误差修正项的系数均不显著①。上述名义利率与通货膨胀向长期均衡调整的动态过程

① 由于模型（3）要对冗余参数（nuisance parameter）λ 进行识别，单个变量显著性检验的 t 统计量不再服从标准的 t 分布，因此没有给出参数的 t 统计量。

可形象地由误差修正项对名义利率差分及通货膨胀率差分的误差修正效应曲线进行描述。在其他变量不变的条件下，名义利率差分及通货膨胀率差分的误差修正效应曲线见图 4。

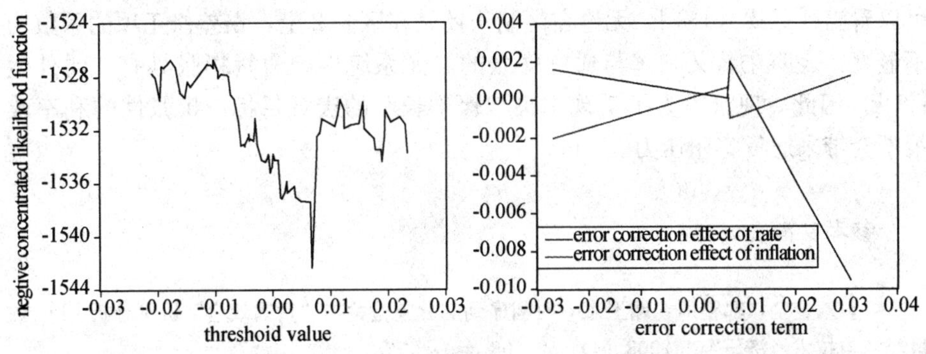

图 3　估计门限值的对数似然函数曲线　　**图 4　误差修正效应曲线**

四、本文主要结论及经济政策启示

通过对名义利率与通货膨胀的协整检验及名义利率与通货膨胀的非对称调整机制的识别，得到如下基本结论及经济政策启示：

首先，费雪效应假说在我国并不成立。由于名义利率与通货膨胀不存在协整关系，表明在本文检验的时间区间内名义利率与通货膨胀之间不存在长期均衡关系，进而说明费雪效应在我国并不成立。不存在费雪效应的主要原因与我国目前银行间拆借利率没有完全市场化以及利率政策缺乏有效的传导机制和反应机制有关。

其次，我国名义利率存在非对称调整偏好。当误差修正项 $\mu_{t-1}>0.00675$ 时，即 $R_{t-1}>0.077+0.61\pi_{t-1}-0.0006\ (t-1)\ +0.00675$ 时，利率向长期均衡的调整速度明显高于 $\mu_{t-1}\leqslant 0.00675$ 时的调整速度。说明我国中央银行调整利率存在非对称偏好，即中央银行更倾向于采取扩张性的利率政策来刺激经济增张，适度诱导通货膨胀。相反，在治理通货膨胀时并不青睐于紧缩性的利率政策。这主要是由于目前我国的利率水平已经偏高，如果仍然采用调高利率的手段来控制通货膨胀，会拉大国内外的利差，国际上对人民币升值和国内资产价格上涨的预期将进一步加强，外资和热钱进入中国的动力将进一步加大，这必然导致资本金融项目顺差的扩大和外汇储备的持续快速增长，不利于我国改变国际收支失衡的局面，也不利于资金流动性过剩问题的解决；另外，受美国次贷危机的影响，2008 年我国股市低迷，利率水平的提高将加重居民的利息负担，加大金融业的系统风险，对经济也将造成不利影响。

最后，通货膨胀呈现“弱外生性”。由通货膨胀的误差修正模型估计结果可以看出［见式（13)］。无论在区制 1 还是在区制 2 上，误差修正项的系数均不显著，表明在名义利率与通货膨胀的二元系统中，通货膨胀具有“弱外生性”①。因此，现阶段为了实现中央“保增长”的宏观目标，扩张性的利率政策不会带来通货膨胀压力。

参考文献：

[1] 刘金全，郭整风，谢卫东．时间序列的分整检验与“费雪效应”机制分析［J]．数量经济与技术经济研究．2003（4)：59—63.

[2] Fisher，Irving. The Theory of Interest [M]. Macmillan，New York，1930.

[3] Gibson，W. E.. Price-Expectations Effects on Interest Rates [J]. Journal of Finance. 1970 (1)：19-34.

[4] Lahiri，K. Inflationary Expectations：Their Formation and Interest Rate Effects [J]. American Economic Review. 1976 (66)：124-131.

[5] Fama，E. F.. Short Term Interest Rates as Predictors of Inflation [J]. American Economic Review. 1975 (65)：269-282.

[6] Engle，Granger. Co-integration and Error Correction：Representation，Estimation，and Testing [J]. Econometrica. 1987 (2)：251-276.

[7] Johansen，S. and Juselius，K. Maximum Likelihood Estimation and Inference on Cointegration with Applications to the Demand for Money [J]. Oxford Bulletin of Economics and Statistics. 1990 (2)：169-210.

[8] Bonham，C. S. Correct Cointegration Test of the Long Run Relationship Between Nominal Interest and Inflation [J]. Applied Economics. 1991 (23)：1487-1492.

[9] Jacques，K.. Unit Roots，Interest Rate Spreads and Inflation Forecasts [J]. Applied Economics. 1995 (27)：605-608.

[10] Cooray，Arusha. The Fisher effect：a review of the literature [M]. Macquarie economics research papers，2002.

[11] Balke，N. S.，Fomby，T. B.. Threshold cointegration [J]. International Economic Review 1997 (3)：627-645.

① 在通货膨胀的误差修正模型中，除在第 1 区制上的名义利率差分的滞后项相对显著外，其余名义利率与通货膨胀的滞后项均不显著。

［12］ Enders，W.，Falk，B.. Threshold-autoregressive，median-unbiased，and cointegration tests of purchasing power parity ［J］. International Journal of Forecasting. 1998 (14)：171-186.

［13］ Baum，C. F.，Barkoulas，J. T.，Caglayan，M.. Nonlinear adjustment to purchasing power parity in the post-Bretton Woods era ［J］. Journal of International Money and Finance. 2001 (20)：379-399.

［14］ Petruccelli，J. D.，Davies N.. A Portmanteau Test for Self-Exciting Threshold Autoregressive-Type Nonlinearity in Time Series ［J］. Biometrika. 1986 (3)：687-694.

［15］ Enders，W.，Siklos，E. P.. Cointegration and Threshold Adjustment ［J］. Journal of Business&Economic Statistics. 2001 (2)：166-176.

［16］ Caner，M.，Hansen，B. E.. Threshold Autoregression with a Unit Root ［J］. Econometrica. 2001 (6)：1555-1596.

［17］ Hansen，B. E.，Seo，B.. Testing for two-regime threshold cointegration in vector error-correction models ［J］. Journal of Econometrics. 2002 (110)：293-318.

［18］ Chan，K. S.. Consistency and Limiting Distribution of the Least Squares Estimator of a Threshold Autoregressive Model ［J］. The Annals of Statistics. 1993 (1)：520-533.

［19］ Chan，K. S.，Tong，H.. On Likelihood Ratio Tests for Threshold Autoregression ［J］. Journal of the Royal Statistical Society. 1990 (3)：469-476.

［20］ Tsay，R. S.. Testing and Modeling Multivariate Threshold Models ［J］. Journal of the American Statistical Association. 1998 (443)：1188-1202.

［21］ Tsay，R. S.. Testing and Modeling Threshold Autoregressive Processes ［J］. Journal of the American Statistical Association. 1989 (405)：231-240.

股市风险变异性研究

——基于上海股市的实证分析

张　虎　谢　香

（中南财经政法大学信息学院）

金融市场波动性的研究历来是经济和金融领域研究的热点。准确地度量和预测资产价值的波动性，不仅是资产定价、投资组合选择和风险管理的基础，也是国家制定宏观经济政策和金融市场政策的需要。然而，波动性并不是可以直接观测到的变量，学者们常将金融市场上收益率的方差来表示该收益率所应承担的风险。

自 1982 年 Engle 提出自回归条件异方差（ARCH）模型来刻画股市中常见的条件异方差现象以来，ARCH 模型的一些扩展模型也相继被提出，例如，GARCH 模型、TARCH 模型、EGARCH 模型、ARCH-M 模型等。我国学者在此方面也作出了众多的研究，例如，史代敏（2002）运用 AR-GARCH 模型研究发现，实行涨停板交易制度对上海和深圳两个证券市场波动有所减小。陈蓉、徐龙炳（2004）研究发现，“牛市”和“熊市”对不平衡信息的反应是不同的，表现出强市恒强，弱市恒弱的现象。刘晓、李益民（2005）通过各种 ARCH 模型的对比，发现 EGARCH（3，1）模型相对较好地拟合了深成指的波动性。从以往的研究来看，ARCH 类模型在我国股市中得到了较好的应用。

2006 年春季，一场规模巨大的金融危机——次贷危机开始逐步显现，于 2007 年 8 月席卷美国、欧盟和日本等世界主要金融市场。同时，中国的上证综合指数于 2007 年 10 月 16 日爬上历史最高点位 6214 点后，也陷入大幅下跌之势。至 2008 年 10 月 28 日，跌至最低点位 1664，总跌幅达 73.2%。在巨大的次贷危机影响之下，中国股市的风险相比以前有哪些变异性特征呢？对风险的新认识将有助于我们深入了解市场的制度缺陷以及对外部冲击的反映，对于完善市场制度、提高市场效率具有明显的现实意义。

本文分析了 2005 年 6 月 7 日来的股票风险情况，先将上海股票市场划分为“牛市”和“熊市”两个阶段，采用 GARCH 模型实证研究我国股票市场在两个阶段的风险变异性特征。然后，对此轮股市周期的波动情况作总体分析，并与上一轮股市周期的波动作比较。本文结构如下：第一部分介绍相关理论及模型；第二部分为样本的选取；第三部分为模型检验的具体过程；第四部分为文章的结论。

一、模型理论介绍

（一）GARCH 模型

1986 年，Bollerslev 提出的 GARCH 模型表述如下：设 y_t 是一个内生变量或被预测变量，它基于 t 时刻信息集 I_{t-1} 的条件分布为 $y_t/I_{t-1} \sim N$（$x_t^{T}\gamma$，σ_t^2）。其中，$x_t =$（1，x_{1t}，x_{2t}，…，x_{kt}）^{T} 是一些外生变量或被预测变量的滞后值构成的向量。$\gamma =$（γ_0，γ_1，…，γ_k）^{T} 是待定参数。此时一个 GARCH（p，q）过程如下：

$$y_t = \gamma_0 + \gamma_1 x_{1t} + \cdots + \gamma_k x_{kt} + u_t$$

$$\sigma_t^2 = \omega + \sum_{i=1}^{q} \alpha_i u_{t-i}^2 + \sum_{j=1}^{p} \beta_j \sigma_{t-j}^2$$

$$u_t / I_{t-1} \sim N(0, \sigma_t^2)$$

这里，p 是 GARCH 项的阶数，q 是 ARCH 项的阶数。

参数满足：$\alpha_0 > 0$，$0 \leqslant \alpha_i$（$i=1, 2, \cdots, q$）< 1，$0 \leqslant \beta_j$（$i=1, 2, \cdots, p$）< 1，$\sum_{i=1}^{q} \alpha_i + \sum_{j=1}^{p} \beta_j < 1$

这里 σ_t^2 的表达式 $\sigma_t^2 = \omega + \sum_{i=1}^{q} \alpha_i u_{t-i}^2 + \sum_{j=1}^{p} \beta_j \sigma_{t-j}^2$，描述了金融市场价格波动的“集簇现象”。当滞后期的波动很剧烈时，当期的波动必然很大，即 y_t 在 t 期的一个大的跳跃很可能导致它在 $t+1$ 期的大波动；反之亦然。这样，内生变量 y_t 的波动特征被精确地刻画出来。回归阶数 q 决定了波动的影响存留于后继误差方差项中的时间长度，q 值越大，波动持续的时间越长。

（二）EGARCH 模型

EGARCH 模型由 Nelson 于 1991 年提出，其形式为：

$$\ln\sigma_t^2 = \alpha_0 + \sum_{i=1}^{q} \left[\frac{u_{t-i}}{\sigma_{t-i}}\right] + \sum_{i=1}^{q} \gamma_i \left|\frac{u_{t-i}}{\sigma_{t-i}}\right| + \sum_{j=1}^{p} \lambda_j \ln\sigma_{t-j}^2$$

其中，$\left|\frac{u_{t-i}}{\sigma_{t-i}}\right|$ 是 *ARCH* 项。$\left[\frac{u_{t-i}}{\sigma_{t-i}}\right]$ 描述利好、利坏的差异。

与 GARCH 相比，EGARCH 模型的优点在于可以区别正新息和负新息的不同影响。正新息表示“利好”，负新息表示“利坏”。虽然正新息和负新息的绝对值相同，但 EGARCH 模型可以区别正、负新息对波动的不同影响。

(三) EGARCH-M 模型

EGARCH-M 模型为波动项进入均值方程的 EGARCH 模型。这些模型不仅仅用来描述自回归条件异方差过程，而且把波动项引入相对应的回归或均值方程。这种模型可以描述金融资产的回报除了受其他一些因素影响外，也受对回报波动的大小影响。

例如，随机误差项的方差的对数 ln（$\sqrt{\sigma_t^2}$）也作为解释变量进入回归模型，得到均值方程：

$$y_t = x'_t\beta + \phi ln\sigma_t^2 + u_t$$

二、样本的选取

本文选取了上海证券交易所 2005 年 6 月 7 日到 2009 年 3 月 13 日收盘价综合指数，共 913 个样本。从综合指数走势图（图 1）可以看出，股票指数从 2005 年 6 月 7 日起至 2009 年 3 月的阶段里，总体上呈现出先上升后下降的情况。2007 年 10 月 16 日达到最高点 6124 点后，由于受到美国次贷危机所引起的全球金融危机的影响，股票指数一路狂跌，并于 2008 年 10 月 28 日达到最低点 1664 点。因此，本文将 2007 年 10 月 16 日的最高点数 6124 点作为“牛市”与“熊市”阶段的分水岭。总样本区间被划分为两部分：2005 年 6 月 7 日～2007 年 10 月 16 日为股市的上涨阶段（定义为“牛市”阶段），有 572 个样本；2007 年 10 月 16 日～2009 年 3 月 13 日为股市的下跌阶段（定义为“熊

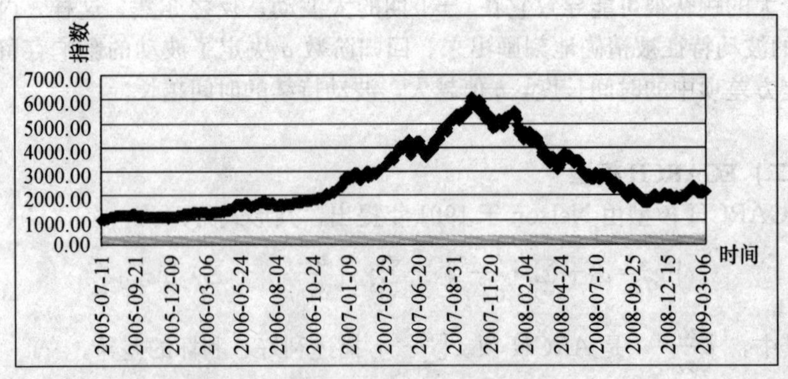

图 1　上海证券市场综合指数走势图

市”阶段)，有341个样本。通过对两个阶段的比较分析，试图发掘次贷影响下我国股市波动的变异性特征。

三、实证分析

(一) 上海股票市场收益率的统计描述

我们使用对数收益率：$r_t=\ln p_t-\ln p_{t-1}$，其中 p_t 为 t 期的股票价格指数，$\{r_t\}$ 为 t 期的对数收益率。从样本期内收益率 $\{r_t\}$ 的散点图（图2）可以看到；上海股市的日收益率波动很频繁，但一般围绕在0点上下波动，同时显示出市场波动的集簇性，即在较大的波动后面紧接着较大的波动，而在较小的波动后面紧接着较小幅度的波动。不过，波动率是有界的，只在一定范围内变化，说明了金融市场风险不会一直增大。

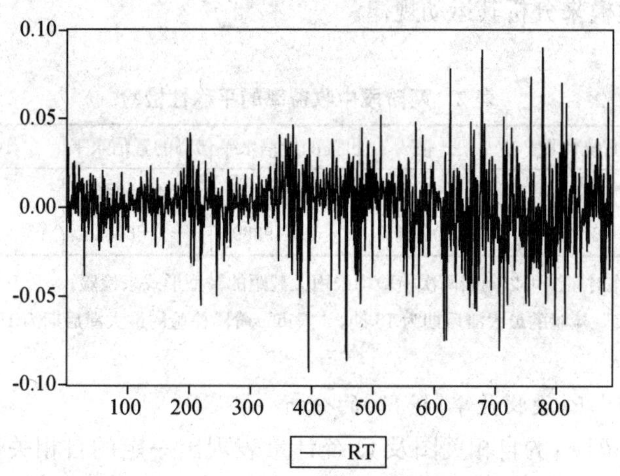

图2　上证综合指数收益率序列 r_t

数据来源：巨灵终端数据库。

(二) 2005年来的“牛市”与“熊市”两阶段的风险差异比

1. 两阶段收益率的统计特征比较

分别记“牛市”阶段与“熊市”阶段的收益率序列为 $\{r_{t1}\}$ 和 $\{r_{r2}\}$，计算两个阶段里的收益率分布统计量，得表1。从表1可知，在两阶段里日收益率与收益最小值比较接近，峰度系数均大于3，表明日收益率数据存在尖峰厚尾的分布特征。但“牛市”阶段收益率比“熊市”阶段略高，收益率的均值在

“牛市”里大于0，这说明大盘普遍行情较好。而在“熊市”阶段里，平均收益率小于0。此外，“熊市”里收益率的标准差更大，说明股市波动较“牛市”剧烈。

表1 “牛市”与“熊市”两阶段内收益率的比较

	均值	最大值	最小值	标准差	偏度	峰度
“牛市”阶段	0.003	0.052	−0.093	0.017	−1.160	7.730
“熊市”阶段	−0.003	0.090	−0.080	0.027	0.181	3.818

在对收益率时间序列进行预测时，需要检验时序数据是否为平稳的。本文用Eviews软件对收益率序列 $\{r_{t1}\}$ 和 $\{r_{t2}\}$ 进行ADF平稳性检验。检验结果见表2，通过检验发现两段数据中的收益率均是平稳的。此时，对股票收益率可以进行建模来分析其运动规律。

表2 两阶段中收益率的平稳性检验

	T统计量	P值	1%的置信水平	5%的置信水平	10%置信水平
“牛市”阶段	−23.01485	0.0001	−3.442098	−2.866614	−2.569533
“熊市”阶段	−18.78563	0.0000	−3.449389	−2.869825	−2.571253

注：1. 通过作时序图可以判断两次检验均采用无截距的模型形式来检验；

2. “牛市”检验的最大滞后期为18期，“熊市”阶段检验的最大滞后期为15期。

2. “牛市”阶段收益率 $\{r_{t1}\}$ 的分析

收益率序列 r_{t1} 的自相关图及Q统计量表现出一定的自相关性，因此需要对收益率 $\{r_{t1}\}$ 的自相关性进行刻画。用自回归移动平均模型拟合收益率 $\{r_{t1}\}$ 的波动，比较不同的模型阶数下的优劣，根据信息判别，AIC和SC准则来比较不同模型的拟合情况，最终选取ARMA（5，4）比较适合作收益率 $\{r_{t1}\}$ 的均值方程。

对 r_{t1} 均值方程的残差进行ARCH效应检验和拉格朗日乘数（LM）检验。经检验，残差项不存在序列相关，说明了用ARMA（5，4）对收益率 $\{r_{t1}\}$ 建立模型是比较合适的。

而对残差的ARCH-LM检验统计量 $LM=TR^2=30.84837$，伴随概率P值小于0.01，通过了假设检验，即认为残差项有很明显的ARCH效应。由于股票收益率的方差具有时变性，因此有必要用ARCH模型对这一性质进行刻画，来提高模型预测的准确性。

用极大似然法估计模型参数，需要先对残差分布加以假定，经过检验，残差不服从正态分布，为一个尖峰厚尾的分布。此时，用一个比正态分布尾巴更厚的分布 t 分布来代替正态分布的假设。最后，在对条件方差进行定阶时，结合 r_{t1} 的自相关函数与偏自相关函数，并以 AIC 和 SC 作为选用模型的判别准则。

最终，估计的 GARCH（1，3）模型拟合方程为：

$$r_{t1}=0.003+1.012u_{t-1}+0.085u_{t-4}-0.963r_{t1-1}+0.077r_{t1-5}$$

t=（4.27）（22.98）（2.12）（−20.22）（2.015）

$$\sigma_t^2=6.33\times10^{-6}+0.169u_{t-1}^2+0.25\sigma_{t-1}^2-0.259\sigma_{t-2}^2+0.826\sigma_{t-3}^2$$

（2.05）（6.58）（15.98）（−14.87）（33.30）

$R^2=0.021$　AIC=−5.53　SC=−5.45

对拟合后的模型残差再作 ARCH 效应检验，已没有 ARCH 效应。表示用 GARCH（1，3）模型拟合较好，可以很好地刻画序列 r_{t1} 中的 ARCH 效应。

GARCH-M 引入后，各系数显著性降低。为什么？引入风险因素前，各系数都很显著。

从估计的模型可以知道，上海证券市场 2007 年 10 月前的收益率序列有着较弱的自回归现象，即在研究期间内，前 5 期的收益率对当期收益率有着 0.160 的正效应，前 1 期的收益率对当期收益率有着 0.917 的负效应，而前 1 期的预测误差对当期收益率有 0.961 的正效应，前 4 期的预测误差对当期收益率有 0.137 的正效应。这说明，当前一期的预测误差增大时，对当期的波动性造成近一个单位的影响。

同时，GARCH（1，3）模型较好地模拟了股市的波动性。其中，随机扰动的平方项系数为 0.169，说明前期的随机波动对后期的波动有着正向的影响。这正反映了价格波动的集群性特征，当前期波动较大时，也引起了后期更大的波动；反之，当前期波动较小时，对后期波动的影响较小。同时，前 3 期的条件方差对当期条件方差的影响系数较大，为 0.826。GARCH（1，3）将收益率的条件方差的变化特征具体进行量化，其解释变量系数之和 $\sum_{i=1}^{p}\alpha_i+\sum_{j=1}^{q}\beta_j=0.986$，即为衰减系数。衰减系系数小于 1，说明 GARCH 模型是平稳的，模型具有可预测性，同时反映了冲击对收益率波动率影响具有较长的持续性。因此，很容易知道，上海证券市场的滞后效应很明显，股市对信息的反应具有持久性。在这种情况下，政策对股市的影响是长期的。

3. “熊市”阶段收益率 $\{r_{t2}\}$ 的分析

对 $\{t_{t2}\}$ 进行具体分析，可以看到其自相关图（图 3）显示滞后期直到 10

期都不存在自相关性。同时，相应的Q统计量检验，表明不能拒绝白噪声的原假设。证明，从2007年10月16日至2009年3月13日的这段时间，股票指数收益率是一个平稳的白噪声序列。

为检验此白噪声中是否存在异方差性，对｛r_{t2}｝的平方序列再进行自相关性检验，同样不能拒绝白噪声的假设。

综合所述，本文认为在所选的样本期，即“熊市”阶段，上证综合指数收益率序列是一个纯随机的白噪声序列，不再包含任何公开信息可以用来套利，说明此时上海证券市场应是弱式有效的，收益率的变化没有相关性，而是纯随机的，无规律可循，因此收益率不可预测。[①]

Autocorrelation	Partial Correlation		AC	PAC	Q-Stat	Prob
		1	-0.022	-0.022	0.1705	0.680
		2	-0.036	-0.036	0.6095	0.737
		3	0.004	0.002	0.6147	0.893
		4	0.079	0.078	2.7960	0.593
		5	-0.003	0.000	2.8001	0.731
		6	-0.084	-0.079	5.2633	0.511
		7	-0.009	-0.013	5.2902	0.625
		8	-0.027	-0.040	5.5540	0.697
		9	-0.046	-0.048	6.3125	0.708
		10	-0.030	-0.022	6.6317	0.760

图3 “熊市”阶段收益率｛r_{t2}｝的自相关图

4. 两阶段收益率的风险波动性比较

根据对“牛市”阶段收益率｛r_{t1}｝的GARCH模型分析，可以计算｛r_{t1}｝的无条件方差为：

$$\sigma_1^2=\frac{c}{1-(\sum_{i=1}^{1}\alpha_i+\sum_{j=1}^{1}\beta_j)}=\frac{6.33\times10^{-6}}{0.014}=4.52\times10^{-4}$$

相应地，“熊市”阶段里收益率｛r_{t2}｝没有条件异方差性，是一个纯随机的非正态分布，计算其无条件方差为：

$$\sigma_2^2=0.027733^2=7.69\times10^{-4}$$

通过比较来看，$\sigma_2^2>\sigma_1^2$，说明“熊市”阶段里收益率的波动性大于“牛市”阶段里股票波动性。即在熊市里，股市的波动性比之前加剧。

---

① 张雪莹、金德环：《金融计量学教程》，上海财经大学出版社，2005年版，第119页。

(三) 两轮股市周期的比较分析

1999年5月19日，沪深股市爆发了著名的“5·19”行情。行情前后持续了32个交易日，上证指数由1057.48点涨至1739.2点，涨幅达到63.57%。当时行情的起因主要源于政策面支持。这轮牛市从1999年5月19日持续到2001年6月14日。“5·19”行情过后，市场最关注的就是股权分置问题。随后股指又从2245点一路下跌到998点，至2005年，四年时间股指下跌超过50%。因此，可将1999年5月19日至2005年6月6日视为一个股市周期。

而从2005年6月7日至今，经过这轮历史上最长时间的大调整，A股市场的市盈率降至合理水平，新一轮行情也在悄然酝酿当中。这一轮牛熊市目前波澜起伏，在此将2005年6月7日至2009年3月13也视为一个经济周期。

在此，使用EGARCH-M模型对两轮股市周期分别建模，进行比较分析，从而发现新的经济环境下，中国股票市场风险波动的新特点。

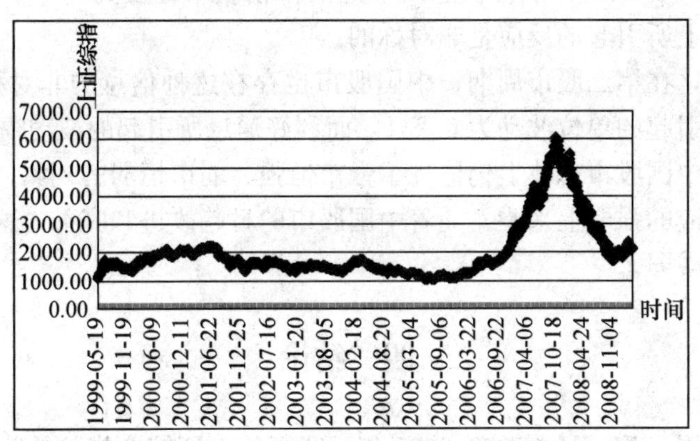

图4 1999年5月19日至今的上证综合指数时序图

运用EGARCH-M模型对第一经济周期（1999年5月19日～2005年6月6日）与第二经济周期（2005年6月7～2009年3月13）分别进行估计，估计结果为方程（1）和方程（2）。

$$x_t = 0.532x_{t-3} - 0.517u_{t-3} + 5.83\times10^{-5}\ln\sigma_t^2$$

$t=$ (3.81) (−3.63) (1.70)

$$\ln\sigma_t^2 = -0.47 + 0.23\left|\frac{u_{t-1}}{\sqrt{\sigma_{t-1}^2}}\right| - 0.06\frac{u_{t-1}}{\sqrt{h_{t-1}}} + 0.965\ln\sigma_{t-1}^2 \quad (1)$$

$t=$ (−7.53) (9.93) (−6.15) (157.32)

$R^2=0.005\quad DW=1.98\quad AIC=-5.84\quad SC=-5.81$

$y_t=-1.140y_{t-1}-0.171y_{t-2}+1.162u_{t-1}+0.179u_{t-2}-1.89\times10^{-4}\ln\sigma_t^2$

$t=(-37.72)\quad(-5.64)\quad(221.69)\quad(16.85)\quad(-2.78)$

$$\ln\sigma_t^2=-0.295+0.203\left|\frac{u_{t-1}}{\sqrt{\sigma_{t-1}^2}}\right|-0.018\frac{u_{t-1}}{\sqrt{h_{t-1}}}+0.982\ln\sigma_{t-1}^2 \tag{2}$$

$t=(-5.47)\quad(8.15)\quad(-1.35)\quad(160.99)$

$R^2=0.002\quad DW=2.01\quad AC=-5.03\quad SC=-4.98$

对比方程（1）与方程（2）可以看出，在均值方程里，第一周期的指数收益率与风险没有直接相关性，即风险越大，收益越大的结论在第一周期里不成立。相比之下，在第二周期里，风险与收益存在较弱的负相关关系，系数为 1.89×10^{-4}，相关关系比较显著。

同时，在非对称性的特点上，EGARCH（1，1）模型表明，在第一周期里，收益率的波动对利空消息的反应系数为−0.29，对利好消息的反应系数为0.17。也就是说，当出现坏消息时，一个单位的预测误差比例所引起的风险波动幅度为0.29；反之，利好消息所引起的单位波动幅度为0.17。利空与利好消息在股市上所引起的反应是非对称的。

同样地，在第二股市周期，中国股市也存在这种信息的非对称性。不过，利空消息所引起的单位波动为0.221，而利好消息所引起的波动幅度为0.185。总体来说，中国股市总体上仍体现了强市恒强、弱市恒弱的现象，但是从这种非对称性反应的强弱上来看，随着中国股市的日趋改进和完善，这种不平衡反应稍微有所减弱。

四、结论

本文应用GARCH模型对2005年后我国的上证综合指数的收益率进行分阶段的实证分析，有如下结论：

1. 在整个样本期内，上海股市的日收益率波动比较剧烈，但一般围绕在0点上下波动，同时显现出市场波动的集簇性，存在条件异方差现象。

2. 从2007年10月16日至2009年3月13日的“熊市”阶段里，收益率 $\{r_{t2}\}$ 是一个平稳的纯随机序列。说明此时股票市场是相对有效的，再没有更多的可利用信息可以套利，收益率不可预测。分布图显示，收益率均值小于0，说明在股市大跌的背景下，投资者的平均收益率为负。收益率的尾部比正态分布更厚，有更多的奇异值，表明收益率的波动较正态分布下的波动更大。

3. 在上海证券市场的"牛市"阶段，即2005年6月7日至2007年10月16日，收益率序列 $\{r_{t1}\}$ 有较弱的自回归现象。即在研究期间内，前一期的收益率对当期收益率影响较为明显，有着0.917的负效应，而前一期的预测误差对当期收益率有0.961的正效应。这说明，当前一期的预测误差增大时，对当期的波动性造成近一个单位的影响。

4."牛市"阶段里，GARCH（3，1）模型较好地模拟了股指收益率 $\{r_{t1}\}$ 的波动性。其中，前期的随机波动对后期的波动有着正向的影响，相比之下，前三期的条件方差对当期条件方差的影响作用更大一些，为0.826。GARCH（3，1）将收益率的条件方差的变化特征进行具体的量化，其小于1的衰减系数表明GARCH模型的稳定性以及收益率的可预测性。另一方面，也反映出上海证券市场的滞后效应很明显，股市对信息的反映阶段时间较长。这是由于我国股市是个政策市，信息在股市具有较长的持久作用性。

5. 比较两个阶段的收益率的波动性，可知在所选的样本期的"熊市"阶段波动方差大于"牛市"阶段下的收益率的无条件方差。说明在"熊市"阶段，股市中的波动性增加，这也是上海证券市场受到世界金融危机负面冲击的表现之一。

6. 若将本文所选的样本期视为第二个股市周期（2005年6月7至2009年3月13日），并将其与上一轮股市周期（1999年5月19日至2009年6月6日）相比较，建立EGARCH-M模型进行比较分析。所得结论为：在上一轮股市周期里指数收益率与风险波动率没有直接相关性，即"风险越大，收益越大"的结论在第一周期里不成立。相比之下，在第二周期里风险与收益存在较弱的负相关关系。

7. 通过用EGARCH（1，1）-M建模还发现，二轮股市周期里，中国股市对利空及利好消息都存在不对称反应的现象。表现出，中国股市强市恒强、弱市恒弱的特点，但是从对这种非对称性反应的强弱上来看，这种不平衡反应稍稍减弱。这也侧面上表现了中国股市机制趋于完善。

自从中国加入WTO以来，中国出口、进口占GDP的比例越来越大，受其他经济体的影响也越来越大，美元的贬值、原油和原材料价格的大幅波动，对中国经济体的影响也越来越大。从这个角度来讲，中国经济正在逐渐融入世界经济体，受世界经济的影响会更大，所以此次A股市场受美国次贷危机的影响很深，这给我国的金融市场的管理也带来了相关的启示：

首先，要合理把握金融创新和加强金融监管的关系。金融创新可以促进金融市场的资源更优配置，提高运行效率，但过度宽松的金融货币政策也会导致流动性泛滥和资产价格泡沫的膨胀。因此，对金融创新要持以谨慎的态度，以成熟的市场条件为基础，并配以合理有效的监管体系。

其次，要继续稳步推进金融市场化改革。调整金融结构，规范发展资本市场，通过发展资本市场吸纳和配置“热钱”，使其为中国经济增长方式转变服务。应继续推进国家银行股份化改造，优化银行资产负债结构，降低银行脆弱性；打破国家银行垄断地位，允许民营资本进入银行领域，实现各类资本公平竞争；发展多样化的非银行金融机构，满足多层次的投资者需求。

再次，从交易机制上来看，我国股票市场目前还缺乏双边机制或做空机制，这决定了我国股票价格变化方向上的不对称性，加剧了市场价格单向波动趋势。同时，由于缺乏一些常用的避险手段如股票期货、指数期货或期权等金融衍生工具，投资者无法进行套期保值和风险规避。因此，我国应积极改进交易机制，完善信息披露机制。

最后，政府的适度干预依然必要：（1）确保中央银行及其货币政策独立性，以降低国际货币冲击带来的危害。（2）要加强金融稳定性，健全金融市场管制，特别是金融管制立法和金融基础设施建设。（3）应该更多地运用资金价格来调控资金流向，将利率水平提高到使其与中国经济的风险水平相匹配的程度，降低资产价格上涨预期，抑制套利资金，才能逐步稳定汇率预期，降低风险，稳定经济。

参考文献：

[1] 陈毅恒，黄长全（译）．时间序列与金融数据分析 [M]. 北京：中国统计出版社，2004.8.

[2] 孙敬水，马淑琴．计量经济学 [M]. 北京：清华大学出版社，2004.

[3] 易丹辉．数据分析与 Eviews 应用 [M]. 北京：中国统计出版社，2003.

[4] 李华中，杨湘豫．中国证券市场股指波动的条件异方差特性分析 [J]. 经济数学 .2002（6）：37～43

[5] 刘晓，李益民．GARCH 族模型在股市中的应用——深圳成分指数波动性研究 [J]. 技术经济与管理研究 .2005（5）：36～38.

[6] 何晓光，朱永军．中国 A 股市场收益波动的非对称性研究 [J]. 数理统计与管理，2007（1）：164～171.

[7] 陈健．ARCH 类模型研究及其在泸市股中的应用 [J]. 数理统计与管理，2003.5.

[8] 刘晓，李益．GARCH 族模型在股市中的应用——深圳成分指数波动性研究 [J]. 技术经济与管理研究，2005.5.

[9] 张玉春．中国股市收益的 ARCH 模型与实证分析 [J]. 首都经济贸易大学学

报. 2006 (1) .

[10] 曾慧 . ARCH 模型对上证指数收益波动性的实证研究 [J]. 统计与决策，2005 (3)：97～98.

[11] 陆蓉，徐龙炳 . “牛市”与“熊市”对信息的不平衡反应研究 [J]. 经济研究，2004 (3) .

[12] 史代敏 . 沪深股票市场风险变异性实证研究 [J]. 数量经济与技术经济研究，2002 (3) .

我国权证与标的股票的统计关系研究

孟祥兰　王　彬
（中南财经政法大学）

21世纪以来，随着我国经济的飞速发展，金融市场也得到了较快的发展，原有的金融产品已经无法满足市场参与者投资和风险防范的需要。

权证产品是国际上成熟的衍生产品之一。由于风险较低、结构简单、易于运作，权证已被各国证券市场广为接受，成为新兴市场金融创新的首选品种。

一、国内外学者的研究成果综述

权证，可直观理解为“权利的凭证”，它本质上是期权的证券化的产物。权证按照行权方向，可以分为认购权证和认沽权证：认沽权证的持有人有权卖出标的证券，而认购权证的持有人有权买入标的证券。

权证最早起源于美国。目前，在国际市场上，欧洲权证市场逐渐超过美国市场占据主导地位。在亚太地区，中国香港、新加坡权证市场的规模较大，我国台湾地区权证市场的发展也十分迅速。20世纪90年代初，几乎所有证券市场都已推出了权证交易，根据国际交易所联合会（WFE）的统计资料，在WFE的56个会员交易所中，至少有42个交易所已经推出了各种权证产品。

早在20世纪90年代初期，内地沪深交易所曾推出过权证产品，但四年后以失败告终。随着股权分置改革的进行，在2005年我国证券市场又重新推出权证这种金融衍生产品。2005年7月，沪深两家交易所先后发布了《上海证券交易所权证业务管理暂行办法》和《深圳证券交易所权证业务管理暂行办法》，分别对权证的发行上市与权证的交易行权等相关内容进行了明确的规定。截至2009年2月，国内市场共陆续发行43只权证，我国权证市场已经初具规模。从2005年8月第一只权证——宝钢权证上市后，在不到一年的时间里，沪深权证市场交易额就已排名全球第二，内地权证市场已跃居全球第二大权证交易市场。

随着权证市场规模的增长，各国的研究学者们也开始了对权证的研究。

（一）国外学者的研究成果

Conrad（1989）以美国 CBOE 和 AMEX 交易权证为样本，考察期为权证发行日前后 30 天内标的股票变动情况，得到了权证上市造成标的股票价格上涨的结论。

Detemple 和 Jorion（1991）同样也以 CBOE 和 AMEX 的交易权证为样本，考察期为权证发行时间前 6 日至前 7 日为估计期，同样得出了权证的上市造成股票价格上涨的结论。

Alkeback 和 Hagelin（1998 ）以瑞士的权证市场为研究对象，研究权证的上市对标的股票的影响。研究结果表明权证的上市对标的股票的价格，买卖价差，波动性和交易量等没有明显的影响。

Chan，Y，K. C. Wu，L. F. （2001）以香港的权证市场作为研究对象，研究了权证公告日前后标的股票的价格和交易量的变化。研究得出的结论为：在备兑权证发行前几天标的股票存在买压，标的股票的价格在权证公告日后的第一天达到最高，然后又随之下降并稳定下来。标的股票的价格和交易量在权证公告日的最后五分钟内异常增加。

（二）国内学者的研究成果

魏杰（1999）对中国台湾 21 只认股权证上市情况的研究表明，在认股权证宣告日，积累异常报酬收益率结果显著为正。但在宣告日过后，超额收益率逐渐由正转负，显示认股权证发行的宣告确实被看做标的股票的利好因素，但为短期效果。

李玲（2006）以 2005 年 8 月至 2006 年 5 月在我国上市发行的 10 只认购权证为研究对象，以平均超额收益（AAR）和累积超额收益（CHAR）为考察指标，讨论了认购权证上市对标的股票的影响。实证结果表明，我国认购权证对标的股票的股价影响十分显著，在发行前存在短期正的发行效应，并在公告日前后显著回落，短期影响显著。

钟珍（2006）以宝钢、武钢、新钢钒、万科 A 和鞍钢五只发行了认购或认沽权证的股票为研究对象，对权证上市前后股票的表现进行了研究。研究发现在权证发行前一至两日，由于复盘影响，股票价格一般会出现下跌，股票在复盘日后可能会持续小幅上升，权证上市前 10 日，平均超额收益率和累积超额收益率全为正值，表明权证发行前标的股票有超越大盘的表现。

二、我国权证与标的股票的统计关系

从已有的研究来看，国内学者大都从权证定价角度出发，研究权证的理论价值与市场价值的偏离。

目前，国内没有对权证与其标的股票之间的 Granger 因果关系研究，这与我国权证推出时间不长，分析数据有限有很大的关系。了解权证与其标的股票之间的因果关系，能进一步理解中国证券市场的运行规律和特殊性，从而对权证的定价、交易及监管提供切实可行的建议。

本文运用 Granger 因果检验的方法对沪市认购权证及其标的股票之间是否存在因果关系进行实证检验，并对结果进行分析。

（一）数据来源及预处理

截止到 2009 年 3 月 20 日，我国权证市场在上市流通的权证共有 15 只，考虑到存续期应超过 1 年以及存续末期权证的价格波动较大，行权方式等因素，从中选取了 6 只欧式的权证的日收盘价及对应标的股票的日收盘价为研究对象，样本期间在 2008 年 1 月 8 日至 2009 年 3 月 20 日（样本日未上市的以上市日始）。为了消除权证上市的短期影响，样本剔除了权证上市后 5 个交易日的数据。股票收盘价、权证收盘价均来源于巨灵金融终端数据库。

表 1　样本权证及标的股票基本资料

权证代称	权证名称	正股代称	正股名称	行权方式	行权价格	存续起始日	存续截止日
cgac	国安 GAC1	ggag	中信国安	欧式	35.5	2007－09－25	2009－09－24
cpqc	青啤 CWB1	gpqg	青岛啤酒	欧式	28.32	2008－04－18	2009－10－19
csgc	深高 CWB1	gsgg	深高速	欧式	13.85	2007－10－30	2009－10－29
csqc	上汽 CWB1	gsqg	上海汽车	欧式	27.43	2008－01－08	2010－01－07
cshc	石化 CWB1	gshg	中国石化	欧式	19.68	2008－03－04	2010－03－03
cgdc	国电 CWB1	ggdg	国电电力	欧式	7.5	2008－05－22	2010－05－21

根据协整检验的假设前提，具有协整关系的两个变量必须是同阶单整时间序列。为了检验权证价格与标的股票价格间的协整关系，首先对权证价格和标的股票价格序列的平稳性进行单位根 ADF 检验。检验结果表明，在 5%的置

信水平下，权证和标的股票价格序列均是非平稳的，一阶差分序列均是平稳的，也即一阶单整。

表 2 单位根检验结果

代称	ADF 统计量	临界值（5%）	代称	ADF 统计量	临界值（5%）
cgac	−2.78684	−3.425343	Δcgac	−19.2923	−3.425397
cgdc	−2.23859	−2.875752	Δcgdc	−13.9894	−3.432452
cpqc	−1.71656	−2.874317	Δcpqc	−15.5358	−3.430196
csgc	−2.51601	−2.871332	Δcsgc	−17.3228	−3.425451
cshc	−2.83379	−3.427616	Δcshc	−20.019	−3.427616
csqc	−2.70384	−3.425671	Δcsqc	−17.7188	−3.425728
ggag	−1.32905	−3.42529	Δggag	−16.6671	−3.425343
ggdg	−2.14877	−3.425343	Δggdg	−15.3838	−3.425397
gqpg	−2.28453	−3.42529	Δgqpg	−16.7791	−3.425343
gsgg	−2.45113	−3.425343	Δgsgg	−16.9797	−3.425397
gshg	−3.22593	−3.42529	Δgshg	−16.4356	−3.425343
gsqg	−2.31386	−3.425616	Δgsqg	−16.5866	−3.425671

（二）实证分析

1. 格兰杰（Granger）因果检验

格兰杰因果检验为了确定变量间相互影响关系的一种检验方法。

其基本思想是：如果 X 的变化引起 Y 的变化，则 X 的变化应当发生在 Y 的变化之前。说“X 是引起 Y 变化的原因”，必须满足两个条件：第一，X 应该有助于预测 Y，即在 Y 关于 Y 的过去值的回归中，添加 X 的过去值作为独立变量应当显著地增加回归的解释能力；第二，Y 不应当有助于预测 X，其原因是如果 X 有助于预测 Y 也有助于预测 X，则很可能存在一个或几个其他的变量，它们既是引起 X 变化的原因，也是引起 Y 变化的原因。

为了确定权证与其标的股票间的相互关系，对 6 组权证与标的股票的数据进行格兰杰因果检验。格兰杰检验要求格序列和权证价格序列均是一阶平稳的，所以对二者的一阶差分序列做 Granger 因果分析得到表 3。

表 3 格兰杰因果检验

代称	A 不是 B 的 Granger 原因			B 不是 A 的 Granger 原因		
	F 值	P 值	检验结果	F 值	P 值	检验结果
cgac 与 ggag	5.97727	0.00287	拒绝	0.14114	0.86843	不拒绝
cgdc 与 ggdg	0.04064	0.94118	不拒绝	1.21517	0.29889	不拒绝
cqpc 与 gqpg	1.08851	0.29795	不拒绝	3.78809	0.0429	拒绝
csgc 与 gsgg	3.44962	0.03309	拒绝	0.71885	0.4882	不拒绝
cshc 与 gshg	0.52675	0.71617	不拒绝	1.78404	0.03265	拒绝
csqc 与 gsqg	21.7976	0.00160	拒绝	0.12136	0.88576	不拒绝

从上表来看，在 5%的显著性水平下，除了国电 CWB1 与国电电力之间不存在 Granger 因果关系外；其他各组权证与对应股票均存在因果关系，表明权证与标的股票之间确实存在价格的导向机制。

其中，国安 GAC1 与中信国安、深高 CWB1 与深高速、上汽 CWB1 与上海汽车存在权证对标的股票的单向 Granger 因果关系；青啤 CWB1 与青岛啤酒、石化 CWB1 与中国石化存在表的股票对权证的单向 Granger 因果关系。

由此，我们可以依据格兰杰检验的结果，建立权证与标的股票的协整关系模型。对于国安 GAC1 与中信国安、深高 CWB1 与深高速、上汽 CWB1 与上海汽车三组数据，建立权证为自变量，对应标的股票为因变量的协整模型，对于青啤 CWB1 与青岛啤酒、石化 CWB1 与中国石化两组数据建立标的股票为自变量，对应权证为因变量的数据模型。

2. 协整分析

通过格兰杰检验我们大体知道权证与标的股票间存在一定导向的关系，为了具体衡量两个变量间的长期均衡关系我们需要进行协整分析。

对于两个均为一阶平稳的序列之间是否存在长期均衡关系，我们可以采 Johansen 检验的方法。

Johansen 检验是在 VAR 的形式下检验协整参数矩阵 β 的秩，估计协整向量和调节系数矩阵 α，参数矩阵 β 的秩的个数即为协整关系的个数。选取序列有线性趋势的形式，至于协整方程于向量自回归模型中是否含有趋势项或截距项需要根据具体检验效果而定。

序列间协整关系的 Johansen 检验又可以分为两种方法：一是特征根轨迹检验（trace test），检验统计量为似然比；另一种方法是最大特征根检验。在

Eviews 软件中两种检验方法都给出了，我们这里把两种方法的检验结果都列出来，检验水平都是 0.05，具体结果见表 4。

表 4 Johansen 协整检验

代称	原假设	特征值	迹统计量	迹检验临界值	最大特征根统计量	最大特征根检验临界值	协整关系
cgac 与 ggag	秩≤0	0.041115	16.00291	15.49471	12.04934	14.2646	存在
	秩≤1	0.013681	3.953564	3.841466	3.953564	3.841466	
cgdc 与 ggdg	秩≤0	0.045185	14.58926	15.49471	9.155069	14.2646	不存在
	秩≤1	0.027072	5.434191	3.841466	5.434191	3.841466	
cqpc 与 gqpg	秩≤0	0.041001	13.30663	15.49471	9.168494	14.2646	不存在
	秩≤1	0.018718	4.138133	3.841466	4.138133	3.841466	
csgc 与 gsgg	秩≤0	0.041227	18.86749	15.49471	12.08284	14.2646	存在
	秩≤1	0.023363	6.78465	3.841466	6.78465	3.841466	
cshc 与 gshg	秩≤0	0.054151	18.52929	15.49471	13.97375	14.2646	存在
	秩≤1	0.017986	4.555545	3.841466	4.555545	3.841466	
csqc 与 gsqg	秩≤0	0.047785	21.69904	15.49471	13.75896	14.2646	存在
	秩≤1	0.027861	7.940074	3.841466	7.940074	3.841466	

结果表明：

(1) 有 4 组权证与标的股票：国安 GAC 与中信国安、深高 CWB1 与深高速、石化 CWB1 与中国石化、上汽 CWB1 与上海汽车，它们之间存在显著的协整关系，而且均存在 2 种形式的协整关系。

(2) 国电 CWB1 与国电电力，青啤 CWB1 与青岛啤酒，这两面三刀组的协整关系不显著。究其原因，国电 CWB1 与青啤 CWB1 的上市日期分别为 2008 年 5 月 22 日和 2008 年 4 月 18 日，所以可能由于权证上市日期较短，导致样本数据偏少产生了分析上的误差。

大部分的权证与其标的股票之间存在统计意义上的长期均衡关系，对于这种长期均衡关系，可以采用误差修正模型的方法，从长期均衡与短期动态均衡两个角度进行分析。

3. 误差修正模型

误差修正模型（Error Correction Model），简记为 ECM，它的主要形式是由 Davidson，Hendry，Srba 和 Yeo 于 1978 年提出的。其基本思路是，如果变

量之间存在协整关系，即表明这些变量间存在着长期稳定的关系，而这种长期稳定的关系是在短期动态的不断调整下维持的。在短期内也许会出现失衡，误差修正模型能对短期失衡作出纠正。

下面分别对存在协整关系的四组数据建立误差修正模型，结果如下：

$$\Delta GGAG=-0.0842+0.8834\cdot\Delta CGAC-0.0554\cdot E1_{t-1}$$

(−1.1372) (4.2486) (−3.8202)

cgac 与 ggag：F=14.839 R^2=0.0934 DW=2.001

$$E1_{t-1}=GGAG_{t-1}+23.2186-5.6459\cdot CGAC_{t-1}$$

$$\Delta GSGG=-0.02585+0.2249\cdot\Delta CSGC+0.1304\cdot E2_{t-1}$$

(−1.7224) (5.2583) (3.9301)

csgc 与 gsgg：F=33.7238 R^2=0.1032 DW=1.9836

$$E2_{t-1}=GSGG_{t-1}+0.8359-1.7519\cdot CSGC_{t-1}$$

$$\Delta CSHC=-0.06074+0.2913\cdot\Delta GSHG-0.02298\cdot E3_{t-1}$$

(−2.1083) (0.9365) (−2.6818)

cshc 与 gshg：F=38.9951 R^2=0.03049 DW=1.8918

$$E3_{t-1}=CSHC_{t-1}+0.01901-6.8904\cdot GSHG_{t-1}$$

$$\Delta CSQC=-0.009488+0.2894\cdot\Delta GSQG-0.1327\cdot E4_{t-1}$$

(−0.6876) (10.6375) (−4.2683)

csqc 与 gsqg：F=60.4277 R^2=0.2999 DW=2.2230

$$E4_{t-1}=GSQG_{t-1}+0.8382-2.3434\cdot CSQC_{t-1}$$

模型结果表明：

(1) 总体来看，四组权证与标的股票之间的长期影响关系稳定存在且权证价格对标的股票的影响幅度较大。但是，短期变化的模型拟合效果并不十分理想，表明从短期意义上，权证价格对表的股票的价格影响是有限的，且存在一定的不稳定性。

(2) 具体来看以 cgac 与 ggag 为例作为说明，衡量权证与标的股票间的价格变动关系：长期调整的回归系数为 5.6459，表明国安 GAC1 的价格每变化一个单位，中信国安的价格变化 5.6459 个单位；长期关系的系数远大于 1，表明长期影响的幅度是很大的。另外，长期调整的 R^2 较大，说明长期关系显著存在。短期变动的各项系数都通过了 t 检验，其中短期关系参数为 0.8834，误差修正系数为−0.0554，符合反向修正的原理。拟合优度 R^2 偏小，仅有 0.0934，DW 值近乎等于 2，残差不存在自相关。短期来看，国安 GAC1 每变化一个单位，中信国安就变化 0.8834 个单位，误差修正项对偏离均衡水平的调整力度为 0.0554 个单位。此外，深高 CWB1、石化 CWB1、上汽 CWB1 与其对应的股票间的长短期的关系与之类似，具体见上面模型。

三、结论与政策建议

（一）结论

1. 权证价格与标的股票价格之间存在单向的格兰杰因果关系，其中大部分权证是其对应标的股票的 Granger 原因，另一部分标的股票是其权证的 Granger 原因。这表明权证与标的股票之间确实存在统计意义上的价格导向机制，为我们研究权证的定价提供了一定依据。

2. 权证价格与标的股票价格间存在长期均衡关系，其中两组为标的股票为自变量，两组权证为自变量。无论谁为自变量，标的股票与权证价格的协整系数为正且值较大，表明权证价格变动与标的股票价格变动相互间影响较大，且二者是同向变动关系。说明从长期来看，权证的价值发现与风险对冲功能在市场中得到了实现。

3. 权证价格和标的股票价格存在短期意义上的误差修正关系，均可用其自身和彼此的一阶滞后项、误差修正项很好地刻画。误差修正项对标的股票价格和权证价格的变动均具有反向调节作用，即若上期标的股票价格相对于均衡价格水平偏低时，则当期的股票价格和权证价格会上升；反之亦然。这一调整作用的速度较缓慢，反应了系统慢慢向其均衡状态恢复这一价格变动特点。

（二）政策建议

权证、期权类金融衍生品的基本功能之一就是完善证券市场，对标的证券市场具有价值发现作用。而本文的研究结论表明我国权证市场并未实现这一功能，因此，为了更好的发挥权证市场的功能和未来发展新的期权类金融衍生品，提出以下几点建议：

1. 引入“卖空”机制。在武钢权证上市后，深圳证券交易所和上海证券交易所先后推出了权证创设制度，创设机制具有套利、卖空机制的双重功能在权证价格低估时，投资者买入权证，持有到期或者行权即可获利在权证价格高估时，可通过创设机制增加供应量，自动平抑价格，进行权证创设的机构，在价格高估时创设权证并卖出，在权证价格下跌时再买入权证进行注销，从而起到类似“卖空”的作用。虽然如此，但是这一“卖空”行为仅对创设人有效，对普通的投资者仍不能“卖空”。而作为权证、期权类金融衍生品发挥其避险功能，降低整个证券市场风险的作用依赖于“卖空”机制的引入。因此，如果要充分发挥金融衍生品的作用，必须引入“卖空”机制。

2. 增加合格创设人的数量。根据上海证券交易所的相关研究，权证市场有了创设人之后权证被严重炒作的现象缓和了许多。然而，目前合格的创设机构仅有30余家，每个创设人的创设能力有限，因此可以通过增加合格创设人的数量来增加权证的供给数量，提高市场的流动性，防止权证市场的过度投机，创造一个健康的投资氛围。

3. 加强权证交易中的风险防范与控制，强化信息披露原则。金融衍生产品市场的核心问题就是风险控制问题，权证对投资者而言是把"双刃剑"，机会和风险都被放大了。因此，应提高市场参与机构的治理水平与专业水平，加强对权证市场风险的监管，提高信息披露的效率。及时向投资者披露权证的行权信息，溢价率和杠杆倍数，隐含波动率等信息，使投资者能及时获得准确的信息。

4. 投资者自身要增强风险意识，不断提升风险分析能力。由于权证市场是在股权分置改革中推出的，许多投资者还没有完全了解这一产品，投资是风险意识不强，在权证行权过程中，有些投资者对价外权证也进行了行权，而有些投资者对价内权证却未进行行权，这些都非成熟的投资者所为。因此，要加强投资者自身的投资教育，使其在对市场、产品有较深刻的了解的基础上进行合理的投资。避免因不懂得投资风险投资于权证等衍生品而带来巨额亏损。

5. 积极开发新的金融衍生工具。在提高发行人素质，加强证券市场制度建设，提高我国金融市场整体成熟度的基础上，积极开发新的如股指期权，股指期货，个股期权等标准化的金融衍生品，丰富金融衍生品市场的产品，发展我国的金融衍生品市场，完善整个证券市场。

6. 规范证券经纪人的发展，推进自律组织体系、自律制度强诚信体系建设，提高行业诚信水平；建立与主要国家和地区证券行业自律组织的广泛联系，促进国际交流，为证券经纪人创造更多的跨境学习与合作机会，提高我国证券业应对国际竞争的能力。

7. 加强证券经纪人的服务化发展，服务应从传统的以公司为中心向以客户为中心，以产品为中心向以服务为中心，服务内容从以提供交易通道为主向以提供金融咨询服务为主转变；服务外延从单纯的证券经纪服务为主向以证券经纪服务为主的一系列金融理财产品以及融资服务转变，服务特色从标准化向基础服务标准化、专业服务个性化转变。

参考文献：

[1] 房振明，王春峰，李晔等．我国股票与权证市场之间的线性及非线性因果关系

[J]. 系统工程，2006，(7)

[2] 刘洋，庄新田．沪市认购权证与其标的股票价格走势的 Granger 因果检验 [J]. 管理学报，2006，(6)

[3] 陈毅恒（著），黄长全（译）．时间序列与金融数据分析，中国统计出版社，2004.

[4] 周建，李子奈．Granger 因果关系检验的适用性．清华大学学报（自然科学版），2004，(3)

[5] Hasbrouck. J. One security，Many Market. Determining the Contributions go price Discovery [J]. Journal of Finance，1995，(50)

风险在各主要金融市场的传染分析

陈燕武　邱世斌　吴承业
（华侨大学数量经济研究院）

一、引言及文献回顾

金融市场之间相互依赖性的研究是一个非常重要的课题，特别是金融市场出现剧烈的波动时，产生了检验金融市场风险传染效应的问题。金融市场风险传染效应，是指一个国家的金融市场风险的发生，导致其他国家产生金融市场风险的可能性，它强调的是两个国家发生金融风险的因果关系，该传染效应的分析重点是研究金融市场之间风险的关系，对于金融市场风险产生的原因并不加以详细的分析。最近两次全世界范围金融市场的剧烈波动发生于 2007 年美国次贷危机后及 2008 年美国雷曼兄弟倒闭之后，两次金融事件都导致美国的股票指数不断下跌，进而影响到欧洲、亚洲等一些国家股市。

最初关于金融风险传染的检验方法主要是利用两市场的标的资产收益，对两个金融市场的相关性进行研究，比较危机期间和正常时期金融市场间的相关系数及其显著性的变化，如果危机期间相关系数变得较大且显著，则说明存在金融市场的风险传染效应。随着经济计量理论的不断发展，之后出现了一些新的计量模型来研究金融市场的风险传染，主要包括波动溢出分析、协整分析、Granger 因果关系检验、产生危机的条件概率检验等方法。Bekaert 和 Wu（2000）应用了多元 GARCH-M 模型分析了金融危机的传染，Longin 和 Solnik（2001）应用多元极值理论的方法来分析金融风险的传染，Giancarlo Corsetti，Marcello Pericoli 和 Massimo Sbracia（2005），建立了一个标准因子模型来重新考虑近期关于金融风险传染的研究，得出了“金融市场只存在相依关系，不存在传染”的结论，Dobromi Serwa 和 Martin Bohl（2005）对欧洲股票市场 1997～2002 年的七次金融冲击进行了风险传染的研究，得出“中东欧发展中股票市场相对西欧发达的股票市场更容易发生金融风险传染”的结论，Francesco Caramazza，Luca Ricci 和 Ranil Salgado（2004）研究了在 20 世纪 90 年代新兴市场金融风险的传染问题，检验了金融关联关系在风险传染中起的作用，得出了“关联关系对于金融市场风险的传染会产生重大的影响”的结论。

以上文献对于金融风险的传染分析，都是集中在资产价格或是其波动性之间的相关性上。但是从本质上说，金融市场的风险传染问题是一个市场的风险问题，而不能单单从价格上的相关性进行研究，而应该从金融市场风险的相关性进行研究。叶五一、缪柏其和谭常春（2007）利用分位点回归模型的变点检测，结合亚洲各国的股票指数，研究了由 1997 泰国股市产生的风险传染到其他各国股市的传染效应，得出“金融市场存在着传染效应”的结论，这是对传统研究金融风险传染效应的突破。他把研究对象从资产的价格转向了市场风险，但是在该文献中，所提及的分位点回归模型采用的是线性回归模型，而实际当中，金融市场的风险传染并不是线性的，是随着市场收益的变化而变化。虽然作者采用变点检验法把这种回归形式分成了两部分进行回归，也只是对变点前后的市场风险进行线性形式的描述。若采用非性线的方法去描述两市场的风险，不仅能克服线性描述的缺点，还能直观地显示出变点的过程与个数。

本文承接了叶五一、缪柏其和谭常春（2007）的研究，从风险的角度分析金融市场风险的传染问题。同时，用 VaR（Value at Risk）来度量金融市场风险（Duffie 和 Pan，1997），传统的 VaR 估计都是要求事先知道收益率的分布情况，然后再确定置信值。1978 年，Koenker 和 Bassett 提出的分位点回归模型避免了分布的估计，可直接得到分位点的值。然而，Koenker 和 Bassett（1978）提出的分位点回归模型只是一种线性的形式，现实世界中很多经济现象都是难以用线性的形式来描述的，这就促使人们采用非线性的形式。但是用非线性的形式来描述经济现象仍存在着一个问题，即采用何种非线性形式。非参数估计解决了采用何种非线性形式的难题，它并不要求了解待估函数为何种非性线形式，而是通过一种加权的方法来估计这种非线性形式。把非参数估计方法应用到分位点回归模型当中（非参数分位点回归模型），这就消除了叶五一、缪柏其和谭常春（2007）研究中金融市场风险传染的线性性问题。

二、非参数分位点回归模型（Nonparametric QuantilesEstimationModel）分析

非参数分位点回归模型由 Koenker 于 1994 年提出，但并没用给出估计该模型方法，Klaus Abberger（1998）给出的泰勒多项式扩展法估计该模型。由

于其计算过程的复杂性，该方法当时并没有得到推广，直到近几年，随着计算机技术的快速发展，解决了计算的复杂性，该方法才被用于实证分析。在讨论该模型时，本文先对分位点回归模型及非参数估计模型进行分析，再结合国外对非参数回归模型的研究，给出估计方法。

(一) 分位点回归模型分析

分位数回归模型最早是由 Koenker 和 Bassett（1978）提出，但由于模型本身计算的复杂性，因此没有像其他经典经济计量理论那样得到普遍应用。随着计算机技术的快速发展，许多经济计量软件已经开发出能估计模型参数的软件包，其中比较常用的有 R 统计软件、MATLAB 软件包等。我国学者对该模型的应用也进行了一些实证研究，例如，Shu-Ling Tsai 和 Chuang-Ming Kuan（2005）运用该模型分析了不同收入下变量间的影响作用；朱平芳和朱先智（2007）利用分位数回归模型对企业创新人力投入强度规模进行研究；叶五一、缪柏其和谭常春（2007）利用分位点回归从市场风险的角度对国际间的金融传染进行分析。由于分位点回归模型摆脱了传统回归模型的一些限制条件，使其在各经济领域得到了广泛的应用。

对于任意随机变量 Y，它的分布函数可表示如下：

$$F(y)=Pr(Y\leqslant y) \tag{1}$$

对于任意的实数 τ，$0<\tau<1$，则定义随机变量 Y 的 τ 分位数函数 $Q(\tau)$ 为：

$$Q(\tau)=\inf\{y: F(y)\geqslant\tau\} \tag{2}$$

式（2）揭示了随机变量 Y 的部分性质，即存在比例为 τ 的随机样本小于分位函数 $Q(\tau)$，比例为 $1-\tau$ 的随机样本大于分位函数 $Q(\tau)$。

定义检验函数 $\rho_\tau(u)$ 为如下形式：

$$\rho_\tau(u)=(\tau-I_{(u<0)})u=\begin{cases}\tau u & u\geqslant 0\\ (\tau-1)u & u<0,\end{cases} \tag{3}$$

其中，$I_{(u<0)}$ 为示性函数。

在式（3）中，若当 u 取 $y-x\beta(\tau)$ 时，则有：

$$\rho_\tau(y-x\beta(\tau))=(\tau-I_{(y-x\beta(\tau)<0)})(y-x\beta(\tau)), \tag{4}$$

其中，x 表示任意随机变量向量，$\beta(\tau)$ 为依赖于分位数 τ 的系数向量，$I_{(y-x\beta(\tau)<0)}$ 为示性函数。

随机变量 Y 的 τ 分位数回归，就是要找到 $\beta(\tau)$，使得 $E[\rho_\tau(y-x\beta(\tau))]$ 达到最小，即求满足式（5）的 $\beta(\tau)$ 的估计值：

$$\min_{\beta(\tau)\in R} E[\rho_\tau(y-x\beta(\tau))]=\min_{\beta(\tau)\in R} E[(\tau-I_{(y-x\beta(\tau)<0)})(y-x\beta(\tau))] \tag{5}$$

在式（5）中，$y-x\beta(\tau)$ 表示离差，受到示性函数 $I_{(y-x\beta(\tau)<0)}$ 的约束，使得（$\tau-I_{(y-x\beta(\tau)<0)}$）（$y-x\beta(\tau)$）不可能为负数，故表示的意义是加权误差绝对值之和最小，权重分别为 τ 和 $1-\tau$，这种加权是一种纵向加权（和非参数估计的横向加权相区别）。由于在实证过程中，采用的是随机变量的样本，必须将式（5）离散化，其表示形式如式（6）所示：

$$\min_{\beta(\tau)\in R}\Big[\sum_{(i:y_i\geqslant x_i\beta(\tau))}\tau|y_i-x_i\beta(\tau)|+\sum_{(i:y_i\geqslant x_i\beta(\tau))}(1-\tau)|y_i-x_i\beta(\tau)|\Big]\quad \tau\in(0,1), \tag{6}$$

式（6）中，y_i 表示变量 Y 的样本，x_i 表示随机变量向量 X 的样本。

在线性条件下，给定 x 后，Y 的分位函数为：

$$Q_y(\tau/x)=x_i\beta'(\tau)\quad \tau\in(0,1), \tag{7}$$

在不同的 τ 下，就能得到不同的分位数函数，随着 τ 由 0 至 1，就能得到所有 y 在 x 上的条件分布轨迹，即一簇曲线，τ 在不同的经济模型中，有着不同的经济意义。

（二）非参数估计模型分析

假定有一组关于两变量 X 和 Y 的数据 $\{(x_i,y_i),i=1,2,\cdots n\}$。如果认为这两个变量有一个近似的函数关系 $y\approx m(x)$，表示成如式（8）的形式：

$$y_i=m(x_i)+\varepsilon_i\quad i=1,2,\cdots n \tag{8}$$

其中，$m(x_i)$ 表示未知的函数形式，ε_i 是残差项。如何去估计 $m(x_i)$ 是计量经济理论所要解决的首要问题，非参数估计的思想是不假定 $m(x_i)$ 的函数形式，也不设置参数，函数在每一点的值都由样本数据决定，在 x_i 处的估计值 $m(x_i)$ 由样本 y_i 的加权值决定。非参数模型常采用核估计，故本文只介绍核估计。

1. 非参数模型的核估计

考虑 $y_i=m(x_i)+\varepsilon_i$，$i=1,2,\cdots n$。可假定 $E(\varepsilon_i)=0$，$E(\varepsilon_i^2)=\sigma^2<\infty$ 以及对 $i\neq j$，ε_i 和 ε_j 是不相关的，如果假设变量 X 和 Y 都是随机的，它们有联合分布函数 $F(x,y)$，而 X 的边缘分布函数为 $F_y(x)$。$m(x)$ 可认为是 Y 在给定了 $X=x$ 之后的条件期望，即：

$$m(x)=E(Y/X=x)=\int yf(y|x)dy=\int yf(x,y)dy/f(x) \tag{9}$$

其中，$f(x,y)$ 为联合分布密度函数，$f(y|x)$ 为边缘密度函数。

Nadaraya 和 Watson 于是 1964 年用下面的式（10）来估计 $m(x)$：

$$m(x)=\Big[\frac{1}{nh}\sum_{i=1}^{n}K\Big(\frac{x-x_i}{h}\Big)y_i\Big]\Big/\frac{1}{nh}\sum_{i=1}^{n}K\Big(\frac{x-x_i}{h}\Big) \tag{10}$$

其中 n 为样本数，h 为窗宽，其经济意义表示加权的样本宽度，宽度越大表示参与加权的样本越多；反之亦然。$K(\cdot)$ 为核函数，即加权平均函数，并且要求 $\int K(u)du=1$，$\int K(u)udu=0$，$K(u)\geqslant 0$，实质是横向加权，权重为 $\frac{1}{nh}K\left(\frac{x-x_i}{h}\right)/\frac{1}{nh}\sum_{i=1}^{n}K\left(\frac{x-x_i}{h}\right)$。经常用的核函数有均匀核、高斯核、和核、抛物线核，本文采用高斯核，核函数表示为如下形式：

$$K(u)=\frac{1}{(2\pi)^{1/2}}exp\left(-\frac{1}{2}u^2\right)$$

2. 样本窗宽的选择

在非参数的核估计中，已知核函数后，最关键的是窗宽的选择，窗宽不应过大，太大的窗宽得到的曲线过于光滑，接近于直线；窗宽也不应过小，太小的窗宽加权的样本数太小，使得估计的误差较大。交错鉴定法是选择窗宽 h 的一个常用方法，思路是：在每个局部观察点 x_i 处，剔除样本中 (x_i, y_i) 观察点样本，将剩下的 $n-1$ 个观察点在 $x=x_i$ 处进行核估计：

$$m_{n,-i}(x)=\left[\frac{1}{nh}\sum_{j\neq i}K\left(\frac{x-x_j}{h}\right)y_j\right]/\frac{1}{nh}\sum_{j\neq i}K\left(\frac{x-x_j}{h}\right) \tag{11}$$

通过比较平方拟合误差：

$$CV(h)=n^{-1}\sum_{i=1}^{n}K\left(\frac{x-x_i}{h}\right)(Y_i-m_{n,-i}(x))^2/\sum_{i=1}^{n}K\left(\frac{x-x_i}{h}\right) \tag{12}$$

其中 $CV(h)$ 为拟合误差，选择使平方拟合误差达到最小的窗宽 h，即得到 h 的估计值。

(三) 非参数分位点回归模型分析

非参数分位点回归模型是将样本的横向加权与纵向加权的有效结合，在分位点回归模型中引入非参数估计。而对于该模型的估计方法当前比较常用的有三种，一种是 Klaus Abberger (1998) 提出的泰勒多项式扩展法，另外两种分别是正交序列近似法（Orthonormal Series Approximation）和样条平滑（Spline Smoothing）估计法。本节主要讨论 Klaus Abberger (1998) 给出的泰勒多项式扩展法来估计非参数分位点回归模型。采用该方法，要先估计变量 Y 的条件累积分布函数 $F_n(y/x)$，该分布函数可表示成式 (13) 所示：

$$F_n(y/x)=\sum_{i=1}^{n}I_{(-\infty,y)}(y_i)K\left(\frac{x_i-x}{h}\right)/\sum_{i=1}^{n}K\left(\frac{x_i-x}{h}\right) \tag{13}$$

其中，$I_{-\infty,y}$ 为检验函数，该方程是由 *Horvath* 和 *Yandell* (1988) 的提出。再根据式 (13) 的分布函数，结合分位点回归的估计方程，可将分位点回归模型的估计表示为式（14）所示的形式：

$$q_{n,\alpha}(x)=inf\{y\in\Re \mid F_n(y/x)\geqslant\alpha\} \quad 0<\alpha<1 \tag{14}$$

式（14）包含了非参数估计和分位点回归，非参数体现在 F_n（y/x）中，分位点回归体现在式（14）中。对于式（14）的估计，采用 Klaus Abberger（1997）提出的泰勒多项式扩展法，即描述为式（15）形式：

$$\arg\min\{\sum_{i=1}^{n}\rho_\alpha(y_i-\sum_{j=1}^{r}(x_i-x_0)^j\beta_j(x))K(\frac{x_i-x_0}{h})\} \tag{15}$$

则有，$q\alpha(\hat{x})=\beta_0(\hat{x})$，$q_\alpha^{(j)}(\hat{x})=j!\beta_0(\hat{x})$，$r$ 表示泰勒展开式的项数，r 一般取大于 3 的整数，x_0 为扩展的点，h 为窗宽，可根据交错鉴定法求解，通过求解式（15），即可得非参数分位点回归模型的估计值 $q_\alpha(\hat{x})$。

三、实证分析

随着国际经济一体化程度的不断提高，世界各国间经济相互影响的程度越来越密切。本文将对次贷危机及雷曼兄弟倒闭前后期间世界范围内的 4 个国家的指数收益率，用非参数分位点回归模型进行金融市场风险传染的分析。

（一）样本数据

本文研究样本包括美国的道琼斯指数，日本的日经指数，英国的伦敦金融时报指数，中国的上证指数，样本期间为 2007 年 1 月 1 日～2008 年 12 月 31 日，因为在这一段时间内，既包含有美国次级贷款危机及雷曼兄弟倒闭引起金融危机影响美国股市之前的数据，又含有次贷危机及雷曼兄弟倒闭引起金融危机影响美国股市后的数据。数据全部来源于雅虎财经（http：//finance. cn. yahoo. com/）。采用在险价值（VaR）的方法，分析某国的市场风险与美国股票市场风险之间的关系，从风险的角度来考虑金融风险的传染。实证过程中，并没有将数据按次贷危机及金融危机的时刻分成三段，一方面是因为本文所采用的非参数数分位点回归模型不要求把数据分成三段，另一方面是因为很难找到次贷危机及金融危机影响美国股市的具体日期。由于各个国家的交易日受各自的风俗习惯及时区的影响，会出现样本的数据期间不一致的情况，本文中把这种交易日的数据进行了配对。为了把日期引入到回归方程，本文对日期作了处理，即把 2007 年的第一个交易日设为 1，其他的以此类推。

（二）实证过程

根据传统在险价值的计算方法，引入非参数分位点回归模型后，只要给定一定的置信水平，就可得到相应的在险价值，这种在险价值也称条件市场风险值（CVaR）。假定某国的收益率为 r_t，则用非参数分位点回归模型可表示成式（16）的形式：

$$CVaR_i = -q_{n,\alpha}(date_i) = -\inf\{r_t \in \Re \mid F_n(r_t/date_i) \geqslant \alpha\} \quad 0<\alpha<1 \tag{16}$$

其中，$date_i$ 表示第 i 个交易日，$CVaR_i$ 表示第 i 个交易日的条件在险价值，α 为分位数（1－置信水平）。在估计过程中，涉及窗宽的估计，先利用样本数据，根据交错鉴定法估计各国股市的窗宽，估计结果如表 1 所示。

表 1 窗宽的估计结果

指数收益率名称	道琼斯指数	伦敦指数	日经指数	上证指数
窗宽的估计值	0.003378761	0.005897077	0.008766258	0.007962109

对于条件在险价值的估计，即对非参数分位点回归模型的估计，涉及置信水平（1－分位数 α）的选择问题，很多文献都设 90％或是 95％的置信水平（10％或 5％分位数水平），本文采用 90％的置信水平（采用 95％的置信水平结果一致）。利用泰勒多项式扩展法，对以上四个国家的股票指数收益进行估计，可得到各股票市场的条件在险价值 $CVaR_i$，其结果如图 1 所示。

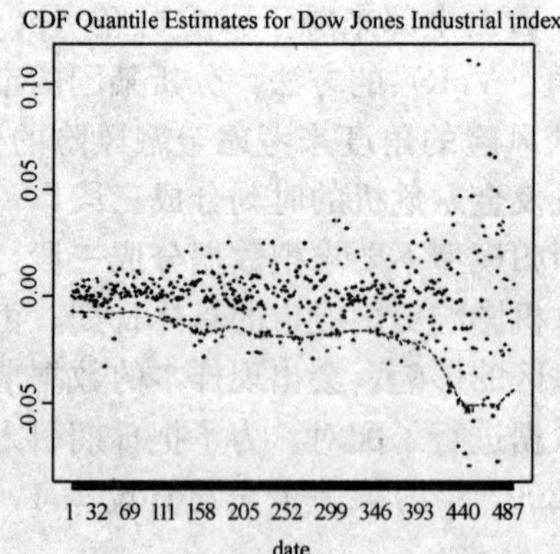

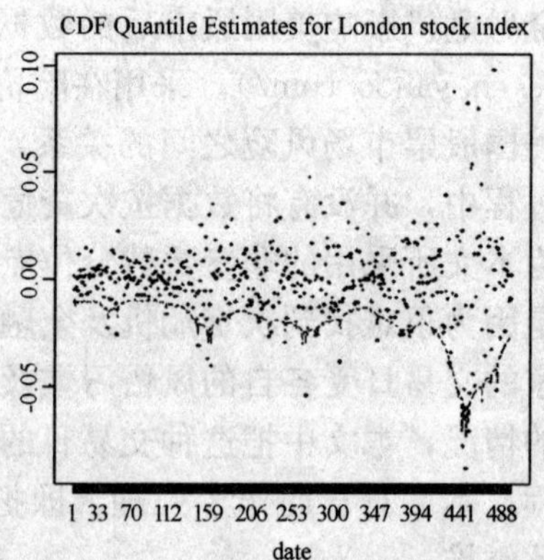

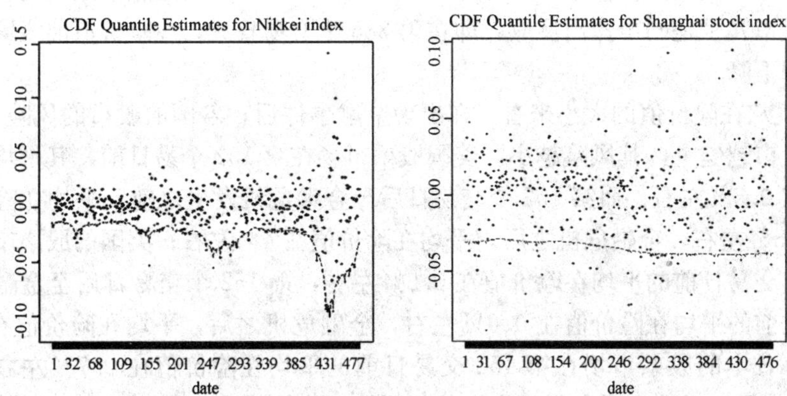

图 1　四种股票指数的条件在险价值

（三）实证结果分析

图 1 把非参数分位点回归的估计结果描绘到图形中去，清晰地反映出样本期间股票市场的风险。通过非参数分位点回归的结果图，我们可以得到以下几个结论：

1. 各国股市的在险价值曲线表现出较强的一致性。根据本文的研究目的，将样本期按次贷危机及金融危机分成三个时期，第一个时期为次贷危机影响各国股市之前（第 152 个交易日前（2007 年 8 月中旬）；第二个时期为次贷危机影响各国股市之后，金融危机之前（第 152 个交易日与第 385 个交易日之间）；第三个时期为金融危机之后（第 385 个交易日之后）。由图 1 可知，在样本期间的第一时期，在险价值较小，关于这一点可从各股市在险价值曲线的位置来判断，各国股市在险价值曲线的在第一时期一般比较接近于 0，说明在险价值较小，随着次贷危机影响程度的不断增强，在险价值曲线离 0 点越来越远，至金融危机爆发后，各国股市的在险价值曲线开始急剧下降（除了上证指数，主要是因为上证指数在经历了次贷危机后，股市已经出现了很大的风险，同时由于中国股市存在着涨跌停限制，故风险难以随市场作出变化）。

2. 次贷危机产生的金融风险传染得较慢，而由金融危机引起的金融风险传染得较快。当次贷危机刚影响美国股市时，美国股市的在险价值开始变大时（曲线的前半段向右下方倾斜），其他各股市的在险价值并没有增加（曲线的前半段几乎为一条直线）。但是到了第 152 个交易日左右之后，其他各股市的在险价值开始急剧的增加（曲线开始往下倾斜），说明次贷危机对其他股市的影响是滞后于美国的股票市场。另外，自从雷曼兄弟倒闭引起金融危机后，世界各国股市几乎是同步作出反应，即在第385个交易日后，在险价值曲线同时出现急剧下降。

3. 从在险价值的大小来看，在出现金融事件后，各国的股市的风险加大，而且股市越健全，其风险越小。美国股票市场在第152个易日前，其平均在险价值在0.5%左右，而第152个交易日后至金融危机发生之前，平均在险价值在0.75%左右，金融危机之后，平均在险价值在4%左右；英国的股票市场在第152交易日前的平均在险价值在0.5%左右，第152个交易日后至金融危机发生之前的平均在险价值在0.8%左右，金融危机之后，平均在险价值在5%左右；日本的股票市场在第152交易日前的平均在险价值在0.7%左右，第152个交易日后至金融危机发生之前的平均在险价值为1.5 %左右，金融危机之后，平均在险价值在6%左右；中国的股票市场在第152交易日前的平均在险价值在1.4%左右，而第152个交易日后至金融危机发生之前的平均在险价值为2 %左右，金融危机之后，平均在险价值在5%左右。

4. 金融危机对股市的影响在强度和速度上均比次贷危机对股市的影响更强。次贷危机对股市的影响历经了一年，而且传递是先影响到风险产生国股市，进而再影响他国股市，而金融危机自其产生后，并立即传染到世界各国股市。

5. 世界各国股市在第430个交易日左右（2008年9月份，由于雷曼兄弟的倒闭引起各国政府的高度关注，各方均采取积极的财政和货币政策，引起股市的暂时性回暖），均出现了风险回调的现象（除了上证），进一步说明了各国股市风险的一致性。引起风险回调主要是因为世界各国都努力地实施积极的财政政策与货币政策，进而对股市造成积极的影响。至于这种积极的影响到底会走多远，还有待世界各国的努力。

四、结束语

众多研究表明金融市场间存在着风险传染现象，但是以往的研究都是从相关系数或者相依结构的变化情况来研究该问题，而且大多数都是基于市场价格或者市场收益率之间的关系。即使是从市场风险的角度来研究金融市场的风险传染，也只是采用了线性的方法加以描述。本文首次以非线性的形式从风险的角度来分析金融市场的风险传染问题，应用非参数分位点回归模型对世界上四个比较有影响力的股票指数进行了实证研究。本文按照时间顺序，分别分析了各国股票指数收益在样本期间内的在险价值，并且把各指数收益的在险价值都描绘于图形中，直观地反应出各国股票指数收益率在险价值在样本期间的变化，并且说明了金融风险传染是非线性的。从图形中，本文说明了世界各国的金融市场存在着风险传染效应，但风险传染的速度与金融风险的强度有关，金融风险越强，传染速度越快；金融风险越弱，传染速度越慢，而且还存在着传染的滞后性，产生国首先受到影响，进而再传染到其他国家的金融市场。而且这种风险的传染对各国金融市场的影响程度都不一样，一般来说，金融市场比较健全、制度比较完善的金融市场的影响程度较小，而对处于发展初期的金融市场的影响程度较大。由于非参数分位点回归模型本身计算的复杂性，本文对于金融市场的风险传染分析，只是依据估计结果产生的图形进行分析，并没有对估计过程所产生的系数进行检验，这一问题还需要进一步的研究。

参考文献：

［1］王春峰，康莉，王世彤．货币危机的传染：理论与模型［J］．国际金融研究，1999.1

［2］Bekaert，G. and G. Wu. Asymmetric volatility and risk in equity markets［J］. Review of Financial Studies，2000.13，1～42.

［3］Longin，F. M. and B. Solnik. Extreme correlations of international equity markets during extremely volatile periods［J］，Journal of Finance，2001，56，649～676.

［4］Giancarlo Corsetti，Marcello Pericoli and Massimo Sbracia. Some contagion，some interdependence'：More pitfalls in the financial contagion［J］，Journal of International Money and Finance，2005，Vol.24，Issue 8，1177～1199.

［5］Dobromi Serwa and Martin T. Bohl. Financial contagion vulnerability and resistance：A comparison of European stock markets［J］，Economic Systems，2005，Vol.29，Issue3，344～362.

［6］Francesco Caramazza，Luca Ricci and Ranil Salgado. Trade and Financial Contagion in Currency Crises［A］（March 2000）．IMF Working Paper No. 00/55

［8］叶五一，缪柏其，谭常春．基于分位点回归模型变点检测的金融传染分析［J］. 数量经济技术经济研究，2007.10

［9］Koenker R，Bassett G J. Regression Quantiles［J］. Econometrica，1978（46）：33～50

［10］Klaus Abberger，Cross-Validation in Nonparametric Parametric Quantile Regression. Allgemeines Statistisches Archiv 82（2），149-161，1998.

［11］Shu-Ling Tsai，Chuang-Ming Kuan. 2004，A Quantile Regression Analysis on

Family Income Determination with Mating Effects [S], Working Paper, Academia Sincia, Taiwan.

[12] 朱平芳，朱先智．企业创新人力投入强度规模效应的分位点回归研究 [J]. 数量经济技术经济研究，2007.3.

[13] 钱争鸣，郭鹏辉．上海证券交易市场量价关系的分位回归分析 [J]. 数量经济技术经济研究，2007.10.

[15] 张守一，葛新权，王斌．非参数回归及应用 [J]．数量经济技术经济研究，1997.10.

[16] 叶阿忠．非参数计量经济学 [M]．南开大学出版社，2003.7.

国际证券市场指数的频域实证研究*

陈守东　徐颖韬　韩广哲

（吉林大学数量经济研究中心 商学院）

一、引言

近半个世纪，国际间的资本流动越来越频繁，世界各国的资本市场越来越紧密地联系在一起，一体化趋势也就表现得更为明显。各个国家和地区的股市也因为密切的政治联系和经济关系，呈现出显著的联动特征。同时，彼此间的相依性也不断发生变化，国际股票市场之间的相关性、周期性及传导特征的研究逐渐成为学术界和实务界关注的焦点，越来越受到金融机构和监管当局以及各国学者的重视。

摩根斯坦（Oskar Morgenstern1，1959 年）等人在普林斯顿大学发起了一项名为“经济计量研究项目”的研究计划，在现代谱分析的开创者之一图基（John Tukey）的大力支持下，尝试把谱分析方法应用于经济时间序列分析中，从而开创了谱分析在经济学中的应用。以国图基和格兰杰（1964）为代表，一批数学家、统计学家、经济学家发表文章探讨了谱分析在经济中的应用技术，取得了许多重要的研究成果，推动这一方法的应用。随着计算技术的发展，包括频域和时域在内的整个时间序列分析方法在经济分析和预测中得到越来越广泛和深入的应用。通常对价格的波动分析，都是在时域中进行的。时域分析的不足之处，在于它无法区别原时间序列所包含的各种周期分量的作用效果，而是将其作为一个整体研究，这势必给我们对波动的本质认识造成一定的假象。谱分析法是把时间序列中分解成各种不同振幅和频率的周期分量的叠

---

* 本文得到“吉林大学‘985 工程’项目”、吉林大学经济分析与预测创新基地、国家社会科学基金项目（06BJY010）、2007 年教育部重大项目（07JJD790131）、2008 年教育部重大项目（08JJD790153）资助。

加，显示出这些周期分量在时间序列中各自的重要性，即在时间序列中各周期分量对应的频率处，分量的振幅越高，对时间序列的整体影响越大。因此，谱分析法的主要任务就是通过估计时间序列的谱密度函数，找出序列中的各主要周期分量，通过对各分量的分析，达到对时间序列中主要周期波动特征的把握。近些年来，谱分析方法在我国经济学界也开始受到重视和应用。

陈磊等（2001）采用谱分析方法，对我国工业生产、投资、消费、外贸、物价、财政、金融等月度经济指标的增长率周期波动进行了测定和分析。结果表明，我国主要经济指标中都包含着较明显的周期波动，而且一些变量还包含了长度不同的多种周期波动。陈迪红等（2003）研究了中国证券市场股指的波动是否具有周期性以及如何测定的问题，基于时间序列的谱分析方法，对中国证券市场的市场指数进行了分析，得到了上证综指的谱密度与频率、上证指数的周期数据以及上证指数周期分析等结果。张瀛等（2003）从频域的角度对股价波动进行了理论上的探讨和实证研究，指出在我国的股市上，影响股票价格的波动的主要影响因素是主力投资者和散户投资者的投资行为。李进江（2005）利用谱分析方法对我国的上海证券市场和深圳证券市场进行周期波动分析，进行单谱分析得到沪市和深市的功率谱图，同时进行交叉谱分析。贺红波（2006），研究中直接定义波动的形式，采用 G. N. Naidu 和 Midael S. Rozeff 提出的修正方法来定义证券市场的波动，用波动来代表金融风险，以收益的标准离差来测度波动性，分析出国际金融风险对中国证券市场波动的影响方式和影响程度，进行非参数化双谱估计与检验。本文利用频域分析方法，找出国际证券市场指数时间序列中的各主要周期分量，并进行分析，以把握时间序列中主要周期波动特征，并利用交叉谱分析对近几年中国股票市场与国际主要股票市场指数之间的传导特征进行深入刻画和研究。

二、谱分析方法

（一）谱分析原理

谱分析技术是用来寻找数据中的周期或循环结构，通过傅里叶变换，将一时间序列在给定时刻分解为一序列频率的函数，再通过 OLS 方法求得回归系数，进而讨论谱密度与周期或频率的关系，判别序列的周期和频率。

设平稳时间序列 $\{Y_t\}$ 具有 $E(Y_t)=\mu$，第 j 期自相关函数 $r_j=E(Y_t-\mu)(Y_{t-j}-\mu)$。若 $g_y(z)$ 为自相关生成函数，$\sum_{j=-\infty}^{\infty}|r_j|<\infty$，则 $g_y(z)=\sum_{j=-\infty}^{\infty}r_jz^j$。

令 $S_Y(\bar{\omega})=\frac{1}{2\pi}g_y(e^{-j\bar{\omega}})=\frac{1}{2\pi}\sum_{j=-\infty}^{\infty}e^{-jm}$，称 $S_Y(\omega)$ 为序列 Y_t 的谱。

给定样本观测值 Y_1，Y_2，…，Y_t，则有 $T-1$ 个样本自相关函数：

$$\hat{T}_j=\begin{cases}\frac{1}{T}\sum(Y_t-\bar{Y})(Y_{t-j}-\bar{Y}) & j=0,1,2,\cdots,T-1\\ \hat{r}_{-j} & j=-1,-2,\cdots,-T+1\end{cases}$$

其中，$\bar{Y}=\frac{1}{T}\sum_{t=1}^{T}Y_t$。

对于任意给定的频率 ω，可以得到样本 Y_1，Y_2，…，Y_t 的谱密度的估计值：

$$\hat{S}_Y(\bar{\omega})=\frac{1}{2\pi}\sum_{t=-T+1}^{T-1}\hat{r}_je^{-\bar{\omega}j} \tag{1}$$

当频率 ω 取值 $2\pi/T$，$4\pi/T$，…，$2M\pi/T$，$M=(T-1)/2$ 即取得一系列的给定频率下的谱估计值。

实际过程中，可选择下面的方法计算 $\hat{S}_Y(\bar{\omega})$ 将 Y_t 进行傅里叶变换分解为：

$$Y_t=\sum_{j=1}^{M}[\alpha_j\cos(\omega_jt)+\beta_j\sin(\omega_jt)]+\mu \tag{2}$$

满足

$$E(\alpha_j\alpha_k)=\begin{cases}\delta_j^2 & j=k\\ 0 & j\neq k\end{cases} \tag{3}$$

$$E(\beta_j\beta_k)=\begin{cases}\delta_j^2 & j=k\\ 0 & j\neq k\end{cases} \tag{4}$$

$$E(\alpha_j\beta_k)=0\quad\forall j,k \tag{5}$$

$$e(\alpha_j)=E(\beta_k)=0 \tag{6}$$

即 α_j，β_k 为互不相关的白噪声，这里将 $cos(\omega_jt)$，$sin(\omega_jt)$ 作为 Y_t 的解释变量，Y_t 的变化由 $cos(\omega_jt)$，$sin(\omega_jt)$ 所决定。

α_j、β_j 可以通过 OLS 法求得，且有如下关系：

$$\hat{\alpha}_j=\frac{2}{T}\sum_{t=1}^{T}Y_t\cos[\omega_j(t-1)]\quad j=1,2,\cdots,M;\ M=(T-1)/2 \tag{7}$$

$$\hat{\beta}_j=\frac{2}{T}\sum_{t=1}^{T}Y_t\sin[\omega_j(t-1)]\quad j=1,2,\cdots,M;\ M=(T-1)/2 \tag{8}$$

有时，为了避免虚假的峰值和计算的精度，我们通常对数据进行截断点 M 的选取，通常近似地取 M 为 $2\sqrt{n}$。

$$\frac{1}{T}\sum_{t=1}^{T}(Y_t-\bar{Y})^2=\frac{1}{2}\sum_{j=1}^{M}(\hat{\alpha}_j^2+\hat{\beta}_j^2) \tag{9}$$

$$\frac{1}{2}\sum_{j=1}^{M}\left(\hat{\alpha}_j^2-\hat{\beta}_j^2\right)=\frac{4\pi}{T}\hat{S}_Y(\omega_j) \tag{10}$$

由上可见，回归系数 α_j、β_j 的平方和累积反映了回归误差平方和的变化，可通过 α_j^2，β_j^2 直接求出谱。

由上可见，回归系数 $\hat{\alpha}_j$，$\hat{\beta}_j$ 的平方和累积直接反映了回归误差平方和的变化。

可通过 $\hat{\alpha}_j^2$，$\hat{\beta}_j^2$ 直接求出谱 $\hat{S}_Y(\omega_j)$，给定 ω_j 变化从 $0\to\pi$，即可得到一系列$\frac{1}{2}(\hat{\alpha}_j^2,\ \hat{\alpha}_j^2)$，选择其中最大值点处对应频率，即为周期频率。

(二) 谱分析估计方法

如何从实际问题所给定的时间序列 $\{X_t,\ t=1,\ 2,\ \cdots,\ n\}$ 中估计出其谱密度或标准谱密度函数是谱分析要解决的主要问题。20 世纪 50 年代以来，随着该领域在理论和实践上的不断发展，产生了多种各有特色的谱估计方法。从大的类型来看主要有：平滑周期图法、滞后窗（时窗）谱估计、数据窗谱估计和极大熵谱估计等方法。

本文采用的谱估计方法是使用较为普遍的图基—汉宁（Tukey-Hanning）窗谱估计法，具体算法如下：

1. 计算时间序列的样本自协方差函数 $\hat{R}(k)$ 和样本自相关函数 $\hat{r}(k)$。

2. 对 $\hat{R}(k)$ 和 $\hat{r}(k)$ 利用图基—汉宁窗的截尾富氏变换得到 $\{X(t)\}$ 的标准谱密度函数的估计值如下：

$$\hat{p}(f_j)=\frac{\hat{h}(f_j)}{\hat{R}(0)}=1+2\sum_{k=1}^{M}w(k)\,\hat{r}(k)\cos 2\pi f_j k \quad 0\leqslant f_j\leqslant\frac{1}{2} \tag{11}$$

其中，

$$w(k)=\begin{cases}\frac{1}{2}\left(1+cos\frac{\pi k}{M}\right) & |k|\leqslant M\\ 0 & |k|>M\end{cases} \tag{12}$$

为图基—汉宁滞后窗。

$M\ (<n)$ 称为截断点或窗参数，截断的目的是去掉误差随 k 逐渐增大的那些 $\hat{R}(k)$ 或 $\hat{r}(k)$ 对估计可能造成的不良影响，它的取值直接影响到谱估计的准确程度。

根据谱分析的要求，样本数据一般在 250 以上较为合理。

(三) 交叉谱分析

交叉谱分析是关于两个时间序列的谱分析，用于评估成对经济指标波动的相关程度。交叉谱分析中有两个重要的统计量：一致性和位相，用于分析经济指标之间的领先和滞后关系。设 X 和 Y 是两个时间序列，交叉协方差的计算公式为：

$$C_{yx}(k)=E(X_t-\overline{X})(Y_{t+k}-\overline{Y}) \tag{13}$$

$$C_{yx}(k)=E(X_{t+k}-\overline{X})(Y_t-\overline{Y}) \tag{14}$$

定义交叉谱的实数部分和虚数部分为同相谱和正交谱，分别记为 cos pec 和 quad，相应的计算公式为：

$$\cos pec_j=\frac{1}{4\pi}[C_{xy}(0)+C_{yx}(0)]+\frac{1}{2\pi}\sum_{k=1}^{M}\lambda_k[C_{xy}(k)+C_{yx}(k)]\cos(\pi_j/M)k \tag{15}$$

$$quad_j=\frac{1}{2\pi}\sum_{k=1}^{M}\lambda_k[C_{xy}(k)-C_{yx}(k)]\sin(\pi_j/M)k \tag{16}$$

振幅（ampl）、位相（phase）和一致性（coh）的计算公式如下：

$$ampl_j=(\cos pec_j^2+quad_j^2)^{1/2} \tag{17}$$

$$phase_j=\arctan(-quad_j/\cos pec_j) \tag{18}$$

$$coh_j=ampl_j^2(s_x(j)\cdot s_y(j)) \tag{19}$$

式（15）中，$x_x(k)$ 和 $s_y(k)$ 是由式（9）计算的 X 和 Y 的谱密度函数。一致性 coh_j 的值介于 0～1 之间，其测量了两个时间序列方差的比值；coh_j 的值越接近于 1，则表明两个时间序列的相关性越强。位相用于计量领先指标与同步指标之间的时间差，包括角度（Angle）、领先与滞后（Lead/Lag）两个指标值。

三、基于股票市场指数的交叉谱分析

（一）数据描述

本文选择美国、日本、英国和中国香港股票市场上最具代表性的股票市场指数，即美国标准普尔 500 指数（US）、英国金融时报 100 指数（UK）、中国香港恒生成分股指数（HK）、日本日经 225 指数（JP），加上中国上证综合指数（CH）的收盘价格序列作为研究对象。数据区间选择为 1998 年 1 月 5 日～2008 年 7 月 31 日，数据来源为 Wind 资讯。[①] 因为各国或地区存在一定的时差，各股票市场交易时间存在交叉和时滞特征。如果开盘与收盘时间为标志，美国股票市场则在当日落后于其他股票市场，一般地，美国以外的投资者习惯

① http：//www. wind. com. cn。

以美国市场前一交易日收盘情况作为本地股票市场的参考。因此，本文将中国、英国、中国香港、日本股票市场的交易日（T）与美国股票市场前一交易日（$T-1$）相对齐。调整后的样本共为2553个。

（二）交叉谱结果

本节针对中国、英国、中国香港、日本和美国股票市场指数进行交叉谱分析，并且样本容量满足谱分析的要求。交叉谱分析结果见图1与表1。

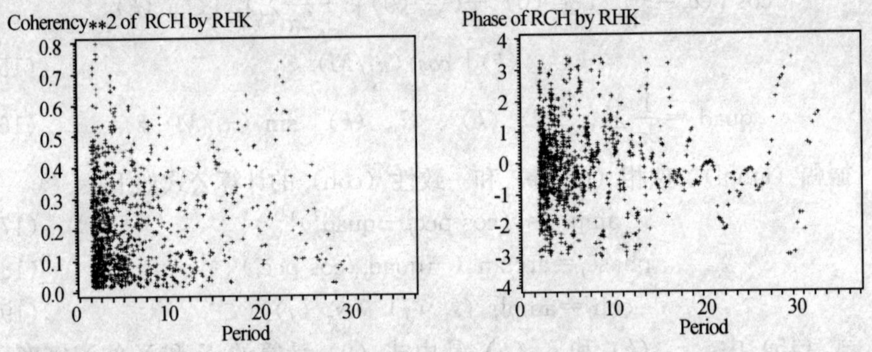

图1 左图为上证综合指数（RCH）与恒生成分股指数（RHK）的一致性图形，右图为上证综合指数（RCH）与恒生成分股指数（RHK）的相位图

表1 股票市场指数交叉谱分析结果

周期长度（日）	一致性	位相	周期长度（日）	一致性	位相
中国：中国香港			中国：日本		
2.5	0.78	0.3	2.2	0.53	0.3
3.8	0.68	−0.1	3.9	0.57	−0.3
4.1	0.64	−1.1	4.4	0.56	−0.3
5.4	0.58	2.4	6.8	0.48	0.4
8.2	0.58	0.3	8.9	0.44	−0.7
19	0.71	−0.4	19	0.48	−0.9
中国：英国			中国：美国		
2.8	0.53	−2.7	2.8	0.44	−3.0
3.7	0.48	−2.5	3.7	0.46	−2.2
4.9	0.44	−1.8	4.7	0.51	0.1

续表

周期长度（日）	一致性	位相	周期长度（日）	一致性	位相
7.4	0.62	0.9	10.1	0.44	−1.9
9.9	0.59	1.1	13.4	0.42	−0.6
21.6	0.5	2.5	19.3	0.5	−0.4
中国香港：日本			中国香港：英国		
2.2	0.89	0.2	2.0	0.68	−0.5
3.6	0.78	0.1	3.9	0.71	−0.9
4.1	0.77	−0.1	5.8	0.74	−0.3
5.3	0.73	−0.4	6.4	0.77	−0.7
10.7	0.74	0.3	13	0.78	−0.3
82	0.92	−0.2	55	0.83	0
中国香港：美国			日本：英国		
2.2	0.77	0.4	2.3	0.64	−0.8
4.4	0.74	0.7	3.6	0.70	−1.2
9.5	0.85	−0.1	4.8	0.78	−0.3
13	0.77	0.2	5.5	0.83	−0.6
35	0.78	0	7.1	0.78	−0.5
85	0.80	0	12	0.84	−0.1
日本：美国			英国：美国		
2.2	0.73	1.1	2.3	0.66	2.1
3.7	0.74	0.4	3.7	0.85	0.8
6.6	0.78	−0.4	7.5	0.87	0.5
13.1	0.73	0.2	10.6	0.9	0.4
17	0.8	−0.1	48	0.88	0.4
35.4	0.8	−0.3	82	0.91	0.2

（三）交叉谱结果分析

1. 中国与其他国家或地区股票市场指数的交叉谱结果分析

（1）中国股票市场指数与香港股票市场指数的一致性较大，且显著大于中国股票市场指数与日本、英国、美国股票市场指数的一致性。中国与中国香港、日本、英国、美国股票市场指数之间的一致性峰值均出现在较短的周期上，分别为 2.5 天、3.9 天、7.4 天、4.7 天。

(2) 中国股票市场指数在短周期上表现为领先于中国香港、日本股票市场指数，而在长周期上表现为滞后于中国香港、日本股票市场指数。

(3) 中国股票市场指数在短周期上表现为显著滞后于英国股票市场指数，而在长周期上表现为显著领先于英国股票市场指数。

(4) 无论是短周期，还是长周期，美国股票市场指数均显著领先于中国股票市场指数。但随着周期变长，两国股票市场之间的位相逐渐趋于0，表明领先/滞后关系逐渐减弱，即两个市场的同步性在增强。

2. 其他国家或地区股票市场指数的交叉谱结果分析

(1) 中国香港、日本、英国和美国股票市场指数之间的一致性显著大于其与中国股票市场指数的一致性，其中英国与美国股票市场指数之间的一致性最大。

(2) 从周期角度看，中国香港、日本、英国和美国股票市场指数之间长周期的一致性较短周期的一致性大，表明各国股票市场指数之间存在较大的长期相关性的特征。中国香港与日本、中国香港与英国、日本和美国、英国和美国股票市场指数之间的一致性峰值出现在长周期上，分别为82天、55天、35.4天、82天。而中国香港和美国、日本和英国股票市场指数之间的一致性峰值出现在较短的周期上，分别为9.5天、12天。

(3) 从位相角度看，伴随周期由短至长以及一致性的增加，中国香港、日本、英国和美国股票市场指数之间的位相均呈现出收窄至0的趋势，这表明各国股票市场指数之间在长期存在显著的同步性，即表现出长期共同趋势。

四、结论

针对股票市场指数数据，利用交叉谱分析进行的实证研究结果表明：

1. 中国股票市场指数与中国香港股票市场指数的一致性较大。中国股票市场指数在短周期上表现为领先于中国香港、日本股票市场指数，滞后于英国股票市场指数，而在长周期上表现为滞后于中国香港、日本股票市场指数，领先于英国股票市场指数。无论是短周期，还是长周期，美国股票市场指数均显著领先于中国股票市场指数。但随着周期变长，两国股票市场之间的位相逐渐趋于0，表明领先/滞后关系逐渐减弱，即两个市场的同步性在增强。

2. 中国香港、日本、英国和美国股票市场指数之间的一致性显著大于其与中国股票市场指数的一致性，其中，英国与美国股票市场指数之间的一致性最大。从周期角度看，中国香港、日本、英国和美国股票市场指数之间长周期的一致性较短周期的一致性大，表明各国股票市场指数之间存在较大的长期相关性的特征。中国香港与日本、香港与英国、日本和美国、英国和美国股票市场指数之间的一致性峰值出现在长周期上，分别为 82 天、55 天、35.4 天、82 天。而中国香港和美国、日本和英国股票市场指数之间的一致性峰值出现在较短的周期上，分别为 9.5 天、12 天。伴随周期由短至长以及一致性的增加，中国香港、日本、英国和美国股票市场指数之间的位相均呈现出收窄至 0 的趋势，这表明各国股票市场指数之间在长期存在显著的同步性，即表现出长期共同趋势。

参考文献：

[1] C. W. J. Granger and M. Hatanaka, Spectral Analysis of Economic Time Series [M], Princeton Univ, Press, 1964.

[2] Harmo, Y., Masulis, R. W.. Correlations in price changes and volatility across international stock markets [J], Review of Financial Studies 1990 (3): 281-307.

[3] Roll, Ross. On the Cross-Sectional Relation between Expected Returns and Betas [J], Journal of Finance, 1994 (49): 101-121.

[4] Pynnonen, S., Knif, J.. Common Long-term and Short-term Price Memory in Two Scandinavian Stock Markets [J], Applied Financial Economics, 1998, 8 (3): 257-265.

[5] 陈迪红，杨湘豫，李华中．中国证券市场指数波动的周期分析 [J]．湖南大学学报自然科学版，2003 年 10 月，30 (5)．

[6] 陈磊，张屹山．我国转轨时间经济周期波动谱分析 [J]．数量经济技术经济研究，2001 年第 1 期．

[7] 贺红波．对中国证券市场波动传导性的考察 [J]．财经论坛，2006 (6)．

[8] 李进江．我国股市协整检验及周期波动 [J]．统计与决策，2005 年 11 月．

[9] 张瀛，王浣尘．我国股市价格波动的谱分析方法研究 [J]．价格理论与实践，2003 (10)．

开放式基金流动和股票收益关系的实证分析

陈维维　华仁海　韩　鑫
（南京财经大学 金融学院）

一、引言

2006 年到 2007 年，我国基金市场与股票市场出现了“双向繁荣”的景象，而从 2008 年开始，基金市场和股票市场又出现了“双向衰退”的现象，我国基金市场和股票市场之间存在着很强的相关性。随着我国基金市场的迅速发展，其对股票市场收益的影响也日益加大。由于开放式基金的可流动性（可赎回制度），开放式股票型基金在我国基金市场中所占份额最大，在保证投资者特别是个人投资者资金流动性的同时，对股票的影响也不断地加大。

开放式基金的流动一般以基金的申购和赎回为代表。基金的申购和赎回是投资者对股票收益的预期反应，如果股票实现的收益高，则开放式基金会认为股票收益近期仍会很高，从而加大股票市场的投资，因此股票收益的预期变化是导致基金流动的重要影响因素；同时作为投资者反应的基金流动也是股票收益变化的重要信息，Shleifer（1986）已经证明基金流动会对股票市场产生压力，如果基金存在资金内流，则基金经理会买入股票，相反存在资金外流则会卖出股票。在这种压力下，基金的流动行为会导致股票市场收益率的增加或减少，这种反馈机制会造成股票市场的不稳定；同时基金的赎回也会加大股票市场的收益下降，收益的下降会进一步导致基金赎回，从而引发赎回危机，因此基金流动也是影响股票收益变化的重要因素。综上可以看出研究开放式基金流动和股票收益之间的双向影响变得越来越有意义。

国外关于基金流动和股票市场收益之间的相互影响关系的研究比较多。Natalie 和 Jerry（2006）认为股票过去表现和基金流动之间存在很强的联系，股票过去的表现不能被用来预测未来的收益。基金管理者具有主动选择股票的高能力。Geoffrey 和 Travis（2007）指出投资者选择股票基金的时机也会影响股票的收益。Cao，Chang 和 Wang（2007）研究基金的累积流动和市场的收益波动性之间的动态关系。基金的流进（流出）预示着市场收益下降的（上升的）波动性。徐占东、王庆石和郭多祚（2007）在开放式基金流动和股票市场收益率的关系研究中，发现股票市场收益率能够解释货币基金和债券基金流动，但不能解释股票基金和混合基金的流动。Guglielmo（2004）基于向量自回归的格兰杰因果检验，对希腊的股票市场和共同基金关系进行了研究，指出共同基金的资金流动和股票市场指数之间存在双向格兰杰因果关系，可能存在影响金融稳定的因素，例如共同基金的动量交易行为，以及共同基金资金流动产生的价格压力反应。但是他们研究的仅仅是和股票市场的关系，而关于基金流动和个股收益关系的文章却很少，只有 Andrea 和 owenA（2006）把基金流动和具体的股票联系起来，通过对每只股票计算其基于资金流量的流动指标，将样本股票按流动大小分成 5 组，经过统计发现随后的股票收益率呈现这样一种模式：流动越高的组合其随后的收益率越低。

国内研究基金流动和股票收益关系的文章较少，虽然徐占东、王庆石、郭多祚研究过开放式基金流动和股票市场收益率的关系，但和国外一样，他们研究的是基金流动和市场收益率的关系，而没有直接把基金流动和个股收益联系起来。因此，本文通过构建流动性指标把基金流动和基金持有的股票联系起来，直接检验基金流动影响股票收益的具体方式，如果这种流动推动股票价格到基本值之上，那么高流动基金导致的流动高的股票将有一个低的未来收益。同时为了说明基金流动对股票收益的稳定性影响，本文比较了基金的流动性效应和价值效应以及动量反转效应。

二、流动变量的度量

开放式基金的流动是指由于开放式基金的申购赎回导致的基金资产净值的变化，反应的是由投资者选择基金的决定，本文研究的主要变量是流动（FLOW），即由于开放式基金流动造成的基金持有股票的份额变化百分比，以基金持有的股票份额的变化与股票收益之间的关系来间接研究基金的流动和基金持有的股票收益之间的关系。

FLOW 的具体含义是：开放式基金实际持有某一股票的数量占该股票所有发行在外的数量百分比，减去在“资金按每只基金的资产价值比例分配到各只基金”的假设前提下，基金持股的百分比。本文中流动性越高表示基金的净申购量越大，流动性越低表示基金的净申购量越小。

本文构建 FLOW 的模型借鉴了 Andrea Frazzini 和 owenA. Lajnont（2005）的方法，并做少许变动。我们首先构建开放式基金的实际流动，基金 i 在 t 季度的实际流动如下：

$$F_t^i = TNA_t^i - (1+R_t^i)\ TNA_{t-1}^i$$

其中，TNA_t^i 为基金 i 在 t 季度的总资产净值，R_t^i 为基金 i 在 t 季度的收益率，F_t^i 为基金 i 在季度 t 的实际资金流动，假设资金的流入和流出都发生在季度末，我们运用基金季度总资产净值减去基金上季度的资产净值作为开放式基金的实际流动。

接着，我们构建开放式基金的虚拟流动，即按每只基金的资产价值比例分配到各只基金的基金流动，基金 i 在 t 季度的虚拟流动如下：

$$\hat{F}_t^i = \frac{TNA_{t-1}^i}{TNA_{t-1}^{agg}} \times F_t^{agg}$$

$$\hat{T}NA_t^i = (1+R_t^i) \times \hat{T}NA_{t-1}^i + \hat{F}_t^i$$

其中，当 $\hat{F}_t^i$ 和 $\hat{T}NA_t^i$ 是虚拟的基金流动和虚拟基金 i 在 t 季度的总资产净值。F_t^{agg} 是 t 季度实际整个基金行业的累积流动，而 TNA_{t-1}^{agg} 是在 $t-1$ 季度的实际累积总资产净值。上面两个公式描述了存在于 t 季度的基金动态性。基金为在过去的 t 季度新建立的，$\hat{T}NA_t^i$ 为零时表示所有新基金代表新流动。因而在 t 季度发生的虚拟总资产净值 $\hat{T}NA_t^i$ 代表了最后 t 季度成比例流动的基金规模。

$$x_{it} = \frac{TNA_t^i}{TNA_t^{agg}} \quad \hat{x}_{it} = \frac{\hat{T}NA_t^i}{\hat{T}NA_t^{agg}}$$

x_{it} 代表实际情况下在 t 时期基金 i 的总资产净值占基金行业的总资产净值的百分比，$\hat{x}_{it}$ 代表虚拟情况下在 t 时期基金 i 的总资产净值占基金行业的总资产净值的百分比。两者之差反映的就是资金在所有基金中积极配置的程度，通过市场重新分配基金总资产净值来衡量。

$$z_j = \left(\sum_i x_i \times w_{ij} \times TNA_t^{agg}\right) / MKTCAP_j$$

$$\hat{z}_j = \left(\sum_i \hat{x}_i \times w_{ij} \times TNA_t^{agg}\right) / MKTCAP_j$$

z_j 为开放式基金实际持有股票 j 的份额占股票 j 市场资本总额的百分比，$MKTCAP_j$ 为公司 j 的市场资本总额。w_{ij} 为基金 i 在股票 j 中的投资组合权重，投资组合权重 w_{ij} 反映了有价证券持有的市场价格流动。$\hat{z}_j$ 为开放式基金虚拟情况下持有股票 j 的份额占股票 j 市场资本总额的百分比。

最后，我们计算基金持有的每只股票的 FLOW，它表示由于开放式基金流动所持有的股票份额的比例。股票 j 的流动表示如下，

$$FLOW_{j,t}=z_{j,t}-\hat{z}_{j,t}=(\sum_i (x_i-\hat{x}_i)\times w_{ij}\times TNA_t^{agg})/MKTCAP_{j,t}$$

在这里，流动指标只是一个相对值，它不刻画任何对股票绝对的喜爱。比如，股票 A 的 FLOW 为一个负数，并不是说它不受基金的欢迎或基金在卖出它。也许大家都喜欢它，还买进了不少，只是那些重仓持有 A 的基金面临低于平均水平的资金流量，个人投资者更加喜欢重仓持有别的股票的基金。

三、基金流动和股票收益的实证分析

(一) 数据的描述

本文的数据来自万德数据库，考虑到本文涉及的基金数据和基金持有的股票数据的完整性和可获得性，本文选取 2004 年 9 月到 2008 年 9 月的 204 只开放式股票型基金为研究对象。

表 1 显示了 2004 年 9 月份到 2008 年 9 月份中每个季度的统计量，文中包括所有的股票基金，以及基金持有股票持有量的变化量。F^i 为基金 i 的流动，x_i 为基金 i 的总资产净值占所有股票基金总资产净值的百分比，$\hat{x}_i$ 是构建的等权基金流动产生的虚拟基金 i 的总资产净值与整个虚拟股票基金的百分比。$x_i-\hat{x}_i$ 反映了开放式基金的流动，z_j 为所有股票基金持有股票 j 的实际百分比，$\hat{z}_j$ 为所有虚拟股票基金持有股票 j 的百分比。$FLOW_j$ 为由于基金的流动所产生的基金持有售出股票 j 的百分比。

(二) 基金流动和股票收益的关系分析

本文对每一组的收益 R_t 序列，我们计算出序列的均值、标准差和 T 统计量。计算公式如下：

$$\bar{R}=\sum_{t=1}^{n}R_t\times\frac{1}{n}\quad stD_R=\sqrt{\frac{1}{n}\times\sum_{t=1}^{n}(R_t-\bar{R})^2}\quad T_R=\sqrt{n}\times\frac{\bar{b}}{stD_R}$$

其中，$\bar{R}$ 为序列 R_t 的均值，n 表示投资组合的数量，stD_R 表示序列的标准差，T_R 为序列的 T 统计值。这种计算均值、标准差、T 统计值的方法称为 Fama-MacReth 回归。

本文采用基金持有股票的流动代表基金的流动，进而通过检验基金的流动和基金持有的股票收益之间的关系来研究基金流动和个股收益之间的关系。我们检验了按股票 FLOW 分类形成的投资组合的月收益。每个季度初，我们把股票按照上季度的 FLOW 升序排列，然后把它们分成五等分投资组合。我们计算 3 个月到 24 个月的 FLOW（我们以一个季度作为计算流动的最短间隔）。我们运用加权值重新平衡每个季度中股票的投资组合。

表 1 基本统计量

时间序列（2004 年 9 月份～2008 年 9 月份）				
	最小值	最大值	平均值	标准差
基金的数量	64	187	117.88	162.96
股票的数量	132	282	208.12	221.23
总资产净值 TNA（亿元）	1291.94	20358.01	5173.79	26719.56
基金的流动 F^i	−0.88	43.03	0.26	83.24
基金 i 的总资产净值占整个基金业总资产净值比重 x_i	0	0.06	0.01	0.35
虚拟情况下基金 i 的总资产净值占虚拟的整个基金业总资产净值比重 $\hat{x}_i$	0	1.35	0.01	6.56
在基金中基金分配基金的程度 $x_i-\hat{x}_i$	−1.21	13.94	5.44	167.19
每个股票持有的基金数	1	130	5.77	11.28
$FLOW_j=z_j-\hat{x}_j$	−4.26	3.41	0.03	18.01

表 2 中我们列出了每五分之一基金持有的股票投资组合流动的加权值。Q1 表示流动最低的五分之一投资组合，Q5 表示流动最高的五分之一投资组合，最右边一栏显示基金持有的股票高流动与低流动的差额。基金持有量的流动影响是相当重要的。对于 18 个月流动的高流动中，基金的实际流动使得累积基金持有量比股票市值总额高出 1%。对于低流动，低于股票市值总额的 24.8%（尽管我们不能从这个表中分辨出，低流动是否反映了基金经历了低于平均收益的流进，也经历了流出的股票）。L/S 为零成本投资组合持有 20%的高流动股票，卖空 20%的低流动股票。每季度对投资组合进行重新平衡。表中显示每个单位分类变量的平均值，流动是百分比。高流动和低流动的差异随着时间的延伸而增加，意味着流进的股票随着时间有累积的趋势。

表 2 基金流动引起的股票流动加权值

	Q1	Q2	Q3	Q4	Q5	Q5－Q1
3 个月	－0.18	－0.03	－0.00	0.01	0.49	0.67
6 个月	－14.20	－1.15	0.01	0.54	32.50	46.71
9 个月	－15.80	－0.69	0.04	1.39	32.92	48.72
12 个月	－20.58	－1.32	0.04	0.70	51.29	71.86
18 个月	－24.86	－2.66	－0.21	0.17	1.0182	25.88
24 个月	－43.73	－1.88	0.46	4.07	108.76	152.49

流动效应就是指，由于投资者行为引起的资金在不同基金之间的流动，它们重新分配降低了资本的收益，这种基金流动预测其持有的股票收益的关系就是流动效应。表 4 是基金持有的股票流动和其持有的股票收益之间的关系，表中显示了投资组合加权收益。我们按 t－1 季度的 FLOW 分类所形成的 t 季度投资组合收益。最右边栏显示零成本投资组合收益持有前 20％的高流动股票，卖空底部 20％的低流动股票。对于每 3 个月的范围，高流动预示着低的未来股票收益。计算 3 个月到 24 个月的范围，我们发现这种关系在统计上也是显著的。这个流动效应是重要的：作为基金间主动的重新分配，高流动的股票表现得比低流动的股票差。

因为从 2008 年 1 月份开始，大盘指数开始下跌，股票收益也开始下降，因此，表 2 中的收益几乎都为负数，但这种流动效应还是显著的，其中 18 个月的流动效应是最显著的。收益是月收益率，括号内为系数估计的 t 统计量。

表 3 显示被投资者高估的股票由于基金流动趋于有更低的收益。但是通过上表我们发现流动效应对于 3 个月流动的结论并不成立，而根据 Gruber (1996) 和 Zheng (1999)，在短期范围存在价格动量效应，即高流动预示着高的收益。

我们检验了 2004 年 9 月到 2008 年 9 月间的基金流动和股票收益。通过对基金的流动和股票收益的实证分析可以看出，由投资者盲目地选择基金导致的基金流动对基金持有的股票收益有一个负的影响，即基金流动越高，其持有的股票的未来收益越低。投资者在进行主动投资时，他们的资本往往是受损的，这显然与投资者的逐利本质是相悖的，而如果采取与他们反向的投资策略则是明智的。

表 3 基金持有股票组合的收益

	Q1	Q2	Q3	Q4	Q5	L/S
3 个月	−0.0523 (−2.26)	−0.0534 (−2.99)	−0.0425 (−2.59)	−0.0576 (−2.15)	−0.0238 (−1.91)	0.0285 (−5.18)
6 个月	−0.0509 (−3.02)	−0.0494 (−3.47)	−0.0766 (−4.11)	−0.0785 (−3.76)	−0.0543 (−2.95)	−0.0033 (−7.75)
9 个月	−0.0496 (−3.76)	−0.0728 (−3.15)	−0.0532 (−4.79)	−0.0597 (−4.89)	−0.0571 (−3.55)	−0.0074 (−8.34)
12 个月	−0.0421 (−4.57)	−0.076 (−3.41)	−0.0543 (−5.84)	−0.0626 (−5.73)	−0.0612 (−4.35)	−0.0191 (−9.43)
18 个月	−0.0403 (−4.70)	−0.0586 (−3.73)	−0.0518 (−6.65)	−0.0311 (−4.67)	−0.0743 (−5.87)	−0.034 (−9.71)
24 个月	−0.0442 (−2.55)	−0.066 (−3.81)	−0.0595 (−7.24)	−0.0666 (−5.22)	−0.0665 (−6.40)	−0.0224 (−11.44)

(三) 流动效应的稳健性分析

由于股票的价值和股票的价格动量都可以用来预测收益，比如 Sapp and Tiwari (2004)，认为短期范围的流动效应仅仅影响 Jegadeesh and Titman (1993) 的价格动量，如果根据前一年的高收益而买入基金，低收益而赎回基金，那么他将得到一个高动量股票权重的投资组合。只要他能及时保持策略的平衡，那么他就能获得超额收益。然而，如果投资者没有迅速地重新平衡投资组合，最终他将持有一个强增长斜坡的投资组合。所以在长期，高流进的股票很可能是高的过去收益的股票，因此很可能是增长型股票。因此，上面的实证分析有可能由于价值效应和价格动量反转效应导致流动效应变得不严谨，所以下面我们检验流动是否有增加的预测收益能力或者仅仅反映股票收益的短期动量和长期价值/翻转的类型。

下面我们观察流动效应和价值效应之间的关系，价值效应又称 B/M 效应，是指公司股票收益与账面价值市场价值比率（B/M 值）呈正相关关系的现象。表 4 中我们把所有股票按照过去的流动分为 5 个流动种类，再把每个流动种类按市值账面比大小分为 5 个 M/B 种类，M/B 越小的股票为价值型股票，M/B 越大的股票为增长型股票，共 25 个投资组合。我们采用 18 个月的流动分类

（因为 18 个月的流动效应最好）。最右边一栏 L/S（Q5－Q1）显示在 M/B 投资组合中是否存在流动效应。如果价值效应包括流动效应，这一栏应该全为零。底端行显示是否存在控制流动的价值效应。如果流动效应包括了价值效应，这一行将全为零。如果两种效应统计上是不能区别的，即是互相包含的，那么最下面一行和最右边一列都应该为零。而结论显示，流动效应和价值效应互不包含。

表 4 流动效应和价值效应

	Q1	Q2	Q3	Q4	Q5	L/S
Q1	－0.0531 （－3.71）	－0.0288 （－3.36）	－3.8869 （－2.29）	－0.0455 （－3.11）	－0.0422 （－3.64）	0.01096 （2.11）
Q2	－0.0679 （－3.06）	－0.0479 （－2.53）	－6.6782 （－3.17）	－0.0473 （－2.26）	－0.0337 （－2.73）	0.0344 （－1.38）
Q3	－0.0313 （－1.30）	－0.0756 （－1.99）	－6.2973 （－2.65）	－0.084 （ 2.43）	－0.0814 （－2.58）	－0.0501 （－2.75）
Q4	－0.0312 （－2.38）	－0.0856 （－2.34）	－7.6899 （－2.89）	－0.0423 （－2.60）	－0.0856 （－3.64）	－0.0544 （0.23）
Q5	－0.0282 （－4.18）	－0.0857 （－5.23）	－6.7362 （－4.09）	－0.0849 （－4.20）	－0.0727 （－5.14）	－0.0445 （5.82）
L/S	0.0249 （－5.48）	－0.0569 （－5.48）	－2.8493 （－6.59）	－0.0394 （－6.06）	－0.0305 （－6.97）	

表 5 我们将比较流动效应和动量反转效应的关系，流动效应是指股票收益在短期具有正序列相关关系，反转效应指股票收益在中长期具有负的序列相关关系。我们采用 18 个月的流动分类，把股票按照过去 18 个月的流动大小分为五类，对每一类又按照股票的过去收益进行升序排列，又分为 5 个组合，然后计算出每个组合的加权收益率，结论和表 5 类似，流动效应和动量反转效应互不包含。

表 5 流动效应和动量反转效应

	Q1	Q2	Q3	Q4	Q5	L/S
Q1	0.0519 (1.54)	0.009 (0.29)	−0.0259 (−0.82)	0.0286 (0.82)	0.0277 (0.94)	−0.0242 (1.23)
Q2	0.0826 (1.63)	−0.0474 (−1.24)	−0.0128 (−0.25)	0.0003 (0.01)	−0.0299 (−0.81)	−0.1125 (0.05)
Q3	0.0495 (0.91)	−0.0224 (−0.58)	−0.0627 (−1.56)	−0.0264 (−0.61)	−0.0766 (−2.64)	−0.1261 (−1.13)
Q4	0.0259 (0.17)	−0.0199 (−0.79)	−0.0468 (−1.67)	0.0490 (1.11)	−0.0336 (−1.95)	−0.0595 (−0.51)
Q5	0.0086 (0.54)	−0.0085 (−1.48)	−0.0549 (−1.97)	−0.0221 (−0.53)	−0.0329 (−2.73)	−0.0415 (−1.99)
L/S	−0.043 (1.54)	−0.0175 (−1.48)	−0.0289 (−2.45)	−0.0507 (0.34)	−0.0607 (−2.44)	

总的来说，流动效应不完全由价值效应和动量反转效应解释。但流动效应也受到价值效应和动量反转效应的影响。投资者往往通过这几种原因而受损，他们往往由于持有过多表现差的增长型股票而受损。通过分析流动效应和价值效应以及动量反转效应之间的关系，我们发现流动效应和价值效应以及动量反转效应一样，是影响股票收益的另一个重要的因素。

（四）实证结果解析

出现这种流动效应的原因可以解释为基金投资者的盲目投资行为不具有理性，持有股票收益越高的基金面临的赎回压力越大，这也就是我国开放式基金存在的“赎回异象”。

这符合行为金融理论中的“处置效应”，即人们喜欢处置赢利资产以使账面利润变成现实利润。这也就是前景理论中的两大假设：其一，人们在面临获得的情况下是风险规避的；其二，人们在面临损失的情况是风险喜好的，其价值函数是呈S形。即基金上期业绩越好，基金净赎回越少（净申购越多）。

人们在选择其申购的基金时，往往参照其收益率作为评价标准。对历史表现好的基金出现了追捧，而对历史表现差的基金则坚决遗弃，符合行为金融学中的“可得性偏向”。“可得性偏向”是指，当人们需要作出判断时，往往会依赖快速得到的信息或最先想到的东西，而不是去致力于挖掘更多的信息。投资者在选择申购基金时，最先想到的是参照其历史业绩即收益率作为判断信息，虽然带有一定的主观性但确实可成为投资者的一个参考依据。总的来讲，反映了投资者行为两方面的表现，一方面，投资者追捧上一季表现好的基金，而抛弃本季度表现好的基金，即想追涨又怕涨的矛盾心理；另一方面，投资者坚决抛弃历史表现差的基金，而对本季表现差的基金却进行申购或继续持有，体现了投资者对长期亏损的绝对厌恶心理和短期亏损的侥幸赌博心理。

四、结论与建议

本文通过构建流动变量的模型，把基金的流动衡量为基金持有的股票流动，进而研究基金的流动和个股收益之间的关系。研究发现开放式基金流动和股票收益之间存在着负相关的关系，流动越高的股票其未来收益越低；反之，流动越低的股票其未来收益越高。同时通过对流动效应、价值效应以及动量效应作比较，我们更加强调了基金流动和股票收益之间关系的稳定性。

基于以上结论本文提出以下几点建议：

第一，基金投资者应培养长期投资理念。这种流动效应很大程度上是由基金投资者的非理性投资行为造成的，短期投资和投机做法非常流行。基金这种集合投资、专家管理、风险分散产品的诞生是提供给投资者长期投资的一种渠道。然而，个人投资者在购买基金时缺乏对基金产品的了解，没有根据自身风险和收益偏好选择自己的基金。因此，基金管理公司应该加强对基金投资者投资理念、投资风格、投资目的等进行介绍。

第二，基金管理者应发挥其优势并加强基金售后服务。基金管理公司要充分发挥研发实力雄厚的优势，从宏观经济和证券市场的实际情况出发，对市场走势作出真实准确的判断，并根据市场变化适时调整所持有的股票组合。基金管理者应及时将信息提供给投资者，提高基金信息披露频率，可以消除投资者对基金基本面的疑虑，从而形成更客观的判断，使自己的交易行为理性化。加大对基金投资者服务力度，为投资者提供更专业、便利的服务，培育客户忠诚度，这样才能最终形成品牌效应。

第三，政府应促进基金管理公司的有序正当竞争和健康发展，完善投资者保护制度，加强信息披露。建立和完善投资者保护制度，加强对上市公司的监管，严防内幕交易与信息欺诈。券商、证券中介机构有责任和义务为投资者提供更好的服务，为投资者的投资决策提供合理化建议，而不应该为了佣金最大化，利用中小投资者的心理偏差和轻信，提供夸大信息或虚假信息，鼓动投资者过度交易。

参考文献：

[1] Andrea Frazzini，owenA. Lajnont. Dumb money：Mutual fund flows and the cross-section of stock returns. Journal of Financial Economic. 2005.

[2] Charles Cao，Eric C. Chang，Ying Wang. An empirical analysis of the dynamic relationship between mutual fund flow and market return volatility. Journal of banking & Finance. 2007.

[3] Geoffrey. C. Friesen and Travis R. A. SApp. Mutual Fund Flows and Investor Returns：An Empirical Examination of Fund Investor Timing Ability. Journal of Banking and Finance. 2007.

[4] 郭磊．基于收益分解的股票市场动量效应国际比较．系统管理学报．2007 年 4 月，16 卷第二期．

[5] 投资者情绪对股票收益率的影响：基于个股资金流量的研究．中南大学．硕士毕业论文．2006.

[6] 徐占东，王庆石，郭多祚．开放式基金流动和股票市场收益率的关系研究．东北财经大学学报．2007 年 3 月．

人民币汇率价格传递效应与我国宏观经济冲击

——基于长期约束结构VAR的实证分析

周杰琦

（中国社会科学院研究生院）

一、引言

改革开放以来，我国年均实际GDP增长率高达9.8%，是同期世界经济平均增长率的3倍。但近年来，我国经常项目和资本项目双顺差持续扩大，呈现出外部失衡，国内也面临一定的通胀压力。理论上，人民币升值可以通过直接和间接的渠道调整我国内外失衡：(1) 直接渠道：人民币升值通过降低进口原材料、中间品的价格降低国内价格。(2) 间接渠道：人民币升值通过支出转换效应降低净出口，进而形成价格下降的压力。然而，虽然2005年7月汇率制度改革以来，人民币汇率走势基本呈升值趋势，我国贸易顺差仍保持较快的增长，国内通货膨胀压力也不小。目前，理论界和实务界对人民币升值是否有助于以及在多大程度上减少我国贸易顺差和缓减通货膨胀压力仍没有达成共识(施建淮等，2008)。

汇率价格传递率被定义为名义汇率变动对一国进口价格及国内其他价格水平传递程度。传统国际经济学假设价格传递是完全和迅速的，并认为汇率可以通过支出转化效应调节实体经济。但近二十几年来，国外大量理论和实证研究表明汇率对价格传递是不完全的。研究汇率价格传递对于理解国际价格调整机制、安排一国最优汇率制度、预测一国通货膨胀，以及制定和评估货币政策等都具有重要意义。

自我国加入世贸以来，我国经济开放度显著提高，国际市场价格波动对国内价格的影响也逐渐增强，人民币汇率变动也成为正确预测国内通货膨胀需要考虑的一个重要因素。同时，汇率价格传递程度还是决定人民币升值能否明显减少我国贸易顺差的一个重要因素。因此，对人民币汇率价格传递的深入研究具有重要的理论价值和现实意义。本文结构安排如下：第二部分文献回顾；第三部分为理论基础与研究方法；第四部分是数据说明与初步数据分析；第五部分为实证分析；第六部分为结论与政策启示。

二、文献回顾

（一）理论研究

对汇率传递问题的研究兴趣，最早始于学者对20世纪80年代中后期美国对日本贸易逆差没有因美元贬值而改善这一现象背后原因的探讨。早期的研究侧重于从微观层面解释汇率对进口价格的不完全传递。Dornbusch（1987）假设外生汇率波动和黏性价格，认为产品的替代性、国内外厂商相对市场份额、市场集中度等因素都会影响汇率传递程度。Krugman（1987）提出市场定价理论（Pricing To Market），认为市场垄断力强的厂商为稳定价格和保持市场份额可能通过调整利润率（Profit Margin）来吸收一部分汇率波动。而Dixit（1989）则使用一个沉淀成本模型解释汇率传递不完全的原因。后续研究将视角拓展到不同国家和不同部门，解释汇率传递程度存在差异的原因，其中的解释有国内外产品的竞争（Burstein、Neves和Rebelo，2003）、跨国公司内部交易（Menon，1993）、进口产品的配送利润（Campa and Goldberg，2006）等。近期的文献更多基于宏观经济角度研究汇率价格传递效应。Taylor（2000）利用一个交错定价模型（Staggering Price Model）提出汇率价格传递内生于通货膨胀环境的假设，认为较低通胀的环境将可能导致较低的汇率传递效应。由于汇率传递程度还关系到最优货币政策规则的制定、货币政策效果评估和最优汇率制度安排，汇率价格传递效应成为近年新开放宏观经济学争论的一个热点。例如，Betts等（2000）认为，当进口商品价格以当地消费者货币标价而存在黏性时，O－R新开放宏观经济模型揭示的最优货币政策和汇率制度将有所不同；而Obstfeld（2001）认为进口价格是由生产者货币标价的，而且汇率变动对进口中间品的价格传递将导致企业的支出转化效应，因而早期Obstfeld and Rogoff（1995）模型所揭示的结论仍然成立。

（二）实证研究

早期实证研究集中于从微观角度检验在一国或地区内的汇率变动对总进口价格或分部门的进口价格的传递效应，并验证某些因素对汇率价格传递效应的影响，研究方法包括单方程回归、案例研究等。大部分研究支持汇率对进口价格传递是不完全。例如，Marston（1990）研究发现，20 世纪 80 年代中后期日本制造业出口商的市场定价行为导致了日元升值对美国进口产品价格的不完全传递，从而解释了日美贸易顺差对日元升值反应的迟缓。Woo（1984）指出汇率和价格水平是内生变量，通过控制更多变量和工具变量法，发现汇率变动对美国国内价格影响有限，并认为美元升值不能有效缓解美国 20 世纪 80 年代初的通货膨胀。近期研究较多在新开放宏观经济学的框架内分析汇率传递效应与宏观经济变量之间的关系。随着计量技术的发展，近年来的研究在处理变量内生性和伪回归等方面有了突破。McCarthy（2000）使用结构 VAR 研究了一些工业国家汇率变动对价格传递链上各种价格的传递效应。Campa 和 Goldberg（2004）采用类似方法研究 OECD 23 个成员国汇率变动对进口价格的影响，发现汇率和物价变动缓和的国家更可能有较低的汇率传递效应。近期有研究开始关注新兴市场经济体的汇率传递，例如，Takatoshi Ito 等（2005）同时采用基于出口商最优定价行为的单方程回归和结构 VAR 研究了东亚五国的汇率传递效应，发现在亚洲金融危机期间东亚五国汇率变动对价格水平传递率较高。

国内研究大多集中在理论层面分析人民币汇率传递对贸易、经济增长、汇率制度等的影响（如孙赫等，2008），而对人民币汇率传递的实证研究则尚不多见。其中，研究方法主要包括协整和误差修正模型（卜永祥，2001）、向量自回归（陈六傅等，2007；施建淮等，2008），得出了很有价值的研究结果。然而，值得讨论的是：（1）有的研究采用单方程回归，其以特定的经济理论为基础；然而，经济学家们不能就模型的真实结构达成共识。此外，单方程回归难于处理汇率变动的内生性问题。（2）不少研究借鉴 McCarthy（2000）的做法，对变量进行递归约束来识别各种冲击；然而，对递归变量顺序做出的不同规定可能对实证结果影响很大（Faust and Rogers，2003）。（3）大多研究往往忽略了汇率和价格水平可能都是受各种宏观经济因素冲击的内生变量。基于这些考虑，本文借鉴 Lastrapes（1992）、Clarida and Gali（1994）等的研究思路，首先基于开放宏观经济理论和由 Blanchard and Quah（1989）提出的识别经济冲击的方法，对我国宏观经济变量之间长期关系进行识别。然后，采用月度数据实证研究人民币汇率价格传递效应。

三、理论基础与研究方法

（一）理论基础

根据 Obstfeld（1985）等提出的理性预期随机宏观经济模型、Clarida and Gali（1994）的随机冲击模型，本文关注的变量之间的长期均衡关系可用以下随机冲击方程描述：

$$y_t^s = y_{t-1}^s + u_t^s \tag{1}$$

$$m_t = m_{t-1} + a_1 u_t^s + u_t^m \tag{2}$$

$$cpi_t = cpi_{t-1} + b_1 u_t^s + b_2 u_t^m + u_t^p \tag{3}$$

$$neer_t = neer_{t-1} + c_1 u_t^s + c_2 u_t^m + c_3 u_t^p + u_t^e \tag{4}$$

$$imp_t = imp_{t-1} + d_1 u_t^s + d_2 u_t^m + d_3 u_t^p + d_4 u_t^e + u_t^{im} \tag{5}$$

其中，u_t^s、u_t^m、u_t^p、u_t^e、u_t^{im} 分别为供给冲击、货币冲击、国内价格冲击、汇率冲击和进口价格冲击。方程（1）假设在长期中只有供给方面的冲击（如技术创新、资源供给等）会持久影响实际产出，这符合实际经济周期理论；方程（2）假设央行的货币政策对产出和自身冲击作出反应，而在长期内一次性的货币冲击不会持久影响实际产出，即长期中货币是中性的；方程（3）假定价格水平对产出冲击、货币冲击、自身冲击做出反应，其依据为货币数量理论，而价格在长期中由于可以自由灵活调整而不会持久地影响实际产出；方程（4）假定名义汇率对产出、货币、价格的冲击作出反应，依据为长期名义汇率决定理论；方程（5）假定进口价格对其他变量和自身的冲击作出反应，这是由于进口价格由国内外产品竞争、汇率、国外生产商的成本加成等因素决定，而长期中由于其灵活调整而不会持久影响其他变量。

需强调的是，以上随机冲击方程虽然对变量之间的长期均衡关系加以限制，但也兼容 Mundell-Fleming-Dornbusch 黏性价格模型的理论含义，即对变量之间的短期的动态关系不作具体限制，因而本文模型对现实刻画可能具有普遍意义。

（二）基于 Blanchard-Quah 识别方法的结构 VAR

在规定变量长期关系之后，本文运用 Blanchard-Quah（1989）提出的方法识别结构冲击。内生变量变量和结构冲击向量分别设为：$k_t =(y_t^s, m_t, cpi_t, neer_t, imp_t)^{\mathrm{T}}$、$u_t =(u_t^s, u_t^m, u_t^p, u_t^e, u_t^{im})^{\mathrm{T}}$，$u_t$ 为序列不相关和已正交化的结构式冲击，其协方差矩阵为单位阵。结构 VAR 的向量移动平均形式写成：

$$\Delta k_t = C_0 u_t + C_1 u_{t-1} + C_2 u_{t-2} + \cdots \tag{6}$$

Δk_t 为向量 k_t 的差分，由于宏观变量时间序列往往是非平稳的，通常取一阶差分以保证变量的平稳性。为识别 C_t（$t=0$，1，…），先通过 OLS 估计移动平均形式的简化 VAR 模型：

$$\Delta k_t=\varepsilon_t+R_1\varepsilon_{t-1}+R_2\varepsilon_{t-2}+\cdots \tag{7}$$

假定存在一个非奇异矩阵 S，使得 u_t 从 ε_t 中被识别，即有 $\varepsilon_t=Su_t$。观察式（6）和式（7）发现，实际上 $S=C_0$，从而有：

$$C_t=R_t,\ S\ (t=0,\ 1,\ \cdots) \tag{8}$$

记式（6）所有系数矩阵之和为 C（1），由前面对变量长期之间关系的约束可知，C（1）为下三角型矩阵；记式（7）所有系数矩阵之和为 R（1），由式（8）易得：

$$C(1)=R(1)C_0 \tag{9}$$

记式（7）残差向量的协方差矩阵估计为Σ，结合 $\varepsilon_t=Su_t$，有：

$$\Sigma=E(\varepsilon_t\varepsilon'_t)=E(C_0u_tu'_tC'_0)=C_0C'_0 \tag{10}$$

为了最终识别 C_0，由式（9）和（10）得：

$$R(1)\Sigma R(1)'=C(1)C_0^{-1}C_0C'_0(C'_0)^{-1}C(1)=C(1)C(1) \tag{11}$$

此时已可以利用乔拉斯基分解（Choledki Decomposition）识别 C（1），结合式（9）得：

$$C_0=[R(1)^{-1}]\ \text{chol}\ [R(1)\Sigma R(1)] \tag{12}$$

一旦估计出 C_0 之后，则可以进一步估计所关注的内生变量的脉冲响应函数。

四、数据说明与初步数据分析

本文实证分析选用 1996 年 1 月到 2008 年 10 月实际工业增加值（RVAI）、货币供给（M2）、消费者价格指数（CPI）、人民币名义有效汇率（NEER）、进口价格（IMP）的月度数据。全部数据折算为以 2000 年为基期，首先使用 X12 对序列进行季节调整，以消除季节影响，为减少异方差，对季节调整后的序列取对数。各变量具体说明如下：

（1）实际工业增加值用于反映长期的供给冲击，由于 2007 年起工业增加值未作公布，本文用同比实际增速推算 2007 年后的实际工业增加值。数据来源于中经统计数据库。①

---

① McCarth（2000）采用石油价格反映外生供给冲击，但是，我国政府对石油价格严格的管制，因而我国面临的外部石油冲击被部分隔绝，所以这里用 RVIA 代理长期的供给冲击。对于 2007 年前的实际工业增加值，用环比 CPI 指数对按当期价格计算的工业增加值平减来得到。

（2）本文采用广义货币供给 M2 作为货币供给的代理变量。[①] 数据来源于中经统计数据库。

（3）人民币名义有效汇率以进出口份额为权重对我国主要贸易国双边汇率做几何加权平均，采取间接标价法。数据来源于国际清算银行（BIS）统计数据库。

（4）本文采用的进口价格指数（IMI）反映我国主要进口商品的变化趋势。数据来源于亚洲经济数据库（CEIC）。

（5）使用消费者价格指数作为国内总体价格水平的代理变量。数据来源于中经统计数据库，根据 2001 年 CPI 环比数据和各年同比数据推算出月度环比 CPI。

图 1 给出滞后 10 期的人民币名义有效汇率分别与消费者价格指数、进口价 格指数的偏相关系数。[②]

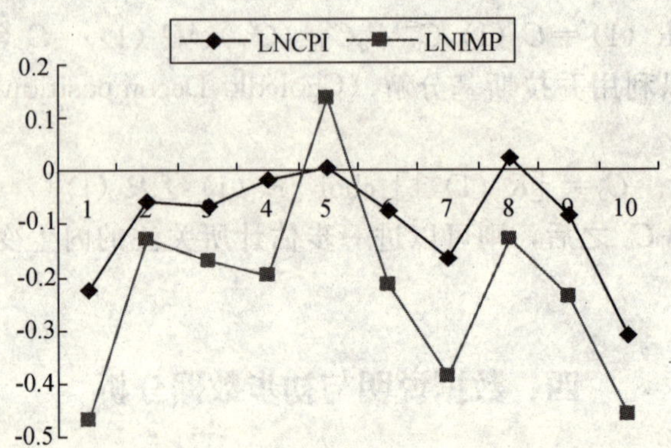

图 1　人民有效汇率和国内价格水平的偏相关系数图

总的来看，滞后各期的人民币名义有效汇率与 CPI、IMI 之间有一定的负相关关系，最大偏相关系数分别为－0.31 和－0.46。但是，上述序列可能共同对第三个相关因素作出方向相反的反应，而导致伪相关。此外，目前为止的分析还无法判断变量之间的因果关系，需要用进一步采用计量方法来考察汇率和价格之间的内在联系。

---

① Clarida 等（1994）通常采用实际汇率来识别需求冲击，考虑到我国经济开放度在入世后才显著提高，而且总需求波动主要来源于投资波动，而投资资金主要源于银行贷款，所以用货币供给识别需求冲击。

② 偏相关系数可以消除简单相关系数包含的由于序列自身相关而对另一序列产生的综合影响，从而单独考察滞后序列与另一序列的关系。可根据分布滞后模型对应的回归系数得到偏相关系数。

五、实证分析

（一）单位根检验①

为避免由于时间序列非平稳特性而带来的伪回归，本文首先分别使用ADF检验和PP检验对变量序列进行平稳性检验。结果表明，所有变量的水平值基本不能拒绝单位根的原假设，说明水平形式的变量是非平稳序列；两种方法对差分形式变量的检验结果都显示在1%显著水平上拒绝单位根假设，表明差分后的变量为平稳序列I（0）。

（二）VAR模型设定

下面对无约束VAR模型设定进行讨论。根据Johensen协整检验，② 我们发现VAR系统变量之间的协整关系对检验模型确定性趋势的假定、滞后阶数的确定都很敏感，而且协整向量没有合理的经济学涵义。另外，许多研究通过蒙特卡洛模拟发现，③ 包含更多变量的系统协整检验更倾向于发现变量之间存在协整关系，而实际上变量之间并不存在着有经济意义的协整关系。因此，我们认为本文变量之间不存在着共同的长期随机趋势，为避免模型误设定，基于一阶对数差分构结构VAR模型。根据SC和LR滞后期选择标准，兼保证残差项的白噪声性质，经反复尝试后选择一阶差分后的VAR模型的滞后数为2。

（三）基于结构VAR的实证分析

1. 对结构冲击的动态响应

图2和图3分别给出了消费者价格、进口价格在各宏观变量一个标准差的结构冲击后前10期的脉冲响应。其中，Shock1、Shock2、Shock3、Shock4、Shock5分别表示供给冲击、货币冲击、国内价格冲击、汇率冲击、进口价格冲击。

（1）对人民币汇率冲击的响应。从图2可知：消费者价格对汇率升值冲击后开始呈现先负后正的上升过程，在第2个月达到最大值0.0585%，其后在第3个月附近下降为负，最后逐步衰弱为零，这结果似乎与理论预期不完全一致。对此的解释为：①在我国进口商品结构中，原材料比重较大，而直接的消费品比重较低，这一结构导致人民币汇率升值并不能直接带来CPI的明显下

① 单位根结果限于篇幅未在文中报告。

② 限于篇幅，Johensen协整检验结果未列出。

③ 具体细节可参见Toda（1993）的讨论。

跌；②我国加工贸易占总出口较大的份额，[①] 较低层次的出口商品结构和较低的出口价格弹性导致出口需求具有一定刚性，因而人民币升值不会显著引起总需求紧缩，进而降低 CPI。图 3 显示：进口价格对汇率升值冲击的反应为负向，这符合理论预期，同时验证了我国进口商品主要是由国外生产者货币（美元）定价的。脉冲响应在第 4 个月达到最大值 0.0693%后，逐步衰弱至零，表明我国汇率变动对 IMP 的传递也具有不完全性。

（2）对其他宏观经济变量冲击的反应。图 2 和图 3 显示：①供给冲击对 IMP 的影响显著大于其对 CPI 的影响。一个有趣的发现是，CPI、IMP 对正向供给冲击的反应没有如理论所言立即为负，而是先上升为正，然后在自我纠正机制下逐渐下降为负。这可能分别揭示，近年来我国产能过剩引起的通货紧缩效应具有时滞性，[②] 以及国内外商品具有不完全的替代性。②CPI 对货币冲击作出了迅速的正向反应，在当期达到最大值 0.0954%后逐渐衰弱至零；而 IMP 对货币冲击的反应则呈现为若干先降后升、逐步衰弱的循环过程。从累积脉冲响应看，这种反应为正，对此可能解释为货币供给增长刺激投资需求扩大，引致进口原材料需求的增加，进而提高进口价格。③CPI、IMP 对自身的冲击作出迅速而且剧烈的反应。

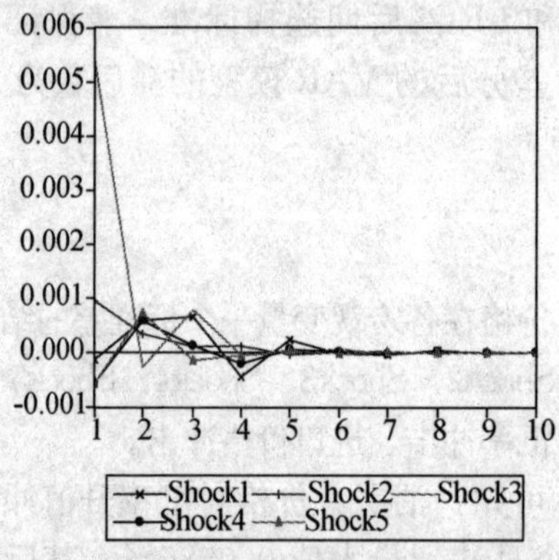

图 2 消费者价格对各宏观变量结构冲击的脉冲响应

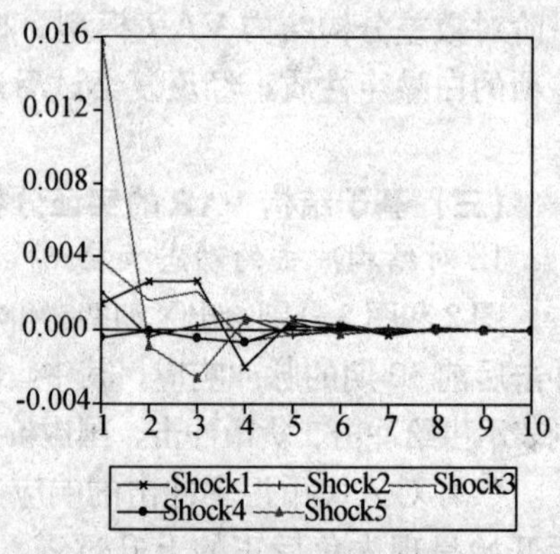

图 3 进口价格对各宏观变量结构冲击的脉冲响应

① 例如，2008 年我国加工贸易占进出口总值比重达到 41.1%。

② 如果将工业增加值上升（供给正向冲击）视为前期投资活动而导致的产能扩大，本文实证结果也符合林毅夫（2000，2004）对我国最近一轮经济周期特征的解释。他认为，过度投资不仅在未建成生产能力前创造了过度需求，加速了当前通货膨胀，同时在建成后突然增加了大量的生产能力，从而产生通货紧缩。

2. 汇率“传递”率的估计

为考察汇率和价格水平对某经济变量冲击的相对反应，本文首先定义汇率“传递”率：$\psi^i_{t,t+j}=\Delta p^i_{t,t+j}/\Delta e^i_{t,t+j}$，其中 $\psi^i_{t,t+j}$ 为在经济受第 i 种宏观变量冲击之后，第 $t+j$ 期的汇率“传递”率；$\Delta p^i_{t,t+j}$、$\Delta e^i_{t,t+j}$ 分别为价格水平、汇率在受第 i 种宏观变量冲击之后，第 t 期至第 $t+j$ 期的累积变化，可以通过累积脉冲函数求得。需要强调的是，本文定义有别于传统观念对汇率传递率（或汇率传递弹性）的定义，传统定义隐含着一个假设，即引起价格变化的汇率变动是外生的，但实际经济中，汇率变动通常被经济系统内生决定。此外，传统定义忽略了不同宏观变量冲击对汇率传递率估计结果可能所产生的影响。①

表 1 为在各种经济冲击发生以后，汇率变动对 CPI、IMP 的“传递”率。结果显示：①当发生汇率以外的其他冲击，汇率对进口价格的传递率较大；②与进口价格相比，消费者价格汇率传递率的变动范围则较小，这表明同一冲击对 IMP 的影响可能超过对 CPI 的影响。

第 8 列和第 9 列为按传统定义计算的汇率传递率，其中，消费者价格传递率最大值为 0.12，进口价格传递率最大值为 0.16（绝对值），这与许多经验研究的估计结果相接近（施建淮等，2008）。进口价格汇率传递率相对较高，这可能与我国进口产品以资源类产品为主的结构和缺少进口资源定价权有关；而贸易品加入我国最终消费品比重较小，而且其到消费者手上要经过很多配送和销售环节，所以汇率对消费者价格的直接影响较小。总的来看，当考虑了发生其他类型的宏观冲击，估计的人民币汇率传递率则显得较大，这表明对于某些冲击，价格水平的反应可能会超过汇率的反应。由于在样本期我国对人民币名义汇率实行较为严格的管制，这一实证结果容易得到解释。

另外，表 4 也说明了不同的宏观经济冲击可能对汇率传递效应的估计结果产生明显的差异。在现实经济中，各国家和地区在不同时期会经历不同的宏观经济冲击，本文的分析也部分解释了国内外研究对汇率传递率估计存在较大差异的原因。至此，我们的实证分析已经可以排除前面所担心的汇率与价格水平存在伪相关的可能。但是，从本文实证结果来看，汇率与价格水平之间的变动关系可能因发生不同的经济冲击而呈现不规则性。

① Klein（1990）将进口价格方程嵌入随机宏观经济模型以探讨汇率传递率估计结果发生变化的原因，理论上探讨了相对于商品市场冲击，剧烈的货币市场冲击将导致汇率对进口价格更明显的传递效应。

表 1　在识别各宏观经济变量冲击之后的汇率价格"传递"率

时期	供给冲击		货币冲击		国内价格冲击		汇率冲击		进口价格冲击	
	CPI	IMP	CPI	IMP	CPI	IMP	CPI	IMP	CPI	IMP
1	0.03	−0.28	0.34	0.74	1.70	1.18	−0.05	−0.04	1.40	−9.16
2	−0.08	−0.69	0.47	0.62	1.56	1.63	0.003	−0.04	0.61	20.9
3	−0.21	−1.19	0.55	0.77	1.47	1.84	0.12	−0.07	−1.21	−25.2
4	−0.12	−0.81	0.55	0.95	1.41	1.64	−0.004	−0.16	0.67	−13.8
5	−0.16	−0.90	0.54	0.85	1.42	1.59	0.001	−0.10	0.58	58.3

（四）汇率传递效应的结构变化

为进一步考察汇改前后人民币汇率传递效应是否发生结构变化，本文将整体样本分为两个子样本：1996 年 1 月～2005 年 6 月和 2005 年 7 月～2008 年 10 月，分别对两子样本进行估计。从累积脉冲函数看，对于第二个子样本，汇率变动对消费者价格、进口价格传递率（这里仅考虑传统的定义）最大时分别是－0.19 和－0.45；而第一个样本中，汇率变动对消费者价格、进口价格传递率最大时分别是－0.04 和－0.20。这表明 2005 年汇改后我国汇率变动对价格水平传递效应明显增强。纠其原因，可能有：（1）近年来进口产品中初级产品比重提高，而且初级产品价格上升，根据汇率传递效应的直接渠道，汇率变动对国内价格水平的影响也将提高。（2）我国通货膨胀水平的提高使汇率传递效应增大。[①] 汇率传递效应趋于强化这一经验事实也支持了 Talor（2000）的假说。可见，随着我国市场化进程的进一步加快，汇率工具在宏观经济中的调节作用将逐步提高。

六、结论与政策含义

本文采用基于 Blanchard-Quah 识别方法的结构 VAR，实证研究了 1996 年 1 月～2008 年 10 月期间的人民币汇率价格传递效应。研究发现：（1）当经济系统发生了汇率冲击，人民币名义有效汇率对我国消费者价格和进口价格的传递效应不完全，这与许多国内外同类研究结论一致。（2）当考虑了我国经济受其他宏观经济变量的冲击后，人民币汇率价格传递效应则显得更为迅速和强

① 笔者计算汇改前后两样本的消费者价格指数均值分别为 104.1、116.5，标准差分别为 2.7、5.8。

烈。总的来看，进口价格对冲击的反应往往超过消费者价格的反应。(3) 汇改后，汇率传递效应要强于汇改前以及整个样本的汇率传递效应。

基于上述实证结果，可以讨论以下四点政策启示：

1. 按传统的定义，目前人民币汇率的价格传递效应较低，因此在政策操作层面上不能仅通过汇率传递转换效应来调节我国贸易失衡。实际上，我国外部失衡的成因错综复杂，① 仅通过人民币升值不能完全解决我国贸易失衡问题。

2. 由于汇率冲击对国内价格水平变动的解释力较弱，从治理通货膨胀的角度，目前我国政策当局不能仅盯着汇率，更重要的是要关注其他可能对通货膨胀产生重要影响的因素。同时，可以考虑在恰当时机，实行更加富有弹性的汇率制度，从而更有利于保持货币政策的独立性和实现内外经济均衡。

3. 相对于按传统观念估计的人民币汇率传递率，考虑了其他变量冲击之后所估计的人民币汇率价格传递率具有不同的表现形式。因此，当政策当局在制定相关调控政策时需对引起汇率和价格水平共同变化的各宏观因素进行识别，以更有助于实现政策目标。

4. 汇改后我国汇率传递效应趋于强化，这说明：一方面根据泰勒原则，目前要实现稳定、可信的货币政策，以稳定通货膨胀预期，防止汇率传递效应增加得过大，从而减缓外部冲击对国内价格水平造成的剧烈影响；另一方面，从长远看要因势利导，利用汇率作为解决外部失衡和国内长期结构问题的一个重要工具。

参考文献：

[1] 保罗·R. 克鲁格曼等. 国际经济学 [M]. 中国人民大学出版社，2006.

[2] 卜永祥. 人民币汇率变动对国内物价水平的影响 [J]. 金融研究，2001 年第 3 期.

[3] 陈六傅，刘厚俊. 人民币汇率价格传递效应 [J]. 金融研究，2007 年第 4 期.

[4] 施建淮，傅雄广，许伟. 人民币汇率变动对我国价格水平的传递 [J]. 经济研究，2008 年第 7 期.

[5] 孙赫，宁东莉. 汇率传递弹性对我国贸易发展的启示 [J]. 商业时代，2008 年第 1 期.

[6] Betts, C., Devereux, M., 2000, Exchange rate dynamics in a model of pricing to market [J], Journal of International Economics 50, 215～244.

① 例如，吴敬琏 (2008) 认为粗放式的经济增长方式是导致目前我国内外失衡的根本原因。

[7] Blanchard, O., Quah, D., 1989, The dynamic effects of aggregate demand and supply disturbances [J], American Economic Review 79 (4), 655～673.

[8] Burstein, Ariel, Joao Neves, and Sergio Rebelo, 2003, Distribution Costs and Real Exchange Rate Dynamics during Exchange Rate Based Stabilizations [J], Journal of Monetary Economics 50, 1189～1214.

[9] Campa, J. and Goldberg, L., 2005, Exchange Rate Pass-Through into Import Prices [J], Review of Economics and Statistics, 660～679.

[10] Campa, J. and Goldberg, L., 2006, Distribution Margins, Imported Inputs, and the Sensitivity of the CPI to Exchange Rates [J], Federal Reserve Bank of New York Staff Reports Working Paper No. 247.

[11] Clarida, Richard, and Jordi Gali, 1994, Sources of Real Exchange Rate Fluctuations: How Important Are Nominal Shocks? [J], NBER Working Paper No. 46～58.

[12] Dornbusch, R., 1987, Exchange rates and prices [J], American Economic Review 77, 93～106.

[13] A. Dixit: Hysteresis, 1989, Import penetration, and Exchange rate Pass-through [J], Quarterly Journal of Economics 104, 205～228.

[14] Faust, J., Rogers, J., 2003, Monetary policy's role in exchange rate behavior [J], Journal of Monetary Economics 50 (7), 1403～1424.

[15] Johansen, S. 1991, Estimation and Hypothesis Testing of Cointegration Vectors in Gaussian Vector Autoregressive Models [J], Econometrica, 59: 1551～1580.

[16] Klein, M., 1990, Macroeconomic aspects of exchange rate pass-through [J], Journal of International Money and Finance 9 (4), 376～387.

[17] Krugman, P., 1987, Pricing to market when the exchange rate changes [M], In: Arndt, S., Richardson, J. (Eds.), Real-Financial Linkages among Open Economies. MIT Press, Cambridge.

[18] Lastrapes, William D. 1992, Sources of Fluctuations in Real and Nominal Exchange Rates [J], Review of Economics and Statistics 74: 530～539.

[19] Lin, Justin Yifu, 2000, The Current Deflation in China: Causes and Policy Options, Asian Pacific Journal of Economics and Business [J], 4 No. 2, 4～21.

[20] Lin, Justin Yifu, 2004, Is China' s Growth Real and Sustainable Asian Perspective [J], 28, 5～29.

[21] Marston, Richard C., 1990, Pricing to Market in Japanese Manufacturing [J], Journal of International Economics, Vol. 29, pp. 217～236.

[22] McCarthy, J., 2000, Pass-through of exchange rates and import prices to domestic inflation in some industrialized economies [J], Federal Reserve Bank of New York Staff Report 111.

[23] Menon, J., 1993, The Exchange Rate Pass-Through [J], Atlantic Economic

Journal，88.

[24] Obstfeld，M.，1985，Floating Exchange Rates：Experience and Prospects [J]，Brookings Papers on Economic Activity：2.

[25] Obstfeld，M.，Rogoff，K.，1995，Exchange rate dynamics redux [J]，Journal of Political Economy 103，624～660.

[26] Obstfeld，M.，Rogoff，K.，2000，New directions for stochastic open economy models [J]，Journal of International Economics 50，117～153.

[27] Toda，Hiro Y. 1994，Finite sample properties of likelihood ratio tests for cointegration when linear trends are present [J]，Review of Economics and Statistics 76：66～79.

[28] Taylor，J.，2000，Low inflation，pass-through，and the pricing power of firms [J]，European Economic Review 44 (7)，1389～1408.

[29] Takatoshi Ito，Yuri N. Sasaki，Kiyotaka Sato，2005，Pass-Through of Exchange Rate Changes and Macroeconomic Shocks to Domestic Inflation in East Asian Countries [J]，RIETI Discussion Paper Series 05—E—20.

[30] Woo，W.，1984，Exchange rates and the prices of nonfood，nonfuel products [M]，Brookings Papers on Economic Activity 2，511～536.

四

财政　税收
投资　贸易

出口反倾销立案申请预警：基于面板数据logit模型的研究

向洪金[1]　冯宗宪[2]

（1. 湖南大学经济贸易学院；2. 西安交通大学经济金融学院）

一、引言

近十年来，在WTO多边自由贸易谈判的促进下，世界各国平均关税水平大幅下降，关税、进口配额等传统贸易壁垒的作用受到制约，反倾销逐渐演变成为各国使用范围最广、实施最频繁的一种贸易保护手段。随着我国对外出口贸易的快速增长，针对我国出口产品的反倾销、反补贴、特别保护等贸易摩擦事件有愈演愈烈之势。截至2007，我国已经连续13年成为世界上遭受反倾销指控最多的国家。反倾销不仅给我国出口行业带来了巨大经济损失，也严重扰乱了我国经济活动的正常秩序。我国已经成为世界各国反倾销措施的最大受害者。为了减少反倾销给我国经济带来的巨大损失，保证出口产业的健康发展，建立有效的出口反倾销预警机制成为一个非常紧迫的课题，具有重大的理论和现实意义。

反倾销的第一步是由进口竞争企业向政府部门提出反倾销申请（anti-dumping petition）。Finger（1981）最先从收益—成本角度对企业反倾销申请的动机作了探讨，作者认为，追求利润最大化的企业在决定是否提出反倾销申请时，主要也是根据成本—收益原则，且只有当预期收益大于预期成本时，理性的企业才会向政府部门提出反倾销申请。Feinberg and Hirsch（1989）进一步分析了企业反倾销申请的预期收益和成本的决定因素，认为预期收益主要取决于下面两个变量：（1）本国政府部门（如美国的商务部）对反倾销立案作出肯定性裁决的概率大小；（2）政府部门（如美国国际贸易委员会）对涉案产品征收反倾销税率的高低；而反倾销申请的成本主要包括收集上诉材料和聘请律师的费用，以及国外同行业进行报复带来的损失。

国外研究企业反倾销申请行为的文献以实证居多。不过要对反倾销申请行为进行实证分析，首先需解决两个关键问题：一是回归模型中解释变量的确定，这是进行实证分析的前提；二是计量方法和解释变量的选择。Herander and Schwartz（1984）是最早对企业反倾销申请行为进行研究的文献之一，通过将美国不同行业1976～1981年期间涉案产品的数量比上该行业总的进口数量得到的反倾销指数作为被解释变量来进行回归分析。实证得出，进口渗透率、产品附加值中工资的比例、参加工会的工人比例等指标与行业的反倾销指数呈正相关关系，而行业利润率与行业反倾销指数呈负相关关系。Krupp（1994）重点考察了美国化工行业的反倾销申请行为，但与Herander and Schwartz（1984）不同的是，Krupp直接将1976～1988年期间美国化工行业反倾销申请的次数作为被解释变量并利用泊松分布模型来进行回归分析。结果表明，进口渗透率、就业总人数、价格—成本边际（price-cost margins）、行业生产指数等指标对企业反倾销申请决策具有显著影响，而平均工资水平等指标的影响不明显。Sabry（2000）把企业反倾销申请看做是发生与否的随机事件，利用虚拟因变量模型考察了1986～1992年美国金属和水泥等行业的反倾销申请行为。同样发现，进口渗透率、行业集中率、行业设备利用率等微观经济指标对企业反倾销申请行为具有显著影响。

虽然国外学者对企业和政府反倾销行为进行了大量研究，但绝大多数文献都是站在进口国的角度来考察各种经济、政治因素对企业和政府部门反倾销行为的影响。而出口产品反倾销预警是站在出口国的立场来推测进口国的企业以及进口国政府部门对其出口变化的反应，信息的不对称使得出口国厂商无法知晓进口国企业和政府部门的决策依据。因此，国外现有的研究成果并不能直接应用于出口产品反倾销预警模型的建立上（方勇、张二震，2004）。

近年来，随着我国出口产品遭遇国外反倾销指控越来越频繁，为了帮助出口企业和政府部门应对国外的反倾销制裁，国内部分学者对出口反倾销预警问题进行了初步的探讨。杨仕辉等（2000，2002）比较全面地分析国外对华反倾销的趋势、特点和成因，并从立法、贸易政策调整等方面提出了一些应对国外反倾销措施的策略和方法。卓骏等（2002）在分析发达国家对华反倾销指控的主要原因的基础上，通过问卷调查和专家评分等方法比较了各种经济因素以及“非市场经济地位”等因素在发达国家对华反倾销事件中的影响大小。卓骏等（2003）则利用时差相关分析的方法重点研究各种不同的因素在欧盟对华反倾销中的作用大小，并根据重要性的大小从25个预选指标中筛选出15个重点指标作为发达国家对华反倾销预警的警兆指标。方勇等（2004）对反倾销申请的主体、提出反倾销申请的时机进行了考察，并利用一个古诺博弈模型对进口国企业提出反倾销申请的原因以及政府反倾销裁决进行了理论分析。张为付等（2005）则从理论上分析了生产设备利用率、GDP增长率等宏微观经济因素对进口国企业反倾销申请的影响。杨小力等（2005）则在专家调查表的基础上，应用模糊综合评价法和层次分析法研究了我国纺织品出口预警监测指标体系的构建。谢建国（2006）综合利用Grange因果分析和计数模型（又称泊松分布模型），对美国对华反倾销的经济、政治及制度因素进行来的实证分析。结果表明，经济因素在美国对华反倾销中发挥主要作用，但中美政治关系与美国对华反倾销之间存在显著联系。瞿东升等（2007）以我国出口美国的棉纱为例，利用BP神经网络建立了出口产品价格的监测预警模型。

二、出口反倾销预警模型构建

根据WTO/GTTA《反倾销协议》以及有关国家的反倾销法的规定，一个完整的反倾销事件包括三个主要阶段：首先，企业提出反倾销申请；其次，政府有关部门进行倾销情况调查并决定是否立案；最后，政府有关部门进行损害调查并作出裁决。[①] 本文将重点探讨如何就国外进口竞争企业对华反倾销申请行为进行预测，主要原因有三：首先，由于整个反倾销事件会涉及企业、政府部门等不同的行为主体，因此利用单个模型同时对这三个阶段的行为主体的行为进行预测具有相当的难度；其次，根据Ketter and Prusa（2003）的统计，在1980～2000年美国商务部对95%以上的反倾销申请作出肯定的裁决（即立案调查），由于反倾销“调查效应”的存在，不论政府最后的反倾销裁决如何，涉案产品的进口量往往都会减少，因此企业反倾销申请是整个反倾销过程中最重要的一个环节；最后，同政府部门反倾销裁决行为相比，企业反倾销申请行为较少受到国家之间政治关系等不确性因素的干扰，相对而言，比较容易进行预测。另外，考虑到进出口国不同行业之间产业结构、产品替代性等差异，如果建立一个跨行业的预警模型，可能会对模型的预测准确性产生不利影响。因此，本文以美国对华纺织纺织行业的反倾销情况为现实基础，[②] 利用虚拟因变

① 以美国为例，进口竞争企业提出反倾销申请后，美国商务部（DOC）必须在20天内决定是否进行立案，如果立案则进入下一个程序，由美国国际贸易委员会（ITC）进行产业损害调查，并决定是否征收反倾销税。

② 选择纺织行业进行研究主要出于两个考虑：一是我国纺织品出口在我国对外贸易中占有较大的比重；二是纺织行业是我国在欧美等发达国家遭遇反倾销指控最多的行业之一。

量 logit 模型来构建美国纺织行业对华反倾销申请的预警模型。

(一) 虚拟因变量的设定

根据本文前面的文献综述，国外研究反倾销问题的实证文献在设定被解释变量时主要利用三种不同的处理方法：(1) 利用某个行业涉案产品的进口量与总进口数量相比得到的反倾销指数作为被解释变量，这种方法最初由 Herander and Schwartz (1984) 提出；(2) Krupp 等 (1994) 则利用泊松分布等非连续因变量模型来直接将考察期内反倾销申请的次数作为被解释变量；(3) Sabry 等 (2000) 文献把反倾销申请看做是发生与否 (分别可以用 1 和 0 表示) 的随机事件，然后利用虚拟因变量模型来估计各种因素对企业反倾销申请的影响。上述三种研究方法各有所长，前面两种方法可以从总体上对反倾销问题进行研究，但是考虑到反倾销申请行为的随机性，利用虚拟因变量模型可以对单个反倾销申请事件发生与否的概率大小进行估计，因此具有更好的预测功能，这也是本文采用虚拟因变量模型来构建出口反倾销预警模型的主要原因。①

但是，国外部分文献在利用虚拟因变量模型研究反倾销问题时往往只利用当期或滞后的解释变量来进行回归分析，缺乏时间上的前瞻性，因此这种分析并不具备真正的预警功能。为了使警讯发布具有时间前瞻性，本文将用来表示反倾销申请事件的虚拟因变量 y 设定如下：

$$y_{it}=\begin{cases}0 & \text{表示产品 } i \text{ 在时刻 } t \text{ 的未来 6 个月内不会遭遇反倾销指控；}\\ 1 & \text{表示产品 } i \text{ 在时刻 } t \text{ 的未来 6 个月内会遭遇反倾销指控}\end{cases} \tag{1}$$

按照这种方法来设定虚拟因变量可以使警讯发布具有时间上的前瞻性，从而为企业或政府部门采取应对措施提供了时间。但值得一提的是，时间跨度设定是一个两难选择，考察的时间跨度越短，预测的准确性往往会越高，但遇到警情时可以采取应对措施的时间有限；相反，时间跨度太长，虽然可以使企业和政府部门有足够时间采取应对措施，但是会影响模型预测的准确性。因此，本文通过对二者的权衡将预测时间跨度设置为 6 个月。②

---

① 由于 WTO《反倾销协议》对“倾销行为”定义的模糊性以及各国反倾销法制度上的缺陷，导致企业反倾销申请行为具有一定的投机性和偶然性。因此，从本质上来讲，进口竞争企业针对某种产品的反倾销申请属于发生与否的随机事件。

② 还有一个原因就是，美国商务部在决定是否接受企业的反倾销申请时，主要根据也是提出申请日之前 6 个月内进口产品的价量变化情况。

（二）指标筛选

根据国内外已有的研究，经济、政治、制度等方面的众多因素都会对企业反倾销申请行为产生影响，但经济因素的影响是最主要的。在国内外相关研究的基础上，本文把影响美国纺织行业对华反倾销申请行为的各种因素分成3个一级指标和20个二级指标，并大体上对这些指标的影响进行了预测，详细情况见表1。

表1 影响美国纺织行业对华反倾销申请的指标体系

一级指标	二级指标	预期的符号
我国纺织行业产能	纺织品出口价格增长率（X_1）	−
	纺织品出口数量增长率（X_2）	+
	在美国市场上的占有率（X_3）	+
	纺织行业就业人数增长率（X_4）	+
	原料或中间投入产品价格增长率（X_5）	+
	纺织品出口退税税率（X_6）	+
	我国纺织行业设备利用率（X_7）	+
	我国纺织行业投资增长率（X_8）	+
	上游产业产量增长率（X_9）	+
	我国GDP增长率（X_{10}）	+
美国纺织行业经济状况	美国纺织行业的就业增长率（X_{11}）	−
	美国本国产品市场占有率（X_{12}）	−
	美国纺织行业设备利用率（X_{13}）	−
	美国纺织行业平均利润率（X_{14}）	−
	美国纺织行业集中率（X_{15}）	+
	美国GDP增长率（X_{16}）	−
	美国社会失业率（X_{17}）	+
综合指标	中美纺织品贸易平衡增长率（X_{18}）	+
	人民币对美元的实际汇率（X_{19}）	+
	中美之间的政治关系（X_{20}）	+

根据计量模型构建原理，模型中的解释变量过多或过少都会给模型的预测效果造成不利影响，因此把这20个指标全部放进预警模型，不仅没有必要，

而且会增加数据收集方面的工作量。因此，在建立预警模型之前，必须先对指标进行筛选，选出那些在企业反倾销申请中发挥关键作用的指标。① 为了保证指标筛选的客观性、科学性，本文借鉴 Ciarlone and Trebeschi（2005）提出的"逐步排除法"进行指标筛选，主要步骤如下：

第一步，首先将表 1 中列出的预选指标分别对上面已经定义出的虚拟因变量进行回归，删除回归结果不显著（显著性水平定为 5%）或系数符号与预期不一致的指标。结果表明，在反映我国纺织行业产能的 10 个指标中，只有出口价格增长率（X_1）、出口数量增长率（X_2）、在美国市场上的占有率（X_3）三个指标符合要求；在反映美国纺织行业经济状况的 7 个指标中，只有美国纺织行业的就业增长率（X_{11}）、美国本国产品市场占有率（X_{12}）、美国纺织行业平均利润率（X_{14}）和美国纺织行业集中率（X_{15}）四个指标的回归结果比较理想；在三个综合指标中，只有人民币对美元的实际汇率（X_{19}）的回归结果比较显著，中美纺织品贸易平衡增长率（X_{18}）和中美的政治关系（X_{20}）对美国对华反倾销申请的影响并不显著，应该排除。②

第二步，将上一步筛选出的指标按一级指标分成三类，然后分别利用每一类指标进行回归，同样删除回归结果不显著或系数符号与预期不一致的指标，剩下的指标才进入预警模型。例如，将第一步筛选得出的 3 个反映我国纺织行业产能的指标 X_1、X_2、X_3 对虚拟因变量进行回归，结果见表 2。

表 2 反映我国纺织行业产能指标的回归结果

解释变量	系数估计	标准差	Z 检验值
常数项（C）	−8.1601***	1.1428	−7.1435
我国纺织品出口价格增长率（X_1）	−0.0175	0.0204	−0.8547
我国纺织品出口数量增长率（X_2）	0.0219 **	0.0075	2.8871
出口产品在美国市场上的占有率（X_3）	0.0572***	0.0176	3.2309

注：***、**、*分别表示在 1%、5%、10%的显著性水平下通过 Z 检验，以下各表同。

根据表 2 中的回归结果，出口价格增长率（X_1）没有通过显著性水平为

① 国外已有研究企业反倾销申请行为的文献在指标筛选取时有很大的随意性，作者往往是根据主观判断挑选出一些影响指标。国内卓骏等（2002）、杨小力等（2005）探讨了经济、政治、制度等因素在国外对华反倾销中的作用大小，但这些分析是专家调查表的基础上得出结论，结论的可靠性难免受到不同专家主观性的干扰。

② 中美政治关系的指标数据主要是参考冼国民等（2004）的方法，将两国关系状况划分为"理想、较好、可接受、较差、差、恶劣"六级；分别赋值为 5，4，3，2，1，0。

5%的统计检验，按照“逐步排除法”的原则应该将其删除，只剩下出口数量增长率（X_2）和在美国市场上的占有率指标（X_3）进入预警模型。同样，将第一步筛选得出的4个反映美国纺织行业经济状况的指标 X_{11}、X_{12}、X_{14}、X_{15} 对虚拟因变量进行回归，结果见表3。

表3 美国纺织行业经济状况指标的回归结果

解释变量	系数估计	标准差	Z检验值
常数项（C）	−4.0145***	0.7194	−5.5801
美国纺织行业就业增长率（X_{11}）	−0.0623***	0.0226	−2.752
美国本国产品市场占有率（X_{12}）	−0.0317***	0.0105	−3.149
美国纺织行业平均利润率（X_{14}）	−0.014	0.0126	−1.1076
美国纺织行业集中率（X_{15}）	0.0439**	0.0217	2.019

根据表3可以看出，在经第一步筛选得出的反映美国纺织行业经济状况的四个指标中，美国纺织行业平均利润率（X_{14}）也应排除，只剩下美国纺织行业的就业增长率（X_{11}）、美国本国产品市场占有率（X_{12}）和美国纺织行业集中率（X_{15}）三个指标进入最后的预警模型。①

经过上述两个步骤的筛选，我们最终从20个预选指标中选定我国纺织品出口数量增长率（X_2）、出口产品在美国市场上的占有率（X_3）、美国纺织行业的就业增长率（X_{11}）、美国本国产品市场占有率（X_{12}）、美国纺织行业集中率（X_{15}）、人民币对美元的实际汇率（X_{19}）共六个重点指标作为解释变量来构建纺织品出口反倾销的预警模型。

三、回归结果及模型的预测效果检验

（一）回归结果

本文选取2002年1月～2006年12月期间我国出口美国的32种（3位海关税则号）纺织品作为样本，其中有海关税则号为349/649（胸衣）、590（特殊用途布）、550（聚酯短纤维）等11种产品在考察期内遭到美国企业的反倾销指控。相关数据主要来源于中美两国商务部、美国统计局等机构的公布的统

① 经第一步筛选后，3个综合指标中只剩下人民币对美元的实际汇率（X19），因此这个指标直接进入预警模型。

计数据。[①] 为了防止出现“伪回归”现象，我们在进行回归分析之前对有关变量的时间序列数据进行了 DF 平稳性检验，发现尽管相关变量绝对数值的时间序列都是非平稳的，但是其对应的增长率序列在 10%的显著性水平下都是平稳的。另外，考虑到纺织品出口受季节因素影响较大，因此在回归分析之前对有关数据进行了季节调整，以消除季节因素的干扰。采用固定效应的二元虚拟因变量 logit 模型并利用计量软件 stata 9.0 进行运算，回归分析的主要结果见表 4。

表 4　利用面板数据 logit 模型得到的回归结果

解释变量	系数估计	标准差	Z 检验值
常数项（C）	−5.2643***	0.8456	−6.2256
我国纺织品出口数量增长率（X_2）	0.0120*	0.0065	1.8440
我国纺织品在美国市场上的占有率（X_3）	0.0356**	0.0159	2.2309
美国纺织行业的就业增长率（X_{11}）	−0.0498**	0.0214	−2.3187
美国本国产品市场占有率（X_{12}）	−0.0263*	0.0153	−1.7162
美国纺织行业集中率（X_{15}）	0.0294*	0.0184	1.5946
人民币对美元的实际汇率（X_{19}）	0.0280**	0.0138	2.0357

表 4 中的回归结果表明，6 个解释变量在 10%的显著性水平下都通过了统计检验，表明这些因素都对美国纺织行业对华反倾销申请产生显著影响。由表 4 中的回归结果可以得出如下回归方程：

$$z_{it} = -5.264 + 0.012x_{2t} + 0.036x_{3t} - 0.05x_{11t} - 0.026x_{12t} + 0.029x_{15t} + 0.028x_{19t} \quad (2)$$

根据虚拟因变量理论，回归方程（2）表示的只是各个解释变量对参考指标 z_{it} 的影响，而不是解释变量和虚拟因变量 y_{it} 之间的直接关系。但是 z_{it} 值越大时虚拟因变量 y_{it} 取 1 的概率也越大，即遭遇反倾销制裁的可能性增加，因此该回归方程间接地表明解释变量对反倾销事件概率的影响。在 6 个解释变量中，除美国纺织行业就业增长率 x_{11} 和美国本国产品市场占有率 x_{12} 两个指标与美国纺织行业提出对华反倾销申请的概率呈负相关关系外，其余的指标都呈正相关关系，与预期的符号基本吻合。根据回归结果我们还发现，在 6 个重点影

① 考虑到中、美两国海关统计数据的差异，出口量、出口价格等都以美国商务部公布的数据为准。美国纺织行业集中率数据由美国最大的四家企业产量比上行业的总产量得到；由于美国纺织行业就业增长率指标没有细分产品的数据，利用纱线、织物和服装三大类产品的相关数据代替。

响指标中，美国纺织行业就业增长率 x_{11} 和我国出口的纺织品市场占有率 x_3 对美国纺织行业反倾销申请行为的影响要大于其余指标。根据表 4 中的回归结果并结合古扎拉蒂提供的计算解释变量边际效应的方法，可以计算出各个解释变量的边际效应。例如，根据表 4 的回归结果，解释变量 x_3 的系数估计值约为 0.036，这表明我国纺织品在美国的市场占有率每增加一个百分点，在未来 6 个月内遭遇反倾销指控的机会比率将大约增加 $(e^{0.036}-1)\times100\approx3.7$ 个百分点，同样还可以计算出其他解释变量的边际效应。

(二) 预测效果检验

良好的预测效果是对预警模型的根本要求。由于 stata 9.0 软件可以输出两个预测结果：一是出口产品 i 在时刻 t 的未来 6 个月内遭遇反倾销指控的概率大小（即 $y_{it}=1$ 的概率）；二是回归结果还给出了出口产品 i 在考察期内各月份对应的虚拟因变量 y_{it} 取 1 或 0 的情况，因此可以从下面两个方面来考察本文模型的预测效果。

(1) 遭遇反倾销事件的概率估计。图 1 是根据回归结果得出的税号为 338 的产品（男针织衬衫）在 2004 年 2 月～2006 年 11 月期间每个月对应的虚拟因变量 y 取 1 的概率，即该产品在未来 6 个月内在美国遭遇反倾销指控的概率大小。

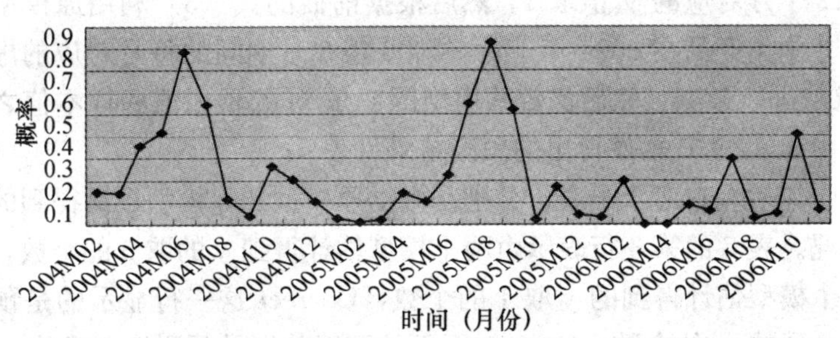

图 1　税号 338 类产品在美国遭遇反倾销指控的概率

图 1 表明，2004 年 7 月和 2006 年 9 月是 338 类产品在美国市场上遭遇反倾销指控的两个高危时期，在未来六个月内遇到反倾销指控的概率都高达 80%左右。事实上，根据我国商务部统计资料，由于进口数量的快速增加，美国纺织行业的部分企业分别在 2004 年 7 月份和 2005 年 12 月份对我国出口的 338 类产品提出了反倾销调查申请，显然模型的预测结果和实际情况基本吻合。同时，我们利用模型还对 550 类产品（聚酯短纤，2006 年 6 月在美国遭

遇反倾销申请）遭遇反倾销的概率进行了估计，发现在2006年3～5月连续三个月遭遇反倾销的概率都大于85%。[①]

（2）模型的整体预测效果。还可以根据模型预测得出的因变量 y_{it} 的取值和样本中 y_{it} 的实际取值进行对照，以判断模型在整体上预测效果的优劣。预测因变量 y 取值的原理是：首先确定一个临界值 r^*（Stata 9.0 等计量软件默认的临界值都是0），然后把由模型得出的估计量 $\hat{z}_{it}$ 与事先确定的临界值 r^* 进行比较，并根据（3）式来确定虚拟因变量 y 取1还是取0。

为了从整体上评价模型的预测效果，我们还需引进"零模型"的概念，零模型就是仅含常数项和误差项的模型，所以又称截距概率模型，零模型回归方程的表达式如下：

$$y=\beta_0+\mu \tag{3}$$

零模型隐含的假设就是原模型中所筛选出的指标都对反倾销申请行为（y）没有显著影响，即除常数项和随机项外，所有解释变量 x_i 的系数都为零。引进零模型的目的是为了便于比较，以判断原模型整体预测效果。下面以301类产品（精纺棉纱）为例来说明如何检验模型的预测效果。由于美国政府接受企业的申请分别在2004年5月和2006年1月对我国301类精纺棉纱产品的出口进行设限，因此根据前面虚拟因变量的设定，得到在301类产品在2004年1月～2006年6月期间共30个样本中，有18个月对应的虚拟因变量 y_{it} 值取0，另外12个月对应的 y_{it} 值取1。然后根据前面的式（3）利用原模型和零模型分别对301类产品在2004年1月～2006年6月期间的每月对应的虚拟因变量 y_{it} 的取值进行预测，然后比较两模型因变量 y_{it} 的预测值和样本值之间的一致程度。由 stata 9.0 软件得出的预测结果见表5：

表5中包括左右两个子表，分别是根据原模型和零模型预测得到的因变量 y_{it} 取值情况。表5的第3行表示由两个模型估计得到 y 的取0的个数，第4行表示由两个模型估计得到的 y 取1的个数，Correct 这一行显示的是预测值和样本值相一致的 y_{it} 的个数，Correct 下面的两行分别是预测值正确的 y_{it} 的个数和与预测值不正确的 y_{it} 的个数比率。例如，根据表5的第2列，由于样本中有18个月对应的 y 取1，而原模型对其中的15个月的预测是正确的，3个月的预测值是错误的，因此预测准确率是83.33%。表5还表明，从整体上来说，零模型的预测准确率为60%，而原模型的预测准确率达到80%，说明原

① 2006年6月中旬，美国一些纺织企业就中国出口的聚酯短纤向美国国际贸易委员会（USITC）递交了反倾销申请，2006年7月13日，美国商务部对原产于中国的聚酯短纤（Polyester Staple Fiber）进行反倾销立案调查。

模型在整体上对反倾销事件具备良好的预测效果。

表 5 模型对 301 类产品的预测效果（临界值 $r^*=0$）

	原模型的预测结果			零模型的预测结果		
	y=0	y=1	Total	y=0	y=1	Total
$\hat{z}_{it} \leq r^*$	15	3	18	18	12	30
$\hat{z}_{it} > r^*$	3	9	12	0	0	0
Total	18	12	30	18	12	30
Correct	15	9	24	18	0	18
% Correct	83.33	75.00	80.00	100.00	0.00	60.00
% Incorrect	16.67	25.00	20.00	0.00	100.00	40.00

四、结论

为了克服已有预警模型存在的上述不足，本文在 2002～2006 年期间中美纺织品贸易摩擦的现实基础上，重点考察了美国纺织行业对华反倾销申请行为的预测问题。先通过“逐步排除法”对影响美国纺织行业对华反倾销申请的 20 个预选指标进行筛选，选出了行业失业率、进口产品市场占有率等 6 个重点监控指标；然后基于虚拟因变量理论利用面板数据 logit 模型建立了进口国企业反倾销申请的预警模型。回归结果表明，美国纺织行业就业增长率以及我国纺织品在美国市场占有率等经济因素在美国纺织行业对华纺织品反倾销申请中起着关键性的作用。在其他条件不变时，美国纺织行业就业增长率或我国纺织品市场占有率每增加一个百分点，美国纺织行业在未来的 6 个月内对我国纺织品的提出反倾销指控的机会比率将分别减少 5.1%或增加 3.7%左右；同时，通过利用税则号为 338 和 550 两种涉案产品进行实际检验，模型对反倾销事件预测准确率高达 80%以上。

参考文献：

[1] 方勇，张二震（2004）．反倾销预警模型的经济分析．经济研究，第 1 期．

[2] 瞿东升，张娟，魏薇（2007）．基于 BP 神经网络的出口产品价格监测预警模型．财贸研究，第 1 期．

[3] 谢建国（2006）．经济影响、政治分歧与制度摩擦．管理世界，第 12 期．

[4] 杨仕辉，熊艳（2000）．国际反倾销的趋势、特点、成因与我国的对此研究．管

理世界，第3期.

[5] 杨仕辉（2000）. 对华反倾销的国际比较. 管理世界，第4期.

[6] 杨小力，杨林岩，冯宗宪（2005）. 中国纺织品出口反倾销预警监测指标体系的构建及模糊评价. 系统工程，第3期.

[7] 卓骏等（2002）. 发达国家对华反倾销预警系统的警兆指标探讨. 统计研究，第12期.

[8] 卓骏，单晓菁，胡丹婷（2003）. 欧盟对华反倾销统计预警模型研究. 国际贸易问题，第10期.

[9] 张为付，武齐（2005）. 出口产品反倾销预警指标体系的理论研究. 对外经贸大学学报，第4期.

[10] Berg，A. and Pattillo，C. "Predicting currency crises：the indicators approach and an alternative." Journal of International Money and Finance，1999，18（4），pp. 561～586.

[11] Finger，J. M. "The industry-country incidence of less-than-fair-value cases in US import trade." Quarterly Review of Economics and Business，1981. 21，pp. 260～279.

[12] Feinberg，R.，and Hirsch，B. "Industry rent-seeking and the filing of unfair trade complaints." International Journal of Industrial Organization，1989，7，325～340.

[13] Herander，M. and Schwartz，J. "An empirical test of the impact of the threat of US trade policy：the case of antidumping duties"，Southern Economic Journal，1984，51，pp. 59～79.

[14] Krupp，C. "Antidumping cases in the US chemical industry：a panel data approach." Journal of Industrial Economics，1994，42，pp. 299～311.

[15] Prusa，T. "Why are so many antidumping petitions withdraw?" Journal of Industrial Economics，1992，33，pp. 1～20.

[16] Prusa，T. "On the spread and impact of antidumping." Canadian Journal of Economics，2001，34，pp. 591～611.

[17] Prusa，T. and Skeath，S. "The economic and strategic motives for antidumping filings." Weltwirtschaftliches Archiv，2002，138，pp. 389～413.

基于不同产权形式的FDI溢出效应研究*

赵国庆　张中元

（中国人民大学经济学院）

一、引言

实证研究表明，FDI所带来的技术可能会对发展中国家国内的研究开发（R&D）起替代作用，外资流入东道国时会带来更有效的技术，国内公司可以通过各种渠道从中获得收益，成为当地企业进行R&D的一个非常重要的补充（Basant & Fikkert，1996）。但是FDI对发展中国家技术进步的贡献是有条件的，FDI的技术外溢效应有着复杂的作用机制和产生条件，如果想从其他企业那里取得良好的R&D外溢效应，企业需要培养自己的吸收能力（Cohen and Levinthal，1989）。FDI不能在东道国自动地产生溢出效应，它要受技术差距为核心的行业特征要素（Sadayuke，2005）、本地企业的吸收能力以及外资企业的特征（Akbar & Bride，2004）等因素的影响。Dermot Leahy和J. Peter Neary（2007）利用吸收能力模型证明了吸收能力的提升能有效地提高自己的R&D水平并降低有效溢出效应的难度系数；Blomström和Kokko（1998）发现R&D的外溢效应在外资企业与本地企业的技术差距最小时效果最好，他们认为这与吸收能力假设是一致的；而当跨国公司在某国所占的市场份额较大并且技术水平差距太大时，FDI就不能够对东道国的技术进步发挥作用（Kokko，1994）。

对于FDI技术外溢效应与国内企业自主创新关系的讨论，也出现了所谓的“抑制论”、“促进论”和“双刃剑论”的分歧（王红领、李稻葵、冯俊新，2006）。张海洋（2005）通过考察R&D的创新能力和吸收能力，发现在控制自主R&D的情况下，外资活动对内资工业部门生产率提高没有显著影响，主

* 本成果受到中国人民大学“985”工程“中国经济研究哲学社会科学创新基地”项目的资助。

要原因是内资部门较低的R&D吸收能力抑制了生产率的增长。蒋殿春、张宇（2006）对高新技术产业中FDI的技术外溢效应和技术创新活动也进行考察，结果发现一行业的内、外资部门技术水平差异同FDI的技术外溢效应发挥存在负相关关系，技术差异的扩大会给国内企业的学习模仿行为带来更多的困难，因此会对FDI的技术外溢效应的产生形成一定的阻碍。范承泽、胡一帆、郑红亮（2008）通过模型，从理论上分析了FDI对一个发展中国家自主研发投入的补充和替代作用，并以世界银行对中国公司的调查数据进行了实证检验，发现企业在研发方面的投入随其引进的外商投资数量的增多而减少，但行业层面的FDI对该行业中外商投资较多的企业的研发投入起更大的积极作用，综合这两方面的结果显示FDI对中国国内研发投入的净作用是负的。

本文利用《中国高科技产业统计年鉴》（2002～2005年）中5个行业的28个子行业的1995～2004年的相关数据，考察了科技创新投入、人力资源的积累以及FDI引致的技术外溢效应对中国高科技产业技术进步的影响以及FDI引致的技术外溢效对技术创新活动（在本文中主要包括科技创新投入与人力资源的积累）的影响并对此进行了检验。从整个行业来看，科技创新投入、人力资源的积累对技术进步产生正向的影响，当我们区分产业中的不同企业组织形式（主要是国有企业与三资企业）后再考察FDI的技术外溢效应时，结果发现FDI的技术外溢效应受企业组织形式的很大影响。具体而言，FDI的技术外溢效应对三资企业非常重要，三资企业的技术进步几乎可以完全由FDI的技术外溢效应来解释，企业的科技创新投入与人力资源的积累对三资企业的技术进步都没有正向的影响；但对国有企业而言，上述结论却完全相反，国有企业的技术进步完全由企业的科技创新投入与人力资源的积累所推动，国有企业不但没有得到FDI的技术外溢效应的正向影响，而是与之负相关的，这说明FDI的不断进入已经开始对国有企业形成了不利的影响，我们期待的FDI溢出效应已经开始被FDI的挤出效应所取代。

本文的内容结构安排如下：第二部分给出本文的估计模型以及数据；第三部分在区分产业中的不同企业组织形式后，考察FDI的技术外溢效应对科技创新投入、人力资源的积累以及技术进步的影响；第四部分给出结论及政策建议。

二、模型与数据

对技术进步的测量与分解源于索洛（Solow，1957），索罗模型中假设投资率、人口增长率和技术进步率为经济增长的外生变量，在一个经济系统中的资本和劳动力投入得到其边际产出，而产出增长扣除劳动力和资本贡献份额之后的残值就是技术进步的贡献，该残值反映了任何导致生产函数变动的因素。由于索洛余值所包含的因素过于宽泛，罗默（Romer，1990）通过引入外部性给出了经济增长源泉的新解释，认为技术进步是经济增长的重要源泉；曼昆等人（Mankin；Romer，and Weil，1992）证明了人力资本积累同样在经济增长中起决定性的作用，并提出加入人力资本扩展的索罗模型，该扩展模型随后在对经济增长的研究中被广泛引用，认为人力资本积累对技术进步存在影响，会加速技术进步（Benhabib & Spiegel，1994）。

（一）模型的设定

我们将进行检验的计量方程式设定为：

模型 1：$Ln(Y_{it}) = c_1 + \alpha Ln(L_{it}) + \beta Ln(K_{it}) + \delta \cdot X\_Ratio_{it} + \varepsilon_{it}$ (1)

模型 2：$Ln(Y_{it}) = c_2 + \alpha Ln(L_{it}) + \beta Ln(K_{it}) + \gamma H \cdot X\_Ratio_{it} + \varepsilon_{it}$ (2)

模型 3：$Ln(Y_{it}) = c_3 + \alpha Ln(L_{it}) + \beta Ln(K_{it}) + \delta \cdot X\_Ratio_{it} + \gamma \cdot H\_Ratio_{it} + \varepsilon_{it}$ (3)

其中：Y_{it}表示产业增加值，L_{it}是劳动投入，K_{it}为资本投入，i 和 t 分别表示行业和时间。X_Ratio_{it}是科技创新强度，H_Ratio_{it}是科技人员密度。

（二）数据说明

在数据方面，本文全部数据样本均来自《中国高科技产业统计年鉴》（2002～2005 年）中 5 个行业的 28 个子行业的 1995～2004 年的相关数据，我们以年鉴中“中国主要年份增加值统计（按行业分）”度量产出，“企业年末固定资产原价统计数据（按行业分）”度量资本存量，劳动投入应该用劳动时间表示，出于数据获得性考虑，本文用年鉴中“企业从业人员年平均人数统计”数据来衡量；本文中的企业创新活动方面的投入，我们选取年鉴中“中国主要年份科技活动经费内部支出统计”与“中国主要年份科技活动人员统计”数据来衡量。为了增加数据的可比性，所有行业的工业增加值和固定资产投资值都使用 1995 年不变价，工业增加值平减指数根据工业总产值的当年价和 1995 年不变价数据计算得到（数据来源于《中国工业统计年鉴（2006 年）》），固定资产投资值用历年全社会固定资产投资价格指数平减（数据来源于中宏数据库之全社会固定资产投资统计数据）。

（三）模型的估计

样本中的数据是面板数据，对于面板数据的分析，最常用的有三种方法：

随机效应（random effect）模型、固定效应（fixed effect）模型和混合数据普通最小二乘法（pooled OLS）。本文主要采用随机效应模型、固定效应模型对数据进行分析。随机效应模型和固定效应模型都考虑到了不同行业之间的差异，它们的差别在于固定效应模型假设误差项与自变量相关，直接使用普通最小二乘法（OLS）会产生偏误，可以通过给每一个行业设置一个虚拟变量，使用虚拟变量最小二乘法（LSDV）进行估计；随机效应模型则假定误差项与自变量不相关，使用广义最小二乘法（GLS）来估计。为了在随机效应模型和固定效应模型中作出选择，可以使用 Hausman 统计量判断。

表 1　中国高科技产业 1996～2004 年的技术进步估计结果

变量	模型 1		模型 2		模型 3
	固定效应	固定效应	固定效应	固定效应	固定效应
固定资本投资（对数值）	0.57 (3.67)***	0.44 (3.20)***	0.54 (3.02)***	0.58 (3.35)***	0.42 (2.91)***
从业人员（对数值）	0.53 (2.88)***	0.51 (2.65)***	0.59 (3.55)***	0.55 (3.77)***	0.67 (3.90)***
科技活动创新强度	0.21 (7.64)***	0.48 (11.26)***			0.31 (6.38)***
创新强度（平方项）		−0.02 (−4.81)***			
科技活动人员密度			5.37 (12.58)***	3.67 (−1.35)	5.73 (2.80)***
人员密度（平方项）				3.62 (−0.56)	
创新强度与人员密度交叉项					−0.73 (−2.34)**
A R-squared	0.97	0.98	0.95	0.95	0.97
D-W stat	1.22	1.33	0.90	0.88	1.26
Hausman Test	(27.03)***	(34.16)***	(8.41)**	(9.53)**	(60.41)***

注：变量：固定资本投资（对数值）：以历年全社会固定资产投资价格指数平减后的企业年末固定资产原价统计数据取对数后得到；从业人员（对数值）：企业从业人员年平均人数统计的对数值；科技活动创新强度：等于企业科技活动所有内部支出经费/企业销售收入；科技活动人员密度等于科技活动人员/企业从业人员。

括号内的数值是回归系数的 t—统计量，*、**及***分别表示 10%、5%和 1%的显著水平。

对于面板数据模型固定效应（Fixed Effect）与随机效应（Random Effect）的选择，我们采用 Hausman 统计量进行判断，表中也给出了 Hausman 统计量的显著水平。另外为了节省篇幅，在表中没有报告回归模型的常数项以及为了消除自相关而在模型中加入的 AR 项。下同。

表 1 给出了对数据采用以上模型回归的结果，从回归结果中可以看出固定效应模型为最佳模型，我们也主要解释固定效应模型的结果，为节省篇幅，这里只给出模型统计性显著（用 Hausman 统计量判断）的模型的结果（即没有给出随机效应模型的结果）。

表 1 分别给出了模型 1～3 的回归结果，同时我们在这三个模型中还纳入了科技创新强度和科技人员密度的平方项以及它们的交叉项。所有变量的回归系数都是显著的（模型 2 中的科技人员密度平方项除外），方程的调整 R^2 都在 95%以上。在方程中科技创新强度和科技人员密度的系数都为正且统计上呈高度显著性，表明这两方面的科技活动投入对技术进步产生重要的促进作用。而且科技创新强度的平方项系数为负且统计上呈高度显著性，这表明技术进步与科技创新强度呈倒 *U* 形关系，但科技创新强度要在 11.2（0.4823/（2 * 0.0215））时使方程取得最大值，这说明科技创新强度与技术进步之间一直是正向的促进关系（因为科技创新强度的取值一般小于 1），又因为模型 2 中的科技人员密度平方项在统计上是不显著的，因此在模型 3 中我们不再纳入科技创新强度和科技人员密度的平方项，而只加入了它们的交叉项，交叉项的系数为负，绝对值达到 0.725，且统计上呈高度显著性，这表明科技经费支出与科技创新人员是高度可替代的。

三、FDI 溢出效应对技术创新活动、技术进步的影响

由 FDI 引致的技术外溢效应通常指由于跨国公司（MNC）在东道国设立子公司，从而引起当地技术或生产率的进步但 MNC 子公司无法获得全部收益的情形。FDI 引致的技术外溢效应主要借助于对国外技术知识的直接学习和跨国公司的子公司在当地经营中产生的联系效应（李平，2006）。一些实证研究表明 FDI 外溢效应对技术进步的影响，无论是行业层面还是企业层面中，外资比例较高的企业效果更显著（Haddad & Harrison，1993；Aitken & Harrison，1999）。而且 Helpman，Melitz，& Yeaple（2004）的研究表明 FDI 外溢效应引致的技术进步比出口引致的技术进步更显著。Mahmut Yasar 和 Catherine J. Morrison Paul（2008）通过对土耳其制造业企业中的三种技术扩散与转移方式（进口、出口和 FDI）与技术进步之间的因果性进行检验发现进

口、出口和FDI对技术进步都有正向的影响，但FDI的效果最显著而进口最不显著。

因此可以认为FDI是国际技术扩散的一条重要渠道，从而FDI的规模可以作为它引致技术外溢效应的一个度量指标。对FDI的规模可以采用三资企业的固定资产净值或三资企业的当年价总产值来度量，在本文中我们采用三资企业的当年价总产值占该行业当年价总产值的比重作为FDI引致的技术外溢效应的度量指标。

表2 中国高新技术产业中三资企业当年价总产值比重（1995～2004年）

	1995	1996	1997	1998	1999	2000	2001	2002	2003	2004
1. 医药制造业	19.59%	18.65%	22.16%	21.71%	22.60%	22.66%	22.21%	22.07%	22.01%	25.09%
2. 航空航天器	5.52%	2.21%	6.57%	3.19%	6.62%	6.08%	9.10%	5.15%	5.53%	10.73%
3. 电子通信	58.13%	60.38%	61.95%	63.67%	67.80%	68.95%	70.34%	67.74%	69.32%	77.43%
4. 计算机设备	71.98%	68.24%	70.13%	64.22%	76.18%	82.66%	85.72%	87.03%	91.42%	93.08%
5. 医疗设备	27.63%	21.58%	23.61%	31.23%	30.28%	33.95%	34.71%	38.28%	40.41%	45.87%

注：表中数据由中国高新技术产业年鉴中三资企业的当年价总产值除以该行业当年价总产值得到。

表2给出了中国高新技术产业中5大行业的三资企业当年价总产值占该行业当年价总产值的比重（1995～2004年）。图1给出了该比重的趋势，从图中可以看出航空航天器制造业是高度垄断行业，三资企业所占的比重很小且较为稳定，基本都低于10%；医药制造业与医疗设备及仪器仪表制造业中三资企业所占的比重大多年度都在40%以下，但有缓慢上升的趋势；电子及通信设备制造业与电子计算机及办公设备制造业中三资企业所占的比重都在60%以上，并且有明显上升趋势，特别是近几年来，计算机制造业更是达到了90%以上，控制了整个产业。

在计量方程（1）～（3）中加入FDI技术外溢效应及其平方项以及与科技活动创新强度和人员密度的交叉项，对FDI技术外溢效应进行检验，为了使我们的结论更具有稳健性，我们利用年鉴中国有企业与三资企业的数据对计量模型分别做了验证，以考察不同的企业组织形式下FDI技术外溢效应与科技创新活动以及技术进步之间的相互关系。表3与表4分别给出了国有企业与三资企业的回归结果。

表 3　FDI 技术外溢效应、技术创新活动对技术进步的影响（国有企业）

变量	模型 2	模型 3	模型 4
	固定效应	固定效应	固定效应
固定资本投资（对数值）	−0.12 (−1.77)*	−0.15 (−2.34)**	−0.14 (−2.01)**
从业人员（对数值）	1.16 (5.66)***	1.37 (6.36)***	1.25 (7.07)***
科技活动创新强度	−0.08 (−1.74)*		−0.14 (−2.71)***
创新强度（平方项）	0.00 (1.88)*		0.01 (2.73)***
科技活动人员密度	(1.72)*	0.77 (2.98)***	2.44
FDI 溢出效应	−0.32 (−1.82)*	−0.37 (−1.87)*	−0.34 (−1.95)**
A R-squared	0.94	0.94	0.94
D-W stat	2.13	2.10	2.11
Hausman Test	(77.02)***	(48.49)***	(96.11)***

在国有企业中，科技创新强度与科技人员密度以及科技创新强度的平方项的系数都是呈高度统计显著的，科技人员密度的作用与在产业总体情况下的结果保持一致，与技术进步之间是正相关且是高度统计显著的；与产业总体情况不同的是国有企业中，科技创新强度与技术进步之间是 U 形关系，但科技创新强度的取值要在远远大于 100%的地方才使函数达到最小值点，因此可以认为科技创新强度与技术进步之间是负相关的；另外国有企业中固定资产投资对产出的作用也是负向的，这些结果都与理论的预期不相符合，可能的解释就是在高科技产业中国有企业投资的质量不高，企业在技术创新活动中的自主创新投资一般都以适应生产经营和增加短期利润的需要为目的，并非以先进性为目标，在技术引进方面也不会大量投入资金对引进的技术进行吸收消化，对引进的技术资料和关键设备的消化吸收也远远不够，而这些技术创新活动对内生性技术创新的速率和技术进步是有关的（Abramovitz，1986），同时企业在技术创新上的投资又减低了在生产方面的投入，从而造成挤出效应。综合上述因

素，技术创新不仅没有达到对技术进步的正向影响，而是减低了技术进步。而FDI技术外溢效应的系数均为负数（在－0.37到－0.32之间）且统计显著的，这说明FDI的不断涌入，对国有企业形成了不利影响，我们期待的技术溢出效应已被挤出效应所取代，当然我们不能排除FDI技术外溢效应发生在三资企业的情况（以下的检验也证明了这一点）。一方面这与国内市场中国有企业的整体竞争实力相对弱小，另一方面也体现出国有企业的发展与国际企业在中国的发展有很大的差距，国际企业通过自己的技术优势、资源优势迅速扩张，逐步侵蚀国有企业的发展空间，从而造成挤出效应。

表4 FDI技术外溢效应、技术创新活动对技术进步的影响（三资企业）

变量	模型1	模型2		模型3	
	固定效应	固定效应	固定效应	固定效应	固定效应
固定资本投资（对数值）	0.20 (5.00)***	0.18 (4.64)***	0.16 (4.75)***	0.18 (4.85)***	0.17 (4.39)***
从业人员（对数值）	0.81 (3.94)***	0.76 (4.00)***	0.77 (4.40)***	0.75 (3.91)***	0.76 (4.26)***
科技活动创新强度	－0.02 (－0.49)			0.02 (0.71)	0.02 (0.68)
科技活动人员密度		－4.26 (－5.60)***	－5.09 (－5.29)***	－4.27 (－6.2)***	－5.08 (－5.8)***
人员密度与溢出效应交叉项			8.79 (2.68)***		8.56 (2.57)***
FDI溢出效应	3.57 (5.81)***	3.67 (5.56)***	2.97 (5.10)***	3.72 (5.04)***	3.04 (4.39)***
溢出效应平方项	－2.12 (－6.14)***	－2.19 (－5.97)***	－1.85 (－5.51)***	－2.21 (－5.6)***	－1.88 (－5.0)***
A R-squared	0.95	0.96	0.97	0.96	0.96
D-W stat	2.40	2.42	2.43	2.42	2.42
Hausman Test	(27.84)***	(30.58)**	(21.37)***	(29.8)***	(21.4)***

与国有企业的情况相比，三资企业的情况基本与之相反，在三资企业中，科技创新强度的系数不稳定且统计上是不显著的；科技人员密度系数为负且是高度统计显著的，这说明三资企业的技术进步基本上不是来自于技术创新和人

力资源的积累。而FDI技术外溢效应及其平方项的系数都是高度统计显著的，它与技术进步之间是倒U形关系，但取值要在80%左右的地方才使函数达到最大值点，目前三资企业除了在电子计算机及其办公设备制造业达到了90%以上，其他产业均未达到这个比例，因此留给了三资企业强力扩张的动力。从总体来看，三资企业技术进步的主要来源是FDI技术外溢效应而不是技术创新活动和人力资源的积累，FDI技术外溢效应如此强大，不仅抵消了它对国有企业消极影响，而且在整个产业中都表现出正向的促进作用。另外值得注意的是FDI技术外溢效应与人员密度的交叉项的系数为正，这说明三资企业规模比重越高的产业中，企业越注重吸引人才，因此FDI流入除了使得人力资源在部门之间转移外（从研究开发部门转移到生产部门），还使得人员，特别是高技术人才从国有企业转移到三资企业中，这进一步降低了国有企业的技术进步。

四、主要结论

本文利用《中国高科技产业统计年鉴》（2002～2005年）中5个行业的28个子行业的1995～2004年的相关数据，检验了科技创新投入、科技人力资源积累和技术外溢效应对中国高科技产业技术进步的影响，本文的主要结论是：

1. 从整个行业来看，科技创新投入与科技人力资源积累都对技术进步产生正向的影响，考虑行业中不同的产权组织形式中的科技创新投入、科技人力资源积累以及FDI引致的技术外溢效应时，结果差异很大。

2. 在国有企业中，除了人力资源的积累对国有企业的技术进步有显著的正向影响外，科技创新投入与技术进步之间是负相关的，这可能是因为在高科技产业中国有企业投资的质量不高，企业在技术创新活动上的自主创新投资一般都以适应生产经营和增加短期利润的需要为目的，并非以先进性为目标，同时企业在技术创新上的投资会造成挤出效应，减低了在生产方面的投入，从而使得科技创新投入不仅没有达到对技术进步的正向影响，而是减低了技术进步。而FDI技术外溢效应与技术进步也是负相关的，这说明FDI的不断涌入，对国有企业形成了不利影响，我们期待的技术溢出效应已被挤出效应所取代。

3. 与国有企业的情况相比，三资企业的情况基本与之相反，三资企业中的技术进步基本上不是来自于科技创新投入和人力资源的积累，而是来自于FDI技术外溢效应，因此三资企业具有在我国强力扩张的动力。并且在三资企业规模比重越高的产业中，企业越注重吸引人才，因此FDI流入除了使得人力资源在部门之间转移外（从研究开发部门转移到生产部门），还使得人员，特别是高技术人才从国有企业转移到三资企业中，这进一步降低了国有企业的技术进步。

从以上分析可以看出，FDI 引致的技术外溢效应对中国高技术进步有重要影响，但目前它的溢出效应仅局限在外资企业，因此在今后的引进外资工作中，要从重视外资数量向重视外资质量的方向转变，鼓励外资企业在国内设立研发中心并将最先进的技术引入中国，同时激励外资企业在研发方面与国内企业、高校以及各种科研机构进行合作，使得 FDI 的流入能促进国内企业的技术创新活动。另外国有企业必须加快机制的改革，建立高效的吸引、培养人才的制度，加大在研发方面的资金投入、提高企业的技术水平和人力资本水平，使自己能够消化吸收外资的先进技术，为企业获取外资的溢出效应积极创造条件。

参考文献：

[1] 范承泽，胡一帆，郑红亮 . 2008. FDI 对国内企业技术创新影响的理论与实证研究 . 经济研究，第 1 期 .

[2] 蒋殿春，张宇 . 2006. 行业特征与外商直接投资的技术溢出效应：基于高新技术产业的经验分析 . 世界经济，第 10 期 .

[3] 李平 . 2006. 国际技术扩散的路径和方式 . 世界经济，第 9 期 .

[4] 张海洋 . 2005. R&D 两面性、外资活动与中国工业生产率增长 . 经济研究，第 5 期 .

[5] 朱平芳，李磊 . 2006. 两种技术引进方式的直接效应研究——上海市大中型工业企业的微观实证 . 经济研究，第 3 期 .

[6] Aitken, B., and Harrison, A. (1999), "Do Domestic Firms Benefit From Foreign Direct Investment? Evidence From Venezuela," *American Economic Review*, 89, 605-618.

[7] Basant. R. and Fikkert, B. "The Effects of R&D, Foreign Technology Purchase and Domestic and International Spillovers on Productivity In Indian Firms", *The Review of Economics and Statistics*, 1996, 78 (2), pp. 187-199.

[8] Benhabib, Jess and Spiegel, Mark M., 1994, "The Role of Human Capital in Economic Development: Evidence from Aggregate Cross Country Data", *Journal of Monetary Economics*, 34 (2): 143-173.

[9] Blomström, M., Kokko, A., 1998. Multinational corporations and spillovers. *Journal of Economic Surveys* 12, 247-277.

[10] Cohen, W. M., Levinthal, D. A., 1989. Innovation and learning: the two faces of R&D. *Economic Journal* 99, 569-596.

[11] Dermot Leahy, J. Peter Neary, 2007, "Absorptive capacity, R&D spillovers, and public policy", *International Journal of Industrial Organization*, 25 (2007) 1089-1108.

[12] Haddad, M., and Harrison, A. (1993), "Are There Positive Spillovers From Direct Foreign Investment? Evidence From Panel Data for Morocco," *Journal of Development Economics*, 42, 51-74.

[13] Helpman, E., Melitz, M. J., and Yeaple, S. R. (2004), "Export versus FDI With Heterogeneous Firms," *American Economic Review*, 94, 300-316.

[14] Kokko, A., 1994, "Technology, Market Characteristics, and Spillovers", *Journal of Development Economics*, Vol. 43, 279-293.

[15] Mahmut Yasar, Catherine J. Morrison Paul, 2008, "Foreign Technology Transfer and Productivity: Evidence From a Matched Sample", *Journal of Business & Economic Statistics*, *January*, pp. 105-112.

[16] Mankin, N. G.; Romer, D. & Weil, D., 1992, "A Contribution to the Empirics of Economic Groth." *Quarterly Journal of Economics*, 107 (2), pp. 407-437.

[17] Romer, P., 1990, "Endogenous Technological Change", *Journal of Political Economy*, Vol. 98, 71-102.

[18] Sadayuki Takii, 2005, "Productivity Spillovers and Characteristics of Foreign Multinational Plants in Indonesian Manufacturing 1990—1995", *Journal of Development Economics*, vol. 76, issue 2, pp. 521-542.

[19] Solow, Robert M., 1957, "Technical Change and the Aggregate Production Function.", *Review of Economics and Statistics*, 39 (3): 312-320.

[20] Xu, B., and Wang, J. (1999), "Capital Goods Trade and R&D Spillovers in the OECD," *Canadian Journal of Economics*, 32, 1258-1274.

[21] Yusaf H. Akbar and J. Bard Bride, 2004, "Multinational Enterprise Strategy, Foreign Direct Investment and Economic Development: TheCase of the Hungarian Banking Industry", *Journal of World Business*, 39, pp. 89-105.

次贷危机影响下美国股市与我国房地产市场波动溢出效应分析

——基于 BEKK-MVGARCH 模型的检验

林三强　胡日东

（华侨大学商学院）

一、引言

美国次贷危机自 2007 年年初显现以来，影响面逐渐扩大，一些过度投资次贷金融产品的银行和保险公司纷纷遭到波及。从美国的“两房”危机，到雷曼兄弟申请破产、美林银行被收购、美国最大的保险公司 AIG 濒临破产再到全球股市的持续下跌，次贷引发的信用风险最终演变成一场全球性金融危机。与此同时，我国的房地产市场也自 2008 年年初开始进入持续的调整期。从图 1 的相关信息看，2008 年以来我国房地产开发投资总额和商品房竣工面积都继续保持增长趋势，但两者的增长速度不断下调，特别是商品房竣工面积的增速已经下降到 6.1％。另外值得注意的是，全国商品房的销售面积在 2008 年第二季度出现近 10 年来的首次负增长，到年底跌幅更是高达 18.3％。

学术界对股市波动与房地产市场的关系已有了一定的研究。如詹晓婷[1]等通过协整和格兰杰因果检验实证分析了香港股市和房地产市场的关系，结果表明香港股市对房市有明显的带动作用，即股市繁荣时将带动房地产市场发展，而股市下挫时也将导致房产市场低迷。张跃龙[2]等利用共线性检验、邹氏转折点检验等计量方法对我国房地产市场与股市波动的阶段相关性进行了研究，结果显示我国房市和股市波动的相关性具有阶段性特征，并且存在滞后效应。而在美国次贷危机影响下，我国现阶段房地产市场的调整是否受到以及在多大程度受到美国股市动荡和全球经济衰退的冲击，国内学者大多从定性方面对这个问题进行回答。如周景彤[3]认为国际金融风暴导致我国经济增速放缓，金融机构紧缩银根，货币流动性降低，这些都将对房地产市场产生下拉作用；另外，美国次贷危机的全面爆发使得世界各地房价纷纷下跌，国内房价也很难“独善其身”，因此金融危机将加快我国房地产市场的调整。而吴洋[4]通过对上海楼市的探讨却认为，此轮调整是房地产市场自身规律的必然发展，与次贷危机的冲击关系不大。相对于定性分析，国内对这一问题的定量分析还很缺乏。因此，本文将采用多元GARCH模型对次贷危机爆发以来美国股市和我国房地产市场的波动溢出效应进行实证分析，这对于探讨现阶段我国房地产市场调整的原因，以及制定相应的应对措施都具有十分重要的现实意义。

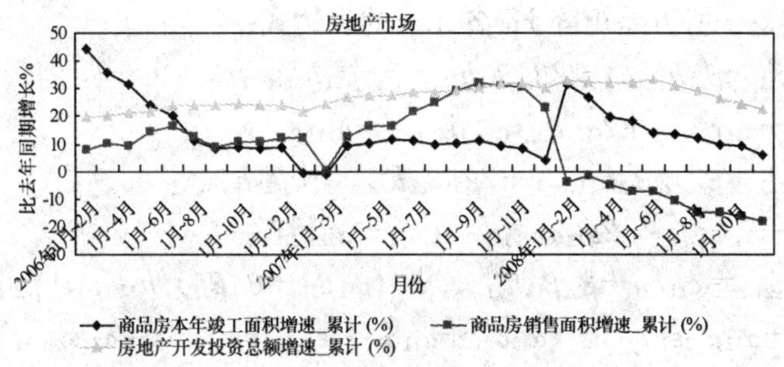

图 1 2006～2008 年中国房地产市场

二、模型选择与检验方法

在进行波动建模时，研究者发现，某一市场的波动不仅受自身滞后波动的影响，还可能受到其他市场滞后波动的影响，这种不同市场间波动的传导即称为“波动溢出效应”。波动溢出效应可以存在于不同类型的金融市场，也可以存在于不同地域的市场之间，它代表了信息在不同市场的传导方向。在实证研究中，对单一资产收益的波动性模型，我们一般常用GARCH建模，这是由于GARCH模型能很好地描述金融市场波动的时变特征及波动冲击的持久性。但当单一资产扩展到多个资产时，我们不仅要考虑各个资产的波动性，也要考虑不同资产之间的相关性，这需要将单变量GARCH模型向多元GARCH（即MVGARCH）模型拓展。这是因为多元GARCH模型充分利用了残差向量的方差—协方差阵所蕴涵的信息，有效避免了单变量模型将几个市场分割开来考察彼此波动关联性的问题[5]。

(一) 模型介绍

本文采用Engle[6]等提出的BEKK形式的MVGARCH模型。假设有A、B两个市场，其二元BEKK-GARCH模型的均值方程和方差方程如下：

$$Y_t=\gamma X'_t+\varepsilon_t,\ \varepsilon_t\mid\zeta_{t-1}\sim N(0,\ H_t) \tag{1}$$

$$H_t=C'C+B'H_{t-1}B+A'\varepsilon_{t-1}\varepsilon_{t-1}A \tag{2}$$

其中，在均值方程中Y_t为2×1维收益率向量，X_t是$1\times(k+1)$维解释变量向量，γ是$2\times(k+1)$维系数矩阵，ζ_{t-1}表示$t-1$期的信息集。在方差方程中，H_t为残差项ε_t的2×2阶条件方差及协方差矩阵。C、A和B都是2×2阶参数矩阵，C为下三角常数矩阵，刻画条件方差方程的常数部分，A代表ARCH项的系数矩阵，B代表GARCH项的系数矩阵。将式(2)展开后得到条件方差—协方差矩阵H_t各元素的表达式：

$$\begin{aligned}h_{11,t}=&c_{11}^2+\beta_{11}^2h_{11,t-1}+2\beta_{11}\beta_{21}h_{12,t-1}+\beta_{21}^2h_{22,t-1}\\&+\alpha_{11}^2\varepsilon_{1,t-1}^2+2\alpha_{11}\alpha_{21}\varepsilon_{1,t-1}\varepsilon_{2,t-1}+\alpha_{21}^2\varepsilon_{2,t-1}^2\end{aligned} \tag{3}$$

$$\begin{aligned}h_{22,t}=&c_{21}^2+\beta_{22}^2+\beta_{12}^2h_{11,t-1}+2\beta_{12}\beta_{22}h_{12,t-1}+\beta_{22}^2h_{22,t-1}\\&+\alpha_{12}^2\varepsilon_{1,t-1}^2+2\alpha_{12}\alpha_{22}\varepsilon_{1,t-1}\varepsilon_{2,t-1}+\alpha_{22}^2\varepsilon_{2,t-1}^2\end{aligned} \tag{4}$$

$$\begin{aligned}h_{12,t}=h_{21,t}=&c_{11}c_{21}+\beta_{11}\beta_{12}h_{11,t-1}+(\beta_{12}\beta_{21}+\beta_{11}\beta_{22})h_{12,t-1}+\beta_{21}\beta_{22}h_{22,t-1}\\&+\alpha_{11}\alpha_{12}\varepsilon_{1,t-1}^2+(\alpha_{12}\alpha_{21}+\alpha_{11}\alpha_{22})\varepsilon_{1,t-1}\varepsilon_{2,t-1}+\alpha_{21}\alpha_{22}\varepsilon_{2,t-1}^2\end{aligned} \tag{5}$$

其中，h_{11}和h_{22}分别表示矩阵A、B的条件方差，而h_{12}和h_{21}则表示A与B之间的条件协方差。在条件残差向量ε_t服从二元条件正态分布的假设条件下，对于含有T个样本的对数似然函数为：

$$l(\theta)=-T\cdot\log(2\pi)-\frac{1}{2}\sum_{t=1}^{T}(\ln|H_t|+\varepsilon'_tH_t^{-1}\varepsilon_t) \tag{6}$$

式中，T为样本总数，θ是待估参数向量，由于GARCH模型的对数似然函数形式是非线性的，估计过程我们使用BHHH算法，并通过MATLAB7.1实现。

(二) 波动溢出效应的LR检验

在本文中检验两个金融市场之间的波动溢出关系时，我们只针对矩阵元素进行检验，而不对矩阵元素的线性组合进行检验。如果要检验市场B是否对市场A有波动溢出效应，则原假设为：

H_0：$\beta_{21}=\alpha_{21}=0$，即市场A的条件方差仅受自身过去值的影响。

同理，若仅检验市场A是否对市场B存在波动溢出效应，原假设为：

H_0：$\beta_{12}=\alpha_{12}=0$，即市场B的条件方差仅受自身过去值的影响。

而如果要检验市场A和市场B之间是否存在相互的波动溢出效应，原假设为：

H_0：$\beta_{21}=\alpha_{21}=\beta_{12}=\alpha_{12}=0$，即两个市场之间不存在相互的溢出效应。

在这里我们运用LR检验，构造LR检验的LR统计量：

$$LR=-2\ (L^r-L^u) \tag{7}$$

其中，L^r 和 L^u 分别为有约束和无约束条件下通过对回归模型的估计得到的对数极大似然函数值。在零假设 H_0 下，LR 统计量渐进地服从 χ^2（m）分布，自由度 m 表示约束条件个数。

在 α 的显著水平下，判别规则为：

若 $LR\leqslant\chi^2_\alpha$（m），则接受零假设，约束条件成立；

若 $LR>\chi^2_\alpha$（m），则拒绝零假设，约束条件不成立。

三、实证分析

（一）样本数据和描述性统计分析

由于本文考察的是美国次贷危机以来，美国股市和我国房地产市场的波动溢出效应，因此我们选择美国纳斯达克指数来表示美国股市的波动，而采用我国股市的地产指数来反映房地产市场的调整。样本数据为时间跨度在2007年2月1日至2008年12月31日的日数据，剔除由于时差不同和节假日不同所产生的不同交易日，最终每个指数得到453期数据，数据来源为雅虎财经网站。由于不同股市指数的基数不同，将指数转换为日收益率。令美国纳斯达克指数和我国股市的地产指数第t天的收盘价分别为 PA_t 和 PB_t，则两种股市的日收益率分别为：

$$RA_t=100\ln\ (PA_t/PA_{t-1}) \tag{8}$$

$$RB_t=100\ln\ (PB_t/PB_{t-1}) \tag{9}$$

表1列出了研究变量的描述性统计特征。表中显示，纳斯达克指数收益率和我国地产指数收益率的峰度都大于3，即相对于正态分布两者都出现显著的厚尾特征。Q（6）统计量表明两个序列都存在一定程度的序列自相关，而 Q^2（6）统计量都在1%置信水平上显著，表明两者存在明显的ARCH效应，说明波动聚类现象显著。另外，对序列的平稳性进行ADF检验，结果显示两个序列的ADF值分别为－19.198和－20.546，均小于1%显著水平的临界值－3.445。因此可以认为这两个收益率序列都是I（0）过程，即两者都是平稳的时间序列。

表 1 样本基本统计特征（2007.02.01～2008.12.31）

	纳斯达克指数收益率	我国房产指数收益率
样本数	453	453
均值	－0.0802	－0.0358
标准差	1.915	3.7758
偏度	－0.014	－0.2354
峰度	4.3558	4.1535
Q（6）	39.608［0.00］	21.521［0.00］
Q^2（6）	224.66［0.00］	48.267［0.00］
ADF	－19.198［－3.445］	－20.546［－3.445］

注：Q（6）为滞后 6 阶的 Ljung-Box Q 统计量，Q^2（6）为平方后滞后 6 阶的 Ljung-Box Q 统计量。ADF 检验括号内数字为 1%的临界值，其余括号内数字为 p 值。

（二）实证结果与分析

一个完整的 BEKK-MVGARCH 应该包括均值方程与方差方程。对于均值方程，我们对两个市场的收益率序列采用向量自回归（VAR）模型进行拟合。根据 AIC 准则，最终我们确定的 VAR 模型的最优滞后期为 2，则均值方程形式为 VAR（2）。因此我们采用的 VAR（2）-BEKK-GARCH（1，1）的模型形式如下：

$$Y_t = c + \sum_{i=1}^{2}\psi_i Y_{t-i} + \varepsilon_t \tag{10}$$

$$H_t = CC' + A\varepsilon_{t-1}\varepsilon'_{t-1}A' + BH_{t-1}B' \tag{11}$$

其中，$Y_t=(RA_t, RB_t)'$，$\varepsilon_t=(\varepsilon_{A,t}, \varepsilon_{B,t})'$，$\psi_i$ 为参数矩阵。

为了保证上述模型的正确性，我们对模型的残差项进行相关的检验。Q（6）和 Q^2（6）的结果表明，经过 BEKK 模型滤波后标准化残差序列的自相关系数在 10%水平下均不显著，同时 ARCH-LM（1）检验结果显示残差序列也不存在 ARCH 效应（检验结果从略）。这表明上述模型将滞后期设定为（1，1），对于描述美国股市与我国地产指数的波动性以及两个序列波动的相关性是充分的，因为经过该模型滤波后的残差已不再含有能够用于有效预测波动的信息。

表 2　二维向量 GARCH（1，1）模型参数最大似然估计结果

模型 参数	无约束的 BEKK 模型		H_0^1：$\beta_{21}=\alpha_{21}=0$ $\beta_{12}=\alpha_{12}=0$		H_0^2：$\beta_{12}=\alpha_{12}=0$		H_0^3：$\beta_{21}=\alpha_{21}=0$	
	系数	t 值	系数	t 值	系数	t 值	系数	t 值
α_{11}	0.286	8.114***	0.416	8.537***	0.418	8.653***	0.283	8.239**
α_{21}	−0.067	−0.762			0.161	1.883**		
α_{22}	−0.066	−4.454***					−0.065	−6.31***
α_{12}	0.047	2.009***	0.173	2.519***	0.142	2.169***	0.025	0.665
β_{11}	0.948	71.87***	0.884	42.733***	0.884	32.849***	0.948	71.997***
β_{21}	0.338	0.777		−0.085	−2.179***			
β_{12}	0.001	0.042					0.002	0.062
β_{22}	0.917	6.602***	0.882	15.334***	0.939	20.59***	1.942	6.273***
Log likelihood	−4133.9		−4151.1		−4150.7		−4134.1	

注：*表示在 10%水平上显著，**表示在 5%水平上显著，***表示在 1%水平上显著。

表 2 给出了二维 GARCH 模型的参数最大似然估计结果。为了简化表格，我们没有给出均值方程估计结果以及方差方程中的常数项的估计结果。第一列是不对参数施加任何约束的 BEKK 模型估计结果。从结果看，矩阵 A、B 的对角元素 α_{11}，α_{22}，β_{11}，β_{22} 都显著异于零，这表明对于美国股市收益率和我国地产指数收益率，其波动都存在明显的持续性和聚类性，这与前面表 1 中的相关结论一致。

表 3　波动溢出检验结果

原假设	统计量检验
H_0^1：$\beta_{21}=\alpha_{21}=\beta_{12}=\alpha_{12}=0$ 即美国股市和我国房地产市场不存在波动溢出	$LR=34.4$ [0.01]
H_0^2：$\beta_{12}=\alpha_{12}=0$ 即美国股市对我国房地产市场不存在波动溢出	$LR=33.6$ [0.01]
H_0^3：$\beta_{21}=\alpha_{21}=0$ 即我国房地产市场对美国股市不存在波动溢出	$LR=33.6$ [0.99]

注：方括号内数字为相伴概率 p 值。

表3给出了两个市场的波动溢出检验结果。当原假设为两个市场不存在波动溢出时，LR统计量在1%水平上拒绝原假设，这表明美国股市和我国的房地产市场之间存在显著的波动溢出效应。更进一步，从对假设2和假设3的检验结果可以看出，两个市场的波动溢出方向是从美国股市向我国房地产市场溢出，而我国房地产市场对美国股市没有明显的溢出效应。

美国股市对我国房地产市场的波动溢出最主要的是通过影响宏观经济增长进行传导。美国次贷危机全面爆发以来，本国经济首当其冲，美国股市剧烈震荡下挫。这种信息传导随着次贷危机的不断蔓延，引发了全球金融危机和各国经济的衰退。世界经济放缓直接导致我国外部需求萎缩，经济增长下行压力增大，企业效益下滑，投资意愿和能力下降，进而制约消费增长。在房地产市场上就表现为房价下调和商品房需求量显著下降。其次，美国次贷危机所引发的金融风暴还通过心理预期对我国房地产市场产生影响。危机爆发后，出现了全球性房地产市场的调整。美国等主要国家房地产市场的恶化效应、缺乏对经济增长的信心、对房价下调的进一步期待等因素都造成民众对国内房地产市场调整形成更强的预期。反过来，由于害怕危机对消费需求产生不利影响，新的房地产项目投资也变得更加谨慎。最后，从资金流转层面看，美国金融危机使大投资银行损失惨重，导致全球资金周转不灵。投资者对于未来房市的预期悲观，外商投资的减少和外资回流也是导致国内本轮房地产市场调整的原因。

四、结论与建议

本文使用BEKK形式的MVGARCH模型分析了美国股市指数和我国股市地产指数序列的波动特征，并实证检验了它们之间的波动溢出效应。主要结论为：美国股市和我国房地产市场的未来波动都受到自身前期波动的影响；另外，美国股市对我国房地产市场有显著的波动溢出效应；相反，我国房地产市场对美国股市却不存在波动溢出效应。从这点出发，我们可以知道美国次贷危机所引起的经济环境的恶化，通过一系列信息的传导，影响了我国自2008年以来的房地产市场调整。应对现阶段我国房地产市场的形势，我们要善于总结经验教训积极面对挑战，更要合理制定政策措施，抓住此次调整带来的机遇，朝着建设健康稳定的房地产市场方向努力。

首先，我们要深刻反思美国次贷危机的根源，高度关注房地产信贷风险。此次美国次贷危机的根源在于房地产泡沫的破裂，即过度地发行次级房贷债券，而没有确切了解次级贷款申请人的真实支付能力。因此，金融部门要控制住房信贷规模，使其与宏观形势和还款人的还款能力相匹配。优化和完善金融环境，加强金融监管，避免造成金融衍生工具的过度开发。

其次，我们要促进房价理性回归，完善我国房地产市场。近几年，我国的房价一直处于高位运行的状态，远远超出了普通百姓的购买能力和真实需求。适当的调整可以将房价拉回到一个合理的区间，有助于房地产市场的长期健康发展。一方面，政府要采取合理的“救市”措施，防止房地产行业在美国次贷危机和全球金融风暴冲击下一直处于低迷状态；另一方面，加大经济适用房建设，维持房产市场的合理价位，切实满足普通百姓的住房需求。

参考文献：

[1] 詹晓婷，李晓菊．香港房地产市场与股市的关系——基于计量模型的实证分析[J]. 商业现代，2007（1）：198～199.

[2] 张跃龙，吴江．中国房地产市场与股市波动的阶段相关性研究．中国房地产，2008（1）：29～31.

[3] 周景彤．外部冲击对我国房地产政策调整[J]. 经济学动态，2008（11）：63～65.

[4] 吴洋．金融危机与上海楼市的思考[J]. 城市开发，2008（11）：78～79.

[5] 董秀良，张迄山．国内外原油市场波动溢出效应的多元分析[J]. 中国软科学，2006（12）：120～125.

[6] Engel R F，Kroner K F. Multivariate simultaneous generalized ARCH [J]. Econometric Theory，1995（2）：122～150.

电力期货市场条件下发电商售电行为研究

巢剑雄　刘登高
（湖南大学工商管理学院）

一、导言

随着电力市场化改革的深入，厂网分开、竞价上网已成为当今电力改革的主题，新的市场机制为发电公司提供了多种多样的市场形式。中国电监会的《电力市场运营基本规则》提出：我国"电能交易以合约交易为主、现货交易为辅，适时进行期货交易"。这一规则预示着将来电能有望成为我国的期货交易品种，从而给期货市场带来了新的想象空间。

各种电力市场有不同的特点，发电公司应在多个市场中进行有选择的交易以追求自身效用最大化和风险最小化。目前，发电公司在各个市场的竞价策略已成为电力市场研究领域中的热点问题[1]~[3]，但是对于引入电力期货合约后对于发电商的售电决策的影响的研究文献很少。国外研究方面已有的文献主要集中于在日前市场与长期合约市场或单独某个市场的资产配置[4]~[8]。国内方面，已有文献主要从投资组合或罚函数等角度进行建模考察发电商的决策行为，主要研究发电商在远期合约市场与现货市场的发电策略与行为[9]~[13]。

在电力期货市场市场引入后对发电商的决策影响方面，胥德武、刘东（2006）在电力期货交易背景下，结合流域水电公司的特点，分析了发电商的价格风险，结合其收益模型探讨了流域水电公司在电力期货交易下的竞争策略。因为将发电商主体局限于流域水电公司，并且在研究方法上只是简单定性分析[14]。王访、周晓阳、周晨（2008）的研究将电力期货合约从投资组合的角度进行研究，考察在利润最大化的目标下，发电商如何在日前市场、无风险市场与期货市场进行最优投资组合，而不是从电力期货套期保值的角度进行考察[15]。

我们可以看到，国内外对于电力市场环境下发电商的行为研究重在竞价策略以及在双边合同市场和现货市场的电量分配以及决策问题，而将电力期货交易引入发电商调度研究的论文非常罕有，仅有的文献也是从定性方面进行了分析，或者将其作为一种投资组合工具，而从套期保值的角度去建模研究发电商的决策行为的文献几乎为空白。本文将通过模型和仿真以定性分析加定量分析相结合的方法探讨电力期货合约的套期保值效应下，发电商在无风险市场（合同市场）和日前市场的决策行为，以期对目前国内进行的电力市场化改革尽绵薄之力。

二、电力期货市场条件下建模

随着电力改革的进行，在电力市场的环境下，电能已作为一种商品进行交易。但电能由于不能储存且其传输受到输电线路输送极限及电网稳定条件的限制，因此其价格波动较其他商品明显大得多，以至于发电商面临巨大的价格波动风险。这使得各国的发电商纷纷进入电力合同市场来规避风险，也使得在合同市场中的电力资金的比例大幅度提高[9]。在众多电力合同中，差价合同有着其良好的特性备受各国青睐，双向差价合同因为合同的执行不受将来电价风险的影响，因此它属于无风险的合同。与此同时，日前市场仍然作为电价确定和电力市场平衡运行的基石，相当一部分电量交易在其中完成。随着电力市场的充分改革，电力市场将成为最大的商品市场之一，电力金融衍生交易将在电力交易中扮演重要角色。各国使用电力期货交易或套期保值的比例越来越大，电力期货交易的风险主要来自期货的基差风险，因此期货合同属于有风险的合同。大量的研究表明，电力期货市场与现货市场之间存在着强烈的共振和GARCH效应[8]，两者之间这种关系是实现电力期货风险归避的功能的一个重要原因。本文探讨存在电力期货市场的套期保值效应下，为寻求利润最大化，发电商在日前市场和无风险长期合同市场的决策行为，主要考察的问题包括：(1) 引入电力期货合约对于发电商收益的影响；(2) 引入电力期货合约发电商在日前市场与长期合同市场电量分配的倾向（意愿）；(3) 不同风险偏好的发电商在电力期货市场合约下的交易策略。

(一) 发电商的期望收益模型

我们可以将发电商在日前市场和无风险长期合同市场的电量分配视作一种投资组合，用效用最大化模型来确定在电力期货市场条件下发电商在两个市场的决策行为。所以，我们将发电商在日前市场与无风险长期合同市场的效用函数表示为：

$$U=B(k_i)-\lambda\times D(k_i)=E(K_C)+E(K_S)-C-\lambda\times D(K_S) \quad (1)$$

其中，$E(K_C)$ 和 $E(K_S)$ 分别表示发电商在合同市场和日前市场的投资组合的期望收益；λ（$0\leqslant\lambda\leqslant1$）为风险归避系数，表示发电商对风险的厌恶程度，$\lambda$ 越大，表示发电商越害怕风险。C 为成本函数，$D(K_S)$ 为日前市场的风险计量因子。

引入电力期货市场后，对发电商的效用函数修正为：

$$\begin{cases} U=E(K_C)+E(K_S)-C-\lambda\times D(K_S)+[h\times Q\times \Delta PRO-\lambda\times D(K_f)] \\ ST(K_C+K_S)=1 \end{cases} \quad (2)$$

式中，h 为套期保值率；Q 为长期合同期限内发电商规划总电量；ΔPRO 为期货市场的预期收益；$D(K_f)$ 为电力期货的风险计量因子。其中：

$$\begin{cases} E(K_C)=\sum_{t=T_1}^{T_2}\sum_{i=1}^{24}\sum_{n=1}^{N}P_C Q_c^n(t,i)=P_C Q_C \\ E(K_S)=\sum_{t=T_1}^{T_2}\sum_{i=1}^{24}\sum_{n=1}^{N}P_s(t,i)Q_s^n(t,i) \end{cases} \quad (3)$$

式中，N 表示发电商所有的机组数量；T_1 和 T_2 分别为发电商长期双边合同的起止时间；P_C 表示双边合同电价；Q_C 表示合同交易电量；$P_s(t,i)$ 与 $Q_s^n(t,i)$ 分别表示合同期内某天某个时段的电价、第 n 台机组在第 t 天第 i 时段的实时交易电量。

（二）计量因子 D（K_i）的选取及算法

风险大小可以用多种指标来计量，例如，方差 σ^2 和风险价值（value at risk，*VaR*）及条件风险价值（condition value at risk，*CVaR*）。对于电力行业而言，方差和风险价值都具有一定的缺陷[15]，所以我们拟采用条件风险价值 *CVaR* 来衡量风险。*CVaR* 是对 *VaR* 方法的一种修正，指损失额超过 *VaR* 部分的平均值。

在本文中，为了求现货价格的 *CVaR*，我们设定一个小概率 α（取 5%），则 *VaR* 可以表示为：$P(\varepsilon_s\geqslant VaR)=\alpha$，其中，$\varepsilon_s$ 表示发电商在现货市场的收益量，则 *CVaR* 可表示为：

$$CVaR=VaR+\frac{1}{\alpha}\int_{aR}^{\infty}max[0,(F(s,\varepsilon_s)-VaR)]P(\varepsilon_s)d\varepsilon_s \quad (4)$$

其中，$F(s,\varepsilon_s)$ 为发电商在现场市场的收益函数；$P(\varepsilon_s)$ 为收益率的概率函数。

在为发电商作为电力提供者，文章假设其全为空头套期保值者，发电商在电力期货市场的 $CVaR$ 需要对上式进行修正。

对于这种一对一套期保值，设套期保值在 $t=T_1$ 时开始，此时期货和现货市场的价格分别是 f_1，s_1，到时刻 T_2 时，期货的价格为 f_2，现货市场的价格仍为 s_2，设 h 为套期保值比，η 为套期保值时一个单位期货所需要的费用。经过空头套期保值后，套期者在时刻 T_2 卖出资产的价格损失额为：

$$\varepsilon_f=s-s^*=h\ (f_2-f_1+\eta) \tag{5}$$

对给定一个小概率 α，可以得到 $p\ (\varepsilon_s\geqslant VaR)\ =\alpha$，经过积分运算就得到空头套期保值的 $CVaR$ 为：

$$CVaR=\frac{h}{a}\int_x^{\infty} yp_f\ (y)\ dy+h\ (-f_1+\eta) \tag{6}$$

其中，$x=\frac{VaR}{a}+f_1-\eta$，$p_f\ (y)$ 是 f_2 的概率密度函数。

三、求解方法

该优化问题为一个带线性约束的二次规划问题，运算题较大。模型中所用数据为北欧电力交易所（http：//www. nordpool. com）的真实交易数据。为了考察我们需要研究的问题，按如下步骤求解：

1. 用历史数据求得现货市场（主要指日前市场）和期货市场的 $CVaR$。

2. 期货交易的费用 η 设为 0，套期保值率 h 可用风险方差最小方法求得[16]，为 $\rho\frac{\sigma_s}{\sigma_f}$。其中，$\rho$ 为期货与现货的相关系数，我们对历史数据进行相关系数分析可以得到，通过数据分析（如图 1）我们可以看到电力价格的季节性特征非常显著。因此，我们将长期合同的期限为季度为单位，考察某发电商一年的售电行为，与此相对应，求出季度的套期保值比 h。

3. 发电商成本只考虑发电商的燃料成本和机组启停成本，并假设其为平均成本下的一次线性方程。另外，假设发电商的各台机组满足的约束相同：运行功率约束满足机组运行在最大、最小技术出力约束，机组最小开/停机时间约束和机组爬坡率约束。为求得公式（3）。

4. 初始化发电商年度规划期总电量 G、风险规避系数 λ、长期合同价格 P_C、长期合同电量 Q_C，观察公式（1）和公式（2）下发电商效用差异；基于公式（1）、公式（2）分别进行随机目标优化，观测长期合同电量 Q_C 变化；观察风险规避系数 λ 变化对于售电决策的影响。

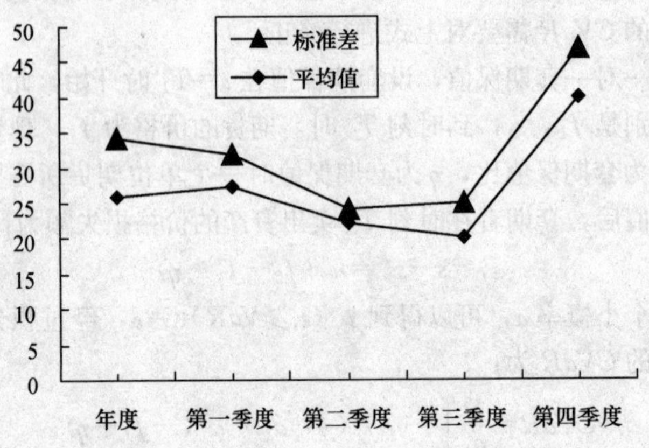

图 1 电力现货价格的季节性特征（EUR/MWh）

四、算例及分析

采用北欧电力市场 2006 年、2007 年真实数据，计算日前市场与期货市场的收益波动率及 $CVaR$，如表 1 所示。

表 1 日前市场与期货市场收益率及数据

	日前市场	期货市场
风险标准差	2.93	2.52
$CVaR$［₵/（MW·h）］	6.39	6.89

同时，假设发电商年度规划期总电量 G 为 $1022GW\cdot h$，平均成本为 18₵/（MW·h），季度合同电量 Q_C（基于历史数据按规划电量的 60%的比例测算）与对应季度因素的电价 P_C 分别如表 2 所示。

表 2 季度合同电量及电价表

	第一季度	第二季度	第三季度	第三季度
季度合同电量（MW）	149950	153350	153680	154170
季度合同电价［₵/（MW·h）］	26.68	22.48	19.74	42.73
季度套期比	1.01	1.14	1.03	0.77

(一) 电力期货对发电商收益的影响

将初始值应用于模型，得到未引入电力期货后发电商的总效用为4149164₵（对应模型（1）），运行模型（2）得到一系列随机总效用值如图2，可以看出引入电力期货后，在套期保值功能下对于发电商总效用（总收益）并没有正面或负面影响。

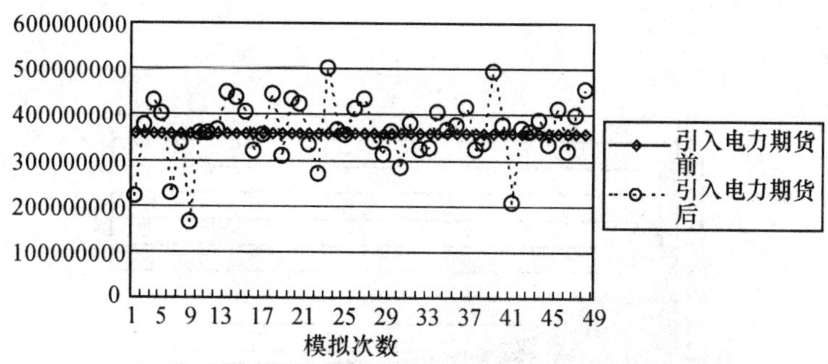

图2　引入电力期货后发电商对发电商总效用的影响

另外，我们可以得到发电商的日效用波动曲线，如图3所示。可以得出，引入电力期货后，在初始赋值假设下，发电商日效用波动标准差为391330.7₵，相对于引入电力期货前的21195.69，风险反而变大，当我们发电商初始值规划期总电量G以一定的倍数放大，得出的引入电力期货后的日

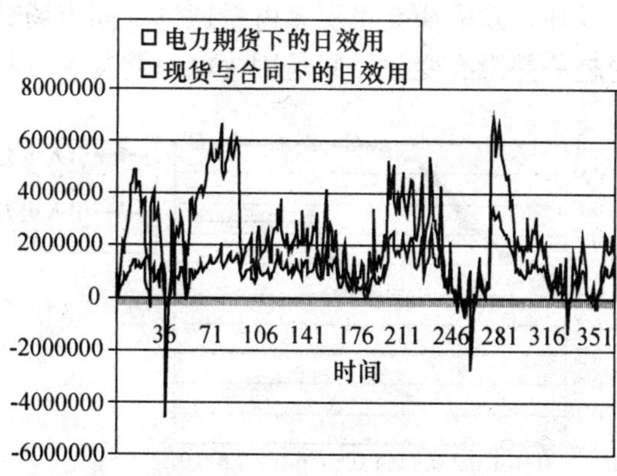

图3　基于初始赋值的电力期货下发电商日效用曲线（单位₵）

效用标准差与引入电力期货前的比（$PRO^{*}\_N=\frac{\sigma_f^d}{\sigma^d}$）逐渐变小，表示电力期货对于发电商平抑日效用风险逐渐显著（图 4）。结果表明，对于发电商而言，如果只是作单向的套期保值，若发电商规模较小，则电力期货市场本身的风险与电价波动的风险共同作用会加剧其收益的不确定性。而发电商规模越大，由于电力期货市场与现货市场存在着共振与 GARCH 效应的原因，电力期货在一定程度上具有稳定发电商收益的功能，套期保值的功能能够得到更充分地体现。

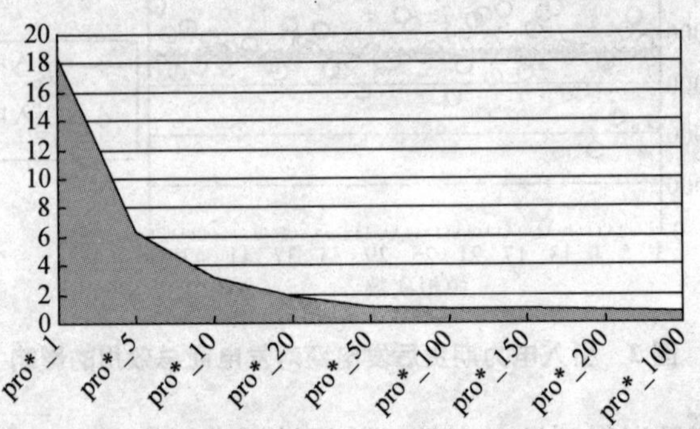

图 4　随发电商规划期总电量增大发电商引入电力期货后日效用波动比变化

（二）电力期货下考虑风险归避系数的发电商售电决策

风险归避系数 λ 代表发电商对于风险的喜好程度，λ 越大，发电商对于风险越是厌恶并尽力归避，从引入电力期货前的发电商合同交易电量随风险归避系数变化曲线可以看到，发电商会将更多电量通过合同市场交易。引入电力期货市场后，这样的趋势并没有变化，只是因为电力期货风险归避的作用，随着

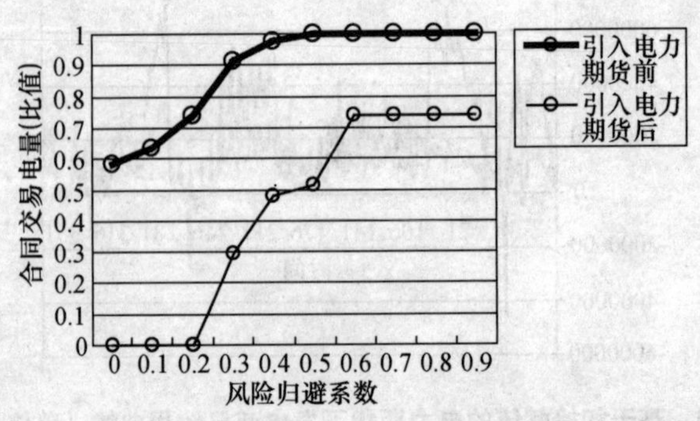

图 5　引入电力期货前后风险归避系数对发电商售电策略的影响

λ 的增大，发电商在合同市场上交易的意愿不及以前，合同电量 Q_C 在发电商可交易电能的比下降。

五、结论

本文对于引入电力期货后对于发电商的中长期电力交易结果和行为进行了尝试性的研究，模型中提出的电力期货套期保值比率、季节因数，以及效用函数对于发电商具有实际的操作意义。本文研究的结果表明：

（1）对于发电商而言，引入电力期货市场后，在单向的套期保值行为下，对于发电商总收益的增长并没有确定的正向或负向的意义，即没有确定的结论表明套期保值行为会带来总收益的增加或减少。另外，当发电商的规模较小时，现货市场与期货市场的两重风险反而会加重发电商收益的不确定性，但是随着发电商规模的变大，因为电力期货市场与现货市场之间共振与 GARCH 效应作用，电力期货市场套期保值作用表现出的风险归避作用逐渐显现。

（2）我们发现对于风险厌恶的发电商，将更多地采用双边合同交易方式，而且风险厌恶程度越高，在双边合同交易交易的意愿越强烈。但当引入电力期货后，在同样的风险厌恶条件下，发电商选择在双边合同市场交易的意愿整体呈下降趋势，表明了电力期货具有风险归避的作用，对于平抑现货市场风险的不确定性具有正面的意义。本文的研究对于指导发电商合理的电力交易具有重要意义，也希望对于我国电力市场的设计与监管尽微薄之力。

参考文献：

［1］ D. J. Wu et. al：Optimal bidding and contracting strategies in the deregulated electric power market：Part1 ［A］. Proceedings of the 33rd Annual Havaii International Conference on System Sciences ［C］，2000，pp：1235-1244.

［2］ Yang He：The studies of bidding strategies of generators in electricity markets，Ph D Dissertation. Department of Electronic and Computer Engineering. Bunel University，West London，UK，2002

［3］ F. S. Wen，and A. K：David. Optimally co-coordinated biddings strategies in energy and ancillary service markets ［A］. IEEE Proc-Gener. Transm. Distrib ［C］. Vol. 149，No. 3，May 2002. pp. 331-338.

［4］ E. Elia. A. Maiorano，Y. H. Song，M. Trovato：Novel methodology for simulation studies of strategic behavior of electricity producers ［A］. Proceedings of Power Engineering SOCIETY Summer Meeting ［C］. IEEE，vol. 4，2000 pp. 2235-2241.

[5] Robert Dahlgren, Hen-China Liu, and Jacques Lawarree: Risk assessment in energy trading [A]. IEEE Transactions on Power Systems [C], Vol18, pp. 503-511, May 2003.

[6] Thor Bjorkvoll, et. al: Power generation planning and risk management in a liberalized market [A]. Proceedings of IEEE Porto Power Tech Conference [C]. Vol. 1. 2001

[7] R. A. Campo: Probabilistic optimality in long-term energy sales [J]. IEEE Transactions on Power Systems. 2002. 17 (2) pp. 237-242.

[8] Guan, XH (Guan, Xiaohong), Wu, J (Wu, Jiang), Gao, F (Gao, Feng), Sun, GJ (Sun, Guoji): Optimal generation portfolio management for futures and spot market. General Meeting of the Power-Engineering-Society Montreal, CANADA, JUN 18—22, 2006.

[9] 蔚娜，王世杰．面向期货交易的发电策略 [J]. 东北电力学院学报，2002，22 (1)：18～22.

[10] 杨根，周杰娜．期货交易量和现货交易量在发电公司计划中的经济分配 [J]. 贵州工业大学学报（自然科学版），2005，34 (3)：49～52.

[11] 张显，王锡凡．发电商长期售电策略研究 [A]. 2003年全国高等学校电力系统及其自动化专业第十九届学术年会论文集下册 [C]. 成都：西安交通大学，2003，1922～1926.

[12] 杨根，李琳，邱瑛．基于保证期货电量原则下罚函数的模型分析 [J]. 电力系统及其自动化学报，2007，19 (4)：121～124.

[13] 王雁凌，张粒子，舒隽，杨以涵．合同交易量和竞价交易量在日计划中的经济分配 [J]. 电力系统自动化，2002，09：45～48.

[14] 胥德武，刘东．流域水电公司在电力期货交易下的竞争策略 [J]. 华东电力，2006，34 (10)：1～4.

[15] 王访，周晓阳，周晨．发电公司投资组合流程 [J]. 电力系统及自动化学报，2008，20 (2)：33～37.

[16] 林孝贵．期货套期保值的统计分析 [M]. 江苏：中国矿业大学出版社，2004.

预防性储蓄动机的异质性与消费倾向的变化：基于中国城镇居民的研究*

邓可斌
（广东外语外贸大学财经学院，
广东外语外贸大学国际经贸研究中心）

一、引言

改革开放以来，我国居民消费率与最终消费率均呈逐步下降趋势，其中最终消费率从1982年的66.5%下降到2007年的49.02%，居民消费率则由1982年的51.9%下降到2007年的35.3%，在全世界最大的12个经济体中排名倒数第一。与此相对应，我国储蓄的增长速度则高于经济增长速度。杜海韬与邓翔（2005）也认为我国消费者对当期收入增长具有过度敏感性，因而经济周期将由于消费呈现对当期收入的过度敏感性而使得经济周期的振荡加剧。

本文的主要贡献在于通过将Dynan（1993）的模型引入异质性因素，建立了适用于中国情况的基于异质性预防性储蓄动机的实证模型，并运用微观数据，分析了消费者异质性、预防性储蓄动机与消费倾向的关系。余下部分结构为：第二部分为文献综述，第三部分为理论模型，第四部分为数据来源和描述性统计分析，第五部分是计量检验结果，最后总结全文。

二、相关文献综述

（一）国外相关理论研究与实证检验文献回顾

首先，Leland（1968）在两期模型的基础上得出结论认为：效用函数的三

* 本文得到广东省普通高校人文社会科学重点研究基地重点项目（07JDTDXM79004）、广东外语外贸大学青年项目（GW2006Q006）的资助。

阶导数大于零显示预防性储蓄动机的存在，这表明未来收入的不确定将减少当期消费并增加当期储蓄。其次，Miller（1976）把该项研究扩展到多期模型，他们得出的主要结论是凸的边际效用函数是预防性储蓄存在的必要条件。然后Kimball（1990）对风险规避与预防性储蓄动机之间关系进行了进一步的扩展，他认为预防性储蓄是对负边际效用的风险规避，而预防性储蓄的绝对谨慎性系数与相对谨慎性系数在形式上与阿罗—普拉特绝对风险规避系数以及相对风险规避系数相类似，因此伴随着绝对谨慎性系数与相对谨慎性系数的上升，给定未来收入的不确定性将导致边际消费倾向的不断降低。

Flavin（1981）的实证研究发现美国消费者具有过度敏感性。Campbell与Deaton（1989）认为消费对收入的预期波动过度敏感与消费对未预期收入波动的过度不敏感（过度平滑）将同时存在。Gali（1991）进一步发现消费和持久收入的平滑性是不一致的，在一些国家消费比持久收入更平滑，但在另一些国家情况相反。迪顿（2003）认为过度平滑是消费对持久性收入的变化反应不足，过度敏感是消费对暂时性收入的变化反应过度，并且消费的过度平滑和过度敏感是同一现象的两个侧面。

国外对是否存在预防性储蓄动机仍无统一结论：Caballero（1991）证明由于收入的不确定性而导致的预防性储蓄占美国居民整个生命周期储蓄的60%以上；Dardanoni（1991）也证明了预防性储蓄确实是家庭储蓄的一个重要的组成部分；Kazarosian（1997）利用美国国民纵向调查（NLS）的面板数据进行的经验研究表明存在很强的预防性储蓄动机，并且风险偏好是决定预防性储蓄动机强度的一个重要因素。与此相对应，Guiso等人（1992）的实证研究却表明虽然美国家庭存在预防性储蓄动机，但预防性储蓄只占家庭净财富2%。Dynan（1993）利用1985年美国的消费者支出统计数据（CEX）对预防性储蓄动机强度进行估计，但是得出的参数却非常小并且不显著[①]，在剔除流动性约束与家庭自选择这两个影响因素后，她并没找到支持预防性储蓄动机的证据。但Wilson（2003）在假定家庭预防性储蓄动机存在异质性前提下对预防性储蓄动机强度进行了更详细的实证检验，结论表明美国家庭存在较强的预防性储蓄动机。

---

① Dynan（1993）认为相对谨慎性系数肯定大于相对风险规避系数。Mehre和Prescott（1985）总结理论上相对风险规避系数应为1，而结合实际数据分析得出相对风险规避系数肯定大于10；但Dynan（1993）的实证估计得出相对谨慎性系数最大值为0.312，因此她把这一悖论称之为“相对谨慎性系数之谜”。

(二) 对我国预防性储蓄及预防性储蓄动机强度进行研究的相关文献回顾

孙凤与王玉华（2001）认为未来收入的不确定性显著减少当期消费，即居民储蓄行为中存在预防性动机。万广华等（2001）构建了一个包含不确定性与流动性约束的计量模型进行实证研究，结果表明中国居民消费行为在20世纪80年代初期发生结构性变化，流动性约束型消费者所占比重上升以及未来收入不确定性增大，造成我国边际消费倾向不断下降与内需不足。杭斌、申春兰（2005）利用1985～2002年我国农村的数据对消费函数进行了协整与误差修正估计，引入代表预防性储蓄动机的解释变量，对长期边际消费倾向下降原因做出具体解释；认为1997年以来，农村服务项目费用飞涨及农产品生产价格持续下滑是农户预防性储蓄骤然增加、消费与收入的长期均衡关系发生转折性变化的重要原因。相关领域实证研究方面也有一些文献。如龙志和与周浩明（2000）发现我国城镇居民存在较强预防性储蓄动机。但是施建淮与朱海婷（2004）用我国35个大中城市数据进行计量分析，证明预防性储蓄动机并非人们想象的那么强。其后易行健等（2008）证实我国农村居民存在很强的预防性储蓄动机。

综上所述，我国已有对预防性储蓄动机强度估计的研究文献均使用宏观数据，这不但失去了很多微观个体特征，更重要的是忽略了消费者异质性对预防性储蓄动机强度的影响。

三、理论模型

(一) 异质性偏好与预防性储蓄动机

不失一般性，家庭i的目标函数为：

$$\max_{C_{i,t+j}} E_t \sum_{j=0}^{T-t} (1+\beta_i)^{-j} U_i(c_{i,t+j}) \quad s.t. A_{i,t+j+1} = 1 + r_i (A_{i,t+j} - c_{i,t+j}) + y_{i,t+j+1}$$

其中U为效用函数，c为消费量。A为消费者拥有的资产，y为当期收入。r为不随时间变化的资产收益。$A_{i,t}$已知，$A_{i,T+1}=0$。一阶条件为：$(\frac{1+r_i}{1+\beta_i}) E_t[u'_t(C_{i,t+1})] = u'_t(C_{i,t})$当消费的边际效用为凸时，高储蓄水平与高的收入不确定性相联系。假设效用函数为常绝对风险规避（$CARA$）形式，即有：$u(C_{i,t}) = -\frac{1}{\alpha_i} e^{-\alpha_i C_{i,t}}$，$\alpha$为风险规避系数。可求得$E_t e^{-\alpha_i C_{i,t+1}} = e^{-\alpha_i C_{i,t}}$。为简化分析，令$r_i=\beta_i$。当收入差距很小时，可以通过泰勒展开式

得到：

$$\Delta C_{i,t}=\frac{\alpha_i}{2}\sigma_{i,t}^2+\varepsilon_{i,t}+\varepsilon_{i,t} \tag{1}$$

ΔC 为消费一阶差分，σ^2 为收入不确定性，ε 为残差项。α 在（1）式中实际上度量预防性储蓄动机。为了区分预防性储蓄动机的异质性，考虑以下方程：

$$\alpha_i=Y_{-i}\phi+e_i \tag{2}$$

式中，X 向量包括教育、年龄等消费者异质因素，ϕ 为相应系数向量（包括常数项），e 为残差项。但是，这种方法的计算假设是收入差距处于较小值，明显不符合我国的情况。对此我们采用另一种方法（*Dynan*，1993）去绕过这一问题。省略下标 i，首先根据 $J(a_t)=u(c_t^*)+\beta EJ[r(a_t-c_t^*)+y_{t+1}]$，通过两边对 a_t 求导得到：$J'(a_t)=r\beta EJ'[r(a_t-c_t^*)+y_{t+1}]$。然后我们对 c_t^* 求导有：$u'(c_t^*)=r\beta EJ'[r(a_t-c_t^*)+y_{t+1}]$。于是可得到：

$$J'(a_{t+1})=u'(c_{t+1}^*)\Rightarrow u'(c_t^*)=r\beta Eu'(c_{t+1}^*) \tag{3}$$

将上式进行泰勒展开，得到：

$$u'(c_{t+1})=u'(c_t)+u''(c_t)(c_{t+1}-c_t)+\frac{1}{2}u'''(c_t)(c_{t+1}-c_t)^2+o((c_{t+1}+c_t)^2) \tag{4}$$

$o(\cdot)$ 为高阶无穷小量。（4）式代入（3）式，忽略高阶无穷小量，化简并引入下标 i 可得：

$$E_t\left[\frac{c_{i,t+1}-c_{i,t}}{c_{i,t}}\right]=\frac{1}{\delta}\left(\frac{r-\beta}{1+r}\right)\frac{\rho_i}{2}E_t\left[\frac{c_{i,t+1}-c_{i,t}}{c_{i,t}}\right]^2 \tag{5}$$

式中 $\delta=-c_t\times\left[\frac{u''(c_t)}{u'(c_t)}\right]$，此时预防性储蓄动机（相对风险规避系数）$\rho=-c_t\times\left[\frac{u'''(c_t)}{u''(c_t)}\right]$。同样令 $\rho_i=X_i\phi+\lambda_i$，λ 为残差项。代入（5）式，得到以下计量检验模型：

$$E_t\left[\frac{c_{i,t+1}-c_{i,t}}{c_{i,t}}\right]=\eta X+\theta E_t\left[\frac{c_{i,t+1}-c_{i,t}}{c_{i,t}}\right]^2+\gamma XE_t\left[\frac{c_{i,t+1}-c_{i,t}}{c_{i,t}}\right]^2 \tag{6}$$

其中 η，θ 和 γ 为系数向量。考虑到上述思路存在一个问题需要检验：异质性同样是否会影响到消费不确定性。如果这种影响存在，即 $Corr\left(X, E_t\left(\frac{c_{i,t+1}-c_{i,t}}{c_{i,t}}\right)^2\right)\neq 0$，异质性偏好对预防性储蓄动机和消费不确定性就存在着双重影响，以上方法就可能失效。为此我们通过描述性统计观察异质性与消费不确定性间的关系。异质性是可能影响消费不确定性的：教育程度越高，收入不确定性可能越大，消费不确定性也可能就越高；年龄越高，收入不确定性可能越低，消费不确定性或许也越低。如果上述影响成立，就不能用（6）式去检验；如果上述影响不成立，我们就能够通过对（6）式的计量模型检验以下研究假设：教育程度越高，预防性储蓄动机越强，消费增长越快；年龄越高，预防性储蓄动机越强，消费增长越快。

（二）异质性、消费过度敏感与过度平滑的检验

对消费过度敏感性的研究我们参考 Flavin（1981）的办法。建立以下回归模型：

$$\Delta c_t = \gamma + \beta_1 \Delta y_t + \varepsilon_t \tag{7}$$

其中，Δ 表示一阶差分，β_1 是过度敏感性参数。如果 β_1 系数显著，我们就可以认为存在消费过度敏感。过度平滑我们用谱密度估计来完成。谱密度分析我们用消费的持续性指标度量，即：$\sqrt{V_t}=\frac{s.d.(\Delta c_t^p)}{s.d.(\Delta c_t)}$。式中，$V$ 为持续性指标，$s.d.(\Delta c_t^p)$ 表示持久变化的消费（持久消费的一阶差分）的标准差，$s.d.(\Delta c_t)$ 表示实际消费变化（实际消费的一阶差分）的标准差。如果消费不是过度平滑，持续性指标应该等于或者接近 1。V 实际是频率为零时的标准光谱密度（Priestley，1981）。因为谱密度分析的窗宽选择对样本数有较高要求，难以按异质性对样本分组考察异质性与消费平滑的关系，我们通过将描述性分析与谱密度检验结果相结合，并联系异质性偏好对预防性储蓄影响的检验结果，来探讨异质性与消费平滑间的关系。

四、数据、变量与描述性分析

（一）数据来源与变量说明

本文数据来源于国家统计局年度城镇住户调查。时间跨度为 2002 年至 2003 年：这两年是中国经济发展平稳时期，既非经济低谷，也不存在经济过热。由于转型经济中时间因素对变量影响非常大，我们没有选择多期数据，而选择了市场相对平稳的 2002～2003 年数据，实质上是 2003 年数据为主的截面数据集，2002 年的数据是为了方便个别比率指标计算（如消费增长率）。所调查的居民数 2002 年为 6832 户，2003 年为 12148 户。样本分布基本和中国各地城镇人口分布相近。由于每年样本不一样，但计量模型（6）中需计算消费增长率，所以需构造连续两年相一致的样本：（1）将 2002 年 6832 户样本根据所在地区分为 352 组（每组 19 或 20 户），2003 年 12148 户样本也根据所在地

区分为352组（每组34或35户）；（2）计算每组均值和各组收入方差；（3）通过均值计算每组消费增长率①。最终使用样本数为352个。教育程度变量值如下：1为未上过学，2为扫盲班，3为小学，4为初中，5为高中，6为中专，7为大专，8为本科，9为研究生。各组家庭户主教育程度平均值为4.0到6.4之间。

（二）描述性分析

1. 异质性、收入不确定性与消费增长率

消费增长率与收入方差的关系见图1。从中可见，消费增长率和收入方差呈现明显的正相关关系。考虑到（5）式中消费不确定性与消费增长率的正相关性，这使我们有理由相信，消费的不确定性与收入的不确定性具有较强的相关性。图2给出教育程度和消费增长率的关系。两者明显正相关，可由此猜想教育程度会影响预防性储蓄。但图3的信息却表明，教育程度和消费增长率的平方间却不存在明显正相关。结合图1，这很可能说明教育程度高低不影响支出不确定性，但会通过影响预防性储蓄动机影响消费增长率。

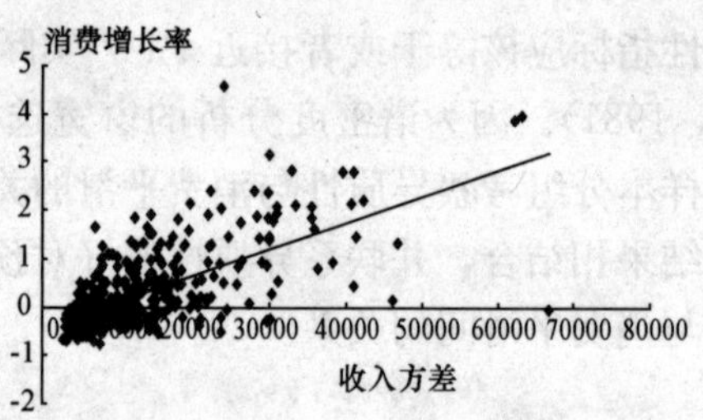

图1 消费增长率和收入方差的关系

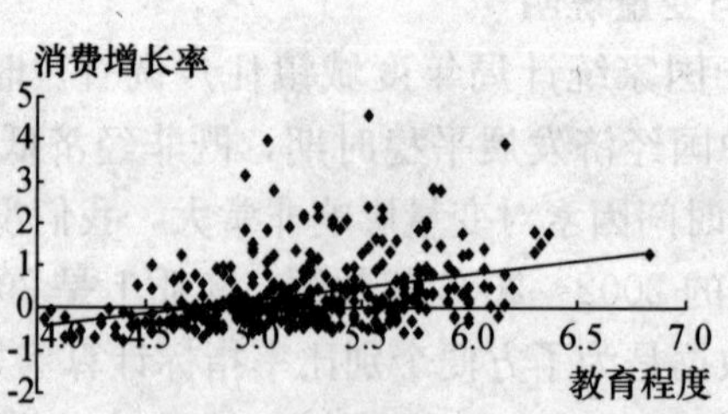

图2 教育程度与消费增长率

① Browning，Deaton和Irish（1985）首先使用了这种构造面板数据的方法。

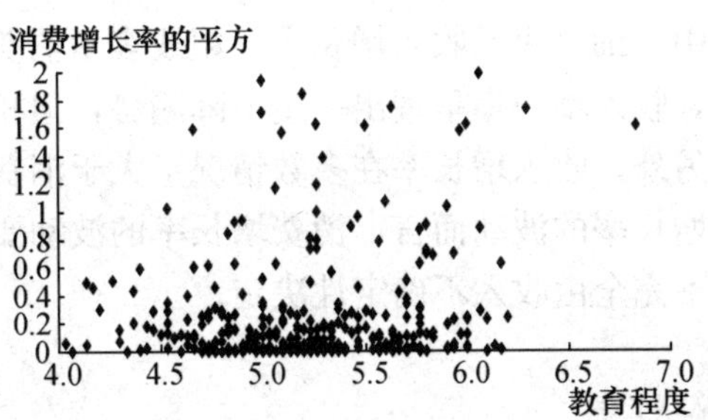

图 3 教育程度与消费增长率的平方

图 4 和图 5 给出年龄和消费增长率及消费增长率平方的关系。从中可直观地看到，年龄既不影响消费增长率，也不影响消费增长率的平方。说明消费者不存在随年龄平滑消费现象。老年人年轻时的存款并不是为了老时消费，且年龄与消费增长率间似乎呈现很微弱的负相关关系，这说明年轻时的存款很可能希望留给下代人消费，中国可能存在很强的消费叠代效应。

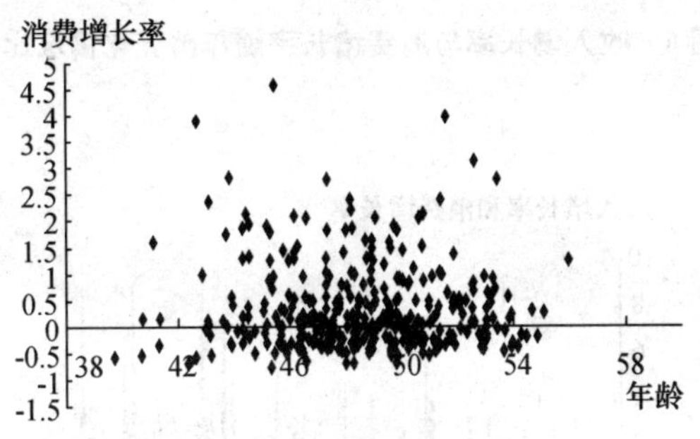

图 4 年龄与消费增长率

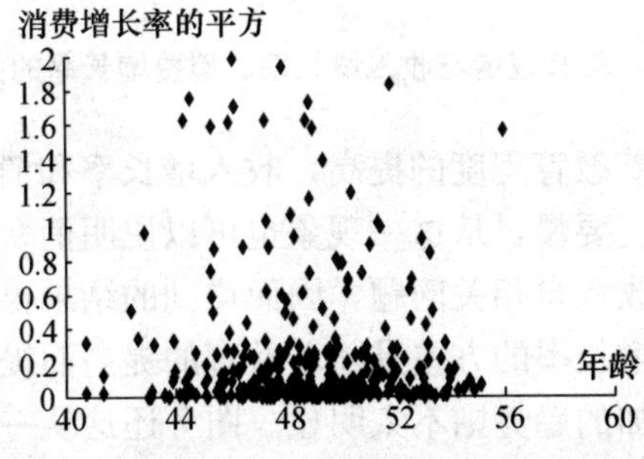

图 5 年龄与消费增长率的平方

2. 异质性与消费平滑

在图6和图7中，细线表示收入增长率，粗线表示消费增长率。由图6可看出，随年龄增长，收入增长率呈现出一定下降趋势，但相对于收入变化，消费变化是平滑的。另外，收入增长率在多数情况下大于消费增长率，就收入增长率的波动与消费增长率的波动而言，消费增长率的波动要小得多。这说明消费增长率的波动并不完全由收入不确定性决定。

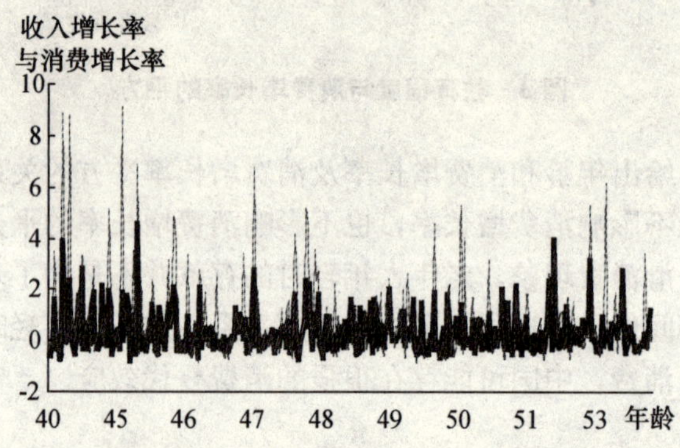

图6 收入增长率与消费增长率随年龄变化情况比较

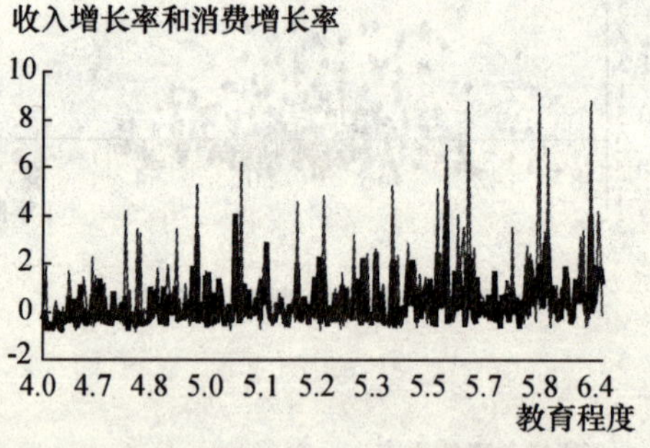

图7 教育程度与收入增长率、消费增长率的关系

由图7可见，随着教育程度的提高，收入增长率和消费增长率也增加，但消费增长率增加的速度要慢，从这一现象也可以说明消费的平滑。由于我们使用截面数据，避免了收入自相关问题，因而得到的结果也要较时间序列数据更为可信。而且，收入增长率的方差是随着教育的提高而提高。相对而言，消费方差随教育提高而增加的趋势则不太明显。图7还这从一个侧面反映出对于教育程度高的消费者，消费存在更为严重的过度平滑。也即，教育程度高的消费者预防性储蓄倾向更强。

表 1　年龄、教育与消费增长率的简单相关系数表

	Age	Edu	消费增长率
Age	1		
Edu	−0.244*** (−4.70)	1	
消费增长率	−0.054 (−1.015)	0.360*** (7.219)	1

表 2　年龄、教育与消费增长率平方的简单相关系数表

	Age	Edu	消费增长率平方
Age	1		
Edu	−0.244*** (−4.70)	1	
消费增长率平方	−0.094* (−1.760)	0.180*** (3.420)	1

3. 相关系数分析

我们还求出了简单的 pearson 相关系数，具体见表 1 和表 2。其中，Age 代表年龄变量，Edu 代表教育程度。从表 1 和表 2 中可见，教育与年龄的相关系数达到－0.244，且 t 检验高度显著，教育与消费增长率的相关系数更是达到了 0.360，也高度显著。但年龄与消费增长率的相关系数仅有－0.054 且不显著。相对而言，教育与消费增长率平方的系数虽显著（但 t 检验值降为 3.420），系数值却明显减小，仅为 0.180；年龄与消费增长率平方的系数值也很小（－0.094），显著水平也不高。因此，异质性偏好基本不影响不确定性，但会显著影响预防性储蓄倾向。

五、计量检验结果

（一）异质性偏好与消费增长率的计量检验结果

因为教育程度和年龄存在显著负相关关系（pearson 系数为－0.244，且 t 检验在 1%水平上显著），在对（6）式进行检验时我们也试着让两个变量分别

进入方程。回归结果见表 3。

表 3 异质性偏好与消费增长率的检验结果（模型 6）

变量	回归 1	回归 2	回归 3	回归 4	回归 5
常数项	1.05 (1.475)	−2.95*** (−6.468)	−3.507*** (−3.800)	−4.182*** (−5.425)	−2.278*** (−7.643)
age	−0.015 (−1.015)		0.010 (0.692)	0.016 (1.373)	
edu		0.626*** (7.219)	0.641*** (7.165)	0.639*** (8.570)	0.444*** (7.828)
edu× $[\frac{c_{i,t+1}-c_{i,t}}{c_{i,t}}]^2$				1.015*** (12.426)	−0.146*** (−3.338)
$[\frac{c_{i,t+1}-c_{i,t}}{c_{i,t}}]^2$					1.1608*** (4.656)
$\bar{R}^2$	0.000	0.127	0.126	0.393	0.713

注：＊＊＊、＊＊与＊分别表示双尾 t 检验在 1%、5%和 10%水平上统计显著。

在回归中，为避免样本中存在异方差问题，我们使用了抗异方差的 newsey-west OLS 回归。在回归 4—5 中，为避免解释变量中的 $[\frac{c_{i,t+1}-c_{i,t}}{c_{i,t}}]^2$ 与被解释变量存在着 $[\frac{c_{i,t+1}-c_{i,t}}{c_{i,t}}]$ 内生性问题，我们用两阶段最小二乘法（TSLS）进行回归，选择收入的方差作为 $[\frac{c_{i,t+1}-c_{i,t}}{c_{i,t}}]^2$ 的工具变量[①]。从表 3 可见，当年龄变量单独进入方程时，其与消费增长率间并无联系；当其和教育程度变量共同进入方程时，其与消费增长率间仍无显著关系。结合描述性分析结果，我们认为此处的计量结果说明年龄因素对预防性储蓄动机应无作用。而无论年龄变量与消费不确定变量（消费增长率的平方）是否进入方程，教育因素与消费增长率均呈显著正相关关系，这就验证了我们的研究假设：教育程度高对于预防性储蓄动机有强化的作用。也就说明了我国高预防性储蓄并不是源于消费者非理性所引致的高预防性储蓄动机。

---

① 这里采用的 TSLS 回归方法也是以往相关研究中的常见方法（如施建淮、朱海婷，2004）

（二）异质性与消费的过度敏感检验

对消费的过度敏感性检验计量回归结果如下：

$$\Delta c_t = \gamma + \beta_1 \Delta y_t + u_t$$

$$1812.11^{***} \quad 0.375^{**}$$

$$(3.327) \quad (7.871)$$

$$\overline{R^2} = 0.358 \quad F = 196.46$$

由于变量间可能存在异方差，为保证检验科学性，我们使用了抗异方差newsey-west OLS 回归。$\overline{R^2}$值达到 0.358 且 F 统计量在 1%水平上显著，说明方程拟合良好。β_1 值为 0.375 且高度显著，说明消费者存在着显著过度敏感。回归结果支持了杜海韬与邓翔（2005）的判断。为观察教育程度对过度敏感性的影响，我们把样本按教育程度从低到高分成五组（1—4 组每组 70 个样本，第 5 组 72 个样本），然后计算每组过度敏感性，结果见表 4。从表中可见，随着教育程度的提高，β_1 的值并没有发生显著变化，且无论教育程度高低均统计显著。可见，教育水平的变化不会降低过度敏感性，但是其增强过度敏感性的作用也不明显。如果我们采信迪顿（2003）的观点：消费者对暂时性收入过度敏感，而对持久性收入过度平滑，并结合图 7 的信息，那么因为教育程度的提高使得消费者增加的收入中不确定部分（暂时性收入）变大，教育水平的提高就会增强过度敏感性。但是另一方面，教育水平的提高能增强消费者的理性程度，这又会使得过度敏感性下降，实证结果应该是这两种效应的综合体现。

表 4 教育程度不同时的消费过度敏感性估计

变量＼教育程度	最低	次低	中等	次高	最高
常数	-3097.66^{***} (−3.289)	1166.22 (1.301)	2781.91^{***} (2.500)	467.98 (0.494)	5355.9^{***} (3.726)
β_1	0.245^{***} (4.117)	0.372^{***} (3.609)	0.265^{***} (2.811)	0.507^{***} (13.611)	0.407^{***} (7.364)
$\bar{R}^2$	0.282	0.393	0.264	0.623	0.464
F	27.658	45.70	25.701	114.90	63.211

注：＊＊＊、＊＊与＊分别表示双尾 t 检验在 1%、5%和 10%水平上统计显著。

(三) 消费的过度平滑检验

在过度平滑检验中，我们使用谱密度检验方法，并选择Bartlett窗宽。在理想状态下它应该趋于无限大，但是当其趋近于样本规模时，估计值会急速变为0，而这不能显示序列数据的任何性质。参考Gali（1991），我们选择窗宽在10～60之间，得到的持续性V值见表5。

表5 窗宽不同时的消费持续性估计值

窗口宽度	10	20	30	40	50	60
持续性	1.49	2.25	2.50	1.93	1.75	1.48

由表5可见，消费持续性估计值无法和持久收入假说相一致。因为按照持久收入假设，消费是随机游走的，那么其一阶差分就是白噪音，消费在任何阶次上都不会自相关，持续性指标就应当等于1。结合前文描述性统计分析，得出以下结论：我国消费者存在明显过度平滑，教育程度较高的消费者过度平滑情况更强。一般而言，教育程度较高的消费者赊借能力较高，而其较教育程度较低的消费者消费更为平滑，显然在于其预防性储蓄动机更强的缘故。

教育水平越高的消费者，其理性程度应该更高，因而上述现象说明，我国居民的预防性储蓄动机形成与消费过度平滑性的存在，并不是由于消费者理性程度不足所致。相反，当消费者理性程度提高时，其预防性储蓄动机更高。我国存在着严重的消费不确定性（支出不确定性）问题，而这种不确定性问题与收入不确定性虽有关系，但并不完全由收入不确定性决定。从而，我们可以推断保障不足而不是收入波动，才是引起消费不确定性和高预防性储蓄的主要原因。长期内伴随着我国消费者的平均受教育程度的上升，预防性储蓄动机将很有可能进一步增强，到时为了提高消费支出占国民收入的比重和改变中国现有的高预防性储蓄状况，我国政府将面临更大的稳定消费支出不确定性的压力。

六、结论

本文研究表明：（1）教育程度是预防性储蓄动机的重要影响因素而年龄不是；（2）消费过度敏感和过度平滑在中国消费者中典型并存，教育不能减弱消费者过度敏感和过度平滑，还会加剧消费过度平滑；（3）支出不确定性并不能完全决定于收入不确定性。教育程度较高者由于预防性储蓄动机较强，会出现更明显的过度平滑现象。理论上改变中国现有的高预防性储蓄状况，可通过降低支出不确定性和预防性储蓄动机。但两种方法应以何者为重呢？本文研究说明了，中国消费者高预防性储蓄动机并不在于其教育程度较低或理性程度不足，而在于严重的消费支出不确定性。所以，改变支出不确定性是解决高预防性储蓄问题的根本。

参考文献：

[1] 杜海韬，邓翔．2005. 流动性约束和不确定状态下的预防性储蓄研究——中国城乡居民的消费特征分析．经济学季刊，第 2 期．

[2] 迪顿．2003. 理解消费（中译本，胡景北、鲁昌译）．上海财经大学出版社．

[3] 杭斌，申春兰．2005. 中国农户预防性储蓄行为的实证研究．中国农村经济，第 3 期．

[4] 龙志和，周浩民．2000. 中国城镇居民预防性储蓄实证研究．经济研究，第 11 期．

[5] 施建淮，朱海婷．2004. 中国城市居民预防性储蓄及预防性储蓄动机：1999—2003. 经济研究，第 10 期．

[6] 孙凤，王玉华．2001. 中国居民消费行为研究．统计研究，第 4 期．

[7] 万广华，张茵，牛建高．2001. 流动性约束、不确定性与中国居民消费．经济研究，第 11 期．

[8] 易行健，王俊海，易君健．2008. 预防性储蓄动机强度的时序变化与地区差异——基于中国农村居民的实证研究．经济研究，第 2 期．

[9] Caballero，R. J.，1990， “Consumption Puzzles and Precautionary Savings”，*Journal of Monetary Economics*，Vol. 25，pp. 113-136.

[10] Campbell，J. Y. and Deaton，A. S.，1989，“Why is Consumption so Smooth”，Review of Economic Studies，Vol. 56，Issue 3，pp. 353-373.

[11] Carroll，C. D.，Hall，R. E. and Zeldes，S. P.，1992，“The Buffer-Stock Theory of Savings：Some Macroeconomic Evidence”，*Brookings Papers on Economic Activity*，No. 2，pp. 61-135.

[12] Carroll，C. D.，1995，“How Important is Precautionary saving?”，*NBER Working Paper*，No. 5194.

[13] Dardanoni，V.，1991，“Precautionary Savings under Income Uncertainty a Cross-sectional Analysis.” *Applied Economics*，Vol. 101，pp. 1104-1113.

[14] Dynan，K. E.，1993，“How Prudent Are Consumers?”，*Journal of Political Economy*，Vol. 101，pp. 1104—13.

[15] Guiso，L.，Jappelli，T. and Terlizzese，D.，1992，“Earnings Uncertainty and Precautionary saving”，*Journal of Monetary Economics*，Vol. 30，pp. 307-337.

[16] Kazarosian，M.，1997，“Precautionary Savings-A Panel Study”，*Review of Eco-*

nomics and Statistics, Vol. 79, pp. 241-247.

[17] Kimball, M. S., 1990, "Precautionary Savings in the Small and in the Large", *Econometrica*, Vol. 58, pp. 53-73.

[18] Leland, H. E., 1968, "Saving and Uncertainty: The Precautionary Demand for Saving", *Quarterly Journal of Economics*, Vol. 82, pp. 465-473.

[19] Mehra, R. and Prescott, E. 1985, "The Equity Premium: A Puzzle", *Journal of Monetary Economics*, Vol. 15, pp. 145-161.

[20] Miller, R. L., 1976, "The Effect on Optimal Consumption of Increased Uncertainty in Labour Income in the Multi-period", *Journal of Economics Theory*, Vol. 13, pp. 154-167.

[21] Priestley, M. B., 1981, "Spectral analysis and time series", *London*, *Academic Press*.

[22] Wilson, B. K., 2003, "The Strength of the Precautionary Saving Motive when Prudence is Heterogeneous", Enrolled paper of 37th Annual Meeting of the Canadian Economics Association.

财政收入规模评价与预测分析[*]

——基于辽宁省的案例分析

金双华

（东北财经大学财政税务学院）

一、引言

财政收入是政府理财的重要环节，是政府进行宏观调控的重要手段之一，也是政府提供公共产品满足公共支出的需要的重要经济基础。财政收入规模是衡量一个国家或一个地区财力和相关政府在社会经济生活中职能范围的重要指标。现阶段，保持财政收入规模持续稳定的增长始终是各级政府的主要财政目标。但是财政收入的规模及其增长速度并不只是以政府的意愿为转移的，它要受到各种政治、经济条件的制约和影响。因此，研究财政收入规模的增长趋势，分析财政收入与社会发展、经济发展的关系，是各级政府部门极为关心的问题。

就目前有关财政收入与经济增长的关系研究看，主要集中在税收收入与经济增长的经验研究，得到的结论不尽相同。总体上看，税收收入与经济增长负相关，或超过某一规模后将明显影响经济增长的速度。Garrison and Lee（1992）利用 63 个国家 1970～1984 年的数据，发现平均税率和边际税率都不影响经济增长。因为一旦考虑人均 GDP 水平，税率与经济增长的负相关就不再显著；也没有找到提高边际税率降低资本积累或劳动力增长的证据。Marsden（1983）在其开创性研究中，检验了经济增长并且发现总体税负在解释经济增长变化的程度上具有十分重要的意义。宏观税负率每增加 1%，经济增长率就降低 0.36%。他按照税收收入与 GDP 的相关程度对不同的国家进行分组，并检验 GDP 的变化。其分析也运用投资增长率和劳动增长率作为因变量。

* 本文是辽宁省 2007 财政科研基金项目《辽宁财政收入规模增长趋势问题研究》部分研究成果。

投资和税收之间的关系比较容易建立。Marsden（1983）研究发现宏观税负率每增加1%，可使投资增长率降低0.66%。他也利用几种税种的税率检验了投资增长率，回归的拟合优度投资增长率值是0.454，而且国内商品和服务税是唯一显著的独立变量。杨斌（2008）对税收增长与GDP增长应同步的结论提出质疑，指出在实行复合税制即税种多环节叠加的情况下，从一个经济周期看，税收增长与GDP增长必然不同步，税收弹性总是大于1或小于1。

钱纳里和塞尔奎恩（1975）运用统计归纳法在处理了101个发展中国家1950～1970年的资料后，得到的各国人均GNP在小于100美元、100～1000美元、大于100美元时的结构变化的理想模型。结论见表1，可以看到税收负担和财政负担随人均国民生产总值的增加而增加。

表1 人均GNP与税收负担、财政负担的关系

人均国民生产总值（美元）	<100	100	200	300	400	500	800	1000	>1000
税收负担水平（%）	10.6	12.9	15.3	17.3	18.9	20.3	23.6	25.4	28.2
财政负担水平（%）	12.5	15.3	18.1	20.2	21.9	23.4	26.8	28.7	30.7

资料来源：Chenery，H. &M. Sycquin：Pattern of Development，1950～1970，University of Oxford，1975，38. 转引自张馨等著《当代财政与财政学主流》第427页。

目前有许多学者对最优宏观税负进行研究。杨斌（1998）从一般社会公共需要必要量和税收征收最高可能限量的两方面分析提出目前中国宏观税负理想值为19%左右。马拴友（2001）利用Barro（1990）模型测算出我国最优宏观税负为20%。李永友（2004）认为在考虑政府预算支出后最优宏观税负为20.3%。

对辽宁省财政收入与GDP关系的分析上，马拴友（2003）在分析边际税率与经济增长关系时利用OLS模型分析了1978年和1983年分别到1998年的数据，在引入哑变量的情况下，得到辽宁省税收收入与真实GDP回归效果比较好。王丹，赵丽红（2006）认为良好的经济形势，为财政增收提供了稳固的经济基础，2005年钢材、原油等生产资料价格大幅度上涨，带动了相关产品和相关企业的增值税大幅增长，但辽宁省地区间财政收入发展不均衡问题依旧突出。

二、辽宁省经济发展与财政收入关系的基本分析

目前分析经济发展与财政收入关系的指标一般采用国内生产总值

(GDP)，但从辽宁省统计年鉴采用的指标为生产总值，该指标是目前考察一个地区经济发展水平最重要的指标，因此本文以生产总值代表经济发展水平。对地方财政而言，财政收入的统计有两个角度：一是地区财政收入，二是地方财政收入。地区财政收入是包括地方财政收入与该地区中央财政收入的和，从分析经济发展与财政收入关系角度看，应当选取地区财政收入作为财政收入指标，因此研究财政收入与经济发展关系应主要分析地区财政收入与经济发展的关系。

表 2　1981～2007 年辽宁省经济发展与地区财政收入的基本数据

单位：亿元 %

年份	生产总值	生产总值增长速度	地区财政收入	地区财政收入增长速度	地区财政收入占生产总值的比重	地区财政收入关于生产总值的弹性
1981	288.5		146.8		50.88388	
1982	315.1	9.220104	155.1	5.653951	49.22247	0.61322
1983	364	15.51888	185.3	19.47131	50.90659	1.254685
1984	438.2	20.38462	215.3	16.18996	49.13282	0.794225
1985	518.6	18.34779	288.4	33.95262	55.61126	1.850502
1986	605.3	16.71809	309.2	7.212205	51.08211	0.431401
1987	719.1	18.80059	338.4	9.443726	47.05882	0.50231
1988	881	22.51425	366	8.156028	41.5437	0.362261
1989	1003.9	13.95006	400.5	9.42623	39.89441	0.675713
1990	1062.7	5.857157	399.2	−0.32459	37.56469	−0.05542
1991	1200.1	12.92933	491.5	23.12124	40.95492	1.788278
1992	1473	22.73977	519.5	5.696846	35.26816	0.250523
1993	2011	36.5241	387.3	−25.4475	19.25908	−0.69673
1994	2461.8	22.41671	443.8	14.58817	18.02746	0.650772
1995	2793.4	13.46982	500.6	12.79856	17.92081	0.950166
1996	3157.7	13.04145	558.7	11.60607	17.69326	0.889937
1997	3582.5	13.45283	584.1	4.546268	16.30426	0.337941
1998	3881.9	8.357292	647.6	10.87143	16.68255	1.300831
1999	4171.7	7.465416	692.7	6.964175	16.60474	0.932858
2000	4669	11.9208	790.4	14.10423	16.92868	1.183161

续表

年份	生产总值	生产总值增长速度	地区财政收入	地区财政收入增长速度	地区财政收入占生产总值的比重	地区财政收入关于生产总值的弹性
2001	5033	7.796102	951	20.31883	18.89529	2.60628
2002	5458.3	8.450228	1027.7	8.065195	18.82821	0.954435
2003	6002.6	9.971969	1158	12.6788	19.29164	1.271444
2004	6672	11.15183	1398.7	20.78584	20.96373	1.863894
2005	8009	20.03897	1648.5	17.85944	20.58309	0.891236
2006	9251.2	15.50943	1980.4	20.13345	21.40707	1.298143
2007	11023.5	19.15751	2548.9	28.70632	23.12242	1.498437

资料来源：《辽宁省统计年鉴 2008 年》。

从表 2 中可以看出，辽宁省地区财政收入和地方财政收入伴随着生产总值的增长而不断增长。1981～2007 年生产总值年均增长速度为 14.99%，地区财政收入从 1981 年的 146.8 亿元上升到 2007 年的 2548.9 亿元，年均增长 11.87%1。财政收入的快速增长为辽宁省的财政各项支出和建设奠定了良好的基础。从财政收入和生产总值的关系上看，由于经历了 1994 年分税制财政体制，地区财政收入有较大的变化，具体表现在 1993 年和 1994 年财政收入绝对数出现了较大程度的下降，并且地区财政收入占生产总值比重的变化看，呈现不对称 V 字形变化。地区财政收入占生产总值的比重，从 1981 年的 50.88% 一直下降到最低点 1999 年的 16.60%，又从最低点渐升到 2007 年的 23.12%。不对称 V 字形变化与全国财政收入占 GDP 的比重的变化基本类似，只不过全国财政收入占 GDP 的比重的最低点出现在 1995 年，与辽宁省相差 4 年。

基于此，我们将财政收入与经济发展关系分成两个阶段来分析。1981～1993 年 12 年间，生产总值年均增长速度为 17.56%，地区财政收入年均增长速度为 8.42%（1981～1992 年为 12.17%），地方财政收入年均增长速度为 8.59%。1994～2007 年 13 年间，生产总值年均增长速度为 11.86%，地区财政收入年均增长速度为 13.77%，地方财政收入年均增长速度为 15.65%。

（一）1981～1993 年为第一阶段

这一阶段辽宁省财政收入占生产总值的比重总体上相对较高，变动幅度也比较大。从年度地方财政收入占生产总值看，在 1981～1993 年间财政负担呈不断下降的趋势，从 1981 年的 50.88%下降到 1993 年的 19.26%，降了 31.62

个百分点。其中从1982～1985年财政收入负担波动上升，四年共上升了5.86个百分点，这是与我国两步利改税政策相适应的。其中，1984～1985年财政收入负担迅速上升了5个百分点，体现了第二步利改税政策的重大影响。从1985年到1990年，财政收入负担几乎是逐年下降（除了1989年略有上升外），六年间下降了4.34个百分点。虽然经历了1994年的税制改革，但是税收负担并未因此有所提高。这与我国经济的大环境有关，从1992年起，我国经历了经济体制和经济增长方式两大转变。随着公有制经济比重的减少，其他经济成分的比重的相对上升，以国有经济税收为主体的税收制度使得辽宁省财政负担逐渐下降。

从财政收入弹性上看，除了1983年（1.25），1985年（1.85），1991年（1.79）三个年份以外，其他年度税收弹性都是小于1的，说明财政收入增长率总体上低于GDP增长率，这与我国以商品流转税为主体的税收制度相一致的。从理论上讲，除非税制的较大幅度的调整，税基（商品流转额）增长幅度一般会略低于经济增长幅度，这样税收收入增长也会低于经济的增长。从税收弹性上看，也就是税收弹性小于1。而上述例外的三个年份，1983年和1985年分别对应于两步利改税的改革，由于利改税主要是所得税政策改革，累进的所得税对税收收入的影响比较明显，带来税收负担大幅变动，税收弹性就会大于1。

（二）1994～2007年为第二阶段

这一阶段辽宁省财政收入占生产总值的比重总体上相对较低，变动幅度也较小。该比重从1994年的18.03％一路下滑至1997年的16.30％，降幅为1.73个百分点。从1999年起，在全国大力整顿税收秩序，强化税收征管，清理违规减免税和大量的基础设施项目建设的双重因素的影响下，财政收入负担又逐渐回升，到2007年时达到23.12％的水平。

从弹性来看，1994～1997年连续4年财政收入弹性都是小于1的，进入2000年以来弹性多数年份的弹性都大于1。1999年起，税务机关的征管力度的增强，同时因为东南亚金融风波的影响，相对经济增长速度放慢。在这种背景下，辽宁省的财政收入弹性又开始逐步上升，但是我们认为，最近几年财政收入的大幅度增收（表现为财政收入弹性大于1），还有收入任务力的原因。在计划经济体制下政府支出的惯性和目前地方政府承担了越来越多的建设支出和其他支出都推动了收入任务的增长，辽宁省作为一个经济较发达的沿海省份，中央的财政转移支付也较少，这就要求以税收收入的较快增长来保证政府开支的增长，结果税收任务逐年增长。虽然加强税收征管是必要的，但税收收入超高速增长，也必然会对经济的增长产生一定的消极影响。

三、辽宁省财政收入水平与生产总值的计量分析

(一) 数据指标的选取

基于上面的分析，我们在时间区间上选择第二阶段进行实证分析，为了体现数据的时间长度，时间区间选为 1993～2007 年 15 年的数据。下面利用计量经济学的方法对 1993～2007 年辽宁省财政负担问题进行深入分析，我们所用的计量经济软件是 EVIEWS 5.0。

经济增长作为财政政策的基本目标之一，通常有两层含义：一是指国家的产品和劳务总量的实际增加。二是指人均国民生产总值的实际增加，它表示一国或一个地区人民生活水平的高低。只有人均国民生产总值的实际增加，才能说明一国或一个地区经济有了真正的增长，因此在分析经济总量指标和财政收入总量指标关系不明显的时候，分析人均经济总量指标和人均财政收入的关系也具有重要的理论价值。本文选取 1993～2007 年辽宁省的人均财政收入和反映经济增长人均生产总值作为我们分析的基础数据。图 1 是人均经济总量指标和人均财政收入取对数的变化趋势。

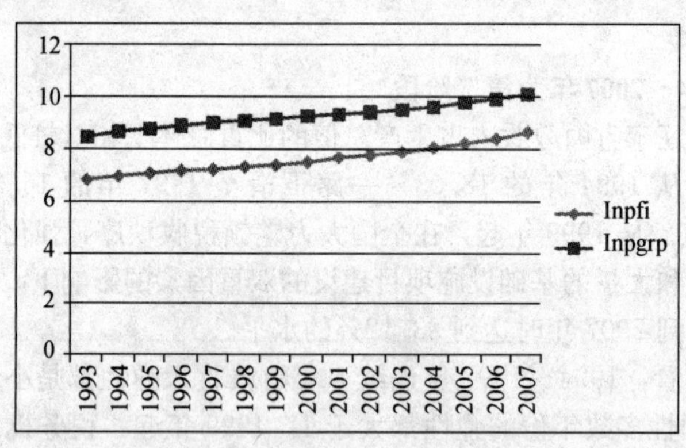

图 1 LNPGRP 和 LNPFI 的变化趋势

(二) 一元回归的 OLS 分析

我们将人均财政收入和人均 GRP 进行古典一元回归得到增长模型和弹性模型，如下：

增长模型：

$$PFI=0.025185+0.189454PGRP \tag{1}$$

$R^2=0.9379$　D.W.$=0.3024$　$F=377.53$

弹性模型：

$$LNPFI=-3.08823+1.151446LNPGRP \quad (2)$$

$R^2=0.981574$　D.W.$=0.524009$　$F=692.5$

从增长方程（1）可以看出，辽宁省人均财政收入与人均GRP水平之间存在着极高的相关关系（计算得出的两者相关系数为0.9379），人均GRP的系数为0.189454，表示辽宁省总体财政收入负担率为18.94%，可以解释为人均GRP每增加1元导致辽宁省人均地区财政收入平均增加0.1894元。

从弹性方程（2）可见，辽宁省的财政收入弹性为1.151446，可以解释为人均GRP每增加1%导致辽宁省人均地区财政收入平均增加1.151446%。说明总体上辽宁省的财政收入能与GRP保持同步增长。

虽然回归方程（1）和方程（2）都具有较好的拟合优度（$\bar{R}^2$ 接近于1），方程也都通过了F检验，但是两个方程的D.W.值都不高（远低于2），可见都存在着自相关，

(三) 变量的平稳性检验

为了研究财政收入和生产总值的相关关系，在我们进行传统的回归分析时，要求所用的时间序列必须是平稳的。但从上面的分析和图1中可以看到，我们选取的变量具有极强的时间趋势，需要我们进行平稳性检验。

本文用增广迪基—福勒检验（Augmented Dickey-Fuller Test，ADF test）进行平稳性检验，用EVIEWS 5.0根据AIC准则进行自动判定滞后阶数，ADF检验结果如表3所示。

表3　单位根ADF检验结果表

变量名称	ADF检验值	临界值（5%）	P概率值	结论
LNPGRP	−0.415430	−3.081002	0.8829	不平稳
DLNPGRP	−1.854663	−3.081002	0.3424	不平稳
D2LNPGRP	−3.768112	−3.081002	0.0143	平稳
LNPFI	3.142513	−3.081002	1.0000	不平稳
DLNPFI	−2.919562	−3.081002	0.0665	不平稳
D2LNPFI	−5.738011	−3.081002	0.0004	平稳

由表3可知：时间序列LNPGRP和LNPFI都是二阶单整的。虽然时间序

列变量 LNPGRP 和 LNPFI 都是非平稳的，但是它们的二阶差分变量 D^2LNPGRP 和 D^2LNPFI 是平稳的。由此可知，时间序列 LNGRP 和 LNFI 都是二阶单整的，即 I（2）。所以，两序列可能存在协整关系。

（四）时间序列的协整关系检验和误差修正模型

20 世纪 80 年代，Engle 和 Granger 等人提出了协整（Co-integration）的概念，指出两个或多个非平稳（non-stationary）的时间序列的线性组合可能是平稳的或是较低阶单整的。Hendry 等人提出的误差修正模型（Error Correction Model，ECM），Johansen-Juselius 提出基于多变量 VAR 模型的极大似然估计的协整检验理论（JJ 协整检验）。协整理论与误差修正模型相结合成为处理非平稳时间序列在短期变动过程中的长期均衡关系的有效方法。正如 2003 年诺贝尔经济学奖高级公报所述，协整理论和模型已经成为检验经济学理论和实证经济问题的主要工具。

1. 协整关系检验

下面运用协整方法分析人均财政收入和人均 GRP 的影响。图 1 表示这两者的时间序列，可以发现这两者有着共同趋势。说明两者可能存在着协整关系。用恩格尔—格兰杰两步法（Engle-Granger Two-step Procedure）对人均财政收入和人均 GRP 序列进行协整检验。先给出长期趋势方程：

$$\mathrm{LNPFI}=-3.08823+1.151446\mathrm{LNPGRP}+\mu \quad (3)$$

对残差项进行平稳性检验。估计的残差 $\mu=\mathrm{LNPFI}+3.08823-1.151446\mathrm{LNPGRP}$

检验结果见表 4。

表 4 对残差的平稳性检验

残差	ADF 检验值	临界值（5%）	结论
μ	−3.929402	−3.175352	平稳

计算结果表明，残差项是零阶单整。由格兰杰协整定理，我们可以接受 LNPFI 和 LNPGRP 这两个时间序列协整的假设，协整向量为（1，−1.151446，3.08823），

2. 误差修正模型

建立建立 ECM 项：

$$\mathrm{ECM}=\mathrm{LNPFI}+3.08823-1.151446\mathrm{LNPGRP} \quad (4)$$

上式可以反映这两个时间序列之间的长期均衡关系。根据 Granger 定理，一组具有协整关系的变量一定具有误差修正模型的表达式存在。对如下误差修正模型进行估计：得到如下的误差修正模型：

DLNPFI＝－0.018938＋1.249944DLNPGRP－0.450491ECM（－1） (5)

R^2＝0.28487 S.E.＝0.051254 D.W.＝1.554285

从协整检验和误差修正模型的结果看，模型的差分项反映了变量短期波动的影响，被解释变量的波动可以分为两部分：一部分是短期波动；另一部分是长期均衡。根据误差修正项（长期均衡方程）的参数估计量，从长期看，人均 GRP 的变化将引起人均财政收入的同方向变动，如果人均 GRP 变动 1%，将引起人均财政收入变化 1.151446%（即长期弹性）。从短期的波动方程来看，人均财政收入对人均 GRP 的短期弹性为 1.249944，可见短期弹性大于其长期弹性，但是两者符号相同，说明变动方向是一致的。ECM 项的系数反映了对偏离长期均衡的调整力度，由系数估计值－0.450491 可以看出，调整力度比较显著。

（五）时间序列的格兰杰因果关系检验

1969 年，格兰杰从预测的角度给出了因果关系的定义：如果 X 是 Y 的格兰杰原因，X 必须是应当有助于预测 Y，即在 Y 关于 Y 的过去值的回归中，添加 X 的过去值作为独立变量应当显著增加回归的解释能力。此时称 X 以 Granger 方式引致 Y，一般用 $X \rightarrow Y$ 表示，即：

$$X \rightarrow Y \Leftrightarrow \delta^2 (Y_t \mid Y_{t-k}, k>0) > \delta^2 (Y_t \mid Y_{t-k}, X_{t-k}, k>0 \quad (6)$$

这种方法被称为格兰杰因果关系检验（Granger Causality Test）。根据检验结果不同，可以分为存在双向因果关系、存在单向因果关系和相互独立三类结论。Granger（1988）指出：如果变量之间是协整的，那么至少存在一个方向上的 Granger 原因；在非协整情况下，任何原因的推断将是无效的。

从前面的回归方程我们可以看出，它们事实上隐藏这样一个假定：即财政收入变动和 GRP 变动存在一种相互作用或者说存在双向的因果关系。下面我们就来检验这些假定在辽宁省的适用性。对上述假设进行检验，检验结果见表 5。

从表 5 的检验结果可知，在滞后 1 阶、2 阶、3 阶和 4 阶的情况下，都有 90%以上的概率说明 LNPGRP 是引起 LNPFI 变化的格兰杰原因，LNPFI 也是 LNPGRP 的格兰杰原因。上述结论说明辽宁省的 GRP 变化对财政收入变化是双向的因果关系。从格兰杰因果关系检验的结果看，经济总量变动对财政收入变动存在显著影响，同时财政收入对经济也存在显著的反作用，也意味着在促进辽宁省经济更好更快的发展对财政收入的增加，其成效将会很显著。

表 5 人均财政收入与人均 GRP 的格兰杰因果关系检验结果

零假设	滞后阶数	n	F 计算值	P 概率值
LNPGRP 不是 LNPFI 的 Granger 原因	1	15	30.3671	0.00013
LNPFI 不是 LNPGRP 的 Granger 原因	1	15	49.9812	1.3E−05
LNPGRP 不是 LNPFI 的 Granger 原因	2	15	40.9293	1.5E−05
LNPFI 不是 LNPGRP 的 Granger 原因	2	15	27.8473	8.2E−05
LNPGRP 不是 LNPFI 的 Granger 原因	3	15	19.6598	0.00048
LNPFI 不是 LNPGRP 的 Granger 原因	3	15	14.2027	0.00144
LNPGRP 不是 LNPFI 的 Granger 原因	4	15	19.6056	0.00136
LNPFI 不是 LNPGRP 的 Granger 原因	4	15	9.13045	0.01005

四、结论、建议和预测分析

经济发展和财政收入的关系是一个复杂的系统，影响财政收入的因素非常多，我们的研究表明，经济总量变动对财政收入变动存在显著影响，同时财政收入对经济也存在显著的反作用。因此，要从系统论角度全方位关注经济发展对财政收入的影响以及财政收入对经济发展的反作用。我们知道，地区财政收入主要有税收、非税收入，由于税收直接来自于经济活动，与经济的相关度要高于非税收入。非税收入占财政收入比重提高是近几年将原来在预算外管理的行政性收费逐步纳入预算管理的结果。因此，从长远来看，非税收入比重的提高不利于财政收入长期、稳定、持续增长，弱化了财政收入与经济协调发展关系。

税收收入与经济具有较强相关性，但不同税种的税收增长不一定与 GRP 保持同步，因为税收的来源（税基）与 GRP 的核算内容并非完全对应。对一些主要税种分类加以考察，一是增值税、营业税和附征的城建税、教育费附加，与 GDP 中的第二、三产业增加值基本对应，有较高的相关性。二是企业所得税、个人所得税等税种，只是对部分经济含量的再征税，与 GDP 的关系并不直接对应，相关性较弱。三是房产税、土地使用税、车船税、契税、土地增值税、印花税等税种，主要是对财富存量征税，与当期 GDP 关系不紧密。

(一) 进一步扩大经济总量，提高经济增长效益

增加财政收入的根本途径在于发展经济，要继续扩大经济总量，提高经济

效益，奠定财政收入增长的坚实基础。

1. 扩宽融资渠道，扶持民营经济发展

辽宁省是国家传统的老工业基地，经济发展过程中对国有企业依赖性大，客观上进入壁垒很高，限制了具有活力的市场经济成分的成长和发展壮大。近几年，辽宁省委、省政府为促进经济结构调整、加快个体私营经济发展采取了一系列政策措施，为个体私营企业创造了前所未有的发展空间。下一步工作重点，就是要建立完善中小企业信用担保基金，为中小企业提供更加灵活的贷款担保，放大贷款规模；同时，积极探索民办官助的管理方式，为个体私营经济和中小企业发展提供多渠道的资金支持。

2. 推进投融资体制改革，拉动投资增长

财政投资作为政府宏观调控的重要杠杆，具有启动、引导和示范效应。辽宁省过去较好地发挥了财政经济建设支出对全社会固定资产投资的逆向调节作用，今后将继续扩大这种杠杆效应。下一步要充分发挥政府的融资平台作用，培育和带动民间资本、信贷资本和各类市场主体参与城市建设，为辽宁省经济发展提供更加雄厚的资金支持。

3. 扩大内需，提高消费对经济的拉动作用

从目前世界经济情况看，扩大内需已经成为我国经济破解内外困局的必然选择，并且有了更为有利的外部条件。中国经济连续 10 年保持了高增长态势，人均 GDP 也从几百美元涨到了 2000 美元，居民的消费能力较之十年前有了很大增强。按照国际经验，人均 GDP 超过 1000 美元是消费结构升级的临界点，这预示着我国消费增长空间巨大。扩大内需归根结底是要转变我国的经济增长方式，这既是保持我国经济持续快速增长的客观要求，也是改善人民生活质量的客观要求。

（二）调整和优化结构，涵养财源

1. 优化产业结构，走新型工业化道路

不同产业对税收的贡献是不同的，一般是第二产业最大、第三产业次之、第一产业最小。辽宁省第二产业比重还处在较低水平，应以国家实施振兴东北等老工业基地战略为契机，走新兴工业化道路。一是通过贷款贴息、专项补助、税费减免等方式，加快高新技术产业的发展，同时又要用高新技术和适用技术改造装备制造、石油化工、冶金等传统产业，提升辽宁省产业整体的科技水平。二是加快国有企业产权制度改革步伐，按市场化要求配置资源，集中财力重点解决好关系国计民生的重点基础设施建设，为经济和社会发展创造良好的外部环境。三是推动经济增长方式的三个转变，即变粗放型为集约型、变资

源消耗型为节能型、变污染型为环保型，促进经济可持续发展。

2. 调整投资结构，加大更新改造力度

按照资金的用途划分，投资可分为基本建设、更新改造、房地产开发等。从长远看，更新改造投资是经济保持持续发展的不竭动力。2006年辽宁省挖潜改造资金和科技三项费67.6亿元，占地方财政支出的4.7%，高于全国平均水平4.3%，处于中等偏上水平，但低于北京（4.84%）、天津（9.14%）、上海（14.12%）的投入水平。基于此辽宁省要加大财政对这两项投入力度，并且通过财政贷款贴息、搬迁改造补助、支持新技术与新产品研发等方式，鼓励和引导企业加大更新改造力度。从2004年下半年开始，国家在东北地区实行扩大增值税抵扣范围试点改革，辽宁省应充分利用这个难得的历史机遇，认真落实国家老工业基地振兴和国企改革的一系列扶持政策，加快老企业的更新改造步伐，全面振兴辽宁经济。

（三）加强税收征管，保证收入与经济增长同步增长

税收是政府财政收入的主要来源，税务征管是组织财政收入的重要环节，由于我国税收征管制度不够严格，漏洞较多，造成我国税收流失问题严重，这一问题辽宁省也不例外。一是全面清理整顿税收优惠政策，坚决杜绝越权减免缓税行为，切实做到政策优惠，管理从严。二是清理并取消收入过渡户，坚决杜绝人为调控税收收入进度行为，确保收入及时、足额缴入国库。三是加强对地方小税种征管。小税种（包括城建税、房产税、印花税、契税、土地使用税等）虽然税额较少，但100%属于地方收入，对地方财政收入的贡献率很高。2006年辽宁省地方小税种收入193.6亿元，占地区税收收入的13.3%，占地方财政收入的23.7%，比重比较大。四是适应形势需要，不断完善征管手段。近年来，随着辽宁省居民生活水平提高，酒店、娱乐、洗浴等社会服务业发展较快，但该行业营业税没有与行业发展保持同步增长。出现这种现象的原因主要是社会服务业税源不易监控。由于市民消费后没有索取发票的习惯，加大了税务部门稽核的难度。为解决这个问题，广州市地税局在2001年率先推出了发票抽奖活动。在实行发票抽奖的当季度，广州娱乐业营业税增幅达38%。目前，发票抽奖制度已经在辽宁省部分地区得到推广，建议有关部门结合实际情况尽快扩大推广范围。

对辽宁省财政收入的预测分析。我们在对误差修正模型分析中看到，人均财政收入关于人均GRP的短期弹性大于其长期弹性，而进入21世纪以来有2001、2003、2004、2006、2007年的财政收入关于GRP的弹性大于1。由此可见，如果辽宁省保持GRP较快的增长速度，辽宁省的财政收入会有较快的增长。再结合我们上面的思路在今后的经济工作真正体现“两个转变”要求，切实提高经济增长效益，加强分税制配套措施改革的落实完善，进一步推进企业改革，结合辽宁省自身的经济特点、比较优势和今后发展规划要求，努力提高经济发展的质量。财政收入，特别是经常性财政收入与 GRP 之间建立起合理的内生增长机制，财政收入会有合理的增长。

参考文献：

［1］ Engle. R. & Granger. C. W. J，1987 “Co-integration and an Error Correction：Representation Estimation and Testing” *Econometrica*，. 55（2），151-176.

［2］ Feldstein，Martin S，2002：The Transformation of Public Economics Research：1970—2000，*Journal of Public Economics*，86. 319-326.

［3］ Granger. C. W. J. 1969：“Investigating Causal Relations by Econometrical Models and Cross-Spectral Methods” *Econometrica*，37（2），424-438.

［4］ Heckman，James，et al.，1998：Tax Policy And Human Capital Formation，*American Economic Review*，88，293-297.

［5］ 邢锋 . 2006. 福建省 1978～2004 年税收负担的实证分析 . 亚太经济，第 2 期 .

［6］ 高铁梅 . 计量经济分析方法与建模 . 清华大学出版社，2006 年 1 月 .

［7］ 安体富 . 2002. 当前世界减税趋势与中国税收政策取向 . 经济研究，第 2 期 .

［8］ 杨斌 . 2008. 对税收与 GDP 应同步增长理论的质疑 . 税务研究》第 8 期 .

［9］ 庞瑞芝，张志超 . 2002. 转轨时期我国财政收入增长与 GDP 增长关系的实证研究. 天津商学院学报，第 3 期 .

［10］ 马拴友 . 财政政策与经济增长 . 经济科学出版社，2003 年 4 月 .

［11］ 曹晓峰等 . 2006 年：辽宁经济社会形势分析与预测 . 社会科学文献出版社，2006 年 1 月 .

［12］ 包广平 . 2005：大连市地方财政收入与 GDP 相关性分析 . 地方财政研究，第 2 期.

［13］ 2008 年辽宁省统计年鉴 . 中国统计出版社，2008 年 8 月 .

五

企业
产业经济

我国制造业不均衡性与集聚的测度与分析*

韩　中

（中国社会科学院研究生院）

一、引言

制造业是国民经济发展的命脉，一直在中国的经济增长、产业结构升级中扮演重要角色。经济发展实践表明，一个国家或地区工业化的实现，有赖于制造业的大力发展。自改革开放以来，我国的制造业整体实力取得了长足的发展。制造业发达与否，直接影响着各地域的经济发展和人民生活水平，中国正处于工业化进程中，经济结构的调整升级必须建立在稳固的制造业发展基础上。因此，现阶段对制造业发展状况进行研究具有重要的现实意义。

制造业的区域发展不均衡以及行业发展不均衡现象一直是国内外学者研究的核心课题。周玉翠等（2002）以人均 GDP 为测度指标，研究发现，20 世纪 90 年代以来中国省际经济发展差异明显增大，沿海与内陆的经济发展差异扩大，而沿海各省市之间经济发展差异有缩小的趋势。李会宁、叶民强（2006）研究发现，自 1991 年第九个五年规划以来，中国东中西部三地区的 GDP 增长率、产业结构、就业结构等经济指标间的差异正在扩大。梁琦（2003）利用产业基尼系数计算了 1994 年、1997 年和 2000 年中国的 24 个二位数工业部门的产业集聚水平，通过三年系数的比较，得出了中国的工业集聚水平逐渐提高的结论，提高速度最快的是知识密集型行业和劳动密集型行业。罗勇、曹丽莉（2005）利用 Elhsoin 和 Glaeser 建立的产业地理集中指数和五省市集中度对中国 20 个制造行业 1993、1997、2002、2003 年的集聚程度进行了精确测定。结

---

* 本文获国家社科基金重点项目资助（项目号：07&ZD007）。

果表明，1993～1997年集聚程度有所下降，1997年到2002年和2003年集聚程度呈增长趋势。

国内外早期的研究主要集中在制造业区域层面和行业层面单方面的研究，在某种程度上，正是由于制造业行业的不均衡发展加剧了区域经济发展的不均衡，产业集聚已经发展成为区域经济发展的重要动力。为了更好地测度制造业发展在区域和行业层面上的不均衡，本文以全国各省份为研究对象，运用计量经济方法，对制造业区域发展的规模、水平差异和行业区域分布不均程度进行动态的定量研究，试图为政府制定合理的产业政策提供了一定的依据。

二、制造业发展的区域不均衡

随着经济的发展、产业政策的作用以及产业结构的演进，各地区资源禀赋和资本存量的差异，中国制造业出现了不均衡发展，主要表现在区域经济发展的差异。尤其是改革开放以后，随着政府政策的转变，以经济特区带动沿海城市，以沿海城市带动中西部地区的新的经济格局迅速形成，大量的人力资源、资本资源、技术资源涌入该地区，东部沿海地区迅速成为全国经济发展的主要发动机。中国加入WTO后，随着大量外资的涌入且主要集中于经济发达、增长潜力大的沿海省份，进一步扩大了制造业区域发展不均衡度。

(一) 区域不均衡的测度方法

一般地说，一个地区制造业产值占全国制造业总产值的比重反映了该地区的制造业发展规模及其在全国的地位，是衡量地区制造业发展实力的重要指标。公式为：

$$GDP_i^p = \frac{GDP_i}{\sum_{i=1}^{31} GDP_i} \tag{1}$$

式中：GDP_i^p 表示我国各省制造业产值占全国制造业总产值的比重；GDP_i 表示该省的制造业产值；$\sum_{i=1}^{31} GDP_i$ 表示全国制造业总产值。

(二) 制造业区域不均衡状况测度

本文选取了2002年、2005年、2007年我国31个省份制造业产值的数据，得到各省份制造业产值规模及变化程度（见表1）。

表1　2002年、2005年、2007年各省份制造业产值规模及变化程度

地区	制造业产值（亿元）			制造业产值占全国的比重（%）			
	2002	2005	2007	2002	2005	2007	变化量
北京	874.15	1707.04	2082.8	1.84	2	1.71	−0.13
天津	909.24	1885.04	2668.95	1.91	2.21	2.2	0.29
河北	2695.69	4665.21	6566.8	5.66	5.46	5.41	−0.26
山西	921.99	2117.68	3098.2	1.94	2.48	2.55	0.61
内蒙古	573.3	1477.88	2668.58	1.2	1.73	2.2	1
辽宁	2331.95	3489.58	5179.4	4.9	4.09	4.26	−0.64
吉林	803.53	1363.94	2085.8	1.69	1.6	1.72	0.03
黑龙江	1916.04	2696.3	3412	4.03	3.16	2.81	−1.22
上海	2312.77	4129.52	5295.9	4.86	4.83	4.36	−0.5
江苏	4826.58	9334.69	13000.1	10.14	10.93	10.7	0.56
浙江	3580	6349.34	9040	7.52	7.43	7.44	−0.08
安徽	1290.52	1818.45	2752.1	2.71	2.13	2.27	−0.46
福建	1882.55	2842.43	3980.73	3.96	3.33	3.28	−0.68
江西	693.18	1455.5	2264.1	1.46	1.7	1.86	0.4
山东	4629.54	9568.58	13411.2	9.73	11.2	11.04	1.31
河南	2531.72	4896.01	7508.27	5.32	5.73	6.18	0.86
湖北	2168.42	2436.55	3588.9	4.56	2.85	2.95	−1.6
湖南	1440.8	2189.91	3360.59	3.03	2.56	2.77	−0.26
广东	5288.53	10482.03	14910.03	11.11	12.27	12.28	1.17
广西	699.16	1264.84	2001.17	1.47	1.48	1.65	0.18
海南	83.78	156.16	278.4	0.18	0.18	0.23	0.05
重庆	651	1023.35	1514.72	1.37	1.2	1.25	−0.12
四川	1551.48	2527.08	3868.6	3.26	2.96	3.19	−0.07
贵州	370.49	714.24	1006.02	0.78	0.84	0.83	0.05
云南	780.33	1180.83	1701.78	1.64	1.38	1.4	−0.24
西藏	11.61	17.48	25.71	0.02	0.02	0.02	0
陕西	691.07	1553.6	1073.67	1.45	1.82	0.88	−0.57
甘肃	390.61	685.8	1066.74	0.82	0.8	0.88	0.06
青海	100.19	203.94	324.05	0.21	0.24	0.27	0.06
宁夏	114.8	229.07	348.7	0.24	0.27	0.29	0.05
新疆	473	961.61	1378.48	0.99	1.13	1.13	0.14

注：1. 数据来源于《中国统计年鉴》、《中国工业经济统计年鉴》（2003，2006，2008），作者计算整理。

2. 表格中的变化量为各省2007年制造业产值占全国的比重与2002年的差额。

为了分析需要，本文分别以制造业产值份额为4%和2%作为分界点，将我国31个省（直辖市、自治区）大致分为三种类型（见表2）：一是制造业规模较大的省份，其制造业产值占全国份额在4%以上；二是制造业规模中等的省份，其制造业产值份额为2%～4%；三是制造业规模较小的省份，其制造业产值份额不到2%。

表2　　2002年、2007年全国制造业规模分布比较

年份	规模	个数	产值比重（%）	省　份
2002	较大	10	67.83	河北、辽宁、黑龙江、上海、江苏、浙江、山东、河南、湖北、广东
	中等	4	12.96	安徽、福建、湖南、四川
	较小	17	19.21	内蒙古、江西、广西、海南、贵州、西藏、陕西、甘肃、青海、宁夏、新疆、北京、天津、山西、吉林、云南、重庆
2007	较大	8	61.67	河北、辽宁、上海、江苏、浙江、山东、河南、广东
	中等	9	24.22	天津、山西、黑龙江、安徽、福建、湖北、湖南、四川、内蒙古
	较小	14	14.11	北京、吉林、江西、广西、海南、重庆、贵州、云南、西藏、陕西、甘肃、青海、宁夏、新疆

此处通过分别计算2002年、2005年、2007年我国各省份制造业产值规模及其变化量（见表1），可以大致看出各省份制造业规模的动态变化趋势：

（1）2002～2007年，制造业发展呈现地区不均衡态势。2002年制造业规模较大的省份有10个，其产值份额占全国总额的67.83%；规模中等的省份有4个，其产值份额占全国的12.96%；而规模较小的省份有17个，产值份额仅占全国总值的19.21%，制造业在各省份的发展呈现出不均衡态势，且主要集中于东部沿海城市。到2007年，规模较大的省份减少到8个，其产值份额也下降到61.67%，减少了6.16个百分点；规模中等的省份增加至8个，产值比重为24.22%，同比上升了11.26个百分点；而规模较小的省份增加到15个，产值份额为14.11%，相比减少了5.1个百分点。

（2）制造业的发展越来越集中于东部沿海地区，加剧了地区制造业发展的

不均衡。2002～2007 年，黑龙江、湖北由规模较大的省份下降为规模中等的省份。2007 年，全国 31 个省份中有 15 个（近 50%）省份属于规模较小的省，制造业产值占全国总值的比重仅为 14.11%，而规模较大的省份只有 8 个，产值比重竟达到 61.67%，可见制造业的区域发展是极不均衡的；2002 年，上海、江苏、浙江、山东四省的制造业占全国的比重为 30.7%，到了 2007 年，这一比重增加到 32.37%，提高了大约 3 个百分点，从绝对量来看，2007 年四省的总产值比 2002 年增加了近 2 倍，由 2002 年的 15348.89 亿元到 40747.2 亿元。2002～2007 年的规模较小省份的制造业产值并没有发生显著的变化，而规模中等的省份个数由原来的 4 个变为 8 个，产值比重由 2002 年的 12.96%增加到 2007 年的 24.22%，增加了 11.26%。这说明，改革开放以来，制造业的生产能力越来越集中于东部沿海地区，区域制造业发展的不均衡呈不断加强的趋势。

（三）制造业集聚与区域经济相关性的测度

Gamma 系数是分析定类或定序变量间相关关系，并通过统计检验对总体作出推论的重要指标。具体公式为：

$$G=\frac{n_s-n_d}{n_s+n_d} \quad -1\leqslant G\leqslant 1 \tag{2}$$

式中：n_s 表示同序对的个数；n_d 表示异序对的个数[①]；G 值越接近于 1，表明两变量之间的相关关系越显著，反之则不显著。

为了能够把样本的 G 值推论到总体，还需进行统计检验，检验统计量为：

$$Z=\frac{G}{\sqrt{1-G^2}}\sqrt{\frac{n_s+n_d}{n}}\sim N(0,1) \tag{3}$$

在显著性水平为 α 的前提下，若样本的检验统计量大于 $Z_{\alpha/2}$，则可以推断出总体的这两变量间存在着显著的相关关系。

为了分析的需要，本文将我国分为四大区域，分别为华东地区、中部地区、东北地区、西部地区，并根据这四大区域 2007 年人均 GDP 产值对其经济发展水平进行等级排序，排序结果为华东地区居于首位，其次分别为中部地区、东北地区和西部地区。并结合上文表 2 中的制造业规模分布的相关数据得到我国 2007 年四大区域经济发展水平与制造业规模分布列联表（见表 3）。

---

① 设单元 A 的变量 x 和 y 具有等级（x_i，y_i），单元 B 的变量 x 和 y 具有等级（x_j，y_j），若 $x_i>x_j$，$y_i>y_j$，则称 A 和 B 是同序对，若 $x_i>x_j$，$y_i<y_j$，则称 A 和 B 是异序对。

表 3 我国 2007 年区域经济发展水平与制造业规模分布列联表

制造业规模分布 \ 区域	华东地区	中部地区	东北地区	西部地区
规模较大省份	4	3	1	0
规模中等省份	2	5	1	1
规模较小省份	1	3	1	9

依据上述资料，利用 Gamma 等级相关的原理，计算得出表 3 中同序对[①]的个数为 $n_s=211$，$n_d=34$，进而根据 *Gamma* 系数的计算公式，得出 $G=0.72$。*G* 系数值比较大，说明我国区域经济发展水平与制造业发展规模分布之间存在着比较显著的正相关关系，区域经济发展水平越高的地区，制造业发展水平越高；反之，制造业发展水平越低，这在很大程度上解释了我国制造业发展主要集中于我国的东部沿海地区。相对而言，中部和西部地区的制造业水平相对比较落后。

三、制造业行业发展不均衡

在我国区域经济发展不均衡的同时，生产要素在区域之间自由流动，在沿海地区形成了众多的产业集聚带，例如，江、浙一带的纺织业，广东的电子行业，云南的烟草制造业等，这些产业集聚带对地区经济发展带来了巨大的集聚效应和规模经济效应，成为该区域的经济发展的强大动力。一个地区的经济发展与该地区的产业集聚水平是分不开的，对我国产业地区发展不均衡现象的研究，有助于我国地方政府制定适合本地区经济发展的产业政策，形成具有地方特色的产业集聚，提高经济发展的区域竞争力和国际竞争力。

（一）行业集中度测度方法

行业集中度是产业经济学中衡量市场结构最常用的指标，指规模最大的几位企业的规模占整个市场或行业的份额。作为产业集聚指标，它代表的是某产业规模最大的几个省份占全国的份额。计算公式为：

$$CR_n=\sum_{i=1}^{n}X_i/\sum_{i=1}^{全部}X_i \tag{4}$$

① 由于篇幅有限，本文省略了同序对和异序对个数的具体推导过程，详细过程可参考李金华、赵乐东主编的《社会统计学》(1994)，中国统计出版社，146～152。

式中：CR_n 表示规模最大的 n 个省市 i 产业总值占全国同类产业总值的比重。

洛仑兹曲线和基尼系数用来反映产业区域分布的不均程度。基尼系数是与洛仑兹曲线相对应的一个相对集中度指标，基尼系数的计算公式为：

$$G=\frac{\frac{1}{n(n-1)}\sum_{i=1}^{n}\sum_{j=1}^{n}|x_i-x_j|}{2\mu_x} \quad (5)$$

式中：n 表示所统计的地区数，即我国的 31 个省级区划单位；x_i 和 x_j 分别表示 i 地区和 j 地区 k 产业的专业化程度（也称为区位商）；μ_x 表示各地区专业化水平的平均值。x_i 小于 1 时，说明 k 产业在 i 地区的生产专门化水平低于全国平均值；反之，则说明 k 产业在 i 地区的生产专门化水平高于全国平均值。区位基尼系数的值在 0 与 1 之间变动，越接近 1 表明产业集聚程度越强。当一个产业全国各地的专业化水平都相等是，区位基尼系数等于 0，而如果一个产业全部集中在一个地区时，基尼系数达到最大值 1。

（二）制造业集聚状况测度

本文利用 2003 年和 2007 年的《中国统计年鉴》和《中国工业经济统计年鉴》相关数据，计算出 20 个制造业行业的基尼系数及其动态变化程度，如表 4 所示。

表 4　制造业集聚度（基尼系数）的历史比较

行业名称	02 年基尼系数	06 年基尼系数	变动幅度（%）
	(1)	(2)	(2) － (1) / (1)
饮料制造业	0.240	0.321	33.540
非金属矿物制造业	0.190	0.250	32.019
化学纤维制造业	0.439	0.576	31.305
食品制造业	0.271	0.355	31.007
农副食品加工业	0.342	0.405	18.425
造纸及纸制品业	0.239	0.274	14.769
化学原料及化学制品制造业	0.154	0.176	14.138
有色金属冶炼及压延加工业	0.372	0.400	7.429
纺织业	0.371	0.379	2.077
石油及炼焦加工业	0.414	0.422	1.828

续表

行业名称	02年基尼系数	06年基尼系数	变动幅度（%）
	(1)	(2)	(2)－(1)/(1)
通信设备、计算机及其他电子设备制造业	0.483	0.484	0.357
医药制造业	0.253	0.253	0.067
烟草加工业	0.555	0.538	−2.960
黑色金属冶炼及压延加工业	0.401	0.387	−3.627
电气机械及器材制造业	0.272	0.259	−4.782
交通运输设备制造业	0.368	0.339	−7.834
仪器仪表及文化、办公机械制造业	0.399	0.354	−11.281
通用设备制造业	0.308	0.268	−12.853
金属制造业	0.260	0.219	−15.859
专用设备制造业	0.278	0.217	−21.941
行业平均	0.330	0.344	4.050

资料来源：《中国统计年鉴》（2003，2007），《中国工业经济统计年鉴》（2003，2007）。作者计算整理。

表4的数据是以基尼系数增长幅度排序的，不仅给出了相关大类产业2002年和2006年的区位基尼系数，而且还给出了该系数的变化幅度，从计算结果可以看出：

（1）我国制造业各行业的地理集中现象在加剧。2006年区位基尼系数的平均值和中位数分别为0.344和0.346，而2002年的平均值和中位数分别为0.330和0.325。从总体上看，基尼系数上升了。2006年与2002年相比，所计算的20个制造业行业中，有8个行业的基尼系数有不同程度的减少，其余12个行业的基尼系数都有较大幅度的提高，行业平均集聚度提高了4.05%。总的来看，我国制造业行业分布的空间集中程度在提高，集聚和地方化趋势在加强。

（2）2002～2006年，有些行业的基尼系数变化幅度较大。其中增长速度较快的行业有饮料制造业（33.540%）、非金属矿物制造业（32.019%）、化学纤维制造业（31.305%）、食品制造业（31.007%）、农副食品加工业（18.425%）、造纸及纸制品业（14.769%）、化学原料及化学制品制造业（14.138%）；下降较快的行业有专用设备制造业（21.941%）、金属制造业

(15.859%)、通用设备制造业(12.853%)、仪器仪表及文化、办公机械制造业(11.281%)。

为了能够从不同角度综合地分析我国制造业行业的集中程度,本文利用行业空间集中度(CR4)指标计算出 2006 年 20 个制造业行业的集聚度,结果见表 5。

表 5 2006 年制造业行业集聚度(CR_4)及其所集中的省份

行业代码及行业名称	CR_4	集中度前四名省份及其份额			
		1	2	3	4
化学纤维制造业	79.88	浙江	江苏	福建	广东
		38.72	31.18	5.6	4.39
通信设备、计算机及其他电子设备制造业	73.87	广东	江苏	上海	北京
		35.95	19.32	11.85	6.75
纺织业	73.6	江苏	浙江	山东	广东
		23.93	22.68	18.67	8.31
纺织服装、鞋、帽制造业	70.01	江苏	广东	浙江	山东
		23.04	18.2	17.96	10.81
仪器仪表及文化、办公机械制造业	69.23	广东	江苏	浙江	上海
		31.11	18.2	11.44	8.48
电气机械及器材制造业	67.21	广东	江苏	浙江	山东
		26.62	16.23	12.84	11.52
金属制品业	63.58	广东	江苏	浙江	山东
		22.91	17.87	12.89	9.92
造纸及纸制品业	61.25	山东	广东	浙江	江苏
		22.22	15.89	11.74	11.39
通用设备制造业	59.69	江苏	山东	浙江	上海
		18.09	15.89	14.57	11.14
化学原料及化学制品制造业	53.77	江苏	山东	广东	浙江
		19.3	16.9	9.9	7.68
非金属矿物制品业	49.32	山东	广东	河南	江苏
		18.73	11.75	10.16	8.68
农副食品加工业	49.19	山东	河南	江苏	广东
		27.55	8.59	6.56	6.49

续表

行业代码及行业名称	CR_4	集中度前四名省份及其份额			
		1	2	3	4
专用设备制造业	48.1	山东	江苏	广东	浙江
		17.06	14.13	8.56	8.36
黑色金属冶炼及压延加工业	47.39	河北	江苏	山东	辽宁
		15.85	14.99	8.84	7.71
食品制造业	44.54	山东	广东	河南	内蒙古
		18.71	10.07	9.18	6.58
烟草制品业	43.22	云南	湖南	上海	江苏
		20.14	9.28	7.15	6.66
饮料制造业	41.43	山东	四川	广东	江苏
		12.94	12.04	9.22	7.24
石油及炼焦加工业	40.95	辽宁	山东	广东	上海
		14.16	11.96	8.76	6.07
医药制造业	40.14	山东	江苏	浙江	广东
		12.6	10.45	9.67	7.41
有色金属冶炼及压延加工业	37.11	江苏	浙江	河南	广东
		10.88	9.39	8.64	8.2
交通运输设备制造业	36.59	广东	上海	江苏	山东
		10.47	9.3	8.65	8.18

资料来源：《中国工业经济统计年鉴》(2007)，作者计算整理。

表5结果表明：

(1) 制造业各行业的分布呈现出显著的空间集聚现象，绝大多数行业集中分布在前四名的省份中。20个行业中有9个行业 CR_4 值在50%以上，即前四名省份的份额之和占全国总值的一半以上，其中有三个行业的 CR_4 值超过70%：化学纤维制造业（79.88%)、通信设备、计算机及其他电子设备制造业（73.87%)、纺织业（73.6%)，呈现高度集聚状态；CR_4 在40%～50%之间的有9个，CR_4 值低于40%的只有两个行业，且最低的为36.59%。制造业各行业平均集中度为54%，20个行业中有8个行业超过平均集中度。

(2) 制造业20个行业中除烟草加工业、黑色金属冶炼及压延加工业、饮料制造业外其余17个行业，均高度集聚于东部沿海地区的广东、江苏、山东、浙江、辽宁等少数几个省份。烟草加工业高度集中在西部的云南省和中部的湖南省，这主要是由于烟草加工业是典型的原料指向型资源加工型行业，呈现高度地方化的特色；黑色金属冶炼及压延加工业主要集中于河北省（15.85%），这是由该行业的生产过程决定的，其选址主要依据是否接近原料产地；其余的17个行业均高度集聚在东部省份。

四、结语

制造业是我国国民经济发展的支柱产业和重要组成部分。自改革开放以来，制造业的发展在区域间呈现出不平衡的态势，且有不断扩大的趋势，同时产业集聚程度不断提高，制造业行业集中于少数的省份生产，加剧了区域经济发展的不平衡，本文通过利用年鉴数据对制造业区域不平衡和行业不平衡程度进行了定量测度。结果表明：我国制造业行业集聚程度不断提高，制造业生产能力主要集中于东部沿海城市，形成了具有地方特色的产业集聚，促进了产业集聚地的经济发展水平，拉大了东部地区与中、西部地区的差距，制造业发展在区域间越来越不平衡。

参考文献：

[1] J. Myles Shaver，2000，*Agglomeration Economies*，*Firm Heterogeneity*，*and Foreign Direct Investment in the United States* [J]. *The Journal of Strategic Management*，21：1175～93.

[2] Geoffrey G. Bell，Cluster，2005，*Networks*，*and Firm Innovativeness* [J]. *The Journal of Strategic Management*，26：287～295.

[3] 李金华，赵乐东．社会统计学 [M]. 北京：中国统计出版社，1994.

[4] 梁琦．产业集聚论 [M]. 北京：商务印书馆，2004.

[5] 王缉慈．创新的空间——企业集群与区域发展 [M]. 北京：北京大学出版社，2001.

[6] 藤田昌久．集聚经济学 [M]. 成都：西南财经大学出版社，2004.

[7] 吴学花，杨蕙馨．中国制造业产业集聚的实证研究 [J]．中国工业经济，2004（10）．

[8] 姚芳等．中国制造业发展的区域比较 [J]．西安：西安交通大学学报（社会科学版）2008（28）．

[9] 李廉水，杜占元．中国制造业发展研究报告 [M]．北京：科学出版社，2005.

[10] 梁琦．中国工业的区位基尼系数——兼论外商直接投资对制造业集聚的影响 [J]

. 统计研究，2003 (9).

[11] 江激宇 . 产业集聚与区域经济增长 [M]. 北京：经济科学出版社，2006.

[12] 陈继海 . 外商直接投资、集聚效应与经济增长——中国数据的计量检验和实证分析 [M]. 上海：复旦大学出版社，2003.

[13] 范剑勇 . 产业集聚与地区差距：来自中国的证据 [J] . 中国社会科学评论，2003 (3).

[14] 魏守华 . 产业集群的市场竞争以及策略研究——以嵊州领带产业为例 [J] . 财经论丛，2002 (5) .

[15] 朱英明 . 外商投资企业空间集聚的路径选择研究——以长江三角洲地区为例 [J]. 中国软科学，2004 (11) .

我国高技术产业竞争力省际比较分析

林秀梅[1,2]，徐光瑞[2]

（1. 吉林大学数量经济研究中心；2. 吉林大学商学院）

一、引言

竞争是一个永恒的话题。从古典经济学家大卫·李嘉图的比较优势开始，竞争的思想就一直与人类活动息息相关。随着赫克歇尔—俄林理论对传统比较优势理论的补充，以及克鲁格曼的规模经济理论对国际竞争的诠释，竞争力的研究逐渐走进了主流经济学家研究的视野。波特的国家竞争优势理论，最终将产业层面的竞争力研究摆在了经济学家的面前，在国际竞争中获取国家竞争优势的思想也使得政府在制定政策时有了明确的方向。产业作为联系国家和企业的纽带具有极其重要的地位，企业是产业竞争的实体[1]，同时，企业规模经济的获得要依靠产业的健康发展，而国家竞争力的提高则以产业竞争力的提升作为保障。因此，许多国家都将产业竞争力的提高作为政府制定政策的方向和目标，以推动本国在国际上形成具有优势的产业，从而带动其经济发展，增强其在国际上的竞争力。

高技术产业在推动经济发展的过程中，起到了越来越重要的作用，与经济增长显著相关[2]。基于此，许多国家都对高技术产业的发展制定了相关的政策。美国政府提出了国家创新倡议（National Innovation Initiation，NII），认为创新是决定美国能否在21世纪取得成功的首要因素，并对信息、生物等高技术给予了高度关注。2006年美国启动了“美国竞争力计划”，旨在提高其经济生产率，并保持美国的竞争优势。日本在其第三期科学技术基本计划中提出了“科学技术创造立国”的国家战略，指出资源贫乏的日本想要在人类社会中占据荣耀的地位必须依靠自主创造优秀的科学技术。我国政府制定了《国家中长期科学和技术发展规划纲要（2006～2020年）》，旨在增强自主创新能力，努力建设创新型国家，通过坚持自主创新，全面提升国家竞争力。

创新对于经济增长的贡献已经不言而喻，而高技术产业作为创新的主要载体和推动者，日益成为研究的热点。发展高技术和高技术产业是当代工业化过程的必要一环和走新型工业化道路的必然选择[3]。高技术产业竞争力的提升，对于创新型国家的建立，对于经济质量和生活水平的提高，都起着至关重要的作用。因此，对于高技术产业竞争力的研究，不仅具有理论上的意义，更具有重大的现实意义。

关于高技术产业竞争力，国内外的很多学者都做了研究。国外方面，Daniel F. Burton[4]（1993）、Maria Papadakis[5]（1995）、Benoit Godin[6]（2004）、Derek Braddorn 和 Keith Hartley[7]（2007）等学者分别从高技术产业发展政策的制定、衡量产业发展水平的指标选择等方面研究了高技术产业。国内方面，穆荣平[8]、[9]（2000）、王建刚和于英川[10]（2004）、秦臻和秦永和[11]（2007）等学者分别从高技术产业竞争力评价指标体系的构建以及实证分析等方面研究了高技术产业。与国外的研究相比，国内的研究相对来说更加细致和深入，除了构建指标体系外，还通过多元统计、计量分析等方法，找出指标体系中各指标之间内在的联系，从而更加有力地解释竞争力。本文在总结了前人研究的基础上，建立了一套科学、合理并可获得的指标体系，利用因子分析方法，从众多指标中提炼出四个主因子；同时，利用因子得分对各省份的高技术产业竞争力进行分类，据此提出相应的提升高技术产业竞争力的对策建议。

二、指标选取与数据来源

（一）高技术产业竞争力评价指标体系

比较优势理论和竞争优势理论是竞争力的两大理论基础。比较优势和竞争优势的不同之处在于，比较优势涉及的是不同产业之间的关系，而竞争优势体现的是同一产业的关系；比较优势理论论证了不同国家或地区间产业分工的合理性，竞争优势理论则证实了不同国家或地区间产业替代的必然性。同时，二者也具有密切的联系：比较优势是竞争优势的基础，具有比较优势的产业往往易于发展成为具有很强竞争优势的产业；产业的比较优势要通过竞争优势才能体现，两者相互依存。根据竞争力理论、对国内外文献的研究以及高技术产业自身的特点，从影响竞争力的众多因素中归纳出两大方面，即显性竞争力和隐性竞争力，本文主要从这两个方面来构建评价指标体系。显性竞争力是竞争主体在一定竞争环境下所具有的竞争优势，体现的是一种外在的现实竞争力，如产业的投入水平、产出水平等；隐性竞争力是竞争主体将其具有的比较优势转化为竞争优势的一种能力，体现的是一种内在的潜在竞争力，如产业的发展环境、创新能力等。本文共选取了高技术产业 R&D 人员投入强度等 15 项指标建立了高技术产业竞争力评价指标体系。在指标的选取过程中，既考虑了指标的科学性、可比性、多目标性，也考虑了指标的可获得性。高技术产业竞争力评价指标体系见表 1。

表 1 我国高技术产业竞争力评价指标体系

一级指标	二级指标	三级指标	四级指标
高技术产业竞争力	显性竞争力	产业投入	R&D 人员投入强度
			R&D 经费投入强度
			微电子控制设备原价
		产业产出	高技术产业产值
			高技术产业增加值
			高技术产品出口额
			高技术产业利税总额
			国内市场占有率
			全员劳动生产率
	隐性竞争力	产业技术创新能力	拥有发明专利数
			新产品销售率
			新产品出口销售率
		产业发展环境	科技活动经费筹集额中政府资金
			国家开发区企业数
			国家开发区总产值

注：R&D 人员投入强度＝R&D 人员数/高技术产业从业人员平均数；R&D 经费投入强度＝R&D 经费/高技术产业增加值；国内市场占有率＝地区高技术产业销售收入/全国高技术产业销售总收入；全员劳动生产率＝高技术产业增加值/高技术产业从业人员平均数；新产品销售率＝新产品销售收入/高技术产业销售收入×100%；新产品出口销售率＝新产品出口销售收入/新产品销售收入×100%；国家级高新技术产业开发区简称为“国家开发区”。

（三）数据来源与评价方法

依据指标体系，我们从《中国统计年鉴》（2004、2008）、《中国高技术产业统计年鉴 2008》、国家统计局以及国家科技部网站，获得中国内地除西藏外 30 个省、自治区和直辖市 2003 年和 2007 年的数据，并经过加工整理。

由于本文采用了多项数据指标，大量的数据指标虽然能够提高度量的准确性，但对实际的统计分析工作将产生不利影响，增加分析的复杂性。特别是数据指标之间的相关性，产生很多重叠信息，也会给统计分析带来不便。为了压缩指标，并使信息损失最小，同时又能较明确地提炼出反映地区高技术产业竞争力差异的决定因素，我们采用多元统计分析中的因子分析方法[12]。因子分析是从相关的多指标中提取少数公共因子，用公共因子来充分反映原始变量的信息，并通过因子旋转以及载荷矩阵，确定因子的意义，以达到指标降维，凝练信息的目的[13]。所以，因子分析可以较好地解决我们要解决的问题。

三、实证分析

(一) 高技术产业竞争力因子分析

1.2003 年高技术产业竞争力因子分析

由于 15 个刻画高技术产业竞争力的指标计量单位不同，我们对原始数据矩阵进行标准化（无量纲化）处理。对 2003 年的标准化数据，求出其相关系数矩阵的特征值、贡献率和累计贡献率，根据累计贡献率大于 85％及因子特征值大于 1 的原则提取了 4 个公共因子。为了便于对各因子做出合理解释，对初始因子进行方差最大正交旋转，得正交因子载荷矩阵。根据旋转后的因子载荷矩阵，我们看到，因子 1 在高技术产业产值、高技术产品出口额等八项代表产出的指标上具有最大权重，因此将因子 1 命名为规模产出因子（贡献率为 52.83％）；因子 2 在高技术产业 R&D 人员投入强度、R&D 经费投入强度及科技活动经费筹集额中政府资金等三项指标上占有最大比重，这三项指标代表了当地政府对于发展高技术产业的重视程度，因此将因子 2 命名为政策环境因子（贡献率为 19.054％）；因子 3 在国家开发区企业数和全员劳动生产率两项指标上具有最大权重，国家开发区企业数的多少对当地高技术产业之间的技术支持和技术创新能力产生一定影响，全员劳动生产率的高低与产业技术水平支撑力度有关，因此将因子 3 命名为技术支持因子（贡献率为 9.011％）；因子 4 在新产品销售率以及新产品出口销售率上占有最大比重，这两项指标代表了地区发展高技术产业的技术创新实力，因此将因子 4 命名为技术创新因子（贡献率为 7.476％）。四大因子累计贡献率为 88.371％。按贡献率加权计算各省高技术产业竞争力综合得分，各因子得分及排名见附表 1，计算公式如下：

$$F=0.5283F_1+0.19054fF_2+0.09011F_3+0.07476F_4 \tag{1}$$

2.2007 年高技术产业竞争力因子分析

同样，我们对 2007 年的 15 个指标进行无量纲化处理，根据累计贡献率大于85%及因子特征值大于1的原则提取了4个公共因子，分别是：F_1——规模产出因子（贡献率为53.751%）；F_2——政策环境因子（贡献率为16.153%）；F_3——技术创新因子（贡献率为10.794%）；F_4——技术支持因子（贡献率为6.885%）。四大因子累计贡献率为87.583%。同2003年相比，四大因子所包含的指标变量没有变化，在一定程度上肯定了我们构建的评价指标体系的稳定性。按贡献率加权计算各省高技术产业竞争力综合得分，各因子得分及排名见附表2，计算公式如下：

$$F=053751F_1+0.16153F_2+0.10794F_3+0.06885F_4 \quad (2)$$

(二) 高技术产业竞争力综合分析

根据因子分析的综合得分，将得分大于1的分为一组，并视其为高技术产业发达省份，0～1的分为一组，并视其为高技术产业发展中等省份，小于0的分为一组，并视其为高技术产业发展相对后进省份，分组结果见表2。

表2　2003年和2007年30个省份高技术产业竞争力所属类别对比

集团类别	2003年	2007年
第Ⅰ集团（发达省份）	广东	广东、江苏
第Ⅱ集团（发展中等省份）	江苏、上海、陕西、北京、黑龙江、四川、山东、福建、辽宁、浙江、天津	北京、上海、山东、浙江、陕西、福建、天津、辽宁、四川
第Ⅲ集团（发展相对后进省份）	重庆、河北、安徽、湖北、湖南、宁夏、贵州、甘肃、吉林、河南、江西、云南、广西、青海、山西、海南、内蒙古、新疆	黑龙江、宁夏、湖北、重庆、江西、河南、贵州、河北、安徽、吉林、湖南、云南、新疆、广西、青海、山西、甘肃、内蒙古、海南

表3　2003年和2007年各因子贡献率占总累计贡献率比重

年份	规模产出因子	政策环境因子	技术创新因子	技术支持因子
2003年	59.78%	21.56%	8.46%	10.2%
2007年	61.37%	18.44%	12.32%	7.86%

表 4 2003 年三大集团各因子得分平均值及排名

集团	规模产出	排名	政策环境	排名	技术支持	排名	技术创新	排名	综合得分	排名
Ⅰ	4.53993	1	0.09656	2	−0.72115	3	−0.21872	2	2.335509	1
Ⅱ	0.181701	2	0.527479	1	0.595445	1	0.675619	1	0.300663	2
Ⅲ	−0.36326	3	−0.32771	3	−0.32382	2	−0.40073	3	−0.31349	3

表 5 2007 年三大集团各因子得分平均值及排名

集团	规模产出	排名	政策环境	排名	技术创新	排名	技术支持	排名	综合得分	排名
Ⅰ	3.337185	1	−0.0564	2	0.012435	2	−0.48719	3	1.752459	1
Ⅱ	0.109968	2	0.625354	1	0.411913	1	0.619678	1	0.247249	2
Ⅲ	−0.40337	3	−0.29028	3	−0.19643	3	−0.24225	2	−0.30159	3

从表 2 中可以看出，从 2003 年到 2007 年，我国各省市的高技术产业发展状况所处层次变化不大，仅有两个省份发生了变化，一个是江苏省由处于第Ⅱ集团的发展中省份进入第Ⅰ集团，成为高技术产业发达省份；另一个就是黑龙江省由处于第Ⅱ集团的发展中省份下降到第Ⅲ集团，成为高技术产业落后省份，其他省份没有变化。从表 3 中我们可以清晰地看到，技术创新能力对高技术产业竞争力的影响程度上升明显，从 8.46%上升到 12.32%。产出水平对竞争力的影响程度占绝对优势，且稍有上升。而政策环境和技术支持环境对竞争力的影响程度下降。在总解释力度不变的情况下，四大因素对竞争力的影响程度是此消彼长的关系。从表 4 和表 5 可以看出，三大集团在 2003 年和 2007 年各因子平均得分的排名均没有变化，特点完全相同。第Ⅰ集团的产出能力最强，但其技术支持环境排在三大集团的最后一位，其政策环境和技术创新能力位于三大集团的中间水平。第Ⅱ集团除产出水平排在第二位外，其他三大因子得分排名均位于三大集团首位，因此，处于第Ⅱ集团的省份具有良好的发展高技术产业的政策环境、技术支持环境以及技术创新能力，高技术产业竞争潜力大，发展前景乐观。第Ⅲ集团的省份除技术支持环境位于三大集团中间水平外，其余因子得分排名均位于末位，表现出竞争力差距。

广东省的规模产出因子得分一直位于全国首位，而产出水平又是对竞争力影响程度最大的因素。因此，从 2003 年到 2007 年，广东省的高技术产业凭借其强大的产出能力，一直位于第Ⅰ集团。四年间广东省的政策环境也有了一定的改善，技术创新能力有了一定提升，表现在政策环境因子得分和技术创新能力因子得分的增加，表明广东省政府对于高技术产业的发展加大了人力和财力的投入水平，在此基础上高技术产业新产品销售率和新产品出口销售率有了明显提高。江苏省由于其产出水平大幅提升，因此从2003年的第Ⅱ集团一跃成为我国高技术产业发达省份。但同时我们也看到，除2003年的技术支持因子得分为正外，江苏省的其他因子得分全部为负，表明江苏省的政策环境、技术支持以及技术创新能力均位于全国的平均水平之下。当地政府需要加大对高技术产业的人力和财力的支持力度，营造良好的高技术产业发展环境，从而提高其技术创新能力，推动高技术产业竞争力进一步提升。

上海的产出水平一直保持在全国第3的水平，其高技术产业竞争力综合得分稳居全国前4名。从2003年到2007年，上海的政策环境有所改善，其因子得分从－0.15182增加到0.17175，但其技术支持因子得分和技术创新因子得分却全部由正转负，且技术创新能力下降相当明显。虽然新产品销售率和新产品出口销售率两项指标不足以全面衡量高技术产业的技术创新能力，但是其在全国水平所处位置相对于规模产出在全国水平所处位置的明显下降是不容忽视的。北京的规模产出水平和技术支持分别稳居在全国第5位和第1位，政策环境因子得分和排名也比较稳定，表明北京具有良好的发展高技术产业的政策和技术支持环境。此外，从2003年到2007年，北京的技术创新能力提升明显，因子得分从－0.84455增加到1.25115，说明这四年来，北京所走的科技创新路线取得了明显的成绩。陕西省的最大特点在于政策环境相当好，其因子得分一直稳居在全国首位，技术支持环境也有所改善，该因子得分由负转正，但陕西省作为西部地区发展高技术产业的龙头省份，其良好的政策环境并没有带来产出水平和技术创新能力的提升，反而出现了非常明显的下降趋势，大规模的人力和财力的投入没有得到回报，表明其产出效率低下。四川省和陕西省的特点极其相似，且同为西部地区发展高技术产业的带头省份。四川省的政策环境稳居在全国第3位，同样地，技术支持环境改善，该因子得分由负转正。但规模产出水平却明显下降，并且从2003年到2007年，较强的技术创新能力也从第3位下降到了第8位，表现出了和陕西省一样的问题。山东省的产出水平较高，技术支持因子表现较好，且均显示出了较强的稳定性，政策环境虽稳定，但因子得分为负。技术创新能力略有下降，笔者认为与产业R&D人员和经费投入强度下降有直接关系。福建省凭借其很强的技术创新能力使得其综合得分排名稳定在全国前10名。福建省的产出水平和政策环境均有所提升，但技术支持因子得分由正转负，且下降明显，技术支持力度减弱。辽宁省的政策环境改善明显，技术支持环境也得到了一定改善，规模产出因子得分虽然一直为负，但也有了一定的提升。值得关注的是，位于地理位置优越的环渤海地带的辽宁省来说，其新产品销售率和新产品出口销售率急剧降低，技术创新能力下降非常明显。浙江省的产出水平表现较好，且政策环境的改善和技术创新能力的提升是其高技术产业竞争力综合排名由第 11 位上升为第 6 位的有力保障。但浙江省的技术支持因子得分由第 15 位下降至全国最后一位，从国家开发区企业数和劳动生产率来看，浙江省均有所提高，且国家开发区企业数提升速度还十分明显。但通过计算我国 30 个省份从 2003 年到 2007 年的劳动生产率的增长速度，我们发现浙江省的劳动生产率增长速度位列全国倒数第 3 位。因此，其技术支持环境的恶化就不难解释了。所以，提升浙江省高技术产业从业人员的劳动生产率，是提升其技术支持力度的关键。天津的规模产出因子得分排名虽然稳定在全国前 8 位，但是其数值为负，表明天津的产出水平位于全国的平均水平之下。通过技术创新因子得分和技术支持因子得分我们不难发现，处于环渤海地带的天津，明显地表现出是在国家政策的指引下走技术创新为主的路线。天津需要注意的是政府应该加大人员和经费的投入强度，使得其可以获得科技创新的持续动力。由于黑龙江省的技术支持环境恶化，以及技术创新能力的大幅下降，使得其高技术产业竞争力整体表现由第Ⅱ集团跌至第Ⅲ集团，但黑龙江省具有非常好的发展高技术产业的政策环境。因此，借助良好的政府政策环境，提高产出效率，从而扩大产出水平是黑龙江省发展高技术产业的当务之急。

由于规模产出因子在影响高技术产业竞争力的四大因子中占有绝对优势，因此该因子得分的高低就会对综合得分排名造成极大影响。位于第Ⅲ集团的所有省份的规模产出因子得分全部为负，因此也就使得这些省份的竞争力综合得分表现不好，是我国高技术产业发展相对后进的省份。吉林省、海南省和内蒙古的政策环境因子得分和技术创新因子得分均排在全国后 10 名，但其技术支持因子得分全部为正，表明三省的技术发展环境较好，劳动力素质较高，这三个省份应利用这一优势，提高产出水平。重庆与四川省、陕西省一样，作为西部地区优先发展的省市，其政策环境优势明显，经过四年的发展，其技术支持环境得到一定改善，技术创新能力大幅增强。宁夏和贵州省的政策环境较好，且 2007 年贵州省和宁夏的技术创新因子得分均为正，表现较好，但是由于两省的规模较小，加之技术支持环境较差，技术创新能力不足以支持当地高技术产业的发展。安徽省的下降是比较明显的，2003 年其政策环境的良好表现在 2007 年也变为了负值，其技术支持力度和技术创新能力均有所下降，这和投入的下降是分不开的。湖南省和甘肃省的政策支持力度减弱，同时湖北省和江西省的政策环境大大改善，且湖北省的技术支持环境也大大好转。因此，湖北省的技术创新能力也得到了提升，作为中部崛起的重要省份，湖北省应继续加大政府的支持力度，以扩大产出水平为核心，提升其竞争力。虽然云南省和新疆的技术创新能力提高较快，但是其相对较小的产业规模仍需要靠各方面环境的改善，才能提升其竞争实力。河北省、河南省、广西壮族自治区和山西省在四大因素上没有任何优势可言，所有因子得分全部为负，四省应该发挥其地区特色产业优势，加大重点产业的投入力度，以扩大产出水平为主，提升其竞争力。青海省的技术创新能力因子得分两年均为正，但是由于青海省没有国家级高新技术产业开发区，因此青海省技术支持因子得分在 2003 年排在全国最后一位。2007 年其技术支持因子得分大幅提升的主要原因在于青海省的劳动生产率提升为原来的 2.1 倍，增速位列全国首位，但仍无法改变其技术支持因子得分为负的现实，如果政府政策环境支持力度不够的话，会严重制约其高技术产业的发展。

通过上述分析我们会发现一个问题，即类似于青海省、新疆、宁夏这样的省份其技术创新能力表现较强，与我们头脑中的认识有较大差距。其实，主要原因有两点：一是技术创新能力因子所包含的指标变量较少，仅有新产品销售率和新产品出口销售率两项指标；二是因为这两项指标均为相对指标。我国各省市高技术产业的发展水平差距很大，青海等省份的发展规模很小，相对指标可能较大，从而导致其技术创新能力因子得分较高。

2003 年和 2007 年高技术产业竞争力综合得分极差分别为 2.855 和 2.745，虽然有所减小，但地区发展差距仍然很大。高技术产业的发展不同于传统产业，因为高技术产业是高附加值和高风险性并存的产业，各地区重点发展具有优势的特色产业，才是高技术产业健康发展的良策。

四、结论与政策建议

通过全文的分析，我们可以得到如下结论：

(一) 规模产出水平是决定竞争力的主要因素，核心竞争力——技术创新有待提高

规模产出水平、政策支持环境、技术支持环境和技术创新能力是影响我国高技术产业竞争力的主要因素，四大因素在 2003 年和 2007 年分别解释了竞争力的 88.371%和 87.583%。其中，规模产出水平是最主要的因素，2003 年产出水平对竞争力的影响程度为 59.78%，2007 年为 61.37%。决定高技术产业竞争力的核心——技术创新能力在目前还不是影响我国高技术产业竞争力的最主要因素，但其对竞争力的影响程度在增大，且提升效果明显，从 2003 年的

8.46%提升到2007年的12.32%。这说明我国高技术产业的竞争力整体还处在以数量取胜的初级阶段，还没有进入靠技术创新驱动的高级阶段。

（二）区域高技术产业发展集团特征明显

在我国高技术产业发展的现实态势中，集团特征显著，且呈现出明显的“强少弱多”的局面。从2003年到2007年，各省份的高技术产业发展所处集团几乎没有变化，仅有两个省份发生变化，一个是江苏省从第Ⅱ集团进入第Ⅰ集团，另一个则是黑龙江省由第Ⅱ集团跌至第Ⅲ集团，表明各个省份高技术产业发展水平相对稳定，而且具有十分明显的区域集团特征，中东部地区优势明显。特别是广东省、江苏省、北京市和上海市一直是我国高技术产业发展的领头羊，其他大多数省份均处于发展的中等或落后水平。

（三）高技术产业发展不平衡

我国高技术产业除地区发展不平衡外，各个集团的不同省份影响因素也极不平衡，并非“一强俱强，一弱俱弱”。虽然我国大部分省份处于高技术产业发展中等或是落后集团，但是表4和表5却清晰地显示出各个集团均具有自身明显的特点。即领先集团的各因子得分并非全部排在首位，发展中等和落后的集团各因子得分也并非全部落后。处于第Ⅰ集团的省份的最大优势在于其高技术产品输出能力很强，但其技术支持力度从三大集团来看相对不足。第Ⅱ集团的规模产出因子平均得分处于三大集团中游，但其他三大因子得分平均值均位于三大集团首位，表明该集团的省份具有良好的政策环境和人力资源优势来追赶第Ⅰ集团。第Ⅲ集团除技术支持因子得分平均值位于三大集团中间水平外，其余三大因子得分平均值均位于末位。

通过以上分析，笔者对我国高技术产业发展提出如下建议：

1. 注重创新，提高我国高技术产业发展的核心竞争力

高技术产业竞争力的核心是技术进步和技术创新，而规模产出只是高技术产业发展的初级阶段其竞争力表征。目前，我国高技术产业竞争力的主要影响因素表现在产出水平上，说明我们的创新能力还不够，高技术产业发展的模式还需要升级。因此，我们一定要注重创新能力的提高，这就需要各地政府加大科技投入力度，不仅提高技术创新能力，还要提高组织创新、制度创新和市场创新能力。对于高技术产业发展较好的省份，应该率先实现高技术产业发展模式的升级，对于发展中等和落后的省份，要逐渐进入到技术创新驱动高技术产业竞争实力的高级阶段。

2. 依据集团特征，扬长避短，特色发展

我国高技术产业发展的不同集团具有各自的特点，因此处于不同集团的省份应利用其自身优势，有特色的发展当地高技术产业。

对于最具竞争力的广东省来说，应该在全国范围内较快实现高技术产业的结构转型，更多地依靠技术研发和创新来提升其竞争力。但是，由于其并不具备北京和天津那样良好的技术支持环境和技术创新能力。因此，这种步伐不宜过快，这与国家高技术产业发展“十一五”规划的区域发展战略不谋而合，即以广东省为中心的珠江三角洲要努力成为高水平的全球高技术产品制造基地。

对于处于第Ⅱ集团的省份来说，北京和天津应利用其良好的技术支持环境，充分发挥高质量人力资源优势和北京独有的政策支持环境，率先完成高技术产业发展的产业结构升级，使得环渤海地区进一步成为重要的科技创新和产业化基地，其产出的扩大应主要体现在高水平的先进技术产品上。同时，该地区应该建立起自己的研发体系，做到产学研的真正结合。在提高产出的同时，不断提高自身的技术研发水平，从而加快高技术产业结构优化和升级的进程。以上海、江苏省和浙江省为中心的长江三角洲，应充分利用其优越的地理位置条件，在加大资金投入力度的同时，吸引优秀的人才和具有实力的企业，加速高技术企业群落的形成，实现规模经济效益，同时注重高技术服务业的发展，尽快实现“十一五”规划中的目标，使得长江三角洲率先成为我国高技术研发和先进制造基地，完成由制造向创造的飞跃。陕西省和四川省是我国西部地区发展高技术产业的领头军，且在国家政策的指引下具有非常好的发展高技术产业的政策环境和技术支持环境。但从 2003 年到 2007 年，两省的产出水平明显下滑，技术创新能力也出现了下降的趋势，从而可以看出两省的产出效率是比较低的。因此，两省应充分利用其良好的发展环境，并充分发挥西安和成都中心城市的辐射带动作用。大力发展地区优势产业，建设一流的特色产业园区，建设好西安阎良国家航空高技术产业基地和成都国家级高新技术产业开发区，在航空航天、微电子、生物医药和软件等领域加强国内国际的交流与合作，做大做强，成为继环渤海、长三角、珠三角地区外的另一个重要增长极。辽宁省、山东省和福建省等省份应分别融入环渤海和珠三角等区域发展集团，利用地区人才和环境优势，做好北京、上海以及广东省的广州和深圳等中心城市的产业转移和承接，从而实现中心城市的产业结构转型和优化以及本地产业的升级。

高技术产业的发展，需要全国各省市的发展来支持，但并不是无特色的全国一盘棋式的发展。重要的是各地区应显示出其地方特色，其产出水平并不一定要有多强，但是发展一定要具有特色，并与周边省份形成优势互补、集群分工、区域协调发展的良性发展态势。因此，对于处于第Ⅲ集团的省份来说，政府要发挥应有的作用，在加大资金和设备投入力度的同时，多制定有利于吸引人才的政策，发展地区优势产业，但切不可制定无法实现的目标（如试图走技术创新来提升其产业竞争力的路线），因为产业的发展是有其自身规律的，逆经济规律行事必然会得到失败的结果。这些省份在引进技术人才的同时要以扩大特色产业的产出为目的，利用好其“后发优势”，在关键领域做大做强，加快高技术产业对传统产业的改造和升级，使高技术产业对其经济增长的推动作用逐渐增强。

3. 产业协调发展，共同提高

我们必须意识到，高技术产业虽有其自身特色，但它同样具有一般产业发展的特点。因此，各地在发展高技术产业的同时，要充分认识到产业之间极强的关联性，切不可“头痛医头，脚痛医脚”。高技术产业需要其他相关配套产业的发展才能得以健康成长，特别是传统产业、基础产业对高技术产业的支持是非常重要的。因此，我们应该在加速高技术产业发展的同时，特别注重高技术产业对传统产业的改造和升级，从而更快地实现各产业的协调发展。只有相关产业发展了，高技术产业才能快速发展。

2008 年，一场席卷全球的金融海啸告诉我们，具有高技术含量的产品在这次危机中受到了最小的冲击，甚至有些产业不仅没有受到影响，反而赢得了更大的发展机遇。因此，在国家政策的指引下合理发展高技术产业，是我国由经济大国转为经济强国的重要推动力量。

参考文献：

［1］金碚．产业国际竞争力研究［J］．经济研究，1996 年第 11 期．

［2］赵玉林，魏芳．高技术产业发展对经济增长带动作用的实证分析［J］．数量经济技术经济研究，2006 年第 6 期．

［3］金碚．高技术在中国产业发展中的地位和作用［J］．中国工业经济，2003 年第 12 期．

［4］Jr. Daniel F. Burton，1993. High-Tech Competitiveness. *Foreign Policy*，No. 92：117-118 and 120-132.

［5］Maria Papadakis，1995. The delicate task of linking industrial R&D to national competitiveness. *Technovation*，Vol. 5（9）：569-583.

［6］Benoit Godin，2004. The obsession for competitiveness and its impact on statistics：the construction of high-technology indicators. *Research Policy*，Vol. 33（8）：1217-1229.

[7] Derek Braddorn and Keith Hartley，2007. The competitiveness of the UK aerospace industry. *Applied Economics*，Vol. 3 (6)：715-726.

[8] 穆荣平．高技术产业国际竞争力评价方法初步研究 [J]. 科研管理，2000 年第 1 期．

[9] 穆荣平．中国高技术产业国际竞争力评价指标研究 [J]. 中国科技论坛，2000 年第 3 期．

[10] 王建刚，于英川．我国高新技术产业竞争力比较研究 [J]. 工业技术经济，2004 年第 1 期．

[11] 秦臻，秦永和．中国高技术产业国际竞争力分析——以航空航天器制造业为例 [J]. 中国软科学，2007 年第 4 期．

[12] 林秀梅，宋晓杰，郝华，方毅．我国地区工业竞争力比较研究 [J]. 当代经济研究，2007 年第 9 期．

[13] 林秀梅．多元统计方法 [M]. 长春：吉林人民出版社，1996.

技术创新、产出增长和竞争力
——基于我国信息技术制造业的实证研究

许晶华
(华南师范大学经济与管理学院)

一、引言

在创新理论中，技术创新主要包括过程创新和产品创新，过程创新的目的在于改进生产方法和提高生产率。在产业的技术创新活动中，R&D 的大部分是用于新产品开发，或者质量更高和性能更好的产品创新，例如，瑞典工业的技术创新投入中，75%用于产品的研究与开发，美国为 68%，日本为 36%。无论是何种创新，其最终影响必须体现在产品或服务上，才能对创新予以真实和准确地评价。在创新与演化经济学研究中，技术创新的内涵遵循了熊彼特创新理论的基本思想，表现为企业或产业对现有技术有效组合运用、创造和吸纳各种新技术知识，向市场提供更好的产品或服务的过程。

根据对各国的测算，20 世纪初，技术创新对经济增长的贡献只占 5%左右，20～30 年代提高到 15%，40～50 年代上升到 40%，70～80 年代达到 60%，90 年代已经高达 70%以上。① 例如，在 1929～1978 年，美国的技术进步对经济增长的贡献率为 40%，对资源配置的贡献率为 20%，对人均资本的贡献率为 15%，对规模经济的贡献率为 13%，对劳动者素质提高的贡献率为 12%。在 1950～1962 年，英国技术创新对经济增长的贡献率为 63.9%，德国为 81.9%。日本 1952～1968 年为 65%，韩国 1955～1970 年为 56.4%，香港 1955～1970 年为 46.5%，我国 1952～1982 年为 19%，1979～1990 年上升到

---

① 李西尧．德国促进技术创新的举措［J］．全球科技经济瞭望，1999，(8)，24.

30.3%，1991～1995 年达到 40%。[①] 技术创新已经成为促进现代经济增长的重要源泉。

20 世纪下半叶，信息技术革命是经济增长最主要的推动力，也是提高产业竞争力的重要手段。近 30 年来，信息技术的开发与应用不仅使信息技术产业取得了突飞猛进的发展。美国、日本、韩国和中国台湾，信息技术产业已经成为国民经济中的支柱产业，美国的信息技术产品和服务出口已占出口总值的 40%。中国信息技术产业近 10 年来年均增速达到 32%，大大高于其他产业，成为国民经济发展最快的产业之一。更重要的是，信息技术制造业的发展有利于传统产业的技术与设备改造，促进传统产业的结构调整和升级，提高整体经济的效率。在经济全球化和信息化的进程中，中国经济已经度过了早期制造业代工的阶段，进入了以技术引进和自主创新相结合驱动产业升级的新阶段。在产业结构调整和经济增长方式转变的关键时期，需要建立怎样的创新体系和采用什么创新措施是学术研究、政策制定者和企业界共同关注的焦点问题。

本文重点研究了技术创新对我国信息技术制造业增长的贡献和对产业竞争力的影响。第一部分确定技术创新和产业增长的指标体系，选择合适的分析方法和建立技术创新与产业增长的实证框架。第二部分分析了中国十年来信息技术制造业的创新和产业增长的速度。第三部分检验了各种技术创新活动与信息技术制造业产出绩效的相关程度，重点分析了 R&D 投入对产品和产出增长的影响。第四部分测算了 R&D 对信息技术制造业的竞争力影响程度，揭示了 R&D 是提高产业竞争力的关键因素。最后是结论、政策建议和需要进一步研究的问题。

二、指标体系与分析框架

中国对高新技术制造业的界定参考了 OECD 的标准，将医药制造业、航空航天器制造业、电子及通信设备制造业、电子计算机及办公设备制造业、医疗设备和仪器仪表制造业五大产业群划分为高新技术产业。在这五大高新技术制造业内，电子及通信设备制造业和电子计算机及办公用品制造业属于信息技术制造业。技术创新使用投入和产出二类指标进行量化，投入指标包括 R&D 经费投入和人力资源投入二种，经费投入分为 R&D 总经费投入，R&D 内部经费投入，新产品研发投入，技术改造投入和技术引进投入五个指标。技术创

① 中国电子信息产业发展研究院．世界信息产业发展研究报告 [R]. 北京：中国电子信息发展研究院，2006，113～114.

新的产出指标也使用五个指标。一是以新产品产值作为技术创新的实际产出。在我国的统计体系中，新产品产值是指工业企业在报告期内销售新产品所实现的收入，代表了所有类型技术创新和相关要素投入的最终产出。二是以出口交货值作为技术创新的相对产出指标，它是衡量产业的发展水平和该产业竞争力强弱的指标。三是以专利作为技术创新的潜在产出指标。专利是创新的一种成果，代表了发明创造实现商业化的潜在机会。四是产业的总产值，衡量产业的生产能力。五是产品销售利润，表示产业获得收益的大小。分析所采用的指标及其含义见表1。

实证分析应用Pearson关系矩阵检验技术创新投入和产出指标之间的相关性，利用Granger因果检验和主成分分析法辨别要素之间的因果关系，进而建立技术创新与产业增长和竞争力的回归方程，确定技术创新对新产品产值、产业的产出增长和竞争力的影响程度，从而揭示可以通过何种技术创新方式能够提高产业的经济绩效和提升产业的竞争力。

表1　技术创新的投入与产出指标

类别	符号	指标含义	类别	符号	指标含义
投入指标	X_1	R&D总投入	产出指标	Y_1	专利申请数
	X_2	R&D经费内部投入		Y_2	出口交货值
	X_3	新产品研发投入		Y_3	新产品产值
	X_4	技术改造投入		Y_4	工业总产值
	X_5	技术引进投入	利润指标	PR	产品销售利润
	X_6	R&D人力资源投入			

三、信息技术制造业的创新投入与增长绩效

(一) 技术创新

表2显示，1995年我国信息制造业R&D总投入为30.2亿元，其中政府投入占8.9%，企业投入占80%。2004年总投入增加到428.47亿元，政府投入比例下降到2%，企业投入比例上升到87%。10年间R&D总投入增长了14.1倍，增长速度远高于其他行业。其中，1995年政府投入信息技术产业的R&D经费为2.78亿元，2004年增加到8.37亿元，增加3.1倍。企业投入从24.85亿元增加到317.17亿元，增长了12.76倍。由此可知，信息技术产业的R&D投入一直以企业为主导，创新的动力主要来源于企业从销售获利的再

投入。

在产业的技术创新构成中（见表3），从事创新活动的机构数量从1995年的964个下降到2003年的537个，但2004年恢复到847个，处于不稳定的变动状态。然而，参与技术创新的人力资源投入则不断增加，年均增加8千多人，从事技术创新的科学家和工程师人数也增加到6万多人。各种技术创新的经费投入比例变化非常明显，从1995年到1997年技术改造经费投入比重最大，但是到了2004年比重却最小，而新产品研发和内部研发投入经费从1995年的比重最小上升到2004年比重最大。在2004年，这两项投入占全部R&D经费的85%。20世纪90年代中后期，技术创新活动的类型主要是以技术改造和引进为主，而从2000年以来则明显转移到R&D和新产品开发，反映了我国信息技术制造业经历了从技术引进、消化和改造向自主创新的变化过程。

表2　信息技术制造业R&D投入　　单位：亿元

年份	R&D总投入	政府投入	占总投入的比例（%）	企业投入	占总投入的比例（%）
1995	30.19	2.78	8.9	24.85	80
1996	32.45	2.34	7.2	22.97	71
1997	43.85	3.31	7.6	29.80	68
1998	73.51	3.48	4.7	55.68	76
1999	100.39	4.62	4.6	82.60	82
2000	170.04	4.74	2.8	142.42	84
2001	198.47	5.38	2.7	172.00	87
2002	230.64	7.54	3.3	187.76	81
2003	311.15	5.93	1.9	260.39	84
2004	428.47	8.37	2.0	371.17	87

注：所有数据不包括外国独资企业

数据来源：根据《2002年高技术产业统计年鉴》和《2005年高技术产业统计年鉴》数据计算，表3～5同。

表 3 信息制造业技术创新投入构成 单位：个、人、亿元，%

年份	科技机构数	技术创新人数	科学家和工程师人数	R&D 经费内部投入	新产品开发投入	技术改造投入	技术引进投入	R&D 投入强度
1995	964	89867	38163	5.7	13.8	36	20	0.23
1996	876	100072	59623	13.6	19.9	42	15	0.48
1997	707	106370	67592	25.1	30.2	39	22	0.67
1998	740	112849	63152	39.3	47.4	30	15	0.86
1999	737	116015	64207	46.5	66.9	39	18	0.82
2000	546	117012	78872	79.5	87	55	38	1.06
2001	577	131360	95249	116.1	104.6	52	65	1.29
2002	572	130600	92653	137	124.4	57	78	1.23
2003	537	153954	59727	164.3	156.7	67	77	1.17
2004	847	171778	60089	228.1	366.1	94	102	1.12

注：投入经费包含了国内企业、合资企业和外国独资企业。

(二) 产出增长和经济绩效

1995 年我国信息技术制造业名义总产值为 2536 亿元，产业附加值为 636 亿元，实现利税 186 亿元。到 2004 年，总产值达到 22699 亿元，产业附加值为 4592 亿元，实现利税 1031 亿元。10 年间，总产值增长了 8.9 倍，附加值增长了 7.2 倍，利税增长了 5.5 倍（见表 4）。信息技术产业的经济绩效优于整个制造业的经济绩效，因此它占制造业的比重从 1995 年的 5.2%上升到 2004 年的 16.8%，已经成为中国经济的支柱产业。

反映技术创新成果的新产品产出，在 1995 年的产值为 537 亿元，占整个产业产出的 20%，到 2004 年占整个产业的产出比重虽然只上升了 5%。但销售收入则从 387 亿元增加到 5368 亿元，增长了 13.8 倍。实现利润从 44 亿元增加到 382 亿元，增长了 8.7 倍。新产品的经济绩效也明显优于整个产业。出口交货值从 1995 年的 931 亿元增加到 2004 年的 14106 亿元，10 年间增长了 15 倍。出口份额也从 1995 年的 38.2%增长到 2004 年的 69.4%，使我国高技术产业国际贸易的逆差从 2004 年开始改变，第一次出口超过了进口。其中，信息技术制造业的国际竞争力不断增强，是我国产业的研发投入的力度不断加强，技术不断提高，自主创新的结果。

表 4　1995—2004 年信息制造业的经济绩效　单位：亿元

年份	产业总产值	产业增加值	利税	新产品产值	新产品销售收入	出口交货值	新产品利润
1995	2536	636	186	537	387	931	44
1996	3085	725	112	678	559	1054	53
1997	3969	910	317	872	627	1208	76
1998	4968	1136	342	1192	1030	1769	95
1999	5912	1363	461	1451	1296	2135	111
2000	7658	1845	696	2290	2168	3062	168
2001	9100	2054	700	2572	2507	3881	146
2002	11427	2543	685	3016	2959	5607	208
2003	16204	3594	885	4010	4010	8539	329
2004	22699	4592	1031	5316	5368	14106	382

表 5　信息技术制造业劳动生产率　单位：%，万元/人

年份	信息制造业占制造业比重	信息制造业增长率	制造业劳动生产率	高技术劳动生产率	电子及通信设备制造业劳动生产率	电子计算机及办公设备制造业劳动生产率
1995	5.2	—	1.7	2.4	3.0	6.6
1996	6.0	21.6	2.1	2.8	3.3	9.5
1997	6.6	28.7	2.4	3.6	4.2	10.6
1998	8.3	25.2	3.0	4.5	5.3	12.4
1999	9.2	19.0	3.5	5.5	6.7	11.5
2000	10.2	29.5	4.3	7.1	8.5	15.7
2001	10.8	18.8	4.9	7.8	9.2	14.7
2002	11.6	25.6	5.7	8.9	10.1	15.6
2003	12.7	41.8	7.0	10.5	11.5	17.2
2004	16.8	40.1	8.1	10.8	11.1	14.8

以产业增加值/产业就业人数计算劳动生产率，自 1995 年以来，高技术产业的劳动生产率始终保持较高的增长趋势，年均增速高于制造业 0.7 个百分点。自 1995 年以来电子及通信设备制造业劳动生产率提高了 2.5 倍，电子计

算机及办公用品制造业提高了 1.8 倍。2004 年两个产业的劳动生产率分别达到 11.1 万元/人和 14.8 万元/人，远高于整个制造业 8.1 万元/人的劳动生产率，见表 5。

四、技术创新对信息制造业产出影响的相关性分析

(一) 技术创新与产业增长的相关性检验

衡量 R&D 投入绩效，最直观的指标是新产品产值 Y_3，R&D 经费、人力资本投入和新产品产值的相关程度，其方程为：

$$Y_3 = a_1 X_2 + a_2 X_3 + a_3 X_4 + a_4 X_5 + a_5 X_6 \tag{1}$$

测算各变量之间的 Pearson 相关系数，结果如 6 所示。

表 6　Pearson 相关系数矩阵检验结果

		$\ln X_2$	$\ln X_3$	$\ln X_4$	$\ln X_5$	$\ln X_6$	$\ln Y_3$
$\ln X_2$	相关性	1.000	0.974*	0.767*	0.836*	0.934*	0.989*
	显著性	0.000	0.000	0.010	0.003	0.000	0.000
	N	10	10	10	10	10	10
$\ln X_3$	相关性	0.974*	1.000	0.831*	0.850*	0.966*	0.987*
	显著性	0.000	0.000	0.003	0.002	0.000	0.000
	N	10	10	10	10	10	10
$\ln X_4$	相关性	0.767*	0.831*	1.000	0.906*	0.847*	0.837*
	显著性	0.010	0.003	0.000	0.000	0.002	0.002
	N	10	10	10	10	10	10
$\ln X_5$	相关性	0.836*	0.850*	0.906*	1.000	0.847*	0.877*
	显著性	0.003	0.002	0.000	0.000	0.002	0.001
	N	10	10	10	10	10	10
$\ln X_6$	相关性	0.934*	0.966*	0.847*	0.847*	1.000	0.955*
	显著性	0.000	0.000	0.002	0.002	0.000	0.000
	N	10	10	10	10	10	10
$\ln Y_3$	相关性	0.989*	0.987*	0.837*	0.877*	0.955*	1.000
	显著性	0.000	0.000	0.002	0.001	0.000	0.000
	N	10	10	10	10	10	10

*表示滞后两期情况下相关性显著在 0.01 水平。

表6显示，各种经费投入、人力资本投入和新产品产值的相关程度都非常高，可以确定各种经费投入和人力资本投入对新产品产值的影响显著。但需要考虑三个问题：第一，由于各种经费投入和人力资本投入之间的相关度也非常高，如果建立多元回归方程，则会出现多重共线性问题，使方程解释能力下降，因此需要分别对每一个指标采用一元回归。第二，以上 Pearson 相关系数检验虽然显示变量之间的相关度很高，但是这并不足以说明变量之间存在因果联系。如果直接建立回归模型很可能产生伪回归问题。第三，技术创新的经费和人力资本投入并不能马上产生效益，不同类型的创新收益具有程度不同的时滞。

由于存在这些问题，首先对各个变量进行 Granger 因果关系检验，以排除多重共线性的影响。样本选取时间跨度为1995～2004年，滞后一期和滞后二期的结果（表7）显示，在滞后一期的情况下，只有新产品研发经费（X_3）对新产品产值（Y_3）的 Granger 原因比较明显。而在滞后两期的情况下，只有R&D内部经费（X_2）对新产品产值的 Granger 原因比较明显，说明新产品研发经费投入只要一年就可以产生效益，R&D内部经费投入至少需要两年才能产生效益。由于可获得数据样本的约束，Eviews 无法计算滞后三期的 Granger 因果关系强弱程度，因此也无法衡量 X_4、X_5 和 X_6 产生效益的滞后期和效益大小。所以，只能对R&D内部经费投入、新产品研发经费投入和新产品研发投入的绩效进行实证检验。

表7 滞后一期和滞后二期的 Granger 因果检验

检验假设	滞后一期			滞后二期		
	样本	F统计量	概率	样本	F统计量	概率
Y_3 不是 X_2 的 Granger 原因	9	4.11302	0.08890	8	1.86391	0.29776
X_2 不是 Y_3 的 Granger 原因	9	0.00425	0.95015	8	12.4797	0.03515
Y_3 不是 X_3 的 Granger 原因	9	1.02558	0.35028	8	2.28979	0.24901
X_3 不是 Y_3 的 Granger 原因	9	3.97005	0.09339	8	0.74664	0.54555
Y_3 不是 X_4 的 Granger 原因	9	2.96122	0.13607	8	2.75872	0.20903
X_4 不是 Y_3 的 Granger 原因	9	0.10996	0.75146	8	1.94575	0.28722
Y_3 不是 X_5 的 Granger 原因	9	9.65787	0.02091	8	1.39972	0.37205
X_5 不是 Y_3 的 Granger 原因	9	0.02233	0.88612	8	0.65899	0.57911
Y_3 不是 X_6 的 Granger 原因	9	0.76914	0.41421	8	0.50298	0.64807
X_6 不是 Y_3 的 Granger 原因	9	0.42412	0.53901	8	1.76256	0.31174

(二) R&D 内部经费投入对新产品产出增长的作用

根据 Granger 因果关系检验结果，内部 R&D 投入对新产品产出增长采取自变量滞后两期的回归：

$$\ln Y_3 = a_2 \ln X_2\ (-2) + b_2 \tag{2}$$

调整后的样本为：1997～2004 年，调整后样本数为 8，回归结果为：

$$\ln Y_3 = 0.550 \ln X_2\ (-2) + 5.665 \tag{3}$$

此方程不存在序列自相关问题。回归系数 $a_2 = 0.550$，即新产品研发经费的投入每增加 1%，能带动 0.550%的新产品产值。

(三) R&D 总投入对产出增长的贡献

为了分析 R&D 总投入对信息技术制造业增长的影响，选取 R&D 经费总额（X_1）和 R&D 人员总数（X_6）两个指标来衡量信息技术制造业的 R&D 资金和人力资本投入。以新产品产值（Y_3）和工业总产值（Y_4）两个指标反映产业的产出增长，建立测算这 4 个指标之间的相关性方程为：

$$aY_3 + bY_4 = c_1 X_1 + c_2 X_6 \tag{4}$$

其 Pearson 相关性检验的结果表明这 4 个指标之间呈高度正线性相关性，而且在显著性水平为 1%时可信度也非常高。可以初步判定信息技术制造业的 R&D 投入对产业增长的相关程度很大（X_1 和 X_6 与 Y_3 和 Y_4 的相关系数都在 0.98 以上，而且双尾检验结果也很显著）。但是多个变量之间的相关关系是错综复杂的，上述 4 个变量的任何两个变量之间都有显著的简单相关关系，而这种相关关系中夹杂了其他变量的影响，简单相关系数实际上不能完全反映两个变量之间的纯相关关系。例如，新产品产值 Y_3 受到 R&D 经费总额 X_1 和 R&D 人员总数 X_6 的影响，但是 X_1 和 X_6 之间也存在相互制约的关系，信息技术制造业的 R&D 总人数 X_6 肯定受到 R&D 经费总额 X_1 的影响。同时，X_6 也可能对 X_1 起到制约的作用，所以为了确切反映变量之间的相关关系，使用偏相关系数检验法，即分别测算把 X_6 作为控制变量时 X_1 与 Y_3 和 Y_4 的偏相关系数，以及把 X_1 作为控制变量时 X_6 与 Y_3 和 Y_4 的偏相关系数，观察信息技术制造业的 R&D 经费投入和人力资本投入对产业增长的影响。结果显示，当固定 X_6 的影响之后，X_1 与 Y_3 和 Y_4 的偏相关系数较高而且统计结果的可信度也非常高，而当固定 X_1 的影响，X_6 与 Y_3 和 Y_4 的偏相关系数明显偏低。表明信息技术制造业的产出增长对 R&D 资金投入的依赖程度远高于对 R&D 人力资本投入的依赖程度。

为了建立回归方程的方便，利用 SPSS 分析软件采用主成分分析法分别将两个投入和产出指标各生成一个主成分，作为衡量 R&D 投入和产业增长的综合指标，记为 XI 和 YI。表 8 的结果显示，XI 包含了 X_1 和 X_6 两个指标的 98.387％的信息，生成的一个主成分 YI 包含了 Y_3 和 Y_4 两个指标的 99.052％的信息，将这两个主成分作为衡量信息技术制造业 R&D 投入和产业增长的综合指标十分理想。由此，可建立 R&D 综合投入对产业增长影响的回归方程为：

$$YI=a+b\ XI \tag{5}$$

表 8　XI 和 YI 生成的总方差解释表

主成分	XI		YI	
	1	2	1	2
特征值	1.968	3.226E−02	1.981	1.895E−02
总方差解释度	98.387	1.613	99.052	0.948
累积方差解释度	98.387	100.000	99.052	100.000
特征值	1.968		1.981	
总方差解释度	98.387		99.052	
累积方差解释度	98.387		99.052	

对 1995～2004 年的 10 样本数进行回归得到的结果为：

$$YI=0.995XI \tag{6}$$

由于常数项的检验无法通过，所以将其舍去。方程（6）的结果显示信息技术制造业 R&D 综合投入每增加一个单位，可以拉动约 0.995 个单位的产业增长。

五、R&D 对产业竞争力的影响

选用产业的产品销售利润（PR）作为衡量其竞争力的指标，用 R&D 经费总额 X_1，科技活动人员数量 X_6 以及专利申请数 Y_1，新产品产值 Y_3 作为衡量产业的 R&D 综合能力为指标，建立多元回归模型：

$$\ln PR=a_1\ln X_1+a_2\ln X_6+a_3\ln Y_1+a_4\ln Y_3+b_1 \tag{7}$$

样本时间跨度：1995～2004 年，样本数为 10 个，回归结果如下：

样本	回归系数	标准差	T 检验	概率
$\ln X_1$	1.408507	0.671663	2.097045	0.0901
$\ln X_6$	2.497149	1.147888	2.145429	0.0816
$\ln Y_1$	−0.734049	0.431566	−1.700895	0.1497
$\ln Y_3$	0.393233	0.534844	0.735230	0.4952
b_1	−28.62028	12.20045	−2.345839	0.0659

R^2	0.975581	自变量平均值变化	5.866077
调整后的 R^2	0.956047	自变量标准差	0.857409
标准回归误差	0.179756	Akaike info 标准	−0.287576
残值平方和	0.161562	Schwarz 标准	−0.136283
似然对数	6.437878	F 检验	49.94062
D−W 检验	1.900932	概率（F 检验）	0.000320

模型各自变量间不可避免地存在一定的相关性，故采用主成分分析法对回归结果进行检验以消除多重共线性影响，其结果如表 9 所示。

表 9　总方差解释表

主成分	特征值	总方差解释度	累积方差解释度	特征值	总方差解释度	累积方差解释度
1	4.880	97.610	97.610	4.880	97.610	97.610
2	6.959E−02	1.392	99.001			
3	3.221E−02	0.644	99.646			
4	1.439E−02	0.288	99.933			
5	3.326E−03	6.652E−02	100.000			

从总方差解释表可以看到选取的 4 个变量的相关度非常高，生成了一个主成分对 4 个变量的解释度高达 97.61%。用生成的主成分 Z 对因变量 lnPR 做回归，建立模型为：

$$\ln PR = a_5 Z + b_2 \tag{8}$$

回归结果为：

$$\ln PR = 0.843Z + 5.866 \quad (9)$$

模型通过了 D－W 检验和显著程度为 1%的 F 检验，说明模型的拟合优度很高，而且从整体上看，国际竞争力与自变量间的相关程度也很高。主成分因子 Z 通过了显著程度为 1%的 T 检验，表明模型中各变量与国际竞争力相关，但各变量对国际竞争力的影响在程度与方向上存在较大差异。结果显示：R&D 经费总额 X_1，科技活动人员数量 X_6 以及专利申请个数 Y_1，新产品产值 Y_3 都对信息技术制造业的竞争力有一定的影响。从主成分分析的总方差解释表可以看出 R&D 经费总额对产业竞争力的影响高达 97.61%，说明我国在信息技术产业发展过程中，R&D 经费的投入是提高产业竞争力最主要的因素。

六、结论和政策建议

通过技术创新对中国信息技术制造业的增长和竞争力分析，得出四点结论：第一，在所有技术创新的投入因素中，R&D 内部经费的投入和新产品研发经费投入产生收益的时滞较短，见效最快；而技术引进经费、技术改造经费和科技人员投入产生收益的时滞较长，至少在 2 年以上。第二，在投入产出绩效方面，新产品研发经费投入优于 R&D 内部经费投入。第三，中国信息技术制造业的 R&D 经费中能够产生短期收益的经费所占比例较大，说明自主创新产生收益的见效时间最短。而投资于见效慢、周期比较长的技术创新经费所占比例较小。该产业最有效的技术创新方式是加大对新产品研发的投入，虽然对创新的人力资源投入产生收益的时滞比较长，但在长期并不能因此而忽视对人力资本的投入。第四，R&D 综合投入每增加一个单位，可以拉动约 0.995 个单位的产业增长。证实了技术创新是提高产业绩效最有效的途径。

中国经济发展正从工业化初期进入中期，国家提出了通过技术创新提升产业和经济竞争力的发展战略，大工业和高技术产业成为实施这种战略的重点，信息技术制造业也被列为优先发展的重点产业。如果只是停留在技术引进和技术改造上，那么中国信息技术制造业的技术水平将难以超过发达国家。只有通过开放市场，加强技术合作，加大自主创新力度和培养高质量的研发人才，改进创新环境和激励机制，提高创新系统的效率，促进国内信息技术的应用和扩散，才能使中国从“世界 IT 制造工厂”变成世界 IT 创新基地。

本文集中于测算技术创新投入对信息技术制造业增长和竞争力的影响程度的研究，那么技术创新投入的力度究竟应该为多少才合适，在企业资金允许的情况下应该怎样有效率地分配技术创新资源，乃是需要进一步研究的问题。

参考文献：

[1] 约瑟夫·熊彼特. 经济发展理论 [M]. 商务印书馆，1990.

[2] 毕克新. 中小企业技术创新测度与评价研究 [M]. 科学出版社，2006.

[3] 官建成，马宁. 我国工业企业技术创新能力与出口行为研究 [J]. 数量经济技术经济研究，2002年第2期.

[4] 陆国庆. 基于信息技术革命的产业创新模式 [J]. 产业经济研究，2003年第4期.

[5] 王建华，赖明勇. 中国工业制造业技术创新的相对评价及实证研究 [J]. 系统工程，1999年第2期.

[6] 许晶华. 信息技术与经济增长：理论、方法与实证研究 [M]. 兰州大学出版社，2003.

[7] De Bondt，R.，*Spillover and Innovative Activities* [J]，International Journal of Industrial Organization，Vol. 15 (1)，1996，1～22.

[8] Dollar. D，*Technological Innovation，Capital Mobility，and the Product Cycle in North-South Trade* [J]，American Economic Review，Vol. 76 (1)，1986，177～190.

[9] Faber，J and Hesen，A. B.，*Innovation Capabilities of European Nations：Cross-national Analyses of Patents and Sales of Product Innovations* [J]，Research Policy，Vol. 33 (2)，2004，193～207.

[10] Guan，J and Ma，N.，*Innovative Capability and Export Performance of Chinese Firms* [J]，Technovation，Vol. 23 (4)，2003，737～747.

[11] Gou Zhongwen.，*IT Innovation and the Development of Information Industry* [J]，China Communication，6，2006，5～16.

[12] Kraemer，Kenneth and Jason Dedrick.，*Creating a Computer Industry Giant：China's Industrial Policies and Outcomes in the 1990s*，CRITO，University of California，Working Paper，June 2001.

[13] Kraemer，Kenneth and Jason Dedrick.，*From Nationalism to Pragmatism：IT Policy in China*，CRITO，University of California，Working Paper，June 1995.

[14] Masahiro Katsuno.，*Status and Overview of official ICT Indicators for China*，OECD STI Working Paper 2005/4

[15] Morkey，G. K，Reithner，R. M.，*How R&D Affects Sales Growth，Productivity and Profitability* [J]，Research Technology Management，Vol. 33 (2)，1990，11～14.

[16] OECD.，*ICT and Economic Growth：Evidence from OECD Countries，Industries and Firms* [R]，2003

[17] Schreyer，Paul.，*ICT and the Measurement of Real Output，Final demand and productivity*，OECD STI Working Paper 1998/2

外资并购我国上市公司绩效分析*

齐红倩[1,2]　靳　倩[2]　王玥晰[3]
（1. 吉林大学数量经济研究中心；2. 吉林大学商学院；
3. 吉林大学经济学院）

外资并购是外国企业在中国法律允许的前提下并购我国上市公司并参与经营活动的行为。在微观层次上，上市公司的并购绩效主要是分析并购行为对被并购企业带来的变化，如主营业务扩张、产品结构优化、资产结构优化、经营管理机制改变等。

一、企业并购及并购经济绩效模型及假设

国内外学者对并购引起的经济绩效变化研究主要沿着两条主线展开，即研究公司并购引起的证券市场反应和检验并购对公司经营绩效长期和短期的影响。我们综合上述两种观点，提出本研究的绩效模型。

（一）企业并购短期绩效模型

令 R_{mt} 是市场组合的收益率，选用上证综合指数和深证综合成分指数相应地作为市场组合的代表，则：

$$R_{mt}=\frac{I_t-I_{t-1}}{I_{t-1}}$$

I_t 为第 t 日指数的收盘点数，其中指数点数已经考虑了派息、送股、配股等因素的影响，所以无须进行复权处理；β_j 是衡量 j 上市公司股票收益率对市场组合收益率的敏感度（反映系统风险），α_j 衡量整个期间无法由市场来解释的平均收益率；ε_j 是随机误差项。回归分析得到 α_j 和 β_j 的估计值为 $\hat{\alpha}_j$ 和 $\hat{\beta}_j$。

* 本文得到 2008 年教育部重大项目（08JJD790153）、吉林大学“985 工程”“经济分析与预测哲学社会科学创新基地”二期研究项目资助。

$\hat{\alpha}_j$ 和 $\hat{\beta}_j$ 代入市场模型得到第 t 日 j 上市公司的股票预期收益率 $\hat{R}_{jt}$，即 $\hat{R}_{jt}=\hat{\alpha}_j+\hat{\beta}_j R_{mt}$。计算各上市公司在其某事件期内每一天的超额收益率 e_{jt}，即 $e_{jt}=R_{jt}-\hat{R}_{jt}$（$j=1, 2, \cdots, N$；$t=T_1, \cdots, -1, 0, 1, \cdots, T_2$）。

在一个包括 N 起并购事件的样本中，对事件期内每一天（$t=-T_1, \cdots, T_2$）的各上市公司的超额收益率平均值为：

$$AR_t=\frac{\sum_{j=1}^{N} e_{jt}}{N}$$

对上市公司间进行取平均值是尽量消除与事件无关的各种因素对股票超额收益的干扰，因此，样本中的公司数目越多，并购事件的影响也越能更好地加以识别。同时，将 AR 作如下变换：

$$\hat{S}(AR_t)=\sqrt{\frac{1}{199}\sum_{K=(-200+T_1)}^{-(T_1+1)}(AR_K+AR_{\overline{K}})^2}, \quad \overline{AR}_K=\frac{1}{200}\sum_{K=-(200+T_1)}^{-(T_1+1)} AR_K$$

可以证明，$\frac{AR_t}{\hat{S}(AR_t)}$ 服从自由度为 199 的 T（*student*）分布，$Z=\frac{\overline{AR}}{\sqrt{\hat{S}(AR_t)/(T_1+t_2+1)}}$ 服从标准正态分布，其中 $\overline{AR}=\frac{1}{T_1+T_2+1}\sum_{t=T_1}^{T_2} AR_t$。

据此，对平均超额收益均值等于零的假设进行统计检验。计算在事件期内每一天的累积平均超额收益率 $CAR(-T_1, T_2)$ 并进行统计检验：将事件期内从第 $-T_1$ 日到第 t 日各天的平均超额收益率进行加总：

$$CAR_t=CAR(-T_1, t)=\sum_{t=-T_1}^{t} AR_t, \quad t=-T_1, \cdots, T_2$$

第 $-T_1$ 日到第 T_2 日的累积平均超额收益率 $CAR(-T_1, T_2)$ 代表了由特定事件带来的对样本中所有上市公司的总体平均影响。

同时，我们把 $CAR(T_1, T_2)$ 作如下变换：

$$\frac{CAR(T_1, T_2)}{\hat{S}(CAR(T_1, T_2))}=\frac{\sum_{t=-T_1}^{T_2} AR_t}{\sqrt{\sum_{t=-T_1}^{T_2}\hat{S}^2(AR_t)}}=\frac{\sum_{t=-T_1}^{T_2} AR_t}{\sqrt{(T_1+T_2+1)\,S^2(AR_t)}}$$

可以证明 $\frac{CAR(T, T_2)}{\hat{S}(CAR(T_1, T_2))}$ 服从标准正态分布 $N(0, 1)$。我们可据此对 $CAR(T_1, T_2)$ 等于零的原假设进行统计检验。

对平均超额收益或累积超额收益的检验结果进行分析，并配合直观图形对实证结果进行解释。如果平均超额收益通过显著性检验，则市场对并购时间作出了显著的反应。

（二）企业并购长期绩效模型——主成分分析模型

我们采用主成分分析方法，对所搜集财务数据样本指标进行并购前后比较，以检验外资并购我国上市公司的绩效。主成分分析法的核心是对若干个指标进行因子分析并提取公共因子，再以每个因子的方差贡献率作为权数与该因子得分乘积的和构造综合得分函数。即：

$$F_i = a_{i1}Y_{i1} + a_{i2}Y_{i2} + \cdots + a_{im}Y_{im}$$

其中，F_i 是第 i 个公司业绩的综合得分；a_{ij} 是第 i 个公司第 j 个因子的方差贡献率；Y_{ij} 是第 i 个公司第 j 个因子的得分。将 Y_{i1}、Y_{i2}、…、Y_{i12} 分别设为 z_1、z_2、…z_{12}，则有：

$$X = BZ + E$$

其中，X 为原始变量向量；B 为公共因子负荷系数矩阵；Z 为公因子向量。公因子 z_1、z_2、…z_{12} 之间彼此并不相关，成为正交模型。当残差 E 的影响很小可以忽略不计时，数学模型变为 $X = AZ$。

本文将选择的 12 个财务指标设为 X_1、X_2、…、X_{12}。为了方便起见，我们把 12 个财务指标写成向量形式：$X=(X_1, X_2, \cdots, X_{12})$，它的主成分为：

$$Y_1 = e'_1X = e_{1,1}X_1 + e_{2,1}X_2 + \cdots + e_{12,1}X_{12}$$
$$Y_2 = e'_2X = e_{1,2}X_1 + e_{2,2}X_2 + \cdots + e_{12,2}X_{12}$$
$$\cdots\cdots$$
$$Y_{12} = e'_{12}X = e_{1,12}X_1 + e_{2,12}X_2 + \cdots + e_{1,12}X_{12}$$

其中，$e'_ie_i = 1$ $(i=1, 2, \cdots, 12)$；Y_1 是一切 $Y_i = e'_iX$ 中方差最大者，Y_2 是一切 $Y_i = e'_iX$ 中方差次大者……Y_{12} 是一切 $Y_i = e'_iX$ 中方差最小者；Y_1，Y_2，…Y_{12} 互相不相关。其实，这 12 个变量的 12 个主成分就是这 12 个变量的 12 个线形组合，其中线性组合的系数向量是单位向量。

为使主成分分析能够均等对待每一个财务指标变量，消除由于单位的不同而可能带来的一些不合理的影响，将各原始财务变量做标准化处理。令

$$X_j^* = \frac{X_j - E(X_j)}{\sqrt{\mathrm{Var}(X_j)}} \quad (j=1, 2, \cdots, 12)$$

$X=(X_1^*, X_2^*, \cdots X_{12}^*)$（仍记为 X）的方差—协方差矩阵 S 就是其相关矩阵，即：

$$\Sigma = \rho = \begin{pmatrix} \sigma_1^2 & \sigma_{12} & \cdots & \sigma_{1,12} \\ \sigma_{21} & \sigma_2^2 & \cdots & \sigma_{2,12} \\ \vdots & \vdots & \cdots & \vdots \\ \sigma_{12,1} & \sigma_{12,2} & \cdots & \sigma_{2,12} \end{pmatrix}$$

Σ的 12 个特征值 λ_1，λ_2，…λ_{12}（$\lambda_1 \geqslant \lambda_2 \geqslant \cdots \geqslant \lambda_{12} \geqslant 0$），对应的 12 个特征向量为 e_1，e_2，…，e_{12}，那么第 i 个主成分 Y_i 的方差为第 i 个特征值 λ_i，每两个相同的主成分间的协方差、相关系数为 0。即令主成分向量 $Y' =$（Y_1，Y_2，…，Y_{12}），则 Y 的方差—协方差矩阵是一对角矩阵 N，其对角元素分别是 λ_1，λ_2，…，λ_{12}，即 Y 的方差—协方差矩阵为：

$$N=\begin{bmatrix} \lambda_1 & & & \\ & \lambda_2 & & \\ & & \ddots & \\ & & & \lambda_{12} \end{bmatrix}$$

Σ和 N 的对角元素之和相等，即两个方差—协方差矩阵的迹相等，即

$$\mathrm{tr}(S)=\sigma_1^2+\sigma_2^2+\cdots+\sigma_{12}^2=\lambda_1+\lambda_2+\cdots+\lambda_{12}=\mathrm{tr}(N)$$

进一步得到第 i 个主成分的方差占总方差的比重为：

$$W_i=\frac{\lambda_i}{\lambda_1+\lambda_2+\cdots+\lambda_{12}} \quad (i=1, 2, \cdots, 12)$$

此方差比例为主成分 Y_i 的贡献率。第一主成分的贡献率最大，这表明 Y_1 综合原始财务变量 X_1，X_2，…，X_{12}的能力最强，而 Y_1，Y_2，…，Y_{12}综合能力依次减弱。若只取前 m（$m<12$）个主成分，则称

$$\frac{\lambda_1+\lambda_2+\cdots\lambda_m}{\lambda_1+\lambda_2+\cdots\lambda_{12}}$$

为主成分 Y_1，Y_2，…，Y_{12}的累计贡献率，累计贡献率表明 Y_1，Y_2，…，Y_{12}综合 X_1，X_2，…，X_{12}的能力。通常取 m，使得累计贡献率达到一个较高的百分数（如 80%以上）。

我们把标准化后的原始财务数据带入主成分，得到各主成分得分。然后，以该主成分的贡献率为权重，把 m 个主成分线性相加，得到综合分值，以该综合得分作为评价公司经营业绩的标准。

国内外绩效评价研究方法以经营业绩对比法与事件研究法为主，经营业绩对比评价对于长期绩效的评价更有说服力。我国的研究中，关于并购绩效的结论差别较大，主要是影响企业并购绩效的因素很多，很难获得完全或基本一致的样本。即使采用同样的方法进行绩效检验，也有不一致结论的情况出现。本文认为这与我国的特殊情况有关。由于国有股和法人股不能上市流通，公司市场价值的估计误差大，同时会计制度不健全及上市公司对会计信息的操纵又使会计收益率颇多失真，这些都会导致我国的实证研究结论差异较大。

本文检验所使用的各个样本的财务指标数据来自样本公司各年度或中期的

财务报告。具体的检验方法是，对不同年度不同类型的并购重组样本的财务数据，分别运用主成分分析法，计算样本在并购前后两年和并购当年的财务指标的综合得分。这种方法的核心是对若干个指标进行因子分析提取适当多的公共因子，再以每个因子的方差贡献率作为权数，对各个因子的得分进行加权以构造综合得分函数。最后对并购前后的综合得分加以分析。即：

$$F_i = a_{i1}Y_{i1} + a_{i2}Y_{i2} + \cdots + a_{im}Y_{im}$$

其中，F_i 是第 i 个公司业绩的综合得分；a_{ij} 是第 i 个公司第 j 个因子的方差贡献率；Y_{ij} 是第 i 个公司第 j 个因子的得分。

结合我国证券市场并购事件的具体特点，我们作出如下假设：

（1）总体上来说，外资并购后公司的长期经营业绩会有所改善。（2）对于外资并购绩效的改善主要表现在偿债能力和赢利能力提高。（3）不同的并购类型对外资并购绩效有不同的影响。（4）并购公司与目标公司相关性越大，并购绩效越高；反之，并购绩效越低。（5）目标公司所在地区为沿海地区，并购绩效改善明显。（6）外资企业并购后是否成为第一或第二大股东对并购绩效有显著影响。（7）并购前目标企业绩效的好坏对外资并购后的绩效有影响。（8）中国关于外资并购我国上市公司的法律法规的出台对外资并购后的绩效有一定影响。

二、实证分析

（一）样本选择及财务指标选取

我国上市公司中真正外资控股的并不多，本文鉴于研究样本数量的需要，采用了外资并购广义的定义方法，即外资并购是指通过获得股权或资产，使外资并购在国内企业中获得重要控制权的所有权转移事件。具体在选择样本时，采用的样本范围是1998～2005年被外资并购的上市公司，计35个样本。反映上市公司财务状况的指标可分为五大类：赢利能力指标、偿债能力指标、资产管理能力指标、经营发展能力（成长能力）指标、资本结构指标。实际应用中，根据评价指标目标的不同，对上述五大类指标进行单项或综合评价。

表1 上市公司并购绩效综合评价指标体系

一级指标	二级指标	符号
赢利能力	营业收入净利润率	X_1
	净资产利润率	X_2
	每股收益	X_3
偿债能力	流动比率	X_4
	速动比率	X_5
	资产负债率	X_6
资产管理能力	应收账款周转率	X_7
	流动资产周转率	X_8
资本结构	股东权益比率	X_9
	每股净资产	X_{10}

（二）主成分分析

本文采用财务绩效法来检验我国上市公司并购的经营绩效，即采用发生并购前后的企业财务和会计数据来进行比较分析。为了避免单个指标可能造成的缺陷，本文选取了10个会计指标，运用主成分分析法构建上市公司绩效综合得分模型，对其并购前后综合得分进行比较。

为了考察并购对上市公司经营业绩长期的影响，本文将检验区间扩大到从并购前两年到并购后两年。用SPSS统计软件，分别对上市公司并购前两年、并购前一年、并购当年、并购后一年、并购后两年的财务数据进行分析。用SPSS软件，从变量的相关矩阵出发，按并购前两年、并购前一年、并购当年、并购后一年和并购后两年分别进行因子分析，本文仅列并购当年的因子载荷矩阵：

主成分的经济含义分析：从因子载荷矩阵可以看出公共因子$F1$在X_4、X_5上的载荷最大，在X_6上载荷不大；在X_1、X_2、X_3上的载荷次之，说明$F1$主要代表偿债能力。$F2$对X_1、X_2、X_3解释能力最强，说明$F2$可以解释为公司的赢利能力。$F3$对X_{10}解释能力最强，说明$F3$可以解释为公司的资本结构。$F4$对X_7、X_8解释能力最强，说明$F4$的经济含义可解释为公司的营运能力即资本周转能力，但是解释能力不太稳定。

表 2　并购当年因子载荷矩阵

	1	2	3	4
X_1	0.653162	0.532951	0.126285	−0.19383
X_2	0.756358	0.579627	0.160874	−0.07066
X_3	0.642091	0.669167	0.096604	−0.05591
X_4	0.728404	−0.54659	0.248752	0.118997
X_5	0.718961	−0.55626	0.207477	0.179046
X_6	−0.87173	0.272922	0.052643	−0.00161
X_7	−0.14977	0.370841	0.40335	0.764968
X_8	0.344222	0.105303	−0.70053	0.487015
X_9	0.26703	−0.2938	0.003849	−0.04947
X_{10}	0.613843	0.152862	0.41126	−0.01797

从公共因子的载荷上看，衡量公司绩效大体上从四个方面来决定，即公司的获利能力指标、偿债能力指标、资金周转能力、资本结构指标四个方面来决定。且 F1 和 F2 在它所代表指标上的载荷较大，因此表明公司的经营业绩主要由营业收入净利润率、净资产收益率、每股收益、流动比率、速动比率、资产负债率六个二级指标，即主要靠获利能力和偿债能力来反映；同时，资产的周转能力和资本结构也是决定并购成功与否的另外两个关键因素。

在主成分分析的过程中，从可解释的总方差、并购前后方差贡献率和累计方差贡献率中我们可以看出，在五年中前 4 个主成分的累计方差贡献率基本上都达到了 80%以上，也就是说前四个主成分提取的信息可以获取原始财务指标的信息了。以下是并购前后两年和并购当年的各主成分的贡献率：

表 3　各主成分在并购前后的贡献率

时间	主成分	F1	F2	F3	F4
并购前两年	贡献率（%）	35.541	23.584	11.229	9.774
并购前一年	贡献率（%）	51.753	13.733	10.507	9.572
并购当年	贡献率（%）	44.878	20.088	9.814	9.170
并购后一年	贡献率（%）	46.111	19.891	10.047	9.026
并购后两年	贡献率（%）	47.883	20.008	10.754	10.001

从因子分析和主成分贡献率来看，F1所代表的偿债能力解释整体的能力最强，五年的平均贡献率在40%以上；其次是F2所代表的赢利能力，平均贡献率在20%左右；F3代表的资产周转能力和F4代表的资本结构解释整体的能力相对有所降低，都在20%左右。并且从表中可以看出，在并购后两年内被并购上市公司的偿债能力和资产周转能力这一主成分对整体的贡献率有所上升，而赢利能力和资本结构所占比重的变化不稳定。

从因子载荷矩阵和各主成分在并购前后的贡献率中，我们可以算出五个综合得分函数：

F（－2）＝（35.541·F1＋23.584·F2＋11.229·F3＋9.774·F4）/80.128

F（－1）＝（51.753·F1＋13.733·F2＋10.507·F3＋9.572·F4）/85.566

F（0）＝（44.878·F1＋20.088·F2＋9.814·F3＋9.170·F4）/83.951

F（1）＝（46.111·F1＋19.891·F2＋10.047·F3＋9.026·F4）/85.076

F（2）＝（47.883·F1＋21.008·F2＋12.754·F3＋10.001·F4）/80.650

其中F（－2）、F（－1）、F（2）、F（1）、F（0）分别表示并购前两年、并购前一年、并购当年、并购后一年和并购后年的综合得分，F1、F2、F3、F4分别为公共因子。

我们对发生并购的样本公司的综合得分变化进行比较分析，结果表明，有59.375%上市公司在进行外资并购后的经营业绩综合实力得到了改善，15.625%的被并购公司并购后经营业绩变化不稳定，25%的上市公司在进行外资并购前后的经营业绩没有得到明显改善。这说明，通过外资并购并没有使所有的目标公司提高了自身的综合实力。并且从时间上来说，2000年以后发生并购的上市公司的经营业绩得到改善的比例明显增加。在并购类型上来讲，定向增发类并购事件中上市公司经营业绩得到改善的比例最高，占该类公司的77%。

（三）相关性分析

为了得出外资并购前后各年综合得分和各财务指标的相关性，我们调用SPSS中的Bivariate进行分析，得出结果如表4。

表 4 并购前后各年综合得分和各财务指标的相关性 Correlations

	F（−2）	F（−1）	F（0）	F（1）	F（2）
X_1	0.847**	0.851**	0.364*	0.790**	0.807**
X_2	0.899**	0.863**	0.508**	0.865**	0.715**
X_3	0.767**	0.821**	0.484**	0.608**	0.468**
X_4	0.358**	0.767**	0.301**	0.539**	0.541**
X_5	0.400**	0.776**	0.430**	0.526**	0.449**
X_6	−0.314	−0.130**	−0.097	−0.315	−0.134
X_7	0.019	0.439**	0.201	0.294	0.033*
X_8	0.342*	0.308**	−0.097	0.116	0.261*
X_9	0.713*	0.193	0.589	0.245**	0.512**
X_{10}	0.432**	0.473**	0.327**	0.475**	0.280**

注：* 表示显著性水平 α 时可拒绝零假设；* * 表示显著性水平 α 为 0.01 时可拒绝零假设。

由于在相关系数分析中，并购前后各年综合得分和各财务指标的相关系数检验的概率 p 都近似为 0。因此，当显著性水平 α 为 0.05 或者 0.01 时，都应拒绝相关系数检验的零假设，并购前后各年的综合得分和各项财务指标是存在线性关系的。从表 4 中可以看出，综合能力得分与赢利性指标和偿债性指标存在强的相关关系，并且受到它们正向的影响，但同偿债性指标中的资产负债率只存在负的弱相关关系，这和前面因子载荷表中反映的情况是一致的。综合得分与资产管理能力以及资本结构相关关系较小，但是影响是正向的。

（四）实证检验

对我们搜集的外资并购的所有样本，以综合得分为基础，计算出其综合得分差的均值和正值比率，如表 5 所示。

从表 5 可以看出，上市公司在外资并购后的综合得分始终呈现出不断上升的趋势，且其上升趋势在并购当年就开始显露，但 t 检验值为 0.146 并不显著；在并购后第一年其业绩大幅度提升且较为显著，其统计量为 3.572，充分反映出并购为上市公司所带来的优良业绩。而并购后两年较并购后一年综合得分的增幅的下降，业绩提高并不明显，其 t 统计量仅为 0.243，可以理解为并购后矛盾的凸现所引起的并购后业绩增速的趋缓。与之相对应的是正值比率在并购当年和并购后一年的稳定提高。并购后两年与并购当年的比较，更说明了较长时间内并购所带来的公司价值的增加。总之，发生并购后两年间其业绩有明显改观，已显露出并购整合后的正效应，表明在总体上外资并购是有效的。

表 5 外资并购各上市公司综合得分均值和正值比率

F差值	F (−1) − F (−2)	F (0) − F (−1)	F (1) − F (0)	F (2) − F (1)	F (2) − F (0)
F差均值	0.0477694	0.0871389	2.041932	0.316194	2.358126
正值比率	0.237953	0.8237953	0.9237953	0.3795314	0.444263
配对T值	0.109	0.146	3.572	0.243	1.216
相关性	0.367	−0.579	0.354	0.462	0.513

注：F（−1）表示并购前一年综合得分；F（0）表示并购当年综合得分；F（1）表示并购后一年综合得分；F（2）表示并购后两年综合得分；F差值为不同年份的综合得分差值；F差均值表示综合得分差值的算术平均数，F差均值的大小表示业绩变动的强度；正值比率表示综合得分为正的样本数与总样本数的比值，可以表示业绩提升的样本公司比例。

（五）外资并购我国上市公司的影响因素模型

我们的因变量分别为：并购前一年的综合得分F（−1），并购后一年的综合得分F（1），并购后两年的综合得分F（2），并购后一年和并购前一年综合得分的差值［F（1）−F（−1）］，并购后两年和并购前一年综合得分的差值［F（2）−F（−1）］。

如果绩效Y与多个影响因素（X_1，X_2，…，X_m）之间存在线形关系，则Y及X_1，X_2，…，X_m的n个考察数据满足多元线形回归模型：

$$Y=b_0+b_1X_1+b_2X_2+\cdots+b_mX_m$$

多元线性回归分析结果如表6。

表 6 影响外资并购我国上市公司并购绩效的多元线性回归模型分析结果

Y_n	X_n	r	r'	t	P
F（−1）	X_1	0.034	0.010	0.045	0.097
	X_1	−1.683	−0.317	−1.324	0.021
	X_3	9.050	0.170	0.743	0.047
	X_4	5.860	0.123	0.538	0.059
	X_5	4.847	0.095	0.384	0.071
	X_6	3.476	0.130	0.542	0.059
	X_7	−2.752	−0.054	−0.239	0.081

续表

Y_n	X_n	r	r′	t	P
F (2)	X_1	−0.131	−0.054	0.261	0.079
	X_3	0.122	0.050	0.254	0.080
	X_6	0.539	0.441	2.126	0.047
F (1) −F (−1)	X_1	−1.686	−0.324	−1.347	0.027
	X_3	9.387	0.181	0.783	0.044
	X_4	5.400	0.116	0.504	0.062
	X_5	3.803	0.076	0.306	0.076
	X_6	2.883	0.110	0.456	0.065
	X_7	2.352	0.047	0.205	0.081
F (2) −F (−1)	X_3	0.214	0.117	0.484	0.063
	X_4	0.150	0.092	0.380	0.045
	X_5	0.317	0.181	0.691	0.049
	X_6	0.054	0.059	0.232	0.082
	X_7	−0.323	−0.184	−0.771	0.043

注：Y_n 为因变量；X_n 为自变量；r 为偏回归系数；r′为标准偏回归系数；t 为偏回归系数的检验值；P 为显著性水平，因显著性水平不满足 $\alpha=0.10$ 而未进入多元线性回归方程者，表中未列入。

三、分析与结论

多元线性回归分析表明：(1) 在上表中 X_3 的回归系数均为正值，这说明相关的外资并购会得到市场的认可，导致较好的并购绩效；而不相关的外资并购将导致较差的并购绩效。(2) 发生外资并购的地域范围（沿海=1，内地=0），表中 X_4 的回归系数为正值，这说明发生在沿海的确的外资并购一般导致较好的并购绩效，发生在内地的并购绩效相对较差。(3) 外资成为第一或第二大股东，并购绩效教好。(4) 表中 X_5 的回归系数为正，并购前的经营绩效和并购后的经营绩效成正效应。(5) 综合考虑回归系数正负出现频率和显著性水平，如果并购当年有利于外资并购的法律出现，那么并购绩效良好；反之亦然。

通过以上运用财务指标对外资并购我国上市公司长期绩效的实证分析，我们可以看出外资并购在总体上对我国上市公司的并购整合是有效的。对被并购的我国上市公司来说，外资并购使得上市公司的偿债能力、赢利能力有了明显改善，但是对于资产结构和资产周转能力却没有明显的变化。从影响因素来看，并购双方的相关性、外资股份所占比例的大小、外资并购发生的地域范围、并购前目标公司的经营业绩，以及并购当年所颁布的法律法规对外资并购绩效的影响都是显著的。从竞争上来说，1998 年以后并购我国上市公司的外资企业大部分为进入中国市场较晚的跨国公司，它们愿意采用并购的方式，缩小同竞争对手之间的差距。特别是 2000 年以来，我国政府相继出台的一系列法律法规，这些政策逐步放宽外资并购我国上市公司的限制条件，确立了外资并购的合法地位。

外资并购我国上市公司中也存在一些问题，主要包括我国并购立法的相对滞后阻碍了外资并购中国上市公司的进程；外资并购在一定程度上不利于我国产业结构的调整和完善；一些投机性外资并购中存在国有资产流失现象；外资并购受产权因素和公司治理结构的制约；外资并购过程中的信息披露滞后等问题，有待进一步解决。

参考文献：

[1] 联合国贸易与发展会议（UNCTAD）. 2000 年世界投资报告：跨国并购与发展. 北京：中国财政经济出版社，2000.

[2] Sudarsanam P. S. . The essence of mergers and acquisitions. Prentice Hall Europe. 1995. pp. 37～38.

[3] Mulherin，J. H. ，and Boone，A. ，“Comparing Acquisitions and Divestitures”，Journal of Corporate Finance. 6. 2000. pp. 117～139.

[4] 张新 . 并购重组是否创造价值 .《经济研究》. 2003 年第 6 期 . pp. 20～29.

[5] 张学毅 . 资产重组上市公司业绩成长性分析 [J]. 统计分析 . 2002 年第 7 期. pp. 62～63.

[6] 李善明 . 中国上市公司资产重组绩效研究 [J].《管理世界》. 2003 年第 11 期。

[7] 上市公司年报 . www. cnlict. com. 1998～2003。

六

区域经济协调发展

中国农民消费的区域特征研究
——基于省际数据的空间计量分析*

孙爱军[1,2]
（1. 南京大学经济学院；2. 淮阴师范学院 经济与管理学院）

2008年下半年开始的金融危机，正在影响西方主要市场经济国家的实体经济，中国经济全面感受到全球需求暴跌的冲击，加剧就业压力，直接影响到中国的民生。为了应对这场危机在深化过程中对中国经济的进一步影响，在投资受限、出口跌幅大于预期之际，积极扩大内需，特别是加快形成主要依靠消费需求拉动经济增长的格局已经成为共识。从国际比较来看，世界最终消费率平均水平自2000年的77.2%持续上升至2005年的近80%，而中国则从同期的61.1%不断下降至的53%。从世界各国经济发展的一般规律来看，消费是拉动经济增长的最终动力，对经济增长的贡献率一般应为80%左右。而在中国，不剔除物价因素，目前消费对经济的贡献率还不到40%。2007年，消费对经济增长的促进作用增强，中国消费、投资和净出口分别拉动经济增长4.5个、4.4个和2.5个百分点，消费的贡献率是近7年来首次超过投资。2007年全年社会消费品零售总额达89210亿元，增长16.8%，消费与投资增速的差距缩小了2.2个百分点2。消费本身是GDP的一部分，更是一切经济活动包括投资的最终回归的目的。投资形成的生产能力必须要由消费来吸收才能持久。

事实上，占全国总人口55%的农民消费长期低迷，其消费率从1983年最高点的32.3%下降到2007年的9.1%，24年间下降了近23个百分点；在居民消费总额中，农村居民消费所占比重从1978年的62.1%下降到2007年的25.6%，29年中下降了近37个百分点。同时也说明，农民消费的数量增长有很大的提升空间，所以，培育农民消费水平、引导消费方向，提高最终消费率，是保增长、调结构、重民生的长久之计。解决消费不足、投资和出口增长

* 本文受江苏省教育厅重点资助项目（08SJB7900003）资助。

过快的矛盾，转变经济发展方式，让经济更多地依靠消费来拉动是中国经济调整的目标，在新形势下，以投资带消费、以消费促增长，关键在于扩大内需，尤其是扩大9亿多农民的消费，因为，农民的消费水平起点低，购买总量大，消费的内容主要是工业消费品，消费的乘数作用大，启动潜力巨大的农村市场。通过体制创新来释放消费需求，不仅能够直接推动经济增长，而且吸引投资，提高投资效率，是破解中国经济增长难以为继的窘境、克服当前经济生活中的实际困难、应对席卷全球的金融危机的有力举措。分析农民收入和消费价格指数的空间依赖性，分析农民消费的区域差异和集聚特征，为国家制定相关政策，形成不同区域特征的消费模式提供理论基础。

一、文献综述

经济学理论一直认为消费是国民经济持续发展的基本力量，消费是社会再生产总过程中的组成部分和重要环节。研究中常见的是对有关消费函数的估计和预测；运用扩展性线性支出系统模型计算恩格尔系数、分析农民的总消费倾向和各类商品的消费倾向、进行消费结构的弹性分析等，消费理论研究在经济研究中也具有越来越重要的地位。有学者通过研究证实，开拓农村居民消费市场对工业化进程有巨大的推动作用[1]，Ravallio分析区域性经济与农民消费的经济模型[2]，鲜祖德用消费函数研究了如何扩大内需尤其是农民的消费力度[3]；相丽驰等基于扩展线性支出系统的浙江农民消费需求研究[4]；潘建伟等就农民与居民消费的比较进行了研究[5]；林江鹏等用收入与消费计量模型研究了我国城乡居民收入与消费支出关系[6]；郑春梅就中国农民的消费特征进行了实证分析[7]；胡燕京等用多元线性回归模型对农民消费问题进行了计量研究[8]。

在对有关消费理论的研究中，对全球经济调整背景下的中国省域农民消费研究的较少。关于区域消费需求的空间相似性、消费强度和区域之间的空间关系、消费的空间分布格局的描述统计及成因计量分析的文献不多。省域的农民消费也存在差异与集聚。以2007年为例，上海农村居民家庭平均每人全年生活消费支出8844.9元，是贵州的4.62倍，可见消费的空间区域差异显著。所以，研究不同省域农民消费的空间特点，分析消费的差异和集聚，分析中国省域农民消费与收入之间的空间依赖性，分析省域的农民消费空间差距及成因，是提高消费水平、解决消费公平的关键，对于提高全国农民消费水平，是一项基础性的工作。

二、理论与方法

（一）空间自相关检验模型

全域空间自相关（Global Spatial Autocorrelation）是从区域空间的整体刻画区域省域农民消费的空间分布情况。

Moran's I 定义如下：

$$\text{Moran's I} = \left[\sum_{i=1}^{n}\sum_{j=1}^{n} Wij\ (Yi-\overline{Y})\ (Yj-\overline{Y})\right] / \left[S^2\sum_{i=1}^{n}\sum_{j=1}^{n} Wij\right] \quad (1)$$

其中，$S^2=\frac{1}{n}\sum_{i=1}^{n}\ (Yi-\overline{Y})$，$\overline{Y}=\frac{1}{n}\sum_{i=1}^{n}Yi$，Yi，Yi 表示第 i 地区的观测值（如省域农民消费量），n 为地区总数（如省域），Wij 为二进制的邻近空间权值矩阵，表示其中的任一元素，一般用邻近矩阵（Contiguity Matrix）和距离矩阵；其目的是定义空间对象的相互邻近关系。其中依据相邻距离设定权值种最为常用，即：

$$W_{ij}=\begin{cases}1 \text{ 当区域 i 和区域 j 相邻；}\\ 0 \text{ 当区域 i 和区域 j 不相邻；}\end{cases} \quad (2)$$

式中，i=1，2，…，n；j=1，2，…，m；m=n 或 m≠n。

对于 Moran's I 的指数的计算结果，可分别采用渐进正态分布和随机分布两种假设进行检验，其标准化形式为：

$$Z\ (d)=\frac{\text{Moran's I}-E\ (\text{Moran's I})}{\sqrt{VAR\ (\text{Moran's I})}} \quad (3)$$

根据地理空间数据的分布情况可以计算标准化 Moran's I 的期望值：

$$E\ (\text{Moran's I})=-\frac{1}{n-1} \quad (4)$$

对常用正态分布的空间数据假设，其方差的算式为：

$$VARn\ (\text{Moran's I})=\frac{n^2w_1+nw_2+3w_0^2}{w_0^2\ (n^2-1)}-E_0^2\ (\text{Moran's I}) \quad (5)$$

公式（4）～（8）用于检验 n 个区域的省域农民消费是否存在全域空间自相关关系。如果 Moran's I 的正态统计量的 Z 值均大于正态分布函数在 0.05（0.01）水平下的临界值 1.65（1.96），表明区域省域农民消费在空间分布上具有明显的正向相关关系，正的空间相关代表相邻地区的类似特征值出现空间依赖性。

（二）空间计量经济模型

根据模型设定时对“空间依赖性”的体现方法不同，空间计量模型主要分成两种：

（1）空间滞后模型。空间滞后模型（Spatial Lag Model，SLM）是用于研究相邻地区省域农民消费的行为对整个系统其他地区省域农民消费的行为产生影响的情形。SLM 模型的表达式为：

$$y=\rho Wy+X\beta+\varepsilon \tag{6}$$

式中，y 为因变量；X 为 n×k 的外生解释变量矩阵如经济增长、人口等因素；Wy 为空间滞后因变量，p 为空间回归系数，反映样本观测值中的空间依赖作用，即相邻区域的观测值 Wy 对本地区观测值 y 的影响方向和程度，可以揭示因变量在一地区是否有扩散现象（溢出效应），W 为 n×n 阶的空间权值矩阵，ε 为随机误差项向量。

（2）空间误差模型。当地区间的相互作用因所处的相对位置不同而存在差异时，则需要采用空间误差模型。空间误差模型（Spatial Error Model，SEM）的模型形式为：

$$\begin{aligned} y&=X\beta+\varepsilon \\ \varepsilon&=\lambda W\varepsilon+\mu \end{aligned} \tag{7}$$

式中，ε 为随机误差项向量，λ 为 n×1 阶的截面因变量向量的空间误差系数，μ 为正态分布的随机误差向量。SEM 中参数 β 反映了自变量 X 对因变量 Y 的影响。参数 λ 衡量了样本观察值中的空间依赖作用，即相邻地区的观察值 y 对本地区观察值 y 的影响方向和程度。存在于扰动误差项之中的空间依赖作用，度量了邻近地区关于因变量的误差冲击对本地区观察值的影响程度。

针对空间滞后和空间误差计量模型做出实践检验，并判断地区间的空间相关存在与否，一般进行通过包括 Moran's I 检验、极大似然 LM-Error 检验及极大似然 LMLag 检验等一系列空间效应检验，同时，这些统计检验方法也可以用于诊断所估计的空间计量模型结果。另外，除了拟合优度 R^2 检验以外，估计技术上需要用空间统计和空间计量经济的方法[9-12]，对于上述两种模型的估计如果仍采用最小二乘法（OLS），系数估计值会有偏或者无效，需要通过工具变量法、极大似然法或广义最小二乘估计等其他方法来进行估计。如果 SLM 和 SEM 模型设定正确，那么误差项的空间依赖性将会导致 OLS 估计产生无偏但不一致的结果。

三、变量与数据

变量选取：根据经济学基本原理，决定消费的主要因素有收入和价格两大变量，建立的模型是以农村居民人均消费为被解释变量，以居民收入水平和消费指数为解释变量。其中居民收入水平直接决定消费者购买力水平，收入水平高，则购买力强，反之则弱。价格水平也是影响着农村居民消费的一个重要因素，当前衡量价格水平的主要是农村居民消费价格指数，消费指数（Consumer Price Index，简记为 CPI）是用于衡量消费者经常购买的确定的一篮子商品和劳务的价格变化。

数据来源：全部来源于中国统计年鉴。其中，缺少北京、天津、上海和重庆的农民消费价格指数，由于用的是环比指数，同上一年相比较，居民消费价格与农村居民消费价格指数的波动基本相似，缺少的个别年份就用居民消费价格指数代替（对结果无较大影响），在做单一年份的空间统计分析时候，不影响变量的空间性质。

为了检验中国省域农民消费的差异与集聚的规律，提出以下两个假设进行检验。

假设 1：不同省域的农民消费行为符合凯恩斯绝对收入理论，农民是根据其收入的绝对水平来决定将其现有收入的多大部分用于消费的，消费随收入的增长而增长。

假设 2：农民消费具有空间集聚的特征。

四、实证分析

以农村居民的人均消费为别解释变量，以村居民收入水平、价格水平为解释变量，建立模型，取全国 31 个省市的数据，进行回归分析，验证一下凯恩斯的绝对收入假说。模型形式如下：

$$C_{it}=\alpha_{it}+\beta_1 Y_{it}+\beta_2 P_{it}+u_r \quad t=1, 2, \cdots, T \tag{8}$$

其中，C 表示消费额，Y 表示收入，P 表示消费价格指数，α 与 β_i（$i=1, 2$）为待估参数，β_i 为边际消费倾向，各个省域农村居民的消费支出是否取决于收入的绝对水平，关键看模型形式整体上是否成立，β_i 的参数检验是否显著，以 2007 年为例，用 31 个省域的数据来计算，拟合优度为 0.8962，大于 0.8，F 值为 120.819，伴随概率为 1.695e−014，说明模型总体上成立，收入变量的参数 β_i 为 0.7443，P 为 0，计算结果参见表 1，说明通过假设检验，收入决定着消费的水平，而且边际消费倾向还比较大，收入每增加 1 元，消费就要增加 0.74 元，所以，假设 1 成立，即满足农民消费符合凯恩斯的绝对收入假说。

表 1 省域农民消费的 OLS 回归分析结果

变量	系数	标准差	t	p	
常数	−5554.846	11941.34	−0.4652	0.6454	
IN2007	0.7443	0.0693	10.7426	0.0000	
P2007	53.3629	111.1164	0.4802	0.6348	
R-squared	0.8962				
F	120.819			1.695e−014	
LogL	−235.074				
AIC	476.149				
SC	480.451				

必须要指出的是，虽然模型总体上成立，但是应该有的常数项即最低消费，以及价格变量的假设检验都接受原假设为 0，没有通过统计检验，这与基本经济现实不符，违背常理，模型存在问题，可能的原因是中国区域自然地理条件、经济水平、消费文化、消费偏好等地域空间差异显著，传统的省域农民消费的截面数据分析，无法揭示这种显著的区域空间差异对消费的影响范围和程度。空间差异以及相互影响的的存在，使得一般的截面回归分析方法不适合于解释省域农民消费与收入、价格间的复杂关系，也难以得出真正反映省域农民消费实践的分析模型。

其次，使用全域 Moran's I 统计量和零假设检验初步测算各省域之间农民消费的相关性。1985～2007 年期间 31 个省域消费（ECQ 的对数）的 Moran's I 平均值是 0.4264，具体数值见表 2。各年无空间相关假设的概率分别小于 0.05，这意味着相邻省域的消费水平存在着普遍的正相关，因此，假设 2 成立。

表 2 1985～2007 年的省域农民消费的 Moran's I 统计值

年份	1985	1986	1987	1988	1989	1990	1991	1992	1993	1994	1995	1996
Moran's I	0.386	0.407	0.444	0.491	0.472	0.439	0.406	0.377	0.364	0.431	0.457	0.476
1997	1998	1999	2000	2001	2002	2003	2004	2005	2006	2007	平均值	
0.441	0.408	0.424	0.429	0.417	0.421	0.420	0.405	0.413	0.439	0.438	0.4264	

第三，以代表性的 2000、2007 年为例，做具体分析。图 1、图 2 是 31 个

省域农村居民消费指数的 Moran's I 统计值 2000 年和 2007 年的不同情况。从中可以发现，省域农民消费的 Moran's I 统计值显示：农村居民消费行为相对较高的省域倾向于在空间上与其他高消费行为的省域相联系与相邻近的趋势，而且这种消费行为的局域集群的趋势还在有进一步自我强化的态势。

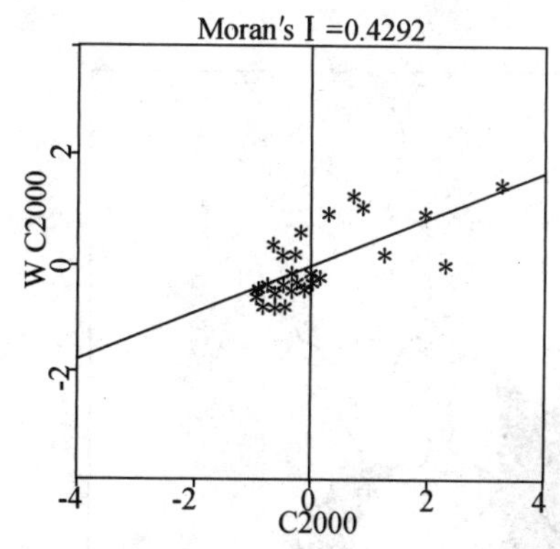

图 1 2000 年省域人均消费的 Moran 指数散点图

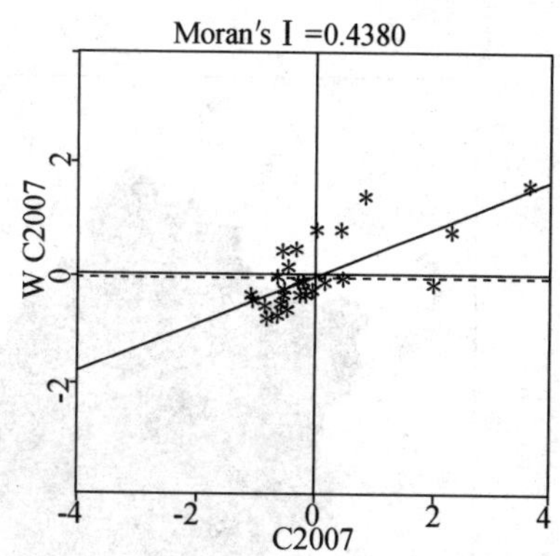

图 2 2007 年省域人均消费的 Moran 指数散点图

从 31 个省域的农村居民消费位于四个象限内省域的空间 Moran's I 散点分布图 1、图 2 可以看出，这些省域表现出的共同特点是在地理空间上显示了正的空间自相关性。通过 Moran's I 散点图可以判断，HL 类型和 LH 类型的省域偏离全域正的空间自相关总体消费趋势的省域，其消费行为表现为空间集聚的特征，进一步验证假设 2 成立。

以下分别从 2000 年和 2007 年两个时间点展开分析。2000 年（图 1）：上海、浙江、广东、福建、江苏和天津 6 个省域位于第一象限，是高—高的正自相关关系的集群（HH）；江西，安徽和河北 3 个省域位于第二象限，是低—高的负空间自相关关系集群（LH）；吉林、黑龙江、贵州、甘肃、山西、西藏、新疆、青海、陕西、重庆、湖北、内蒙古、四川、云南、宁夏和河南等 16 个省域位于第三象限，同样是低—低的空间自相关关系的集群（LL）；湖南，北京位于第四象限，为高—低的空间自相关关系（HL）。广西和北京同时跨越了第二和第三象限；山东和辽宁同时跨越了第三和第四象限。

2007 年（图 2）：上海、浙江、江苏、福建和天津 5 个省域位于第一象限，是高—高的正自相关关系的集群（HH）；江西、安徽和河北 3 个省域位于第二象限，是低—高的负空间自相关关系集群（LH）；吉林、黑龙江、广西、河南、山西、陕西、重庆、宁夏、云南、四川、青海、新疆、贵州、甘肃、西藏、湖北和内蒙古等17个省域位于第三象限，是低—低的空间自相关关系的集群（LL）；山东、广东和北京3个省域位于第四象限，为高—低的空间自相关关系（HL）。海南同时跨越第二和第三象限；辽宁和湖南同时跨越第三和第四象限。2007年我国31个省域收入和消费的局域相关LISA集群图也反映出类似的典型特征，参见图3。

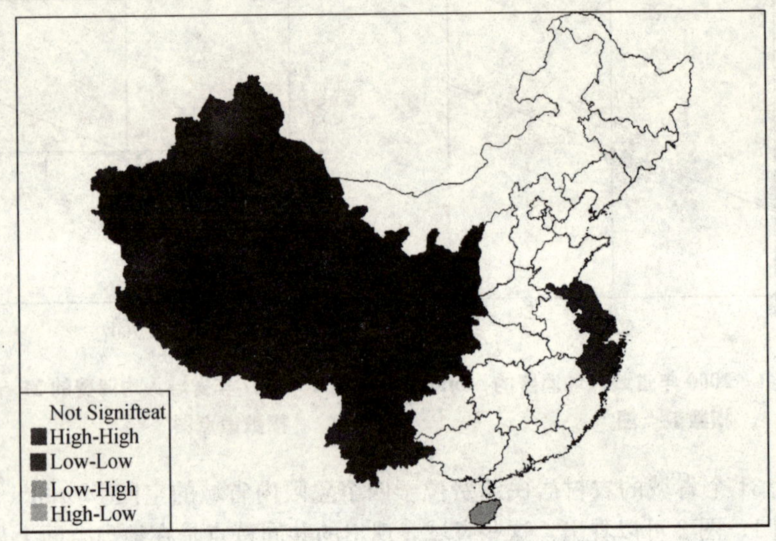

图3 2007年我国31个省域收入和消费的局域相关LISA集群图

表3 空间滞后模型和空间误差模型检验结果

TEST	MI/DF	VALUE	P
Moran's I（error）	0.3031	3.2109	0.0013
Lagrange Multiplier（lag）	1	0.5589	0.4547
Robust LM（lag）	1	0.0760	0.7827
Lagrange Multiplier（error）	1	6.0813	0.0137
Robust LM（error）	1	5.5985	0.0179
Lagrange Multiplier（SARMA）	2	6.1574	0.0460

经典线性回归模型的OLS估计忽略了空间效应，导致模型设定不恰当。为了进一步验证空间自相关性的存在，进行了省域省域农民消费的空间滞后和空间误差模型检验（见表3），Moran指数检验、两个拉格朗日乘数的空间依赖性检验结果显示：Moran指数（误差）检验证明经典回归误差具有

(0.13%的显著性水平下）空间依赖性或相关性。为了区分是内生的空间滞后还是空间误差自相关，由表3中的拉格朗日乘子误差和滞后及其稳健性检验表明：LMERR在1.37%水平上比LMLAG更有显著性，从稳健性检验来看，R-LMERR在1.79%水平上比R-LMLAG更有显著性。最后比较表1和表4中的检验结果发现，SLM和SEM的R-squared都大于OLS回归的拟合优度，并且SEM的R-squared（0.9344）的值大于SLM的R-squared（0.8980）的值，也大于OLS回归的R-squared（0.8962）；比较LogL，AIC和SC的值也发现，SEM模型的LogL值为−230.5316，大于SLM的−234.813，SEM模型的AIC和SC值（分别为467.063和471.3652）也小于SLM的（分别为477.626和483.362），因此SEM模型是相对较优的模型。再从参数估计的结果来看，SEM模型的常数项为4583.442元，是31个省域农民的一年基本消费的平均水平，价格指数前的参数为−46.1371，表明价格的上升对于农民的消费下降有强烈的反映，但是SLM模型的常数估计结果为负数，价格指数前的参数为正数，不符合经济事实，综合上面的分析，SEM模型是最优的模型。

表4 省域农村居民消费的空间滞后和空间误差模型ML估计结果

变量	SLM				SEM			
	系数a	Std. E	z-value	p值	系数b	Std. E	z-value	p值
常数	−5240.76	11255.73	−0.4656	0.6415	4583.442	8157.62	0.5619	0.05742
W_C2007	0.0738	0.1052	0.7013	0.4831				
P2007	49.3690	104.6944	0.4716	0.6372	−46.1371	75.6529	−0.6099	0.05419
IN2007	0.7155	0.0783	9.1325	0.0000	0.7903	0.0645	12.2440	0.0000
LAMBDA					0.7366	0.1239	5.9430	0.0000
统计检验	DF			p值	DF			p值
R-squared			0.8980				0.9344	
LogL			−234.813				−230.5316	
AIC			477.626				467.063	
Sigma-square			221935				142742	
SC			483.362				471.3652	
LR	1		0.5230	0.4696	1		9.0856	0.0026

表4表明农村居民消费在省域之间存在空间扩散（溢出）效应；这就是说相邻地区的消费具有空间上的相互影响，表现为农村居民消费的空间依赖性现

象。其中价格变量通过显著性水平为5%的显著性检验，但是没有通过显著性水平1%的检验，表明物价在我国还是比较稳定的，农民消费品的物价弹性小，是因为农民消费较多地集中于生活必需品，价格的变化对消费数量的变化影响微弱。

五、结论

1. 不同省域农民消费呈空间集聚。邻近省域的经济水平导致消费水平的相当，不同水平的经济增长伴随着不同的消费模式，如上海、浙江、江苏等省域位于第一象限，是高—高的正自相关关系的集群，经济水平高，农民的收入水平高，消费支出才能高。农村的消费环境都比较差是条件性因素，农村消费文化是内部性因素。农民大多习惯于维持性消费，消费也有示范和攀比效应。

2. 我国31个省域的农民消费具有空间自相关性。空间统计的Moran指数检验说明农民消费在省域之间存在实质性的空间影响，如果模型中遗漏了空间滞后项，经济建模的系数的估计将有偏，采用空间滞后模型，反映出省域农民消费具有明显的空间依赖性，体现地理空间效应对省域农民消费及其影响因素的作用。经检验，SEM模型能够较好地解释区域省域农民消费的变化规律及其影响因素的空间作用机制。

3. 消费政策的制定需要考虑空间的相关性。由于我国幅员辽阔，省份众多，发展各不相同，各个省域农民消费的结构不平衡，农民消费的空间自正向依赖性及邻近地的省域农民消费溢出效应，如上海、浙江、江苏、福建和天津等是高—高的正自相关关系的集群（HH），国家在制定消费政策和价格调控措施时，应该以稳定物价、保障市场为主，对中、西部一些省域由于经济发展落后，国家财政支出应该倾向于这些不发达的省域，注重增加农民收入。所以，消费引导政策必须考虑到空间差异对不同省域农民消费的作用机制。

参考文献：

[1] 黄泰岩，王检贵．工业化新阶段农业基础性地位的转变［J］．中国社会科学，2001（3）：51—57.

[2] Ravallion. Geographic poverty traps? A micro model of consumption growth in rural China［J］. Journal of Applied Econometrics 2002，8（17）：329-346.

[3] 鲜祖德．从农民消费行为看扩大内需的对策［J］．统计研究，2003，8：8—12.

[4] 相丽驰，金晓彤．基于扩展线性支出系统的浙江农民消费需求研究［J］．统计与决策．2006，8：60-61.

[5] 潘建伟，张立中．牧民与农民、城镇居民消费行为比较 [J]. 中国农村经济，2005，3：60—67.

[6] 林江鹏，刘旺霞．我国城乡居民收入与消费支出关系的实证研究 [J]. 经济问题探索，2007，4：116—119.

[7] 郑春梅，孙颖．范丙文．中国农民消费特征实证分析 [J]. 经济问题，2008，3：78—80.

[8] 胡燕京，董迎迎．中国农民消费问题的计量分析 [J]. 西安财经学院学报，2006，2：59—65.

[9] Anselin L. Spatial Econometrics：Methods and Models [M]. Kluwer，Dordrecht，1988.

[10] Anselin L，Bera A，Florax R，Yoon M. Simple Diagnostic Tests for Spatial Dependence [J]. Regional Science and Urban Economics，1996，26：77-104.

[11] Ord J K. Estimation methods for models of spatial interaction [J]. Journal of the American Statistical Association. 1975，70，120-126.

[12] Bockstael N E.. Modeling economics and ecology：the importance of a spatial perspective [J]. American Journal of Agricultural Economics. 1996，78，1168-1180.

我国教育发展的省际差异分析

王　斌
（北京信息科技大学经管学院，首都经济贸易大学经济学院）

一、我国教育的整体状况

改革开放以来，我国教育取得了巨大的成就。根据 2000 年人口普查数据和 1982 人口普查数据的比较，我国 15 岁以上人口平均受教育年限从 1982 年的 5.33 年提高到 7.85 年，增加了 2.52 年，提高幅度达 47.28%。同一期间（1982～2000）世界 107 个国家人口平均受教育年限从 5.92 年上升到 6.66 年，发展中国家从 3.57 年上升到 5.13 年。从国际角度比较，我国教育和人口素质改善的进程是比较快的。但是，在总体取得巨大进步的情况下，区域教育的发展很不平衡，这有悖于科学发展观和区域协调发展的大政方针。此外，我国义务教育投入有明显的二元化特征。义务教育投入的二元化对经济发展的不平衡推波助澜，经济发展的城乡与地区分化日益突出。

由于我国很多地区经济发展的主要依赖方式是资本驱动，而对提高人力资本水平的教育没有足够的重视，这导致了我国城乡之间、地区之间以及不同人群之间的严重教育差距，这些差距表现在教育的各个方面，包括入学机会、教育投入、教育水平、教育成果等。

根据闵维方（2006）等的研究，全国按照教育水平的差异可分为 4 类地区：

第一类地区包括北京和上海，这是全国受教育水平最高的地区，教育发展指数高于 85；

第二类地区包括天津、浙江、辽宁、江苏、广东和吉林，教育发展指数在 70～85 之间，是教育较发达的地区；

第三类地区包括山东、福建、黑龙江、湖北、山西、湖南、江西、河南、安徽、河北、海南、重庆、陕西、四川、新疆、宁夏和内蒙古，教育发展指数在 60～70 之间，是教育发展一般的地区；

第四类地区包括广西、甘肃、青海、云南、贵州和西藏，这些地区的教育发展指数在 60 以下，是教育发展滞后的地区。

衡量教育发展水平的常用指标包括人均受教育年限、教育经费、生师比等。本文从以上四类地区中各取其一，以贵州、陕西、江苏、北京为代表，比较四个省级区域的教育发展状况。

二、典型省市各教育程度人口比例分布及变化

人口按教育程度划分包括了文盲、小学教育水平、初中教育水平、高中级别教育水平和高等教育级别教育水平。改革开放以来，按受教育程度划分的人口比例发生了巨大的变化。具体情况如表 1 所示。

表 1　三省一市各级受教育程度人群比例

地区	教育程度	1982 年比例分布	2007 年比例分布
北京	小学及以下	0.438	0.167
	初中	0.317	0.302
	高中	0.192	0.229
	大学	0.053	0.301
江苏	小学及以下	0.694	0.367
	初中	0.222	0.402
	高中	0.077	0.150
	大学	0.007	0.081
陕西	小学及以下	0.685	0.372
	初中	0.217	0.392
	高中	0.088	0.159
	大学	0.010	0.077
贵州	小学及以下	0.828	0.584
	初中	0.133	0.311
	高中	0.035	0.073
	大学	0.005	0.032

资料来源：《中国统计年鉴 2008》，中国统计出版社。

1. 纵向比较

(1) 高等教育人口比例增加最大

由于改革开放以后我国高等教育事业的迅猛发展，北京市接受高等教育人口比例由1982的5.3%提高到2007年的30.1%；江苏省接受高等教育人口比例由1982的0.7%提高到2007年的8.1%；陕西省接受高等教育人口比例由1982的1%提高到2007年的7.7%；贵州省接受高等教育人口比例由1982的0.5%提高到2007年的3.2%。

(2) 小学及以下教育程度人口比例出现了不同程度的下降

北京市小学及以下教育程度人口比例由1982的43.8%下降到2007年的16.7%；江苏省小学及以下教育程度人口比例由1982的69.4%下降到2007年的36.7%；陕西省小学及以下教育程度人口比例由1982的68.5%下降到2007年的37.2%；贵州省小学及以下教育程度人口比例由1982的82.8%下降到了2007年的58.4%。

小学及以下教育程度人口比例的下降原因并不是人口的减少，而是我国义务教育的实施。1986年4月我国颁布了《中华人民共和国义务教育法》。这是我国首次把免费的义务的教育用法律的形式固定下来，也就是说适龄的“儿童和少年”必须接受9年的义务教育。义务教育法的制定标志着我国基础教育发展到了一个新阶段。目前全国大多数地区小学升学率接近100%，正是这一原因导致了小学及以下教育程度人口比例的下降。现阶段仍存在的小学及以下教育程度人口主要为历史积累，随着时间的推移，这一比例必将继续下降。

(3) 初中教育程度与高中教育程度人口比例除北京市外都是增加的

初中教育程度人口比例的增加主要在于义务教育包括了初中教育，所以导致了接受初中教育人口的迅速提高。其中江苏省由1982年的22.2%提高到2007年的40.2%；陕西省由1982年的21.7%提高到2007年的39.2%；贵州省由1982年的13.3%提高到2007年的31.1%。初中教育程度人口比例都提高了一倍左右。

高中教育程度人口比例的提高得益于高中教育的发展以及初级中学升学率的提高。其中江苏省由1982年的7.7%提高到2007年的15%；陕西省由1982年的8.8%提高到2007年的15.9%；贵州省由1982年的3.5%提高到2007年的7.3%。高中教育程度人口比例都提高了一倍左右。

北京市的情况比较特殊，北京市的初中教育程度的人口比例由1982年的31.7%下降到了2007年的30.2%，高中教育程度的人口比例由1982的19.2%增加到了2007的22.9%，增加的比例也不是很大。这其中的主要原因在于北京市在教育方面的独特优势。初中教育程度的人口比例下降主要源于较高的初中升学率（1989 年北京市初中毕业生升学率为 64.6%，2004 年初中升学率达到 92.2%）。而高中教育程度人口比例的增加较少在一定程度上也是因为较高的升学率（2007 年高考升学率达到 73.6%）。此外，生源地为外省的高等教育学历人口的流入增大了北京市的人口基数，也在一定程度上降低了高中和初中教育程度人口的比例。

2. 横向比较

单从省级区域范围内看，都发生了巨大的变化，但是区域间存在着严重的不平衡，如 2007 年北京市的高等教育的人口比例为 30.1%，而另外三个省份的比例都不超过 10%，比例最低的贵州省，受过高等教育的人口比例只有 3.2%，仅仅是北京市的十分之一。这个差距还是相当大的，这其中有着各种深层次的原因，诸如教育投资、升学率等，但是总的来说，教育资源的分布不均衡是其中的一个重要原因。

三、典型省市教育发展水平比较

（一）典型省市人均受教育年限及其变化

人均受教育年限是指整体人口平均接受教育的年限（一般用劳动力或劳动人口平均接受教育年限），是劳动人口受教育年数的总和与劳动人口总数之比。根据联合国科教文组织的定义，人均受教育年限是指 6 岁及 6 岁以上人口的平均受教育年限。

人均受教育年限是采用加权平均的方法来衡量选定总体的平均受教育程度的一个指标，具体计算方法如下：

$$E=\frac{6\times H_1+9\times H_2+12\times H_3+15\times H_4+16\times H_5}{H_0+H_1+H_2+H_3+H_4+H_5} \tag{1}$$

其中，H_i 表示受各级教育程度的人口数：$j=0$ 为文盲，学制为 0；$j=1$ 为小学，学制 6 年；$j=2$ 为初中，学制 9 年；$j=3$ 为高中，学制 12 年；$j=4$ 为大专，学制 15 年，$j=5$ 为大学本科以上，学制 16 年。

人均受教育年限是社会发展的重要标志之一，是反映人口文化素质的综合指标，是一个国家或地区人口素质的重要指标，也是反映教育发展状况的基本内容。从表 2 中可以看出，随着时间的推移，我国各省份人均受教育年限得到了极大的提高。但是，国内各省级区域的人均受教育年限存在着巨大的差距。以 2007 年为例，北京市人均受教育年限接近贵州省的 1.7 倍。表 2 的数据再一次地说明了我国教育事业发展的不均衡。

表 2 贵州、陕西、江苏、北京平均受教育年限数据

地区＼年份	1982年	2000年	2007年
贵州	2.73	6.15	6.84
陕西	4.32	7.71	8.40
江苏	4.24	7.85	8.44
北京	6.65	9.99	11.09

同时，我国人均受教育年限与发达国家也有较大差距。2007 年，我国 15 岁以上人口平均受教育年限约 8.5 年，劳动力平均受教育水平由小学毕业提高到初中毕业，而发达国家和新工业化国家人均受教育年限一般都在 11～14 年之间。

（二）典型省市教育经费投入

我国不同地区教育发展的不平衡不仅反映在教育规模、教育结构、教育条件等方面，也突出地反映在不同地区人均和生均教育经费的差距上。表现为经济发展水平越高的地区，人均教育经费越高，反之则越低。这种差距不能任其扩大，否则将不利于各地区教育、经济和社会的协调发展，进而将影响到整个国家教育的振兴和现代化的进程。要避免这个问题，有赖于政府尤其是中央政府发挥宏观调控作用，通过采取有效的措施，缩小地区之间教育财政投入的差距，从而改善地区教育、经济发展不平衡的状态。

20 世纪 90 年代以来，我国地区之间、城乡之间和居民之间教育财政资源分布很不均等，人均教育财政投入的地区差异十分严重。2000 年，我国西部省区平均教育经费总额为 50.76 亿元，东部省市平均教育经费总额为 157.40 亿元，是西部省市的 3.1 倍。西部小学生均教育事业费为 429.94 元，东部小学生均教育事业费为 784.28 元，东部是西部的 1.8 倍；西部初中生均教育事业费为 813.94 元；东部初中生均教育事业费为 1126.95 元，东部是西部的 1.38 倍；西部高中生均教育事业费为 1384.26 元，东部高中生均教育事业费为 1976.17 元，东部是西部的 1.43 倍。以义务教育为例，目前我国义务教育普及巩固水平的地区差异依旧存在，西部义务教育巩固水平明显滞后于东中部地区。影响义务教育普及巩固水平直接的原因是地区义务教育财政投入总体水平偏低，尽管这些义务教育普及巩固水平相对偏低的地区已做到教育投入向义务教育倾斜，但受经济发展的制约，其教育经费投入生均水平仍然偏低，如贵州省的小学及初中生均公用经费仅相当于发达地区（上海、北京等）的 1/10

左右，严重阻碍了义务教育普及巩固水平的提高。表 3 为 2007 年北京市、江苏省、陕西省和贵州省的教育经费及人均教育经费状况。

表 3 2007 年三省一市教育经费一览表

地 区	总教育经费（万元）	财政教育经费（万元）	非财政教育经费（万元）	人均教育经费（元）
北 京	3374329	2542281	832048	2066
江 苏	6845888	3948991	2896897	895
陕 西	2288723	1410121	878601	611
贵 州	1549737	1187802	361935	412

（三）典型省市生师比

生师比是指折合在校生数与教师总数（专任教师数＋外聘教师数×0.5）的比值。这是从教师数量满足教学需要程度来评估师资队伍，是"量"的考查。由于教师在学校中的重要地位，"生师比"从来就是学校教学工作中的重要数据。它在一定程度上反映了一个地区的办学质量，同时也反映了一个地区教育资源以及师资的使用效益。"生师比"过大反映出教师数量和教育经费的不足，"生师比"较小则表明政府对教育的投入较大。

表 4 所示为北京市、江苏省、陕西省和贵州省各级学校的生师比。

表 4 2007 年度三省一市各类学校生师比

地 区	小 学（%）	初 中（%）	普通高中（%）	普通高校（%）
北 京	13.8	11.2	12.0	14.9
江 苏	16.6	15.7	15.6	18.1
陕 西	16.7	17.5	19.4	16.4
贵 州	24.3	19.7	18.7	17.2

从上表可以看出，完全由地方管理的各级非高等教育学校的生师比与区域经济发展密切相关，北京的生师比最低，说明生均教师数量较高，平均每个老师负责的学生较少，这必然地影响到教育质量。在一定程度上我们可以说，生师比较低的地方比生师比较高的地方的教育质量要高，这也从一个侧面说明了北京的教育质量要领先于表中所列出的江苏、陕西、贵州三省。

四、不同受教育人群的省际分布

1905 年，美国统计学家洛仑兹（Max Otto Lorenz）提出了洛仑兹曲线，用以比较和分析一个国家在不同时代，或者不同国家在同一时代的财富不平等——从那以后，作为一个总结收入和财富分配信息的便利的图解方法，洛仑兹曲线得到了广泛的应用。后来，这一技术在其他领域得到了广泛的推广应用，即马哈拉诺比斯（Mahalanobis，1960）所称的集中曲线。洛仑兹曲线的一般形态如图 2.1 所示。

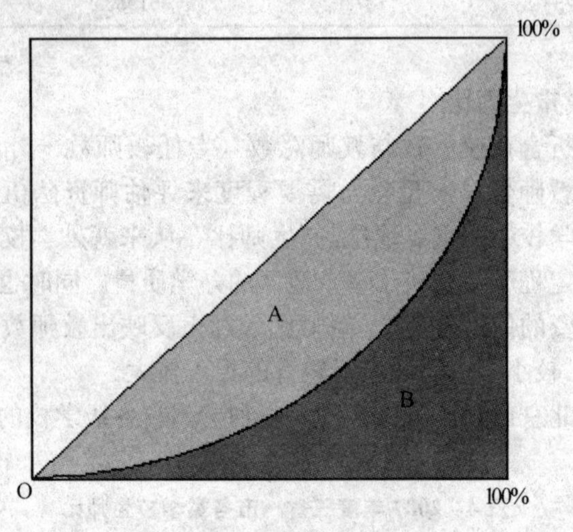

图 1　洛仑兹曲线

在洛仑兹曲线的基础上，意大利统计学家基尼（Corrado Gini，1912）提出了基尼系数的概念，计算公式如下：

$$G=\frac{S_A}{S_A+S_B} \tag{2}$$

在式（2）中，G 表示基尼系数，S_A、S_B 分别表示 A、B 两个阴影区域的面积。

1. 曲线拟合模型选择

洛仑兹曲线由数据散点图得出；基尼系数的计算采用曲线拟合法，所采用的拟合曲线方程为：

$$E=P-aP^{\alpha}\ (1-P)^{\beta} \tag{3}$$

通过对式（3）两边取自然对数，式（3）可转换为如下形式：

$$\ln(P-E)=\ln a+\alpha\ln P+\beta\ln(1-P) \tag{4}$$

在拟合洛仑兹曲线的基础上计算基尼系数：

$$\begin{aligned} G&=\frac{S_A}{S_A+S_B} \\ &=1-\frac{S_B}{S_A+S_B} \\ &=1-\frac{\int_0^1[P-aP^\alpha(1-P)^\beta]dP}{\frac{1}{2}\times1\times1} \\ &=1-2\int_0^1[P-aP^\alpha(1-P)^\beta]dP \\ &=2a\cdot\int_0^1P^\alpha(1-P)^\beta dP \\ &=2a\cdot B(1+\alpha,1+\beta) \\ &=2a\cdot\frac{\Gamma(1+\alpha)\Gamma(1+\beta)}{\Gamma(2+\alpha+\beta)} \end{aligned} \tag{5}$$

以上方程中，P为6岁以上人口累计百分比，E为累计人口数比例为P的某级别及其以上教育程度人口累计百分比，B表示B函数，Γ表示Γ函数。

2. 洛仑兹曲线拟合及基尼系数估算

根据《中国统计年鉴2007》以及《中国人口和就业统计年鉴2007》计算得到2006年各省级区域6岁以上人口及三个级别教育程度（义务教育及以上教育程度、高中教育及以上教育程度、大学教育及以上教育程度）人口存量（数据略），以此作出不同级别教育程度人口的省际间分布洛仑兹曲线，如图2、图3、图4所示。

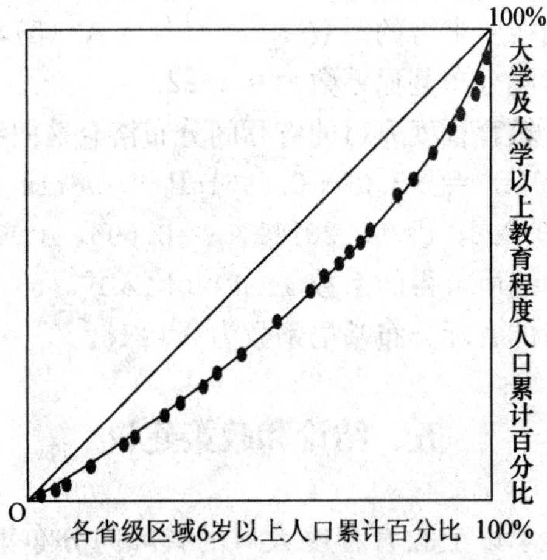

图2　大学及以上教育程度人口的省际间分布洛仑兹曲线

大学及以上教育程度人口的省际分布洛仑兹曲线拟合结果为：

$$\ln(P-E) = -0.958 + 0.873\ln P + 0.444\ln(1-P) \quad (6)$$

$R^2=0.998$，$a=0.383659$，$\alpha=0.873$，$\beta=0.4444$

将拟合洛仑兹曲线所求得的系数 α、β、a 代入式（5），计算得到大学及以上教育程度人口的省际分布基尼系数为 0.2371。

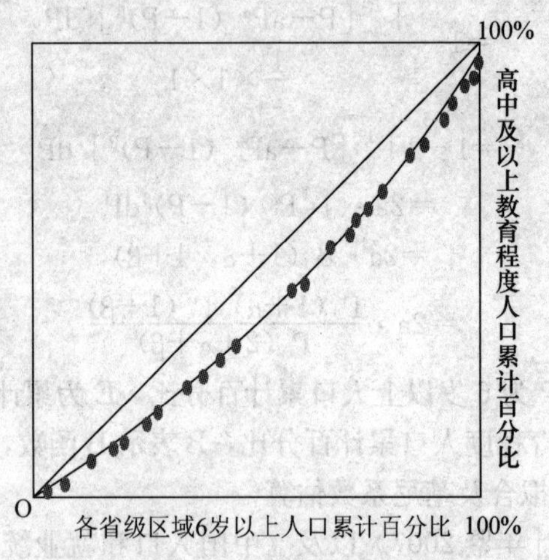

图 3 高中及以上教育程度人口的省际间分布洛仑兹曲线

高中及以上教育程度人口的省际间分布洛仑兹曲线拟合结果为：

$$\ln(P-E) = -1.27 + 0.812\ln P + 0.555\ln(1-P) \quad (7)$$

$R^2=0.991$，$a=0.280832$，$\alpha=0.812$，$\beta=0.555$

将拟合洛仑兹曲线所求得的系数 α、β、a 代入式（5），计算得到高中及以上教育程度人口的省际分布基尼系数为 0.1622。

义务教育及以上教育程度人口的省际间分布洛仑兹曲线拟合结果为：

$$\ln(P-E) = -3.02 + 0.696\ln P + 0.987\ln(1-P) \quad (8)$$

$R^2=0.998$，$a=0.726149$，$\alpha=0.696$，$\beta=0.987$

将拟合洛仑兹曲线所求得的系数 α、β、a 代入式（5），计算得到义务教育及以上教育程度人口的省际分布基尼系数为 0.0216。

五、结论和政策建议

第一，大学及大学以上教育程度人口的省际间分布集中度最高，G 值为 0.2317，尤其上海、北京两个直辖市，其在洛仑兹曲线上的斜率高达 3.5 和

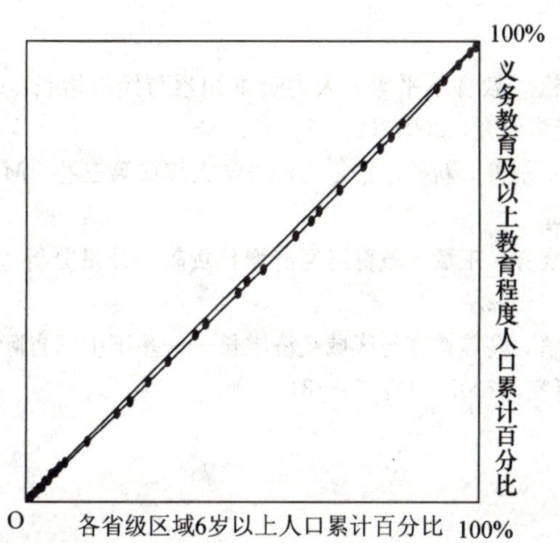

图 4 义务教育及以上教育程度人口的省际间分布洛仑兹曲线

4.7，大学以上教育程度人口的比例远远超过其他省级行政区域。与此相对应的是，西藏、贵州、云南在洛仑兹曲线上的斜率分别只有 0.17、0.44 和 0.5，受过大学及以上教育的人口比例非常低。

据测算，高等教育程度劳动力的产出弹性最高，并且全国只有一半的地区从高等教育的发展中受益，而没有从中受益的则是相对欠发达地区。随着我国高等教育事业的发展，每年新增的大学毕业生数量已经是一个非常可观的数字，2007 年大学毕业生数量接近 500 万，2008 年毕业生将达到 559 万。在这样的形势下，各级政府应该进一步制定并落实相关就业政策，创造良好的就业条件，积极鼓励和引导大学生到相对欠发达地区就业，人力资本的协调分布必将为区域协调发展起到重要的作用。

第二，由于大学生就业的两个重要选择是在大学所在地就业和生源地就业，所以，应当加强相对欠发达地区的大学建设，适当提高相对欠发达地区的升学率，这样也可以通过不断循环逐渐加大相对欠发达地区高教育程度人口所占的比例。

第三，义务教育及以上教育程度人口的分布集中度最低，G 值为 0.0216，在很大程度上说明了我国在义务教育普及方面做得非常成功，在各省级行政区域间的义务教育实施是公平的，当然其中并不包括教育质量的因素。

参考文献：

[1] 杨俊，李雪松．教育不平等、人力资本积累与经济增长：基于中国的实证研究[J]．数量经济技术经济研究，2007（2）：37－45．

[2] 约翰·伊特韦尔等．新帕尔格雷夫经济学大辞典第三卷［M］．北京：经济科学出版社，1996，262－263．

[3] 叶茂林，郑晓齐，王斌．教育对经济增长贡献的计量分析［J］．数量经济技术经济研究，2003（1）：89－92．

[4] 郑鸣，朱怀镇．高等教育与区域经济增长——基于中国省际面板数据的实证研究[J]．清华大学教育研究，2007（4）：76－81

山西农村居民消费行为研究

王选选　刘建业
（山西财经大学公共管理学院）

一、问题的提出

消费是生产的目的和归宿，是拉动经济发展的根本动力。农村居民的消费行为对国民经济的持续、稳定、健康发展具有重大的影响作用。对山西农村居民的消费行为进行数量化实证研究，探寻农村居民消费行为的内在规律，对于政府制定农村消费政策、开拓农村消费市场，保证宏观经济的安全运行、促进国民经济持续、稳定、健康发展具有重要意义。

(一) 选题目的和意义

山西是经济欠发达省份，又是农村居民占有较大比重的省份，研究农村居民消费行为，分析农村居民消费变化，探寻农村居民消费行为的内在规律，对于促进山西消费市场发展、推动社会主义新农村建设、建设和谐山西、实现全面小康社会有着重要意义。改革开放以来，山西农村居民消费水平有了显著提高，农村居民消费的持续增长对于拉动山西经济增长起到了积极的促进作用。但是应当看到山西农村居民目前总体消费水平仍然较低，与全面建设小康社会要求尚有较大距离。同时，较低水平的消费现状也表明山西农村居民的消费需求潜力巨大，尚有较大的发展空间。如何将潜在消费需要转化为现实有效需求，推动经济健康发展，加快山西全面建设小康社会步伐，是党政领导和社会各界普遍关注的现实问题。

农村居民消费作为一种个体消费行为，虽然受社会经济环境的影响，但更多地因个体条件而异，不同收入水平的农户、不同家庭结构的农户消费存在着明显的差异，相同收入水平的农户、相同家庭结构的农户。由于受多种因素的影响，消费亦存在较大差异，农户消费没有统一固定模式。因此，探寻农村居民消费行为的内在规律，必须通过大量的实证研究，在统计分析的基础上，挖掘影响农村居民消费行为的各种变量和相互关系。一般来讲，纯粹的定性分析是无法达到这一目的的。现代微观计量经济学的消费理论为定量分析农村居民消费行为的数量特征提供了有效工具。本文拟将利用这一工具，采用状态空间模型，对山西农村居民的消费行为进行数量化实证研究，探讨山西农村居民消费行为的内在特点和规律，为制定农村消费政策、开拓农村消费市场、扩大农村消费需求提供政策建议。

（二）国内外研究综述

消费者行为的数量研究包括消费水平和消费结构两方面。消费水平研究的主要手段是建立消费函数，这是国外研究较多的内容。消费函数是指消费与影响消费的因素、主要是收入因素之间的数量描述。自凯恩斯在《就业、利息和货币通论》(1936) 一书中提出消费函数研究以来，经济学家对消费函数的研究给予了广泛的关注，使有关消费函数的文献浩如烟海，研究的方向涉及消费者效用最大化的微观考察和与消费理论没有明显关系的经验验证。尽管研究消费函数的问题如此广泛，但按时间进程来讲，消费函数的研究大体上经历了四个阶段：第一阶段发生在 20 世纪 30 年代中期到 50 年代中期，这个时期的研究尚处于起步阶段，主要研究消费者支出与收入的关系，并为这种关系寻找实际经验资料的支持。最具代表性的是凯恩斯（1936）的绝对收入假说和杜森贝里（1949）的相对收入假说。第二阶段是 20 世纪 50 年代中期到 70 年代中期，消费函数的研究被纳入了微观经济学的消费者效用最大化的范畴，以莫迪利亚尼（1954）的生命周期假说和弗里德曼（1957）的持久收入假说为标志，消费函数的研究在新古典经济理论的框架内运行。第三阶段是 20 世纪 70 年代后期到 80 年代初期，在理性预期革命的影响下，霍尔（*Hall*，1978）将理性预期因素引入生命周期和持久收入假说，使消费函数理论具有了现代形式。20 世纪 90 年代以来，消费函数在理论上和实证分析上出现了两个方面的重大突破，标志着消费函数研究进入了第四阶段。理论上以预防性储蓄理论为代表，认为消费者储蓄的目的不仅仅只是将收入均等分配于整个生命周期，还在于为了防范不确定性事件的发生，如迪顿（1991）和卡罗尔（1992）提出的“缓冲库存模型”。相应地，实证分析方法主要集中于新近发展起来的在计量经济领域有着广泛发展前景的误差修正模型，例如，乔治和朗（1992）对误差修正模型作了定义、解释和估计；贝纳西，阿宁迪亚和大卫·韩德瑞（1993）提出了协整、误差修正和非平稳数据的计量经济分析；皮埃尔（1994）提出了当建立在误差修正模型基础上的收入消费数据出现结构变化时，需要分段研究的思想；

克里斯（1998）则对 *DHSY* 消费函数作了重新解释。

国内在消费行为的研究中实证分析多于理论研究，早期比较有代表性的有：钱颖一（1988）、马国南（1993）、王燕（1993），他们的研究侧重于消费与储蓄的相互关系；臧旭恒（1994）运用持久收入假说，从实证角度对中国居民的消费行为进行了系统考察。近年较有影响的有：韩立岩（1998）运用协整理论分析消费关系；贺菊煌（2000）将生命周期函数纳入宏观经济大系统中，研究宏观意义下的生命周期消费函数理论；孙凤（2002）利用预防性储蓄理论和 *Panel Data* 模型，以中国城镇居民消费行为为例，提出了分析转型时期中国消费者行为特征的理论框架和实证分析方法；朱信凯（2003）专项研究了中国农户的消费函数，构建了研究中国消费函数理论的微观基础，推导并提出了双扩展线性支出系统模型和“浴盆”曲线理论。

上述中外学者的研究工作为本文的研究提供了良好的基础，本文从四方面研究山西农村居民的消费行为。分别建立误差修正模型和状态空间模型，定量分析山西居民消费行为与其影响因素之间的关系，并提出提高农村居民生活水平，改善农村居民生活环境的具体对策。

二、山西农村居民消费行为分析

（一）山西农村居民消费行为与西方消费行为理论假设的关系

西方学者关于消费理论的研究，最早可追溯至 17 世纪中叶，但对消费问题进行系统的研究则始于凯恩斯的绝对收入假说，二战之后的西方学者——杜森贝里、莫迪利安尼等基本上是围绕着对凯恩斯的绝对收入假定进行修正而阐释其理论内涵的。在此基础上，经过百余年的对消费理论的系统研究，形成了众多西方消费理论。

以凯恩斯的绝对收入假说、佛里德曼的持久收入假说、莫迪利亚尼的生命周期假说为代表的西方消费经济流派占有相当重要的地位，尤其是在理性预期革命以前，生命周期—持久收入假说模型（*LC-PIH*）模型一直是研究居民消费行为的主要理论框架。根据 *LC-PIH* 模型，从效用最大化原则出发，消费者会在生命周期中平滑其消费量，未来的消费计划取决于未来收入和财产的平均值。这一结论是在确定性的条件下得出来的，被称为确定性均衡理论。我国不少学者对其进行了深入研究，发现 *LC-PIH* 假说理论在西方经济中得到了较好的验证。然而，在资本市场极不完善的中国，尤其是在几乎不存在任何消费信贷的中国农户经济中，居民的消费并不是平滑的，流动性约束、保险市场的缺失以及农业生产的季节性等大量不确定性的存在对 *LC-PIH* 理论提出了挑战。因此，无论是生命周期理论还是持久收入假说都很难被单纯应用于分析中国居民，特别是中国农村居民的消费行为。也就是说，这些理论在解释中国居民，尤其是农村居民的消费储蓄行为时并不具有普遍适应性。

西方现代消费理论假设，对于研究山西省农村居民消费函数很有借鉴意义。但值得指出的是，这些研究，主要是以工薪收入者（家庭）的消费行为为研究对象，即以城镇消费者或家庭为研究对象。而城镇消费者单位或家庭除少数个体业主的家庭外，绝大多数仅仅是消费活动的基本单位，而不是生产经营行活动的基本单位。这和我国农户融生产活动与消费活动于一身的双重功能有很大差异。农户的这种双重经济功能时期积累行为和消费行为掺杂在一起，从而其收入不像工薪消费单位那样，主要在储蓄和消费之间进行选择，而是在消费与积累之间选择。这种选择从表面看似乎区别不大，都是在处理现实消费和未来消费的问题。但事实上，农户积累比工薪阶层的储蓄有更大的强制性，因为它直接关系到农户经营的能否扩大和收入水平能否提高。对于以工薪收入为主的城市家庭，储蓄除了可以取得一部分利息等收入外，主要起稳定生活水平，以丰补歉的作用；而农户作为生产单位，积累是其扩大经营规模，提高收入水平，进而提高生活水平的前提。如果说前者可以在储蓄与不储蓄，多储蓄和少储蓄尚有较大选择余地而又不影响其来年主要收入的话，那么后者的选择余地则较小。要保证生活水平稳步提高，必须不断追加积累。而农户积累能否转变成收入，要经历经营风险的约束，即使考虑农户积累中有相当部分数据流动性较强的资金如银行存款等，但这部分储蓄也并非全部用于今后消费，其中有相当部分会用于今后生产经营，也要经历生产经营风险的约束，而对生产经营风险预期的准确把握是困难的，有时甚至是不可能的。所以，农村居民对收入的风险更为敏感，如何度量这种风险对山西农村居民消费行为的影响是值得探讨的问题。

西方消费储蓄理论都是在假设社会制度相对稳定情况下展开分析和讨论的，即不存在重大的社会改革，消费储蓄动机的产生背景是相对稳定的。但山西省在由计划经济向市场经济的转轨时期，农村社会经济制度发生了重大的变革，这种情况下农户消费与储蓄动机产生的背景就不可能是稳定的。直接套用西方消费经济理论的这一假设前提势必会造成较大的误差。

影响消费行为的因素很多，包括社会、历史、经济等多方面极其复杂的因素，但现代西方消费理论认为主要是经济方面的因素，从而在其假设条件中将其他影响因素忽略。我们认为，在当前的山西省，尤其是市场机制还没有完全建立起来的农村地区，社会因素对于消费行为的影响不可忽略。如果简单套用西方现代消费理论会出现较大偏差。例如，莫迪利亚尼等人的生命周期假说，佛里德曼的持久收入假说等的出发点是假设一个理性的消费者通过分配一生的收入来规划一生的消费，使其一生效用最大化。然而，山西农村居民存在较强的流动性约束、收入差距大及收入预期不确定，尤其是制度因素更是从客观上制约了农户消费，所以不能完全按照西方 *LC-PIH* 理论假说配置消费资源。

（二）山西省农村居民的消费行为分析

消费者行为，是指消费者受需求动机的影响而作出的购买决定、修改购买方案、完成购买过程的行为。影响消费者行为的因素有社会的、历史的、经济的等多方面极其复杂的因素。但其中最主要的是经济和制度方面的因素。新古典消费经济理论将关于消费行为的经济因素分析的设定分为两个方面。其一是关于消费者行为的外部环境设定，包括消费选择自由、价格充分弹性、预算约束、流动性约束等；其二是关于消费行为的内在设定，即消费者假定，包括理性主体、追求效用最大化、规避风险、时间偏好等。

山西农村居民消费行为的外部环境最主要的是中国进行的经济体制改革和其他方面的改革。1978 年实行改革开放政策、1992 年实行社会主义市场经济制度，1996 年开始的教育制度和医疗制度改革等，这些重大的根本性的体制改革，使山西农村居民消费行为的外部环境发生了相应的变化。外部环境的变化使得山西农村居民的消费行为表现出较强的阶段性。

在 1978 年以前，山西农村实行严格的计划经济制度。劳动者和生产者不能自由流动，各类消费品实行定量和凭票供应的办法来实现。消费品价格长期不变，基本不存在资金市场和消费信贷。跨时的资源配置是不必要的，也是不可能的，在这一时期，农村居民消费不存在外部环境的不确定性。

第一阶段为改革开放以后，到 1992 年之前，实行有计划的商品经济，经济体制表现为一种双重体制，山西农村居民所处的外部环境发生了变化。

农民有了自主经营权，生产力得到释放，农民收入迅速提高，部分农村劳动力开始进城务工。

（1）消费品价格和市场逐渐放开。国家通过调整消费品的计划价格接近市场价格，使价格逐渐放开，农村集市贸易市场逐渐增多，农村居民商品型消费支出比重逐渐提高。

（2）流动性约束减小、预算约束时间跨度延长。这一时期，由于农村居民收入增加，使民间资金借贷市场有了发展的土壤；部分农村出现了消费信贷，但其规模与当时消费总额相比非常有限。这一时期储蓄量大大增加，使跨期消费成为可能，延长了预算约束时间跨度。

这一时期山西农村居民消费行为主要表现为：消费支出仍集中于生活必需

消费品，以提高食品质量为主；家庭联产承包责任制的实施，极大地释放了农村居民生产的积极性，农民对未来充满了信心，收入增长较快。虽然在生产生活中有各种不确定因素，但广大农村居民对政府充满了信心和感激之情。由于政府承诺现有的政策会保持多年不变，农民生产的热情十分高涨，在生活消费上，几乎没有风险意识。

第二阶段，当农村居民经历了20世纪80年代末和1994年的通货膨胀以后，特别是1992年春天邓小平南方谈话和党的十四大确立以实行社会主义市场经济体制改革为标志，中国正式确立了以市场手段配置资源的经济模式，到1996年中国经济软着陆成功，农村居民消费的外部环境发生变化：

(1) 各种生活必需品的价格以完全放开，由市场对其进行定价。城镇化建设以及工业化进程吸纳了大量的农村富余劳动力，农村居民收入不再完全依赖于土地。

(2) 农村居民收入差距开始增大。各种经济体制改革改变了社会资源的分配方式，受农村居民个体素质差别的影响，使得农村居民收入差距逐渐增大。收入的差距拉大直接改变和影响着其消费行为，消费水平差距明显。

受外部环境变化的影响居民消费行为发生变化：山西农村居民收入和消费的不稳定性有所增强。一方面收入来源不稳定，部分劳动力走向市场，按市场经济手段获得收入。由于市场竞争加剧其收入的不稳定性，农产品价格的放开和生产资料价格的市场化，使得山西农村居民的生产和生活成本的不稳定性增强。因此，这一阶段，农村居民以保证生产稳定为基础，通过调整消费行为使其家庭生产和生活能够保持当其效用最大化。消费中有了一定的风险意识，但这些还不足以根本改变农村居民的消费行为，消费者对未来收入的不确定性有了认识，因其没有办法预期自己未来的收入，故在消费行为中，更多的转向以现期收入来安排其庭成员的消费，有了一定的预防性储蓄愿望。

第三阶段是1997年以后，政府推行的教育和医疗制度改革以及城市化进程的加快，使得山西农村居民的消费环境发生了根本性的改变。医疗制度的市场化改革，直接增加了农村居民看病的成本，使得许多农村居民出现了看病难的问题，在实际生活中，农村居民小病不看，大病看不起，一般的病尽可能的拖，使得农村居民的生活质量急剧下降，许多家庭因病致贫。教育的市场化改革，使得农村居民受教育的成本增加最大，许多农村家庭孩子多，基础教育阶段的费用对一个农村家庭来说都是很大的数字，高等教育动辄几万元对普通家庭而言简直是一个天文数字。城市化的推进使得农村青壮年劳动力进城务工，农产品生产收益降低，农业经营收入在农村家庭中的地位下降，使得收入的不确定性更大。这一系列的改革使得山西农村居民的消费行为法生了根本性改变。具体表现在：

（1）风险意识增强。在消费安排上，由于收入的不确定性以及支出的不确定性增大，特别是教育支出的不确的性，彻底改变了农村居民的消费行为，因为农村居民的孩子接受高等教育是改变一个家庭，甚至是一个家族前途的唯一希望。所以，筹措考上大学孩子的教育费用也是一个家庭，甚至一个家族的头等大事，故农村居民在现期消费和教育消费的刚性之间艰难的选择，预防性储蓄深入人心。

（2）流动性约束增大。由于银行的商业化改革，使得农村居民的生产和生活消费无法从银行获得资金支持，农村居民的生产和消费信贷约束达到了改革开放以来的最强约束。受收入和消费支出不稳定性的影响，农村居民消费预期时间跨度拉长，从短视行为变成前瞻性预期。由于制度变迁所增加的各种预期消费支出大大提高，人们对未来预期不确定，消费更加谨慎合理，农村居民不得不为将来巨额的预期支出进行预防性储蓄。

另外，山西农村居民消费行为的另一个特殊性体现在，农村居民不是以一生为时间跨度来寻求效用最大化，在其生命的不同阶段中一般都存在一个特定的消费高峰，以及一个相应的储蓄目标，其消费支出安排具有显著的阶段性。他们的一生一般可分为几个重要的阶段：婚前、供养子女及老年等。农村居民一般是集中力量实现当前阶段效用的最大化，而较少考虑未来阶段的消费和效用最大化。对于一个未婚的农村青年来说，他们是很难想到其以后消费安排。这种“短视”行为可归因于：未来长期目标的不确定性；信息的缺乏；流动性约束等。例如，对于一个农村青年来说，这个能预见的目标就是为结婚；对于一个中年农民来说，这个能预见目标就是支付子女高额的教育费用和赡养老人的费用；对于一个老年人来说，则是他们的丧葬费等。由于没有私人消费信贷市场，个人的消费支出几乎完全要靠自己的收入来支付，但他们的收入水平总体又比较低。这就决定了他们必须在每个阶段都要为迎接相应的支出高峰而进行储蓄，以便在未来的支出高峰时用。他们往往为了阶段性目标需要储蓄很长时间，但储蓄的使用通常是在很短时间内完成的，这种特征最终体现在农村居民以家庭为单位进行平滑和实现每个家庭成员的现期消费效用最大化，而户主是一个农村家庭的主心骨，其所处的年龄段直接决定了一个家庭所有成员现期的消费重点和消费水平。

三、山西农村居民消费函数的估计

根据前文分析，影响山西农村居民消费行为的因素比较复杂，特别是改革开放30年来，各项制度改革逐渐深入，并以一种润物细无声的方式逐渐影响农村居民的消费行为。但总体而言，现期收入水平、持久收入水平和各种不确定因素所导致的预防性储蓄是影响农村居民消费行为的主要因素。同时，由于农村居民和城镇居民所处的生活环境的差异，使得农村居民消费在其一生之中，在时间上具有很显著的集中性，也就是在孩子盖房结婚阶段相对集中。为了深入分析山西农村居民消费行为特征，故本文的消费模型以西方消费函数理论为基础，在充分考虑山西农村居民消费行为特征的前提下，选择影响山西农村居民消费的影响因素来确定变量和函数形式。利用山西农村居民1978～2007年时间序列资料和2005～2007年农村住户2075户分户面板数据，分别建立三个计量经济模型对山西农村居民消费行为尽可能进行全面分析。

（一）数据处理

根据山西省农村居民人均纯收入和人均消费支出数据，利用农村居民消费价格指数（1978年=100）剔除掉价格因素，得到山西农村居民人均实际纯收入和人均实际消费支出。为了反映不确定性对山西农村居民预防性储蓄的影响，本文利用1978～2007年收入分组资料，计算各年收入的标准差，以代表30年来经济体制改革对农村居民产生的不确定性影响。

利用2005～2007年山西农村住户分户数据，剔除掉三年中更换过样本户，选择三年连续样本户，确定每户居民人均纯收入、人均生活消费支出和户主年龄为模型变量，并以2005年为基期剔除价格因素，分别计算出各户的实际人均消费支出和人均实际纯收入，构成面板数据。sc_t、inc_t $inc\ var_t$、分别表示1978～2007年山西农村居民人均实际消费支出、人均实际消费支出、人均收入标准差。

（二）山西农村居民消费模型的估计

根据本文前面分析，影响山西农村居民消费行为的主要因素为现期收入水平、持久收入和制度改革的因其不确定性，并根据这三个变量与居民消费之间的散点图。1997年前后，山西农村居民消费支出在270元左右时与收入的方差变量间关系出现结构性变化，前后两个变量间的斜率显著不同；消费支出与人均纯收入间的散点图基本呈线性变化，故将山西农村居民的消费模型设定为：

$$sc_t = \beta_0 + \beta_1 inc_t + \beta_2 sc_{t-1} + \beta_3 inc\ var_t + \beta_r D1 * inc\ var_t + \mu_t \qquad (1)$$

$$D1 = \begin{cases} 1 & 1997 \sim 2007\text{年} \\ 0 & \text{其他年份} \end{cases}$$

为了对模型（1）进行估计，并避免伪回归现象，首先对模型所用变量进行单位根检验，各变量检验结果见表1。

表1　模型中所用变量的单位根检验

变量	ADF检验值	1%临界值	5%临界值	单位根
sc	0.963141	−4.309824	−3.574244	I（1）
Δ*sc*	−3.098882	−3.689194	−2.971853	I（0）
inc	0.031382	−4.309824	−3.574244	I（1）
Δ*inc*	−3.970884	−4.323979	−3.580623	I（0）
*inc*var	0.123080	−4.309824	−3.574244	I（1）
Δ*inc*var	−5.744342	−4.323979	−3.580623	I（0）

根据检验结果，模型所用三个变量均为I（1）序列，所以居民消费支出与收入以及收入的标准差间可能存在长期均衡关系。利用1978～2007年山西农村居民人均实际纯收入、人均实际消费支出和人均收入的标准差资料，采用加权最小二乘估计对模型（1）估计，消除异方差和自相关后模型估计结果为：

$$\hat{sc}_t = -51.46 + 0.417inc_t + 0.5921sc_{t-1} + 0.05inc\ var_t - 0.0994D1inc\ var_t + [ar(1) = 0.599]$$

$$(-1.447)\quad(3.4876)\quad(2.67)\quad(0.72)\quad(-2.35)\quad(2.8)$$

$$\bar{R}^2 = 0.97166 \quad F = 186.15943229$$

表2　模型（1）最终估计结果的AD检验

变量	ADF检验值	1%临界值	5%临界值	单位根
模型（1）的残差	−5.811202	−3.699871	−2.976263	I（0）

对消除异方差和消除自相关后模型（1）的估计结果进行协整检验，本文采用恩格尔—格兰杰两步检验法，检验结果见表2。表2检验结果显示，模型（1）的最后估计结果为协整方程，也就是说山西农村居民人均消费支出与人均实际纯收入、持久收入以及不确定性之间存在长期均衡关系，估计结果可以真实反映山西农村居民消费支出与其主要影响因素之间的长期均衡关系。在长期均衡关系存在的前提下，建立山西农村居民消费的误差修正模型，以反映山农

村居民消费行为的矫正机制。误差修正模型设定为：

$$\Delta sc_t = -\alpha_0 + \alpha_1 \Delta inc_t + \alpha_2 \Delta sc_{t-1} + \alpha_3 \Delta inc\ \mathrm{var}_t + \alpha_4 \Delta D1inc\ \mathrm{var}_t + \lambda ecm_{t-1} + \mu_t$$

利用山西农村居民1978～2007年的人均实际纯收入、人均实际生活费支出以及人均实际纯收入的标准差对模型（2）估计结果为：

$$\Delta \hat{sc}_t = 0.481845\Delta inc_t + 0.7648\Delta sc_{t-1} + 0.038\Delta inc\mathrm{var}_t - 0.10515\Delta D1inc\mathrm{var}_t$$

（4.156）　（3.122）　（0.0596）　（−2.54）

$$-0.80221ecm_{t-1}$$

（−2.617688）

$R^2 = 0.5687$

该协整方程和误差修正模型的统计检验值符合统计检验要求，参数估计值符合经理理论。对山西农村居民消费行为有较强的解释能力，反映了山西农村居民消费支出受现期收入和持久收入水平的影响程度较大，不确定性对居民消费行为有显著影响，居民有较强的预防性储蓄倾向。

（三）结论

从以上模型估计结果可以得到如下结论：

1. 山西农村居民消费受现期收入和持久收入影响较大。协整方程、误差修正模型期和综合的角度看，山西农村居民现期消费主要受现期收入和持久收入的影响，虽然模型估计参数具体数值有所不同，但基本方向是一致的。从参数的估计值看，持久收入对山西农村居民消费行为的影响程度大于现期收入对其消费行为的影响。故政府在当前要想激活农村市场，通过内需拉动经济平稳发展，在政策上要尽可能出台增加农村居民收入的长期政策，短期政策的效果对刺激农民消费增长相对较小。

2. 山西农村居民收入的不确定性对农村居民消费有很强的负效应。始于1996年教育制度改革，特别是非义务教育收费制度的实施，从1997年起使得农村居民有了较强的预防性储蓄，1997年以后，收入的不确定性每增加1个单位，山西农村居民的消费减少0.0994个单位；短期收入不确定变动一个单位，农村居民同期消费的改变量减少0.10515个单位。而在1997年以前，收入的不确定性对农村居民的预防性储蓄影响不显著，这印证了前文的分析结论。

3. 从误差修正模型可知，山西农村居民在收入水平较低的状态下，是一个相对理性的消费者。当偶然因素使其消费脱离收入均衡关系时，有非常强烈的使其消费尽快回到与自己收入水平相适应的消费轨迹欲望。前期的超额支出在本期80%得到矫正，在农村居民较强的流动性约束前提下，超额支出如果不能得到很快矫正，这必然导致近期农村居民的生活质量的下降，甚至会影响到来年的生产经营活动。

4. 山西农村居民消费行为在时间上有非常显著的阶段性。从改革开放到1988年，山西农村居民在享受农村经济改革的成果时，消费没有风险意识，持久收入和现期收入对其消费行为影响难以区别。1989～2006年，经历了通货膨胀和经济的不稳定时期，各种商品供给逐渐由市场短缺转到供应充足，农产品和生活消费品价格的市场化改革，使得农村居民在收入水平增加的同时消费的风险意识亦逐步增加。

四、政策建议

提高农民生活消费水平，改善农民生活消费质量，促进农民消费需求有效增长，是社会主义新农村建设和全面小康社会建设的必然要求，是构建和谐社会的重要内容，也是开拓农村市场、促进经济增长的有效手段。然而，农民生活消费的增长和结构的改善，不仅会受到收入水平的限制，还会受到自然资源、传统消费习惯的制约，更会受到社会生产发展和政府决策的左右。因此，确定符合山西省情的消费战略和对策，努力构筑有效扩大农村消费需求的措施，培育农村居民的消费需求，在经济发展的基础上，引导农民合理消费，不断改善农民生活，使山西农民的生活消费水平在今后一个时期得到显著提高。依据以上分析，我们提出以下政策建议。

1. 全面发展农村经济，稳定提高农民收入水平。首先要从政策上加大对农民增收的支持力度。要把中央和地方出台的一系列惠农政策不折不扣地施惠于农民。要从财政上保证各项政策的落实，要做好财政支农资金的监管，提高资金效率。通过公共财政反哺农业，促进农民增收。其次加强政府宏观调控，建立农民增收的长效机制。目前，山西已经具备了工业反哺农业、城市支持农村的相应实力，应重点推进统筹城乡发展的实质性进展，下更大的决心调整国民收入分配格局，加大城市对农村经济的辐射，加大城市人才、智力资源对农村发展的支持，加大城市在科技、教育、医疗等方面对农民群众的服务，把农民增收放到全体人民共同富裕中统筹考虑，把农村发展全面纳入全省现代化进程之中，从制度保证、政策惠顾、技术支持、发展环境等环节上为农民铺设一条增收的“高速路”。

2. 调整收入分配调节政策，提高中低收入群体的收入水平。农村中、低收入群体消费需求大、消费意愿强，消费空间和潜力大。根据农村住户调查资料测算，2005年占农村人口60%的中低收入群体，平均消费倾向为0.873，消费的收入弹性高达0.93，而占农村人口40%的较高和最高收入群体，平均消费倾向只有0.518，消费的收入弹性只有0.64，不同收入群体农民的不同消费倾向和不同的消费的收入弹性，反映了农民不同的消费意愿，中低收入群体的农民消费愿望强烈，改善生活的意愿十分明显。如果收入得到改善更愿意将收入投入消费领域，而高收入群体农民消费意愿则相对较弱。不同收入群体农民的消费倾向表明，增加中低收入农民的收入水平，是提高农民消费水平、启动农村消费、拉动农村经济增长的最有效、最直接的手段。因此，收入分配调节应努力增加中低收入阶层的收入水平，综合运用税收和转移支付等各种调节手段，不断增加中低收入者的收入，努力缩小农民收入差距，使中低收入者充分享受经济增长的成果。

3. 加强农村基础设施，改善农村消费环境。加强农村基础设施建设，不仅可以改善农村基础设施落后状况，增强农业发展的后劲，而且可以改善农村消费环境，促进现代家用电器在农村销售，还可以增加就业机会，为开拓农村市场创造条件。各级政府要在加大对农村水、电、路以及通信设施投资力度的同时，鼓励农村居民集资、参股，多方面筹集资金，改善农村基础设施和消费环境，使更多的乡村通电、通水、通路、通电话、能收看电视，促进农村居民将潜在的购买力转化为现实购买力。

4. 引导农民合理的消费，使农民的消费结构朝着丰富、健康、有益的方向发展。一方面应积极引导农民更新观念，合理消费，适应社会主义市场经济的发展，实现生产和生活两个增长，推动农村社会经济全面发展，可以通过生活资料价格等经济杠杆间接调整农民的消费结构。另一方面可以利用宣传舆论媒介，增强消费的正面引导，并努力消除不正确的攀比心理；摒弃封建迷信、铺张浪费等陋习，鼓励农民在吃好、穿好、住好的同时，积极开展丰富多彩的精神生活。同时，把握农民消费的阶段性需求，满足农民消费在各个阶段的热点和重点，将对开拓农村市场、促进农民消费产生积极的作用。

5. 建立健全农村社会保障制度，树立农村居民消费信心。随着社会的进步，农村居民对于子女教育、养老和自身的健康不断重视，但由于农村社会保障制度的滞后，无不让他们感到了预期支出的沉重负担，再加上收入的不稳定性等因素，抑制着农村居民消费欲望的实现。因此，建立和健全农村社会医疗保障、养老保障和社会保险等制度，对于树立农村居民消费信心、促进消费水平的提高有着十分重要的意义。

参考文献：

[1] 罗楚亮．经济转轨、不确定性与城镇居民消费行为》[M]．社会科学文献出版社，2006年6月，第1版．

[2] 张晓峒．Eviews使用指南与案例 [M]．机械工业出版社，2008年1月，第1版．

[3] 万广华，史清华，杨树梅．转型经济中农户储蓄行为：中国农村的实证研究 [J]．经济研究，2003年第5期．

[4] 王选选．教育和住房制度改革以及利率对山西城镇居民储蓄行为的影响分析 [J]．生产力研究，2006年，第8期．

[5] 方凡泉．中国高等教育成本分担的政策选择 [J]．高教探索，2003年第3期．

[6] 王选选．中国农村居民省际间消费结构差异分析 [J]．数理统计与管理，2007年，第10期．

[7] 朱春燕，臧旭恒．预防性储蓄理论 [J]．经济研究，2001年，第1期．

[8] 赵文奇．“从一般到简单”与消费函数的建立 [J]．数量经济与技术经济，1997年第7期．

吉林省中小金融机构经营效率评价*

赵振全　吕静秋　董　竹　孙　婷
（吉林大学数量经济研究中心 吉林大学商学院）

银行效率是银行在业务活动中投入与产出或成本与收益之间的对比关系，是衡量银行经营业绩、市场竞争能力、投入产出能力和可持续发展能力的重要标准，效率值的高低可以反映银行的资源利用效果和整体经营情况。目前，吉林省中小金融机构处境严峻，不仅要承受着国有大银行的压力，还要做好应对外资银行进入的准备。因此，我们有必要对吉林省中小金融机构的经营效率进行全面的评价，以便认清差距和不足，有针对性地提高。

一、金融机构经营效率研究综述

国际上，银行业的规模经济、范围经济还是一个受争议的课题，是否所有的金融机构都应该向大规模发展，以便于达到规模效益？

美国20世纪七八十年代的研究结果发现，在相对较小的产出水平上，规模经济无法发挥作用。但最近的研究有了不同的结果。Berger和Mester（1997）发现在1990年的一些规模相当大的银行里，存在规模经济。但是对美国银行业的研究不能证明非专业金融机构的成本特点，因为美国不允许建立全能银行和金融集团。因此Saunders和Walter（1994）对美国以外的国家进行了研究，发现世界前200强银行中，贷款规模达到250亿美元的银行都实现了规模经济。Vander Vennet（1994a）在对1500家欧洲银行的抽样调查中也发现了同样的结果。郎咸平和Welzel（1996，1998）发现，在德国的全能银行中不存在规模经济，但在相对较小的合作银行如巴伐利亚合作银行中存在规模经济。

---

* 本文得到2008年教育部重大项目（08JJD790153）、2007年吉林省社会科学基金项目（2007044）、2007年教育部重大项目（07JJD790131）、“吉林大学‘985工程’项目”经济分析与预测创新基地资助。

在不同规模银行的效率研究方面，Allen 和 Aai（1996 年）检验了 15 个国家 194 家银行的效率变化后发现，在施行分业经营制度的国家中其银行的效率明显低于 1988 年至 1992 年期间的非专业化银行集团。Benston（1994）的研究结果也表明，在规模经济、范围以及 x 效率等方面，全能银行要比专业银行更有优势。但专业银行能够在与全能银行的竞争中生存下来，那么至少说明，无论那一种银行形式的效率优势，都不是压倒性的。因此，Berger，Hancock 和 Humphrey（1993）指出，由于同等规模的银行中存在差异，因此每家银行的运行方式要比结构和规模更重要。

目前在银行效率的测度方法上，主要有指标法和生产函数法两大类。指标法，是利用各种反映银行经营的财务指标银行规模、资产回报率、资本回报率等指标来评价银行效率。它的优点是操作简便，测度成本低，缺点在于难以全面准确地反映银行效率的相关因素以及改进方向。生产函数法又分为参数和非参数两种方法。前者在测度银行效率时，需要规定效率前沿函数的具体形式，并通过样本银行估算出效率前沿函数中的各个参数，其缺点在于在测度银行效率时不可避免地存在模型设定误差；后者在对银行效率进行测度时，虽然不必估算效率前沿函数中的参数及规定函数的具体形式，但是它的缺点在于容易因资料错误或投入产出变量选择不同而有不同的结果。

鉴于上述分析，本文选用 1931 年 Thurstone 提出的因子分析方法。由于影响金融机构经营效率的因素很多，既有规模等可量化指标，也有管理有效性等非量化指标，彼此之间存在程度不同的关联性。选用这种方法一方面可以尽可能多地覆盖影响因素，又不至于因素太多而使分析过于复杂；另一方面，该方法只需要截面数据，所以也弥补了中小金融机构数据披露时间短的缺陷。

二、样本与指标体系选择

因子分析方法的基本目的是，用少数几个因子 F1、F2、F3…去描述许多变量之间的关系。被描述的变量 X1、X2、X3…是可以观测的随机变量，即显在变量。而这些因子是不可观测的潜在变量。因子分析的思想是将观测变量分类，将相关性较高即联系比较紧密的变量分在同一类中，而不同类的变量之间的相关性则较低。那么每一类的变量实际上就代表了一个本质因子，或一个基本结构。因子分析就是寻找这种类型的结构，或者叫做模型。

本文采用的数据样本为光大银行长春分行、长春市商业银行、吉林市商业银行、城市信用社、农村信用社以及吉林省境内的国有大银行共 10 家金融机构 2006 年的截面数据，选取的指标为：

资产利润率（X1）＝（利润总额/资产平均占有额）×100％。资产利润率越高，表明银行的资产利用效益越好，整个银行赢利能力越强，经营管理水平越高；

资本利润率（X2）＝净利润/资本总额。该指标反映银行全部资金的获利能力；

人均利润（X3）＝利润总额/职工人数。人均利润反映了银行赢利能力；

不良贷款率（X4）＝（次级类贷款＋可疑类贷款＋损失类贷款）/各项贷款×100％。不良贷款率反映了银行信用管理的效果；

资产流动比率（X5）＝流动资产/流动负债。资产流动比率是衡量银行偿还短期负债能力的指标；

资产增长率（X6）＝（本期总资产－上年同期总资产）/（上年同期总资产）×100％。资产增长率反映出银行的成长性；

人均存款（X7）＝存款/职工人数；

存贷比率（X8）＝存款/贷款。存贷比反映了资产总额的周转速度，周转越快，反映利用效果越好，销售能力越强；

总贷款比总资产（X9）＝贷款/资产总额。该指标反映了银行资产状况。

相关数据见表1。

表1　2006年吉林省不同规模金融机构经营效率指标

银行＼指标	资产利润率（％）	资本利润率（％）	人均利润（万元）	不良贷款率（％）	资产流动比率（％）	资产增长率（％）	人均存款（万元）	存贷比率（％）	总贷款比总资产（％）
光大银行长春分行	0.48	118.63	22.03	32.43	3.87	1.3	4286.13	48.78	46.44
长春市商业银行	0.98	11.82	8.43	1.04	27.56	11.5	751.39	72.2	63.3
吉林市商业银行	0.96	16.51	7.91	2.41	52.65	－5.5	762.48	56.81	57.2
城市信用社	0.52	15.25	2.15	5.35	58.73	－25.3	36.77	64.13	57.25
农村信用社	1.18	28.15	3.46	12.44	38.46	20.27	256.02	70.3	61.52

续表

银行＼指标	资产利润率（%）	资本利润率（%）	人均利润（万元）	不良贷款率（%）	资产流动比率（%）	资产增长率（%）	人均存款（万元）	存贷比率（%）	总贷款比总资产（%）
建行	0.33	−78.63	2.45	3.06	10.18	−2.5	713.77	46.38	51.4
工行	−0.37	85.2	−2.93	11.69	9.14	0.56	769.76	42.23	46.6
中行	0.23	−119.45	2.64	9.29	11.75	1.02	1115.85	52.38	48.6
农行	−6.7	23.91	−26.7	56.5	5.79	−0.59	491.5	63.47	78.9
交行	0.91	137.92	15.38	2.3	44.27	16.37	1617.78	50.37	52.83

注：数据来自中国银行业监督管理委员会吉林监管局相关银行的2006年年报整理所得。

三、吉林省不同规模金融机构经营效率实证分析

根据表1数据，计算过程借助于SPSS软件在计算机上进行操作。首先将各项评价指标的原始数据进行标准化，之后建立变量的相关系数矩阵R的特征值及贡献率（见表2）。

表2 相关系数的特征值和贡献率

变量	初始因子F1～F9			选取主因子F1～F3		
	特征值	贡献率%	累计贡献率%	特征值	贡献率%	累计贡献率%
1	3.476	38.625	38.625	3.476	38.625	38.625
2	2.337	25.972	64.597	2.337	25.972	64.597
3	1.484	16.484	81.081	1.484	16.484	81.081
4	0.947	10.520	91.600			
5	0.558	6.202	97.802			
6	0.119	1.326	99.128			
7	0.066	0.737	99.865			
8	0.011	0.124	99.989			
9	0.001	0.011	100			

由表2可知，变量的相关系数矩阵有三大特征根，即3.476、2.337和1.484，它们一起解释了银行效率指标标准差的81.081%（累计贡献率）。这意味着前三个成分显示了原始数据所提供的足够信息（累计贡献率＞80%即

可)。同时，基于过程内特征根大于 1 的原则（在这里，第三个特征根 1.484 系统默认其符合要求），主因子分析过程相应提取三个主成分量 F1、F2、F3。

其次，对提取的三个主因子分量 F1、F2、F3 建立原始因子载荷矩阵，然后对其进行结构调整简化，得出方差最大正交旋转矩阵（见表 3），由此我们得到三个主因子模型：

F1＝0.911・X1＋0.222・X2＋0.934・X3－0.714・X4＋0.247・X5＋0.127・X6＋0.453・X7－0.422・X8－0.869・X9

F2＝－0.360・X1－0.352・X2－0.036・X3－0.617・X4＋0.800・X5－0.138・X6－0.768・X7＋0.620・X8＋0.262・X9

F3＝0.241・X1＋0.693・X2＋0.241・X3＋0.175・X4＋0.262・X5＋0.637・X6＋0.232・X7＋0.498・X8＋0.371・X9

表 3 正交旋转后的因子载荷矩阵

矩阵 / 变量	主成分		
	F1	F2	F3
X1	0.911	－0.360	0.241
X2	0.222	－0.352	0.693
X3	0.934	－0.036	0.241
X4	－0.714	－0.617	0.175
X5	0.247	0.800	0.262
X6	0.127	－0.138	0.637
X7	0.453	－0.768	0.232
X8	－0.422	0.620	0.498
X9	－0.869	0.262	0.371

同时，我们可以根据指标值按正交载荷阵中高载荷分为三类。由表 3 可知，第一个主因子在 X1、X3、X4、X9 上有较大的载荷，其中 X1 和 X3 是衡量银行赢利效率的核心指标，而 X4 和 X9 反映了银行资产质量，因此 F1 反映了赢利性和资产管理性；第二个主因子在 X5、X7、X8 上有较大的载荷，其中 X5 和 X8 充分反映了银行资产的流动性，因此可以称 F2 为风险因子；第三个主因子在 X2、X6 上有较大的载荷，可以评价银行的潜在发展能力。

最后，我们以各主因子的信息贡献作为权数得出综合因子模型：

F=0.38625・F1＋0.25972・F2＋0.16484・F3

如表4所示，计算得出10家样本银行效率的综合得分及排序：

表4 吉林省10家不同规模金融机构因子评分及排序

金融机构	因子得分						总得分	
	F1	排名	F2	排名	F3	排名	F	排名
光大银行长春分行	−0.19319	9	−1.69129	9	1.52733	1	−0.23	6
长春市商业银行	0.39147	4	1.03653	2	0.49370	4	0.51	2
吉林市商业银行	0.71312	2	0.44509	5	−0.30175	6	0.31	4
城市信用社	0.62640	3	0.78720	3	−1.07024	8	0.23	5
农村信用社	0.28660	5	1.25330	1	0.74931	3	0.58	1
建 行	0.18073	6	−0.80832	7	−1.23317	10	−0.39	9
工 行	−0.15895	8	−1.00543	8	−0.26535	5	−0.37	8
中 行	0.13043	7	−0.73594	10	−1.14708	9	−0.37	8
农 行	−2.69094	10	0.68525	4	−0.06225	7	−0.79	10
交 行	0.71434	1	0.03361	6	1.30951	2	0.51	2

四、实证分析结果

由表4可知，从整体上看，吉林省中小金融机构经营效率的综合得分要好于国有大银行，而国有大银行中只有交通银行经营效率表现不俗，这其中主要是由于国有大银行历史遗留问题比较严重，同时我们也要看到国有大银行经过几年的商业化改革已经初见成效，其不良贷款比率有所下降，资产质量也有所提高。总体来说吉林省中小金融机构在经营管理各方面比较符合市场要求，经营效率要高于国有大银行。

但是，吉林省中小金融机构在经营效率方面仍然存在许多不足的地方，比如从F1排名来看，光大银行长春分行在赢利性、资产管理方面做得很差，资产利润率较低，不良贷款比率更是高达32.43%。农村信用社的不良贷款也偏高，人均利润较低；从F2排名来看，吉林市商业银行和光大银行长春分行在风险控制上都排在中间靠后的位置，也就是说其资产周转速度、短期负债偿还能力都有待提高；从F3排名来看，城市信用社和吉林市商业银行的未来发展潜力都较小，而光大银行长春分行的发展潜力最高。

因此，我们现在应该针对吉林省中小金融机构最突出的问题给予足够的重视。对光大银行长春分行和农村信用社来说，降低不良贷款率和提高资产质量是当务之急；吉林市商业银行要努力提高资产的流动性；城市信用社要重新调整资产结构。

五、提高吉林省中小金融机构经营效率的途径

由于银行经营效率的评价指标资产利润率、人均利润、不良贷款率、资产流动比率、资产增长率、存贷比率、总贷款比总资产等是与其法人治理结构、内控机制、产品创新与服务水平等“软性”管理因素密切相关的。因此，我们提出，提高吉林省中小金融机构效率的途径应为：

（一）完善公司治理结构

吉林省中小金融机构应根据《公司法》和《股份制商业银行公司治理指引》的有关要求，建立和完善股东大会、董事会、监事会和高级管理层的议事制度和决策程序，明确股东、董事、监事和高级管理人员的权利和义务的同时，引进先进的公司治理模式，建立独立董事制度，从而达到三个方面的杜绝，即杜绝股东大会、董事会和监事会形同虚设，无法约束高级经理层的行为，实现“三会”有机结合，充分发挥股东大会权利；杜绝大股东内部操纵，架空董事会或高级经理层职权的行为，在法律赋予的权限内，充分发挥 CEO 的主观经营能动性；杜绝虚假财务报表、虚假财务核算，实现真实反映资产和利润，审慎提取呆账准备金，合理分红等。

（二）健全内部控制制度，加强内部管理

吉林省中小金融机构健全内部控制制度，首先要建立系统的、全面的内部管理机制，对现有的规章制度和操作程序要做一次全面的归集梳理，使内控制度渗透到各项业务管理和操作环节，覆盖所有岗位，不留空当和死角；其次要进一步完善激励机制，要积极探索权、责、利相结合的科学考核机制，充分发挥每个员工的工作潜能，最大限度地防范各种风险。

（三）业务定位于创新，突出区域特色

目前，吉林省中小金融机构应在保持传统业务主体地位的基础上，大力开拓符合中小金融机构优势特点、有现实或潜在赢利空间的中间业务品种，如委托代理业务、财务顾问业务、评估审核业务、基金托管业务等，不断扩大中小金融机构的收入来源，培植新的利润增长点，增强经营的活力，提高在市场中的竞争力。另外，吉林省中小金融机构的金融业务具有显著的“本土化”特

征，由于对当地的风土人情、文化特色、生活习俗比较了解，容易与服务对象找到共同语言，在业务拓展过程中，突出核心业务和特色产品，创品牌服务。

参考文献：

[1] 杨德勇．金融效率论［M］．北京：中国金融出版社．1999．88－89．

[2] 高正刚．中美银行业绩效比较及因素分析［J］．金融与保险，2001，2（2）：57－58．

[3] 于秀林，任雪松．多元统计分析［M］．北京：中国统计出版社，1999．171－184．

[4] 谭中明，陶羽．用因子分析法考察中国商业银行效率［J］．预测，2002，2：51－53．

[5] 于海涛．利用因子分析法评价商业银行效率［J］．金融经济，2003，4：54－55．

[6] 刘红忠，马晓青．中小民营银行的公司治理与金融风险管理［J］．国际金融究，2003，4：59－63．

[7] 李静．我国中小商业银行退出机制与《存款保险法》的制定［J］．企业经济，2003，1：161－162．

[8] 王学龙．全面开放条件下我国银行监管的目标定位［J］．经济纵横，2007，5：22－24．

[9] 杜彪．浅谈厦门中小金融机构的发展策略［J］．财经纵横，2007，8：578－579．

[10] Berger，Allen N，The Profit-Structure Relationship in Banking：Tests of Market Power and Efficient-Structure Hypotheses［J］．Journal of Money，Credit and Banking，May 1995，27（2）：404-432

[11] Berger，Allen N.，Anil K. Kashyap，and Joseph M. Scalise，The Transformation of U. S. Banking Industry：What a Long，Strange Trip It's Been［J］．Brookings Papers on Economic Activity，1995，2：55-218

[12] Berger，Alan N.，Seth D. Bonime，Lawrence J. Goldberg，and Lawrence J. White，The dynamics of market entry：The effects of Mergers and Acquisitions on De Novo entry and Small Business Lending in Banking Industry，Board of Governors［J］．Finance and Economics Discussion Series，July 1999，41-49.

[13] Berger，Allen N.，Klapper，Leora F. and Udell，Gregory F. The ability of Banks to lend to Informationally Opaque Small businesses［J］．Journal of banking & Finance，2001，25：2127-2167.

[14] Berger，Allen N. and Udell，Gregory F. A More Complete Conceptual framework for SME Finance［J］．Journal of Banking & Finance，2006，30（11）：2945-2966

[15] Berger，Allen N.，Hasan，Iftekhar and Zhou Mingming. Bank ownership and efficiency in China：What will happen in the world's largest nation?［J］．Journal of Banking & Finance，2008，Article in Press.

[16] Stanton，Kenneth R. Trends in relationship lending and factors affecting relationship lending efficiency［J］．Journal of Banking & Finance，2002，26：127-152.

[illegible]

参考文献

[1] [illegible]

[2] [illegible]

[3] [illegible]

[4] [illegible]

[5] [illegible]

[6] [illegible]

[7] [illegible]

[8] [illegible]

[9] [illegible]

[10] Berger, Allen N. The Profit-Structure Relationship in Banking—Tests of Market-Power and Efficient-Structure Hypotheses [J]. Journal of Money, Credit and Banking, May 1995, 27 (2): 404-431.

[11] Berger, Allen N., Anil K. Kashyap and Joseph M. Scalise. The Transformation of the U.S. Banking Industry: What a Long, Strange Trip It's Been [J]. Brookings Papers on Economic Activity, 1995, 2: 55-218.

[12] Berger, Allen N., Seth D. Bonime, Lawrence G. Goldberg and Lawrence J. White. The dynamics of market entry: The effects of Mergers and Acquisitions on De Novo entry and small Business lending in Banking industry. Board of Governors [C]. Finance and Economics Discussion Series, July 1999, 41.

[13] Berger, Allen N., Klapper, Leora F. and Udell, Gregory F. The ability of banks to lend to informationally opaque small businesses [J]. Journal of Banking & Finance, 2001, 25: 2127-2167.

[14] Berger, Allen N. and Udell, Gregory F. A More Complete Conceptual Framework for SME Finance [J]. Journal of Banking & Finance, 2006, 30 (11): 2945-2966.

[15] Berger, Allen N., Hasan, Iftekhar and Zhou Mingming. Bank ownership and efficiency in China: What will happen in the world's largest nation? [J]. Journal of Banking & Finance, 2008, Article in Press.

[16] Stanton, Kenneth R. Trends in relationship lending and factors affecting relationship lending efficiency [J]. Journal of Banking & Finance, 2002, 26: 127-152.

七

博弈论
实验经济学及其他

复杂经济问题的微观分析与模拟实证
——数量经济学一个新的研究视角

王国成
（中国社会科学院数量经济与技术经济研究所）

经济系统本质上是复杂系统，复杂性科学（Complex Science）的理论方法为分析研究现实经济世界等人类社会系统的复杂性提供了锐利视角和有力工具，给予了有益的启示。本文从个体行为异质性、主体之间交互性和可计算的实现途径等基础层面，考察人类活动特有的复杂性，重点探讨导致经济系统复杂性的微观成因，以及模拟实证方法应用的可行性。

一、复杂经济问题研究的理论基点

人是经济系统中的微观主体和基本元素，人的行动既直接受物质或经济利益的驱动，又明显地受精神或心理因素的影响；经济主体行为的主动性、异质性、交互性和多变性等，与对自然界中物质系统构成元素（基本属性相对稳定）和运动规律的描述有显著不同，因而，经济系统（乃至所有的人类社会系统）远比自然系统或物理系统复杂。如：外生给定的禀赋稳定性、多重标准导致的经济变量的不可公度性、多种因素和变量混合作用的共生性（不可分离性或共线性）、角色转变和互为因果关系（循环链），由此引起经济系统各种形态的涌现（emergence）：转折、突变（间断或跳跃）、震荡（急剧波动）、结构的不稳定性和均衡的多重性等频现；各组成部分之间的联动和连锁反应，分布类型难以设定的非参数特征，不可重复检验等；社会经济网络的非对称与不规范性，环境差异导致理论移植应用时的非平行性。种种反常、异常和无常等复杂现象对经济的冲击和影响更大，更有必要寻求合适的方法去分析探讨（Krugman，1996）。诸如此类的问题既不能以“非理性”行为所致为由排斥在理论研究视野之外，也不宜在传统的理性行为模式下仿照自然系统进行平行计算和模拟，而且仅仅靠特殊、个案式的研究也远远满足不了社会科学发展的需要。

真实的经济世界是复杂开放的巨系统（Arthur，1995），但也是有规律可循、是可认知的。近年来，复杂性科学、计算科学和社会科学以及心理、物理、生物等相关学科的共同关注，研究领域和兴趣点的交集逐步框定，形成了一个共同指向：将经济均衡看成是复杂系统涌现的一种形式（*Arthur*，*et. al.*，1997）。以此观点研究经济问题，会更清楚地看到：自利理性的同质行为主体假设仅是理想化市场的抽象，由此使经典理论和传统分析方法的局限性日益凸显。为什么历史不可能简单重复，为什么类似于股市崩盘、房价暴涨暴落的局部危机会对一体化进程中的全球经济产生重大影响和威胁，为什么社会科学不具有像自然科学那样的普适性？微观层面大量的个体活动和相互作用，产生的摩擦、矛盾和冲突在一定条件下激化，积累集聚后超过整体结构所能承受的临界点时就会突然爆发，酿成社会突发事件，强烈地冲击和影响现存的运行方式和网络结构关系；在经济世界中，供求关系与价格形成及变动，市场运行与资源配置结果，经济震荡以及制度、文化和习俗等影响社会经济活动的软因素，都是受微观主体行为的作用和推动的，同时外部环境条件的变化反过来又影响个体行为方式和相互关系。类似于自然界中的雪花、海滩和橘子皮等具有不规则、万维性和分数维形状的事物，人类社会中的异质性个体汇聚成各色各样的利益群体，再联结成不同的社会阶层，它们杂布交织、纵横交错，衍生演变成复杂的社会网络结构和经济现象，反过来再规约和影响微观个体（Rosser，1999）。认识观念的转变，生产方式的换代升级，生产力和技术水平的显著提升，人口整体素质的迅速提高，外生事件的强烈冲击下体系结构陡然大幅度转型，等等，都会有这样或那样的、直接或间接的、显在或隐含的联系和作用，导致了经济系统的复杂性，这些更多的是由于具有主观能动性的、差异性的微观个体与交互行为中不断演变的网络结构的相互作用（异质性与交互性的互动）造成的。

与一般商品市场相比，资本市场和劳动力市场上，以及非物质生产性经济活动中，主体行为更加复杂、作用更加突出，基本经济行为明显偏离经典假设，由此导致复杂经济现象的频现。行为经济学、实验经济学等前沿理论分支揭示的分水岭效应、羊群效应和破窗效应……（Camerer，2003），这些表明不同情境下的行为选择存在着明显分界，而个体行为的分界可能孕育和导致宏观现象的转折与突变。这是当代经济学发展的一个重要特征，在从人类行为属性的角度对基本理论假设进行全面的剖析和实证，对经济理论进行彻底的科学检验和行为改造。尤其是像中国这样处于改革期的发展中国家，由于生产力水平、经济结构、制度体制、传统文化、观念习俗等外界因素的变动对主体的行为方式和宏观总量的影响不容忽视，甚至比理性行为假设的作用更大、更值得去研究。因而，以个体行为差异和相互影响作为经济系统复杂性研究的基点是一个必然的选择，毫无疑问也是发展和丰富数量经济学的一个新的研究视角。

二、微观个体的异质性与交互性

正统经济学虽然只是从经济利益驱动的行为中抽象出同质的理性行为假设，侧重研究资源配置效果，但如今也在向“非理性”和非经济领域的行为延伸扩展（王国成，2007）。经济行为贯穿于过程和结果之间，不仅有一般的、共性的规律可循，而且特殊的、复杂的经济现象和运行机制也更适合从行为上找到根本的解释。

（一）异质性行为

买一件日常生活用品和买住宅都是消费行为；买进一只股票和并购一家企业同属投资决策；个人策略行为与社会结构、规则和习俗的关系（Young，1998）……深入细分个体行为的偏好形态、理性程度、与外界的交互适应性、社会性偏好和对他人的判断等方面的差异性，从中可清楚地看出多重行为属性的不同表现形式和所能产生的影响。

而用经济计量理论和方法进行实证分析时，主要是基于对微观主体的同质理性人假设，利用随机数学、统计方法和经验数据对系统整体和个量的平均特征进行实证分析（Heiner，1983）。然而，这种做法无论是在初始禀赋、理性程度和分析计算与信息处理技能，还是在相互关系、行为规则、制度环境等各个方面，忽略了微观个体行为特征的差异性，并且仅靠改进模型和分布设定、参数估计和检验方法等技术性的局部修正不足以解释微观主体差异对宏观经济现象产生的显著影响。一般说来，只要属性、程度上存有差异，就可以对行为进行测度和量化处理，由此可在一定程度上弥补传统定量实证方法在行为处理上的不足。因为行为过程和转化是程度的连续演变，如在学习中不断提高理性程度、偏好的逐渐改变等。

当理性行为不能满足人们对经济学所寄予的厚望时，异质化基本经济行为就成为一种必然的选择。真实的经济世界中大量存在的、各类所谓的异常现象或非理性（包括有限理性）行为，其本质就是异质行为，相当于不同总体中的样本特征，而且这些异常行为都难以用常规的抽象方法和同一总体中的统计平均特征来替代。从统计意义上讲，设 θ 为描述某类个体行为特征的参数，$\bar{\theta}$ 为该行为参数的均值，$\hat{\theta}$ 为基于真实行为的估计值，E（$\hat{\theta}-\bar{\theta}\neq 0$ 为有偏估计，θ 表明所代表的行为属于异质行为。这些异质行为，是导致非正态、非平稳、异方差和非参数分布等的个体行为因素，所得到的时间序列往往是有色噪声而非白噪声。$\hat{\theta}$与$\bar{\theta}$之差是源于个体行为异质性的系统偏差，而非用经典理论和统计方法就能处理和消除的随机误差。尤其在中国，大量、普遍存在着用现有理论难以解释的异常行为，而且正是这些异常行为演变成为复杂突变宏观经济现象和问题的决定因素。

与物质产品的异质性相类似，经济行为的异质性构成了色彩斑斓的现实经济世界：有行为目标的异质性、偏好的异质性、行为习惯和方式的异质性等，有消费、生产、投资、交换和分配行为的异质性等，还有组织行为的异质性、政府行为的异质性、社会行为的异质性以及市场行为的异质性等。如关于“冲动性（Impulsiveness）”实验的研究证实（Mischel，1983；Rabin，1998），不同的行为主体对时间的偏好和自我控制行为能力具有显著性差异。由此联想到对个体行为禀性的认识，同一行为主体对财富禀赋、风险的偏好和得失权衡等方面都可能存在显著性差异。

（二）异质性行为实质的刻画

考察经济行为的异质性，必须面对来自行为测度理论标准和实际分析时行为数据获取等方面的困难（王国成，2008）；传统理论与方法侧重观测经济运行中作为行为结果的因素和变量及相互关系，试图避免行为分析带来的麻烦。然而，如早期的Cournot（1838）的寡头产量竞争、Bertrand（1883）的价格决策、Edgeworth（1897）的契约曲线和Stackelberg（1934）动态决策等经典博弈模型，较好地用数理方法刻画不同类型的、更加复杂的策略型行为，源于此发展起来的博弈论等，为进一步量化分析经济行为提供了良好的理论和方法基础。

由于现实世界中信息分布的不完全、不对称，行为主体对外界所形成的判断是因人而异的，而信息类型及对每一主体的实际影响也是不同的，不可能是一成不变的；每一主体不可能具有完全相同的信息处理能力，不是都服从（VNM）期望效用决策原理和贝叶斯决策准则，并且判断和处理信息的能力也是在不断修正和提高的，因而应该考虑行为主体在信息处理方面的异质性。

还可从两个方向上解构经济系统的复杂性：一是量的变化方面，整体大于所有部分之和，即系统的1＋1＞2特征（产品组合效能大于单个产品效能的简单代数和）；二是必须从质的方面考虑，因为人类系统中主体行为具有异质性，即个体性和差异性。一般认为，不同质或不同量纲的东西是不可能相加，更谈不上可加性，而在社会经济活动中，常常要面对的是“一个馒头加一碗粥等于一顿早餐，等于张三工作两小时、李四工作三小时、王五工作四小时”的类似问题，这就是异质性。经济学的视野有必要拓展到建立和深入探讨：

1（个馒头）+1（碗粥）=1（顿早餐）=3（A先生工作小时）=4（B小姐工作小时）

这类等式。回答诸如此类的问题，就是要考虑不同质的事物的内在的、数量的联系和变化，不同人的不同行为特点和所受到的影响；不仅要研究事物之间的因果关系，更要注重由微观变异引起的涌现和积聚等宏观系统的复杂性。如在宏观经济的微观分析范式中，考察微观主体的异质性，它可能不符合传统模式，却能反映人类社会经济活动某种特定的规律。这就是异质型行为的关键点，也是研究认识社会经济系统复杂性的基本点。

相当于不同总体中样本的差异性，应对不同经济环境中行为主体的异质性给予足够的重视。尤其是在中国的环境和经济活动中，诱发异质行为的因素很多，有内源性的，如：理论假设（基本行为特征）和认知的偏差，不同的结构类型和异化，虽然它们可能会有表面相同的数字特征；有外源性的，如：非经济因素（体制、行政干预和传统文化差异），代表性样本选择（行为、目标价值导向）的数据采集方面的，等等。然而，试图绕开迂回主体行为的异质性，把现实世界中多样化的经济行为封装在理性人"黑箱"中，就不可能从根本上认识经济系统的复杂特征和运行规律。

（三）交互行为的基本形式和类型

主体之间交互行为构成的复杂人际关系，是社会经济网络和结构体系的基础，正是基于异质性主体的交互活动造就了社会经济复杂网络的类型特征，使其明显有别于自然系统。一切交易都是交互行为，因而所有市场经济的研究都应该是基于交互行为的。在某种意义和程度上，博弈论可以视为社会经济系统中agent之间互动的普遍模式。利他经济学、合作博弈、互利互惠实验等大量研究证明了交互活动改变个体行为属性和理性表现，是造成复杂性的微观成因。Jackson和Wolinsky（1996）运用博弈论方法，提出和研究了社会经济网络的策略行为模型，引起后人的极大关注和积极推动，发展出职业关系网、R&D合作关系网、寡头合作网、买卖交易网、技术创新网、国际贸易网等（Boginski et. al.，2003；周石鹏、许晓鸣，2006）。这些研究的共同点，是试图从异质性微观主体行为的策略分析或交互行为的角度，解释社会经济复杂网络的形成原因。

与自然界实体系统的复杂网络特征不同的是，在社会经济活动中，主体之间的交互范围、方式和频度，以及受交互影响的程度是各不相同的，而且是自适应、自组织和自相似的。如亲情、友情；委托代理、雇佣、契约、竞争，敌对与合作；上下级关系，等等。它们往往是不对称、不可逆、不规范的，是分层次的，很多情况下是隐性的间接影响关系。同样用“早餐理论”来比喻：2（个馒头）+2（碗粥）= 4（A先生工作小时）+4（B小姐工作小时）

或者=3（A先生工作小时）+3（B小姐工作小时）

交互行为的结果既可能大于个体之和，也有可能小于个体之和。这是经济系统复杂性的又一个微观成因。

可将异质性主体的交互关系概括为如图1所示的基本网络形式，并赋予相应的经济含义，基于此的网络结构（可扩展到多维多层次），有助于从基本的微观层面入手，通过逐层（群组）涌现（Clower & Howitt，2000），直至对经济系统特有复杂现象的形成、形态及演变形成总体认识。一个简化的包含两个差异性主体、由两个不同的利益群体（社会阶层）组成的基本网络关系见图2。

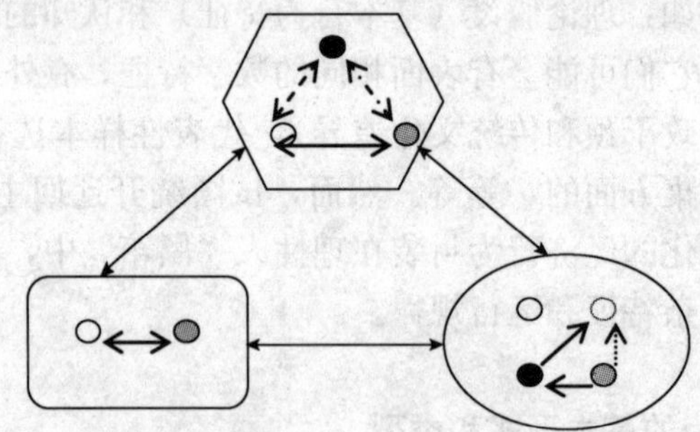

图1 异质主体的基本网络关系

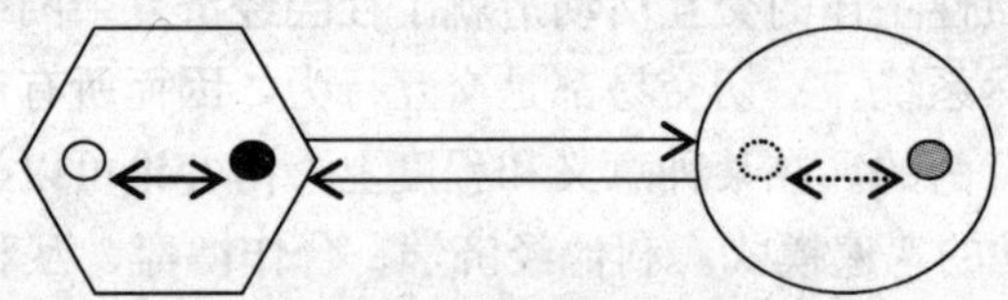

图2 两主体两群组的网络关系

图例说明：实心或空心的圆点各代表具有不同行为特征的主体；包含若干主体的六边型、矩形和椭圆等图形表示不同的类群或子系统（同类行为、社会阶层或利益群体）；各类箭头表示主体之间和群体之间不同的联系方式、相互关系和结构类型。①

（四）交互行为主要特征

考察异质性主体之间的交互行为，更加强调异质性主体与交互行为结成的关系结构之间的相互影响和不断演变，即由于主体的异质性使得相互之间的关

① 现代经济学的“科学化”趋势试图使图中的圆点、图形和箭头联线同质化、稳定化和规范化。

系结构复杂多变，反过来复杂多变的网络结构又加剧主体的分化、凸显异质性。

1. 交互性或社会性是人类行为的本质属性之一，通过在主体的反应函数中增加其他主体的行为变量，直接考虑交互影响，每一主体当前的决策依赖对其他主体过去行为的判断来调整预期，而且这种交互行为结构是内生的，随时间发生着变化，会产生诸如人际关系疏密不同的亚群现象和局域性的社会网络关系，以及确定性和随机性联系间不混合的弱连接方式形成的小世界网络等。基于异质性主体构建的复杂社会经济网络，就会生成在结构上非线性的、涨落交替的、有序与无序相互转化的、非常态的和全新的宏观现象。

2. 交互行为中的学习演进性。真正地在动态变化环境中完全开放地研究问题，能更好地体现出异质主体的学习演进性：一是异质主体之间行为的交互性的学习和调适；二是不断地有新的主体（出现、涌入、分化、聚合），特别是新主体大量迅速进入的情况下，原有主体的禀赋属性和结构的初始设定都要随之发生相应的变化，也会引发产生新的行为模式，行为的结果和效用类型自然也要随之改变。

3. 非线性与内生化。社会经济系统的本质是不稳定与持续更新的。因素变量与现象，行为动机、方式和过程与结果，在交互作用下往往是互为因果关系的，而且渐变和突变、确定和随机交替轮换，因而应综合考虑多方面的结合。交互行为是非线性的，存在于微观和宏观层面之间的不同形式的反馈环也是非线性的，既有正反馈的也有负反馈的；当个体在某一时期所做决策需要在以后的时段检验其正确与否时，隐含地要求后期与先前在结构上的差异和变化是可以忽略不计的，而经济是历史的、不可逆转的，内生的因素、变量和主体行为方式等促使环境条件和结构关系是常新的，在这种情况下概括出行为的一般属性是极其复杂和困难的。多维度、一定规模的微观实体行为可以聚合成宏观层面的“现实”问题，这反过来又影响和修正局部的、微观层面的个体行为，由此可内生化地解决非线性问题。

4. 实质的动态复杂性。在关系和结构不变的情况下，将过去时段的被解释变量的值作为未来时段的解释变量值代入计算，作为同一个总体的样本的平均值等行为特征，并不能代表来自不同总体异质主体样本的行为属性，如很难用单个消费者和单一企业的行为方式来解释市场上的消费群体和产业群的行为。主体基于过去和现在形成和调整对未来的预期，因而可按路径依赖方式刻画不可逆转、动态演化的经济系统。经济学所考察的主体是生存于随时间不断演变的复杂系统中的，许多集中表现出来的行为属性由简单主体之间多次重复的相互作用所导致，因而并不需要事先给模型和主体强加上理性和均衡等条件限制。无论是线性还是非线性模型，都不足以表现主体行为和动态系统的复杂特征，只有从微观层面的主体属性入手，才能更好地模拟解释结构和相互关系也在不断变化的宏观层面的经济现象和经济运行，由此深入认识动态复杂的经济系统的实质。

（五）交互性与复杂网络

利益的个体化决定了行为的异质性，交互行为和利益关系决定了经济网络的复杂性。在饱含异质性主体交互行为的经济社会中，主体的异质性在交互行为中表现得更加明显充分，个体行为的异质性使交互行为和网络结构更加复杂。考察不完全信息的分布和作用，异质主体只有在交互行动中才会产生私有信息等，具有私有信息的行为主体使交互行动的类型、程度和产出结果更具有不确定性。如：不同类型社会群体对外生谣言和冲击的反应和传播不同；贫穷和富有阶层对物价上涨和税收调节的反应大相径庭；提高劳动者素质的方式不同，对市场的影响、对生产力水平和经济绩效的贡献不同，对收入分配、财富积累和消费倾向明显发生改变；人生不同阶段下消费观念和行为方式的变化；禀赋在不同的动态过程中也是演化的、演化的差异性也不可忽略不计。

虽然复杂网络研究中的幂律分布（Power-law distributions）、无标度（Scale-free）等复杂网络特征在社会经济网络中的对应存在方式还需要进一步验证，但基于交互性和复杂网络概念，已经证明一般均衡的存在性（Kears, *et. al.*, 2001），由此可以推广深化一般均衡在网络结构上的含义，得出如下均衡网络结构存在的推论：

推论：一般均衡实现资源最优配置（福利最大化），也表明至少存在所有参与主体之间的一种优化连接，而且也是主体关系（网络中的边）的优化布局。

三、复杂经济系统的可计算性

理论、实验和计算，是现代科学发展的三大支柱。现实经济的复杂性提出了更高的客观需求，现代计算技术为从异质性和交互性角度研究经济系统复杂性提供了可行性。计算模拟也可作为一种实证方法，与经济计量、博弈实验等实证方法相结合，无疑能发挥更加重要和有效的作用。

（一）计算模拟是分析认识复杂系统的有力工具

从 Orcutt（1957；1960）开辟的微观分析模拟途径到基于（多）主体的计

算经济学 ACE（MACE）的兴起和蓬勃发展，从元胞自动机、Agent 技术和模式识别到人工智能和人工虚拟技术的丰富完善（Axtell，2000），以及计算博弈论等新的分支的孕育和形成，为复杂经济现象的微观分析提供了可行手段和实现途径。① 然而，基于本体的 Agent 技术，延伸扩展对自然系统的研究方法，试图寻求人类系统网络建模的规范性（Gauge）与对称性（Symmetry）等，这仅适合于对常规社会经济活动的分析研究，这些可继承新古典假设，在建立经济计量模型的基础上通过计算机模拟实现。然而，规范化的基本粒子、对称性的网络结构、遵循以方程形式表现的动力学关系和规律等手段和方法，都不足以刻画社会经济系统的复杂性。进一步考察具有更加复杂行为属性的现实主体，如：微观实体的收入与支出等基本经济行为的刻画（劳动与闲暇的替代、消费与投资的替代；具有异质的、可变的、学习演进的，与他人和外界交互的，以及复合结构的）；确定相应的行为参数，引入其他方法并结合应用……需要在多功能、复合的 Agent 基础上（Kirman，1992），综合应用和发展人工智能、模式识别、软件人（Softman）、人工虚拟社会（Lane，1993）等有效的技术手段，从求标准行为方程的最优解到以真实行为状态来模拟整体现象的聚变，是在当今计算机技术飞速发展的支持下才得以实现，使得人类对自身社会的认识上升到一个新的更高的阶段。

行为博弈论（behavioral game theory）、演化博弈论（evolutionary game theory）、博弈学习理论（learning theory of game）、计算博弈论（computational game theory）的共同点是质疑和突破传统理论中理性行为假设；行为经济学（行为金融学）、实验经济学、契约理论等前沿理论分支的兴起和迅猛发展，能更真实地反映和测度出复杂的行为属性，设计实验突出可控因素；基于演化博弈论研究社会结构的形成和演变、构建网络关系模型以及社会经济学大大扩展经济学研究视野和边界；借助物理学和计算机科学、分布式人工智能网络模型、混沌理论等能大显神威的工具手段，再加上计算经济学和复杂系统等理论与方法强有力的支持和推动（Epstein & Axtell，1996）；并与经济计量和 CGE 等传统方法相结合，相互取长补短，使得定量模型在经济分析中发挥更大作用；几股力量交汇在一起，势不可当，促进当代经济学的行为转向或行为学视角的改造，由此有助于建立支撑经济系统模拟的理论基础与可共同遵循的

① 美国圣地亚（Sandia）国家实验室的从 ASPEN 到 N-ABLE，圣塔菲（Santa Fe）研究所从 SWARM 到人工模拟股票市场，城市研究所的 TRIM3，和奥地利 IIASA 对环境、气候变化的全球性合作研究等，世界许多国家在复杂经济现象的微观分析模拟方面都取得了广泛而又成功的应用。国际微观模拟协会（IMA）于 2007 年 8 月在维也纳举办的 50 年庆祝大会，是该领域近年来研究成果的大汇展。

实施程序。

(二) 经济计算的可实现途径

考察异质性、进行异质化处理就是将理性行为内生化，由此可望重塑经济理论的微观基础，能为经济计算开辟更加切实可行的理论起点与实现途径。在经济学意义上解构人类行为，可主要从以下几个方面内生地研究行为的本质属性：一方面是通过将行为变量内生化来寻找经济计算的理论基础，通过建立行为属性内生化模型，探讨内生化的一般原理和做法；另一方面是发展模拟异质性和交互性及相互关系的模型和相应的计算技术，分析模拟过程和运行相应的算法等，建立起有效的实施步骤和基本程序。

1. 偏好内生化。偏好逆转（preference reversals；Irwin et al.，1993）的发现，动摇了个体决策理论的根基，引发了对偏好一致性（其他条件不变）的质疑和解构：基因决定的偏好是先天性存在的，但指导人们实际选择行为的现实偏好，更多的是在受后天的社会经济和心理等因素影响下形成和改变的（Rabin，1998），要考虑在财富禀赋、时间空间、制度文化等维度上，行为主体基于现实结果的自我调适能力等，将偏好内生化。

2. 目标函数内生化。人是具有利己和利他多重性的复合体，行为目标与经济环境、产出结果、不同时段的行为能力有关，并非清一色的最优化决策：可以是成本（代价）最小化，或考虑交互行为中公平、合作和互利动机的社会偏好下的相对收益最大化，以及受某种行为习惯所驱使等；不仅所面临的约束条件不同，不同类主体的行为目标也是差异化和可变的，这就需要在目标函数中将主体的差异内生化。

3. 约束集或可选择物理集内化。资源有限实质上就是可选择物理集的约束。人的行为是建立在物质条件基础之上的，同时也在影响和改变客观世界。资源约束强度或物理集的可选择范围是相对而言的，个人收入预算、资源占有等条件状况，都会由于主体行为能力的变化而使约束集合的边界模糊不确定、不稳定，具有弹性，找到约束条件与个体价值取向、人生不同阶段的行为特征、外部环境等因素的关系，通过静态和动态的转化建立起约束集与目标函数的内在联系及互动衔接，这就需要将约束集内化为行为模型的可变因素加以考虑。如此即为约束集或可选择物理集的内生化。

4. 信念判断与信息处理能力的内生化。客观的和主观的不完全信息同样能对决策产生重要影响，尤其是关于对手的理性程度、反应能力、合作意向、公平倾向、互利互惠等，对事态的基调和总体发展态势等加以判断，由此形成支持决策的某种信念（主观概率）并不断加以修正。将主体的信念与判断等信息处理方面的行为表现、差异性的能力提高过程内生化于决策模型，必然会对行为本质和资源配置的微观机理有更深刻的认识。

选择不同的微观基础和基本假设，就会得出不同的理论结论，对现实经济问题就会有不同的解释。行为研究和复杂系统模拟的技术路线大致上可沿如下线索展开：

深入地、客观地分析模拟个体行为的异质性和交互性，把握复杂经济系统的本质，通过计算模拟方法更好地研究宏观经济总体特征和规律性。根据实际问题的需要，通过深入细致地观察不同情况、条件下的个体决策，同时考虑社会偏好、市场规则等因素及其个体与相关因素的互动，辅助采用真人参与的可控的实验等方法，全面、客观地确定人的行为特征，建立引入行为参数的、既具有个量约束又有总量约束的多主体联合（共同）决策行为模型（Wang，2005）；通过计算机分类地、个性化地针对个体行为对进行模拟求解，发现个体行为特征和网络结构与系统整体的联系和数量变化规律，从而分析宏观经济现象、特点和运行规律。如此既能用统一的目标函数反映个体行为的共性、在约束条件中反映特殊性，也能通过行为参数的变化在目标函数中反映个体的差异和相互影响的结构关系。为宏观经济寻求微观基础的基于主体的凯恩斯经济学（Keynes，1936；Rosser，2001），可以说是这方面的有益尝试和可资借鉴的范例。

结　语

经济系统的规律性和复杂性都是相对于主观行为和认知能力而言的。各种异常现象，作为复杂经济系统某种形式的涌现，它们的发生表面看来是个案的、特殊的和偶然的，但它们的共同点是：复杂经济系统由复杂行为主体组成，行为主体的复杂性主要表现为异质性和交互性，所谓的异常现象就是在大量反复的、可变的、个体（或局部）的异质交互行为作用下形成的。异质性使交互作用的结果更加复杂，交互性使异质性更加多样化，两者是复杂经济问题微观层面上的根本成因。从微观异质行为入手，构建相应模型并进行动态模拟，无疑是深刻认识和分析复杂经济现象的全新视角和可值得尝试的探索手段。建立宏观现象的微观分析范式，深入认识人类行为和现实经济复杂性的强烈需求，博弈论和复杂性科学等迅速成长起来的理论的奠基，突飞猛进的计算科学和技术进步的有力推动，以及相关学科的渗透融合，使得异质性和交互性等微观成因凸显；虽然经济行为量化充满了艰辛和困难，但进一步深入细致地、分门别类地研究微观行为动机、方式与宏观整体现象的内在联系和作用机理，将会成为数量经济学的重要研究内容，展现出更加诱人的美好前景。

参考文献：

[1] Arthur，B. W.，1995，“Complexity in Economic and Financial Markets”，*Complexity*，Vol. 1 (1)，pp. 20-25.

[2] Holland，J. H.，1998，Emergence-from Chaos to Order，Oxford：Oxford University Press.

[3] Irwin，J.，Paul Slovic，Sarah Lichtenstein，and G. McClelland. 1993，“Preference Reversals and the Measurement of Environmental Values，” Journal of Risk and Uncertainty，6：5-18.

[4] Jackson M. and A. Wolinsky，1996，“A Strategic Model of Social and Economic Networks，” Journal of Economic Theory，71 (1)：44-74.

[5] Kirman，A.，1992， “Whom or what does the representative agent represent?” Journal of Economic Perspectives. 6 (2)，117-36.

[6] Krugman，P. R.，1996，The Self Organizing Economy，Cambridge，MA. and Oxford：Blackwell Publishing.

[7] Mischel H.，Mischel W. (1983)，The development of children’S knowledge of self—control strategies. Child Dev 54：603—619.

[8] Orcutt，G.，1957，“A New Type of Socio-Economic System，” Review of Economics and Statistics，39 (2)：116-123.

[9] Rabin Mattew，1998， “Psychology and Economics，” Journal of Economic Literature，36 (1) March：11-46.

[10] Rosser，J. B. Jr.，2001，Alternative Keynesian and Post Keynesian Perspectives on Uncertainty and Expectations，Journal of Post Keynesian Economics. 23 (4)，545-566.

[11] Young，H. P.，1998，Individual Strategy and Social Structure：An Evolutionary Theory of Institutions. Princeton，NJ：Princeton University Press.

[12] 洪永淼，2007：《计量经济学的地位、作用和局限》，《经济研究》第5期，pp. 139-153.

[13] 田国强，2005：《现代经济学的基本分析框架与研究方法》，《经济研究》第2期，pp. 113-125.

[14] 王国成，2007：《交互行为视野下博弈论与当代经济学的交汇及发展》，《经济研究》第12期，pp. 142-152.

[15] 王国成，2008：《经济分析模型微观基础的异质化》，《数量经济技术经济研究》第11期 pp. 149-161.

[16] 周石鹏、许晓鸣，2006：经济网络，载于《复杂网络：Complex Networks》（郭雷、许晓鸣主编），pp235-246，上海：上海科学教育出版社.

专业保险代理效果动态仿真研究*

任　韬　王文举
（首都经济贸易大学数量经济研究中心）

一、引言

保险代理人是保险人和投保人之间的桥梁，是保险市场的润滑剂。因此，保险代理人市场能否健康、协调地发展，其行为能否与整个保险市场的发展相适应，对整个保险行业的发展而言是至关重要的。保险代理主要分为专业代理和个人代理两大类，而在我国当前的保险代理人市场，特别是在寿险市场中，个人代理人占大多数，专业代理公司数量较少。专业代理公司在专业素质和服务质量上都比个人代理人更有优势；而个人代理人则具有机动灵活，收费低廉等优点。因此，规制代理人市场，加大支持专业代理公司的力度，以及如何提高个人代理人的服务质量，规范其行为，成为监管部门比较关心的课题。本文使用 SWARM 建立了保险代理动态模拟模型对上述问题进行分析。

二、动态模拟模型的建立

夏龙梅、王文举（2002）和王文举、夏龙梅（2003）建立的保险人行为博弈分析模型研究了保险市场中保险人与投保人之间的博弈关系，并对保险人的行为进行了分析。以此博弈模型为基础，本文建立的动态仿真模型用于研究保险人主体与投保人主体之间的交互行为模式，所不同的是，在本动态仿真模型中，保险人主体与投保人主体之间的买卖关系是通过代理人主体实现的，所以

---

* 本文是北京市拔尖创新人才资助项目、北京市“百千万人才工程”资助项目和北京市哲学社会科学规划项目、北京市教委人文社科研究重点项目《保险问题博弈分析及动态仿真研究》的阶段性成果之一。

实际的博弈过程比保险人行为博弈分析模型更复杂。

在这个动态模拟模型里，有三类市场主体，分别是保险人、代理人和投保人（被保险人）。动态模拟模型的建立以任韬、王文举（2006）[①] 的保险博弈仿真模型和任韬（2007）[②] 提出的“基于 CAS 的多主体寡头价格竞争仿真系统”为框架，各模拟主体的属性和行为设置见表 1 和表 2。

（一）保险人主体

保险人主体在动态模拟模型中只有一个，它代表了保险产品的生产者，负责生产保险产品、决定保险产品的价格（保费附加率）、按照保单向发生损失的投保人赔偿。保险人的利润主要来自所得到的保费与成本和赔付间的差额。因此其利润的多少与价格直接相关，是价格的增函数。

由于我国保险代理市场上个人代理人的佣金是由保险人规定的，所以需要由保险人主体决定付给个人代理人的费率，而不是由个人代理人主体自己决定。

1. 保费的计算

在本模型中最关键行为是保费的计算，它涉及保险人和投保人两个主体。保险人根据投保人选定的免赔额 D 和自己当期的保费附加率 a，依据投保人损失概率计算纯保费 E（D）和总保费 P（D），其计算公式[③]为：

$$P(D)=(1+a)\cdot E(D)=(1+a)\cdot\left[p\cdot\frac{(N-D)^2}{2N}+q\cdot(N-D)\right]\quad(1)$$

其中，p 为发生部分损失的概率，q 为发生全部损失的概率，且 $p+q<1$。这两个概率在动态模拟模型中是作为公共信息出现的。在投保人决定了自己的免赔额 D 后，通过公式（1）就可以得知自己所购买保险的总保费。

2. 保险人主体属性

保险人属性主要包括保险产品的价格、个人代理费率、销售量和利润。其中保险产品的价格以保费附加率的形式出现，因为如（1）式所示，保费中的纯保费部分其实就是保险人的期望赔付，这部分是不由保险人主观决定的，因此保险人对价格的决定其实就是对保费附加率的决定。

---

① 任韬，王文举．保险博弈模型的仿真检验．经济与管理研究，2006. 1.

② 任韬．基于 CAS 的多主体寡头价格竞争仿真系统．首都经济贸易大学学报，2007. 3.

③ 该公式的推导过程为：假设投保人在发生部分损失 x 时，其损失 x 服从在区间（0，N）上的均匀分布，则纯保费的推导为：

$$E(D)=p\cdot\int_D^N\frac{x-D}{N}dx+q\cdot(N-D)=p\cdot\frac{(N-D)^2}{2N}+q\cdot(N-D)$$

保险人的利润主要是其获得的保费与付出的赔付之差，其公式为：

$$profit=\sum_{saleQ}P\ (D)-\sum_{saleQ}pay \tag{2}$$

3. 保险人主体行为

setA 行为（决定保费附加率），该行为在动态模拟模型每一个运行周期最开始运行，它的功能是决定保费附加率 a 的变化方向，即升高、降低、不变。在运行时具体出现哪种结果则由功能主体 GALCS① 控制。

setC 行为（决定个人代理费率），该行为决定了保险人主体在本期要付给个人代理人主体的个人代利费率，其功能和 setA 行为类似。

indemnity 行为（赔偿行为），该行为由投保人主体在向保险人主体要求赔偿时调用，其功能为：根据投保人主体提供的损失额和免赔额对投保人进行赔偿，同时将该赔偿额从保险人的本期利润中减去。令 x 为损失额，D 为免赔额，则赔偿额的计算公式为：

$$Pay=\begin{cases}x-D, & x>D\\0, & x\leqslant D\end{cases} \tag{3}$$

（二）代理人主体

代理人主体细分为两类，一是专业代理公司主体，二是个人代理人主体，这两类代理人主体具有基本相同结构，其中个人代理人主体在结构上是专业代理公司主体的简化。在动态模拟模型中，这两类代理人主体各有一个。

在动态模拟模型中假设保险人只能通过这两类代理人销售保险产品。代理人负责销售保险产品和与之相关的服务，因此要分别决定销售产品时要收取的代理费和提供服务时的服务质量，其利润为所收取的代理费与所提供服务所带来的单位成本以及固定成本之间的差额，因此其利润的多少与代理费和服务质量直接相关，是代理费的增函数，服务质量的减函数。

1. 代理人主体属性

在代理人主体的属性中，“服务质量”是一个关键属性，它使得两类代理人提供的产品具有异质性。由于专业代理公司与个人代理人相比具有更高的素质，因此可以提供较高质量的服务，而个人代理人只能提供较低质量的服务（服务质量是单位成本的函数）。为了贴近实际，需要把代理人的单位成本细分

---

① 即遗传算法学习分类系统（Genetic Algorithm Learning Classifier System），该系统的介绍见 N. Basu，R. J. Pryor，T. Quint，and T. Arnold，ASPEN：A MICROSIMULATION MODEL OF THE ECONOMY [R]，Sandia Report #SAND96－2459，October 1996 和任韬，基于 CAS 的多主体寡头价格竞争仿真系统，首都经济贸易大学学报，2007.3

为两部分，第一个部分是在销售保险产品时产生的一般费用，这一部分是相对固定的，可以称之为“单位固定成本”，用符号 c_f 表示；第二部分单位成本则随着提供服务质量的变化而成同方向变化，可以称之为“单位质量成本”，用符号 c_q 表示，整个单位成本可以表示为 $c=c_f+c_q$。质量可以表示为：

$$quality=f\ (c_q)\ =tc_q \tag{4}$$

这里的 t 为一个固定系数。在动态模拟模型中，每一个代理人主体在每一个模拟周期会独立决定其 c_q 值，由于专业代理公司的 t 系数小于个人代理人的 t 系数，即专业代理公司提供高质量服务的成本更小，因此其提供的服务质量在大多数情况高于个人代理人。

代理人的其他属性包括代理费、销售量、利润，其中代理费这一属性只有专业代理公司主体才拥有。

2. 代理人主体行为

代理人主体行为主要包括 setB 行为（决定代理费率）和 setQuality 行为（决定服务质量），这两个行为与前述 setA 行为具有相同的形式。

（三）投保人主体

投保人主体是动态模拟模型中的买方，负责向代理人主体购买保险。投保人具有一定的初始禀赋，他会按照一定概率发生损失，并根据所购买保险向保险人索赔。投保人效用与保险价格、损失额和代理人的服务质量直接相关，是服务质量的增函数，价格和损失额的减函数。

1. 投保人主体属性

投保人的属性主要包括初始财富、期望效用、实际效用部分损失概率、完全损失概率、最大损失额和质量偏好。这里主要解释期望效用、实际效用和质量偏好三个属性。

实际效用属性代表了投保人主体购买保险产品后得到的实际效用，而期望效用则表示投保人主体购买保险产品前的期望效用，两种效用都分别包括由保险产品带来的效用和由服务质量带来的效用两部分，即 $RU=RU_I+U_Q$，$EU=EU_I+U_Q$。它们的 U_Q 部分相同。期望效用的 $\mathrm{EU_I}$ 部分是根据保费和损失概率计算出来的期望值，而实际效用的 RU_I 部分则是根据保费、损失和获得的赔偿计算出来的实际值。

效用中 U_Q 部分的计算与质量偏好属性有关。每一个投保人主体都有一个质量偏好属性，其值以 0.3 的概率为 0，0.7 的概率在［1，3］上服从均匀分布，0.1 的概率为 4，这一属性表示投保人对服务质量的关心程度。因此每一个投保人从代理人服务质量中获得的效用为：$U_Q=quality\times qualityPrefer$

2. 投保人主体行为

setD 行为（决定最优免赔额），该行为的功能是根据每期保险人主体设定的保费附加率 a 和作为公共信息的投保人损失概率计算自己的最优免赔额，与前述 setA 行为具有相同的形式。

consume 行为（购买行为），该行为的功能为，当 setD 行为确定了当期该投保人免赔额 D 后，根据每个代理人提供的代理费做出购买决定。具体的过程是：首先计算从每个代理人主体能获得的期望效用 EU_I①，然后计算自己的保留效用，即在不购买保险时的期望效用 U_0，最后选择效用最大且大于保留效用的代理人进行购买。

Loss And Indemnity 行为（发生损失并索赔行为），该行为的功能是，在投保人购买了保险后，按照作为公共信息的投保人损失概率来随机产生损失，并据此向保险人主体索赔，即调用保险人主体的 indemnity 行为。

（四）主体行为的顺序

激活动态模拟模型后，模型会按照周期运行，这样一个周期被称为“模拟周期”。在每一个模拟周期内，各主体的行为会按照事先定义好的顺序执行，图 1 显示了在某个模拟周期内主体行为的执行顺序：

表 1 主体属性列表

保险人主体		代理人主体		投保人主体	
属性名	变量名	属性名	变量名	属性名	变量名
价格（保费附加率）	a	代理费	b	初始财富	initWealth
个人代理费	c	销售量	SaleQ	期望效用	EU
销售量	SaleQ	利润	profit	实际效用	RU
利润	profit	单位固定成本	cf	部分损失概率	P
		单位质量成本	cq	完全损失概率	q
				最大损失额	N
				质量偏好	qualityPrefer

① 计算方法为：

$EU_I=(1-p-q)\ [income-P'(D)]+p\ [income-P'(D)+\frac{(N-D)2}{2lN}]+q\ [income-P'(D)+(N-D)]$

表 2 主体行为列表

保险人主体		代理人主体		投保人主体	
行为名	行为描述	行为名	行为描述	行为名	行为描述
setA	决定保费附加率	setB	决定代理费（率）	setD	计算最优免赔额
setC	决定个人代理费（率）	setQuality	决定服务质量	consume	选择一个代理人进行购买
indemnity	根据投保人提供的信息进行赔偿	compare	结算，计算各项属性值的变化	loss And Indemnity	根据出事概率得到一个损失值，并向保险人主体进行索赔
compare	结算，计算各项属性值的变化			compare	结算，计算各项属性值的变化

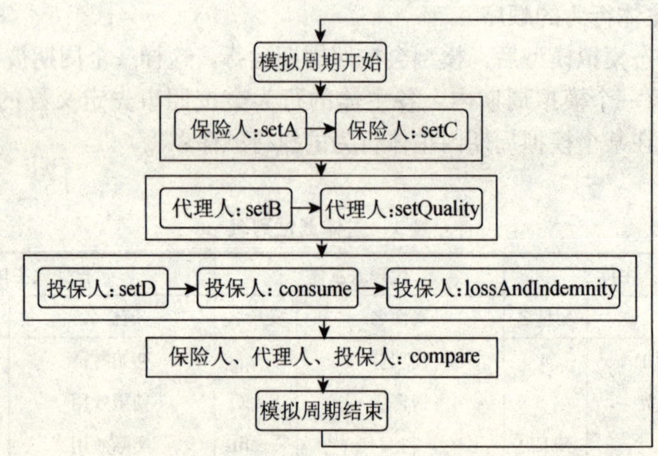

图 1 动态模拟模型行为执行顺序

三、专业代理公司进入市场对投保人福利的影响

(一) 实验假设

本实验假设市场中存在一个保险人主体，两个代理人主体，其中一个为专业代理公司主体，另一个为个人代理人主体，市场中还存在 500 名投保人主体。为了简化模型，假设两种代理人主体会生产固定质量水平的服务，而且专业代理公司主体的服务质量高于个人代理人主体。

由于本实验的目的是实验专业代理公司主体进入市场对投保人主体福利的影响，因此在模型运行的前600个模拟周期中，专业代理公司主体不进入市场，在第600个模拟周期开始时，以与个人代理人主体相同的代理费和较高的服务质量进入市场。

为了观察投保人行为，在本实验中除了观察投保人的平均免赔额外，还观察两个特定投保人主体的免赔额变化情况，分别是1号和100号投保人。其中，1号投保人的质量偏好（qualityPrefer）为0，表示其只在乎保险的价格而不在乎代理人的服务质量；而100号投保人的质量偏好为1，表示其在购买保险时，除了关心价格，还关心代理人的服务质量。

(二) 实验结果及分析

实验的结果分两个阶段显示，第一个阶段是第400至600模拟周期，在这个阶段中，市场中只存在个人代理人主体，这时市场情况由以下两个图形显示，首先是投保人主体的总福利和购买保险情况，见图2：

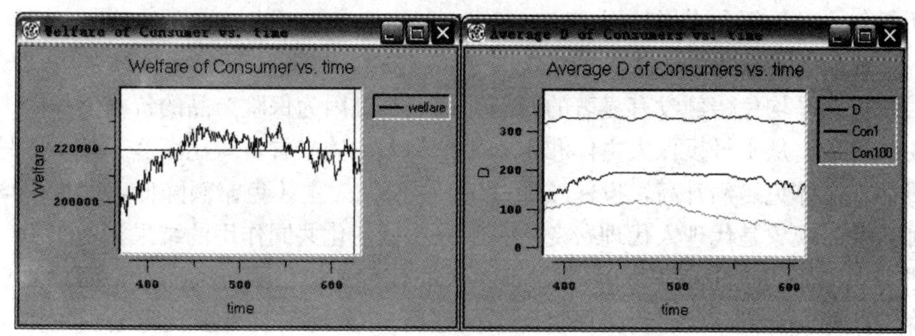

图2　第400～600期投保人主体总福利（左）和购买保险情况（右）

此时，投保人主体的总福利为220000①，投保人主体的平均免赔额接近200，同时该图还显示了编号为1和100的两个投保人主体的免赔额情况，可以看到，1号投保人主体的免赔额高于100号投保人主体，因此前者购买保险的程度小于后者。

第二个阶段为第1200期至1400期，此时专业代理公司主体已经进入市场，这时投保人主体的总福利明显上升，见图3（左）：

由图3可以看到，此时投保人主体的总福利接近240000，明显高于在第

① 此处的数据为虚拟数据，不具有实际意义，下同。

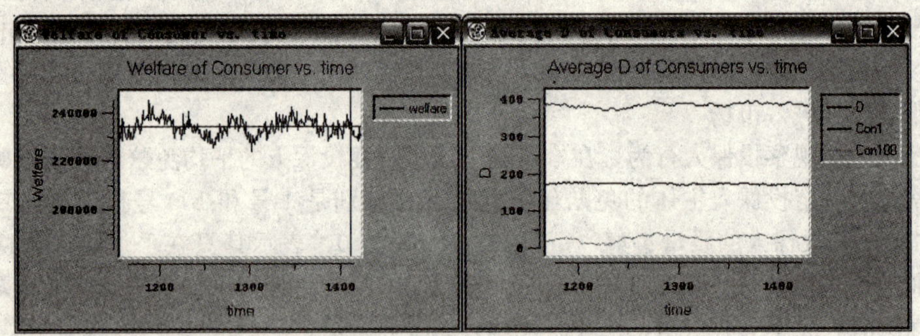

图 3 第 1200～1400 期投保人总福利（左）和投保人购买保险情况（右）

400 至 600 期的情况（图 2 左），这一阶段与第一阶段相比，唯一的区别是专业代理公司主体进入了市场，这说明专业代理公司促进了投保人福利的提高，根据这一实验结果得到命题 1。

命题 1：在其他条件不变的前提下，专业代理公司进入保险代理市场有利于投保人整体福利水平的提高。

此时，投保人购买保险的情况见图 3（右），专业代理公司主体进入市场对投保人平均免赔额没有显著的影响，这主要是因为保险产品的价格由保险人主体决定。从 1 号投保人主体和 100 号投保人主体来看，对比图 2（右），1 号投保人主体免赔额升高，投保减少；100 号投保人主体免赔额降低，即投保增加。这一现象是代理人代理费变化和服务质量变化共同作用的结果。由于 1 号投保人主体的质量偏好为 0，因此其不关心代理人提供服务的质量，而只关心保险产品的价格（此时价格里包含了代理费），而此时在专业代理公司主体高代理费的刺激下，个人代理人主体的代理费也有所提高，因此对于 1 号投保人主体来说，价格提高了，因此他减少了保险的购买；然而 100 号投保人主体的质量偏好为 1，所以虽然保险产品价格的提高会降低他的效用，但是由于专业代理公司主体带来了更高质量的服务，因此这部分效用大大增加，从而促使他增加了保险的购买量。以此类推，质量偏好分别为 2、3 和 4 的投保人也会相应的增加保险购买，但是由于质量偏好为 0 的投保人主体数量较多（大约占 30%），因此总体来看投保人购买保险没有显著增加。

这时，两个代理人主体的代理费情况在图 4 显示出来，专业代理公司主体的代理费（曲线 b）高于个人代理人主体的代理费（曲线 c），说明此时由于专业代理公司主体在服务质量上的优势，它可以制定较高的价格。由于服务质量上的优势，使得二者的产品产生了差异，从而满足了不同类型投保人的需求。

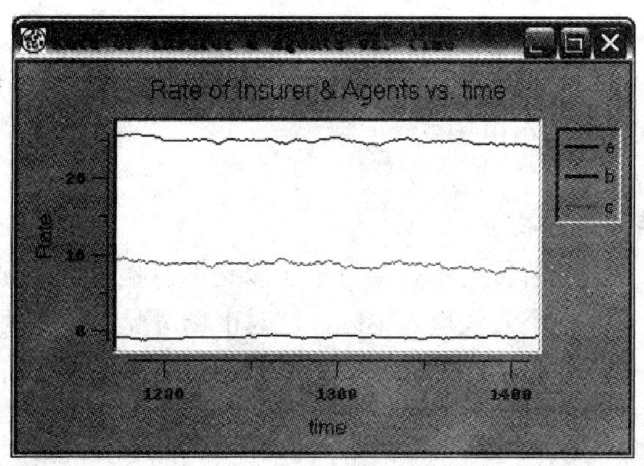

图 4 第 1200～1400 期的代理费

四、专业代理公司进入市场对个人代理人业务素质的影响

对于如何提高个人代理人的业务素质这个问题，可以从两个思路来讨论。第一个思路是通过行政手段直接解决，即通过加强个人代理人从业资格的认证工作，加大考试难度，严格考试纪律，同时对代理人实施较为严格的行为监管，从而提高个人代理人的准入门槛，规范代理人的从业行为。这种方法是行之有效的，也是现在监管机构对代理人进行监管的主要手段。但这种方法也存在着较大的局限性，即监管机构与代理人之间存在着信息不对称，代理人发生道德风险的可能性很大，使得监管的效果大打折扣。第二个思路是通过激励或竞争的方式间接“诱导”代理人自觉提高自身素质。本实验即是第二种思路的体现，即在原本仅由个人代理人组成的代理市场中加入在服务质量方面占有优势专业代理公司作为竞争对手，然后观察整个市场的服务质量怎样变化，以及投保人的福利怎样变化。

(一) 实验假设

本实验假设市场中存在一个保险人主体，两个代理人主体，其中一个为专业代理公司主体，另一个为个人代理人主体，市场中还存在 500 名投保人主体。为了简化模型，假设两种代理人主体的代理费固定，而且专业代理公司主体的服务费高于个人代理人主体。在每一个模拟周期代理人自主决定提供的服务质量。

本实验的目的是实验专业代理公司主体进入市场对代理人服务质量和投保人主体福利的影响，因此在模型运行的前 500 个模拟周期中，专业代理公司主体不进入市场，在第 500 个模拟周期初始，专业代理公司主体以与个人代理人主体相同的服务质量进入市场。

(二) 实验结果及分析

实验的结果分两个阶段显示，第一个阶段是第 300 至 500 模拟周期，在这个阶段中，市场中只存在个人代理人主体，这时市场情况由以下两个图形显示：

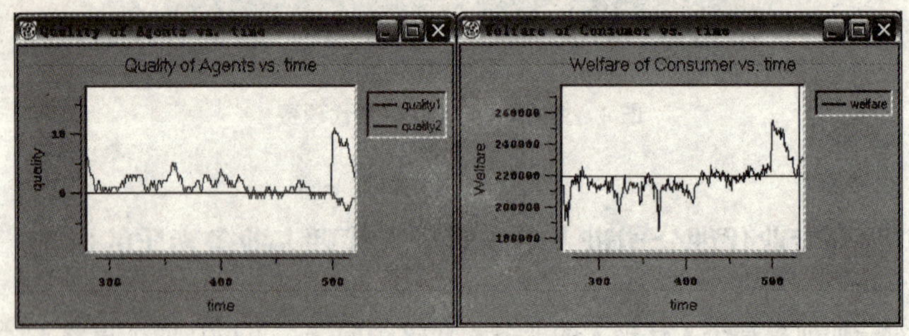

图 5 第 300～500 期代理人的服务质量（左）和投保人的福利（右）

在这一阶段，市场中只有个人代理人主体存在，其服务质量水平很低，仅仅略高于 0，有时甚至比 0 还低。这说明在没有专业代理公司竞争的情况下，个人代理人没有提高服务质量的积极性，仅会将服务质量维持在最低水平。此时的福利水平接近 220000 的水平。

第二个阶段是第 900 至 1100 模拟周期，在这个阶段中，专业代理公司主体进入了市场，此时，两个代理人主体的服务质量变化和投保人平均福利水平的变化由图 6 显示出来：

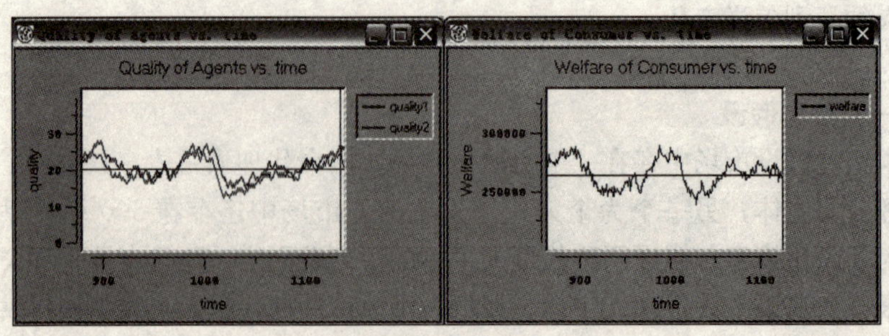

图 6 第 900～1100 期代理人的服务质量（左）和投保人的福利（右）

从图 6（左）可以看到，个人代理人主体的服务质量水平（曲线 quality2）在 20 左右上下波动，相比第一阶段仅略高于 0 的服务质量水平，提高了很多。同时，专业代理公司主体的服务质量水平一般都略高于个人代理人主体。根据本实验的假设，专业代理公司主体的代理费高于个人代理人主体，因此个人代理人主体具有价格优势，然而由于专业代理公司主体更容易提供高质量的服务（具有更低的成本），因此在竞争时会提高自己的服务质量水平以弥补在价格上的劣势，这一行为带动了个人代理人主体服务质量的提高。

由于服务质量的提高，带来了投保人主体总福利水平的提高，此时投保人主体总的福利水平达到高于 250000 的水平（见图 6 右），比实验的第一个阶段的 220000（图 5 右）有了显著提高，这说明服务质量的提高给投保人带来了明显的好处。

由以上的结果分析，可以得到命题 2。

命题 2：在其他条件不变的前提下，专业代理公司进入保险代理市场会刺激个人代理人提高服务质量，同时提高投保人的整体福利水平。

五、结论与建议

本文使用动态模拟方法对保险市场中代理人监管问题进行了研究。根据我国保险代理市场具有个人代理人占主导地位，专业代理公司规模较小，市场占有率较低的特点，着重对专业代理公司对保险代理市场的影响进行研究，设计出了动态模拟模型，并利用该模型进行了两个实验。

第一个实验的结果显示专业代理公司进入市场满足了质量偏好较高的投保人主体的需要，提高了这部分投保人主体的效用，从而促进了投保人主体整体福利水平的提高。但是较高的代理费水平限制了其业务规模的进一步扩大，从而使得市场占有率不高。这一结果形成了命题 1。

第二个实验的结果显示专业代理公司进入市场后，由于其较高的服务质量和合理的代理费率，满足了质量偏好较高的投保人主体的需要，从而占有了较大的市场份额，提高了投保人的整体效用水平。而在这一过程中，个人代理人迫于市场分额减小的压力，自动提高了服务质量，从而提高了保险代理市场的整体服务质量，这一结果形成了命题 2。

总结以上结果，本文结论是：鼓励专业代理公司的发展有利于促进个人代理人业务水平的提高，同时有利于提高投保人的福利水平。

根据以上结论，我们可以得到如下两条建议：

1. 监管机构在制定有关代理人的监管政策时，应该为专业代理公司机构创造良好的政策环境，鼓励其开展业务，这样既可以促进个人代理人业务素质的提高，又可以为广大投保人增加福利。

2. 监管机构应该在公司治理结构方面对专业代理公司加强监管，使其运营成本降低，从而使代理费用降低，这样就能扩大业务量，使更多的投保人享受到高质量的服务，同时保证了专业代理市场的健康发展。

参考文献：

[1] 夏龙梅，王文举．保险价格比较静态博弈分析［J］．数量经济技术经济研究，2002.7.

[2] 王文举，夏龙梅．保险人行为博弈分析［J］．数量经济技术经济研究，2003.8.

[3] 任韬，王文举．保险博弈模型的仿真检验［J］．经济与管理研究，2006. 1.

[4] 任韬．基于CAS的多主体寡头价格竞争仿真系统［J］．首都经济贸易大学学报，2007.3.

[5] N. Basu, R.J. Pryor, T. Quint, and T. Arnold, ASPEN: A MICROSIMULATION MODEL OF THE ECONOMY [R], Sandia Report # SAND96 − 2459, October 1996.

基于合作博弈的普遍服务基金给付、分配机制研究*

陶长琪　常贵阳

（江西财经大学信息管理学院）

一、引言

电信普遍服务是指电信经营企业应承担为广大用户提供普遍的基本电信服务的责任和义务。关于电信普遍服务基金的来源、管理机构、征收办法、使用目标、补贴数额、分配机制等一系列问题，学术界展开了广泛的讨论。喻世华（2003）建议将电信普遍服务基金纳入年度国家财政预算安排，可以通过一定措施解决资金的来源问题。刘新梅、刘胜强（2003）针对引入竞争后，运用财政学及经济学的有关理论，研究了不同税种对企业行为和经济效率的影响，建立了适合我国普遍服务资金的筹措途径。石文华等（2004）对基金管理机构有效性进行研究，建议比照美国的做法，成立相应的基金管理会，以契约的形式通过政府授权把管理和使用基金的权力交予该管理会。张晓铁（2001）认为普遍服务基金应对所有经营电信业务的运营商收取，并依据运营商的市场占有率、收入比率或按话务量大小比例等多种方法征收，其资金收取比例多少应结合码号资源收费、频占费等收费统一考虑，避免使企业负担过重。吴洪、李晓春（2003）通过比较交叉补贴、长途附加费、电话初装费以及普遍服务基金等方案的优缺点说明竞争时期，中国应当建立普遍服务基金，并给出了具体的普遍服务基金的收缴方案和补偿方案。周纲等（2006）认为，电信普遍服务的驱动机制取决于各国的经济发展水平和政治、文化环境，每个国家的管理机构根

* 本文受国家自然科学基金（70663002、70671003）、国家社科基金（07BJY140）、2007 年教育部“优秀人才”支持计划项目（NCET－07－0382）资助.

据各自的经济发展水平和电信产业环境，从而制定本国的普遍服务目标；陈玉保等（2006）通过对农村电信成本的研究，对电信普遍服务补贴的成本进行了测算。游五洋（2004）认为在目前中国管制现实情况下，无论是基金的建立还是管理和使用都易引发巨大的成本，而且在某些方面可能面临可行性上的极大障碍，所以在我国建立普遍服务基金制度为电信普遍服务提供保障的办法是不可取的。Mueller（1999）认为，电信业务的普及应该依赖市场机制，普遍服务起到的作用是财富的重新分配和规制者以普遍服务为借口实现其政治意图。拉丰、加斯米和萨基（1997）认为，在发展中国家难以建立像普遍服务基金这样的竞争中性机制，交叉补贴机制可能优于竞争机制。此外，Nett（1998）、Weller（1999）、Peha（1999）研究了普遍服务的拍卖机制；Bonnet（1999）从需求端入手，认为要保证竞争中立，就要采取实物券的方式直接补贴需要补贴的最终用户；Salant（1996）首先提出用拍卖的方式分配普遍服务补贴，说明了拍卖方式的作用和优点；Milgrom（1997）阐述了运用拍卖理论解决普遍服务成本补偿问题。

以上国内外研究成果对我国普遍服务基金制度建设有一定的指导意义，关于普遍服务基金的分配机制，国内外相关研究一致认为，采取招标的方式选择普遍服务供应商，投标最低的运营商将获得基金资助，基金管理者通过拍卖机制从市场参与者那里了解普遍服务的成本，尽量降低普遍服务支出，部分学者套用拍卖机制模型，试图设计但具体的招标机制，但关于普遍服务基金的分配额的问题始终没有解决，另外，关于普遍服务基金制度下政府对电信行业管制的控制指标的研究也还不曾见。本文运用合作博弈论理论，通过构建博弈模型对具体的分配机制进行研究，并试图为政府在普遍服务基金制度下的电信普遍服务实现管制提供控制指标。

二、模型分析

（一）假设与说明

1. 在我国电信市场上，有中国电信、中国网通、中国移动、中国联通、中国卫通、中国铁通6家基础电信运营商，他们都需要提供普遍服务，为简便分析，我们假设固定电信和移动通信这两种服务之间是完全可替代的，相应，我们的局中人集合 $N=\{1, 2, 3, 4, 5, 6\}$，N 的任一子集组成一个联盟。

2. 6大电信运营商在低成本地区的市场占有率分别为 a_1，a_2，a_3，a_4，a_5，a_6，满足 $a_1+a_2+a_3+a_4+a_5+a_6=1$，各运营商提供普遍服务的单位平均损失为 c_1，c_2，c_3，c_4，c_5，c_6，不失一般性，我们认为 $c_1<c_2<c_3<c_4<c_5$

$<c_6$，针对我国电信市场发展极不均衡的状况，做这样的假设是比较合理的。

2. 电信普遍服务的驱动机制取决于各国的经济发展水平和政治、文化环境；每个国家的管理机构根据各自的经济发展水平和电信产业环境，从而制定本国的普遍服务目标。假设我国目前管制目标为提供总量为 G 的电信普遍服务。

3. 政府强制电信运营商按照各自的市场占有率，承担相应比例的电信普遍服务，则各电信运营商需提供的电信普遍服务量为 a_1G，a_2G，a_3G，a_4G，a_5G，a_6G，由此对每位电信运营商带来的损失为 a_1Gc_1，a_2Gc_2，a_3Gc_3，a_4Gc_4，a_5Gc_5，a_6Gc_6。

4. 各运营商组成联盟的交易成本 $C=0$，并且在组成联盟后，在提供某供应商片区的电信普遍服务时，若服务提供者在该区没现时网络，则该区拥有网络的供应商能提供 0 成本的互联互通服务，这里的 0 成本指的是 0 接入成本和 0 质量成本。

5. 假设电信运营商 i 加入联盟获得的分配为 $\Phi_i(v)$，则其最后需缴纳的普遍服务基金额度为 $F_i=a_iGc_i-\Phi_i(v)$，政府将相应金额补贴给电信普遍服务的最终提供者。

（二）模型的建立

我们以加入联盟的各电信运营商由于将自己承担部分的电信普遍服务交由联盟中效率最高的运营商经营而节约的成本作为特征函数，则

$$v\{x_1, x_2, x_3, x_4, x_5, x_6\}=G\sum_{i=1}^{6}\sum_{j=i+1}^{6}\sum_{k=1}^{i}(1+x_k)x_ja_j(c_j-c_i) \quad (1)$$

式中，x_i 取值为 0 或 1，$x_i=1$ 表示运营商 i 加入合作联盟，$x_i=0$ 表示运营商 i 没有加入联盟。

至此，我们建立了一个关于电信普遍服务的联盟博弈模型〈N，$v\{x_1, x_2, x_3, x_4, x_5, x_6\}$〉。合作博弈〈$N$，$v\{x_1, x_2, x_3, x_4, x_5, x_6\}$〉的沙普利解为

$$\Phi_i(v)=\sum_{\{s|i\in s\}}\frac{(6-|s|)!(|s|-1)!}{6!}[v(s)-v(s-e_i^6)] \quad (3)$$

式中 $s=[x_1, x_2, x_3, x_4, x_5, x_6]$

$|s|=\sum_{i=1}^{6}x_i$ 表示加入合作联盟的人数；$s|i\in s$ 是指 s 中的第 i 个分量 $x_i=1$，表示第个运营商加入合作联盟；e_i^6 表示除第 i 个分量为 1 外，其余分量均为 0 的 6 维行向量。

（三）求解与分析

对（3）式求解，我们得到：

1. 基础电信运营商1的分配

$$\Phi_1(v)=G\left(\frac{1}{30}a_6c_6+\left(\frac{1}{20}a_5+\frac{1}{60}a_6\right)c_5+\left(\frac{1}{12}a_4+\frac{1}{30}a_5+\frac{1}{30}a_6\right)c_4+\left(\frac{1}{6}a_3+\frac{1}{12}a_4+\frac{1}{12}a_5+\frac{1}{12}a_6\right)c_3+\left(\frac{1}{2}a_2+\frac{1}{3}a_3+\frac{1}{3}a_4+\frac{1}{3}a_5+\frac{1}{3}a_6\right)c_2-\frac{1-a_1}{2}c_1\right) \tag{4}$$

显然，$\Phi_i(v)>0$。

结论1：电信普遍服务的最终提供者1因提供普遍服务的最终获利，

$$\pi_1=\Phi_1(v)-a_1Gc_1$$
$$=G\left(\frac{1}{30}a_6c_6+\left(\frac{1}{20}a_5+\frac{1}{60}a_6\right)c_5+\left(\frac{1}{12}a_4+\frac{1}{30}a_5+\frac{1}{30}a_6\right)c_4+\left(\frac{1}{6}a_3+\frac{1}{12}a_4+\frac{1}{12}a_5+\frac{1}{12}a_6\right)c_3+\left(\frac{1}{2}a_2+\frac{1}{3}a_3+\frac{1}{3}a_4+\frac{1}{3}a_5+\frac{1}{3}a_6\right)c_2-\frac{1+a_1}{2}c_1\right) \tag{5}$$

当

$$\frac{\partial\pi_1}{\partial G}=\frac{1}{30}a_6c_6+\left(\frac{1}{20}a_5+\frac{1}{60}a_6\right)c_5+\left(\frac{1}{12}a_4+\frac{1}{30}a_5+\frac{1}{30}a_6\right)c_4+\left(\frac{1}{6}a_3+\frac{1}{12}a_4+\frac{1}{12}a_5+\frac{1}{12}a_6\right)c_3+\left(\frac{1}{2}a_2+\frac{1}{3}a_3+\frac{1}{3}a_4+\frac{1}{3}a_5+\frac{1}{3}a_6\right)c_2-\frac{1+a_1}{2}c_1)>0$$

时，$\pi_1>0$，对运应商1来说，提供普遍服务是有利可图的，所以其具有追求提供普遍服务的动机，这在一定程度上保证了普遍服务的质量。另外，π_1 随G的增大而增加，随G的减少而减少，所以，在其他运营商可接受的范围内，普遍服务目标G越高，则对接受普遍服务基金补贴的运营商的激励越强。

2. 其余运营商的分配为

$$\Phi_2(v)=G\left(\frac{1}{30}a_6c_6+\left(\frac{1}{20}a_5+\frac{1}{60}a_6\right)c_5+\left(\frac{1}{12}a_4+\frac{1}{30}a_5+\frac{1}{30}a_6\right)c_4+\left(\frac{1}{6}a_3+\frac{1}{12}a_4+\frac{1}{12}a_5+\frac{1}{12}a_6\right)c_3+\left(\frac{1}{2}a_2-\frac{1}{6}a_3-\frac{1}{6}a_4-\frac{1}{6}a_5-\frac{1}{6}a_6\right)c_2-\frac{1}{2}a_2c_1\right) \tag{6}$$

$$\Phi_3(v)=G\left(\frac{1}{30}a_6c_6+\left(\frac{1}{20}a_5+\frac{1}{60}a_6\right)c_5+\left(\frac{1}{12}a_4+\frac{1}{30}a_5+\frac{1}{30}a_6\right)c_4+\left(\frac{2}{3}a_3-\frac{1}{12}a_4-\frac{1}{12}a_5-\frac{1}{12}a_6\right)c_3-\frac{1}{6}a_3c_2-\frac{1}{2}a_3c_1\right)\quad(7)$$

$$\Phi_4(v)=G\left(\frac{1}{30}a_6c_6+\left(\frac{1}{20}a_5+\frac{1}{60}a_6\right)c_5+\left(\frac{3}{4}a_4-\frac{1}{20}a_5-\frac{1}{20}a_6\right)c_4-\frac{1}{12}a_4c_3-\frac{1}{6}a_4c_2-\frac{1}{2}a_4c_1\right)\quad(8)$$

$$\Phi_5(v)=G\left(\frac{1}{30}a_6c_6+\left(\frac{4}{5}a_5-\frac{1}{30}a_6\right)c_5-\left(\frac{1}{20}a_5c_4-\frac{1}{12}a_5c_3-\frac{1}{6}a_5c_2-\frac{1}{12}a_5c_1\right)\right)\quad(9)$$

$$\Phi_6(v)=G\left(\frac{5}{6}a_6c_6-\frac{1}{30}a_6c_5-\frac{1}{20}a_6c_4-\frac{1}{12}a_6c_3-\frac{1}{6}a_6c_2-\frac{1}{12}a_6c_1\right)\quad(10)$$

显然 $\Phi_i(v)>0$

$$\Phi_1(v)>\Phi_2(v)>\Phi_3(v)>\Phi_4(v)>\Phi_5(v)>\Phi_6(v)\quad(11)$$

由 $F_i=a_iGc_i-\Phi_i(v)$ 得

结论 2：联盟其余运应商需缴纳的普遍服务基金额度为

$$F_2=a_2Gc_2-\Phi_2(v)=G\left(\frac{1}{2}a_2c_1+\left(\frac{1}{2}a_2+\frac{1}{6}a_3+\frac{1}{6}a_4+\frac{1}{6}a_4+\frac{1}{6}a_5+\frac{1}{6}a_6\right)c_2-\frac{1}{30}a_6c_6-\left(\frac{1}{20}a_5+\frac{1}{60}a_6\right)c_5-\left(\frac{1}{12}a_4+\frac{1}{30}a_5+\frac{1}{30}a_6\right)c_4-\left(\frac{1}{6}a_3+\frac{1}{12}a_4+\frac{1}{12}a_5+\frac{1}{12}a_6\right)c_3\right)\quad(12)$$

$$F_3=a_3Gc_3-\Phi_3(v)=G\left(\frac{1}{6}a_3c_2+\frac{1}{2}a_3c_1-\frac{1}{30}a_6c_6-\left(\frac{1}{20}a_5+\frac{1}{60}a_6\right)c_5+\left(\frac{1}{12}a_4+\frac{1}{30}a_5+\frac{1}{30}a_6\right)c_4+\frac{1}{3}a_3+\frac{1}{12}a_4+\frac{1}{12}a_5+\frac{1}{12}a_6\right)c_3\Big)\quad(13)$$

$$F_4=a_4Gc_4-\Phi_4(v)=G\left(\frac{1}{12}a_4c_3+\frac{1}{6}a_4c_2+\frac{1}{2}a_4c_1-\frac{1}{30}a_6c_6-\left(\frac{1}{20}a_5+\frac{1}{60}a_6\right)c_5+\left(\frac{1}{4}a_4+\frac{1}{20}a_5+\frac{1}{20}a_6\right)c_4\right)\quad(14)$$

$$F_5=a_5Gc_5-\Phi_5(v)=G\left(\frac{1}{20}a_5c_4+\frac{1}{12}a_5c_3+\frac{1}{6}a_5c_2+\frac{1}{2}a_5c_2-\frac{1}{30}a_6c_6+\left(\frac{1}{5}a_5+\frac{1}{30}a_6\right)c_5\right)\quad(15)$$

$$F_6=a_6Gc_6-\Phi_6(v)$$

$$=G\left(\frac{1}{6}a_6c_6+\frac{1}{30}a_6c_5+\frac{1}{20}a_6c_4+\frac{1}{12}a_6c_3+\frac{1}{6}a_6c_2+\frac{1}{2}a_6c_1\right) \quad (16)$$

由于$\Phi_i(v)$，所以$F_i<a_iGc_i$，也就是说，比起自己提供国家要求的普遍服务来说，与低成本运营商合作的总体损失是较小的，这说明，如果政府用这种强制服务手段对电信普遍服务进行管制，市场会自动寻找平均成本最小的运营商提供普遍服务。

3. 市场有效性分析

上面的分析已经表明，运营商自行提供普遍服务的损失会更大。若联盟中提供普遍服务，享受普遍服务基金的不是成本最低的运营商1，而是其他运营商，不失一般性，我们假设其为运营商2，这时，由于运营商1的平均成本最低，他加入联盟对他来说没有任何获益，相反要承担高成本运营商带来的损失，这时，联盟博弈的参与人集合变为$N_1=\{2, 3, 4, 5, 6\}$，博弈的特征函数

$$v\{x_2, x_3, x_4, x_5, x_6\}=G\sum_{i=1}^{5}\sum_{j=i+1}^{5}\sum_{k=2}^{i}(1-x_k)x_ja_j(c_j-c_i) \quad (17)$$

博弈$\langle N, v\{x_2, x_3, x_4, x_5, x_6\}\rangle$的沙普利解为

$$\Phi_i^1(v)=\sum_{\{s_1\mid i\in s_1\}}\frac{(5-|s_1|)!(|s_1|-1)!}{5!}\left[v(s_1)-v(s_1-e_i^5)\right] \quad (18)$$

式中$s_1=[x_2, x_3, x_4, x_5, x_6]$

e_i^5表示除第i个分量为1外，其余分量均为0的5维行向量

连列(17)，(18)两式，解得此时各运营商的分配为

$$\Phi_2^1(v)=G\left(\frac{1}{20}a_6c_6+\left(\frac{1}{12}a_5+\frac{1}{30}a_6\right)c_5+\left(\frac{1}{6}a_4+\frac{1}{12}a_5+\frac{1}{12}a_6\right)c_4+\left(\frac{1}{2}a_3+\frac{1}{3}a_4+\frac{1}{3}a_5+\frac{1}{3}a_6\right)c_3-\frac{1-a_2-a_1}{2}c_2\right) \quad (19)$$

$$\Phi_3^1(v)=G\left(\frac{1}{20}a_6c_6+\left(\frac{1}{12}a_5+\frac{1}{30}a_6\right)c_5+\left(\frac{1}{6}a_4+\frac{1}{12}a_5+\frac{1}{12}a_6\right)c_4+\left(\frac{1}{2}a_3-\frac{1}{6}a_4-\frac{1}{6}a_5-\frac{1}{6}a_6\right)c_3-\frac{1}{2}a_3c_2\right) \quad (20)$$

$$\Phi_4^1(v)=G\left(\frac{1}{20}a_6c_6+\left(\frac{1}{12}a_5+\frac{1}{30}a_6\right)c_5+\left(\frac{2}{3}a_4-\frac{1}{12}a_5-\frac{1}{12}a_6\right)c_4+\left(\frac{1}{6}a_4c_3-\frac{1}{2}a_4c_2\right. \quad (21)$$

$$\Phi_5^1(v)=G\left(\frac{1}{20}a_6c_6+\left(\frac{3}{4}a_5-\frac{1}{20}a_6\right)c_5-\frac{1}{12}a_5c_4-\frac{1}{6}a_5c_2\right) \quad (22)$$

$$\Phi_6^1(v)=G\left(\frac{4}{5}a_6c_6-\frac{1}{20}a_6c_5-\frac{1}{12}a_6c_4-\frac{1}{6}a_6c_3-\frac{1}{2}a_6c_2\right) \quad (23)$$

分别将运营商 3，4，5，6 与运营商 2 合作和与运营商 1 合作时的获益处即（7）式与（20）式，（8）式与（21）式，（9）式与（22）式，（10）式与（23）式进行比较，有

结论 3：

$\Phi_3(v)>\Phi_3^1(v)$，$\Phi_4(v)>\Phi_4^1(v)$，$\Phi_5(v)>\Phi_5^1(v)$，$\Phi_6(v)>\Phi_6^1(v)$

这说明，运营商 3，4，5，6 与运营商 2 合比与营商 1 合作获益要少，追求利益最大（损失最小）化的运营商 3，4，5，6 是不会舍弃运营商 1 而与运营商 2 合作的。这也就说明，政府采取强制各运营商按其在低成本地区的市场份额提供相应比例的普遍服务的管制手段有效的。在这种管制方式下，市场会选择最有效率的运营商承担普遍服务，接受普遍服务补贴，从而达到最优的资源配置状态，使提供电信普遍服务的社会福利最大化。

4. 交易成本分析

当交易成本 $C>0$ 时，各运营商的分配相应变为

$$\Phi'_i(v)=\Phi_i(v)-\frac{5}{6}C \tag{24}$$

结合（11）式我们看出，当交易成本上升时，运营商 6 最在合作中所得分配最少，极有可能离开合作联盟

结论 4：当

$$C>G\left(a_6c_6-\frac{1}{25}a_6c_5-\frac{3}{50}a_6c_4-\frac{1}{10}a_6c_3-\frac{1}{5}a_6c_2-\frac{3}{5}a_6c_1\right) \tag{25}$$

时，运营商 6（平均成本最高，对联盟贡献最小，其所分得的合作效益也最少）加入联盟是不经济的，此时他将离开联盟，自己提供其应承担的普遍服务。

我们假设这时的交易成本还不足以使运营商 5 离开联盟，那么此时的博弈参与人集合 $N_2=\{1,2,3,4,5\}$，博弈的特征函数为

$$v\{x_1,x_2,x_3,x_4,x_5\}=G\sum_{i=1}^{5}\sum_{j=i+1}^{5}\sum_{k=1}^{i}(1-x_k)x_j(a_j(c_j-c_i)-C) \tag{26}$$

博弈 $\langle N_2, v\{x_1,x_2,x_3,x_4,x_5\}\rangle$ 的沙普利解为

$$\Phi_i^2(v)=\sum_{\{s_2\mid i\in s_2\}}\frac{(5-|s_2|)!(|s_2|-1)!}{5!}\left[v(s_2)-v(s_2-e_i^5)\right] \tag{27}$$

式中 $s_2=[x_1,x_2,x_3,x_4,x_5]$

e_i^5 表示除第 i 个分量为 1 外，其余分量均为 0 的 5 维行向量 6

结合（16），（27）两式得出新联盟形势下各运营商的分配

$$\Phi_1^2(v)=G\left(\frac{1}{20}a_5c_5+\left(\frac{1}{12}a_4+\frac{1}{30}a_5\right)c_4+\left(\frac{1}{6}a_3+\frac{1}{12}a_4+\frac{1}{12}a_5\right)c_3\right.$$

$$+\left(\frac{1}{2}a_2+\frac{1}{3}a_3+\frac{1}{3}a_4+\frac{1}{3}a_5\right)c_2-\frac{1-a_1-a_6}{2}c_1\Big)-\frac{4}{5}C \quad (28)$$

$$\Phi_2^2(v)=G\Big(\frac{1}{20}a_5c_5+\left(\frac{1}{12}a_4+\frac{1}{30}a_5\right)c_4+\left(\frac{1}{6}a_3+\frac{1}{12}a_4+\frac{1}{12}a_5\right)c_3$$

$$+\left(\frac{1}{2}a_2-\frac{1}{6}a_3-\frac{1}{6}a_4-\frac{1}{6}a_5\right)c_2-\frac{1}{2}a_2c_1\Big)-\frac{4}{5}C \quad (29)$$

$$\Phi_3^2(v)=G\Big(\frac{1}{20}a_5c_5+\left(\frac{1}{12}a_4+\frac{1}{30}a_5\right)c_4+\left(\frac{2}{3}a_3-\frac{1}{12}a_4-\frac{1}{12}a_5\right)c_3$$

$$-\frac{1}{6}a_3c_2-\frac{1}{2}a_3c_1\Big)-\frac{4}{5} \quad (30)$$

$$\Phi_4^2(v)=G\Big(\frac{1}{20}a_5c_5+\left(\frac{3}{4}a_4-\frac{1}{20}a_5\right)c_4-\left(\frac{1}{12}a_4c_3-\frac{1}{6}a_4c_2-\frac{1}{2}a_4c_1\right)\Big)-\frac{4}{5}C \quad (31)$$

$$\Phi_5^2(v)=G\Big(\frac{4}{5}a_5c_5-\frac{1}{20}a_5c_4-\frac{1}{12}a_5c_3-\frac{1}{6}a_5c_2-\frac{1}{2}a_5c_1\Big)-\frac{4}{5}C \quad (32)$$

分别比较（4）式与（28）式，（6）式与（29）式，（7）式与（30）式，（8）式与（31）式，，（9）式与（32）式，我们得出

结论 5：当交易成本上升而使得运营商 6 退出联盟时，联盟中每个运营商分得的合作收益变少了，究其原因，乃是运营商 6 退出联盟后，联盟的总收益减少了，减少额度为

$$\delta=a_6(c_6-c_5)+4C$$

进一步的计算表明，当交易成本上升至第二阈值时，联盟总收益减少额度为

$$\delta_1=a_6(c_6-c_1)+a_5(c_5-c_1)+3C$$

这说明，当交易成本上升时，联盟收益以更快速度减少，这时，每个运营商应缴纳的普遍服务基金数额上升，运营商提供普遍服务的积极性降低，从而影响普遍服务目标的实现，所以政府部门采取一定的措施降低交易成本是非常必要的。政府管制部门可要求运营商及时披露财务信息，完善法制，促进网间互连，提高互连质量以降低交易成本 C。特别的，在需提供普遍服务的高成本地区，当需要邻近的低成本地区提供互连服务，政府应使其接入成本尽量降低以促进联盟的形成。

三、政策建议

1. 政府需根据我国的经济发展现状与一段时期的政治要求确定该阶段的普遍服务目标，并在高成本运营商可接受的范围内，尽量提高普遍服务目标。

根据结论1，对低成本运应商来说，提供普遍服务是有利可图的，所以其具有追求提供普遍服务的动机，这在一定程度上保证了普遍服务的质量。另外，其所获利润的大小随普遍服务目标提供量的增大而增加、减少而减少，所以，在其他运营商可接受的范围内，普遍服务目标提供量越大，则对接受普遍服务基金补贴的运营商的激励越强。为提高低成本运营商提供普遍服务的积极性，在高成本运营商可承受的范围内，综合考虑当前经济发展水平与政治要求的基础上，政府应尽量提高电信普遍服务目标。另外，在不影响电信业健康发展的情况下，合理的高目标也加快了普遍服务的普及。

2. 政府应根据各运营商的市场份额确定其应承担的普遍服务量，实行强制提供普遍服务的管制。根据结论2与结论3，政府实行强制管制时，市场会自动寻找有效的合作方式，由于提供普遍服务是有利可图的，低成本运营商有提供普遍服务的动机，而与低成本运营商合作能减少损失，高成本运营商有达成合作的愿望，联盟的合作也是容易达成的。由于基金的上缴额度与自身的成本类型紧密相关，对高成本运营商来说，也有提高生产效率、降低成本的动力，而低成本运营商为了保护自己即得利益并获取更多的普遍服务利润，也有动力进一步提高生产效率，促进技术进步，降低成本，从而促进电信业的发展，增进社会福利。在强制管制下，由市场解决普遍服务基金的给付与分配是有效的，这样，政府就不必设立专门的部门管理基金，从而降低管制成本，减轻政府负担，提高社会生产与阶级组织效率，节约社会资源，促进经济发展。

3. 政府管制工作的重点在于降低交易成本，促进联盟形成。从结论4与结论5我们看出：当交易成本上升时，联盟收益以更快速度减少，这时，每个运营商应缴纳的普遍服务基金数额上升，运营商提供普遍服务的积极性降低，从而影响普遍服务目标的实现，所以政府部门采取一定的措施降低交易成本是非常必要的。政府应加强电信互联互通管制，提高互联通信质量，打断区域垄断的局面，从而降低电信普遍服务提供商的接入成本与核算成本，保障电信普遍服务的实施；健全法制建设，着力保障高成本运营商按时缴纳其应承担的普遍服务基金数额；要求电信运营商及时披露会计信息，加大数据收集力度，着手建立一个便于大众监督和运营商交流的信息平台，提供信息支持，降低交易成本。

参考文献：

[1] 张晓铁．关于建立电信普遍服务成本补偿机制的探讨［J］．邮电企业管理，2001(11).

［2］苏静，郑红凤．海外普遍服务补偿和融资机制［J］．通信世界，2003（12）．

［3］J. J. 拉丰，张昕竹．发展中国家的普遍服务政策［J］．经济学（季刊），2004（4）．

［4］石文华，韦柳融，吕廷杰．论电信普遍服务基金的管理机制［J］．北京邮电大学学报（社会科学版），2004（4）．

［5］吕志勇，陈宏民．定价约束、社会福利与电信普遍服务机制设计［J］．上海交通大学学报，2005（3）．

［6］周纲，苑春荟，吴建平．不完全竞争市场中的电信普遍服务运行体系［J］．当代经济科学，2006（1）．

［7］陈玉保，忻展红，王东．基于LECOM模型的农村电信成本研究［J］．商业研究，2006（1）．

［8］周伟．电信普遍服务的历史演进［J］．求实，2006（3）．

［9］Scott J. Wallsten. Privatizing Monopolies in Developing Conuntries: The Real Effects of Exclusivity periods in Telecommunications ［J］. Joumal of Regulatory Economics. 2004. 26：3，303～320.

［10］ChunRong Ai，Salvador Martinez. Incentive Regulation and Telecommunications ［J］. Journal of Regulatory Economics. 2004. 26：3，263～285.

［11］Kelly F，Steinberg R. A combinatorial auction with multiple winners for universal service［J］. Management Science. 2000. 46：4，586～596.

［12］Gasmi，F.，J. J. Laffont and W. Sharkey. Competition，Universal Service and Telecommunications Policy in Developing Countries ［J］. Information Economics and Policy. 1999. 12：，221～248.

［13］Clairemilne. Stages of Universal Service Policy ［J］. Telecommunications Policy. 1998. 23：6，775～780.

［14］Anton J J，Weide JHV，Vettasn. Entry auctions and strategic behavior under cross-market price constraints［J］. International Journal of IndustrialOrganization. 2002. 20：5，611～629.